DEEJE
Diplôme d'État d'éducateur de jeunes enfants

Domaines de compétences 1 à 4

Chez le même éditeur

Dans la gamme DE

DEAVS. Diplôme d'État d'auxiliaire de vie sociale, par J. Gassier, C. Cordon. 2011, 480 pages.

DEAMP. Diplôme d'État d'aide médico-psychologique, par J. Gassier, C. Cordon, B. Boyanov. 2009, 352 pages.

DEAF. Diplôme d'État d'assistant familial, par C. Ponte, C. Foret, H. Chevalier, O. Quentin, C. Dacquin, A. de Broca, A. Lemligui, 2010, 224 pages.

DEME. Diplôme d'État de moniteur-éducateur, par J. Gassier, à paraître 2012.

Dans la gamme Concours

Méga guide Concours sociaux, par O. Perche, E. Lebourdais. 2011, 576 pages.

Méga guide concours infirmier, par G. Benoist, D. Dumas, D. Guérin, R. Lucas, M. Vasseur. 2010, 500 pages.

Réussir le concours ATSEM, par J. Gassier, E. Giroulle, O. Meyer. 2008, 224 pages.

Dans la collection « AS/AP »

Guide AP – Auxiliaire de puériculture, par J. Gassier. 2010, 608 pages.

Guide AS – Aide-soignant, par J. Gassier, K. Le Neurès, E. Peruzza. 2009, 608 pages.

Mémo-fiches AP. Modules 1 à 8, par J. Gassier. 2010, 288 pages.

Mémo-fiches AS. Modules 1 à 8, par J. Gassier. 2010, 328 pages.

Hors collection

Le Guide de la puéricultrice, par J. Gassier, C. de Saint-Sauveur. 2008, 1192 pages.

Le Guide de la petite enfance, par J. Gassier. 2009, 416 pages.

70 activités et jeux pour les 0-6 ans, par J. Gassier, E. Allègre. 2010, 176 pages.

DEEJE
Diplôme d'État d'éducateur de jeunes enfants

Domaines de compétences 1 à 4

Jacqueline Gassier
Professeur de Sciences et techniques médico-sociales (STMS)

Céline Rose
Éducatrice de jeunes enfants. Formatrice à l'IESTS de Nice

Christophe Valette
Éducateur de jeunes enfants. Formateur à l'IESTS de Nice

ELSEVIER
MASSON

ISBN : 978-2-294-71424-5

Elsevier Masson SAS, 62, rue Camille-Desmoulins, 92442 Issy-les-Moulineaux cedex
www.elsevier-masson.fr

Sommaire

Domaine de compétences 2
Action éducative en direction du jeune enfant

Accueil et accompagnement du jeune enfant et de sa famille

Chapitre 1

Approche socio-historique de la profession

A L'évolution de la profession

1 L'origine du métier : « la jardinière d'enfants »

Le métier d'éducateur de jeunes enfants a été créé à partir du lieu où il s'exerçait : le jardin d'enfants, d'où le nom de jardinière d'enfants donné aux professionnels qui exerçaient ce métier au XIXe siècle.

La profession d'éducateur de jeunes enfants s'est construite au détour de la création et de l'évolution du jardin d'enfants. C'est Friedrich Frœbel, pédagogue allemand, qui le fonde dès 1837 sous la forme de vrais jardins cultivés par les enfants. Pour lui, le premier principe éducatif du jardin d'enfants est l'instruction par le jeu et l'écoute attentive de la nature. Ces principes éducatifs sont issus d'un courant éducatif novateur, fondés sur une intention d'action sociale auprès des enfants misérables ou abandonnés.

En France, au début du XXe siècle[1], les jardins d'enfants se développent, surtout dans la région parisienne. Ils vont apparaître sous deux formes : une forme plutôt scolaire dans les institutions scolaires privées et une forme plutôt sociale (dans les grandes entreprises, telles les usines Renault).

Les jardins d'enfants scolaires vont respecter les fondements éducatifs des grands pédagogues, l'*apprentissage*, puisque c'est le lieu pour observer et comprendre la nature qui apprend le monde.

Les jardins d'enfants des grandes entreprises ont un premier objectif : éviter un absentéisme fort chez les ouvriers par la garde de leurs enfants.

2 L'oscillation du sanitaire au social

L'installation des jardins d'enfants implique la formation de professionnels de l'enfance :

- l'Union frœbelienne française, dès 1908, organise des cours aboutissant à un certificat d'aptitude de jardinière d'enfants ;
- l'Union familiale de Charonne est une des premières maisons sociales créées dans les quartiers pauvres de Paris. Dès 1904, elle dispense des cours destinés à assurer la formation des jardinières d'enfants.

1. Premier jardin d'enfants créé en 1902.

Chacune de ces organisations dispense donc une formation de jardinières d'enfants, parfois en lien avec des brevets d'enseignement ménager.

◆ L'inscription dans le projet sanitaire en 1945

En 1945, le pays doit se reconstruire après la guerre. C'est la période où la santé devient primordiale. La protection maternelle infantile (PMI) est créée, avec un objectif principal : réduire la mortalité infantile. Les crèches font leur apparition. Un personnel médical et paramédical prend en charge les jeunes enfants, dans un souci d'hygiène. Les jardins d'enfants sont inscrits dans la liste des établissements soumis à la surveillance sanitaire du directeur départemental de la Santé, au même titre que les crèches, les pouponnières, les garderies, etc.
Le métier d'éducateur dans les jardinières d'enfants doit se reconstruire aussi face au développement de l'école maternelle publique. Les jardins d'enfants perdent peu à peu leur place dans l'enseignement public. Dans les années 1960 à 1970, la fermeture des postes aux jardinières d'enfants entraîne la disparition de nombreux jardins d'enfants. Les jardinières d'enfants sont intégrées dans les structures sanitaires. La formation s'adapte à ces nouveaux lieux en 1962 et ouvre deux orientations : la jardinière de crèche (ou jardinière des petits) et la jardinière d'enfants spécialisée.

◆ L'inscription dans le social

Qu'elle soit à l'hôpital, en crèche, ou dans un institut spécialisé, la jardinière d'enfants s'occupe seule d'un groupe d'enfants, mais maintient la fonction éducative (éducation préscolaire) dans une équipe plutôt orientée vers le sanitaire. Cette opposition éducatif/sanitaire est cependant paradoxale. Le métier doit donc évoluer. Il va glisser vers le secteur social et médico-social. La jardinière d'enfants se rapproche des autres métiers de ce secteur : les éducateurs spécialisés et les assistantes sociales. Elle devient éducatrice de jeunes enfants en 1973.

◆ L'inscription dans un projet social institutionnel

En prenant le nom d'éducateur de jeunes enfants, les professionnels s'inscrivent dans le champ du travail social. Les idées d'éducation restent présentes, mais elles ont acquis une dimension sanitaire et sociale. De plus, l'éducateur de jeunes enfants est de plus en plus porteur de la mission éducative des institutions. Les professionnels font évoluer alors la fonction de garde vers la fonction d'accueil, puis, peu à peu, la fonction d'accueil vers la fonction d'éducation au sens large avec l'inscription dans le *projet social* des institutions de la petite enfance dans lesquelles ils travaillent.
Ainsi, les éducateurs d'aujourd'hui occupent une place légitime de « spécialiste de la petite enfance » au côté des autres professionnels de ce secteur avec lesquels ils travaillent : puéricultrices, auxiliaires de puériculture, assistantes de service social, etc.

3 Les aspects du métier, aujourd'hui

Actuellement, les éducateurs peuvent occuper une place centrale dans l'élaboration des projets répondant aux exigences de situations sociales transformées.
Le décret d'août 2000 prévoit que les structures d'accueil de la petite enfance se dotent d'un projet social. Se trouve signifiée ici l'importance de l'intégration de la question de l'accueil

dans un contexte plus large qui est celui de l'environnement social. Se trouve souligné de la même façon qu'il est important que les professionnels soient en capacité de problématiser l'action, de la penser à un niveau suffisant pour pouvoir appréhender la complexité des imbrications abordées précédemment.

4 L'interprofessionnalité

La place des éducateurs de jeunes enfants est centrale parce que c'est elle qui peut le mieux fédérer des projets professionnels. Les éducateurs de jeunes enfants sont des spécialistes de la question éducative et savent relier les différentes dimensions qui se combinent au sein des situations sociales, éducatives et professionnelles rencontrées. Ainsi, ils apportent leurs connaissances et leurs méthodes éducatives fondées sur l'observation du jeune enfant :

- dans le domaine sanitaire : l'EJE peut contribuer de façon affirmée au mieux-être de l'enfant malade ou handicapé ;
- dans le secteur social : la connaissance du développement du tout-petit donne sens aux liens parentaux, familiaux et sociaux.

La formation des éducateurs de jeunes enfants s'inscrit entre le social et le sanitaire, l'éducatif, le familial et le collectif.

Confrontés aux origines multifactorielles des situations sociales, les éducateurs doivent agir en pluridisciplinarité pour satisfaire la demande des familles.

◆ Les perspectives

À l'avenir, les enjeux vont continuer à se situer autour de l'accueil des enfants. L'aide apportée aux parents reste d'une brûlante actualité et les qualifications des personnels doivent y répondre.

Les éducateurs de jeunes enfants, par leur spécificité, doivent être les pivots de l'accompagnement des familles dans un rapport étroit à leur culture et à leur réalité économique et sociale. Au vu des textes ministériels, la formation doit prendre en compte la situation socio-économique, la décentralisation et l'émergence de nouvelles problématiques sociales. Elle doit également tenir compte des problématiques nouvelles (ex. : les phénomènes de l'exclusion, de la pauvreté, etc.) qui impliquent un renforcement des compétences, seule garantie de la qualité des interventions auprès de publics fragilisés.

◆ La réforme de la formation en 2005

La réforme de 2005 sur le diplôme d'État des éducateurs de jeunes enfants (DEEJE) s'inscrit dans le cadre d'une réforme de l'ensemble des professions sociales. Elle vise à aligner les professions de niveau III sur le plan européen et à créer des passerelles plus faciles entre ces professions.

Chaque profession a élaboré un *référentiel professionnel* à partir duquel ont été définis un *référentiel de compétences*, un *référentiel de formation* et un *référentiel de certification*. De plus, cette réforme va promouvoir la procédure de *validation des acquis d'expérience* (VAE), permettant à des personnes de se qualifier, soit en validant des domaines de compétences déjà acquis, soit en suivant une formation sur tout ou partie des domaines de compétences et en passant les épreuves de certification correspondantes.

B La place de l'EJE dans les différentes structures et services d'accueil de l'enfant

De nos jours, les éducateurs de jeunes enfants sont capables d'apporter leurs compétences spécifiques dans de nombreuses structures d'accueil des jeunes enfants.
Dans tous ces établissements, ces services et ces dispositifs, les éducateurs de jeunes enfants assurent des fonctions d'éducation, de prévention, d'information, de formation et de conception de projets. Il existe aussi de plus en plus de professionnels en situation de coordonnateur de la petite enfance.
La fonction de responsable d'établissement peut, dans quelques structures, être assurée par un éducateur de jeunes enfants. Cette fonction implique d'autres types de responsabilités auxquelles les formations professionnelles doivent également les préparer.

1 Les établissements et services d'accueil des enfants de moins de 6 ans

Ces différents établissements et services d'accueil sont régis par les décrets du 1er août 2000, du 20 février 2007 et du 7 juin 2010 et font l'objet d'un avis ou d'une autorisation de fonctionnement délivrée par le Président du Conseil général après avis des services de la PMI. Ces différents décrets définissent également les qualifications requises par les différents intervenants (direction et équipe d'encadrement des enfants) en ce qui concerne l'accueil collectif et familial.

◆ Accueil collectif

La *crèche collective* est une institution d'accueil pour les enfants de moins de 4 ans souvent gérée par des municipalités, des associations paramunicipales, de parents ou autres. Les éducateurs de jeunes enfants peuvent être affectés à l'animation éducative de l'ensemble des sections. Enfin, les éducateurs de jeunes enfants sont de plus en plus amenés à prendre une place de directeur adjoint, voire de directeurs dans certaines institutions.
La *crèche parentale*, institution créée par une association de parents, a les mêmes conditions d'accueil que la crèche collective, mais sa particularité réside dans le fait que les parents assurent au quotidien l'accueil des enfants. Les éducateurs de jeunes enfants sont souvent responsables de cette institution.
Le *jardin d'enfants* accueille régulièrement des enfants d'âge préscolaire, sur des horaires proches de ceux de la crèche ou de l'école. Il est souvent un lieu de transition entre les deux. Il propose des méthodes pédagogiques proches de l'Éducation nouvelle. Le nom de jardin d'enfants peut désigner la classe maternelle d'une école privée.
La *halte-garderie* est une institution d'accueil occasionnel, permettant aux familles de faire garder leurs enfants de manière temporaire. C'est une institution municipale ou associative. Les éducateurs de jeunes enfants y travaillent comme employés ou comme responsables.
L'institution dite *multiaccueil* a la particularité d'offrir des combinaisons d'accueil très différentes selon les besoins des familles. Elle peut d'ailleurs regrouper d'autres institutions de la petite enfance sous le nom de « centre de l'enfance » (souvent municipal). Les éducateurs de jeunes enfants peuvent soit y travailler auprès d'un groupe d'enfants, soit en avoir la responsabilité.
La *classe passerelle* est un lieu d'accueil des enfants de 2 ou 3 ans non scolarisés qui favorise les premières expériences de socialisation. Elle s'appelle parfois « jardin d'enfants éducatif ».

Les éducateurs de jeunes enfants peuvent y travailler en lien avec les enseignants de l'école maternelle.

La *microcrèche* est un lieu qui peut accueillir collectivement au maximum dix enfants de moins de 6 ans. Elle est gérée par une collectivité territoriale, un centre communal ou intercommunal d'action sociale, une association ou une entreprise. Sa petite taille lui confère une souplesse d'encadrement, de fonctionnement, notamment en termes d'horaires d'ouverture.

Les *jardins d'éveil* reçoivent exclusivement des enfants âgés de plus de 2 ans à moins de 6 ans non scolarisés ou scolarisés à temps partiel. C'est une structure intermédiaire entre la famille, la crèche ou l'assistante maternelle et l'école maternelle.

◆ Accueil familial

La *crèche familiale* est une institution accueillant des enfants au domicile d'assistantes maternelles agréées. C'est souvent un établissement municipal. Les éducateurs de jeunes enfants peuvent parfois en avoir la responsabilité.

Le *relais assistantes maternelles* est un lieu où les assistantes maternelles peuvent se rencontrer, y trouver des conseils et des informations tant sur leur profession que sur leur métier. Il est également un lieu d'information et d'écoute pour les familles. Les éducateurs de jeunes enfants qui y travaillent peuvent parfois avoir la fonction de responsable.

La *maison d'assistants maternels*[2] est un lieu d'accueil où peuvent se regrouper jusqu'à quatre assistants maternels afin d'augmenter l'amplitude horaire de garde et de répondre aux attentes et aux besoins des familles. Les avantages d'un tel dispositif sont : plus de souplesse, des horaires plus adaptés, une sécurité accrue et une augmentation de l'offre d'accueil.

2 Les établissements et services relevant de la protection de l'enfance

Le *foyer de l'enfance*, sous la responsabilité du Conseil général de chaque département accueille les enfants, séparés momentanément de leur famille, à la suite d'événements graves ne garantissant plus leur sécurité. Cet établissement peut prendre plusieurs formes : une institution unique avec différents services selon l'âge des enfants, plusieurs institutions sur un même département.

La *pouponnière* accueille exclusivement des enfants de moins de 3 ans en difficultés de vie sociale et familiale ou bien des enfants atteints de maladie ou de handicap grave, ne pouvant pas être accueillis en famille. Les éducateurs de jeunes enfants ont toute leur place auprès de ces enfants.

Le *centre maternel* est une institution accueillant des mères et leurs enfants, lors de difficultés de vie familiale, notamment lors d'une rupture, d'un départ du domicile ou de situation de maltraitance. Les éducateurs de jeunes enfants qui y travaillent ont une place auprès des enfants et également un rôle de conseil, de médiation auprès des mères.

La *maison d'enfants à caractère social*, gérée à l'origine par des œuvres religieuses, accueille des enfants séparés de leur famille, pour des difficultés de vie momentanées ou à plus long terme. Les éducateurs de jeunes enfants y travaillent auprès des enfants les plus jeunes.

---

2. Loi n° 2010-625 du 9 juin 2010 relative à la création des maisons d'assistants maternels et portant diverses dispositions relatives aux assistants maternels.

Le *service d'action éducative en milieu ouvert (AEMO)* intervient auprès des familles dans un objectif d'accompagnement malgré des difficultés de vie sociale. Les éducateurs de jeunes enfants peuvent y prendre une place, notamment auprès des très jeunes enfants.
La *protection maternelle infantile* est au cœur des missions du Conseil général de chaque département. Elle a pour objectif de suivre les familles et les enfants du département et d'en prévenir les difficultés sociales et médicales. Parmi le personnel qui y travaille, les éducateurs de jeunes enfants ont pour mission l'observation des enfants et de leur famille présents lors de consultations, leur accompagnement éducatif en cas de difficultés repérées.

3 Les structures d'accueil à caractère sanitaire et médico-social

L'*hôpital* est un lieu d'accueil des personnes malades ou accidentées. Il comprend un service pour les jeunes enfants. Les éducateurs de jeunes enfants y prennent toute leur place dans une fonction d'accompagnement, d'observation, d'écoute, de soutien et d'orientation.
La *maternité* est le lieu de la naissance. En dehors de son rôle médical, la fonction d'accueil et d'écoute a toute son importance, notamment auprès des membres de la famille (le père, la fratrie, etc.). Elle peut être parfois assurée par des éducateurs de jeunes enfants.
Le *service de pédopsychiatrie* est un service de l'hôpital accueillant des enfants suivis pour des troubles d'ordre pathologique. Les éducateurs travaillent avec le reste de l'équipe pluridisciplinaire.
Le *centre d'action médico-social précoce* (*CAMSP*) est un service qui accueille des enfants présentant un handicap, une déficience ou une difficulté. Cet accueil ponctuel est destiné à prendre en charge le jeune enfant en fonction de sa difficulté. Plusieurs spécialistes travaillent avec cet enfant et sa famille en vue d'une rééducation et d'une orientation future. Les éducateurs de jeunes enfants participent à cette action en apportant un regard éducatif auprès du jeune enfant et de sa famille.
L'*institut de rééducation fonctionnelle* est un établissement de soins ayant pour objectif la rééducation après un accident. Les jeunes enfants nécessitent la présence d'un personnel qui les accompagne dans leur vie quotidienne. De ce fait, les éducateurs de jeunes enfants y ont leur place.
L'*institut médico-éducatif* accueille des enfants présentant un handicap ou une déficience après leur orientation en institution spécialisée, au moment de leur scolarisation. Les enfants y sont accueillis en petit groupe, selon leurs difficultés. Les éducateurs de jeunes enfants y travaillent depuis longtemps, reconnus pour leur prise en charge spécifique du très jeune enfant.
Le *centre médico-psycho-pédagogique* (*CMPP*) accueille des enfants en difficulté de développement et leur famille. Cet accueil se fait sur rendez-vous auprès des différents spécialistes médico-sociaux. Les éducateurs de jeunes enfants peuvent y avoir toute leur place auprès des enfants les plus jeunes.

4 Les établissements de loisirs, d'animation et les services et lieux d'accueil spécifiques

Les *lieux d'accueil parents-enfants* sont des établissements d'accueil temporaire dans lesquels une équipe accueille ensemble le parent et son enfant. Ces établissements sont issus des « Maisons vertes » créées par Françoise Dolto. L'orientation donnée à cet établissement est

psychologique et/ou éducative. Les éducateurs de jeunes enfants peuvent y travailler, assurant une fonction d'écoute, d'observation, d'accompagnement, d'information et d'orientation.
Les *centres sociaux* sont des établissements implantés dans des quartiers. Des activités y sont proposées, des permanences sociales y sont organisées, parfois une halte-garderie existe et permet l'accueil du jeune enfant. Les éducateurs de jeunes enfants y sont recrutés pour en assurer la responsabilité.
La *ludothèque* est un lieu d'accueil ponctuel autour du jeu et du jouet qui accueille un enfant et sa famille en vue de faire un choix de jeux et de jouets empruntés pendant un temps défini. Les éducateurs de jeunes enfants y trouvent leur place dans le conseil.
Le *centre de loisirs sans hébergement* (*CLSH*) *et périscolaire* est un lieu d'accueil qui permet aux enfants scolarisés d'être pris en charge lors des congés scolaires ou lors des garderies du matin et du soir pendant l'école. Les éducateurs de jeunes enfants peuvent y prendre place.
Le *village de vacances* est une structure de loisirs et de tourisme, proposée aux familles et à leurs enfants. Un service d'accueil existe pour les enfants. Les éducateurs de jeunes enfants peuvent y accéder.

Situation

Géraldine materne trop Maya !

Maya est une fillette de 2 ans, pleine de vie. Son intrépidité inquiète Géraldine (assistante maternelle) qui chaque jour, à son domicile, veille sur elle. Géraldine a tendance à lui dire souvent « non » et à brimer ses initiatives par souci de sécurité. L'éducatrice de jeunes enfants de la crèche familiale lui a dit qu'elle « maternait trop Maya, qu'elle devait accepter sa vitalité et stimuler son autonomie avec vigilance ».

Remarque

Le rôle éducatif du personnel de la petite enfance est avant tout de « *socialiser* » l'enfant, donc de stimuler son *autonomie*. Pour cela, il ne faut pas limiter l'enfant dans ses actions. En revanche, on peut lui expliquer certains gestes (en fonction de ses capacités de compréhension et de motricité) et bien sûr le surveiller.

CHAPITRE 2

Évolution du sentiment de l'enfance et de la place du jeune enfant dans la société

A L'émergence du « sentiment de l'enfance »

Autrefois, dès que l'enfant n'avait plus besoin des soins de sa mère ou de sa nourrice, il entrait dans la société des adultes et ne s'en distinguait plus. On n'avait pas conscience de l'enfant en tant qu'être qualitativement différent de l'adulte.
Au Moyen Âge, l'iconographie représente l'enfant comme un adulte en miniature. Le mot « enfant » n'avait pas le même sens qu'actuellement. Il recouvrait plutôt la notion actuelle de « jeune ».
Le sentiment de l'enfance apparaît vers les XVIe-XVIIe siècles. Ce sentiment n'a rien à voir avec l'affection que l'on porte aux enfants, mais correspond à la prise de conscience de la particularité enfantine, particularité qui le différencie de l'adulte, même jeune[1]. Cette prise de conscience est apparue lors de la transition de la famille traditionnelle à la famille moderne. P. Ariès estime que le sentiment de la famille et le sentiment de l'enfance sont apparus en même temps[2]. Il se réalise d'abord dans la famille à travers le mignotage, puis à l'extérieur de la famille par la critique de ce mignotage.

1 Le « mignotage »

C'est un sentiment né du plaisir éprouvé au contact avec l'enfant. Il est en étroite relation avec sa naïveté, sa gentillesse et sa drôlerie. Le jeune enfant est source d'amusement et de détente pour l'adulte. Ce sont les femmes (mères, nourrices) qui les premières se laissent séduire par les jeux de l'enfant et reconnaissent leur propre plaisir à y participer.
Très vite, et par opposition au mignotage, une autre attitude de l'adulte va libérer l'enfant de cette façon de se le représenter, nous lui donnerons le nom d'antimignotage faute de terme adéquat pour le nommer avec précision.

2 L' « antimignotage »

L'apparition du mignotage a provoqué un sentiment inverse chez de nombreux moralistes tels que Montaigne (1533-1592), qui trouvèrent insupportable l'attention que l'on portait aux enfants. Au lieu d'en faire un objet d'amusement et de le choyer avec excès, ils préconisèrent

1. Un premier indice apparaît dans les tableaux où l'enfant est représenté portant des vêtements adaptés à son âge.
2. Ariès P.

DEEJE. Diplôme d'État d'éducateur de jeunes enfants

d'œuvrer pour en faire un homme d'honneur et de raison. L'Église, elle aussi, développe un discours autour de l'enfant. Elle le considère comme une créature de Dieu, faible et innocente, qu'il faut à la fois préserver des souillures de la vie et armer en la fortifiant.
L'attachement à l'enfant ne s'exprime plus alors par l'amusement, mais par l'intérêt psychologique et le souci moral. Les parents vont désormais se préoccuper de tout ce qui touche à l'éducation.

B Les « relations parents-enfants » dans l'histoire

À partir des XVI*e*-XVII*e siècles* donc, à la suite de l'émergence du sentiment de la famille et de celui de l'enfance, des changements importants apparaissent dans l'attitude des parents à l'égard de leurs enfants.
En même temps que le couple se privatise, les enfants, moins nombreux, se trouvent valorisés. Selon P. Ariès, l'enfant sort de son ancien anonymat, il cesse d'être considéré comme une quantité négligeable facile à remplacer. L'affection pour l'enfant se substitue au sentiment d'indifférence, interprété par cet auteur comme étant une conséquence directe et inévitable de l'effrayante mortalité infantile qui sévissait dans les sociétés préindustrielles.
Au début du XVIII*e siècle*, la mort de l'enfant est pleurée comme la perte d'un être cher, irremplaçable. On y retrouve l'affliction moderne. Selon M. Ségalen[3], « le petit enfant étant aimé, entouré de soins, peut-être excessifs ou maladroits d'un point de vue médical, mais on n'était indifférent ni à sa mort, ni à sa survie ». De nombreuses précautions et pratiques thérapeutiques populaires semblaient témoigner en faveur de l'intérêt porté aux jeunes enfants. Enfin, les techniques d'éducation traditionnelle étaient souples et respectaient le rythme et les demandes de l'enfant. Ce n'est qu'au XIXe siècle que les médecins, avec leurs horaires rigides, influencent un changement d'attitude en ce domaine.
Au début du XIX*e siècle*. Dans son célèbre ouvrage : *L'Émile*, J.J. Rousseau commente l'exaltation de l'amour maternel et de l'allaitement au sein. Les élites intellectuelles de l'aristocratie et de la bourgeoisie (qui avaient l'habitude de confier leur enfant à des nourrices) commencent à refuser de se séparer de leur nourrisson et, si les femmes n'allaitent pas elles-mêmes leur enfant, elles font venir la nourrice à domicile. Cette pratique sera courante jusqu'à la fin du XIXe siècle, époque où les progrès de l'hygiène et de l'asepsie permettront d'utiliser sans risque l'allaitement artificiel.
Paradoxalement, dans la bourgeoisie, les parents commencent à recourir au placement mercenaire à la campagne. P. Ariès émet l'hypothèse que cet usage constitue peut-être une mesure de protection née de l'attention particulière accordée aux enfants[4].
À la fin du XIX*e siècle*, la famille s'organise autour de l'enfant. L'enfant commence à devenir le porteur de l'imaginaire parental et se voit réduit à répondre aux demandes de ses parents, à satisfaire les ambitions qu'ils n'ont pu réaliser. Il est chargé de reproduire le modèle familial et de réussir l'ascension sociale de la famille. Apparaît alors la nécessité de réduire le nombre

3. Ségalen M. Sociologie de la famille. Paris : Armand Colin ; 2004.
4. Ainsi, J.J. Rousseau, dans les *Confessions*, dit-il en parlant de l'abandon de ses cinq enfants : « Tout pesé, je choisis pour mes enfants le mieux ou ce que je crus l'être. J'aurais voulu, je voudrais encore avoir été élevé et nourri comme ils l'ont été ». Cet argument est réfuté par de nombreux auteurs pour qui il est impossible de croire que les parents ignoraient les risques de mortalité et de morbidité qu'ils faisaient courir à leur enfant en le plaçant en nourrice.

des enfants pour mieux les élever. La pratique des méthodes contraceptives pénètre alors les mœurs de la bourgeoisie, puis des classes moyennes. Les parents se soucient de l'éducation et confient leurs enfants à l'institution scolaire[5].

C L'émergence du « souci éducatif »

*Au XIX*e *siècle*, avec l'émergence du sentiment de l'enfant naît le souci éducatif. L'école devient le mode d'éducation infantile par excellence. Ses horaires occupent toute la journée des enfants. Sa discipline engendre un « savoir-être-enfant » fait de passivité, d'obéissance, de résignation. Sa pédagogie est une pédagogie de l'intimidation. L'école a enfermé l'enfance, autrefois libre, dans un régime disciplinaire très strict.

Par souci d'éducation naît la nécessité de mieux connaître l'enfant afin de mieux le « rectifier ». On s'efforce de pénétrer la mentalité enfantine afin de rendre les méthodes d'éducation plus efficaces. Le succès de l'école ne peut s'expliquer sans tenir compte de la complicité sentimentale des familles : l'affection des parents pour leurs enfants s'exprime dans la reconnaissance de la chance que constitue l'éducation.

Le changement d'attitude à l'égard de l'enfant n'a longtemps concerné que les classes aisées. Les enfants des classes économiquement défavorisées ont au contraire pâti très lourdement de la misère et des conséquences de la révolution industrielle. Les femmes de ces catégories sociales étaient réduites à un tel dénuement, physique et moral, que l'enfant était le plus souvent considéré comme une menace à leur propre survie. Les parents avaient alors le « choix » entre le placement nourricier (dans des conditions épouvantables) et l'abandon.

D Le développement du « sentiment de l'enfance »

Le sentiment de l'enfance, d'abord apparu chez les nobles, les bourgeois vers la fin du XIXe siècle, gagne les autres couches sociales. Il se développe rapidement jusqu'à donner à l'enfance un sens très précis et un intérêt sans cesse croissant.

Le terme de « puériculture » apparaît en 1865. Il est créé par A. Caron qui la définit comme « la science d'élever hygiéniquement et physiologiquement les enfants ». Pour lui, « la puériculture est à la santé ce que l'agriculture est à la fertilité du sol »[6]. C'est également à partir de cette époque que les mesures de protection de l'enfance se développent[7]. La pédiatrie apparaît en 1872.

Avec le développement des sciences nouvelles telles que la psychologie, la psychanalyse, la connaissance de l'enfance va se développer et s'approfondir. Le sentiment de l'enfance va prendre d'autres orientations avec les travaux de A. Gesell, H. Wallon, J. Piaget, et bien d'autres psychologues de l'enfance.

---

5. Autrefois, dès que l'enfant avait acquis la motricité, le langage, dès qu'on l'estimait capable de se passer de sa mère ou de sa nourrice, soit environ vers 7 ans, il entrait d'emblée dans la société des adultes où, confronté à la vie, « il apprenait la vie par la vie » (Meyer P. L'enfant et la raison d'État. Paris : Seuil, coll. Point numéro 88 ; 1977).
6. Caron A. in : Huard P., Laplane R. Histoire illustrée de la puériculture. Huard P. et Laplane R. Paris : Dacosta. 1979.
7. Gassier J. Guide de la puéricultrice. Issy-les-Moulineaux : Masson ; 2007.

Les différentes découvertes en sciences humaines au XXe siècle influencent l'attitude de l'adulte envers l'enfant, en particulier les « consignes » des spécialistes de la petite enfance par le biais des œuvres de vulgarisation.
L'intérêt pour l'enfant se manifeste également par la création de vêtements adaptés à chaque âge, la création de jouets spécifiques et le développement de la littérature.

Mémo psy

La contrepartie

On s'est efforcé de donner à l'enfant une place privilégiée dans la société. Aujourd'hui, on peut toutefois se demander si cet engouement pour l'enfant n'a pas quelque part sa contrepartie. Après des siècles d'indifférence à l'enfant, notre monde est obsédé par les problèmes physiques, moraux et sexuels de l'enfant. De plus, la multiplication des institutions familiales, médico-sociales, scolaires, contribue à une prise en charge complète de l'enfant à chaque moment de sa vie. On peut se demander si cette « surprotection » n'est pas aliénante ? Si l'enfant ne perd pas en liberté ce qu'il gagne en sécurité ? Il nous semble fondamental que les éducateurs de jeunes enfants et tous les professionnels de la petite enfance soumettent leur pratique à ce questionnement.

E L'évolution de la « place de l'enfant dans la société »

Autrefois, la situation sanitaire et économique réduisait l'espérance de vie des enfants à quelques années. Aujourd'hui, les conditions faites à l'enfant traduisent la valeur sociale qu'il représente. Les familles se montrent plus réceptives aux découvertes relatives à l'enfance et les médias jouent un rôle important dans cette évolution.

1 La recomposition familiale

Le travail des femmes, le divorce, l'isolement des jeunes couples, la monoparentalité, la recomposition familiale, etc. sont des facteurs potentiels de déstabilisation et de perturbation dans l'environnement des enfants. La perte de repères, la nécessaire redéfinition des rôles parentaux, mais aussi la dégradation des conditions d'existence au plan économique, sont pour les parents une source de difficultés pour assumer leurs responsabilités éducatives. « Ces situations nécessitent un besoin d'accompagnement, plutôt que de suppléance, de substitution ou de contrainte »[8].

2 La prise en charge de l'enfant en institution

La société est consciente de l'importance de la période de la petite enfance pour la santé physique et psychique de l'adulte de demain. Donc, elle s'attache à la qualité du service rendu par les

8. Jésu F. Les réseaux locaux de soutien à la parentalité : actualité du concept et des pratiques. In : Les cahiers de la puériculture, n° 143, 1999.

institutions, qualité que l'on peut traduire au travers des modalités de la prise en charge de l'enfant, quelle que soit l'activité du service. On sait combien la qualité des interactions entre l'enfant et l'adulte est fondamentale pour son développement, puisqu'il intègre au fur et à mesure de la formation de sa personnalité des normes, des modèles, des attitudes préexistantes dans le milieu. Les professionnels ont donc un rôle important dans le domaine de la prise en charge de l'enfant.

F L'évolution de la notion de « soutien à la parentalité »

Une prise de conscience récente engage aujourd'hui les institutions et les professionnels « à redonner aux parents leur place de premiers éducateurs, en les soutenant de manière effective dans leur rôle. Ce soutien à la parentalité s'accompagne d'un travail sur le lien social. C'est en effet dans la répétition des interactions entre les parents, les enfants et les professionnels que peuvent s'élaborer progressivement des projets et des repères éducatifs, et aussi des normes sociales favorables à l'intégration des familles issues de cultures différentes et donc à l'intégration future de l'enfant.

Ce travail sur le lien social favorise l'acquisition du statut de parents, avec les obligations, les droits et la reconnaissance sociale qui l'accompagnent.

Les services accueillant des enfants attentifs à ne pas dessaisir les parents de leur rôle et de leurs responsabilités à l'égard de leur enfant assurent ce rôle de soutien à la parentalité.

Mémo psy

L'évolution des « aides » aux familles

Diverses formes d'aide ont pu se succéder auprès des familles. Citons à titre d'exemples :

- la *formation parentale* destinée à favoriser le développement des capacités des parents et, par voie de conséquence, celles de leurs enfants ;
- l'*éducation familiale* destinée à aider la femme, les couples à maîtriser la venue ou non des enfants ;
- l'*éducation sanitaire* destinée à aider les familles dans le domaine de la santé et du développement de l'enfant.

Ces trois notions s'inscrivent dans des objectifs professionnels destinés à aider les parents et sont ancrées de longue date dans les pratiques d'interventions sanitaires et sociales.

N.B. *L'accompagnement et le soutien parental* relèvent d'une conception différente des interventions précédentes, passant d'une démarche de « protection », « d'aide » à la *recherche d'une coopération et d'une participation des parents* qui marque la *reconnaissance des acteurs* et l'importance de leur propre développement. Ces éléments seront développés dans le chapitre sur la parentalité.

Chapitre 3

Influence de l'environnement sur le jeune enfant

Dans notre société très socialisée, les relations familiales resserrées « enserrent » parfois trop l'individu et limitent son développement psychoaffectif, mais la famille (cellule protectrice rassurante) est le principal refuge de l'affectif.

A L'influence de la famille

Le développement du caractère, c'est-à-dire de la personnalité et de l'équilibre d'un être humain, se fait-il en fonction de « données héréditaires » ? ou au contraire dépend-il du *milieu familial* ? Les avis sont partagés : certains spécialistes disent que l'influence de l'hérédité est primordiale, d'autres pensent que l'influence du « milieu familial » l'emporte sur l'hérédité.

Situation

Alexia, « la vocation en héritage » !

Alexia est née chez des parents musiciens. Est-ce l'influence éducatrice qui a eu des répercussions sur elle ou plutôt une éventuelle hérédité ? Aujourd'hui, elle est devenue une musicienne reconnue.

Remarque

Influence éducative ou hérédité ? Cela reste une question non résolue qui soulève de nombreux débats. On pourrait dire qu'il y a un peu des deux sans trop se tromper !

1 L'influence de la famille sur l'équilibre humain

L'enfant se construit en imitant, ou en s'opposant à ses proches. C'est dire l'importance pour l'enfant de vivre dans un milieu où il trouvera l'amour, la fraternité, la tolérance, la compréhension, l'écoute, l'échange, la sécurité et la sérénité.

On sait que les enfants qui ont souffert de « carence affective » peuvent présenter des troubles psychologiques graves à l'âge adulte.

Toutefois, lorsque le climat familial est très perturbé, la société doit mettre à la disposition des familles un soutien psychologique. C'est en atténuant les difficultés de l'enfant au sein du groupe familial que l'on favorise l'équilibre de l'adulte qu'il sera demain.

DEEJE. Diplôme d'État d'éducateur de jeunes enfants

Situation

Zohra, « l'absence de liens »...

Zohra (18 ans) a été placée très jeune (abandonnée à l'âge de 2 ans) dans des foyers de l'enfance. Allant d'une famille à l'autre, elle n'a jamais pu établir de liens avec ses familles d'accueil et se retrouve aujourd'hui devant la psychologue de la maternité où elle vient d'accoucher : elle envisage un abandon de l'enfant qu'elle ne se sent pas apte à élever et à aimer.

Remarque

Zohra n'est pas guérie de ce manque affectif et c'est cette blessure inscrits dans sa mémoire qui orientent toute sa conduite à l'âge adulte.

2 L'influence de la famille sur le développement affectif et social

L'individu ne peut constituer une famille harmonieuse que si son propre « apprentissage familial » lui a permis un développement relationnel satisfaisant. On retrouve ici l'influence formatrice de la famille dès la petite enfance.

C'est au gré du développement du sens social que se mesure l'évolution psychologique d'un individu qui peut, à son tour, recréer une famille.

Situation

Romain, le souvenir des conflits familiaux

Romain (50 ans, fils unique) a souffert dans sa jeunesse du divorce très conflictuel de ses parents. De ce fait, il n'a jamais souhaité fonder une famille. Très occupé par sa profession et par l'organisation de ses loisirs, il a orienté ses passions vers les collections d'objets d'art. Le week-end, il rend visite à un vieil ami (célibataire comme lui) pour faire un bon repas et aller ensuite promener leurs chiens. Il semble ne rien regretter et pourtant il avoue quelquefois (en privé) qu'il a la nostalgie de ces grands repas familiaux qu'il n'a jamais connus...

Remarque

L'individu ne se fait pas seul par choix, c'est souvent son vécu qui explique son comportement à l'âge adulte...

Mémo psy

La nourriture affective

La psychologie moderne nous apprend que c'est par la « nourriture affective » que l'individu peut sortir de lui-même et s'affirmer dans sa plénitude adulte. Sinon l'individu reste « égocentrique ». Or, le sens normal du développement humain est le recul progressif de l'égocentrisme.

L'individu doit d'abord apprendre à se détacher de sa famille (qui est, à elle seule, une cellule égocentrique, où l'énergie affective est centrée sur elle-même...) pour aller vers les autres, pour faire « don de soi ».

C'est au gré du développement du sens social que se mesure l'évolution psychologique d'un individu qui pourra, à son tour, recréer une famille.

B L'influence socioculturelle

L'influence de l'environnement socioculturel est importante. Voyons quelques définitions :

- la culture est l'ensemble des valeurs et des comportements intégrés par l'individu au cours du processus de localisation[1] ;
- le milieu culturel est constitué par l'ensemble des apports culturels dans lesquels baigne l'individu ;
- le milieu socioculturel comprend les facteurs sociaux et culturels (catégorie professionnelle, classe sociale).

1 La transmission de la culture

L'influence du « milieu culturel » sur l'enfant est considérable car il la subit d'une façon continue depuis sa naissance. Très souvent, il la conserve adulte et la transmet à son tour. On sait, par expérience, qu'un enfant adopte très tôt le comportement de son milieu socioculturel. Il s'adapte difficilement à un « autre milieu » (s'il est très différent de celui de sa famille).
Plus l'influence socioculturelle sur l'enfant est précoce, plus elle est efficace, et plus elle est tardive plus elle est difficile à transmettre.

2 Les groupes d'influence

L'influence du milieu socioculturel s'effectue par les groupes « d'appartenance et de référence ». On distingue deux grands groupes d'influence socioculturelle :

- le *groupe d'appartenance* : famille, références culturelles, rites, idéologie, ensemble de croyances, classe sociale, classe d'âge… Ce groupe n'est pas choisi par l'individu. Il lui est en quelque sorte « imposé » ;
- le *groupe de référence* : tout groupe social peut être un groupe de référence pour un individu. Ex. : les Parisiens pour les Provinciaux, les habitants de Neuilly pour l'ensemble des Parisiens, les Américains pour les Français, et encore, les artistes, les héros des médias… L'individu choisit généralement son groupe de référence en fonction de ses goûts et de ses aspirations propres.

Mémo psy

L'influence est une interaction

C'est un processus d'*interaction sociale* à travers lequel nous apprenons les valeurs d'un milieu et entrons dans la culture d'une société, en les intégrant à la structure même de notre personnalité, au cours de nos expériences.
Les normes, les valeurs, les modèles sont intériorisés par l'individu et intégrés à sa personnalité, et président à tout son comportement.

---

1. Par extension, la culture désigne tout comportement, habitude, savoir, appris par un individu biologique, transmis socialement et non par héritage génétique de l'espèce à laquelle appartient cet individu (unité en éthologie).

C Les étapes de l'influence de l'environnement

L'influence sur l'enfant se fait tout d'abord dans le milieu familial, ensuite à l'école et dans le quartier, enfin au niveau d'autres institutions (entreprises, etc.).

1 L'influence du milieu familial

Au niveau de la famille, l'influence s'exerce à travers des variables, notamment des variables culturelles, socio-économiques et comportementales :

- *influence des variables culturelles* : tout au long de la croissance, l'individu est influencé par les usages et les coutumes de son milieu familial : la manière de se tenir à table, d'entretenir son corps, de parler… Chaque société a ses usages propres qu'elle impose à ses membres : en Asie, manger avec des baguettes est une coutume qui diffère de celle de l'Occident, où manger avec un couteau et une fourchette est une règle ;
- *influence des variables socio-économiques* : les conditions de la vie du couple parental influencent la relation entre mère-enfant et peuvent intervenir sur l'épanouissement du bébé. Si cette relation est vécue comme insatisfaisante, elle est susceptible d'induire de l'anxiété, de la brusquerie, de la froideur ;
- *influence de la variable comportementale* : l'attitude des adultes intervient pour stimuler ou inhiber la créativité de l'enfant, ou son développement psychomoteur (*cf.* Situation ci-après).

Situation

L'influence de l'assistante maternelle sur l'enfant

Maya est une fillette de 2 ans, gardée par Mme A., une assistante maternelle, qui lui permet de circuler librement dans l'appartement et de faire de la peinture. Elle se promène souvent avec elle et elle est au contact de beaucoup de personnes. Cette petite fille semble beaucoup plus épanouie que sa voisine Nadia (du même âge), confiée à Mme B., une assistante maternelle, chez qui elle ne peut rien toucher et qui la sort rarement.

Remarque

Mme A. stimule le développement psychomoteur et social de l'enfant alors que Mme B. a tendance à l'inhiber. Notons que, heureusement, la famille de l'enfant peut rééquilibrer positivement cette influence.

2 L'influence institutionnelle

De la même façon, les équipes en crèche (AP, éducateurs…) peuvent influer sur le comportement de l'enfant, surtout lorsque le mode d'organisation de la crèche est le « groupe de référence », avec un suivi de l'enfant pendant trois ans.

Situation

L'influence du personnel de la crèche

Les enfants du groupe de Mme C. (EJE originale) débordante de vie, sont joyeux, et s'expriment facilement, leur activité préférée est la peinture qu'ils choisissent librement.
Les enfants du groupe de Mme M. (EJE rigide) sont « très obéissants ». L'activité dans laquelle ils excellent est la réalisation de puzzles. Ils les réalisent en silence, du début à la fin, comme un « travail » à accomplir, sans faire de « bêtises » (disent-ils !).

Remarque

On voit deux attitudes différentes chez les EJE. La première est souple, non directive. La seconde est plus rigide.
Chacune apprend à l'enfant son comportement en société. Ensuite viendra l'influence de l'école, du groupe d'amis, puis l'*influence des autres institutions* : le quartier, les médias, l'entreprise. Ces institutions sociales interviennent en tant qu'agents de socialisation et ont leur part d'influence sur l'individu.

D Les inégalités socioculturelles

Le milieu socioculturel engendre des goûts et des activités différentes chez l'individu. Quels sont les facteurs d'influence ?

1 Les facteurs d'inégalités culturelles

On constate donc des inégalités culturelles, qui s'expliquent par :
- le milieu social et l'éducation reçue depuis l'enfance ;
- les conditions de vie et de travail difficiles ;
- le manque de curiosité et de volonté ;
- l'abrutissement médiatique ;
- l'éloignement géographique...

2 Les chances d'égalités culturelles

Une possibilité « d'égalité culturelle » est offerte par l'enseignement public, gratuit et obligatoire jusqu'à 16 ans. En outre, parmi les modes de loisirs, le sport (en particulier le football, le tennis...) tend à opérer un certain nivellement des goûts et à rapprocher les différentes catégories sociales, donnant un écho d'actualité à la belle phrase de Marcel Camus : « C'est dans les sports de ma jeunesse, et uniquement là, que j'ai rencontré la vraie *fraternité* humaine. »

E Le « conformisme culturel » des enfants

Les enfants adoptent souvent très tôt des « modes culturelles » dans le but de renforcer leur appartenance au « groupe » et de s'affirmer. Ils adoptent un vocabulaire commun (source de communication).
Ils exigent des vêtements identiques et des accessoires les plus semblables possibles.

Situation

Les « goûts » affirmés de Julia (5 ans)

1er septembre, Mme A. (jeune mère de famille) fait les achats de la rentrée scolaire, accompagnée de sa fille Julia (5 ans). Celle-ci sautille dans tous les sens et s'excite beaucoup devant les présentoirs. Elle reconnaît la petite trousse rose (de la marque B) que son amie Zoé a déjà achetée… « Elle veut la même » ! Malgré la réticence de sa mère, qui trouve le prix trop élevé, Julia prend l'objet et la dépose d'emblée dans le caddy.

Remarque

Les grandes marques de vêtements, et même d'objets jadis classés « utilitaires » (tels que les trousses, crayons…) dès la rentrée des classes, savent jouer sur le « conformisme culturel » des enfants !

Chapitre 4

Développement de la personne au long de sa vie

Au cours de la vie, le développement de l'être humain se fait par étapes. L'enfant ne naît pas avec une personnalité déjà prête. Celle-ci se construit progressivement par le jeu des relations et des interactions avec son environnement.

A Le développement affectif et social du nourrisson

Avant l'apparition du langage, l'enfant entre en contact avec son environnement par différents outils de communication, comme en témoignent les exemples suivants.

1 L'expression du regard

Dans les premiers mois, c'est essentiellement par le regard que l'enfant entre en communication avec son entourage. Il est particulièrement intéressé par le visage humain. Pour qu'il y ait échange, le partenaire doit apporter une *réponse*, notamment en regardant l'enfant avec un visage expressif. En l'absence de réponse, l'enfant cesse de regarder, de sourire et se referme en lui-même. La *non-réponse* peut donc avoir des conséquences importantes sur le développement des relations sociales de l'enfant.

2 L'expression du sourire

Au début, le nouveau-né a des petits « sourires réflexes » qui ne s'adressent à personne. Il s'agit de décharges réflexes spontanées au cours des moments de somnolence.
À partir du 2e mois apparaît le « sourire social » : l'enfant sourit en réponse aux sourires de ses proches. Progressivement, l'enfant est capable de prendre l'initiative du sourire social et en fait un instrument de pouvoir sur son entourage.

3 Les expressions vocales

Les expressions vocales précèdent l'apparition du langage. À la naissance, les seules manifestations vocales sont les cris (ou vagissements), puis à partir du 2e mois, apparaissent les vocalisations (ou babillages). Ils sont variés et riches en voyelles. Lors d'une « interaction » avec la mère, on s'aperçoit que c'est la mère qui imite l'enfant, reproduisant les sons émis par son enfant. Tous les bébés au monde gazouillent de la même manière (ex. : le « mama » du bébé est

DEEJE. Diplôme d'État d'éducateur de jeunes enfants

quasi universel, c'est une sorte de prolongement de l'acte de succion). Les expressions vocales viennent en deuxième position après le regard dans les échanges avec l'adulte (au début, l'enfant crie, surtout pour appeler, ensuite pour répondre aux sollicitations des adultes).

4 Les pleurs

Au début, les pleurs sont indifférenciés, ils transmettent une information assez fruste concernant un état de mal-être (ex. : un état d'inconfort dû à une couche souillée, ou à la faim, la douleur, la chaleur, le froid). L'adulte doit y être attentif, car le fait de répondre adéquatement aux pleurs de l'enfant lui permet d'évoluer vers des signaux plus précis et plus variés.

Rôle de l'EJE

On appelle « interactions » des échanges particuliers entre deux partenaires. Ici entre la mère et son bébé. Les spécialistes[1] disent que chacun des deux partenaires « induit des compétences sur l'autre » (d'où le terme interactions). Il y en a deux sortes que l'EJE doit connaître et observer :

Les interactions comportementales

L'EJE observe comment le bébé :

- est touché ou porté par sa mère et comment il réagit à ces contacts, à ces manipulations maternelles ;
- réagit à la voix de sa mère et quelles sont ses réactions (ex. : ses réactions motrices, il bouge ses bras, ses jambes...).

Les interactions affectives

L'EJE observe comment la mère :

- apaise les pleurs du bébé et comment le bébé réagit à cette action ;
- regarde le bébé et comment celui-ci capte le regard de sa mère (les échanges de regards sont très évocateurs de la nature des rapports) ;
- répond à ses « babillages » (on remarque que lors des interactions, c'est la mère qui *imite* le bébé, *reproduisant* les sons émis par son enfant) ;
- sourit au bébé et comment le bébé « sourit en retour ». On remarque qu'une mère dépressive et restant de marbre devant le sourire du bébé, crée autour de lui un « *monde sensoriel froid* »[2]. La mère et l'enfant établissent alors un système de relation d'insatisfaction réciproque dont en connaît les conséquences (risque de rejet, de maltraitance...).

L'EJE doit transmettre tous les *signaux* qu'elle a pu capter dans les interactions afin de prévenir « la spirale interactionnelle négative » à l'origine de graves problèmes relationnels[3].

1. Cyrulnik B. Sous le signe du lien. Paris : Hachette ; 1997.
2. Cyrulnik B. *Op. cit.*
3. Brazelton B. La dynamique du nourrisson. Paris : ESF ; 1982.

B Le développement affectif et social avant l'acquisition du langage

Avant l'apparition du langage, les enfants utilisent certaines *expressions corporelles* pour nous signifier leurs désirs et leurs états d'âme :

- pour signifier un *refus*, l'enfant :
  - détourne la tête,
  - ferme la bouche, repousse ce qu'on lui tend avec la main,
  - fait « non » de la tête ;
- pour signifier son *acceptation*, l'enfant :
  - tend les bras, sourit,
  - ouvre une large bouche (par exemple : au moment du repas, quand on lui présente le biberon ou la cuillère),
  - fait « oui » de la tête ;
- pour signifier son *chagrin*, l'enfant :
  - pleure,
  - se prosterne sur le sol,
  - détourne son regard,
  - a un regard triste, sans expression, perdu dans le vague ;
- pour manifester sa *désapprobation*, l'enfant :
  - pleure,
  - tape du pied,
  - se roule par terre.

Situation

Les « moments clés » de la vie de deux jeunes enfants

Ces deux situations présentent des « moments clés » de la vie de l'enfant au cours desquels on peut observer divers aspects de son développement psychoaffectif et social.

▶ *Elsa*

Elsa (8 mois) pleure à cause du départ de sa mère. L'assistante maternelle qui la garde, « Manou », après plusieurs tentatives malheureuses, réussit à attirer l'intérêt de l'enfant en lui proposant un « ours ». Elle le regarde un moment, le serre contre elle et puis se calme.

Remarque

L'enfant de cet âge *ne comprend pas* encore que la mère va revenir. Il a le sentiment qu'elle l'abandonne. C'est dans les prochains mois qu'il pourra anticiper son retour, et, ainsi, acceptera mieux les *séparations*. L'ours est le type de « jouet symbolique », ou objet transitionnel, qui va combler le manque affectif : il est doux, il est chaud, il a pris l'odeur de l'enfant, il est rassurant, et, dans les mois à venir, l'enfant va lui parler et l'emmener partout avec lui.

▶ *Barthélémy*

Barthélémy (18 mois) veut parcourir le jardin dans tous les sens… Il court, il saute sur place. Il voudrait faire durer ce plaisir, mais l'heure du goûter arrive… Maman lui demande de s'installer. Barthélémy n'obéit pas tout de suite… Maman gronde… Il y a quelques larmes… Il détourne la tête, puis l'enfant se résigne à s'installer et à manger sa tartine. Le goûter fini, Barthélémy prend l'initiative de ranger dans le placard la tasse et la cuillère (souillées). À la suite de quoi il va chercher un livre d'images et le tend à sa mère.

Remarque
Barthélémy *ne comprend pas* encore les « règles » imposées par le groupe familial (ici, quitter le jeu pour aller manger à un moment précis). Les larmes sont une forme de langage préverbal qui signifie son mal-être, sa désapprobation… En revanche, à partir de cet âge-là, l'enfant cherche à s'intégrer au groupe par l'*imitation* des adultes : ici, il veut ranger les couverts dans le placard. De plus, l'enfant *sollicite souvent l'adulte* (ici, il lui tend un livre d'images).

Rôle de l'EJE

Observation du « langage non verbal » de l'enfant

L'EJE doit observer le langage *non verbal* de l'enfant, c'est un système de communication précoce qui joue un rôle important dans le développement des relations sociales. Ce système comprend les gestes, les mimiques, les postures (que nous avons décrits précédemment).
Par exemple, l'EJE doit savoir :

- mettre des mots sur les *attitudes de refus* de l'enfant. Il dit : « Tu détournes la tête parce que tu ne veux pas venir » ; « tu fermes la bouche parce que tu ne veux pas manger » ; « tu pleures parce que maman a grondé… », etc. ;
- répondre aux comportements de sollicitation de l'enfant qui *tend les bras*, qui fait *oui* de la tête, qui *sourit*. Cela dynamise son développement affectif et social ;
- *transmettre* tous les éléments de son observation de l'enfant à l'équipe avec laquelle il travaille.

C Le développement affectif et social au cours de la moyenne enfance

S'il est une tranche d'âge où le vécu affectif et social prend racine, c'est bien au cours de la moyenne enfance, qui s'étend de l'âge de 6 ans à 12-13 ans. Il se développe au sein du premier groupe social de l'enfant (le groupe des copains).
L'enfant va faire l'apprentissage de la vie sociale. D'après le psychologue de l'enfance, J. Piaget, deux grandes catégories de rapports sociaux se distinguent.

1 Les rapports de contrainte

Les rapports de contrainte découlent des liens d'autorité unilatérale. Ce sont les rapports de l'enfant avec les adultes, où la parole de l'adulte prend force de loi, aussi bien sur le plan cognitif (*domaine des opinions*) que sur le plan moral (*règles*). L'enfant intériorise les interdits, les règles, les idées, les attitudes inculquées par l'adulte. Ces rapports de contraintes aboutissent à un conformisme ; ils ne peuvent suffire à l'enfant pour se socialiser et pour le conduire à l'autonomie.

2 Les rapports de coopération

Les rapports de coopération sont fondés sur l'égalité et le respect mutuel des partenaires. Ces rapports sont issus des *interactions* de l'enfant avec ses pairs. Ils impliquent une élaboration personnelle de la règle, ils engendrent de l'autonomie. Avec ses pairs, l'enfant fait l'expérience de relations bien différentes de celles de l'adulte. Celui-ci le comprend facilement, il se met à la portée de l'enfant et devient un partenaire. Mais avec un autre enfant, il est en présence d'un être tout aussi incapable que lui de se décentrer, de se mettre à la place d'autrui, d'où les heurts et conflits. C'est cette expérience qui pousse l'enfant à sortir de son égocentrisme, pour faire place à une expérience vécue de l'égalité. On peut l'observer lorsque des enfants veulent jouer ensemble. Ils se rendent vite compte que, pour jouer ensemble, il est nécessaire d'établir des règles du jeu. Qu'ils doivent composer avec les autres, c'est-à-dire accepter le point de vue de chacun, faire des concessions, des compromis, en un mot *coopérer*. La compréhension intérieure de la règle permet à l'enfant d'y adhérer de façon librement consentie.

Mémo psy

Les « *sentiments collectifs* »

L'enfant éprouve au sein de l'école des sentiments très caractéristiques appelés « sentiments collectifs ». Un esprit de « corps social » se développe : on fait corps contre un professeur, contre un nouveau venu. On fait preuve d'intolérance contre les défavorisés, les timides… On observe des groupes de jeunes, entraînés par un « meneur ». Il a ses vassaux et ses rivaux ; des sympathies et des antipathies voient le jour, des disputes éclatent ! Mais la vie de groupe est indispensable à l'enfant, car elle lui permet d'évoluer dans sa perception de l'autre, de trouver sa place au sein d'un groupe. Chez les filles, le groupe se divise en *petits clans sélectifs* ; les filles préfèrent les amitiés féminines et l'intimité.

D Les transformations observées à l'adolescence

L'adolescence se caractérise par des transformations importantes, à la fois physiques, psychologiques, intellectuelles et sociales. Elle débute vers l'âge de 12 ans environ chez la fille et 14 ans chez le garçon. Elle s'achève aux alentours de 18-20 ans.

1 Les transformations physiques

Le processus pubertaire constitue l'événement fondamental de cette période : la *puberté* se caractérise par une mise en route de l'activité ovarienne chez la fille, et testiculaire chez le garçon. Celle-ci est sous la dépendance de la glande hypophyse. Au sens littéral, l'enfant pubère est « celui qui a des poils », une forte poussée de croissance staturo-pondérale, à peu près vers 11-12 ans chez les filles et 13-14 ans après pour les garçons. C'est également l'apparition des règles chez les filles et les premières éjaculations chez les garçons.

Situation

Mélissa se regarde trop…

Mélissa passe des heures devant sa glace à observer son visage. Hier soir, elle y a découvert quelques éruptions blanches… qui l'ont fait « blêmir » de rage ! Elle se trouve laide, défigurée… et va bouder une journée entière… Elle a peur de ne plus plaire ! Elle ne s'aime plus…

Remarque

Souvent l'adolescence crée un bouleversement hormonal à l'origine de l'acné chez les filles et chez les garçons qui leur pose beaucoup de problèmes à cette période de la vie où l'adolescent cherche à plaire !

2 Les transformations intellectuelles

L'adolescent prend goût aux *discussions* interminables, aux *raisonnements* dans l'absolu. Ce bouillonnement intellectuel s'accompagne de périodes de « rêverie ». C'est l'âge des « conduites imaginaires » qui servent d'échappatoire au réel.

3 Les transformations psychologiques

Les changements du corps s'accompagnent chez l'adolescent de changements psychologiques importants :

- *image du corps :* l'adolescent doit s'habituer à cette nouvelle « image » de lui-même dont il n'est pas toujours satisfait. Il doit apprendre à s'aimer dans ce « nouveau corps » d'où l'intérêt qu'il se porte à lui-même et les heures qu'il passe devant la glace ;
- *pulsions sexuelles :* à cette période, le développement psychosexuel reprend, en relation avec le développement physiologique. La puberté est l'accession à la maturité sexuelle physique. C'est le temps des premiers flirts, du premier baiser ;
- *détachement des parents* : l'adolescent doit apprendre à devenir autonome. La séparation des parents s'accompagne souvent de comportements contradictoires où le besoin de revendiquer son indépendance alterne avec une quête d'amour et de protection qui déconcerte les parents. C'est la révolte pubertaire contre les parents, l'autorité ou ses substituts symboliques ;
- *recherche d'identité* : l'adolescence est une période où s'édifie la personnalité. La grande question de l'adolescent est : « Qui suis-je ? » : les jeunes *rejettent les « images parentales »* et recherchent leur propre identité. Pour cela, il leur faut trouver de nouveaux modèles auxquels ils pourront s'identifier ;
- *déni du danger* : en ce qui concerne la sexualité, il peut y avoir un *déni du danger*, par exemple vis-à-vis du syndrome d'immunodéficience humaine (Sida), des infections sexuellement transmissibles (c'est pour les autres, cela ne peut pas m'arriver) et sur le fait d'avoir des relations non protégées.

E Les événements ayant un impact à l'âge adulte

L'âge adulte, défini physiologiquement par la fin de la croissance, est un état apparent de *maturité* et de *stabilité* physique, intellectuelle et affective.
En outre, on peut dire que l'adulte est celui qui a trouvé sa place dans les divers *groupes sociaux* auxquels il appartient et qui est capable de vivre de façon autonome. Tout événement est vécu subjectivement, en fonction de la personnalité du sujet et de son histoire antérieure.

1 Choix du conjoint

On ne peut pas parler véritablement de choix. Les expériences vécues dans la famille, les relations (même inconscientes) avec les parents, l'éducation reçue, le groupe social auquel on appartient, déterminent plus ou moins nettement les critères selon lesquels le partenaire est élu.
Dans les premiers temps de la vie de couple, le partenaire est idéalisé. Les éléments gênants sont projetés sur des personnes extérieures. La phase suivante, où l'autre cesse d'être idéalisé et où les conflits apparaissent, signe une évolution et donc une certaine maturité des partenaires.

2 Séparation et divorce

La séparation, légale ou non, peut être provoquée par un rythme d'évolution, de maturations différentes. L'issue d'un conflit dans un couple est fonction de la capacité de chacun à *communiquer*, à opérer un changement dans ses manières de fonctionner, à accepter une désillusion sans se sentir anéanti, à reconnaître que l'autre n'est insupportable que parce qu'il « réveille » quelque chose d'inconscient (ou de conscient) en nous.

3 Maternité, paternité

Le projet d'enfant répond au désir de chacun des partenaires d'avoir un enfant. Ce désir n'est pas indépendant de la façon dont chaque partenaire a été désiré, accueilli par ses propres parents (voir « Le désir d'enfant »).

4 Couple, responsabilités familiales

La maternité et la paternité provoquent une maturation de l'homme et de la femme en les mettant en face de responsabilités nouvelles. La venue d'un enfant est l'occasion d'une modification des rapports dans le couple. Certaines mères négligent leur rôle d'épouse, certains pères ressentent de la jalousie vis-à-vis de l'enfant qui accapare leur femme. Les parents doivent donc savoir s'adapter à leur nouveau rôle pour continuer à exister en même temps comme couple et comme parents.

5 Crise identitaire

Le passage des 30 ans, des 40 ans, des 50 ans remet l'homme comme la femme devant un bilan de sa vie passée, une remise en question des orientations de son avenir, l'ébauche de nouveaux projets. Certains peuvent changer totalement de vie, de travail, comme si ces tranches d'âge étaient des caps à passer.

6 Emploi et chômage

L'entrée dans la vie active se fait de plus en plus tard pour des raisons économiques (chômage) ou sociales (allongement des études). Le fait d'accéder à un emploi ou d'obtenir une promotion, avec les contraintes et les responsabilités afférentes, peut être source d'angoisse et déstabiliser un sujet, jusque-là équilibré, mais incapable de s'adapter à cette modification de son environnement.

Le chômage, surtout de longue durée, est une période de grande fragilité pour l'individu. Il se sent inutile, dévalorisé. Dans une société qui vante le travail et la réussite sociale, il a le sentiment de ne plus être capable d'assumer ses responsabilités familiales.

L'organisation psychique du sujet, ses expériences antérieures déterminent les moyens qu'il utilise pour faire face à cette situation. S'il ne trouve pas, en lui et autour de lui, des appuis suffisamment solides, il peut se sentir rejeté et incapable de réagir.

7 Retraite

C'est la cessation de l'activité professionnelle. Sa survenue est abordée avec une sérénité variable selon l'investissement du sujet dans son image sociale.

Il y a un deuil à faire de l'entreprise, des relations de travail, des années de jeunesse. Ce deuil est facilité si le sujet a d'autres investissements affectifs et sociaux.

F Les événements ayant un impact sur la vieillesse

Trop souvent encore, la représentation que la collectivité se fait du vieillissement et de la vieillesse est une détérioration de l'organisme, un déclin des facultés. Mais de nombreuses personnes âgées vieillissent en toute sérénité.

Situation

L'impact des « liens socio-affectifs »

Dorothée, 80 ans, vit à Paris avec ses enfants. Elle s'occupe avec joie, le week-end, de ses arrière-petits-enfants, à qui elle aime raconter des histoires. Elle fait des gâteaux et participe encore activement à la vie de famille. Parfois, Dorothée a quelques « trous de mémoire »… Mais elle a de bons yeux et peut lire ou regarder la télévision, ce qui occupe agréablement son temps. Elle a perdu son mari il y a dix ans, ce qui l'a longtemps perturbée, mais, avec le soutien de ses proches, Dorothée a pu surmonter cette épreuve…

Remarque

La personne se crée, se forge et surtout se maintient, par et dans une relation avec un environnement socio-affectif. Le cadre de vie d'une personne âgée constitue des repères temporaux et affectifs importants. Il est le « réservoir » des souvenirs d'une vie.

Modifier totalement ou brutalement le cadre de vie d'une personne âgée, c'est la jeter « hors de sa vie », la couper de son histoire.

Chapitre

5

Accueil individualisé de l'enfant et de sa famille en institution

La notion d'accueil selon le sens commun et au regard de la définition du dictionnaire *Petit Robert* signifie « manière de recevoir quelqu'un, de se comporter avec lui quand on le reçoit ou quand il arrive ». Donc, communément, l'accueil désigne la manière de recevoir quelqu'un. Très usité dans le domaine de l'action sociale, l'accueil et plus généralement l'acte d'accueillir sont des notions clés qui font l'objet d'une réflexion approfondie.
L'accueil est le moment où s'installe la communication, la relation. Il est primordial car, de sa qualité, dépend le regard que les familles, l'enfant auront de leur place dans l'institution. Mais, accueillir n'est pas un acte naturel, il demande aux différents professionnels de le penser et de questionner ses enjeux.

A La règle d'ORR de l'accueil (Orienter, Renseigner, Respecter)

La règle d'ORR de l'accueil regroupe ces trois lettres « Orienter, Renseigner, Respecter ». Nous allons voir ce qu'elle recouvre, quel que soit le lieu d'accueil (crèche ou service de soins).

1 O : Orienter (c'est-à-dire présenter)

Le professionnel veille à orienter (c'est-à-dire à présenter). Il veille à :
- se présenter (nom, fonction…), expliquer « concrètement » son rôle à l'enfant ;
- présenter ses collègues (équipe, noms, fonctions) et les moyens de les reconnaître (couleur des blouses, badges…), expliquer concrètement leurs rôles auprès de l'enfant ;
- présenter les autres enfants du service (futurs copains !) ;
- présenter le service (crèche ou service de soins, ou autres…).

2 R : Renseigner (c'est-à-dire informer)

Le professionnel veille à :
- renseigner les parents sur le fonctionnement du service :
  - présenter le planning du service de soins, heures des repas, des activités, des soins (à l'hôpital),
  - signaler le passage de certains professionnels : kinésithérapeute, pédiatre…,

- indiquer l'existence de lieux d'agrément (cafétéria, jardin, kiosque à journaux pour les parents) ;
- *se renseigner sur les habitudes de vie de l'enfant* pour mieux satisfaire ses besoins (ex. : rythme alimentaire, rythme de sommeil, usage de la tétine, besoin d'un doudou pour dormir…) ;
- *renseigner le service sur les réactions de l'enfant et de son entourage dès l'arrivée* : veiller à faire les transmissions sur le comportement de l'enfant à l'accueil (auprès de la puéricultrice ou des membres de l'équipe qui n'étaient pas présents). Signaler également le comportement et les demandes des parents.

3 R : Respecter (l'enfant et sa famille)

Respecter l'enfant, c'est :

- répondre à ses besoins fondamentaux, en particulier le rassurer, le sécuriser, lui parler, répondre à ses questions, le distraire ;
- lui proposer des objets de première nécessité (objets préférés !) en particulier le doudou (s'il est bébé), ou objets utiles : la bouteille d'eau (ou le biberon d'eau s'il est bébé) ; la télécommande (à l'hôpital) ;
- l'aider à s'installer (selon son âge) à disposer ses affaires dans la penderie ou le placard (à la crèche) ;
- lui attribuer rapidement un « référent » parmi le personnel de soins (c'est très sécurisant pour l'enfant) ;
- lui remettre le petit livret d'accueil et le lui commenter[1].

Respecter la famille de l'enfant, c'est :

- lui transmettre le livret d'accueil et la charte des droits de l'enfant ;
- suggérer à l'un des parents de rester auprès de l'enfant (possibilité de couchage dans la quasi-totalité des services de pédiatrie) et semaine d'intégration pour l'enfant à la crèche) ;
- répondre aux questions des parents dans un langage clair et adapté ;
- s'assurer qu'ils ont bien compris et *reformuler* si nécessaire ;
- être disponible, souriant, à l'écoute ;
- respecter leurs traditions, leur culte, leur dignité ;
- éviter toute familiarité.

B Les principes de la « relation d'accueil »

1 Écouter

Une écoute active permet de créer, entre le professionnel et le parent et/ou l'enfant, une relation de confiance rassurante, sécurisante, réconfortante qui participe à l'accueil de qualité de la famille.

Il est conseillé à l'EJE d'adopter un *état d'esprit positif* : pour être dans cet état d'esprit, il doit se considérer positivement et considérer l'enfant et sa famille de la même manière.

---

1. Ceci est valable principalement pour l'hôpital.

Mémo psy

Les certitudes de l'être humain

Les psychologues disent que l'être humain possède certaines certitudes sur lui-même et le monde qui l'entoure. On peut les résumer comme suit :

- je suis + vous êtes +
- je suis – vous êtes +
- je suis + vous êtes –
- je suis – vous êtes –

L'idéal à poursuivre par l'EJE est bien entendu, la position : *je suis* + *vous êtes* +, c'est la position qui sait accueillir chaleureusement et efficacement.

2 Être disponible

Dès l'accueil, le professionnel doit maintenir sa disponibilité. C'est une attitude d'attention particulière à l'autre dans l'instant. La disponibilité se manifeste par :

- *des paroles de bienvenue*, chaleureuses et vraies, que l'on prononce en se présentant, en expliquant sa fonction :
  - « Je suis là pour (…) »,
  - « Mon rôle est de (…) »,
  - « Vous pourrez toujours me contacter quand (…) » ;
- des expressions corporelles adaptées :
  - un *sourire* vrai, authentique, a le pouvoir de réchauffer immédiatement les rapports humains,
  - un *regard* encourageant, compatissant a des effets positifs indéniables sur l'interlocuteur,
  - un *contact* : une poignée de mains, une main posée sur l'épaule rend le rapport plus « humain ».

Situation

Savoir « accueillir » en toutes circonstances

Chacun de nous a fait l'expérience (dans des circonstances très diverses) de l'effet produit par des paroles d'accueil chaleureuses accompagnées d'un regard et d'un sourire « d'ouverture » à autrui. Que ce soit lors d'une consultation médicale, ou derrière un guichet de gare, ou chez un commerçant, lorsque la personne qui accueille est *disponible*, cela se « voit » immédiatement. Dans le cas contraire, la communication, donc la relation, est perturbée dès le départ.

3 Être vrai dans son comportement

Pour le professionnel, être vrai, c'est être authentique, c'est donc communiquer à l'enfant et aux parents les vrais sentiments qui l'habitent. Ce qui l'empêche de les maintenir vraiment, c'est souvent la peur, la gêne. Cela peut s'observer à l'hôpital face à un patient atteint d'un grave handicap ou en fin de vie. Il faut savoir gérer sa crainte et la dépasser.

4 Comprendre et respecter[2]

Pour comprendre l'enfant (ou sa famille), le professionnel doit faire preuve :
- *d'acceptation inconditionnelle de l'autre*, c'est-à-dire le refus de tout jugement sur ce que l'autre exprime ou n'exprime pas ;
- *de neutralité bienveillante*, elle repose sur l'intérêt porté à l'autre, un intérêt désintéressé ;
- *d'authenticité*, c'est s'intéresser réellement à ce qu'exprime l'autre ;
- *d'empathie*, c'est une aptitude et une volonté à contrôler ses propres réactions socio-affectives afin de comprendre les émotions de l'autre et se rendre disponible à l'autre.

Cette compréhension permet au professionnel d'accueillir l'enfant comme un être humain dans sa globalité.

Situation

L'accueil d'une famille immigrée

Dès l'accueil de l'enfant et de sa famille, Zoé (EJE) constate le regard un peu perdu du père de Tahar, 6 mois. M. X vient à la crèche pour la première fois. C'est un homme d'origine turque qui présente de grandes difficultés à s'exprimer en français. Zoé comprend qu'il est fragilisé à cause de cela, ce qui accroît son inquiétude quant au premier rendez-vous en structure petite enfance. Lors de l'accueil, elle utilise alors davantage le mode de communication non verbal. Elle dit bonjour à M. X, en lui serrant la main, et, par un geste du bras l'invite à visiter la structure. L'accueil passe par le respect de l'autre et la confiance peut être établie en peu de mots et peu de gestes.

Remarque

Il est important de préciser que les professionnels de la petite enfance peuvent avoir recours à des traducteurs ou des médiateurs culturels (souvent par le biais d'associations présentes sur le territoire) afin de faciliter les premières rencontres et de s'assurer que les familles ont bien compris les missions, le fonctionnement et l'organisation de la structure.

5 Accompagner

L'EJE devient très proche de l'enfant malade, il va « l'accompagner »[3] au quotidien. Ainsi il va l'aider à devenir acteur de sa propre guérison, stimuler son autonomie et partager ses émotions, et celles de ses proches.

C Le livret d'accueil

De nos jours, l'hôpital se dote de nombreux moyens de communication qu'il met à la disposition des enfants et de leurs familles. Citons le livret d'accueil illustré, qui plaît beaucoup à l'enfant (Fig. 5.1).

2. Abric JC. Psychologie de la communication. Paris : Armand Colin ; 2008.
3. En étymologie : partager le pain (manger ensemble).

À 8 h 00, l'infirmière passe me voir dans ma chambre.

À 10 h 00, je rejoins mes copains dans la salle de cours.

L'après-midi, je vais en salle de jeux. On peut dessiner, peindre.

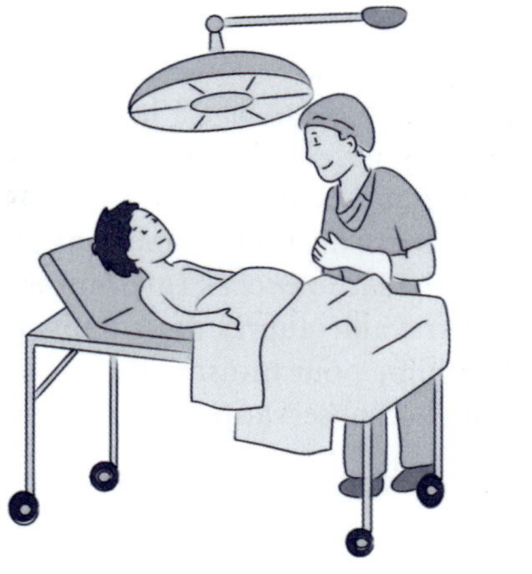

Dans la salle d'opération, il y a de grandes lumières.

À mon réveil, maman écoute mon histoire.

Ja repars dans l'ambulance. C'est une grande voiture blanche avec une croix bleue.

Fig. 5.1 **Présentation de l'hôpital à l'enfant et à sa famille. Fascicule remis à l'enfant à l'accueil.**

CHAPITRE

6 Démarches d'observation et d'éducation (méthodologie)

A La méthodologie de la « démarche d'observation »

La démarche d'observation est fondée sur les « *capacités* » à observer. L'observation est considérée comme la *compétence* la plus appréciée chez les professionnels. C'est un phénomène complexe, qui nécessite l'acquisition de plusieurs capacités :

- *capacités sensorielles* (mettant en jeu les quatre sens) ;
- *capacités intellectuelles* (mettant en jeu les connaissances) ;
- *capacités relationnelles* (mettant en jeu le contact avec l'enfant et sa famille).

L'EJE qui travaille auprès des enfants en structures d'accueil a un rôle important à jouer au sein de l'équipe pour transmettre les éléments de son observation de l'enfant.

La démarche d'observation d'une situation s'analyse selon la méthode du QQQOCP[1].

1 Le P comme Pourquoi ? (Pourquoi observer ?)

L'observation est un outil capital qui permet de saisir tous les aspects de l'état (physiologique ou psychologique) d'une personne. Tous les détails de son comportement, langage verbal et non verbal, de son environnement et de ses besoins.

2 Le Q comme Quoi ? (Qu'est-ce que l'observation ?)

L'observation est un processus qui est :

- *actif* : il s'appuie sur :
  - les connaissances : « *pour voir il faut savoir* »,
  - le bon sens : « *il faut repérer les priorités* » ;
- *spontané* : il faut « *voir vite* » et transmettre les informations rapidement ;
- *objectif* : il faut dire ce que l'on voit *sans déformer*, ni interpréter les données (la neutralité est de rigueur) ;
- *organisé* : il faut parfois associer à l'observation des instruments ou outils spécifiques (ex. : les grilles d'observation, élaborées à partir des besoins fondamentaux).

1. La formule mnémotechnique se retient mieux sous cette forme, mais il est plus logique de placer le pourquoi (P) au début et à plusieurs niveaux de sa réflexion.

3 Le Q comme Qui ? (Qui est qualifié pour observer ?)

En milieu professionnel, toute personne de l'équipe est en mesure d'observer une personne (ex. : un enfant (et/ou) ses parents) selon sa formation et ses compétences professionnelles.

Rôle de l'EJE

L'EJE oriente l'observation vers la *satisfaction des besoins fondamentaux* de l'enfant (comportement, réactions, attitudes lors d'une activité), mais aussi de son état de santé. Même à la crèche, un enfant peut développer une pathologie. L'EJE sait transmettre les éléments de son observation.

1 Le Q comme Quand ? (Quand observer ?)

En structure d'accueil, le personnel, quelle que soit sa fonction, doit assurer une observation *permanente* des enfants dans le cadre de son service.

2 Le O comme Où ? (Où observer ?)

Le professionnel observe l'enfant au cours des activités, des entrées et des sorties avec ses parents, des repas et dans le jardin (à la crèche) lors des jeux. Les éléments d'observation sont nombreux (Tableau 6.1).

3 Le C comme Comment ? (Comment observer ?)

La démarche d'observation se fait en deux étapes : le professionnel observe globalement puis affine son observation (ces deux étapes sont très rapprochées dans le temps), ensuite, il transmet ce qu'il a observé.
Le professionnel doit voir le maximum de choses en un laps de temps assez court. Il observe l'enfant de l'extérieur vers l'intérieur. À savoir qu'il voit d'abord les *expressions* corporelles, faciales (regard...).
Il s'agit de repérer les signes vitaux traduisant l'état de santé (Tableau 6.2).
Le professionnel peut utiliser une fiche repère pour faciliter son observation. Elle a été conçue par l'équipe à partir d'un modèle qui englobe les 14 besoins fondamentaux de l'enfant. Il doit transmettre tous les éléments de son observation (à la responsable de la structure).

B L'observation de l'enfant par les quatre sens

Pour bien observer, le professionnel doit utiliser ses quatre sens (vue, ouïe, odorat et toucher)[2].

2. Au cours des activités de jeux à la crèche, l'EJE aura un rôle d'observation important à jouer pour détecter des troubles sensoriels.

Tableau 6.1 **Observation par les quatre sens (quelques exemples).**

	Éléments d'observation	**Critères d'observation**
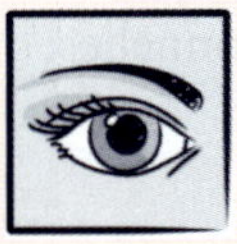	**La vue** : perception des activités (physiques et physiologiques) de l'enfant	
Aspect général État de conscience Activité sensorielle Communication Activité physiologique Activités motrices	Expressions faciales Positions Somnolence Agitation Vue Ouïe Langage Manger S'asseoir, courir	Calme, tendu, stressé… Couchée, assise… Pas de réponses aux questions posées Troubles visuels ou non Troubles auditifs ou non Refus de communiquer, pleurs, geignements… Refus ou non de manger Autonomie (selon l'âge de l'enfant)
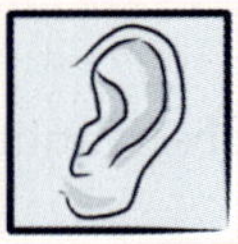	**L'ouïe** : perception des bruits	
Langage Respiration	Paroles, voix Bruits respiratoires	Paroles claires et compréhensibles, agressivité, pleurs Bruits anormaux ou sifflement (*cf.* pathologies respiratoires)
	**L'odorat** : perception des odeurs (patient et environnement)	
L'enfant L'environnement	Vomissements, selles, urines Vêtement, haleine… Chambre, literie	Acides, malodorantes ou non Odeurs fétides ou non Odeurs fétides ou non
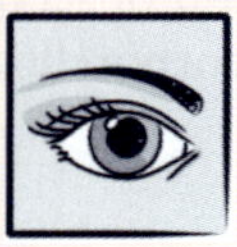	**Le toucher** : observation de la peau et appréciation du contact	
La peau Le contact physique	Tonicité Température Hydratation Intégrité[1]	Raideur, détente, crispation… Chaude, froide, moite… Souple, sèche (plis cutanés ?) Éruptions (macules, papules, vésicules, pustules) Facile ou refusé par l'enfant (réaction d'évitement)

1. L'intégrité de la peau et l'hydratation peuvent s'apprécier aussi bien à la vue qu'au toucher.

C L'observation des modifications de l'état de santé

En référence aux critères d'observation vus précédemment, le professionnel peut identifier l'état clinique de l'enfant. Nous citons dans le Tableau 6.2 quelques éléments d'observation dans le cas d'un état clinique normal et dans le cas d'une situation d'urgence qui nécessite d'alerter immédiatement. Même en structure d'accueil d'enfants en bonne santé (ex. : crèche) l'EJE, au sein de l'équipe, doit y collaborer activement en apportant les éléments de son observation (Tableau 6.2).

Situation

L'observation de Laurie (8 mois) fiévreuse

Julie (EJE) arrive ce jour à la crèche. Dès l'ouverture de la porte, elle sent une forte odeur acide, elle voit que Laurie (8 mois) a le visage rouge, les yeux brillants et qu'elle respire rapidement. Julie lui touche le front, la rassure et lui dit qu'elle va revenir. Julie quitte la pièce et va alerter rapidement Mme D. (la responsable) de l'état de Laurie.

Remarque

Le rôle du professionnel devant toute modification de l'état de santé d'un enfant est d'alerter dans les meilleurs délais afin que des dispositions soient prises (soins à l'enfant malade et protection des autres enfants s'il y a un risque de contagion).

Tableau 6.2 Observation des modifications de l'état clinique (quelques exemples).

Observation	Modifications de l'état clinique
1. Par la vue :	Angoisse, agitation
– aspect général	Pas de réponse, pas de parole de la part de l'enfant
– état de conscience	
– activité sensorielle	Troubles visuels (enfant qui se frotte les yeux)
– communication	Refus de communiquer
– activités physiologiques	
– manger	Refus du repas
– dormir	Réveils fréquents et pleurs
– activités motrices	Enfant ne se levant pas, titubant, ne pouvant pas marcher[a]
– peau	Peau bleutée
2. Par l'ouïe :	
– langage (paroles, voix)	Enfant parlant faiblement et pleurant
– respiration	Bruits anormaux
3. Par l'odorat : l'enfant et son environnement	Haleine fétide, vomissements, selles liquides et malodorantes…
4. Par le toucher :	
– peau	Plis cutanés (déshydraté), papules
– contact	Refus du contact (évitement)[b]

a. À apprécier en fonction de son âge et de ses capacités habituelles.
b. C'est souvent l'un des symptômes de la douleur.

Rôle de l'EJE

L'EJE doit développer ses compétences à l'observation. Il doit pour cela :

- utiliser largement ses quatre sens (vue, ouïe, odorat et toucher) ;
- adopter une attitude permettant à l'enfant de s'exprimer. C'est une attitude d'écoute et de disponibilité qui met l'enfant en confiance ;
- mémoriser les signes observés lors des soins de nursing ;
- rassurer l'enfant, le sécuriser, lui parler « vrai » ;
- transmettre ses observations rapidement (oralement et par écrit) à la responsable de la structure.

D L'observation des besoins fondamentaux

Le dictionnaire donne la définition suivante :

- le *besoin* : « envie, désir (naturel ou pas), état d'insatisfaction dû à un sentiment du manque, ce qui est nécessaire, indispensable » ;
- le *besoin fondamental* : selon le concept de V. Henderson, ce besoin correspond à une *nécessité vitale* pour la personne, c'est-à-dire ce qui est essentiel à l'être humain pour se maintenir en vie et assurer son bien-être.

Les besoins sont susceptibles de grandes variations, quantitatives et qualitatives, au cours de la vie et présentent des composantes différentes.

1 Évolution des besoins fondamentaux

Les besoins fondamentaux varient selon :

- l'*âge*. Les besoins évoluent au cours de quatre grandes étapes du développement (naissance, enfance, adolescence, adulte) ;
- les *circonstances*. Les besoins varient à :
  - certaines périodes-clés de la vie (croissance, grossesse, allaitement…),
  - certains moments éprouvants (émotion, deuil, fatigue, maladie…).

2 Composantes des besoins

Les composantes peuvent être :

- physiques et physiologiques ;
- psychologiques (et émotionnelles) ;
- sociales et culturelles.

3 Différents besoins fondamentaux

Les 14 besoins fondamentaux[3] de l'être humain (adulte ou enfant) (Fig. 6.1) sont :

3. Selon V. Henderson.

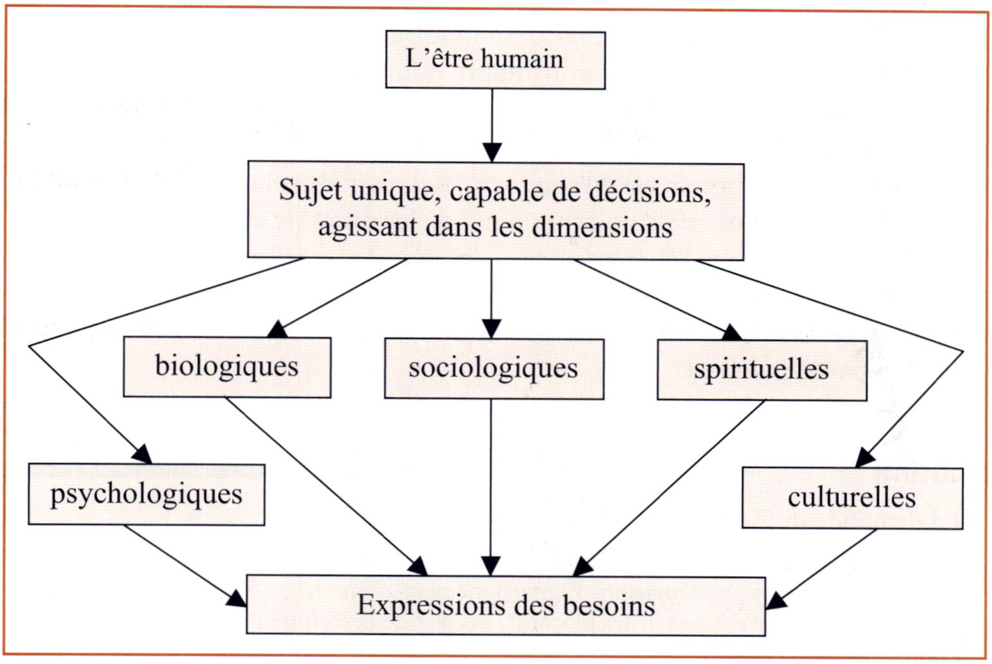

Fig. 6.1 **L'expression des besoins fondamentaux dans cinq dimensions (selon V. Henderson).**

1. Respirer.
2. Boire et manger.
3. Éliminer (urines et selles).
4. Se mouvoir et maintenir une bonne posture
5. Dormir, se reposer.
6. Se vêtir et se dévêtir.
7. Maintenir la température du corps dans les limites de la normale.
8. Être propre, soigné et protéger ses téguments (tissus des revêtements externes du corps : épiderme, poils, cheveux, ongles, etc.).
9. Éviter les dangers (maintenir son intégrité physique et mentale).
10. Communiquer avec ses semblables.
11. Agir selon ses croyances et ses valeurs.
12. S'occuper en vue de se réaliser (et conserver l'estime de soi).
13. Se recréer (se divertir).
14. Apprendre.

Rôle de l'EJE

L'EJE doit être capable de discerner le réel besoin de l'enfant (ou de ses proches), car le besoin révèle l'histoire personnelle de la personne, ce qu'elle est au plus profond d'elle-même. Ainsi, l'EJE doit :

- *distinguer le besoin d'un enfant* qui n'est pas toujours clairement exprimé ;

- ***comprendre*** qu'un désir ou une demande révèle souvent un besoin profond qu'il doit pouvoir discerner et transmettre à la puéricultrice.

Lors des transmissions, l'EJE se garde de formuler un *jugement de valeur* ou un *diagnostic médical et/ou psychologique* :

- il évite de dire « ce besoin est un caprice » (jugement de valeur), mais, à l'inverse, il prend en compte les effets de ce manque ou les effets de ce besoin sur l'enfant ;
- il évite d'écrire « enfant hyperactif » (diagnostic médical) ou, encore moins « psychose », (diagnostic psychologique), ce qui ne relève pas de ses compétences ; il doit néanmoins se saisir de ses observations afin d'adapter son accompagnement.

Situation

La demande de Zohra

Zohra est la maman de Julien, 16 mois. C'est un petit garçon rieur, qui marche et court dans tous les coins de la maison. L'environnement domestique est pour lui, chaque jour, source de découvertes : ouvrir les placards, essayer de descendre l'escalier font partie de ses grandes sources d'intérêt. Toutefois, la maison recèle de nombreux dangers et Zohra a pu s'en apercevoir. En effet, elle fait part de ses inquiétudes à l'EJE un matin lorsqu'elle amène Julien à la crèche après avoir surpris son fils avec un produit ménager dans les mains.

Remarque

Les éducateurs de jeunes enfants peuvent, dans le cadre de l'accueil des familles, proposer des réunions. Dans la situation de Zohra, il serait intéressant de proposer une réunion qui aborderait les accidents domestiques à la fois pour prévenir ces accidents grâce à du matériel adapté et des précautions indispensables : cache-prises, barrière en haut d'un escalier, produits toxiques en hauteur, etc., mais aussi pour rassurer les parents vis-à-vis de ces accidents.

E La méthodologie de la « démarche d'éducation »

La démarche d'éducation (ou démarche éducative) consiste à apporter (à l'enfant et/ou sa famille) des conseils ou une assistance dans un but éducatif. Les informations données peuvent être :

- *spécifiques*. Ex. : à l'hôpital : éducation d'un enfant diabétique ou asthmatique et de sa famille (lutte antitabac…) ;
- *générales*. Ex. : en crèche : éducation d'une maman en matière d'hygiène alimentaire pour son enfant ou informations (le choix des jouets, stimulation de l'autonomie, prévention des accidents…).

Le professionnel qui entreprend une démarche éducative doit se poser diverses questions. Il peut utiliser la méthode (mnémotechnique) du QQQOCP (qui, quand, quoi, où, comment, pourquoi)[4].

4. Le pourquoi (P) peut se placer au début ou à tous les stades de sa réflexion.

1 Le « Quoi » ?

La démarche éducative propose des « savoirs » et des « savoir-faire » à transmettre aux parents (pour le jeune enfant) ou au grand enfant.

2 Le « Pourquoi » ?

La démarche a pour but de :
- faire participer les parents à la promotion, à la protection ou à la restauration de la santé de leur enfant ;
- favoriser une certaine autonomie de l'enfant dans le milieu familial ou en institution.

3 Le « Qui » ?

La démarche éducative peut être formulée par le cadre de santé en milieu de soins ou par les EJE en structures d'accueil de l'enfant (crèche...).

4 Le « Quand » ?

La démarche éducative se pratique soit au cours de la journée, soit au moment du départ (ex. : à la sortie de la crèche lorsque l'EJE rencontre les parents de l'enfant).

5 Le « Où » et le « Comment » ?

Pour mettre en œuvre une démarche, le professionnel peut utiliser divers moyens d'information et d'éducation (*cf.* exemples ci-après).

Mémo psy

Les « outils de l'info »

La parole

Par exemple, dans les crèches, les EJE peuvent dire aux mamans les activités qui ont été proposées à leur enfant.

Le geste

Il est souvent associé à la parole. Par exemple, l'EJE peut faire une démonstration pratique d'un jeu d'éveil, expliquer à la maman les gestes qu'elle pourra reproduire.

Les supports écrits

Des dépliants ou des fascicules sur les jeux et jouets sont distribués par le service. Certains concernent la prévention (ex. : risques du bac à sable !).

Les supports audiovisuels

Par exemple, le visionnage de DVD peut être utilisé pour renforcer la démonstration lors de réunions avec les parents à la crèche.

F Les étapes de la « démarche d'éducation »

Entreprendre une démarche éducative, c'est, pour le professionnel, permettre à quelqu'un de connaître son problème et de pouvoir le gérer ; c'est-à-dire modifier son comportement et prendre de nouvelles habitudes. Le mécanisme de l'apprentissage peut se décomposer en plusieurs étapes (Tableau 6.3).

Tableau 6.3 **La démarche éducative, étapes de l'apprentissage.**

Rôle du professionnel	Attitudes de l'enfant (exemples)
Le professionnel doit : 1. Identifier et analyser les besoins de l'enfant 2. Faire une présentation de la situation ou du problème et du comportement à acquérir 3. Stimuler l'intérêt de l'enfant (ou de ses proches) 4. Stimuler la motivation de l'enfant (ou de ses proches) 5. Réveiller les prérequis (pour faciliter l'essai) 6. Faciliter les conditions de réussite (accompagner) 7. Évaluer et réajuster sa démarche	L'enfant comprend la situation ou le problème Il est intéressé par les recommandations qui lui sont faites Il prend la décision de les respecter Il essaie les comportements Il les adopte, ou non, au quotidien

G Les facteurs favorisant la « démarche d'éducation »

Divers facteurs facilitent la démarche d'éducation. Citons pour exemples :

- l'âge et les capacités de compréhension de l'enfant ;
- le niveau socioculturel des parents de l'enfant ;
- les qualités du professionnel à communiquer ;
- les motivations de l'entourage familial de l'enfant.

Rôle de l'EJE

Il est important pour l'EJE de participer aux démarches d'information et d'éducation faites par exemple à la crèche par la puéricultrice. Il veille à :

- s'assurer que l'enfant et/ou ses parents, ont bien compris les explications données ;
- reformuler si besoin ces explications et répondre à leurs questions ;
- remotiver les personnes en précisant le « bien-fondé » ou « l'intérêt » des recommandations qui leur ont été faites.

Situation

Le « Mémo » de Mouna !

Mouna (EJE) à la crèche, pourrait dire à Mme B. (maman de Martin 8 mois) :

- « Ai-je été assez claire dans ma démonstration ? »
- « Qu'est ce qui vous paraît important dans les conseils que j'ai donnés ? »
- « Voulez-vous un petit « Mémo » pour mieux visualiser mes explications ? »

Remarque

L'EJE doit savoir proposer aux personnes les fascicules (ou dépliants) remis par le service. (souvent l'*image* favorise le dialogue et permet de poser certaines questions).

Chapitre 7

Approche pluridisciplinaire de la famille (évolution, droit…)

A L'évolution socio-historique de la famille

Avant le XVIIe siècle, la notion d'enfance n'existait pas. Cette notion est apparue en même temps que le développement de la famille. Le changement qui a conduit à l'émergence du sentiment de l'enfance et de celui de la famille est un phénomène complexe. Il intéresse, d'une part, l'évolution des structures sociales et de la famille et, d'autre part, l'évolution de la situation de l'enfance à travers le temps. Nous allons aborder les différents aspects de cette évolution dans le temps[1].

1 La réalité sociale de la famille

La « réalité sociale » que recouvre le mot « famille » est très différente selon les époques, les régions, les couches sociales.
Autrefois, cette réalité était désignée dans le langage courant par des mots tels que ménage, maison, foyer… Ce n'est qu'à partir du XVIIe siècle en France que le vocable « famille » apparaît. Son élaboration coïncide avec la prise de conscience de cette réalité et répond au besoin d'identifier le type de famille qui va se propager dans toute l'Europe occidentale dès cette époque.
Cependant, l'utilisation du mot « famille » ne s'applique pas uniquement à la « famille conjugale » mais s'étend aux autres formes et structures familiales : de sorte que ce vocable désigne d'un côté les gens liés par le sang (et éventuellement les alliés), d'un autre côté les gens qui vivent ensemble dans le même foyer.
Cette ambiguïté rend l'analyse et la compréhension de la famille difficile, surtout lorsque les influences idéologiques s'en mêlent, valorisant tour à tour le lien de sang, ou le lien conjugal. C'est par souci d'éviter, voire de réfuter certains stéréotypes dans l'approche de la famille que les sociologues optent pour le concept de « groupe domestique »[2], plus neutre, plus général et moins chargé sentimentalement et idéologiquement. Nous reviendrons sur certaines formes de famille.

2 La famille indivise, ou « famille patriarcale »

La famille indivise est aussi appelée « famille patriarcale », famille étendue ou famille jointe. C'est un groupe domestique comprenant des personnes liées ou non par le sang, vivant tous « au même feu et au même pot ». Sa structure est illustrée dans le schéma ci-après. (Notons

1. Gassier J. Psychopédagogie de l'enfant. Paris : Masson, coll. « cahiers de puériculture » ; 1986.
2. Ségalen M. Sociologie de la famille. Paris : Armand Colin ; 2004.

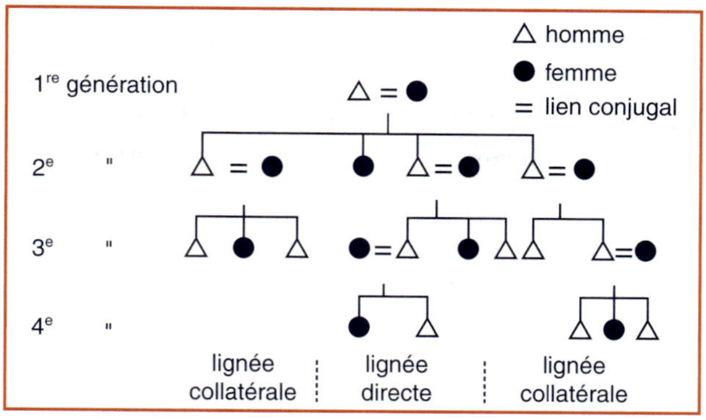

Fig. 7.1 **Structure de la famille indivise.**

que ce schéma ne fait apparaître que les liens de sang, on aurait pu y adjoindre des alliances d'intérêt) (Fig. 7.1).

Dans cette famille indivise, seuls les grands-parents (première génération) occupent une position unique. L'autorité appartient au grand-père : le patriarche. Les autres membres du groupe se situent sur un pied d'égalité à l'égard de cette autorité. Les rapports entre les personnes sont des rapports d'autorité, de respect et de soumission et laissent peu de place à l'affectif.

◆ La solidarité lignagère

C'est une famille dont tous les membres sont unis par des liens de sang. Des personnes, issues d'un même ancêtre, se groupent pour former une solidarité ayant pour but de lutter contre le démembrement du patrimoine et de se protéger contre les agressions extérieures. Cette solidarité ne s'étend jamais à tout un lignage. Elle ne dépasse pas plus de deux générations. Elle comprend plusieurs membres, voire plusieurs ménages, vivant ensemble sur un patrimoine qu'on a répugné à diviser.

Dans ce groupe, les liens de sang acquièrent une valeur supérieure à tout autre lien y compris le lien conjugal. P. Ariès estime que « la famille, ou mesnie, que l'on peut comparer à la famille conjugale actuelle »[3] se fondait dans cette solidarité.

Les biens de tous les membres de la famille sont mis en commun y compris ceux des femmes[4]. Celles-ci perdent alors la liberté de gérer elles-mêmes leurs biens propres, liberté qu'elles auront bien du mal à retrouver par la suite.

◆ La communauté taisible

C'est une communauté familiale regroupant plusieurs étrangers qui s'associent comme s'ils étaient frères et sœurs. Ils se lient entre eux par des contrats recréant une sorte de lien de parenté (« taisible » est un terme indiquant un type d'association, ou d'accord tacite, non écrit entre des personnes).

Selon P. Ariès, cette communauté constitue un cadre d'organisation et de défense. Elle aurait joué chez les paysans le rôle de lignage chez les nobles. Elle constitue une solidarité de voisinage et d'intérêt. Elle est aussi le lieu où l'individu trouve la chaleur et l'affectivité.

---

3. Ariès P. L'enfant et la vie familiale sous l'Ancien Régime. Paris : Seuil, coll. « Points » ; 1975.
4. Au xe siècle, le mari et la femme géraient chacun leurs biens héréditaires sans que le conjoint ait son mot à dire.

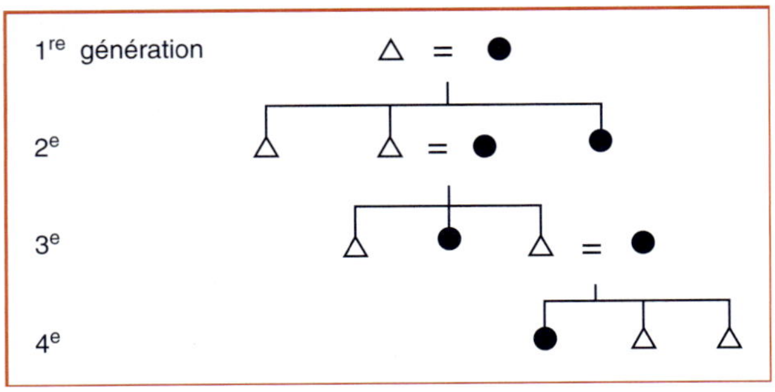

Fig. 7.2 **Structure de la famille souche.**

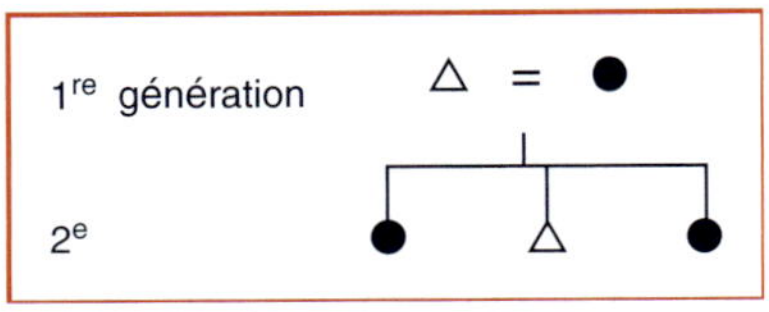

Fig. 7.3 **Structure de la famille conjugale.**

3 La famille « souche »

Ce groupe domestique se caractérise par la coexistence d'au moins trois générations, ne comprenant *qu'un seul couple* à chaque génération. Les frères et sœurs célibataires restent avec l'aîné marié, tandis que les cadets qui se marient doivent quitter la famille pour constituer ailleurs des foyers séparés. Cela suppose l'existence, à côté de la famille souche, de foyers composés uniquement de couples conjugaux (Fig. 7.2).

Dans la famille souche, nous retrouvons la même continuité que dans la famille indivise, mais ici chacun occupe une position unique. Comme dans la famille indivise, les grands-parents sont seuls à être grands-parents, mais les parents sont aussi seuls à être parents. Par conséquent, les enfants sont seuls à être enfants et n'assimilent pas leurs oncles et tantes à leurs parents, comme c'était le cas dans la famille indivise. L'unité du patrimoine est préservée par le départ des frères cadets.

Les schémas de la famille indivise et de la famille souche illustrent la grande famille ; celle-ci englobe dans le premier cas la branche en ligne droite (ou verticale) et les branches collatérales, mais ne concerne dans le second cas que la lignée directe.

4 La famille « conjugale »

C'est le groupe domestique qui est actuellement le plus courant dans la société européenne (Fig. 7.3). Il réunit au même foyer uniquement le père, la mère et les enfants non mariés[5].

Dans la famille conjugale actuelle, le nombre des membres du groupe est limité. Cette famille se crée par la volonté des deux époux au moment du mariage. La naissance d'enfants la complète. Elle se désagrège par le mariage de tous les enfants et disparaît à la mort de l'un des deux époux.

---

5. Pour souligner le caractère ambigu du terme « famille », nous attirons l'attention sur le fait que le groupe conjugal constitue ici une famille, tandis que celui de la famille indivise ne peut être associé à la famille parce qu'il se fond dans le système lignager.

Le patrimoine n'a guère d'importance. C'est généralement le revenu du travail d'un des deux conjoints (ou des deux dans le cas des familles à double carrière) qui assure la subsistance de ce groupe. La famille conjugale n'est pas une unité de production, elle est une unité de consommation.

Les rapports entre les différents membres de ce groupe sont essentiellement des rapports affectifs. Le lien affectif existant entre les parents s'étend aux enfants.

On a longtemps pensé que le processus de « nucléarisation » de la famille passait par une rupture totale des liens entre les parents et les grands-parents. Or, ces liens existent toujours entre ces deux générations : les grands-parents apportent aide et soutien à leurs enfants même lorsqu'ils n'habitent plus ensemble[6].

5 L'émergence du sentiment de la famille

C'est à partir des xve-xvie siècles que naît et se développe le sentiment de la famille. Ce qui est nouveau, c'est le sentiment et non la famille en tant que telle. La vie familiale telle que nous la concevons existait déjà au Moyen Âge, mais on ne lui reconnaissait pas une valeur sociale. À partir du xvie siècle, la famille n'est plus seulement vécue inconsciemment, mais elle est reconnue comme une valeur et elle est exaltée. Le sentiment de la famille s'est formé autour de la famille conjugale. Celle-ci devient, sous l'influence de nombreux facteurs, le modèle familial le plus répandu, aussi bien chez les nobles que chez les paysans.

Avec les transformations sociales et économiques, le patrimoine immobilier, représenté essentiellement par la terre, perd de son importance au profit des valeurs mobilières et de celles accordées au métal précieux, à la monnaie et à l'échange marchand. Cela provoque dans l'aristocratie un relâchement des liens du sang, une contraction de la solidarité lignagère et un retour vers le groupe conjugal. Dans le milieu de la paysannerie, le démantèlement de la communauté est dû à l'existence de dissensions au sein du groupe et surtout à l'intensification de la crise sociale et économique entraînant une paupérisation massive[7].

En outre, l'idéologie bourgeoise, avec ses penseurs et ses philosophes, fait l'éloge de la famille conjugale et la considère comme la base de la civilisation occidentale. Les intérêts de la bourgeoisie coïncidant avec ceux de l'État, celui-ci cherche à organiser la vie autour de ce modèle familial et institue la famille comme unité élémentaire constitutive de la société et du pouvoir. Cependant, ce projet n'aurait pu obtenir autant de succès chez le commun des mortels, si la famille conjugale n'avait pas trouvé un sens dans son isolement autour de l'enfant. « Celui-ci éveille désormais une émotion parce qu'il est l'image vivante de ses parents » (P. Ariès)[8].

Avec l'émergence du sentiment de l'enfance, la famille s'organise autour de l'enfant. Alors qu'autrefois elle avait une fonction de survie, elle acquiert une fonction affective qui va devenir de plus en plus prégnante.

B Le statut juridique de la famille

La famille désigne les gens « liés par le sang », qu'ils vivent ou non ensemble.

6. Mendras H. et Forset M. Le changement social. Paris : Armand Colin ; 1997.
7. Paupérisation : appauvrissement d'une population ou d'une couche sociale.
8. Ariès P. *Op. cit.*

1 Les modèles familiaux

On distingue :

- la *famille nucléaire* (ou restreinte) est composée des parents (père et mère) et des enfants non mariés ou non indépendants économiquement ;
- la *famille monoparentale* est formée d'un adulte avec un ou des enfants de moins de 25 ans. Le plus souvent, le parent est la mère ;
- la *famille recomposée* regroupe l'un des parents, son nouveau conjoint et les enfants nés d'une première union. L'augmentation du nombre de séparations est à l'origine de ce type de famille.

2 Les fonctions familiales

La famille assure diverses fonctions, dont voici cinq essentielles :

- la fonction de *reproduction* : c'est une des fonctions essentielles de la famille. Elle permet d'assurer la descendance ;
- la fonction de *socialisation* : la famille reste le lieu privilégié de la diffusion du langage et de la culture. Elle va préparer l'enfant à s'intégrer à la société, même si aujourd'hui crèches et écoles prennent souvent le relais des parents ;
- la fonction de *protection* (loger, nourrir les enfants) : notons que la famille est aidée par des systèmes d'assurance et d'assistance (Sécurité sociale, aide sociale) ;
- le soutien *psychologique* : la famille reste un lieu de solidarité privilégié ;
- la fonction de *transmission* du patrimoine familial : c'est au sein de la famille que se transmettent les biens familiaux (maison, meubles) qui constituent le patrimoine familial.

La politique familiale touche directement ou indirectement tous les secteurs de la vie sociale et économique (natalité, modes de garde, logement, équipement, construction, éducation, loisirs, impôts, etc.), ce qui explique l'existence de nombreuses prestations (elles seront détaillées ultérieurement).

3 Le mariage

Le mariage est un acte juridique passé devant un officier d'État civil (le maire). Il requiert le consentement d'un homme et d'une femme. Il oblige les époux à la cohabitation, la fidélité, l'assistance et le secours. La coutume veut que la femme utilise le nom de son mari, mais elle peut y adjoindre son nom (depuis la loi du 4 mars 2000).

4 Le divorce[9]

Le mariage étant un acte juridique, seul un autre acte juridique peut y mettre fin. Il existe quatre formes de divorces.

◆ Le divorce par consentement mutuel (requête conjointe)

La demande est formée par une requête unique des deux époux, sans énonciation des motifs à l'origine de la demande. Dès le départ, le dossier doit contenir la « convention » qui règle les conséquences du divorce (liquidation des biens, garde des enfants…), signée des demandeurs.

---

9. Loi du 12 mai 2004.

◆ Le divorce sur acceptation du principe de la rupture (dit « divorce accepté »)

La requête est présentée par l'un ou l'autre des époux ou conjointement sans énonciation des motifs à la demande. Les époux sont convoqués avec leurs avocats à l'audience du tribunal pour une tentative de conciliation (pour « acceptation du principe de la rupture »). Lors de cette audience, les conséquences du divorce sont évoquées et doivent être acceptées par les deux parties. L'acceptation est irrévocable.

◆ Le divorce pour altération définitive du lien conjugal

La requête est présentée par l'un ou l'autre des époux, sans énonciation des motifs de la demande. Ici, les parties n'ont pas accepté le principe de la rupture. Il y a donc jugement. Si le juge constate la séparation des époux depuis plus de deux ans, il prononce le divorce[10].

◆ Le divorce pour faute

La requête est présentée par l'un des époux. Dans un premier temps, il y a une audience de « tentative de conciliation ». Dans un second temps, les parties n'ayant pas accepté le principe de la rupture, il y a une assignation en divorce pour « faute » et le jugement est prononcé.

5 La filiation

◆ Établissement de la filiation

La filiation est un lien de parenté établi par un acte d'état civil. Depuis le 1er juillet 2006, il n'y a plus de distinction entre les filiations *légitime* (enfant né de parents mariés) et *naturelle* (enfant né de parents non mariés).
La filiation est désormais établie de la manière suivante :

- la mère n'a pas à procéder à la reconnaissance de son enfant, même si elle n'est pas mariée ; la filiation maternelle est simplement établie par la désignation de la mère dans l'acte de naissance de l'enfant ;
- la présomption de paternité du mari établit automatiquement la filiation ;
- les pères non mariés doivent toujours procéder à une démarche de reconnaissance pour que la filiation soit établie.

◆ La filiation inconnue ou non établie

C'est la filiation d'un enfant naturel non reconnu. En l'absence de filiation maternelle ou paternelle établie, la femme du père ou le mari de la mère (selon le cas) peut conférer, par substitution, son propre nom de famille à l'enfant par une déclaration conjointe. Il peut également être conféré à l'enfant les noms accolés des deux époux.

◆ La filiation adoptive

Il s'agit de la filiation d'un enfant *adopté par des parents adoptifs*. Elle est établie par une décision de justice. Cette adoption peut être plénière, ou simple :

---

10. Sinon, il faut trouver un motif (une faute). *Cf.* quatrième cas : divorce pour faute.

- dans le cas de l'adoption plénière, l'enfant prend le nom de l'adoptant (si l'adoptant est marié, le tribunal peut autoriser que le nom de famille du conjoint soit donné à l'enfant). En cas d'adoption par deux époux, le nom de famille conféré à l'enfant est choisi par eux : soit le nom du père, soit le nom de la mère, soit leurs deux noms accolés ;
- dans le cas d'une adoption simple, l'enfant ajoute le nom de l'adoptant (père ou mère) à son nom d'origine. Il peut aussi porter le seul nom de ses parents adoptifs.

Mémo psy

Le livret de famille

Un nouveau livret de famille vient concrétiser la réforme de filiation. Depuis le 1er juillet 2006, en effet, un modèle unique de livret de famille s'est substitué aux différents modèles existants. Ainsi, lorsque les parents se marient après la naissance d'un ou plusieurs enfants, un extrait de l'acte de mariage est porté sur leur livret sans qu'il soit nécessaire de leur en délivrer un nouveau.

6 L'autorité parentale

◆ Les droits et les devoirs

« L'autorité parentale est un ensemble de droits et de devoirs ayant pour finalité l'intérêt de l'enfant, jusqu'à sa majorité ou son émancipation. » L'autorité parentale entraîne des droits et des devoirs, aussi bien pour les parents que pour l'enfant.

- *droits et devoirs des parents : les parents doivent :*
  - protéger l'enfant dans sa sécurité, sa santé, sa moralité,
  - assurer son éducation et favoriser son développement dans le respect de sa personne ;
- *droits et devoirs de l'enfant :*
  - l'enfant doit rester sous l'autorité parentale jusqu'à *sa majorité* ou *son émancipation*, et, de ce fait, ne peut quitter le domicile familial,
  - l'enfant a le droit d'entretenir des *relations personnelles avec ses ascendants* (grands-parents, oncles, tantes…) et même des tiers : parents ou amis (ex. : parrain, marraine, etc.),
  - l'enfant doit être *associé aux décisions* qui le concernent, selon son âge et son degré de maturité.

◆ Exercice de l'autorité parentale selon la filiation[11].

L'exercice de l'autorité parentale peut prendre des formes différentes selon la filiation :

- lorsque la filiation est légalement établie ou que les père et mère ont reconnu leur enfant dans l'année de sa naissance, les père et mère exercent en commun l'autorité parentale et assurent l'ensemble des droits et des devoirs qui s'y rattachent,

11. Loi du 1er juillet 2006.

- lorsque la filiation n'est établie qu'à l'égard de *l'un* des parents, celui-ci exerce seul l'autorité parentale,
- lorsque la filiation est établie à l'égard de l'un des deux parents plus d'un an après la naissance de l'enfant (dont la filiation est déjà établie à l'égard de l'autre parent), celui-ci reste *seul* investi de l'autorité parentale. Toutefois, l'autorité parentale pourra être *exercée en commun* s'ils en font la demande (déclaration conjointe devant le tribunal de grande instance [TGI]) ;
- *exercice de l'autorité parentale dans le cas de la filiation adoptive :*
  - l'autorité parentale peut être détenue conjointement ou unilatéralement (selon le cas) ;
  - les parents adoptifs ont les mêmes droits et les mêmes devoirs envers l'enfant adopté qu'envers l'enfant dont la filiation est légalement établie (enfant légitime) et les enfants adoptés ont les mêmes droits et les mêmes devoirs que les autres enfants envers leurs parents adoptifs,
  - en cas d'adoption simple, l'autorité parentale est exercée par la famille adoptive, mais l'enfant garde des liens avec sa famille biologique (devenu adulte, il a notamment une obligation alimentaire vis-à-vis de sa famille biologique) ;
- *exercice de l'autorité parentale pour les parents séparés :*
  - la séparation des parents n'a pas d'incidence sur les règles d'exercice de l'autorité parentale ; elle laisse subsister les droits et les devoirs des parents à l'égard de l'enfant,
  - l'autorité parentale peut être exercée soit *conjointement* (par les deux parents), soit *unilatéralement* (par l'un des deux),
  - si l'exercice de l'autorité parentale est confié à l'un des deux parents, le juge décide de la résidence principale de l'enfant mineur[12].

◆ Délégation de l'exercice de l'autorité parentale

- la délégation, totale ou partielle, de l'autorité parentale, résulte toujours d'un jugement rendu par le juge aux affaires familiales,
- les père et mère (ensemble ou séparément) peuvent déléguer l'exercice de l'autorité parentale à un tiers (proche digne de confiance), à un établissement agréé, ou à l'aide sociale à l'enfance, lorsque les circonstances l'exigent,
- le tiers, l'établissement agréé ou l'aide sociale à l'enfance peuvent également se faire déléguer l'exercice de l'autorité parentale, en cas de désintérêt manifeste des parents à l'égard de l'enfant ou en cas d'impossibilité pour eux d'exercer correctement l'autorité parentale.

12. Le juge auditionne l'enfant au sujet du choix de la résidence (il tient compte de l'âge de l'enfant et de sa maturité). Il peut ordonner une résidence en alternance avant de statuer définitivement (art. 373 2-9).

Mémo psy

La privatisation de l'exercice de l'autorité parentale

La privatisation de l'exercice de l'autorité parentale est très rare. Citons trois cas :

- est privé de l'exercice de l'autorité parentale, le père ou la mère qui est hors d'état de manifester sa volonté, en raison de son incapacité, de son absence ou de toute autre cause sérieuse ;
- si l'un des père et mère se trouve privé de l'exercice de l'autorité parentale, ou si l'un des deux décède, l'autre exerce seul cette autorité.

Le juge aux affaires familiales peut, à titre exceptionnel, et si l'intérêt de l'enfant l'exige (notamment en cas de privation d'exercice d'autorité parentale) décider de confier l'enfant à un tiers (choisi de préférence dans sa parenté).

C Le statut juridique de l'enfant : la convention des droits de l'enfant

L'enfant n'a pas de capacité juridique, ce sont ses parents et la société qui doivent défendre ses droits, donc son statut.

L'Organisation des Nations Unies (ONU) a signé la Convention internationale des droits de l'enfant. En adoptant ce texte, les États s'obligent mutuellement au respect des droits de l'enfant qui n'a pas atteint sa majorité.

Les dix principes de la Convention des droits de l'enfant[13] sont les suivants :

1. L'enfant doit jouir de tous les droits énoncés dans la présente déclaration. Ces droits doivent être reconnus à tous les enfants *sans discrimination* qui serait fondée sur la race, la couleur, le sexe, la langue, la religion, ou toute autre discrimination.
2. L'enfant doit se voir accorder des facilités par l'effet de la loi afin d'être en mesure de se *développer* d'une façon saine et normale.
3. L'enfant a droit, dès sa naissance, à un *nom* et à une *nationalité*.
4. L'enfant doit bénéficier de la *Sécurité sociale*, d'une *alimentation*, d'un *logement*, de *loisirs* et de soins médicaux adéquats.
5. L'enfant *désavantagé* (physiquement, mentalement ou socialement) doit recevoir le traitement, l'éducation et les soins spéciaux que nécessitent son état ou sa situation.
6. L'enfant a besoin d'amour et de compréhension. Il doit grandir sous la sauvegarde de ses parents dans une atmosphère de sécurité morale et matérielle. Les pouvoirs publics ont le devoir de prendre soin des enfants en difficulté. Il est souhaitable que soient accordées des allocations de l'État pour l'entretien des enfants des familles nombreuses.

---

13. La Convention des droits de l'enfant a été signée en 1989. Ici, elle n'est pas présentée dans son intégralité. Toutefois, les extraits sélectionnés donnent une idée des 10 principes essentiels de cette convention (les points clés sont en *italique*).

7. L'enfant a droit à une *éducation gratuite* et *obligatoire* qui contribue à sa culture et lui permet de développer ses facultés, son jugement et son sens des responsabilités.
8. L'enfant doit, en toutes circonstances, être parmi les premiers à recevoir *protection* et *secours*.
9. L'enfant doit être *protégé* contre toute forme de négligence, de cruauté et d'exploitation. Il ne doit pas être soumis à la traite, il ne doit pas être admis à l'emploi avant d'avoir atteint un âge minimum, ni être astreint à prendre un emploi qui nuise à sa santé.
10. L'enfant doit être *protégé* contre les pratiques qui peuvent pousser à toute forme de discrimination.

Fig. 7.4 « L'enfant doit être parmi les premiers, en toutes circonstances, à recevoir protection et secours. » (Article 8 de la Convention des droits de l'enfant.)

CHAPITRE 8

Enjeux de la parentalité (compréhension de la fonction parentale et des relations parents-enfants)

Chaque femme réagit à sa grossesse et à l'arrivée du bébé en fonction de son vécu personnel. Ainsi, cette période est vécue par beaucoup de femmes comme une crise psychologique qui, telle celle de l'adolescence, traduit le franchissement d'une étape. C'est facile pour les unes, plus difficile pour d'autres et le rôle des professionnels de la santé et du social est capital pour l'accompagnement. Il s'agira de comprendre les parents dans leurs vécus respectifs et de les valoriser dans la fonction parentale.

A Le passage de la conjugalité à la parentalité

Dès l'arrivée d'une troisième personne (l'enfant), le couple devient triade ; les rythmes, les repères sont modifiés. « On ne naît pas parents, on le devient. On doit donc parler de transition vers la parentalité ». Si l'imaginaire qui conduit au désir de mettre au monde un enfant se prépare déjà durant la prime enfance et l'adolescence du futur parent, la période décisive où se met en place la capacité d'être parent se situe certainement durant la grossesse, et tout au cours des premiers mois et des deux ou trois premières années de l'enfant[1].
Le père est certes plus présent, plus participant, mais que savons-nous de son vécu, de ce que représente pour lui la paternité ? Ce qu'il ressent doit être entendu et compris. La grossesse n'est pas uniquement une affaire de femme, le processus de la parentalité implique deux personnes dans l'attente d'une troisième.

1 La réélaboration des liens et des rôles

Avant de devenir parents, le couple a tissé des liens sur la notion du « toi et moi ». Or la venue de l'enfant va engager cette relation à « deux » vers une relation à « trois » (appelée *triade*). De quoi s'agit-il ? Chaque partenaire va s'engager vers de nouveaux rôles :

- la femme doit rester une *femme sexuée* pour son compagnon et devenir la *mère* de son futur enfant ;

1. Gauthier Y. Devenir père, devenir mère, naissance et parentalité. Ramonville-Saint-Agne ; Erès ; 2004.

- l'homme doit rester un *homme sexué* pour sa compagne et devenir le *père* de son futur enfant ;
- ensemble, ils deviennent *parents* de leur enfant, *père et mère de famille* pour la société.

Chaque partenaire du couple aura donc deux (voire trois) fonctions à assumer.

2 L'élaboration du processus de parentalité

Le passage de la conjugalité à la parentalité concerne donc la « réélaboration de ces liens ». C'est un long processus qui engendre un travail psychique important. Le processus de la parentalité est à l'œuvre pendant la grossesse. Il va y avoir neuf mois bouleversants et des modifications dans la vie du couple. Notamment, les deux partenaires vont :

- *réfléchir à la signification de la parentalité* : « La naissance c'est la continuité de soi, c'est la transmission d'un patrimoine » ; l'individu devient à son tour le « maillon d'une chaîne » ; avoir un enfant, c'est avoir un « héritier » ;
- *revivre leur histoire personnelle* : devenir parents les ramène à leur « passé », quelle enfance ont-ils eu ? Quels étaient leurs liens avec leurs parents ? Raviver ce vécu est parfois douloureux (nous allons le voir ci-après) ;
- *être heureux ou craintifs* du « rôle de parents » qu'ils vont devoir jouer ;
- *être impatients* de connaître l'enfant qu'ils ont conçu et dont ils ont rêvé. Ils ont tendance à l'idéaliser, à l'imaginer beau et déjà plein de capacités en devenir (c'est l'enfant imaginaire idéalisé) ;
- *se donner de nouvelles règles de vie* et organiser leur vie quotidienne ; souvent c'est la période où l'on change d'habitat en vue de la naissance.

B Le désir d'enfant

Le désir d'enfant relève chez la femme d'une dimension consciente et d'une dimension inconsciente. Comment naît le désir d'enfant ? Où prend-il ses racines ? Les arguments donnés par les femmes sont le plus souvent teintés d'ambivalence.

1 Le désir d'enfant conscient

À la question posée aux femmes : « Pourquoi désirez-vous un enfant ? », beaucoup de femmes avancent des arguments assez flous, où prédomineraient tantôt l'attente d'un enfant pour soi, tantôt l'attente d'un enfant à qui donner de l'amour, à qui transmettre quelque chose. Rêve d'immortalité, souhait de répéter ce qui a été vécu avec les parents ou, au contraire, de réparer une enfance douloureuse… C'est le plus souvent un mélange de tout cela (voir situation ci-après).

2 Le désir d'enfant inconscient

La femme désire un enfant parce qu'« avoir un enfant » est un acte qui s'impose, on ne sait finalement pas très bien pourquoi. Certes, il y a toujours de bonnes raisons à invoquer qui, aussitôt énoncées, laissent néanmoins entendre… autre chose (le « non-dit »). On le sait, le désir d'enfant trouve ses racines dans le développement psychosexuel de chaque femme.

Situation

À chacune son « désir » !

À la question posée à trois femmes : « Pourquoi désirez-vous un enfant ? »

- Léa dit : « Je désire un enfant pour le rendre heureux » ;
- Léonie dit : « Je n'ai pas été aimée par ma mère ; avec un enfant, je me sentirai entourée » ;
- Léonore dit : « Je ne veux pas vieillir seule avec mon mari, au moins, je pourrai compter sur quelqu'un. »

Remarque

Chaque femme avance un argument différent, mais toutes ces femmes ont un point commun, elles souhaitent devenir *mères*.

Les occasions d'échange avec les femmes en désir d'enfant sont multiples pour les professionnels. En particulier, chez certaines femmes en difficulté psychologique. Le professionnel de la santé et/ou du social doit manifester une écoute attentive et faire preuve de respect, de bienveillance et de neutralité. Il doit se souvenir que ce qui se joue dans le vécu de la grossesse, c'est l'élaboration des liens affectifs avec l'enfant à venir.

Mémo psy

Le désir préœdipien

Le *désir préœdipien* : l'étape « préœdipienne » concerne le lien archaïque à la mère. Elle est marquée d'une grande *ambivalence* : sentiments d'amour-haine, contradictoires, envers la mère.

3 La passivité et le désir de séparation

Nourrisson, la fille a comme premier objet d'amour sa mère, qu'elle perçoit alors comme toute-puissante (comblante et comblée). Elle perçoit le plaisir qu'elle procure à sa mère lors des soins. Dans ces moments-là, elle est « passive », répondant ainsi à la demande d'amour de sa mère. Or, nous dit Freud : « Dans tous les domaines de la vie mentale et pas seulement dans le domaine sexuel, une impression éprouvée par l'enfant passivement fait naître chez lui une tendance à une *réaction active*. Il cherche à faire lui-même ce qui a été fait *sur ou avec lui.* »[2] Cette révolte contre la passivité pourrait être interprétée comme l'expression d'un *désir de séparation*.

4 La réactivité

Pour sortir de sa position passive et devenir sujet, la fille va peu à peu *devenir active* : il suffit d'observer le jeu des petites filles à l'égard de leurs poupées. Il n'est pas rare de constater que dans ces jeux, la « petite mère » malmène souvent son bébé !

Cette expérience passionnelle mère/fille est décrite par les psychologues comme « une âpre lutte dont l'enjeu, (à la limite), est de déterminer qui va dévorer l'autre », et dont l'écho serait le : « elle est à croquer », si souvent exprimé par les mères[3].

---

2. Freud S. La féminité. In : Nouvelles conférences d'introduction à la psychanalyse. Paris : Gallimard, Paris ; 1984.
3. André S. Une fille et sa mère. In : Que veut une femme ? Paris : Seuil ; 1995.

5 Le tournant

En outre, la petite fille réalise peu à peu que sa mère, perçue comme tout amour, toute disponible, ne répond pas toujours à son attente tyrannique, que ses intérêts se portent aussi ailleurs… C'est à ce moment-là que la fille décide de se *tourner vers son père* afin de poursuivre son *parcours (désormais œdipien) vers la féminité*. C'est un tournant qui recèle une double difficulté puisque la fille doit « changer d'objet d'amour préférentiel » (elle va passer de la mère au père) et « pouvoir s'identifier » à cette même mère pour devenir femme.

C Le psychisme de la femme pendant la grossesse

Si nous avons insisté sur cette relation primaire de la fille à sa mère, c'est pour en faire apparaître la complexité et éclairer ainsi pourquoi les filles ne s'en dégagent peut-être jamais tout à fait ! On retrouve des *traces de cet attachement ambivalent* dans les manifestations psychologiques des femmes enceintes, et dans les relations parfois compliquées des mères avec leur enfant.

Il s'agirait là d'un « abaissement du seuil de perméabilité à l'inconscient ». La femme vit une période de crise qui favoriserait l'émergence de réminiscences et de conflits infantiles, jusqu'alors soumis au refoulement. Tout le monde s'accorde sur ce point : la grossesse peut être assimilée à une période de « crise », au sens où il s'agit du « franchissement d'une étape ». Transition comparable, pour certains auteurs, à celle de la puberté ou de la ménopause, en ce qu'elle conjugue des modifications hormonales, physiologiques et psychologiques. Transition bouleversante dans la mesure où les repères identificatoires vacillent : « de fille de... », on devient « parent de... », le corps change, etc. « La crise » vécue par la femme au cours de sa grossesse peut être abordée sous deux formes d'expression : la régression et le narcissisme. Par régression, on entend le mouvement psychique suscitant les « attitudes d'appel » manifestées par les femmes enceintes qui demandent plus d'attention, plus de soutien à leur entourage, mais aussi aux professionnels submergés de questions réitérées qu'aucune réponse ne semble apaiser. La grossesse rendrait les femmes plus vulnérables, plus dépendantes, et souvent désarçonnées par leur comportement (qu'elles qualifient elles-mêmes d'infantile). Ce mouvement de « retour en arrière » n'est pas toujours marqué et chaque femme y répond à sa façon.

Mémo psy

L'évolution du « lien à la mère »…

1re étape : l'enfance, le nourrisson (l'image du « moi idéal »)

Dans la théorie lacanienne, le narcissisme correspond au moment de la constitution du Moi quand le sujet acquiert une certaine image de lui-même sur le modèle d'autrui.

Selon Lacan, le lien à la mère est la première relation à autrui à partir de laquelle se construit l'image du sujet. La petite fille s'identifie au Moi idéal de sa mère (Moi idéal imaginaire). Elle n'a de cesse de vouloir être belle, lumineuse, tandis que ce qui est « enfoui » (corps obscur les premiers temps) constitue « la part d'ombre »).

2e étape : la puberté (les conflits)

Dès la puberté, la fille veut sortir de cette position de « reflet idéalisé de sa mère ». Désormais la mère lui apparaît comme une femme de chair (à l'instar d'elle-même) et elle cherche à s'en éloigner. C'est le *temps des conflits* avec la mère. C'est aussi le temps des amitiés féminines, si importantes, qui favoriseront la réconciliation de l'adolescente avec son être de femme en devenir (la réponse de son père devrait l'aider à aller vers les hommes).

3e étape : l'âge adulte (serein ou chaotique)

Deux cas se présentent :

- si la mère a elle-même franchi avec « succès » ces étapes avec sa propre mère, c'est-à-dire si elle a accepté sa propre « part d'ombre » en supportant de n'être plus l'enfant lumineux, alors elle sera en mesure d'aider sa fille. Elle aura réussi à *devenir une femme* par (et pour) un homme. Elle ne dramatisera pas les réactions de sa fille dans ses tentatives de mise à distance, elle vivra sans angoisse le fait que, désormais, c'est elle la plus vieille… En un mot, elle acceptera le choix de sa fille (un choix qui ne lui laissera plus la première place) ;
- si au contraire, l'aventure a été trop chaotique avec sa propre mère, le chemin de sa fille risque d'être, lui aussi, semé d'embûches, et ce d'autant plus qu'aucune « bonne rencontre » ne se sera présentée.

4e étape : la grossesse (le miroir se ternit)

Avec la grossesse, l'image lumineuse se déforme, le miroir se ternit. Ainsi « le masque de grossesse serait l'occasion pour l'ombre de réapparaître »[1].

La fille peut devenir mère. Car « il n'y aurait pas d'accès possible à la maternité sans ce « retour de l'ombre »[1], sans réconciliation en quelque sorte avec cette partie vivante d'elle-même, dont il faut rappeler qu'elle avait été abandonnée au profit d'une identification au Moi idéal de la mère, identification piégeante niant le manque, le vieillissement et la mort.

1. Lemoine E. Grossesse et féminité. In : Partage des femmes. Paris : Seuil ; 1976.

Rôle de l'EJE

Face à l'attitude parfois incompréhensible d'une mère, le professionnel peut poser la question : « qu'est-ce qui se passe chez cette femme ? Pourquoi sa réaction me fait-elle un tel effet ? ».

Nous voilà au cœur du problème : « l'écoute », cette dimension relationnelle ne va pas de soi. C'est parfois facile avec certaines femmes et parfois difficile, voire

« bloqué » avec d'autres. Cela tient parfois à la problématique particulière de cette personne, mais parfois aussi à un trouble inhabituel éprouvé. Quand on est surpris par ses propres réactions, quelque chose de l'inconscient cherche à s'exprimer. Il ne s'agit alors pas de « faire une analyse », mais d'appréhender quelques notions théoriques afin de rester plus ouvert à la parole de l'autre, grâce au questionnement personnel qu'elles favoriseront.
Sur le plan de la pratique, c'est par sa capacité à se laisser surprendre par le caractère inédit de l'expression d'un sujet, capacité dite « poétique », que le professionnel parvient à remettre en cause tel point de la théorie et à agir en conséquence. L'efficacité des actions autour de la parentalité réside pour une part importante dans l'attitude des professionnels de la santé et du social, c'est-à-dire dans leur compétence à valoriser la connaissance intuitive des parents, à les faire « accoucher du savoir caché en soi » (selon la maïeutique de Socrate).

D Le psychisme du futur père

Les études sur le vécu des futurs pères sont infiniment moins nombreuses que celles effectuées sur les pères. Comme si la grossesse et l'accouchement restaient avant tout « une affaire de femmes » ! Qu'en est-il réellement ? Bien sûr, les portes des lieux de naissance sont aujourd'hui ouvertes aux hommes, on les invite volontiers à y entrer, quand on ne les y contraint pas ! Et on s'intéresse à eux, la femme s'en plaint d'ailleurs assez souvent. On l'entend souvent dire : « Mon mari ne semble pas se préoccuper du déroulement de la grossesse ». À l'inverse, le personnel éducatif s'extasie devant le comportement si « maternant » de tel père avec son enfant à l'occasion du change des couches. Il est certes plus présent, plus participant, mais que savons-nous de son vécu, de ce que représente pour lui la paternité ?

1 La « couvade rituelle »

À propos du père, il n'existe pas, dans nos sociétés occidentales, d'expression verbale tolérée quant au vécu des hommes relatif à cette période particulière (grossesse, accouchement, premiers mois de vie de l'enfant), contrairement à ce qui, dans d'autres sociétés, est ritualisé sous le nom de « couvade ». On dit que la *couvade rituelle* est composée d'un ensemble de comportements prescrits (obligations et interdits) du père, associés à la naissance d'un enfant[4].
Ce rituel de couvade (déjà décrit dans les textes de l'Antiquité) et encore très répandu dans le monde a suscité un grand nombre d'interprétations.

2 La « couvade psychosomatique »

Sont regroupés sous le terme de « couvade psychosomatique » les phénomènes psychosomatiques « équivalents non rituels de la couvade » observés chez les futurs pères[4]. Il s'agit là du registre « normal ». Nous ne développerons pas ici les décompensations psychotiques graves (modalité délirante) survenant chez certains hommes à l'occasion de l'accès à la paternité.

4. Delaisi de Parseval G. La part du père. Paris : Seuil ; 1981.

Citons les *troubles somatiques* les plus fréquents : insomnie, troubles digestifs et notamment gastro-intestinaux, prise de poids notable, extractions dentaires, symptômes ORL et oculaires, migraines… Ils surviennent souvent au troisième trimestre de la grossesse et à l'approche de l'accouchement. Dans la plupart des cas, les futurs pères n'établissent pas de lien entre ces signes physiques et l'attente de l'enfant.

3 Les « *acting* » de la paternité

Les « *acting* » de la paternité, autre expression des difficultés vécues par le futur père, sont des comportements pouvant aller du banal à l'aberrant, prenant fin après la naissance.
Ces attitudes tournent autour de quatre pôles :

- une *suractivité physique*, sportive par exemple, pouvant s'accompagner d'attitudes « guerrières » (bagarres, blessures…) éventuellement avec imprégnation alcoolique ;
- des *comportements de fuite*, allant de retours au domicile de plus en plus tardifs à la fugue, jusqu'à la disparition définitive. C'est une manière de « s'évader » d'une situation trop angoissante ;
- des *manifestations d'angoisse*, de craintes excessives, de *phobie*, qui relèvent plus particulièrement de symptômes névrotiques « normaux » ;
- des *modifications de l'activité sexuelle*, allant de l'arrêt des rapports sexuels à la réalisation d'actes homosexuels ponctuels, voire à des comportements exhibitionnistes.

Situation

Les *actings* de Carlos

Maya (enceinte de 8 mois) se plaint à son amie du comportement de Carlos, son compagnon : « Il ne semble pas se préoccuper de ma grossesse » ; « Il travaille tard le soir » ; « Il s'intéresse davantage à ses copains » ; Il prend du poids et se plaint souvent de migraines ». Maya souffre de tout cela à un moment où elle a davantage besoin de l'aide et du soutien de son compagnon. Elle ne comprend pas…

Remarque

La grossesse de sa femme ravive chez l'homme des « conflits infantiles », l'amenant à réinterroger son rapport à sa mère, à son père, à ses frères et sœurs. Ce qui mobilise chez lui un certain nombre de fantasmes mettant en jeu ses *identifications* masculines et féminines, et entraîne un nécessaire réaménagement de sa position auprès de sa femme (voir ci-après Mémo psy).

Mémo psy

Explication psychanalytique du vécu du père « la réactivation des conflits infantiles »

Il n'y a pas de rituels dans nos sociétés occidentales, donc pas de possibilité pour les futurs pères d'exprimer, sur un mode culturellement accepté, le trouble dans lequel l'accès à la paternité peut les plonger. Alors, ils somatisent ou adoptent des comportements parfois aberrants. Quand l'élaboration des affects douloureux est impossible, on dit qu'ils « délirent »[1]. L'aventure de la paternité, au même titre que celle de la maternité, est un moment de crise, franchie plus ou moins sereinement selon l'histoire singulière de chacun.

Ces comportements étranges chez le futur père, sont la traduction de conflits inconscients réactivés par la grossesse de leur femme (*ce qui ne peut être dit est agi*). Les conflits en cause sont de plusieurs ordres.

Le conflit avec la future mère

Le futur père peut manifester, sur un mode un peu agressif, son « envie » de porter l'enfant, d'accoucher ou d'allaiter (on rejoint ici la problématique des identifications féminine et masculine). Il sera alors en rivalité avec la mère, à qui il veut démontrer qu'il peut être un « meilleur personnage maternant ». Certains conflits peuvent être liés aux changements de rôles que la grossesse introduit dans la vie du couple. Le mari, qui jusqu'alors se faisait materner par sa femme, doit désormais s'occuper davantage de cette dernière. Les revendications qui surviennent vont dans le sens d'une régression, d'un retour vers un état de dépendance.

Le conflit avec l'enfant à naître

La culpabilité est ici dominante. Elle concerne les sentiments agressifs que le père éprouverait à l'encontre de cet enfant qui attire toute l'attention de l'épouse. Mais elle serait aussi à mettre en relation avec une jalousie infantile éprouvée à l'égard des frères et sœurs.

Le conflit avec le père

Si les conflits décrits précédemment relevaient d'un registre préœdipien, celui qui concerne le père est tout à fait œdipien. La paternité renvoie le futur père à ce moment où le désir infantile était d'écarter le père pour faire un enfant à la mère.

La grossesse peut être vécue comme l'expression de la transgression de l'interdit, la femme enceinte étant un substitut de la mère. Certaines inhibitions sexuelles peuvent être rattachées à ce conflit, le corps de la femme devenant mère rappelant trop au futur père l'image de sa propre mère.

L'autre versant de ce conflit est celui qui concerne la crainte de représailles du père envers le futur père qui redouterait en quelque sorte d'être puni pour avoir enfreint l'interdit. D'où l'observation de comportements de punition.

1. Delaisi de Parseval G. La part du père. Paris : Seuil ; 1981.

E Le psychisme du fœtus

À la naissance, le nouveau-né a déjà un passé, une « histoire ». Il faut prendre en compte « ce qu'il a vécu pendant la gestation dans la relation symbiotique avec sa mère »[5]. De même la part du père, dans sa relation avec la mère, tisse la trame de cette histoire.

5. Lavergne-Rondepierre D. Restituer son histoire à l'enfant. In : Naissance et secret : le droit à ses origines. Ramonville-Saint-Agne : Érès ; 1999.

1 Les besoins affectifs

Le fœtus perçoit, très tôt, les sensations maternelles, il le manifeste dans ses déplacements et les modifications de son rythme cardiaque. Il réagit au toucher. Dès sa vie intra-utérine, l'enfant est un être éminemment sociable, à l'affût de tout contact affectif.
L'observation du comportement de l'enfant *in utero* montre qu'il éprouve de nombreuses sensations et sait les traiter. Ses perceptions sensorielles concernent la *vision* (une forte lumière à proximité du ventre maternel le fait sursauter), l'*odorat* (la reconnaissance de l'odeur maternelle immédiatement après la naissance le confirme, l'*audition* et plus généralement le *contact* avec l'ensemble de son corps. En effet, la mère décrit de façon très précise les ajustements de son bébé à ses propres variations de mouvements, quand elle marche, s'assoit ou s'allonge.

2 Les premiers contacts prénataux

Le toucher haptonomique[6] est une invitation affective : les mains placées sur le ventre de la mère sont les premiers contacts avec l'enfant. Ils incitent le petit à y répondre.
Ainsi, au cours de la grossesse, les « interactions parents/enfant » se multiplient, la conduite d'attachement postnatal se prépare bien avant la naissance, et il faut noter que « le couple se trouve profondément modifié par l'expérience de ces contacts prénataux avec l'enfant »[7].

F Le psychisme de la femme à la naissance de son enfant

Après l'accouchement, la jeune mère (surtout si elle est primipare) dit qu'elle est « débordée » pour décrire son état ! En fait, elle est fatiguée physiquement et psychiquement. Cela va se manifester par le « baby blues », réaction psychologique fréquente et bien connue et parfois par une relation de transfert.

1 Le « baby blues »

Au niveau émotionnel, la femme se sent parfois un peu étrangère à elle-même et observe son enfant avec une certaine perplexité. Elle se sent triste, désemparée et peut manifester son désarroi par des crises de larmes qui la surprennent elle-même. Cet état appelé « baby blues » (ou mini-dépression) par les psychologues peut durer de quelques heures à plusieurs jours.
Il correspond à une nécessaire élaboration des « pertes » vécues par la mère lors de la naissance de son enfant : perte de l'état « extraordinaire » de la grossesse, rencontre avec l'enfant réel (qui, aussi beau soit-il, n'est pas l'enfant imaginaire), perte de l'illusion de maîtrise devant ce petit « familier-étranger » dont elle ne sait pas encore s'occuper…

---

6. L'haptonomie modifie les conditions de l'accouchement, car elle s'intéresse aux fondements des relations humaines.
7. Cyrulnik B. Les nourritures affectives. Paris : Odile Jacob ; 1993. This B. L'aube des sens. Cahier du nouveau-né. Paris : Stock ; 1981.

Dans la grande majorité des cas, un soutien bienveillant du personnel de santé suffit pour que cet état disparaisse. La « gaucherie » initiale de la mère va alors faire place à une attitude plus assurée, dans le cadre d'une histoire que l'on peut qualifier de « collective ». Incontestablement, la qualité de l'aide qui est alors offerte à la mère (ainsi qu'à l'enfant et au père) interviend pour beaucoup dans la traversée de cette période sensible.

Situation

Le baby blues de Déborah

Déborah dit : « Je ne comprends pas ce qui m'arrive, tout va bien, l'accouchement s'est bien passé, mon bébé est superbe, mon mari heureux et je me sens très triste. »

Sa famille qui l'entoure, voit effectivement sur son visage une anxiété, une inquiétude, un mal-être qu'elle ne comprend pas et qui ne s'explique apparemment pas !

Remarque

Ce mouvement dépressif (à ne pas banaliser, mais à ne pas dramatiser non plus) correspond à une nécessaire élaboration des « pertes » vécues par la mère lors de la naissance de son enfant. Souvent, la femme a l'impression d'être dépossédée, vidée. Or, c'est une grave erreur. Le bébé est un être à part entière, bien séparé. Tout cela fait que cette nouvelle mère n'éprouve pas encore le sentiment maternel, mais avec l'aide du père et l'aide du nourrisson (grâce aux interactions précoces), il va se manifester. « C'est le nourrisson qui la fait devenir mère. »

La qualité de l'aide qui est alors offerte à la mère (ainsi qu'à l'enfant et au père) intervient pour beaucoup dans la traversée de cette période sensible et dans la naissance du sentiment maternel dans toute sa plénitude.

2 Le « transfert »

La mère, qui s'adresse à une professionnelle, revit des émotions qu'elle tolère plus ou moins bien, surtout parce qu'elle est dans une position fragilisée, mais aussi selon que les *conflits* avec les siens auront été dépassés ou non. On peut dire que la professionnelle, par son statut et sa fonction, représente très souvent pour cette femme, à ce moment-là, la *mère*. Donc elle « transfère » sur celle-ci les sentiments, (confiants ou méfiants) qu'elle ressent pour sa mère. Ce mécanisme permet de comprendre les réactions parfois si désarçonnantes de certaines mères face aux propositions d'aide, dans un sens tant *gratifiant qu'agressif*. Exemple : lorsqu'une mère ne tarit pas d'éloges à l'égard d'une professionnelle (qui a l'impression de n'avoir fait que son travail), c'est un peu surprenant, car elle lui attribue un savoir, un savoir-faire dont elle-même se sent démunie (ce qui est d'ailleurs en partie vrai). Or, le sentiment de décalage que la jeune mère ressent, elle l'a déjà éprouvé, avec sa propre mère ou quelqu'un d'autre important pour elle.

Lorsque, en revanche, une autre femme se plaint et accuse celle qui a pourtant fait les choses avec une même attention, de ne pas l'avoir écouté, de ne pas s'être occupée d'elle ou de son enfant, c'est plus difficile à supporter pour la professionnelle. La réaction spontanée (si l'on ne tient pas compte de cette dimension du transfert) est de se défendre, de se justifier. Il faut qu'elle sache que les griefs qui lui sont adressés concernent, en fait, probablement quelqu'un d'autre…

Rôle de l'EJE

Dans la plupart des cas, il suffit que la professionnelle (EJE, AP, puéricultrice) questionne la mère, lui demande ce qui l'inquiète, ce qu'elle attend précisément, pour qu'elle évoque l'événement personnel en cause. Une remarque apparemment anodine (qui lui aura été faite par une professionnelle un peu pressée) peut suffir à réveiller un « conflit refoulé » (c'est-à-dire « oublié »), avec une personne importante de son histoire.

Parfois, la tension est telle qu'il est bénéfique de parler avec des collègues. On mesure à quel point l'attitude de la mère peut varier selon l'interlocuteur et plus précisément selon la fonction. Par ce simple constat, se trouve confirmée la *dimension transférentielle*.

Enfin, il est parfois nécessaire de faire appel à un intervenant « psy » (psychologue ou pédopsychiatre). Dans tous les cas, l'offre d'aide doit être bienveillante (c'est-à-dire *souple et rassurante, non jugeante, respectueuse de la personnalité*). Ainsi, la mère peut trouver de nouvelles marques.

G La naissance des sentiments maternel et paternel

Dès la naissance, le couple vit au rythme des besoins physiologiques, biologiques et affectifs de l'enfant. Les sentiments maternel et paternel se développent et évoluent au fil du temps.

1 Le sentiment maternel

À la naissance du bébé, la mère fait la connaissance d'un « enfant réel ». Pendant la grossesse elle avait idéalisé cet enfant. À présent, il est là, il est *lui*, et elle doit « faire le deuil de l'enfant *imaginaire* ». Dans la plupart des cas, ce deuil se fait facilement (inconsciemment) et le sentiment maternel qui avait pris naissance au cours de la grossesse est réactivé rapidement par les interactions avec le nouveau-né.

2 L'importance des « interactions »

Généralement, la femme est en « accord affectif » avec son bébé et cette symbiose l'épanouit pleinement :

- elle apporte une *réponse immédiate* aux besoins de son bébé ;
- elle le *prend* dans ses bras, le *touche*, le *caresse*, le *regarde* ;
- elle sait donner un sens à ses pleurs et le nourrisson lui apporte des réponses gratifiantes.

On appelle ces premiers échanges des « interactions ». Celles-ci participent au développement du sentiment maternel (*cf.* chapitre Nouveau-né).

3 Le sentiment paternel

Le sentiment paternel peut naître pendant la grossesse et se développer dès la naissance par les interactions avec le nouveau-né.

Le « tissage des premiers liens » (de la grossesse à l'accouchement). Pour activer la naissance du sentiment paternel, on conseille vivement au futur père, de :

- *s'impliquer dans le déroulement de la grossesse* : participer aux consultations médicales, s'informer de la vie fœtale, voir les échographies, toucher le fœtus (qui répond au toucher[8]) ;
- *assister à l'accouchement* et couper le cordon ombilical ;
- *porter le nouveau-né* dès sa naissance contre lui, lui parler, le bercer ;
- *s'impliquer dans l'accueil du bébé* (c'est le début de la trilogie) ; le personnel de santé se fait discret pour respecter l'intimité de ces premiers échanges, chargés d'émotions réciproques ;
- *participer activement aux premiers soins du bébé* ;
- *assister à l'examen du pédiatre* peut être très bénéfique pour le père quant à sa reconnaissance affective de l'enfant, et mettre en valeur les potentialités du bébé l'y encourage[9].

L'importance des « interactions ». La naissance du bébé va susciter des émotions fortes chez l'homme qui ravivent le sentiment paternel. Ce sentiment existait déjà au cours de la grossesse à l'état latent (il était inconscient), il est ravivé à l'accouchement, à la « vue » et « au contact » du bébé réel :

- le « congé parental » va favoriser la présence du père auprès du bébé et la relation va s'enrichir du fait d'une grande *proximité*. Le père va prendre de plus en plus conscience de ses *responsabilités* vis-à-vis du bébé, de l'importance de sa *présence*, de son rôle ;
- si la grossesse a permis à la femme « d'habiter sa maternité », la naissance doit permettre à l'homme « d'habiter sa paternité ». Pour l'homme, ce n'est pas lié à un acte physique (comme c'est le cas pour la femme), c'est de l'ordre du psychologique (du ressenti). De ce fait, les « interactions père-nouveau-né » vont stimuler le sentiment paternel : les cinq sens de chaque partenaire sont en éveil et se répondent (la vue, l'ouïe, le toucher, l'odorat, le goût)[10]. Le père devient père grâce à son enfant (c'est en « paternant » que l'on devient père).

Situation

La fierté d'un père

Après avoir coupé le cordon ombilical de sa fille Sloane, Romain l'a prise dans ses bras pour la première fois ! Elle a pleuré un instant, puis (sous les caresses) elle s'est apaisée. Romain a ensuite déposé le bébé sur la poitrine de sa maman et ils lui ont parlé longuement. Il dit *s'être senti père* à cet instant. Il en était heureux et fier à la fois (nous a-t-il déclaré).

---

8. L'haptonomie est une méthode qui permet d'avoir des échanges avec le fœtus, en le touchant d'une façon adaptée.
9. Antier E. (pédiatre). Attendre mon enfant aujourd'hui, chapitre 10 : Vos premiers jours avec votre bébé. Paris : Fixot-Poche ; 2006.
10. Cyrulnik B. *Op. cit.*

Remarque

Le travail des équipes éducatives et soignantes pour faire participer les pères aux soins et les tenir fidèlement au courant de la santé du bébé est fondamental. Encourager le père à bercer son enfant crée ce contact physique totalement attachant. Il est hors de question de prononcer alors des phrases négatives, par exemple quant à sa façon de tenir la tête (aucun papa n'a jamais cassé la tête de son nouveau-né, en le portant dans ses bras). Ces remarques pourraient se révéler très démobilisantes pour un homme commençant à vivre sa paternité.

H Le processus d'attachement, de séparation et d'individualisation

L'enfant vit tout d'abord dans un état dit « fusionnel » avec sa mère, puis il se différencie progressivement d'elle, pour prendre conscience qu'il est « sujet » à part entière. Ces étapes le conduisent à se séparer d'elle pour aller vers son autonomie physique et psychique. Nous allons voir le processus d'attachement, puis de séparation et d'individuation.

1 L'attachement

L'attachement, dans son sens général, désigne le lien affectif et social développé par une personne envers une autre personne. Pour J. Bowlby[11], l'attachement résulte à la fois d'un besoin inné et d'acquisitions postnatales. Il s'installe progressivement, se développe à partir de la répétition des expériences de satisfaction et dépend de l'ensemble des soins qu'il reçoit au cours de la première enfance.

◆ Les manifestations de l'attachement selon l'âge

Avant 6 mois, l'attachement se manifeste par des comportements d'appels, de cris, de pleurs… Ces « signaux » s'adressent progressivement à une figure de plus en plus distincte : celle de la mère (ou son substitut).

Après 6 mois, l'enfant cherche de sa mère (ou de son substitut) une protection. Ex. : l'enfant ne s'éloigne pas d'elle au-delà d'une distance qui la lui laisse accessible, car il recherche une protection (un adulte capable de le défendre contre toute agression). Ce comportement a aussi une fonction de socialisation, l'attachement se déplaçant, au cours de la vie, de la mère aux proches puis aux étrangers (les amis, les voisins, le personnel soignant et éducatif). Il est important dans la structuration de la personnalité, l'enfant acquiert une sécurité intérieure. Il est sécurisé même s'ils sont éloignés physiquement. Un enfant « bien attaché » se détachera, se séparera plus facilement.

11. Bowlby J. Attachement et perte. 3 volumes. Paris : PUF ; 2002-2007.

◆ Les schémas du processus d'attachement

J. Bowlby décrit trois schémas d'attachement :

- *1er schéma « l'attachement sûr »* : l'enfant a confiance, il sait que son parent est disponible et va lui répondre quand il sera en danger ;
- *2e schéma « l'attachement angoissé »* : l'enfant n'est pas certain que son parent sera disponible et lui répondra s'il fait appel à lui. L'enfant est sujet à l'angoisse de séparation, il s'accroche à sa mère, se montre angoissé pour explorer le monde. J. Bowlby a observé que le parent de référence (souvent la mère) présente des attitudes différentes dans des situations identiques. Ainsi, il peut être disponible dans certaines occasions et non dans d'autres, ou encore exprimer des menaces d'abandon comme moyens de discipline ;
- *3e schéma « l'attachement évitant »* : l'enfant n'a aucune confiance dans les réponses que sa mère lui fera. Il s'attend à être repoussé lorsqu'il cherche auprès d'elle réconfort ou protection. L'enfant tente alors de vivre sa vie sans soutien de la part des autres.

Situation

La notion d'attachement (J. Bowlby)

Dans la salle d'attente d'un médecin pédiatre, observons le comportement de trois enfants de 12 à 14 mois accompagnés de leur mère.

Léa joue calmement sur le tapis et elle tente de découvrir, plus loin dans la pièce, d'autres jouets. Elle rit, et de temps en temps, appelle sa mère, qui lui répond verbalement ou physiquement.

Léo reste très proche de sa mère, la regarde souvent. On le sent inquiet, incapable d'apprécier les jouets mis à sa disposition. Il a peur qu'elle quitte la pièce et ne la quitte pas du regard.

Léonie joue dans le coin de la pièce sans se soucier de sa mère. L'enfant va même facilement vers d'autres adultes qu'il ne connaît pas. Sa mère ne semble pas se préoccuper de ce qu'elle fait. Il n'y a aucun échange entre elles (ni regard, ni paroles).

Remarque

Le cas de Léa peut se rattacher au premier schéma de Bowlby,
Le cas de Léo peut se rattacher au deuxième schéma de Bowlby,
Le cas de Léonie peut se rattacher au troisième schéma de Bowlby.

2 La séparation

Lorsque les liens d'attachement de l'enfant à la figure maternelle sont clairement constitués, une séparation durable d'avec la mère entraîne chez l'enfant des réactions remarquablement décrites par J. Bowlby.

◆ Les réactions de l'enfant à une séparation > 8 jours

Une séparation de longue durée déclenche une réaction en trois phases :

1. une *phase de lutte active* : le bébé manifeste des pleurs, des cris et un refus de se laisser approcher. Il tente de rechercher l'objet perdu (sa mère) ;

2. une *phase de désespoir* avec un désarroi intense, un état de retrait et une diminution des pleurs. L'enfant devient inactif, ne cherche rien, ne demande rien : la tristesse et la détresse laissent place à une apparente indifférence ;
3. une *phase de détachement* : l'enfant se laisse faire par l'entourage, accepte les soins de n'importe quel substitut maternel et redevient sociable. Il se comporte comme s'il s'installait dans la séparation, semblant perdre tout attachement à sa mère. Si la mère revient, l'enfant manifeste un certain désintérêt.

L'angoisse de séparation est une *angoisse de perte de l'objet d'amour* (c'est-à-dire la mère). Elle met l'enfant en alerte face aux dangers potentiels liés à une séparation éventuelle.

◆ L'individuation

Le processus d'individuation permet à l'enfant d'exister pour lui-même, séparé de l'autre. L'individuation se fait lentement, progressivement ; l'enfant va se décentrer de sa mère, s'éloigner d'elle. La construction de l'*autonomie* y participe activement ; l'enfant acquiert la marche, le langage, il devient un « sujet actif ».

Chapitre 9

Accompagnement et soutien de la fonction parentale

A Les principes à respecter et les formes d'actions à envisager

Être parent n'est facile pour personne. Or, actuellement, de nombreux parents sont qualifiés par certains de « démissionnaires » face à leurs enfants. Ils sont tout simplement « désemparés face à une tâche qu'ils ne savent pas remplir ». Il s'agit de mettre en œuvre une *relation d'aide* qui pose comme principe fondamental la confiance en l'autre : la personne a les ressources nécessaires pour trouver les solutions à ses problèmes[1].

« Soutenir la parentalité dès la naissance » exige du professionnel un solide bagage théorique, mais aussi une faculté d'adaptation à des situations qui ne lui sont pas familières. Sans cesse, il faut qu'il concilie sa propre éducation avec celle des parents. Il doit rester à l'aise avec les familles « qui vivent et pensent autrement que lui ».

1 Les principes à respecter

Pour accompagner et soutenir les parents, le professionnel doit respecter certains principes :

- prendre en compte leur savoir-faire et leur expérience et favoriser l'apprentissage par les parents eux-mêmes et rechercher leur adhésion au projet, aux soins ;
- faire un lien entre l'apprentissage et le problème des parents et favoriser l'échange et l'écoute ;
- stimuler l'autonomie des parents et encourager leurs initiatives ;
- réfléchir en équipe sur les causes d'échec le cas échéant et ne pas l'attribuer aux parents eux-mêmes ;
- favoriser des repères éducatifs, les normes sociales favorables à l'intégration des familles issues de cultures différentes et donc à l'intégration future de l'enfant, dans le monde scolaire notamment.

Ce travail sur le lien social favorise l'acquisition du statut de parents, avec les obligations, les droits et la reconnaissance sociale qui l'accompagnent.

Les services accueillant des enfants, attentifs à ne pas dessaisir les parents de leur rôle et de leurs responsabilités à l'égard de leur enfant, assurent ce rôle de soutien à la parentalité.

1. Boutin G, Durning P. Les interventions auprès des parents. Innovations en protection. Paris : Dunod ; 1999.

DEEJE. Diplôme d'État d'éducateur de jeunes enfants

2 Les formes d'actions à envisager

Les professionnels intervenant auprès des familles ont depuis toujours envisagé leurs actions comme une aide, à terme, de l'enfant et de ses parents. Diverses formes d'aide se succèdent ou ont pu se succéder ainsi auprès des familles. Citons à titre d'exemples :

- la *formation parentale* (inspirée des pratiques de thérapie familiale) « destinée à favoriser le développement des capacités des parents et, par voie de conséquence, celles de leurs enfants [...] ; elle se caractérise par une fonction de normalisation sociale indiscutable » [2]. L'influence des professionnels est ici très prégnante ;
- l'*éducation familiale*, une notion à connotation sanitaire parce qu'elle s'inscrit dans le dispositif de PMI pour aider la femme, les couples à maîtriser la venue ou non des enfants, à se protéger de maladies transmissibles (il s'agit de l'activité des centres de planning et d'éducation familiale) ;
- l'*éducation sanitaire*, avec son éventail de mesures de « protection » et de conseils, vise, elle aussi, l'aide des familles dans le domaine de la santé et du bon développement de l'enfant.

Ces trois notions s'inscrivent dans des objectifs professionnels destinés à aider les parents et sont ancrées de longue date dans les pratiques d'interventions sanitaires et sociales.

Situation

Résultat d'une enquête

Dans une enquête[1] réalisée auprès de plus de 500 parents, environ 400 jeunes de moins de 18 ans et 200 professionnels, 58 % des professionnels interrogés déclaraient que « l'attitude des parents la plus fréquente est de démissionner », tandis que 94 % des parents disaient qu'il leur appartient de transmettre des valeurs à leurs enfants (les trois-quarts considéraient que c'est à eux de réagir quand l'enfant fait quelque chose d'interdit) et seulement 11 % d'entre eux estimaient avoir besoin de la présence de personnes autour d'eux pouvant les conseiller. Les autres avouaient manquer de compétences pour mieux élever leurs enfants.

Remarque

L'accompagnement et le soutien parental devraient évoluer d'une démarche de « protection », « d'aide » à la recherche d'une coopération et d'une participation des parents les amenant à reconsidérer leurs valeurs, leurs modèles, leurs pratiques en matière d'éducation, à mieux identifier pour mieux les résoudre les surgissements de conflits que suscite toujours l'éducation des enfants.

1. Centre de recherche pour l'étude et l'observation des conditions de vie (CREDOC). Consommation et modes de vie, n° 130.

3 Les réseaux de soutien à la parentalité et la politique familiale

La politique familiale, avec la circulaire encourageant *les réseaux de soutien à la parentalité*, a pris position dans ce sens, notamment :

2. Boutin G., Durning P. *Op. cit.*

- en reconnaissant d'une part la famille comme le *premier lieu* de construction de l'enfant et le fait que les parents sont susceptibles de rencontrer des difficultés dans leur fonction d'éducation de leurs enfants ;
- en finançant d'autre part les *projets* visant à valoriser les rôles et compétences des parents (responsabilité et autorité, confiance en soi [...], protection et développement de l'enfant) et favoriser le développement d'*échanges et de relations* entre les parents. De plus, le travail en réseau s'envisage en intégrant les initiatives associatives pour apporter une aide spécifique et ponctuelle quand cela est nécessaire.

La conférence de la famille réaffirme la volonté politique visant à faciliter la conciliation entre vie familiale et vie professionnelle des parents : en facilitant le développement des places d'accueil et le recrutement des professionnels de la petite enfance.

L'objectif est de diversifier les modes de garde afin d'offrir à chaque enfant une solution de garde adaptée à ses besoins et aux souhaits de ses parents.

La prise en compte des besoins sociaux des familles est un des objectifs exprimés dans le cadre des dernières orientations de la politique familiale. Les professionnels sont fortement concernés par ce projet.

Notons, à titre d'exemple, la mise en place d'une *prestation de service unique* en matière d'accueil du petit enfant dont l'objectif est de favoriser la diversification des possibilités d'accueil « régulier, ponctuel, d'urgence », avec un rythme hebdomadaire qui peut être « à temps plein ou à temps partiel ». Cette évolution, si elle répond à un besoin social des familles, complexifie considérablement l'organisation des structures d'accueil et le travail des équipes dont la qualité des conditions d'accueil des enfants reste une priorité.

D'une manière générale, l'évolution des besoins oblige à de nouvelles réponses.

Mémo psy

Les « axes de réflexion » sur le soutien à la parentalité et l'accueil de l'enfant

La recherche d'une réponse de qualité à apporter aux besoins des familles s'oriente sur deux axes.

La réflexion menée autour de la question du soutien à la parentalité

Dans ce contexte, la formation et la démarche de professionnalisation des soins à l'enfant deviennent un atout d'efficacité. De même, la présence de l'enfant en structure d'accueil sur une période longue (souvent près de trois années) constitue pour les parents une ressource inestimable. Grâce à l'accueil de l'enfant, la rencontre quotidienne de professionnels et de familles d'horizon divers fait de la crèche ou de l'accueil familial un lieu privilégié d'élaboration de compétences parentales.

La recherche de formules diversifiées pour organiser l'accueil des jeunes enfants de manière régulière et occasionnelle

Celle-ci conduit les équipes à une remise en question en profondeur des conceptions et des habitudes inhérentes à l'accueil traditionnel avec leurs contraintes,

voire leurs rigidités. Satisfaire la diversité des besoins d'accueil des enfants, c'est rompre avec la logique de compartimentage des institutions (à chaque type de demande, son type de structure d'accueil). Avec, comme corollaire, la mise en place de solutions visant à préserver, dans ce contexte de souplesse, la qualité de l'accueil du point de vue de la réponse personnalisée à donner aux besoins des enfants, un climat de sécurité affective pour les enfants, par une cohérence d'organisation de la vie quotidienne au sein de la structure.
La formation d'EJE évolue vers le renforcement des compétences professionnelles, c'est-à-dire :
- une meilleure compréhension des enjeux ;
- un savoir-faire consolidé dans les domaines de l'identification des besoins (des familles et des enfants) ;
- des propositions de solutions adaptées et d'un travail en partenariat avec les élus, les autres structures d'accueil et les familles.

B La méthodologie de soutien à la parentalité

Les professionnels de l'enfance savent que pour tirer le meilleur des parents, ils doivent leur laisser l'entière responsabilité de ce qui les regarde vraiment, l'éducation de leurs propres enfants. L'action des professionnels va donc viser, impérativement, l'autonomie des parents.
Comment répondre aux attentes des parents, à leurs questions ? Par quelles interventions le professionnel peut favoriser l'acquisition de certaines compétences parentales ? Comment doser la part à accorder à l'écoute de l'expression de leur vécu de parents et la part d'informations à apporter aux familles ?
Les études sont peu nombreuses sur le sujet. En réalité, les pratiques oscillent entre le « permissif » et le « structurant », sachant qu'un même professionnel adapte sa pratique à chaque famille, à chaque situation, sans en mesurer, *a priori*, l'efficacité.

1 Les principes de l'aide aux parents dans leur apprentissage

L'accompagnement consiste avant tout à aider les familles dans leur choix de vie. Le rôle d'aide s'avère donc très complexe pour tenter d'atteindre une compréhension profonde de ce qui se passe pour le demandeur, la découverte de la manière dont il éprouve la situation qui lui fait problème, la clarification progressive de son vécu et la recherche de moyens et de ressources permettant un changement.

◆ La dimension de confiance et de respect de l'aide

Il s'agit de mettre en œuvre une *relation d'aide* qui pose comme principe fondamental la *confiance en l'autre* : la personne a les ressources nécessaires pour trouver les solutions à ses problèmes[3].

3. Salomé J. Relation d'aide et de formation à l'entretien. Lille : PUF ; 2003.

Bien qu'éprouvant des difficultés, certaines familles supportent difficilement une aide extérieure. Elles ne veulent pas rencontrer le personnel d'un service administratif pour résoudre leurs problèmes familiaux et peuvent manifester de l'agressivité : « De quoi vous mêlez-vous ? Je sais encore m'occuper de mes enfants. » Le plus souvent, le professionnel est seul face à une mère (et son ou ses enfants) et les premières relations sont plus ou moins faciles à établir. Ce type de situations requiert une implication réelle, exige de solides qualités relationnelles et une aptitude au travail d'équipe. En effet, dans ce contexte, le professionnel se doit d'extraire des entretiens et des observations, les données utiles pour le repérage de prémices d'éventuelles difficultés.

◆ La dimension éducative et préventive de l'aide

Toute idée d'éducation en direction des parents oblige à poser comme postulat qu'un adulte peut apprendre et accéder à un savoir sur la santé. Ce qui soulève néanmoins d'autres questions :

- qu'est-ce qu'apprendre ?
- comment devient-on parent ?
- devenir parents s'apprend-il ?

Favoriser les apprentissages parentaux, en tenant compte de la diversité cognitive et socioculturelle des familles, passe par des démarches pédagogiques innovantes. Dans cette perspective, la recherche et la réflexion pédagogique peuvent contribuer à la lutte contre l'exclusion et à l'évolution de l'état de santé, d'autant que les parents apprennent essentiellement par tâtonnements : par essais, erreurs et réussites. C'est dans ces ajustements successifs que parents et enfant se construisent, et des mères font souvent mieux que si nous leur avions appris à le faire. Ce processus, qui débute dès la naissance, apprend à la mère que son enfant est unique.

2 Les principes de la transmission d'un « savoir » et d'un « savoir-faire »

Pour faciliter l'apprentissage aux parents, le professionnel peut proposer un modèle à apprendre, diviser ce modèle en actes simples, mais il est préférable de les aider à trouver leurs réponses et par conséquent à motiver leur recherche. De plus, les réactions d'un bébé peuvent être déconcertantes et des facteurs peuvent interférer dans l'*apprentissage de la parentalité* : handicaps sensori-moteurs, psychologiques, sociaux… L'évaluation par excellence […] est donc celle qui détermine si « l'apprenant » a vraiment fait ce qu'il voulait faire, s'il a acquis cette souplesse, cette aisance, cette liberté que chacun veut acquérir quand il apprend.

Les finalités de l'éducation apparaissent moins comme la « transmission du savoir pur ou du savoir-faire, que comme celle du savoir être »[4]. Les apprentissages se réalisent au fil du temps et si des difficultés apparaissent, il faut chercher avec les parents la cause du problème, mais ne surtout pas les juger !

3 L'accompagnement du projet parental

Devenir parent s'accompagne d'une transformation intérieure, d'une maîtrise de soi. Soyons respectueux de cette modification progressive. Le professionnel ne doit pas perdre de vue qu'il est au service des parents, pour la santé et le bien-être de l'enfant.

Les premières difficultés peuvent s'exprimer à l'arrivée du premier enfant. Du jour au lendemain, un bébé arrive. La mère doit manifester une totale disponibilité pour son enfant

4. Reboul O. Qu'est-ce qu'apprendre ? pour une philosophie de l'enseignement. Paris : PUF ; 1999.

(le nourrir, le changer, le bercer…). Or, aucune formation ne lui a été proposée, hormis quelques conseils en maternité. Cette maman a besoin de temps. Le temps est un *outil pédagogique*.

Situation

Le soutien à une famille fragilisée

M. et Mme B. sont illettrés, sans formation et sans travail. Mme T. (éducatrice de jeunes enfants) les rencontre pour la première fois à la naissance de leur deuxième enfant, accompagnée de la puéricultrice.

L'aîné est âgé de 2 ans. Ce petit garçon a des problèmes comportementaux : il bouge et pousse des cris sans arrêt. Les parents ont des difficultés à le canaliser. Une petite sœur vient de naître. Deux professionnelles suivent la famille : EJE et puéricultrice.

Au gré de la conversation, l'idée d'ouvrir un cahier pour chaque enfant où serait collée leur photo est avancée.

À partir de ce jour, un projet commun : inscrire l'histoire des enfants dans un cahier personnel. Sur l'initiative de la mère, les cahiers se remplissent de journaux découpés présentant des enfants de même âge que ceux de la famille.

L'EJE commente les journaux féminins et l'éducation passe en douceur. Quels sont les jouets photographiés ? À quoi servent-ils ? Que mange cet enfant ? Que fait la maman ?… et petit à petit les problèmes du garçon aîné peuvent alors être abordés et sa conduite au centre médico-psycho-pédagogique (CMPP) est envisagée sérieusement. Les parents adhèrent au projet dans l'intérêt de leur enfant.

Remarque

Soutenir la parentalité exige du professionnel un solide bagage théorique, mais aussi une faculté d'adaptation à des situations qui ne lui sont pas familières. Sans cesse, il faut qu'il concilie ses propres représentations socio-éducatives avec celles des parents. Il doit rester à l'aise dans les familles « qui vivent et pensent autrement » et gérer l'imprévu en toutes circonstances.

Pour conseiller les parents, le professionnel doit respecter certains principes pédagogiques :

- prendre en compte leur savoir-faire et leur expérience même rudimentaire ;
- faire un lien entre l'apprentissage et le problème des parents ;
- réfléchir avec eux sur le problème qui se pose et ses conséquences pour l'enfant en devenir d'adulte.

L'accompagnement et le soutien parental passent d'une démarche de « protection », « d'aide », à la recherche d'une coopération et d'une participation des parents qui marque la reconnaissance des acteurs et l'importance de leur propre développement.

C Le soutien à la famille d'un enfant handicapé

Quels que soient les situations familiales et les problèmes rencontrés par les parents, ils doivent savoir à l'avance que le professionnel accorde la primauté à l'enfant. Lorsqu'il intervient auprès d'une famille, il doit se rappeler que son alliance avec l'enfant prime sur son alliance avec ses parents parce que l'enfant est plus vulnérable.

Aucun travail ne pouvant s'amorcer sans une connaissance à la fois de l'enfant et de son milieu familial, les premières visites ont une place importante dans l'acquisition de cette connaissance et dans l'établissement d'un climat de confiance entre le professionnel et la famille.
La présence ou l'apparition, chez un enfant, d'un handicap, d'un retard de développement, pose toujours de manière plus ou moins avouée, la question de la culpabilisation des parents. Face à la question : « Qu'est-ce qu'on a pu faire ? »[5]. Les professionnels se sentent impuissants et démunis.
Parfois, certains parents peuvent exprimer leur rejet sous forme de sentiments forts, ambivalents, parfois violents. Cette souffrance est d'autant plus importante que le diagnostic n'est pas clairement posé et les informations sur le handicap peu précises.
L'accompagnement doit permettre de prendre en compte les attentes des familles dans le but de leur faciliter, chaque fois que possible, la vie au quotidien. Il ne faut pas perdre de vue notamment que l'accueil des enfants en milieu ordinaire, en crèche et en école maternelle, a un rôle bénéfique. L'environnement stimulant accélère souvent l'éveil et le développement de l'enfant.

Rôle de l'EJE

Premier temps

L'objectif des professionnels (EJE, AP, puéricultrice...) est d'amener la famille à consulter un spécialiste (selon le type du handicap). Il est essentiel de *faire alliance avec les parents* et de cheminer avec eux : prendre le temps d'écouter, entendre leur souffrance et parfois leur désespoir. À un moment, la famille peut avoir des demandes et des questions et il est temps d'établir un relais avec les équipes spécialisées. En revanche, on ne peut pas contraindre une famille à consulter quand elle en est au stade du « déni ». Elle pourrait le vivre comme une persécution.
Pour aider au mieux cette famille, le professionnel doit avoir une *bonne connaissance* des différentes structures médico-sociales. Il n'est jamais trop tôt pour mettre en place une *éducation précoce*. Toutefois, il faut avoir conscience que, selon les lieux géographiques, l'accès aux services spécialisés peut être difficile, voire impossible pour certaines familles.

Deuxième temps

L'action du professionnel peut recouvrir plusieurs aspects :

- transmettre des informations et orienter la famille vers les services adaptés à sa situation ;
- s'inscrire dans une collaboration avec les services adéquats mise en place à la demande du service, de la famille ou sur sa propre initiative ;
- participer, le cas échéant, à l'intégration de l'enfant handicapé en milieu ordinaire : structures d'accueil petite enfance, écoles maternelles, etc. ;
- favoriser la rencontre avec d'autres parents pour partager leurs préoccupations.

5. Bedard J. Familles en détresse sociale, tome 2. L'intervention familiale communautaire. Québec : Sigier ; 1999.

D Le soutien aux familles fragilisées

Les familles peuvent connaître des situations difficiles et être incapables de surmonter les difficultés par leurs propres moyens. L'écoute et l'observation attentive peuvent aider les professionnels à accompagner ces familles à rechercher des solutions adaptées.
La pratique de terrain et l'observation des situations familiales permettent d'établir une liste non exhaustive de facteurs rendant les familles plus vulnérables. Nous avons développé les cas les plus fréquents.

1 Les traumatismes sociaux

Pour certaines familles, les traumatismes sociaux (comme le chômage, l'alcoolisme ou la souffrance psychique) sont particulièrement lourds. Leurs difficultés vont retentir sur leurs capacités à élever leurs enfants. Aux familles qui connaissent la précarité de génération en génération s'ajoutent de nouvelles souffrances (comme la maladie, l'exclusion, etc.). Pour tous, le quotidien s'inscrit dans la recherche de moyens financiers pour assurer le minimum vital. Les répercussions sur la famille de ces traumatismes sociaux sont préoccupantes. Voici quelques exemples :

- le fait de laisser le bébé au lit toute la journée, parce que l'habitat est peu ou mal chauffé (ou par manque de place) ;
- la fréquence de certains accidents domestiques liés au contexte (brûlures, asphyxie ou chutes dans des escaliers sans lumière) ;
- les maladies à répétition (bronchites, asthme, eczéma) ;
- les nombreux problèmes de santé trouvant leur origine dans un défaut d'alimentation (absence d'un repas quotidien, utilisation d'un lait non adapté aux besoins du nourrisson…) par manque de moyens financiers.

Ce surcroît de problèmes peut entraîner :

- des dysfonctionnements de l'activité parentale, des violences conjugales ou conduire à l'alcoolisme ;
- un retard dans le développement du langage, très souvent observé. « La réelle pauvreté du vocabulaire correspond au nombre très réduit des centres d'intérêts. La pauvreté n'est pas seulement économique, elle est aussi culturelle »[6].

Rôle de l'EJE

Le professionnel (EJE, AP, puéricultrice…) doit être attentif aux besoins des parents et soutenir leurs efforts. Intervenir auprès du public défavorisé oblige les professionnels à temporiser leurs exigences, car ce qui leur paraît simple à mettre en place ailleurs peut, ici, être considéré comme très compliqué, voire inadapté.
Encourager toutes les initiatives favorables au développement de l'enfant est à la base de son travail.

6. Bideaud M.-C. Les enfants des exclus. Paris : Lutter, Stock ; 1976.

2 Les mères seules ou isolées

Les mères célibataires sont souvent des mères fragilisées et, quelle que soit la situation de départ, leur niveau de vie reste peu élevé du fait des charges qu'elles assument en totalité.
Les répercussions familiales sont préoccupantes et conduisent les professionnels aux observations suivantes :

- les mères se trouvent souvent obligées d'accomplir leurs démarches en présence de leur bébé (demande d'argent, de couches, de lait...) ;
- les conditions de vie, parfois, peuvent conduire les mères à éprouver moins de patience et elles manifestent de l'agressivité à l'égard de l'enfant ;
- certaines mères déplorent la désobéissance de l'enfant en l'absence d'un père. Elles disent : « Je ne peux pas m'en faire obéir ! » ;
- leur réseau de relation est souvent inexistant et l'enfant est le dernier rempart contre l'isolement.

Rôle de l'EJE

Le professionnel (EJE, AP, puéricultrice...) doit veiller à rechercher avec ces mères une activité ou des loisirs qui leur permettent de vivre en tant que femmes. Durant ce temps, l'enfant apprendra à vivre en tant que personne autonome, en halte-jeux par exemple.

3 Les femmes immigrées

Les femmes immigrées connaissent une phase de déracinement souvent douloureuse qui est réactivée au moment des naissances. Sans racines et sans repères, ignorant la langue, elles semblent parfois subir plus qu'agir, d'autant plus que les professionnels ne connaissent pas leurs coutumes, souvent très éloignées des nôtres.

Rôle de l'EJE

Quel que soit le contexte de vie, le professionnel (EJE, AP, puéricultrice...) doit dispenser des soins avec la même conscience, quelles que soient l'origine et la culture de cette personne, car toute démarche d'aide se fonde sur le principe que, hormis les différences dues aux modelages culturels, il existe une unité de fonctionnement du psychisme humain. Ainsi, l'allaitement maternel est un comportement naturel et universel, mais il s'inscrit dans un cadre culturel. « Il faut chercher à comprendre du mieux que l'on peut tout en supportant de ne pas tout comprendre ! Le but recherché était la connaissance de l'autre en tant que parent de ce bébé. »[1]

1. Estrade N. « Être pédiatre avec les migrants et leurs bébé, tout un univers relationnel ». Spirale n° 12, 1999. p. 39-62.

Les parents sont généralement heureux de parler de leur pays d'origine et de leurs pratiques d'éducation familiale. Ils révèlent leurs connaissances et leur savoir-faire qui, parfois, sont simplement à « réajuster ».
De nos jours, certaines familles vivent entre deux cultures et le professionnel, comme le personnel de PMI, doit réfléchir aux différents types d'action à mettre en place pour :

- travailler avec les associations représentantes des familles immigrées ;
- lutter contre la discrimination ;
- aider à l'adaptation et à l'intégration ;
- accompagner la parentalité entre deux cultures ;
- éduquer à la santé.

Le travail auprès des familles immigrées sera facilité par le partenariat : appel à des interprètes, des femmes relais, des médiatrices.

Situation

Soutien à une famille fragilisée[1]

Mme A., une jeune femme âgée de 20 ans, mère de deux enfants de 1 et 3 ans, quitte son foyer après avoir été battue par son compagnon en état d'ivresse. Deux jours après son départ, le père (M. A.) est venu au centre de PMI « déposer » ses enfants car il se sentait incapable de s'en occuper : « Je n'ai pas la patience, il y a beaucoup trop à faire, d'ailleurs je ne sais pas m'occuper de mes enfants, il faut une femme. » Il disait être très touché par le départ de sa compagne et « n'en pouvait plus ».

Lors de l'entretien mené conjointement par la puéricultrice et l'assistante sociale, le comportement des deux enfants est observé : le bébé de 1 an, dans sa poussette, est resté très calme et très observateur des uns et des autres ; l'enfant de 3 ans s'accroche à son père et reste dans ses bras.

Au cours de cet échange, une solution est proposée par le père : sa voisine (Mme D.) pourrait garder temporairement les enfants. L'assistante sociale (qui la connaît bien) est plutôt favorable à cette solution. Après l'accord de la voisine (qui est une amie de la mère de famille et est en lien avec elle), il est décidé qu'une *aide financière* sera débloquée pour l'accueil temporaire des enfants chez « un tiers digne de confiance ». Cette situation à court terme est appliquée en attendant le retour de la mère. Cette situation a duré 2 semaines.

La voisine a reçu une visite quotidienne de la puéricultrice (et de l'assistante sociale). Le père a eu *plusieurs entretiens de réconfort* pour lui éviter de sombrer dans l'alcool.

Au retour de la mère, le père, qui avait décidé de trouver un emploi, cesse de boire progressivement.

Remarque

Les solutions aux problèmes familiaux doivent être recherchées avec les personnes concernées : il faut réfléchir avec elles, car il n'existe pas de solutions adaptées *a priori.*

Le travail d'équipe a été de soutenir ce couple restructuré pour qu'il s'oriente vers une thérapie. Le dispositif a revêtu un caractère souple, adapté à une situation exceptionnelle.

Les professionnels ont su entendre et respecter le choix du père, sans juger. L'inspecteur ASE a fait confiance à l'équipe et a pris le risque, avec elles, de confier les enfants en bas âge à une personne non agréée. Cela a permis aux enfants de rester dans leur contexte de vie et en lien avec leur père.

---

1. In Gassier J et Saint-Sauver C. Guide de la puéricultrice. Issy-les-Moulineaux : Elsevier-Masson ; 2008.

E L'expérience de la « coéducation »

La loi du 5 mars 2007 (relative à la protection de l'enfance) encourage de réelles démarches coéducatives.
Ces démarches devraient impliquer (aux côtés des décideurs politiques et institutionnels) les parents et l'ensemble des acteurs éducatifs, au-delà des seuls domaines scolaires et parascolaires.

1 Les facteurs qui favorisent la coéducation

Les discours politiques dominants tendent à ne percevoir les avantages de la coopération des parents et des professionnels que pour les prôner dans les quartiers de la « politique de la ville ». L'option de la coéducation – entre enfants comme entre adultes – suppose de renoncer à dresser les jeunes contre les adultes, les parents contre les professionnels, les professionnels entre eux ou contre les associations, etc. Elle suppose également de cesser de stigmatiser les parents qui éprouvent des difficultés éducatives et de retourner contre eux le concept de « soutien de parentalité » à travers l'instauration de « stages de reparentalisation » et de « contrats de responsabilité parentale » et autres « conseils des droits et devoirs des familles ».

2 L'objectif

L'objectif est d'encourager l'estime et la confiance réciproque, l'exemple de Ragon (voir ci-après) indique les ingrédients de base d'une dynamique concertée et coopérative de résolution de problèmes. Construire les attitudes citoyennes des enfants qui seront les parents de demain constitue en soi un projet de société.

Situation

L'expérience de « coéducation » au Ragon

Le quartier de Ragon, dans la banlieue nantaise, c'est d'abord un vaste secteur d'habitations très champêtres. Mais, c'est aussi le lieu d'implantation d'une forte communauté des gens du voyage dont les enfants représentent 28 % des élèves de l'école primaire. Cette population n'a rien d'une entité homogène. La stigmatisation et l'ostracisme qui frappent trop souvent cette communauté n'en sont pas moins forts qu'ailleurs.
Les conflits entre personnes s'y multiplient sur fond d'alcoolisme et de violences urbaines. Certains, devant la violence des jeunes, appellent le Ragon « le petit Chicago » ! Pourtant ce tableau est en train de changer, car la mairie a décidé d'agir.
Les éducateurs de rue pénètrent progressivement dans le quartier. Ils commencent par identifier la hiérarchie qui structure les relations... Inlassablement, ils sillonnent à pied le quartier. Ils arpentent les rues et les carrefours. Jour après jour, ils parcourent des kilomètres. Leur déambulation est discrète, mais régulière et répétitive.
Leur objectif est double : être vu et affiner leur approche du quartier. Au bout de six mois, leur persévérance a fini par payer. Un groupe « coéducation » s'est constitué avec les éducateurs. Il est composé d'enseignants et surtout de parents issus de toutes les communautés. Il se réunit trois à quatre fois par trimestre et cherche à désamorcer les malaises et les conflits des adultes qui rejaillissent sur les enfants.
Peu à peu, les adultes apprennent à se parler, les enfants à dialoguer avec les adultes et à partager des moments ensemble. Émergent des questionnements sur les conditions de vie,

sur les relations intergénérationnelles, sur le rapport au travail, à l'école, etc. Les habitants obtiennent d'être associés à la réfection du quartier. Les graffitis se font plus rares...

Remarque

Sceptiques au départ face à une municipalité qu'ils ne pensaient pas capable de réagir à leur demande, les éducateurs du Ragon n'ont pourtant pas hésité à interpeller le maire. Les élus ont joué leur rôle et on fait en sorte qu'un certain nombre de projets puissent trouver une réalisation dans des délais raisonnables.

Le 3 mars 2007, Frédéric Jésu[1], invité par le groupe, est venu parler de la coéducation. Cent personnes se sont pressées pour venir écouter le conférencier.

À cette occasion, le rôle des éducateurs de rue qui ont su « retisser le lien social » a été valorisé. Les éducateurs ont dit qu'ils avaient travaillé à partir de ce que les habitants du Ragon savaient faire et non à partir de leurs seules problématiques. « Il nous a suffi de les accompagner dans leur potentiel. »

1. Jésu F. Coéduquer. Pour un développement durable. Paris : Dunod ; 2004.

Domaine de compétences 2

Action éducative en direction du jeune enfant

Chapitre 10

Connaissance du jeune enfant et accompagnement de son développement

A Développement somatique

1 Le rythme et les facteurs du développement

Le *développement somatique*[1] est un phénomène global ; il concerne la croissance pondérale et staturale (poids et taille).

◆ Le rythme du développement

La *vitesse de croissance* varie en fonction de l'âge. Elle est :
- très rapide durant la vie utérine ;
- rapide de la naissance à 3 ans ;
- plus lente de 4 à 10 ans ;
- puis rapide à l'adolescence.

On constate que les proportions du corps sont différentes selon l'âge : la hauteur de la tête du fœtus et celle du nouveau-né correspondent au quart de la longueur de son corps, alors que celle de l'adulte correspond au 1/8e (Fig. 10.1).

◆ Les facteurs de croissance

On distingue des facteurs extrinsèques liés à l'environnement et des facteurs intrinsèques spécifiques à l'individu.

Facteurs intrinsèques

Il y a deux types de facteurs intrinsèques :
- les *facteurs génétiques* : les poids et taille de chacun des deux parents doivent être pris en considération pour évaluer la croissance de l'enfant ;
- les *facteurs hormonaux* : différentes hormones agissent sur la croissance. Citons plus particulièrement l'hormone somatotrope (appelée hormone de croissance), sécrétée par l'hypophyse durant la phase de sommeil lent (d'où l'importance du respect du sommeil de l'enfant).

1. Étymologie : « *soma* » vient du mot grec : *corps* (développement du corps).

DEEJE. Diplôme d'État d'éducateur de jeunes enfants

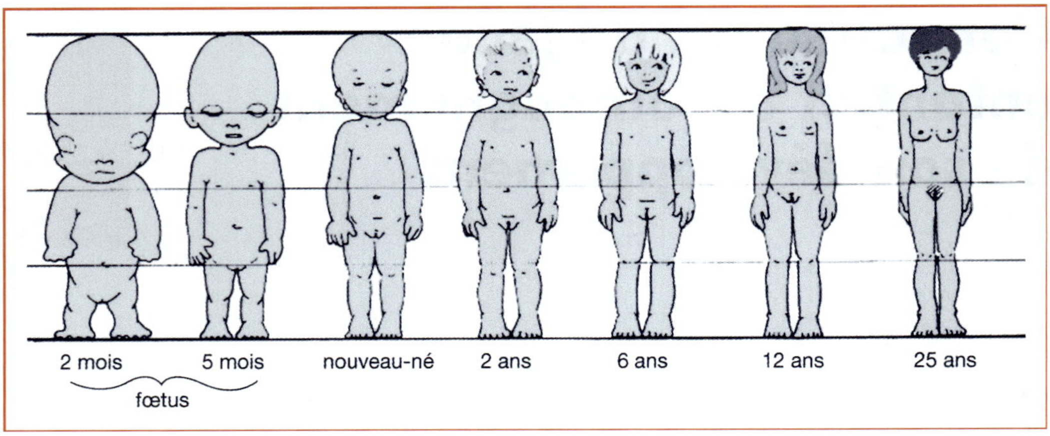

Fig. 10.1 **Évolution des proportions du corps, du 1er mois fœtal à l'âge adulte.** (Guide de l'AP, Elsevier-Masson, p. 5).

Facteurs extrinsèques

Les facteurs extrinsèques sont nombreux et variés. Citons-en quelques-uns :

- l'*équilibre nutritionnel* : l'alimentation doit être équilibrée en qualité et en quantité afin de répondre aux besoins de l'enfant ;
- l'*hygiène de vie*, en particulier :
  - la qualité de l'environnement (ensoleillement, absence de pollution, de bruit, présence d'espaces verts…),
  - le rythme de vie de l'enfant (sommeil, activités physiques, loisirs…) ;
- les *conditions psychoaffectives satisfaisantes* : tous les psychologues de la petite enfance ont démontré le retentissement des carences affectives sur la croissance de l'enfant et, à l'inverse, l'importance de l'affectif dans le développement harmonieux de l'enfant (amour maternel, harmonie familiale[2], bonne intégration scolaire et sociale, copains…) ;
- une *surveillance médicale régulière et les vaccinations* participent à l'évolution harmonieuse de la croissance par la prévention des pathologies.

2 L'évolution de la taille de la naissance à l'adolescence

La taille est la hauteur du corps, du sommet de la tête aux talons. La mesure se fait à l'aide d'une toise.

◆ Normes de la naissance à 4 ans

La taille de l'enfant croît de façon spectaculaire durant cette période, elle double en l'espace de quatre années, alors qu'elle ne progressera que de 60 à 80 cm (environ) durant les seize années suivantes (Tableau 10.1).

◆ Normes entre 5 ans et 12 ans

L'enfant grandit de 5 à 6 cm par an environ (Tableau 10.2).

2. Le psychologue W. Scott a dit : « *L'amour maternel est la vitamine psychologique de croissance.* »

Tableau 10.1 **Gain statural de la naissance à 4 ans[1].**

Nouveau-né	50 cm
Vers 6 mois	65 à 66 cm
Vers 1 an	73 à 75 cm (TN + 25) (environ moitié de la taille normale)
Vers 2 ans	85 cm
Vers 3 ans	93 cm
Vers 4 ans	100 cm (TN × 2)

TN : taille de naissance.
1. Il s'agit de moyennes statistiques ; les variations individuelles sont fréquentes, chaque enfant ayant son rythme propre.

Tableau 10.2 **Gain statural de 5 ans à 12 ans.**

Âge de référence	Filles	Garçons
Vers 5/6 ans	1,08 m	1,10 m
Vers 7/8 ans	1,24 m	1,24 m
Vers 9/10 ans	1,34 m	1,35 m
Vers 12 ans	1,46 m	1,44 m

Exercice
Calculez la taille (théorique) de Madja, âgée de 1 an, sachant qu'elle mesurait à sa naissance 54 cm.
Réponse : selon le calcul, TN = (moitié de sa taille) = 54 + 27 = 81. Madja mesurera donc 80 à 81 cm.

Rôle de l'EJE

Si l'aspect dynamique de la croissance de l'enfant s'évalue à l'occasion d'un examen médical, l'EJE veille à :
- apprécier l'évolution harmonieuse des courbes ;
- alerter la puéricultrice si une anomalie est observée (transmissions écrites et orales).

3 L'évolution du poids de la naissance à l'adolescence

La surveillance de la croissance en poids de l'enfant constitue l'un des aspects de l'appréciation de son état de santé. Elle repose, de façon indissociable, sur les courbes de croissance, véritable indicateur de la qualité du développement somatique de l'enfant.

◆ Les mesures

Les grilles des mesures de croissance proposées dans le carnet de santé de l'enfant et tenues à jour constituent un outil fiable d'évaluation.

Il est important de s'intéresser davantage à la *régularité de la courbe* qu'au poids effectif de l'enfant, surtout dans la première enfance, cela pour deux raisons :

- l'alimentation précoce des nouveau-nés réduit la perte de poids physiologique après la naissance ;
- la vitesse de croissance pondérale est étroitement liée à la qualité et à la quantité de lait ingéré.

◆ Le gain pondéral

La surveillance du poids se fait tous les jours à la maternité, puis au rythme des consultations médicales de l'enfant. Il existe des chiffres repères permettant une évaluation rapide du gain pondéral, en référence au poids de naissance de l'enfant. Leur valeur indicative est cependant approximative, le suivi de la courbe pondérale de l'enfant reste la règle.

Les normes de la naissance à 4 ans (Tableau 10.3) sont les suivantes : à la naissance, l'enfant pèse en moyenne 3,250 kg. Dans les trois jours après la naissance se produit une chute de poids physiologique[3].

Tableau 10.3 Progression du poids de 0 à 4 ans.

	A		B	C
Âge de l'enfant	**Prise de poids journalière**	**Points de repère**	**Poids (approximatif)**	**Gain pondéral mensuel**
Naissance	Perte de poids[a] et reprise de poids	PN (poids de naissance)	3,250 kg	
1 mois 2 mois 3 mois	25 g/j		4,700 kg	750 g
4 mois 5 mois 6 mois	20 g/j	PN × 2	6,500 kg	600 g
7 mois **8** mois 9 mois	15 g/jour		**8** kg	450 g
10 mois 11 mois 12 mois	10 g/jour	PN × 3	10 kg	300 g
2 ans	8 g/jour	PN × 4	13 kg	250 g
3 ans	6 g/jour		14,500 kg à 15 kg	180 g
4 ans	5 g/jour	PN × 5	17 kg	150 g

La colonne A permet de calculer le poids d'un bébé très précisément à partir du poids de naissance.
La colonne B indique le poids approximatif à partir des points de repère.
La colonne C indique le gain pondéral mensuel (à titre indicatif)
a. Le bébé peut perdre le 1/10e de son poids.

3. Cette chute de poids est due à la perte du méconium (premières selles). Elle peut atteindre 1/10e du poids de naissance (ex. : si le nouveau-né pèse 3 kg à la naissance, il peut perdre 300 g et pèsera 2,700 kg au 4e jour). Notons qu'actuellement, la chute de poids tend à se réduire, car l'enfant est nourri précocement.

L'enfant récupère généralement son poids de naissance vers le 7e ou 10e jour de vie. Ensuite, la progression du poids est rapide. À 5 mois, l'enfant a doublé son poids de naissance.
De 4 à 10 ans (Tableau 10.4), la croissance pondérale se ralentit progressivement à partir de 4 à 5 ans, et reste lente jusqu'à 10 à 12 ans.

Tableau 10.4 Gain pondéral moyen de 4 ans à 10 ans.

Âge de référence	Mensuel	Annuel
De 4 à 5 ans	170 g	1,700 kg
De 5 à 7 ans	125 g	1,500 kg
De 8 à 10 ans	115 g	1,400 kg

Exercices pratiques
1er exercice : calculer le poids théorique de Zoé, âgée de 2 mois et pesant à la naissance 3,250 kg.

Périodes	Calculs	Gain de poids	Le poids est de
De 0 à 10 jours	Perte de poids physiologique	0 à 10 jours	3,250 kg
De 10 jours à 1 mois	25 g × 20 jours	500 g à 1 mois	3,750 kg
De 1 mois à 2 mois	25 g × 30 jours	750 g à 2 mois	4,500 kg

2e exercice : calculer le poids théorique de Maxime âgé de 7 mois pesant à la naissance 3 kg.
Partir du poids de 5 mois (PN × 2) = 6 kg et faire le calcul suivant :
- de 5 à 6 mois : 20 g x 30 jours = 600 g donc à 6 mois = 6,600 kg
- de 6 à 7 mois : 15 g × 30 jours = 450 g donc à 7 mois = 7,050 kg

« *Petit repère* » : lorsque l'enfant pèse 3 kg à la naissance, il est aisé de retenir qu'à 6 mois, il peut peser 6,600 kg et mesurer 66 cm, et qu'à 8 mois, il peut peser 8 kg.

Rôle de l'EJE

Le professionnel, dans le respect des consignes reçues, veille à :
- être attentif aux signes alarmants de perte ou de prise de poids (Fig. 10.2, Fig. 10.3) ;
- signaler toute anomalie à la puéricultrice (faire correctement les transmissions orales et écrites) ;
- respecter certains critères de sécurité : ils sont déterminants pour la validité des chiffres, surtout chez le très jeune enfant. Pour la pesée du nouveau-né et du nourrisson, le professionnel doit :
  - vérifier le moment habituel de la journée où la pesée s'effectue, afin d'éviter un écart physiologique de poids en rapport avec l'activité digestive (absorption d'un repas),
  - peser l'enfant toujours dans la même tenue et utiliser la même balance (il existe des variations entre les balances),

- créer un environnement rassurant : présence (si possible) d'une personne que l'enfant connaît bien (référente),
- ne jamais laisser l'enfant seul sur la balance (risque de chute).

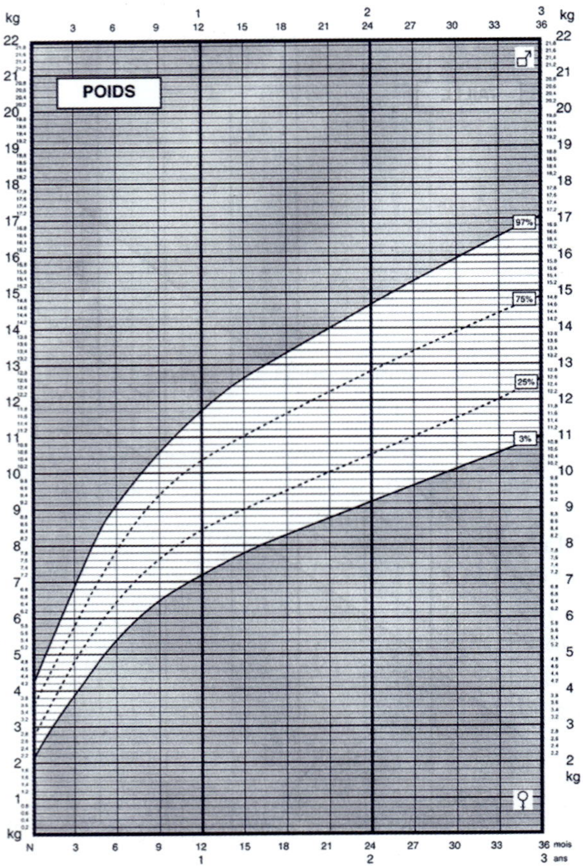

Fig. 10.2 **Courbe de poids de 0 à 3 ans** (d'après M. Sempé, Carnet de santé[4]).

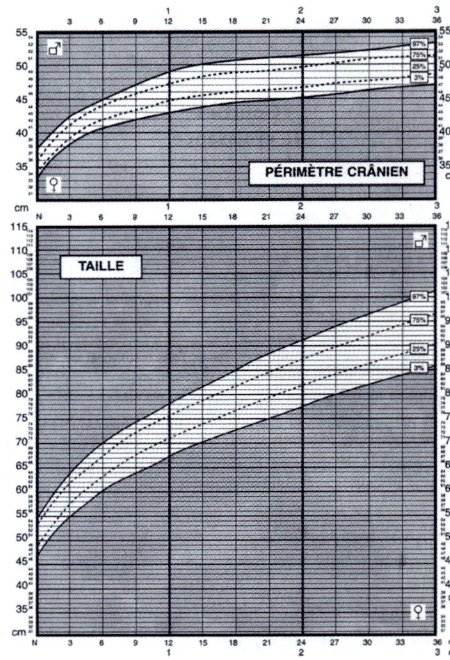

Fig. 10.3 **Courbe de taille de 0 à 3 ans** (d'après M. Sempé, Carnet de santé[4]).

4 L'évolution de la dentition de la naissance à l'adolescence

◆ Les stades d'apparition des dents

Chez le jeune enfant, l'apparition des dents se déroule en deux temps :

- *de 6 mois à 30 mois*, la dentition provisoire se met en place. Elle est composée de 20 dents appelées les dents de lait ;
- *à partir de 7 ans*, la dentition définitive se met en place. Elle se termine avec l'apparition des 4 dents de sagesse à l'âge adulte. Elle comprend alors 32 dents.

4. Guide de la puériculture. Elsevier-Masson, p. 316.

Tableau 10.5 **Les dents moyennes de référence. Dentition provisoire.**

Schéma[1]	Total	Dents	Nombre de dents	Apparition des dents (approximative)	Chute et remplacement
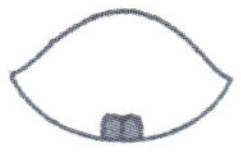		Incisives médianes inférieures	2	Vers 6 mois	6 ans
		Incisives médianes supérieures	2	8 mois	6 ans ½
		Incisives latérales supérieures	2	10 mois	7 ans
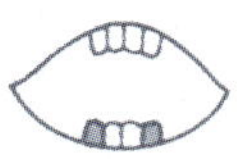	1 an = 8 dents environ	Incisives latérales inférieures	2	12 mois	7 ans ½
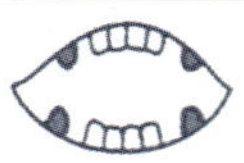		Premières molaires inférieures et supérieures	2 + 2	12 à 18 mois	12 ans
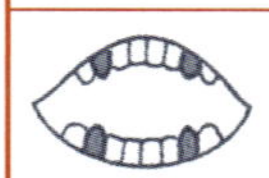	2 ans = 16 dents environ	Canines inférieures et supérieures	2 + 2	18 à 24 mois	11 ans
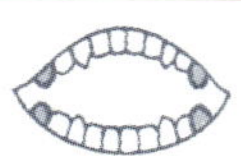	3 ans = 20 dents environ	Deuxièmes molaires inférieures et supérieures	2 + 2	24 à 30 mois	13 ans

1. Guide de l'AP, J. Gassier, Elsevier-Masson, p. 5.

Tableau 10.6 **Les dents moyennes de référence. Dentition définitive.**

Adolescent = 28 dents	Apparition de 8 molaires entre 6 et 13 ans
Adulte = 32 dents	Apparition de 4 dents de sagesse à partir de 18 ans

Les chiffres des Tableaux 10.5 et 10.6 sont donnés à titre indicatif. Il faut savoir que chaque enfant a son propre rythme d'apparition et de chute dentaire.

◆ Les principaux troubles liés à l'apparition des dents

Parmi les plus fréquents, citons les troubles :
- locaux : hypersalivation, joues et gencives rouges, douleur donnant envie de mordre, de sucer…,
- du comportement : enfant grognon, agité, prostré.

Il faut toutefois éviter de rendre la poussée dentaire responsable de tous les maux de l'enfant.

Rôle de l'EJE

En structure d'accueil, l'EJE veille à :
- prévenir les caries dentaires ;
- apprendre à l'enfant le brossage des dents ;

- lui en expliquer l'intérêt (avec des mots simples) ;
- rappeler aux parents les conseils d'hygiène dentaire dès le jeune âge ;
- signaler les troubles dentaires à la puéricultrice : toute douleur doit être prise en considération rapidement afin d'être soulagée (faire les transmissions écrites et orales).

B Le développement psychomoteur, affectif, social et cognitif

La motricité (mouvements du corps et des membres), l'activité sensorielle et le langage sont les composantes fondamentales de l'apprentissage des conduites sociales chez l'enfant. Le développement psychomoteur concerne l'ensemble des progrès accomplis par l'enfant tant sur le plan *moteur* que sur le plan psychique. Nous allons voir quels sont les facteurs qui favorisent le développement et à quel rythme celui-ci évolue.

1 Les facteurs de développement

Le développement psychomoteur dépend de plusieurs facteurs.

◆ Le facteur intrinsèque : la maturation cérébrale

La maturation cérébrale est indispensable à la progression du développement dans un ordre donné, étape par étape (*cf. infra* : « Axes du développement »).

◆ Le facteur extrinsèque : l'entourage humain

Le développement de l'enfant dépend aussi de la qualité des échanges affectifs avec ses proches. Faute d'affection, l'enfant dépérit, son développement s'arrête. La qualité de « l'interaction mère/père-nouveau-né » a une grande influence sur le cours du développement :

- l'*entourage humain peut influencer* le rythme du développement de l'enfant (le freiner ou le stimuler). Cependant, malgré la qualité de l'environnement, chaque enfant a un *rythme* de développement qui lui est *propre* :
  - il ne faudra donc jamais faire de comparaison entre des enfants de même âge,
  - les âges qui sont indiqués dans nos tableaux de développement doivent être considérés comme des points de repère, ils sont donnés à titre indicatif ;
- les *stimulations offertes à l'enfant* sont aussi à prendre en compte : l'enfant vit par le jeu. Grâce à lui, il s'éveille au monde. Découvrir, expérimenter, créer, toucher sont des actes fondamentaux pour l'enfant. L'adulte est là pour le stimuler, le féliciter autant dans les essais (même infructueux) que dans les réussites. Les stimulations offertes à l'enfant ont aussi un rôle important à jouer dans le cours de son développement.

2 Le rythme du développement

Le développement de l'enfant se fait par *stades* (ou étapes) qui se succèdent toujours dans le même ordre, indépendamment de l'environnement humain.

◆ Les stades du développement

Un stade de développement est l'ensemble des compétences d'un enfant à un âge donné. C'est aussi la préparation des compétences de l'âge suivant. Par exemple, l'enfant marche d'abord à quatre pattes, puis se met debout et marche seul. L'enfant attrape d'abord un objet involontairement et globalement, puis acquiert la préhension volontaire et précise.

Rôle de l'EJE

L'étude du développement psychomoteur vise à aider le professionnel de l'enfance à :

- guider ses observations de l'enfant ;
- adapter ses actions aux besoins de chaque enfant ;
- « accompagner » l'enfant dans son éveil à la vie.

◆ Les paliers du développement

Le développement de l'enfant ne suit pas une ligne ascendante continue, mais il se fait par *paliers* successifs, de durée variable selon les enfants. Il s'agit de périodes où le développement semble être stationnaire. En fait, le palier sert de tremplin pour acquérir une nouvelle capacité motrice (Fig. 10.4).

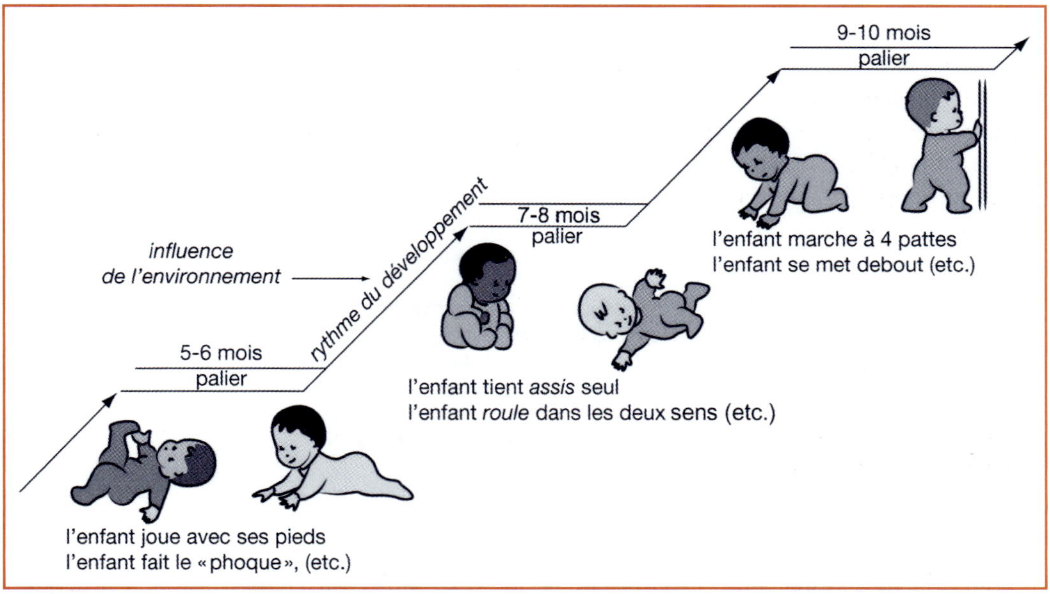

Fig. 10.4 Le rythme du développement psychomoteur de l'enfant. (Guide de l'AP, Elsevier-Masson, p. 12).

Situation

Mme D. questionne le personnel de la crèche

Mme D. est la maman d'une fillette de 13 mois. Elle paraît toujours très inquiète au sujet du développement psychomoteur de sa fillette et questionne régulièrement le personnel de la crèche. Elle leur dit aujourd'hui : « Ma fille ne marche pas encore alors que sa cousine, qui a deux mois de moins, fait déjà des pas assurés ! Est-ce normal ? »...

Remarque

Le personnel de la crèche veille à rassurer la maman et lui conseille d'*éviter les comparaisons* entre enfants. Dans le domaine du développement, comme dans tous les autres, chaque enfant a son *propre rythme*.

◆ Les « axes » du développement

Le développement de la motricité est lié au contrôle musculaire. Celui-ci se fait toujours dans le même ordre :

- de la tête aux pieds ;
- du centre du corps à la périphérie (Fig. 10.5).

Cette évolution explique que l'enfant peut soulever sa tête avant de parvenir à s'asseoir et qu'il contrôle ses bras, puis sa main, puis ses doigts.

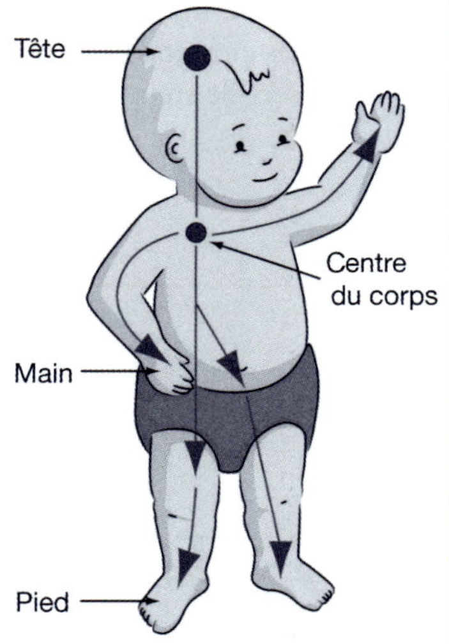

Le développement de la motricité se fait toujours dans le même ordre : de la tête aux pieds et du centre du corps vers la périphérie.

Fig. 10.5 **Axes du développement du contrôle musculaire.** (Guide de l'AP, Elsevier-Masson, p. 13).

◆ Les « périodes sensibles »

Au cours du développement, il existe des périodes sensibles où l'enfant est prêt à acquérir de nouvelles compétences. Il faut donc profiter de ces périodes pour lui donner la possibilité d'apprendre, soit par l'expérience, soit par l'enseignement.

Il a été démontré que, pour être fructueux, un apprentissage ne doit être ni trop précoce, ni trop tardif, mais se rapprocher le plus possible de la « période sensible » qui est une période féconde. Avant ou après, l'apprentissage est plus laborieux, voire impossible.

Mémo psy

Expérience d'« apprentissage »...

Lors d'une expérience faite par le psychologue américain Gesell, deux vrais jumeaux ont tous les deux été entraînés à « monter les escaliers », mais à des âges différents.
L'expérience a démontré que le jumeau entraîné au moment de la « période sensible » a acquis très facilement et rapidement cette performance, tandis que son frère, entraîné avant la période sensible, a monté l'escalier un peu plus jeune, mais au prix d'efforts et de contraintes inutiles.
À la suite de cette expérience et de leurs observations, les spécialistes ont pu dire que si un apprentissage est trop tardif, l'enfant risque d'être inapte à acquérir la compétence souhaitée.

3 Les aspects du développement les premières années de vie

◆ Le développement psychomoteur

Quelles sont les aptitudes psychomotrices d'un bébé à la naissance, et après 4 à 6 semaines ? Si nous examinons attentivement son comportement, nous constatons qu'il a fait des progrès considérables :

- la tonicité musculaire est meilleure, les muscles le maintiennent mieux, le bébé est donc moins fragile, moins mou qu'à sa naissance ;
- il respire d'une façon plus régulière ;
- il tête mieux, il avale mieux, donc régurgite moins ;
- il a moins de signes nerveux apparents tels que les hoquets, sursauts, tremblements, éternuements.

Toutefois, la motricité est encore brutale, les mouvements des bras et des jambes sont toujours contrôlés par les *réflexes archaïques*.

Les postures

C'est l'état d'hypertonie des membres et d'hypotonie de la tête et du tronc qui prédomine de la naissance à la fin du premier mois.

- le tronc : *nouveau-né tenu en position assise* : on observe une cyphose globale du dos (absence de contrôle des muscles vertébraux et lombaires) ;

- la tête :
  - *nouveau-né tenu ou tiré en position assise* : la tête est ballante, car la musculature de la nuque est insuffisante pour lutter contre la pesanteur,
  - *nouveau-né en position ventrale* : le menton peut cependant se soulever de temps en temps ;
- les membres :
  - *nouveau-né tenu en position assise* : il ne peut étendre les membres inférieurs, car l'hypotonie prédomine aux muscles fléchisseurs, elle ira en s'atténuant au cours des premiers mois,
  - *nouveau-né en position ventrale* : il retrouve la position qu'il avait dans l'utérus maternel ou position fœtale : flexion des membres inférieurs et supérieurs,
  - *à partir de la 3e semaine :* les genoux ne sont plus ramenés sous le ventre, on observe une extension intermittente des hanches et des mouvements de reptation (ramper).

La préhension

Le réflexe d'agrippement (*grasping*) se maintient. L'enfant serre très fort un doigt introduit dans sa main. Vers la 3e semaine, il peut ouvrir ses mains.

Le langage

Le bébé émet des sons gutturaux (vagissements) à caractère émotionnel. Les pleurs ont aussi valeur de communication. C'est pourquoi le bébé cesse de pleurer lorsque sa mère ou son père le prend dans ses bras ou lui parle.

◆ Le développement sensoriel

L'audition

Le *nouveau-né* perçoit les bruits, mais n'écoute pas. Il est très sensible à l'*intensité des sons* : la musique douce semble le calmer, la voix de sa mère le rassure, en revanche, les bruits forts l'excitent et le perturbent,

Le *nourrisson* de 3 semaines se calme lorsqu'il entend de la musique douce, sauf avant la tétée lorsqu'il a faim… Il entend très bien, mais ne peut encore localiser les bruits.

La vision

Les premiers jours, les yeux sont fermés (le sommeil occupe une grande partie du temps). Le nouveau-né peut fixer un point lumineux, mais il ne voit qu'une image assez floue du monde environnant. Il fixe attentivement le visage de sa mère ou un gros objet placé près de lui (on peut parfois observer un certain « strabisme », car la coordination des muscles oculaires est imparfaite).

Dès la troisième semaine, le bébé peut fixer un objet sur la ligne médiane et il est capable de le suivre jusqu'à 90°. La lumière l'attire, il peut diriger son regard vers une fenêtre ou vers un mur blanc éclairé par le soleil (un excès de lumière ou de couleurs l'excite).

Le nouveau-né est capable d'apprécier les distances. On sait aujourd'hui que, dès sa naissance, le bébé a une perception tridimensionnelle de l'espace, donc il perçoit les distances. Ex. : si on tient un bébé en position verticale, lorsqu'on approche de lui un gros objet mobile, il se défend en reculant sa tête, et, souvent, en interposant ses mains entre l'objet et son visage (Bouhelier P., Quotidien du médecin, 4 juin 2008).

Cependant, il ne voit pas les couleurs (du fait de l'absence de pigmentation sur les cônes de la rétine. La mise à disposition d'objets aux couleurs variées stimulerait la rétine, en favorisant la mise en place des connexions neuronales.

Le sourire

Le sourire du nouveau-né est un sourire réflexe, non discriminatif. Il peut cependant être provoqué par l'adulte, lorsque celui-ci regarde le bébé en face. Ce n'est pas le visage tel qu'on l'imagine qui provoque le sourire du nouveau-né, mais une forme (Gestalt) en mouvement. En effet, le sourire du bébé peut être provoqué à la vue d'un masque en carton, présenté de face (image stylisée d'un visage constituée de 2 à 6 points). Cette réponse du bébé n'est pas obtenue lorsque le masque est présenté de profil (R. Spitz).

Rôle de l'EJE

L'EJE, comme tous les professionnels de la petite enfance, veille à observer les interactions mère-enfant :

- l'interaction comportementale repose sur une qualité d'échanges observable (ajustement postural, échanges de regards lors des repas, des changes...) ;
- l'interaction affective se traduit par l'harmonie et le plaisir des échanges (ex. : lors des tétées, des changes, du bain..., la mère reproduit les voyelles émises par le bébé « a, eu, o... », lui parle beaucoup (mots doux), le touche, le regarde chaleureusement...).

L'EJE doit être attentif à tout trouble significatif à ce niveau-là.
Elle explique aux parents qu'il est important de parler souvent au bébé. S'il ne comprend pas, il perçoit la *charge affective* du langage, ce qui, pour lui, est le meilleur *stimulant* pour son développement.

Mémo psy

La notion de « préoccupation maternelle primaire »[1]

Les soins maternels, habituellement donnés par la mère, nécessitent une identification de la mère au nouveau-né, c'est-à-dire une capacité d'empathie très particulière lui permettant de savoir ce dont son bébé a besoin. Cette sensibilité accrue est observée dès la grossesse et dure quelques semaines après la naissance. Ex. : la mère est sans cesse en éveil (pleure-t-il ?). Au moindre signal, elle va voir, elle anticipe tous ses besoins, elle évalue sans cesse la qualité des soins, le confort de l'environnement, elle a un sommeil léger et répond avant même que son enfant réclame.

Les interactions ou la notion de dyade[2]

Dans le même ordre d'idée, on parle de la dyade mère-enfant ou « d'accordage affectif ». Il s'agit d'une série d'échanges entre la mère et l'enfant qui s'influencent réciproquement (de manière circulaire). Cette communication nécessite un climat affectif positif et influence favorablement le développement du nourrisson. Il y a « *un enchaînement d'affects liés au plaisir qui procurent une forte satisfaction aux deux partenaires* ».

1. Winnicot DN. La préoccupation maternelle primaire, « de la pédiatrie à la psychanalyse », Paris : Payot ; 1956.
2. Stern D. Le monde interpersonnel du nourrisson, Paris : PUF ; 2003.

4 Les aspects du développement la première année

Au cours de la première année, les acquisitions de l'enfant évoluent parallèlement sur les plans moteur, affectif, social et cognitif. La motricité globale (gestes, postures...) évolue considérablement. L'enfant va manipuler les objets et passer rapidement de la position allongée à la position assise, puis debout.

◆ L'évolution de la motricité

Les différentes étapes de l'évolution motrice de l'enfant, au cours de la première année, sont présentées dans les tableaux sous forme de « bande dessinée ». Les illustrations ci-après montrent bien la façon dont un comportement en entraîne un autre d'un mois sur l'autre (Tableau 10.7).

◆ L'évolution de la vision

L'évolution de la vision passe par plusieurs stades (Tableau 10.8).

◆ L'évolution de la préhension manuelle

L'évolution de la préhension manuelle (motricité fine) passe par plusieurs stades (Tableau 10.9).

◆ L'évolution du développement psychoaffectif

Les deux stades du développement[5] (selon Wallon)

Le développement psychoaffectif de l'enfant de la naissance à 12 mois évolue en deux stades :

- le *stade impulsif* (de la naissance à 3 à 4 mois) : ce stade est marqué par la symbiose. L'enfant passe d'une symbiose physiologique (en particulier avec sa mère) à une symbiose affective avec son entourage, à partir de 3 mois (début du stade émotionnel) ;
- le *stade émotionnel* (de 3 à 4 mois à 12 mois) : ce stade est marqué par des réactions émotionnelles expressives. Gestes, attitudes, postures mimiques, constituent un langage non verbal entre l'enfant et son entourage. Le passage des réactions impulsives des premiers jours de la vie en moyens d'échanges affectifs s'effectue au cours de ce stade : l'enfant connaît des frustrations (la faim et l'attente) qui provoquent une tension. Étant incapable de se suffire à lui-même, l'enfant doit agir sur son entourage pour lui signaler ses besoins et obtenir satisfaction. Il utilise comme moyens expressifs, les cris, les gestes, qui deviennent alors de véritables « signes d'appel ».

5. Henri Wallon (1879-1962) est un psychologue français. Il est aussi médecin. Il a étudié le développement affectif et social de l'enfant. Parmi son œuvre, on retient : L'évolution psychologique de l'enfant. Paris : Armand Colin ; 1985.

Tableau 10.7 Évolution de la motricité la première année[1].

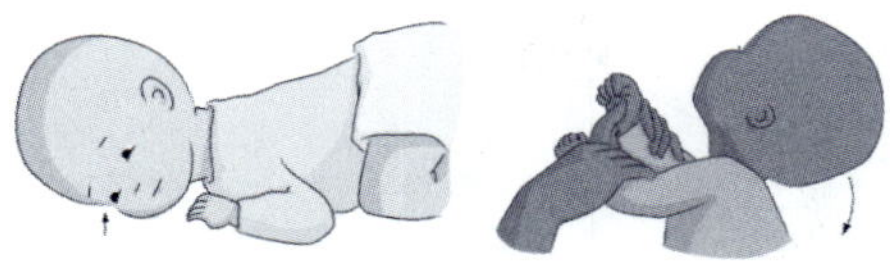

1-2 mois
En position couchée : la tête du bébé est tournée sur le côté, il peut **la soulever légèrement** de temps en temps.
Tiré en position assise, **la tête retombe** vers l'arrière, le dos est mou.

3-4 mois
À plat ventre : le bébé soulève sa tête de **45 à 90°** du plan du lit, appuyé sur ses avant-bras ou ses coudes.
Tiré en position assise, la tête suit le reste du corps, le **dos est ferme.**

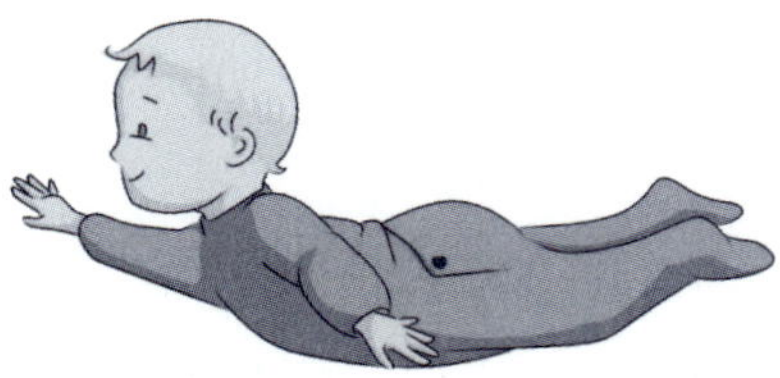

5-6 mois
À plat ventre : l'enfant fait l'**avion**, décollant bras et jambes du lit !

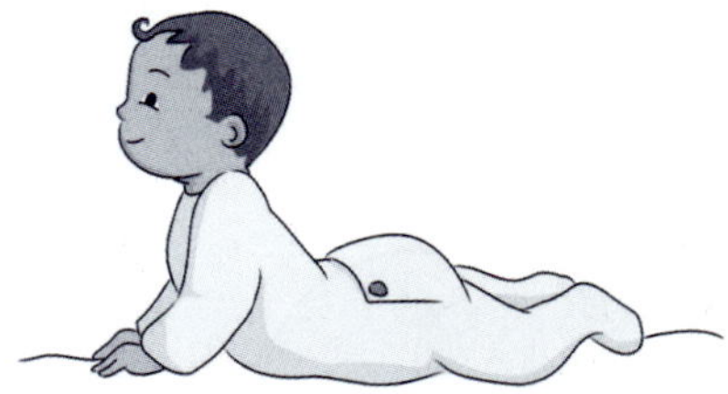

En se relevant sur ses mains, l'enfant tire la tête en arrière, il fait le **phoque !**

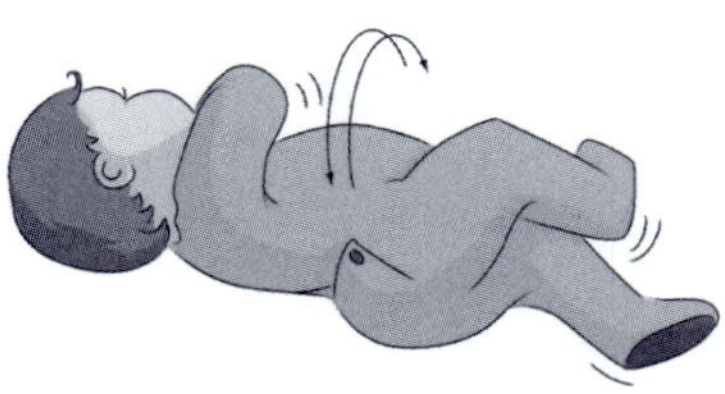

7-8 mois
L'enfant peut **rouler** du dos sur le ventre et vice versa.

À **8 mois,** l'enfant tient **assis seul !**

9-10 mois
L'enfant **rampe** au ras du sol.

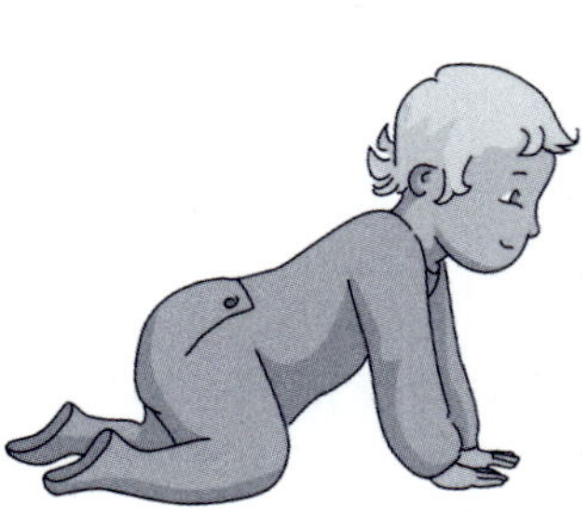

9-10 mois
L'enfant avance à **4 pattes.**

11-12 mois
L'enfant **se met debout** en se tenant à un support.
L'enfant peut faire la **marche de l'ours,** posé sur les mains et la plante des pieds (étape intermédiaire, de courte durée !)

Tableau 10.8 **Évolution de la vision chez l'enfant[1].**

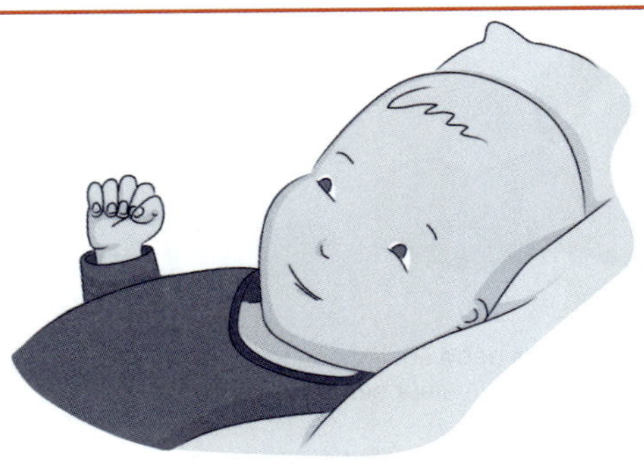	
À la naissance, le nouveau-né *fixe attentivement* le visage de l'adulte placé face à lui	**Vers 1 mois**, le nourrisson peut *suivre des yeux* un objet proche de lui, de grosse taille, qui se deplace sur une ligne mediane jusqu'à un *angle de 90°*. Il fixe, converge et accommode.

Vers 2 mois, le nourrisson *peut suivre des yeux* un objet proche de lui, de grosse taille, que se déplace sur une ligne médiane d'un côté à l'autre du lit (*angle de 180°*).	**Vers 3 mois**, le nourrisson peut *tourner la tête* pour suivre des yeux un objet en mouvement.

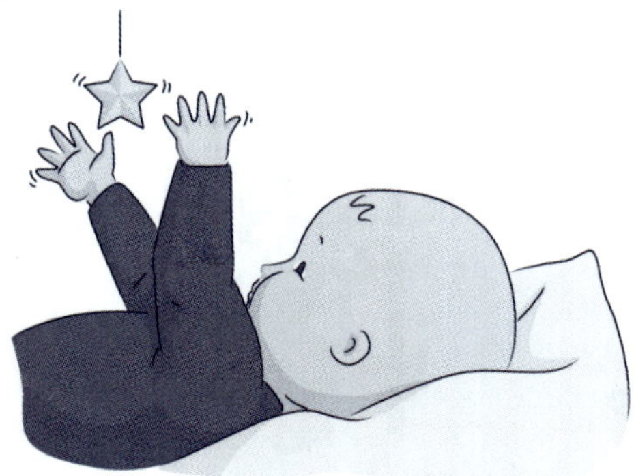

Vers 3 mois, le bébé de 3 mois est captivé par ses petites mains ! (c'est l'âge du *regard de la main* : 1re étape de découverte de son corps !). *Vers 4 mois*, l'enfant a une *capacité visuelle identique à l'adulte*.

Tableau 10.9 **Évolution de la préhension manuelle[1] (motricité fine).**

1er-2e mois Le 1er mois, on observe le *grasping* (acte réflexe d'agrippement Le 2e mois, le *grasping* devient plus discret, les mains sont souvent ouvertes	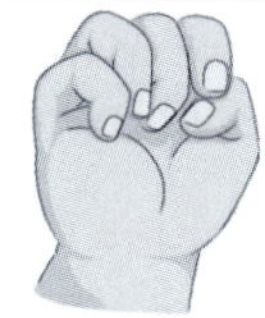
3e-4e mois C'est la « préhension au contact » : préhension involontaire au contact d'un objet placé dans la main	
5e-6e mois La « préhension volontaire » apparaît. Elle est palmaire et imprécise	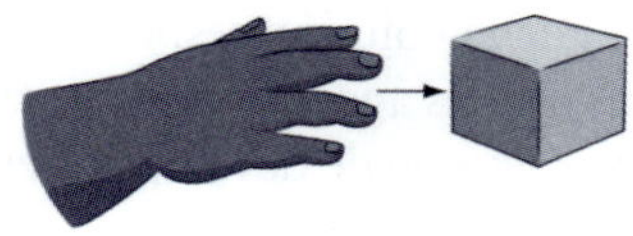
7e-8e mois La « préhension en pinces » apparaît : c'est la préhension en « pince inférieure » (l'objet est saisi entre le pouce et le petit doigt). L'enfant acquiert le « relâchement volontaire » de l'objet : c'est un relâchement global et imprécis	
9e-10e mois L'enfant acquiert la préhension en « pince supérieure » : l'objet est saisi entre le pouce et l'index. C'est le début de « l'indépendance manuelle »	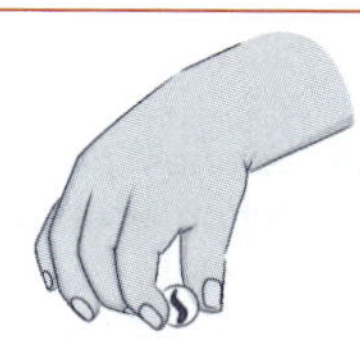
15e-18e mois L'enfant acquiert le « relâchement fin et précis ». Ex. : il peut introduire des pastilles dans le goulot d'une bouteille. Il a le sens du « contenant » et du « contenu »	
2 à 3 ans L'enfant peut *tout manipuler* avec une grande précision. Ex. : il tient bien la cuillère, il sait se laver le visage seul…	

1. Guide de l'AP, J. Grassier, Elsevier-Masson, p.16-17.

Pour Wallon, l'expression émotive est la première forme de socialisation. Les comportements innés de communication sociale ne prennent sens que si l'entourage sait les décoder et leur donner une réponse adaptée. C'est en fonction du nombre et de la nature des réponses apportées que l'enfant va progressivement développer son système de communication.

Les caractéristiques de l'évolution du développement

Nous allons étudier les principales caractéristiques du développement affectif dans deux tableaux récapitulatifs. Pour chaque étape du développement, nous verrons le rôle de l'adulte auprès de l'enfant et tout particulièrement le rôle de l'EJE. Ce rôle est présenté dans la colonne de droite des tableaux.

Remarque

Les étapes de l'évolution respectent les données des psychologues de la petite enfance. Toutefois, rappelons que les âges indiqués ne représentent qu'une moyenne statistique, chaque enfant ayant son propre rythme de développement, qu'il faut prendre en compte (Tableaux 10.10 et 10.11).

◆ L'évolution du langage la première année

Depuis le premier cri de l'enfant, toutes les productions vocales peuvent être assimilées au langage. Qu'il s'agisse d'émission de voyelles ou de consonnes, de sons gutturaux et de jeux

Tableau 10.10 **Développement affectif et social de l'enfant du 1er au 4e mois.**

Développement	Rôle de l'EJE
1er et 2e mois a) *L'enfant cherche une « protection »* : – il a besoin d'affection et de sécurité ; – il a besoin de régularité. b) *L'enfant est réceptif à la voix et à la présence de l'adulte* qui s'occupe de lui : il s'apaise, lorsqu'on lui parle ou lorsqu'on le prend dans ses bras.	Veiller à : a) *Apporter affection et sécurité à l'enfant par* : – la parole et les contacts corporels, il est conseillé de : - le toucher, le caresser…, - le prendre dans ses bras, - le porter avec attention (en lui parlant, en le regardant…) (*holding*). *Cf.* Mémo psy ;
3e et 4e mois L'enfant s'ouvre au monde. C'est l'âge de la « première socialisation ». a) *L'enfant s'intéresse à son environnement* (chambre, objets, jouets…), il explore tout du regard… b) *Il sourit à l'adulte* : c'est le « 1er sourire social ». Ce sourire est : – intentionnel : il est voulu et correspond à une situation précise ; – discriminatif : il s'adresse à quelqu'un en particulier. c) *L'enfant utilise le « langage du corps »* pour se faire comprendre. Ses cris et ses gestes sont devenus des « signes d'appel » dirigés vers son entourage pour exprimer ses besoins et obtenir satisfaction (pendant les premiers mois, ses mouvements sans but traduisaient seulement le « bien-être » ou le « mal-être »).	– la régularité de la personne et des soins (cette régularité donne à l'enfant ses premiers repères) ; – la disponibilité de la personne qui s'occupe de lui. b) *Offrir un environnement stimulant* : – lui parler souvent ; – lui proposer des jouets (mobiles, bouliers) ; – le garder près du centre des activités familiales ou collectives (à la crèche). c) *Faire régner une ambiance apaisante* : – mettre une musique douce ; – éviter les cris dans l'entourage immédiat ; – ménager des temps de repos ; – respecter son sommeil. d) *Répondre de façon adaptée à ses besoins* : – apprendre à « décoder » les signes d'appel de l'enfant et y répondre opportunément (langage, regard, présence) ; – ne pas laisser pleurer un bébé sans chercher la cause des pleurs.

Tableau 10.11 Développement affectif et social de l'enfant de 5 à 12 mois.

Développement	Rôle de l'EJE
5e et 6e mois C'est l'âge de la préhension volontaire, d'où : – l'intérêt pour la manipulation des objets ; – l'exploration tactile de « l'autre »… C'est l'âge de l'introduction de l'alimentation diversifiée.	Veiller à : – proposer des jouets variés à l'enfant ; – permettre aux enfants de se toucher entre eux… ; – faire accepter l'alimentation diversifiée.
7e et 8e mois C'est l'âge de : a) *l'angoisse du 8e mois* : - l'enfant différencie sa mère des personnes étrangères, - face à un visage étranger : il pleure, crie, se cache les yeux, - au moment où sa mère le quitte, il ressent un sentiment d'abandon et pleure… ; b) *nouvelles expressions émotionnelles* : - c'est une période où l'enfant est très vulnérable sur le plan affectif, - il rit aux éclats (pour exprimer sa joie), il verse de grosses larmes (quand il est triste), il crie, s'agite (pour protester).	Veiller à : a) *Conseiller aux parents* : – d'apaiser les craintes de l'enfant ; – de le sécuriser le plus possible en évitant : - les modes de garde successifs, - les changements de domicile. b) *Laisser l'enfant disposer à son gré* de « l'objet transitionnel » qu'il a choisi. c) *Savoir sécuriser l'enfant* : lui offrir une présence attentive et affectueuse, mettre des mots sur son chagrin (« tu pleures parce que… »), lui permettre de « décharger ses émotions » avec bienveillance.
9e-10e mois/11e-12e mois a) *L'enfant découvre « à 4 pattes » le monde environnant* et se heurte aux premiers interdits de l'adulte. Il comprend la signification du « non ». b) *L'enfant aime « jeter » les objets loin de lui* et demande à ce qu'on les lui ramasse. C'est sa façon d'apprendre à maîtriser les absences-présences de sa mère. c) L'enfant remarque tous les détails de l'environnement Il apprécie de retrouver les objets familiers au même endroit (points de repère sécurisants). d) *L'enfant est fasciné par son « image » dans le miroir* (qui lui permet la connaissance progressive de l'unité de son corps).	Veiller à : – accepter la vitalité de l'enfant, être tolérant ; – prévenir tous les risques d'accident ; – savoir fixer certaines limites ; – trouver des jeux adaptés, ex. : jouer au « coucou le voilà » (ce jeu de « cache-cache » permet de prendre conscience de l'absence-présence) ; – éviter les déplacements fréquents de mobilier, d'objets… (surtout dans la chambre de l'enfant) ; – installer des miroirs dans l'environnement et jouer avec l'enfant devant le miroir.

sonores des lèvres, ce sont les prémisses du processus global de l'apparition des mots. Ainsi des vagissements de la naissance aux doubles syllabes des 12 mois en passant par les vocalises et les lallations, l'enfant a fait des progrès considérables dans le domaine du langage.
Nous donnons les caractéristiques de l'évolution du langage selon l'âge dans le Tableau 10.12. Dans ce domaine, comme dans les autres, l'adulte, et tout particulièrement le professionnel de la petite enfance, a un rôle important à jouer.

◆ Le développement cognitif la première année

De la naissance à la fin de la première année, le cerveau de l'enfant se développe beaucoup plus qu'à toute période de la vie. Dès les premières semaines, le bébé met en œuvre des stratégies complexes (*cf.* la situation ci-après) qui sont les prémisses du développement intellectuel. Le nourrisson coordonne ses mouvements afin de réaliser ses objectifs et de résoudre les nombreux problèmes de son âge.

Tableau 10.12 **L'évolution du langage la première année.**

Développement	Rôle de l'EJE
Le 1er mois L'enfant émet des *vagissements* (sons gutturaux, rauques). **De 2 à 4 mois** L'enfant *vocalise* : les sons utilisés sont très variés et riches en voyelles (ex. : e, eu, a), Il fait des *jeux vocaux* : c'est le *gazouillis*. Tous les bébés du monde gazouillent de la même manière !	Veiller à : – parler souvent au nourrisson ; – parler calmement, lentement, en regardant l'enfant ; celui-ci perçoit bien la charge affective du langage ; – répéter les voyelles émises par le bébé en chantant ; – jouer avec le bébé au moyen de « jeux vocaux ».
De 5 à 8 mois Les sons utilisés s'enrichissent en consonnes (ex. : R…ree, G…ree, K…ree, P… ou B…). C'est l'âge des *lallations* (ou *babillages*), chaîne de syllabes dont l'enfant varie l'intensité : il roucoule. Les lallations sont influencées parce que l'enfant entend. L'enfant sourd ne babille pas. Le babillage est différent selon la nationalité.	Veiller à : – respecter les jeux vocaux de l'enfant ; – jouer avec lui à « échanger des sons » ; – proposer à l'enfant des sources sonores de qualité (musique douce, grelots, piano, xylophone…).
De 9 à 10 mois L'enfant utilise d'abord les « monosyllabes » ; petit jargon non significatif (ex. : MA, PA, DA…). **De 11 à 12 mois** L'enfant utilise les « doubles syllabes » (MA-PA) ou les « triples syllabes » (DA-DA-DA), (PA-PA-PA), ces sons ne sont pas significatifs et sont répétés à la suite. L'enfant comprend tout ce qu'on lui dit.	Veiller à : – parler au bébé lentement, en le regardant ; – associer les mots aux gestes ; – nommer les différentes parties du corps ; – parler sur un ton calme et expressif, avec une tonalité normale ; – éviter d'utiliser le langage bébé.

Situation

Les découvertes de Jules (5 mois) (découvertes par hasard)[1]

Attrapant d'abord par hasard le hochet qui se trouve à sa portée dans le berceau, Jules (5 mois) l'explore avec sa bouche, le secoue dans toutes les directions jusqu'à ce que le hochet rencontre le bord du berceau qu'il s'amuse alors à frapper, le hochet atteignant ainsi un nouvel objet et produisant de nouveaux bruits…

Remarque

L'enfant découvre, dans un enchaînement de répétitions d'actions et de leurs effets, le fonctionnement du monde qui l'entoure.

Ainsi évolue progressivement l'intelligence grâce aux rapports de « cause à effet ».

1. D'après Piaget J. La naissance de l'intelligence chez l'enfant, Paris : Neuchâtel. Delachaux & Niestlé ; 1968.

◆ La structuration de la personnalité de 12 à 15 mois

À chacun son « rythme »

De 12 à 15 mois, l'enfant est « en voie d'acquisition d'aptitudes nouvelles »[6]. C'est une période d'évolution aussi bien sur le plan du langage que sur le plan moteur. Mais chaque enfant a une progression différente (*à chacun son « rythme » !*). Certains peuvent, à un an, dire deux à trois « mots-phrases significatifs » ; d'autres devront attendre le 15e mois pour associer quelques mots. De même, à un an, certains enfants font leurs premiers pas, d'autres préfèrent poursuivre la « marche tenu ».
Toutefois, il ne faut pas minimiser les quelques progrès propres au 12e mois : le bébé de cet âge fait preuve d'une manipulation plus fine, il développe sa préhension par pince supérieure (avec le pouce et l'index) et s'exerce au « relâchement fin et précis » de l'objet. C'est pour cette raison qu'il apprécie tous les objets de petite taille, qu'il peut saisir *un à un*, introduire dans un contenant, puis retirer, jeter, ramasser à nouveau... un à un... et recommencer l'opération. Cette action est d'ailleurs une *façon rudimentaire de compter*.
Au niveau des membres inférieurs, le contrôle progressif des muscles extenseurs va permettre au bébé d'envoyer une balle avec une poussée de plus en plus appréciable du pied. À un an, il en est seulement à ses débuts...
À cet âge-là, les échanges relationnels avec les adultes sont meilleurs ; peu à peu, l'enfant apprend à se détacher de sa mère. La crise anxieuse (qui peut s'étendre du 8e au 15e mois) a tendance à s'atténuer pour laisser place à une plus grande sociabilité de l'enfant.

L'enfant a besoin des « autres »...

Pour l'aider à marcher, pour lui ramasser les objets qu'il jette, pour grimper sur les genoux, pour jouer, l'enfant a besoin des autres... Cet intérêt pour autrui n'entraîne pas pour autant une décentration de lui-même. S'il peut donner un jouet qu'on lui demande... c'est parce qu'il sait qu'on va le lui tendre à nouveau. Il aime donner pour recevoir.
Au niveau de l'appétit, un phénomène parallèle peut s'observer. Pour exercer ses compétences manuelles, l'enfant mange moins. « À cet âge-là, une partie de son attention est tournée vers autre chose... », dit A. Gesell, il préfère « jouer » à ramasser les miettes... les mettre une à une dans sa bouche ou faire quelques traces digitales dans la purée.
L'adulte doit comprendre ces manipulations, prévenir le gâchis sans pour autant inhiber ses élans de créativité. Vers 12 à 15 mois, l'enfant fait preuve dans ses refus d'une imagination débordante...

Les expériences motrices : un « jeu grisant » pour lui !

« Se tenir debout » devient le jeu le plus grisant qui soit ! Il part, il s'arrête, il repart, il tombe... Dès qu'on essaie de l'allonger pour lui passer un vêtement, il se met à hurler. Mieux vaut solliciter sa participation : il peut soulever un pied, tendre le bras... Toutes ses expériences motrices peuvent le conduire à de nouvelles découvertes.

Les progrès à table

Vers 14-15 mois, l'enfant émerge à peine de la première enfance. Il a, bien sûr, un grand désir d'autonomie, mais il ne peut se suffire à lui-même. À table, il tient encore sa cuillère à l'envers et répand autant de nourriture sur la table que dans la bouche. De même avec sa timbale,

6. Gesell A. Le jeune enfant dans la civilisation moderne. Paris : PUF ; 1980.

l'enfant sait maintenant l'incliner avec ses deux mains (plutôt que de renverser la tête comme aux mois précédents). Il lui arrive cependant d'incliner la tasse trop vite et de répandre une partie du contenu sur lui !... Il peut, à cet âge, refuser inopinément un aliment. Cette attitude correspond à un désir passager d'imposer sa volonté et de refuser celle de l'adulte qui veut le nourrir. Ce dernier doit le comprendre et agir en conséquence.

Situation

Natacha trottine dans la maison

Natacha (13 mois) trottine dans la maison et souvent se heurte aux meubles et tombe. Mais elle ne pleure pas… elle se remet vite debout ! Souvent, elle s'amuse à monter le petit escalier à 4 pattes ou à pousser le fauteuil du salon d'une pièce à l'autre… ce qui n'est pas toujours du goût de sa mère (qui le remet à sa place). Alors elle s'empare de la corbeille à papier et la vide de son contenu pour la mettre sur sa tête. Mais Adolphe (le grand frère) lui retire l'objet et vient lui proposer un jeu de ballon. Natacha sait envoyer le ballon à son frère d'un geste vif, mais elle tombe souvent et son frère est mécontent !

Remarque

On voit ici la diversité des jeux d'un enfant de 13 mois par lesquels il manifeste de nombreux centres d'*intérêt* et de nombreuses *capacités* (évolution de l'intelligence, de la motricité, de la préhension, du rapport à l'autre, etc.).

Mémo psy

Développer le sentiment de sécurité et la capacité d'être seul[1]

Le sentiment de « sécurité »

Les psychologues disent qu'on peut développer ce sentiment par le *holding* (c'est la façon dont le nourrisson est porté physiquement et psychiquement. Ce « portage » plein d'attention, favorise le *sentiment d'exister* du bébé. (L'enveloppe corporelle que forment les bras de l'adulte le protège de la sensation de « partir en morceaux ».)

La capacité « d'être seul »

Pouvoir rester seul et paisible en présence de quelqu'un, c'est pour l'enfant faire l'expérience d'une *solitude positive*. Par exemple, un enfant de 8 à 9 mois peut manipuler un très long moment son hochet, allongé tranquillement sur un tapis, sachant que sa mère (ou son substitut), est tout près de lui. Il est concentré et rassuré par sa présence, alors qu'elle n'intervient pas. Elle offre à l'enfant une *sécurité psychologique*, car celui-ci a *intégré* que l'adulte peut répondre à ses besoins et à ses appels. Cela favorise le début d'indépendance de l'enfant envers sa mère (ou son substitut).

1. Winnicott D. De la pédiatrie à la psychologie. Paris : Payot ; 1989.

5 Les aspects du développement la deuxième année

Au cours de la deuxième année, l'acquisition de la marche permet à l'enfant d'accéder à un nouvel espace lui offrant une multitude de nouvelles expériences. La parole donne accès aux activités symboliques. « *Ces acquisitions sensori-motrices, en augmentant les possibilités de communication de l'enfant, contribuent à la prise de conscience de soi.* » (H. Wallon)

◆ Le développement de la motricité

Les différentes étapes de l'évolution motrice de l'enfant au cours de la deuxième année, sont présentées sous forme de bande dessinée (Fig. 10.6). Les illustrations montrent bien la façon dont un comportement en entraîne un autre d'un mois sur l'autre.

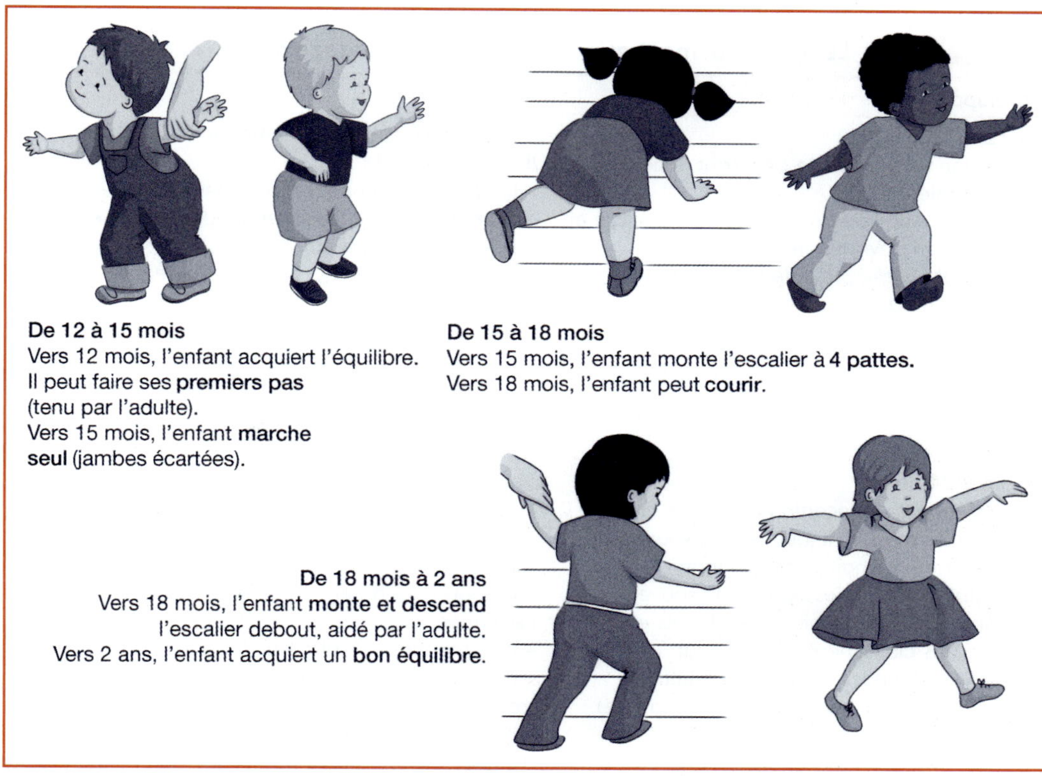

Fig. 10.6 **Le développement de la motricité la 2e année.** (Guide de l'AP, J. Gassier, Elsevier-Masson).

◆ Mise en garde : les tranches d'âge

Le découpage par tranche d'âge respecte les moyennes de référence, données par les psychologues de la petite enfance. Toutefois, il ne s'agit que de moyennes statistiques, il ne faut jamais oublier que chaque enfant a son propre rythme de développement qu'il convient de respecter.

◆ Le développement affectif et social

Vers la fin de la première année, l'enfant multiplie ses activités et s'éloigne du regard de sa mère. Cette *prise d'autonomie* de l'enfant génère des dangers et ainsi la mise en place d'interdits parentaux. On distingue :

- l'*opposition à l'adulte* : l'enfant est pris dans un conflit entre son attachement affectif à sa mère et la crainte de lui déplaire et de la perdre s'il transgresse ces interdits. C'est une *période d'opposition avec l'adulte.* Il faut trouver des compromis. Il vérifie la fiabilité de l'adulte en testant si les interdits, les limites sont toujours présents ;
- l'*interdit* : l'enfant peut être aussi observé en train de reproduire les gestes de l'adulte, cela montre qu'il est en train d'acquérir la *notion d'interdit* (ex. : l'enfant lève son index et fait non de la tête). Le « non » est le premier concept abstrait que l'enfant comprend et utilise[7] ;
- l'*agressivité* : l'enfant traverse des *phases d'agressivité* que l'adulte doit gérer au mieux, surtout en structure d'accueil de l'enfant.

Le Tableau 10.13 reprend les principales acquisitions lors du développement affectif et social.

Tableau 10.13 Le développement affectif, social et du langage de 1 à 2 ans.

Développement	Rôle de l'EJE
De 12 à 18 mois C'est l'âge de la marche : l'enfant acquiert plus d'autonomie a) *L'enfant « va vers des choses »* : il explore et découvre son environnement. b) *L'enfant « s'éloigne » de sa mère* (ou référente), d'où : – des sentiments ambivalents entre le désir d'autonomie et la peur d'être abandonné (d'où pleurs) ; – des sentiments de frustration liés aux interdits (d'où colères).	Veiller à favoriser l'autonomie de l'enfant. Il est conseillé de : – lui offrir un espace *suffisamment protégé pour limiter les interdits*. Par exemple, lui proposer des jeux sur un tapis de sol ; – maintenir un lien par la voix et le regard lorsque l'enfant se déplace ; – aider l'enfant à identifier ses nouveaux besoins (ex. : « tu veux monter sur le vélo de Jules. Tu n'y arrives pas et tu pleures. Prends le porteur, il est aussi sur roulettes... ».
De 18 à 24 mois a) *L'enfant est « égocentrique »* : il se croit le centre du monde, il joue le plus souvent « seul » et ne connaît pas l'échange. b) *L'enfant est très possessif*, il dit souvent : « C'est à moi ! » vis-à-vis de ses jouets et exprime très clairement ce qu'il veut. c) *L'enfant s'oppose* souvent à l'adulte au moyen du « non » (avec un geste de la tête). d) *L'enfant traverse des phases « d'agressivité »* : il mord, tire les cheveux, c'est l'âge du « pas beau ! ». Il sait bien ce qu'il veut, mais n'ayant pas les mots pour le dire, il sent frustré, se met en colère, pleure...	Veiller à réduire l'agressivité de l'enfant. Il est conseillé : – d'organiser de petits groupes (l'agressivité augmente avec le nombre d'enfants) ; – d'apprendre à l'enfant les « règles de l'échange » ; – d'apprendre à l'enfant à « attendre son tour » ; – d'apprendre à l'enfant à accepter l'autre, à reconnaître l'autre, à s'en distinguer... ; – de mettre des mots sur les sentiments (ex. : « tu n'es pas content parce que Pierre t'a pris ton jouet » ou « tu pleures parce que Marco t'a mordu, il t'a fait mal, je lui ai demandé de ne plus recommencer »).

◆ L'évolution du langage de 1 à 2 ans

Cette évolution est présentée dans le Tableau 10.14.

7. « *Afin de faire face au conflit avec la mère (ou l'adulte référent), l'enfant met en place un processus de défense du moi : l'identification à l'agresseur ou au frustrateur. Lorsque l'enfant donne un contenu qui possède un sens à l'entourage, le secouement de la tête, par exemple, indique que l'enfant est parvenu par le geste de la tête à réaliser l'abstraction d'un refus ou d'une dénégation* ». R. Spitz.

Tableau 10.14 **L'évolution du langage de 1 à 2 ans.**

Le langage	Rôle de l'EJE
a) À partir de 1 an, l'enfant utilise le « *mot-phrase* » : c'est un mot significatif qui résume toute une phrase. Ce mot est utilisé pour des usages différents. C'est l'intonation de l'enfant qui permet à l'adulte de décoder le sens (ex. : le mot papa peut évoquer un appel à l'aide ou un désir de le voir, ou un bonjour…). **b) De 15 à 24 mois**, l'enfant utilise le « *langage global significatif* » : c'est l'association de deux mots : papa pati, bébé bobo. Ce langage correspond à des situations précises pour lui : - à **15** mois, il peut dire **5** mots, - à **18** mois, il peut dire **8** mots[a], il les déforme souvent.	Pour aider l'enfant à développer son langage, il est conseillé de : – nommer les objets ; – verbaliser les actions ; – ne pas être trop exigeante ; – montrer à l'enfant qu'on le comprend ; – traduire le « mot-phrase » par une phrase correcte (éviter le langage « bébé ») ; – ne pas se moquer de sa façon de parler (même si parfois c'est comique !). Ex. : – Tu te rappelles ton papa : « tu veux lui dire au revoir car il s'en va ? ou « tu veux qu'il vienne jouer avec toi ? », – Tu dis « papa pati » : « tu veux dire que ton papa va partir, viens on va lui dire au revoir ».

a. Tests de Brunet-Lézine.

◆ Le développement cognitif de 0 à 2 ans : l'intelligence sensori-motrice

Selon J. Piaget, l'intelligence sensori-motrice caractérise la période s'étendant de 0 à 2 ans. C'est une intelligence sans pensée. Elle est uniquement pratique et se développe grâce à des expériences concrètes[8] (Tableau 10.15).

◆ La structuration de la personnalité à 2 ans

Un enfant de 2 ans est un petit être à mi-chemin entre le nourrisson et l'enfant. Il nous déconcerte à la fois par ses progrès et ses déficiences.
Il est tellement doué, sociable, participant à la vie de famille, utilisant mieux son vocabulaire (il fait des phrases explicites)… qu'on aurait tendance à lui lâcher facilement la bride et à croire trop vite à sa maturité.
Or il faut, à cet âge, exercer une surveillance continuelle sur l'enfant, car son exubérance l'entraîne à faire les pires choses. Grimper sur le rebord d'une fenêtre ; se recouvrir d'un sac plastique, dégringoler un escalier…

L'âge « carrefour »

Deux ans est un « âge carrefour » que la communauté familiale a bien du mal à accepter… On dit que c'est la période où la fessée est le plus souvent utilisée par les parents, ce qui n'est pas la solution, car l'enfant comprend très bien le sens des mots… et si on sait lui parler fermement, mais gentiment, il peut fort bien se discipliner et devenir sociable.

Un comportement « ambivalent »

On constate qu'un enfant de 24 mois a un *comportement très ambivalent* (fait d'alternance d'amour et d'agressivité, de soumission et d'autoritarisme). Il peut être particulièrement exigeant dans sa famille et très soumis à l'école maternelle. Il passe d'ailleurs par une période

8. Piaget J. Psychologie de l'enfant. Paris : PUF ; 2004.

Tableau 10.15 **Développement cognitif de 0 à 2 ans.**

L'intelligence sensori-motrice	Situations
Au 1er mois Actions réflexes : ex. : la succion est une conduite innée, l'enfant sait téter sans apprendre à téter.	**Sloane** (7 jours) tète goulûment le sein. Si on le lui retire, elle le recherche avec avidité.
De 2 à 8 mois Actions découvertes par hasard : c'est en manipulant un objet que l'enfant apprend à le connaître. a) *2 à 4 mois : actions sur le corps (ex. : la main).* – 1er temps : l'enfant découvre par hasard que la succion du pouce lui donne un résultat intéressant (plaisir oral). Le but n'est pas prémédité, – 2e temps : l'enfant cherche à renouveler ce plaisir. Il agit par « coordination main-bouche ». b) *5 à 8 mois : actions sur les objets :* – 1er temps : l'enfant découvre par hasard que son action sur un objet produit un résultat intéressant. Le but n'est donc pas prémédité ; – 2e temps : l'enfant veut retrouver ce résultat. Il agit par « coordination vision-préhension ».	**Zhora** (2 mois) trouve par hasard son pouce et le met dans sa bouche. Elle le tète et a du plaisir. Elle va répéter ce mouvement pour avoir à nouveau du plaisir. **Clara** (5 mois) est dans son berceau. Elle voit un cordon qui pend et par hasard tire dessus, ce qui fait bouger un objet. Le résultat lui plaît. Elle va répéter souvent ce mouvement pour avoir à nouveau le plaisir de voir bouger l'objet.
De 8 à 12 mois a) *Actions intentionnelles* : à ce stade, l'enfant ne découvre plus un résultat par hasard : – l'enfant fait des expériences nombreuses sur les objets, par « tâtonnements » successifs, – l'enfant invente et expérimente de nouveaux modes d'action pour atteindre le but. Le but est prémédité avant l'action. b) *Début de la permanence de l'objet* : – avant 8 mois, l'objet n'existe plus pour l'enfant lorsqu'il a disparu de sa vue ; il l'oublie ; – après 8 mois, l'objet continue à exister lorsqu'il a disparu ; l'enfant le recherche.	**Jules** (12 mois) convoite du regard sa timbale. Il tend la main, ne peut s'en emparer. Après plusieurs tentatives malheureuses, il agrippe la nappe et tire la timbale à lui…
De 12 mois à 2 ans Perfectionnement de l'intelligence sensori-motrice : – l'enfant est de plus en plus capable, grâce à la représentation, de tenir compte des déplacements prévisibles de l'objet. Il conçoit l'objet comme identique et permanent ; – la notion de temps, d'espace, de relation de cause à effet s'acquiert au cours de ce stade.	**Josépha** (14 mois) a vu sa mère cacher son ours sous un foulard. Pour le retrouver (but prémédité), elle va soulever le foulard (moyen d'action) qui le cache. Elle récupère ainsi son ours.

de timidité vis-à-vis des étrangers et marque une tendance accrue d'attachement à sa mère. L'école maternelle peut donc être plus ou moins bien acceptée à cet âge-là. L'enfant préfère les jeux solitaires aux jeux collectifs. Il ne connaît pas encore la coopération et lorsqu'il est en présence d'autres enfants, il les observe ou les agresse, mais ne peut encore jouer avec eux.

Le « c'est à moi ! »

L'enfant est égocentrique. Il se montre très possessif vis-à-vis de ses jouets. Il les serre contre lui et s'enfuit lorsqu'une menace de partage plane à l'horizon ! Ce comportement est naturel, l'enfant doit d'abord apprendre à posséder avant d'apprendre à partager. Les jeux d'enfants du même âge se terminent souvent par des pleurs.

Situation

Le « trouble » d'Emmanuelle (2 ans)

Ce petit bout de fille de 12 kg est déjà une sœur aînée, car un petit Christophe a fait irruption dans le clan familial il y a quelques semaines…
Emmanuelle en a été troublée… Elle que l'on appelait déjà la « grande fille »… se fait à nouveau cajoler, et réclame le biberon.
Avec Arnaud, son petit copain, elle se montre très agressive. Elle tire brutalement le livre qu'il feuillette ou lui pique son puzzle… et s'il proteste et cherche à le récupérer, elle lui tire les cheveux et dit « Pas beau », « À moi »… Arnaud pleure, il faut les séparer…

Remarque

Cette situation relate quelques aspects intéressants de la « personnalité » d'une fillette de 2 ans. Ils soulignent aussi un trait de « régression ». Emmanuelle demande le biberon ; l'enfant a peur de perdre l'amour de ses parents à la naissance d'un petit frère et se comporte à la façon du bébé pour susciter l'intérêt de ses parents.

6 Les aspects du développement la 3e année

Au début de la 3e année, l'enfant va demander de plus en plus à l'adulte de partager les activités de la vie quotidienne (mettre le couvert, desservir la table…). Il est souvent autorisé à faire « seul », ce qui renforce son autonomie et son intégration à la vie sociale.

◆ Le développement de la motricité

Au cours de la 3e année, l'enfant atteint l'*apogée de la motricité*. Il peut monter et descendre l'escalier seul (posant ses deux pieds sur chaque marche, comme l'adulte). Il peut grimper, sauter, enjamber les obstacles et même danser !

◆ Le développement affectif et social

L'enfant de 2 à 3 ans commence à bien se différencier des autres et à prendre position par rapport à eux. Dans ses relations avec autrui, il est tantôt acteur, tantôt spectateur.
Cette prise de « conscience de soi » se traduit par la crise d'opposition et de négativisme, dite *crise de la personnalité* : l'enfant s'oppose sans cesse à l'autre, lui dit « non », s'entête, n'obéit pas et refuse d'être aidé : il veut tout faire seul. Il affirme par là sa *personnalité naissante* (Tableau 10.16).

◆ Le développement cognitif de 2 à 4 ans : l'intelligence opératoire concrète

Selon J. Piaget, à partir de 2 ans, l'enfant construit ses premières *images mentales* : il n'agit plus par tâtonnements successifs, mais il réfléchit pour trouver la solution dans sa tête, puis il agit. C'est le stade de la « compréhension soudaine » et des véritables conduites intentionnelles. J. Piaget appelle ce stade celui de « l'intelligence opératoire concrète »[9].

9. Piaget J. Psychologie de l'enfant (stade de l'intelligence opératoire concrète). Paris : PUF ; 2004.

Tableau 10.16 **Le développement affectif, social et du langage de 2 à 3 ans.**

Développement affectif et social	Rôle de l'EJE
1. La construction de la personnalité Au cours de la 3e année, l'enfant fait une crise de personnalité qui se traduit par : **a) La construction du « moi » et le négativisme** – l'enfant se sent distinct d'autrui. Cette prise de conscience atteint son apogée à 3 ans, avec l'utilisation du « moi » et du « je » ; – l'affirmation de soi se manifeste par l'opposition à l'autre. C'est l'âge du « non » (*crise de négativisme*). L'enfant « s'oppose » pour se « poser » ! **b) Le développement de l'autonomie** : l'enfant veut « faire seul ! », il est capable de se laver, de s'habiller, de manger seul, il acquiert la propreté.	L'EJE doit : **a) Pour aider l'enfant à s'affirmer :** – ne pas lui créer de contraintes inutiles, provoquant le « non » ; – lui expliquer les règles de vie en collectivité ; – favoriser la convivialité, l'inciter à tenir compte de l'existence de l'autre, à partager ses jouets… ; – ne pas engager de lutte avec l'enfant à propos du « non », il suffit souvent de détourner son attention : - lui demander son avis, - lui expliquer les interdits…
2. De l'égocentrisme à l'ouverture des autres **a) Relations avec les copains** : l'enfant joue avec ses semblables, il établit de bonnes relations avec eux, il leur offre ses jouets, il apprécie les jeux collectifs… **b) Relations avec l'adulte** : dans la quête d'identité, après la phase d'opposition, l'enfant cherche l'approbation de l'adulte. Il veut plaire (« maman regarde ! »). 3 ans est l'âge de la grâce et de la convivialité. **3. Le langage** **a) De 2 à 3 ans, c'est l'explosion du vocabulaire** : progressivement, l'enfant connaît plus de mots, il utilise le « verbe » et fait des phrases explicites (ex. : « poupée Lily couchée »). **b) À 3 ans, il maîtrise le langage** : le vocabulaire est riche, concret et les phrases sont grammaticalement correctes (ex. : « la poupée de Lily est couchée »).	**b) Pour développer la sociabilité de l'enfant :** – lui proposer des jeux collectifs, des jeux d'interactions où l'enfant a besoin de l'autre dans un but précis ; – favoriser les échanges verbaux, les premières relations de copinage (on joue avec, on fait avec, on échange avec…) ; – le valoriser, le féliciter de ses activités ; – le regarder avec un regard bienveillant, le stimuler, l'encourager… c) Pour aider l'enfant à développer son langage : – lui raconter des histoires ; – lire avec lui des livres d'images ; – faire commenter des photos, des diapositives ; – répondre à ses « questions » ; – tolérer ses erreurs de langage.

Situation

Fatiha (24 mois) trouve la solution !

Fatiha veut prendre un petit objet dans une boîte entrouverte. Elle réfléchit, examine la boîte pour trouver la solution : elle glisse (soudainement) son index, ouvre la boîte et s'empare de l'objet.

Remarque

L'enfant est d'autant plus fier de lui qu'il avait préalablement réfléchi et observé avant de trouver la solution !

L'intelligence opératoire concrète se manifeste par la fonction symbolique et l'imagination. Piaget appelle *fonction symbolique* la capacité d'évoquer des objets ou des situations non perçues actuellement en se servant de signes ou de symboles.

La pensée de l'enfant durant cette période est encore intuitive et égocentrique. Il ne peut se décentrer de son propre point de vue et mettre ses différentes perceptions successives en rapport les unes avec les autres. Sa pensée se caractérise par certains traits de raisonnement : l'animisme et le réalisme[1]. Le Tableau 10.17 présente le développement cognitif de 2 à 4 ans.

Tableau 10.17 Le développement cognitif de 2 à 4 ans.

L'intelligence opératoire concrète	Études de situation
L'intelligence opératoire concrète est une intelligence qui s'appuie sur une pensée concrète. L'enfant, grâce à des représentations mentales, peut évoquer des situations réelles passées. La pensée a une fonction symbolique, mais ne se réduit pas à elle. **a) La fonction symbolique** Elle se manifeste par : – l'*imitation différée*, c'est l'imitation sans la présence du modèle imité (auparavant, l'enfant reproduisait simplement ce qu'il voyait faire devant lui). L'imitation est plus ou moins conforme au modèle ; – le *jeu symbolique* (ou jeu de fiction), c'est la transformation du réel selon les besoins de l'enfant ; – le *langage imagé*, c'est un moyen d'évoquer les événements que l'on ne voit pas. Il permet à la pensée de se dégager de l'action ; – le *dessin ou « l'image graphique »* est une forme intermédiaire entre le jeu symbolique et l'image mentale. **b) L'évolution de l'imagination** Elle est liée à la fonction symbolique. C'est l'âge de : – l'*animisme* : c'est la croyance que les choses sont vivantes et douées d'intention : l'enfant qui se cogne contre la table accuse « la méchante table de lui avoir fait du mal ». C'est l'âge du compagnon fictif ; – le *réalisme* : c'est la matérialisation des contenus de la conscience. L'enfant croit par exemple que ses rêves peuvent sortir de sa tête et venir se poser sur l'oreiller quand il dort. **c) L'évolution du dessin** À partir de 3 ans, l'enfant peut dessiner un bonhomme têtard (représentation globale du corps d'une personne).	**Alex** (2 ans) sait que sa mère est arrivée car il voit le panier à provisions sur la table de la cuisine. **Zohra** (3 ans) se plaît à pétrir la pâte pour faire une tarte. Elle a mis le tablier et a pris un rouleau à pâtisserie… Elle reproduit les gestes qu'elle a vu faire par sa mère la veille… **Noémie** (3 ans ½) joue « à l'école ». Elle mime les gestes de Marc (l'instituteur). **Zoé** (3 ans) raconte à sa mère les vacances passées au bord de mer chez sa mamie… avec gestes à l'appui ! **Jules** (3 ans) parle à « Toto »… ; que personne ne voit. Il l'emmène en promenade avec lui, lui fait ses confidences. **Edouard** (3 ans ½) bat la table à laquelle il s'est heurté et lui dit « méchante ! ». **Clarisse** (3 ans) dit qu'elle a vu la souris blanche prendre ses petites dents sous l'oreiller pendant la nuit. **Charlène** (3 ans) dessine un bonhomme têtard. Pour elle, c'est la représentation du corps de sa maman. Exemple[1] 

1. Piaget J. Psychologie de l'enfant (stade de l'intelligence opératoire concrète). Paris : PUF ; 2004.

Mémo psy

La manipulation des « signes » au cours du jeu

Pour l'enfant, un Lego, peut symboliser un morceau de gâteau. Dans le jeu, l'enfant est conscient de la réalité : un Lego est un Lego. Mais grâce à la *fonction symbolique*, il peut en user autrement (pour les besoins du jeu). Le Lego est un *signifiant*, le morceau de gâteau (imaginaire) est le *signifié*.

Au cours de la deuxième année, la fonction symbolique se manifeste par différents moyens (notamment l'imitation différée, le jeu, le dessin).

◆ Structuration de la personnalité d'un enfant de 3 ans

« Trois ans est une sorte de majorité » dit Gesell[10], c'est l'âge adorable. Tous les excès, les paradoxes, les bouillonnements des mois précédents cèdent le pas à un degré de plus de maturité. L'enfant paraît plus sérieux, plus maître de lui, c'est le moment idéal pour le mettre à la maternelle.

L'âge de « l'ouverture aux autres »

Plus sociable (il aime la compagnie de ses pairs) et plein de vitalité, l'enfant de 3 ans aime les *jeux de plein air* (les toboggans, les balançoires, le ballon…) qui vont lui permettre de dépenser son énergie et d'apprendre les règles des jeux collectifs. Mais l'*autodiscipline* est difficile à cet âge, l'enfant ne sait pas attendre son tour. Par exemple, lorsqu'il joue au ballon, il veut à la fois être celui qui lance et celui qui attrape… son désir de partager le jeu est certain, mais il a du mal à se débarrasser de son égocentrisme… De même, lorsqu'il voit son copain réaliser un pâté de sable à ses côtés, il veut s'emparer brusquement de son seau et de sa pelle (alors qu'il a un matériel semblable à sa disposition…). Cette attitude, aussi maladroite soit-elle, est typique de la psychologie de cet âge… elle traduit en fait un progrès une réelle volonté de coopération que l'enfant va progressivement établir. Il ne veut pas le voler, il veut « devenir l'autre qui joue ». Il faut attendre la 6e année pour découvrir une réelle collaboration entre les enfants.

L'âge de la compréhension du « permis » et du « défendu » (la notion du bien et du mal)

Vers 3 ans, l'enfant est capable de comprendre le « permis » et le « défendu » (qui sont à la base de l'éducation morale). Le « non » de l'adulte (parents ou professionnel) suggère à l'enfant qu'il fait une faute et son degré de mécontentement lui indique la gravité de celle-ci. C'est pourquoi les adultes doivent veiller à respecter une *échelle de valeurs* (par exemple, il est nécessaire de réprimander plus sévèrement l'enfant qui mord son petit copain que celui qui casse une tasse…). De même, les ordres donnés à l'enfant doivent :

- être *stables* (hier Max a tiré les cheveux de Jules, Mme A. n'a pas grondé… aujourd'hui elle se met en colère) ;
- être *fermes* (Émilie a volé un gâteau dans le placard, Mme A. l'a grondée, elle s'est mise à pleurer (…), Mme A., prise de pitié, lui a finalement permis de le manger).

Que conclut l'enfant ? est-ce bien ? est-ce mal ? de tirer les cheveux… de voler un gâteau…
Il est également recommandé aux adultes de se mettre *d'accord* sur les *principes éducatifs* à donner, car, lorsque l'un refuse ce qui est accepté par l'autre… c'est évidemment très troublant pour le jeune enfant. Celui-ci attend de l'adulte une autorité, il a besoin d'être protégé contre les choses et contre lui-même. Une absence d'autorité le désoriente. La notion du bien et du mal n'est pas innée chez l'enfant, ce sont les adultes qui, par leur façon d'approuver ou de désapprouver certains actes, en fixent les règles.

À 3 ans, le *bien,* c'est le plaisir de l'adulte référent.

Vers 4 ans, les lois des adultes font partie de l'enfant, et constituent ce que les psychanalystes appellent le « sur-Moi » qui s'enracine à jamais dans l'inconscient.

L'âge de la construction du « Moi » (la crise de négativisme)

L'enfant devient plus conscient de ses capacités, de ses pouvoirs, de son individualité. Il se sent *distinct* d'autrui, il utilise souvent le « je », le « moi », a tendance à se croire le centre du

10. Gesell A. Le jeune enfant dans la civilisation moderne. Paris : PUF ; 1980.

monde. Dans sa quête d'*identité*, il se réalise surtout en fonction de l'approbation ou de la désapprobation de l'adulte référent (parent ou professionnel). Rien ne le rassure autant que les actes qu'il réussit aux yeux de celui-ci ; « regarde !... » est le mot typique prononcé à longueur de journée par l'enfant de 3 ans. Ainsi de succès en succès, de compliment en compliment, l'enfant acquiert une confiance en lui de plus en plus grande. Il devient plus indépendant, plus éveillé. Mais au travers de ses actes se cache une ambivalence, il cherche souvent à s'affirmer en s'opposant à l'adulte. Il fait sa *crise de négativisme*. C'est le défi permanent, l'âge du « non » ostentatoire et provocant.

L'âge du développement de l'autonomie

Lorsque l'enfant acquiert un nouvel apprentissage, il ne tolère plus aucune aide extérieure. Peu lui importe de mal se coiffer, de mal se laver... ce qu'il veut, c'est faire seul ! Or, les parents viennent trop souvent au secours de l'enfant qu'ils considèrent, presque, comme un handicapé. Ses maladresses et sa lenteur leur sont pénibles à supporter. Il est inutile de s'étonner que cette attitude déclenche des colères de l'enfant, celui-ci veut faire comprendre que son individualité est à prendre en considération. L'enfant que l'on assiste en permanence peut rester maladroit ou peu sûr de lui.

Situation

Un « désir d'autonomie » (résultat d'une enquête auprès de 300 enfants)

Une enquête a été réalisée auprès de 300 enfants de 3-4 ans. On leur proposait 8 photographies de mères avec leurs enfants dans des situations très caractéristiques. La mère qui obtint le score le plus éblouissant fut la *mère camarade* : celle qui donne de petits rôles à l'enfant, qui se fait aider. À l'inverse, la *mère couveuse* fut totalement rejetée de la majorité des enfants !...

Remarque

Cette enquête est révélatrice de la mentalité des enfants de cette tranche d'âge et elle est une leçon pour l'adulte. L'enfant recherche l'*autonomie* (elle est valorisante et stimulante pour lui).

7 Aspects du développement de 3 à 6 ans

◆ Le développement affectif et social

Selon H. Wallon, l'enfant de cet âge traverse le stade du « personnalisme ». Au cours de ce stade, l'enfant devient capable de se situer par rapport aux autres. Il parvient à prendre « conscience de soi ». Cette prise de conscience de soi se construit à partir de la conscience que l'on a de l'autre : l'enfant devient sensible au regard de l'autre, ce qui entraîne d'abord une gêne, une intimidation (dite *réaction de prestance*) et une recherche d'*affirmation* de soi et d'*opposition* à l'autre. L'enfant veut se mesurer à autrui, vaincre, ou dépasser l'autre, ce qui entraîne de nombreux comportements d'agressivité, que l'adulte (en collectivité d'enfants plus particulièrement) doit savoir habilement gérer, orientant l'enfant vers des activités de jeux de rôles, ou de jeu travail, qu'il affectionne particulièrement, surtout vers l'âge de 5 à 6 ans (*cf.* situation). Le Tableau 10.18 présente des étapes du développement affectif et social de 3 à 6 ans.

Tableau 10.18 **Le développement affectif et social de 3 à 6 ans.**

Développement affectif et social	Rôle de l'EJE
1. Le rôle de l'affectivité **a) Période sensible** L'enfant est au stade de « *l'expérience affective* » (H. Wallon), il a besoin d'aimer et d'être aimé de ses parents et des autres, d'être rassuré sur lui-même, écouté… **b) Période vulnérable** L'enfant peut être timide, jaloux… Il traverse une période de crainte, d'insécurité affective… Il est très *vulnérable*. Les modes d'expression et de communication dans le groupe ont été particulièrement étudiés par H. Montagner.	L'EJE (comme tout professionnel de la petite enfance) veille à : – assurer l'enfant de son affection, son estime, son respect ; – lui offrir un rythme de vie équilibrée ; – dialoguer avec l'enfant, l'écouter, le valoriser, savoir lui imposer aussi des limites ; – repérer ses difficultés sociales et scolaires et surtout les prévenir.
2. Le développement social **a) L'adaptation individuelle à l'école maternelle** : l'enfant fait connaissance avec un nouveau « *niveau social* ». L'adaptation à l'école peut poser quelques problèmes… **b) L'insertion dans un groupe d'enfants** : à partir de 3 ans, le groupe est nécessaire au développement de la personnalité de l'enfant : – il aime se « mesurer » *à autrui*, le petit copain va être : • un modèle (on l'imite), • un moyen (on veut l'utiliser), • un obstacle (on veut l'éliminer) ; – il aime « *dépasser* » l'autre et ainsi « se valoriser » au moyen de jeu ou du travail scolaire (c'est l'*émulation*) ; – il devient « *persévérant* » dans ses jeux et veut terminer ce qu'il a commencé (il aime les jeux utilitaires) ; – il aime « *se défouler* » dans des jeux agressifs (qui le libèrent de ses tensions, de ses conflits intérieurs…) ; – il aime les « *jeux de rôle* », qui sont des : • jeux collectifs (on y joue à plusieurs), • jeux réglementés, chacun doit bien remplir le rôle qui lui est donné, souvent l'enfant se déguise…	L'EJE veille à déceler les troubles d'adaptation scolaire (éventuels), à les signaler (ou à y remédier). De plus, il doit veiller à l'insertion de l'enfant dans le groupe social, il doit : – *proposer à l'enfant divers jeux* : • des jeux collectifs avec des règles qui favorisent la socialisation, • des exercices rythmés qui favorisent la perception du corps, • des activités manuelles qui favorisent l'habileté et l'expression créative, • des jeux utilitaires (ou jeux-travail), avec un but posé au départ ; – *canaliser l'agressivité* dans des activités sportives et accepter la décharge agressive dans les jeux ; – *réduire les groupes d'enfants* à 4 ou 5 partenaires pour limiter les conflits ; – *prêter attention aux « jeux de rôle »* qui traduisent les préoccupations et les besoins affectifs de l'enfant.

◆ Le développement cognitif de 3 à 6 ans

Entre 3 et 6 ans, la pensée intuitive apparaît, c'est une pensée prélogique. L'enfant acquiert parallèlement les notions de base élémentaires, qui vont lui donner une première approche de la distance, de l'orientation, de la direction et du temps (Tableau 10.19).

Tableau 10.19 Le développement cognitif de 3 à 6 ans.

Évolution	Situation
1. La pensée intuitive apparaît : c'est une pensée prélogique	
a) L'enfant est au stade de l'intuition, qui précède celui de la logique. **b) L'enfant parle bien.** Son vocabulaire est riche, donc sa pensée devient plus claire et lui permet une communication plus facile ; il cherche à comprendre la réalité et pose beaucoup de questions. **c) L'enfant commence à distinguer le réel de l'imaginaire.** Il utilise des mots tels que « pour de rire ! » mais il a encore peur lors du récit d'un conte. Il fabule toujours beaucoup et le « compagnon imaginaire » lui tient souvent compagnie…	Ex. : Juliette (4 ans) remplit deux verres de dimension égale, du même nombre de perles. Mais à la vue du résultat, son intuition lui fait dire qu'il y a plus de perles dans le vase A que dans le B. Illustration[1] : 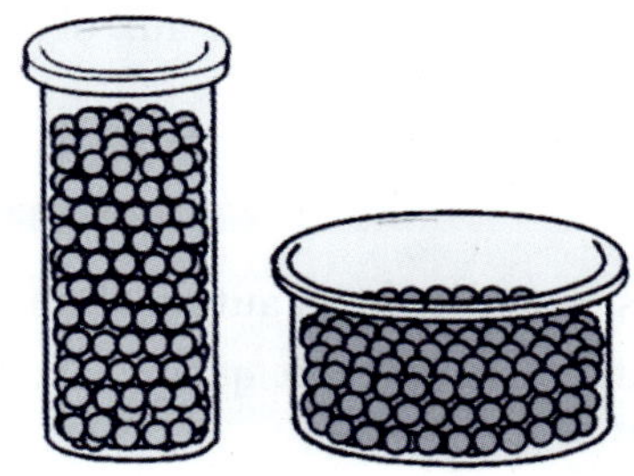 Rania (4 ans) raconte à sa maman qu'elle a vu des vaches roses dans le pré de la ferme (…) que les vaches étaient gardées par des cow-boys (…) puis elle ajoute devant l'air ahuri de sa mère : « c'est pour de rire ! ».
2. Les notions de base élémentaires sont acquises par l'enfant	
L'enfant acquiert 3 notions de base. **a) La notion d'espace proche** : l'enfant maîtrise l'espace proche grâce à l'action de son corps. Il est incapable de maîtriser l'espace lointain. Il a la notion de : – la distance : *loin-près*, – l'orientation : *devant-derrière*, – la direction : *droite-gauche*. Mais il est incapable de comprendre qu'il est à la fois à Paris et en France. **b) La notion de temps proche** : les premiers repères s'établissent ; il a notion de : – *demain-hier* (vers 3/5 ans) ; – *matin et après-midi* (vers 6 ans). Les points de repère dans le temps sont peu nombreux, cependant cette notion de temps intéresse l'enfant. **c) La notion de nombre réduit** : la plupart des enfants de 5 ans savent compter jusqu'à 20.	Carlos (5 ans) joue avec Zoé (6 ans) : « Viens près de moi, on joue au train… Mets le wagon derrière la locomotive. Tourne à *droite*… Non, à gauche… Tuff ! Tuff ! » Loanna (6 ans) pose souvent des questions à sa mamie : « *Quand* c'est que je retourne chez toi ? » « C'est *demain* Dimanche ? » « C'est ce *matin* que maman vient me chercher ? »…

1. Guide AP, Elsevier-Masson, p. 31.

◆ Le développement du langage vers 4-5 ans

Le langage devient de plus en plus expressif, évocateur et même souvent un peu provocateur !

Un langage expressif

L'enfant adore emprunter des locutions à son milieu socioculturel. Exemples :

- je te fiche mon billet !
- je te le donne en mille !
- je parie que !

L'enfant adore utiliser les « gros mots » (au grand désespoir de ses parents !) et il apprécie aussi les « mots imagés » (il donne aux objets des noms d'animaux !).

Situation

Conversation d'enfants autour d'un dessin

Extrait de conversation de quatre enfants de 4 à 5 ans (Carla, Emma, Oscar et Max) qui dessinent ...

- ▶ Carla : Regardez : il y a tout plein, tout plein de poussins dans ma prairie !
- ▶ Emma : Mon poussin a un « cadeau » pour mon papa sous son aile ! Je lui fais aussi un perchoir pour qu'il soit heureux et qu'il grimpe haut ! même qu'il aille dans l'arbre...
- ▶ Oscar : C'est un « bébé-poussin » le mien, il a son nid ! Je le protège...
- ▶ Emma : Je te parie que mon poussin va s'envoler par la fenêtre !
- ▶ Oscar : A-t-il appris à voler ? Il faut lui donner un petit avion ?
- ▶ Emma : Moi, j'ai fait un poussin rouge tout grand ! plus grand que les vôtres. Il volera plus haut !
- ▶ Oscar : Regarde ! J'en ai fait un bleu plus gros que le tien !
- ▶ Max : Moi, mon grand-père il a un poulailler avec 100 poules, 1 000 poussins ! et tout et tout ! Je les connais les poussins, c'est mes amis !
- ▶ Oscar : On n'entend pas tes poussins faire cui cui !...
- ▶ Max : Moi je les entends parce que j'ai de bonnes oreilles.
- ▶ Oscar : De bonnes feuilles de chou tu veux dire !
- ▶ Max : Non, de bonnes oreilles !

Remarque

Cet exemple à lui seul évoque la qualité du vocabulaire de l'enfant et aussi sa psychologie profonde, à la fois enfantine et imprégnée de l'environnement social.

L'enfant de 4-5 ans est un fantaisiste et un expansionniste. Il « *déborde de partout* » (dit Gesell)[1], manifestant une intense activité sur le plan de « débordement », rappelle souvent celui de l'enfant de 2 ans ! Cependant, il ne s'agit pas ici d'une régression, puisqu'un degré supérieur de développement a été atteint. En effet, l'enfant de 4-5 ans exerce un meilleur contrôle sur tout son corps.

1. Gesell A. *Op. cit.*

L'enfant et ses pairs

L'enfant de 4-5 ans apprécie l'école maternelle qui lui permet la vie collective. Là, les enfants s'organisent en « *clans* » (de 3 à 4 copains). On observe chez eux des *rites de tribu*[1] :

- ils lancent des ordres, des menaces (repoussent les intrus !) ;
- ils créent des interdits, des « tabous » ;
- ils établissent des démarcations.

Exemples :

- Je ne veux pas ! Pars !
- Gare à toi, passe pas ! C'est interdit !
- Tu es vilain, t'obéis pas !

Ce comportement dans le groupe n'a des aspects négatifs qu'en apparence, car l'enfant, qui sait qu'il fait partie du groupe, fait un grand pas vers la socialisation.

L'insertion à l'école maternelle

L'insertion à l'école maternelle va accélérer le processus d'adaptation sociale et emmener l'enfant à accepter plus facilement les contraintes et à contenir ses « débordements ». Car, dans le fond, à 4-5 ans, l'enfant aspire davantage à « *devenir un être social qu'à faire de l'opposition* »[1]. Il le montre bien dans sa passion pour les anniversaires, les déguisements et, en particulier dans le phénomène de l'imitation des parents.

Situation

Le jeu d'imitation d'Agathe (5 ans)

Agathe (5 ans) décroche le combiné téléphonique. Merlin (4 ans ½, son petit copain) est avec elle, il l'écoute et la regarde en riant !... Agathe fait les questions et les réponses : « Comment vas-tu très chère Émilie ? » (Émilie est l'amie de sa mère) – Ah ! tu vas mal ? c'est bête ça ! (...) Pourquoi ? Ah ! c'est Jo (ton copain). Oh, c'est pas grave... Prends un verre !

Puis Agathe met des lunettes de soleil, fait des grimaces, pince la bouche, suce un stylo blanc (imitant une cigarette), se tortille sur son siège. Maman qui a tout entendu, lui dit de loin : « As-tu bientôt fini cette comédie ? »

Remarque

Il faut savoir qu'en imitant, l'enfant adopte les expressions, le comportement de celui qu'il admire (ici la mère !) ; il pénètre ainsi dans la complexité de la vie des adultes et tente de la comprendre et de l'accepter[1].

1. Gesell A. *Op. cit.*

Les jeux de rôle

Les jeux de rôle aident l'enfant à s'affirmer, à se valoriser, à imiter l'adulte. Ils scellent la « camaraderie » infantile, celui qui est exclu du groupe le vit très mal.

Lorsqu'il est seul, l'enfant de 4-5 ans se sert de ses jouets pour créer des scènes imaginaires. Il ajoute des personnages à ses « constructions » ; il installe des autos devant les portes des petites maisons et invente de longues histoires.

Il aime mettre en scène des situations qui ont été pénibles à vivre, qu'elles soient sociales ou familiales. C'est une façon de s'en délivrer, de les intégrer et de les accepter.

Mémo psy

Intérêt de la « mise en scène »

Les psychologues savent tirer parti de cette capacité de la « mise en scène » pour faire parler l'enfant de ses expériences de vie (familiales ou sociales) qui ont pu être traumatisantes (c'est le cas lors d'un divorce, d'une longue hospitalisation, d'un épisode de guerre, ou de tout autre événement traumatisant pour l'enfant). L'enfant de cet âge peut d'autant mieux exprimer ses sentiments que son vocabulaire s'est amélioré.

« La personne de l'enfant de 5 ans représente un produit achevé, un diagramme assez complet de l'agencement de la constitution humaine. Les traits dynamiques de son individualité durable sont très apparents. Il est le père de l'homme qu'il sera appelé à être ».

En conclusion

L'enfant de 4-5 ans a fait d'immenses progrès sur le plan relationnel avec l'adulte. La communication est donc plus aisée :

- il comprend les contraintes et obéit aux ordres donnés plus facilement : le tribunal suprême, c'est papa ou maman, ou la maîtresse ; il répète inlassablement les phrases : « Maman a dit ! La maîtresse a dit ! » ;
- il accepte les limites imposées : il peut aller seul à table ou dans son bain ou dans sa chambre, ou chez son copain « d'à côté » et y rester le temps prévu par maman.

Situation

Le « Jeu de rôle réglementé »

Luc (5 ans), Flavie (6 ans), Loana (5 ans ½) jouent « au papa et à la maman ». On distribue les rôles : « Luc, tu es le papa : tu vas t'asseoir là-bas, tu prends le vieux cartable et puis Loana, t'es la mamie : tu viens en visite, mets la robe grise. Moi, je suis la maman, je fais la tarte. Non ! tu ne dois pas encore rentrer, va dehors, on n'a pas commencé !... ».

Remarque

À cet âge, l'enfant aime les *jeux de rôle réglementés* : chacun doit bien jouer le rôle qui lui est assigné, sans tricher, sans se dérober. Les jeux de rôle sont des jeux symboliques copiés sur la vie des adultes ; on retrouve les comportements du stade antérieur, mais ils deviennent :

- *plus collectifs* : les enfants jouent à plusieurs ;
- *plus réglementés* (les enfants s'imposent eux-mêmes des règles) ;
- *plus sophistiqués* ;
- les déguisements y sont de plus en plus associés.

Les jeux de rôle aident l'enfant à s'affirmer, à se valoriser, à imiter l'adulte. Ils scellent la « camaraderie » infantile, celui qui est exclu du groupe le vit très mal.

Situation

Le « Jeu-travail »

Jules (4 ans) et Romain (5 ans) jouent au jeu de « construction réel » dans le jardin de la villa de Romain. Leur entrée à l'école a permis cette camaraderie nouvelle qui les ravit ! Romain assemble avec patience des morceaux de bois pour faire une « maison » (il transpire). Jules l'aide tant bien que mal. Il lui demande « d'aller chercher les pièces qui manquent »... Il crie lorsqu'il n'apporte pas ce qu'il faut !... Ils n'abandonnent l'ouvrage que terminé.

Remarque

À cet âge, le jeu est non seulement un plaisir, mais il devient « utilitaire » : c'est le *jeu-travail.* Il suppose une certaine maturité, il fait appel à une patience plus longue, une volonté plus affirmée. *L'affirmation de soi* se manifeste dans ce jeu : un enfant a tendance à se valoriser au moyen du jeu, il domine en donnant des ordres au camarade.

Il y a, dans ce jeu, une ébauche de *collaboration.* Cependant, Romain « utilise » Jules (ce dernier est un *moyen* pour faire avancer plus vite la maison). Cette attitude n'enlève rien au *plaisir* d'être ensemble ! Parfois, les *disputes* éclatent lorsqu'il s'agit d'inverser les rôles. Au travers de ce jeu, l'enfant développe son *imagination*, sa *créativité*, sa *dextérité*.

8 Les aspects du développement de 6 ans à l'adolescence (grande enfance)

Ce stade de développement est appelé stade de la « *personnalité polyvalente* »[11].

Au cours de cette période, l'action et la curiosité de l'enfant se déplacent de sa propre personne vers l'extérieur. La personnalité évolue vers une autonomie croissante. L'enfant va pouvoir multiplier ses expériences sociales dans la communauté scolaire et dans son groupe de copains.

◆ Le développement affectif et social

La vie sociale se développe et prend une place importante dans la vie de l'enfant. La famille y joue aussi un rôle non négligeable, en favorisant son autonomie, son équilibre affectif et son épanouissement (Tableau 10.20).

C'est l'âge où la vie sociale de l'enfant est intense. À cet âge-là, l'acceptation par le groupe procure à l'enfant une satisfaction importante. Pour justifier les amitiés, les enfants parlent de personnalité, de traits de caractère (il est marrant, il est débrouillard, il ne triche pas...). À cet âge, l'enfant préfère, en général, les amis du même sexe avec lesquels il se défoule dans des jeux de groupe (jeux psycho-gestuels). Voyons, ci-après, deux situations.

11. Wallon H. Origines du caractère chez l'enfant. Paris : PUF ; 1987.

Tableau 10.20 **Le développement affectif et social de 6 à 12 ans.**

Développement affectif et social	Rôle de l'EJE
6 ans est « l'âge de l'écolier », 7 ans est « l'âge de raison ». À cet âge, l'enfant est inséré obligatoirement dans deux groupes, familial et social, qui sont complémentaires. **a) Le groupe familial** (d'abord) : la famille sécurise l'enfant et joue un rôle fondamental dans son équilibre et son évolution. Elle doit l'aider à épanouir sa personnalité, à prendre confiance en lui… **b) Le groupe social** : la vie sociale de l'enfant est intense, c'est l'âge des camarades. L'enfant est capable de tenir compte du désir de l'autre. • ***L'école*** L'enfant éprouve des sentiments collectifs : – un esprit de « corps social » se développe : on fait corps contre un professeur, contre un nouveau venu… On fait preuve d'intolérance contre les défavorisés, les timides… ; – on observe des groupes d'enfants entraînés par un « meneur » qui a ses vassaux et ses rivaux ; des sympathies et des antipathies voient le jour, des disputes éclatent ! Mais la vie de groupe est indispensable à l'enfant.	L'EJE (comme tout professionnel de l'enfance) veille à : – soutenir l'enfant de son estime et de son son respect ; – valoriser l'enfant et éviter les humiliations (ne pas faire de comparaison entre enfants) ; – donner à l'enfant des responsabilités au sein du groupe familial ou social. Ex. : bricolage, jardinage, soins à un animal domestique, courses… ; – parler souvent avec l'enfant ; – être à l'écoute de ses problèmes, – observer son comportement, ses mimiques (langage non verbal) ; – favoriser l'intégration de l'enfant dans le groupe ; – dépister les « exclus » et les intégrer ; – veiller à ce que l'enfant s'adapte bien, à une nouvelle structure ; – dépister « l'hyposcolarisation ». Les difficultés d'adaptation sur le plan scolaire font souffrir, il faut s'employer à chercher la cause de ses troubles).
• ***Les clubs sportifs*** L'enfant forme son caractère au contact de réunions de groupes (tels que clubs sportifs, scouts). Les exercices sportifs codifiés fortifient le corps et l'esprit, développent l'*émulation* et la *coopération* (qui sont la loi de cet âge). • ***Les compétitions*** L'enfant aime les jeux avec des règles, mais il les préfère plus « actifs », plus « compétitifs ».	L'EJE veille à : – surveiller les jeux à risques de l'enfant ; – gérer l'agressivité ; – prévenir la violence ; – favoriser la sociabilité, l'ouverture à l'autre, la tolérance…
• ***La rue*** La famille et l'école ne sont pas seules à assurer l'éducation de l'écolier. Le monde de la rue a son influence. C'est une école ouverte sur les tentations, la violence, la liberté, mais aussi sur le sang-froid, la prudence, l'observation, le jugement… • ***Les mass-médias*** (télévision, Internet, radio, vidéo…). Ce sont les moyens modernes de diffusion de la pensée, auxquels les jeunes sont très sensibles.	L'EJE veille à : – « apprendre la rue » aux écoliers ; – porter une attention particulière à l'influence de l'environnement sur l'enfant ; – trouver et conseiller aux parents des occupations extrascolaires (sports, clubs adaptés aux besoins) ; – veiller à ce que les *mass-médias* ne nuisent pas à l'équilibre physique et mental de l'enfant (conseiller les parents).

Situation

Le jeu du « gendarme et des voleurs » (jeu de rôle compétitif)

Max, Carlos et Mathias (10, 11 et 12 ans) jouent au gendarme avec leur groupe de copains dans la cour de l'immeuble. Ils ont vu un film à la TV hier soir et ils endossent les rôles de personnages fictifs (le gendarme et les voleurs). Une règle du jeu est imposée par l'un d'entre eux (Max).

Max tire au sort pour savoir qui sera le « gendarme », c'est Carlos qui est désigné. Les autres enfants sont les voleurs. Carlos se lance à la poursuite du groupe, dès qu'il touche un de ses camarades, celui-ci devient gendarme. Carlos a touché Max. Celui-ci va, à son tour, traquer la bande (jusqu'à ce que tous soient éliminés). Au cours de ce jeu, les jeunes provoquent le « gendarme » de toutes les façons !

Remarque

Ce type de jeu développe une rapidité psycho-gestuelle, un éveil intellectuel et un esprit d'observation. Il répond à différents besoins de l'enfant à cet âge ; besoins de :

- courir, se dépenser après l'école ;
- décharger une agressivité latente ;
- se faire « peur » (le « gendarme » est symbolique !) ;
- avoir des contacts (on se touche lorsqu'on s'attrape…).

Grâce à ce jeu, l'enfant se valorise (il faut gagner, ne pas être attrapé) ; ce jeu aide l'enfant à avoir confiance en lui, à faire mieux. C'est une *émulation collective*. L'enfant participe au « sentiment collectif » du groupe qui se défend (c'est symbolique).

D'autres jeux du même style existent et répondent aux mêmes besoins de l'enfant (Fig. 10.7).

Fig. 10.7 **L'enfant de 10-12 ans a besoin d'« émulation collective ».**

Situation

L'exclusion du groupe

Max, Carlos et Mathias (10, 11 et 12 ans) jouent ensemble au jeu vu précédemment, lorsque Jules (10 ans), un copain d'école, arrive à leur insu et souhaite s'associer à leur jeu. « Oh le petit rouquin ! » disent les enfants. « Mais c'est Rourou qui est là ! ». Jules (enfant fragile) se sent mal à l'aise… Il repart aussitôt. Il n'est pas pressé de rentrer à sa maison… et s'assoit sur un muret près de chez lui. Il reste seul…

Remarque
L'enfant de 6 à 12 ans aime beaucoup les jeux de groupe avec des consignes précises. Ces jeux renforcent la « camaraderie » des enfants. Ceux qui en sont « exclus » le vivent très mal.
Les enfants peuvent, en effet, être « très durs » avec un camarade plus faible ou défavorisé. Ils l'agressent, se moquent de lui en faisant ressortir ses différences. Cela peut être très préjudiciable à son épanouissement. De plus, l'enfant exclu ne trouve pas toujours auprès des parents le soutien et la compréhension dont il a besoin.

◆ Le développement cognitif

À cette période, l'évolution intellectuelle fait un grand pas en avant. L'âge de raison est aussi l'âge du savoir.

7 ans : l'âge de raison (la pensée logique)

L'esprit critique et la mémoire se développent.
– *L'enfant dissocie nettement le réel de l'imaginaire* : le goût du merveilleux disparaît au profit du « goût pour l'aventure » (on imite les héros) ; il aime beaucoup les films qui « font peur », mais il n'est pas dupe de la fiction et maîtrise ses peurs ;
– *L'enfant comprend les notions abstraites* :
- espace lointain, temps lointain ;
- cause à effet, nombre (> 20).

Cet « acquis notionnel » va être exploité dans l'enseignement scolaire).

7 ans : l'âge du savoir (les apports scolaires)

– La *géographie permet de développer la connaissance de l'espace lointain*. L'enseignement de la géographie est celui qui se prête aux méthodes actives d'observation et d'enquête, très indiquées à cet âge. « Apprendre en agissant » reste la méthode d'enseignement la plus indiquée.
– L'*histoire permet de développer la connaissance du temps lointain*. L'enfant a une idée plus précise du passé et du présent. Cependant, jusqu'à l'adolescence, la chronologie des événements est difficile à assimiler et l'écolier préfère toujours les « histoires de l'histoire » aux dates. En outre, le souvenir d'événements vécus se déforme vite, d'où la faible valeur accordée aux « témoignages enfantins »...
– La *physique permet de comprendre les rapports de cause à effet* entre deux phénomènes. Cet enseignement s'appuie sur des « expériences » qui plaisent, en général, à l'enfant.
– L'*arithmétique permet de comprendre la notion de nombre*. L'enfant s'exerce aux opérations d'addition, de soustraction, puis de multiplication et division dans un second temps. Le nombre est pour « la pensée logique » la notion-mère, fondamentale, qui commande toutes les autres.
– L'*éducation artistique* : à cet âge, l'enfant est très sensible au « beau ». Les cours de dessin (complétés par des visites de musées, ou d'expositions d'œuvres d'art) permettent d'affiner le goût et de développer la culture artistique.
– Le *français* : c'est l'âge où l'enfant sait lire, où il est capable de faire une rédaction. Il peut faire des descriptions très poétiques, très colorées. Cet enseignement permet d'affiner sa sensibilité, sa réflexion.

Rôle de l'EJE

Le système scolaire (avec son classement, ses redoublements), les réflexions des professeurs (quelquefois pénalisantes) et des parents (valorisant souvent la réussite) sont à la fois un facteur stimulant et une source d'anxiété pour l'enfant.
Il est important pour l'adulte qui encadre l'enfant, de :

- le respecter suffisamment pour comprendre ses difficultés et lui pardonner ses échecs ;
- le stimuler, sans jamais faire usage de menaces ni de punitions à son égard ;
- savoir équilibrer travail et jeux (indispensables à la santé de l'enfant).

9 Les stades du développement psychoaffectif de la naissance à l'adolescence (selon S. Freud)[12]

Par stade de développement, il faut entendre les étapes au cours desquelles l'enfant accède à des compétences de plus en plus élaborées sur les plans moteur, affectif, cognitif et social.
S. Freud a dominé le champ des études sur le développement psychologique de l'enfant et a influencé, par ses théories, aussi bien les chercheurs que les professionnels de terrain.
S. Freud[1] a traité surtout le *développement psychoaffectif, de la naissance à l'adolescence.*
À l'origine du développement affectif, une énergie de caractère somatique donne naissance à une énergie psychique : la *pulsion*. Cette énergie est de caractère sexuel : la *libido*. Le développement psychologique de l'enfant s'organise autour de plusieurs *stades* décrits par Freud et complétés par J. Lacan[13] (qui leur a ajouté le « stade du miroir » (6 à 18 mois).

◆ Le stade oral (de la naissance à 1 an)

Mémo psy

Le stade oral

Au cours de ce stade :

- le plaisir sexuel est lié à l'excitation de la zone buccale par la succion ;
- l'objet de la pulsion sexuelle est le sein maternel ;
- le but de la pulsion sexuelle est double ; il vise :
  - la recherche du plaisir auto-érotique,
  - l'incorporation.

---

12. Sigmund Freud (1856-1939) est un médecin autrichien, fondateur de la psychanalyse. Il s'est particulièrement intéressé aux troubles du comportement chez l'adulte et s'est préoccupé de l'enfant dès qu'il a découvert que certains troubles du comportement ont pour origine un traumatisme psychique subi dans le jeune âge.
13. Jacques Lacan (1901-1981) est un médecin psychiatre français. Il a fondé, avec notamment Françoise Dolto, une école psychanalytique : l'École freudienne de Paris.

Cette période se divise en deux sous-stades caractérisés par deux activités libidinales différentes : la succion et la morsure.

Le stade oral passif (de 0 à 6 mois)

La succion est un réflexe archaïque ayant une fonction alimentaire ; la satisfaction que procure l'ingestion d'aliments (besoin physiologique) s'accompagne d'un plaisir de nature sexuelle (besoin psychologique). Une liaison se crée entre la succion et le plaisir. Progressivement, la succion se dégage de la fonction alimentaire et s'oriente vers la recherche du plaisir pour lui-même. Le nourrisson tète « à vide » ses lèvres, son pouce.
Cette activité est *auto-érotique*, c'est-à-dire que le nourrisson trouve l'objet de plaisir sur son propre corps.

Le stade oral actif (de 6 mois à 1 an)

Avec l'apparition des dents, et éventuellement du sevrage, la succion se complète d'une activité de morsure.
La *morsure* est l'extériorisation de pulsions agressives. Combinée avec la pulsion de la phase précédente, elle donne les premières manifestations de l'ambivalence : amour et haine pour le même objet (le sein).

◆ Le stade anal (de 1 à 3 ans)

Mémo psy

Le stade anal

Au cours de ce stade :

- le plaisir sexuel est lié à l'excitation de la zone anale ;
- l'objet de la pulsion est représenté par le « boudin fécal » ;
- la relation d'objet est marquée de significations liées à la fonction de défécation (rétention-expulsion) et à la valeur symbolique des selles ;
- le but de la pulsion sexuelle est double :
  - un plaisir auto-érotique,
  - une dimension objectale : un moyen de pression sur l'entourage.

Au cours de ce stade, la zone érogène est excitée directement par le « boudin fécal », considéré par l'enfant comme une partie de lui-même qu'il peut à volonté conserver à l'intérieur de son corps ou expulser à l'extérieur. Il devient alors une « monnaie d'échange » pouvant être utilisée dans la relation avec l'adulte. L'enfant a désormais le moyen de manifester son amour, ou, au contraire, son hostilité, son opposition.
Ce stade est marqué par l'ambivalence puisque, d'une part, l'objet fécal peut être expulsé ou conservé et que, d'autre part, il peut prendre la valeur d'un « bon » ou d'un « mauvais » objet, suivant que l'enfant l'utilise comme cadeau ou comme arme dans sa relation à ses parents.

◆ Le stade phallique (vers 3 à 5 ans)

Mémo psy

Le stade phallique

Au cours de ce stade :
- le plaisir sexuel est lié à l'excitation de la zone génitale ;
- le but de la pulsion sexuelle est un plaisir auto-érotique ;
- l'enfant traverse la phase œdipienne ;
- l'objet de la pulsion est le pénis (pour la fille comme pour le garçon).

La découverte de la différence anatomique des sexes

Au cours de ce stade, la primauté du pénis est instaurée dans l'organisation libidinale infantile. Il y a alors un masculin, mais pas de féminin.

La masturbation

L'excitation des organes génitaux chez la fillette comme chez le garçon, au cours de la toilette ou de la miction, a toujours une valeur érotique. Notons que la pratique masturbatoire, parfois réprimée par les parents, et les fantasmes érotiques qui s'y rattachent, sont refoulés dans l'inconscient.

◆ Le complexe d'Œdipe

Au cours de cette période, l'enfant traverse la phase œdipienne, l'objet de la pulsion est le partenaire privilégié du couple parental. La résolution du complexe d'Œdipe joue un rôle fondamental dans la structuration de la personnalité et dans l'orientation du désir humain.

◆ La période de latence (3-5 ans à la puberté)

Au cours de ce stade, l'enfant est comme frappé par une sorte d'amnésie à l'égard des événements liés à sa sexualité infantile. Ce stade se caractérise aussi par le phénomène de la sublimation. La sublimation est le processus par lequel l'énergie libidinale est investie dans des activités artistiques et intellectuelles.

◆ L'adolescence (à partir de la puberté)

L'adolescence commence avec les manifestations physiologiques de la puberté qui réactivent les pulsions sexuelles. Les zones érogènes sont plus limitées. La sexualité de l'enfant de cet âge n'est plus diffuse, mais localisée.

L'objet vers lequel est orienté le désir est un partenaire autre que les parents.

Ce stade parachève le développement psycho-sexuel de l'enfant. Il inaugure la sexualité adulte.

C Le développement psychosociologique

1 Les modes relationnels dans la petite enfance (vers 2 à 3 ans)

La communication entre les enfants de 2-3 ans se fait principalement sur le mode non verbal. En observant les modes relationnels chez l'enfant de 2 à 3 ans dans le groupe, selon H. Montagner[14], on peut dégager quatre types de comportements psychosociaux chez l'enfant :

- le *leader* : cet enfant a une *personnalité attractive*. C'est un « *meneur* » (les autres le suivent), il forme des groupes (durables) autour de lui. Très sociable, il utilise des « gestes d'offrande » (il présente spontanément à son camarade un jouet) ;
- le *dominant agressif* : cet enfant a un comportement de menace. Il a tendance à *mordre* et *frapper* ses camarades. Il obtient ce qu'il désire par la force ou la menace et s'il arrive à former un groupe autour de lui, le groupe n'est pas durable ;
- le *dominé agressif* : cet enfant a un comportement passif, il évite la compétition et il imite les autres enfants ;
- le *dominé craintif* : cet enfant a un caractère de leader, également attractif, mais il est inhibé par sa timidité, il s'exprime peu.

Mémo psy

L'influence de la mère sur le comportement psychosocial de l'enfant[1].

H. Montagner a remarqué que les mères des leaders manifestent peu de menaces. Elles sont très à l'écoute de l'enfant, le valorisent, lui parlent beaucoup et lui laissent une grande part d'autonomie. Il a remarqué aussi que les mères des dominés agressifs sont généralement très exigeantes. Elles souhaitent que l'enfant fasse des acquisitions précoces. Elles ont tendance à le diminuer, à le dévaloriser (Fig. 10.8).

1. Ces conclusions engagent Hubert Montagner à la suite des travaux effectués dans les crèches sur près de 800 enfants. Il faut toutefois se garder de faire des généralités.

Rôle de l'EJE

Afin de favoriser le développement psychosocial de l'enfant en structure d'accueil, l'EJE (au sein de l'équipe) veille à :

- accueillir chaque enfant individuellement, en le valorisant par des paroles et des gestes bienveillants ;

14. Montagner H. L'enfant et la communication. Paris : Stock ; 1984.

- aider l'enfant à canaliser ses comportements agressifs, afin de lui permettre de mieux-être intégré au groupe ;
- être attentive à la dynamique du groupe afin que chaque enfant y trouve sa place ;
- surveiller attentivement les comportements des enfants dans le groupe ;
- gérer les conflits avec diplomatie, éviter d'humilier les enfants ;
- prévenir l'isolement de certains enfants, car cet isolement est préjudiciable à leur épanouissement psychosocial ;
- faire les transmissions sur le comportement des enfants aux différents membres de l'équipe.

Fig. 10.8 **Exemple de comportement de leader et de dominant agressif.**
(a) Le « leader » a un comportement d'apaisement. Il obtient ce qu'il désire par la douceur. (b) Le « dominant agressif » a un comportement de menace. Il obtient ce qu'il convoite par la force. Extraits du Guide de l'AP, J. Gassier, Elsevier-Masson.

2 Les modes relationnels dans la moyenne enfance (vers 3-6 ans)

Entre l'âge de 3 et 6 ans, l'enfant entre de plain-pied dans un nouveau groupe social : le groupe scolaire. Son développement psychosocial est stimulé, mais il a parfois des problèmes d'adaptation ou d'intégration à son groupe que le professionnel doit identifier et signaler.
Pour illustrer l'évolution psychosociale et les modes relationnels chez l'enfant de 3 à 6 ans, nous vous proposons d'étudier une situation caractéristique de cette tranche d'âge : quand les jeux symboliques deviennent jeux de rôle.

Situation

« Les jeux de rôle »

Stéphano (5 ans), Léna (6 ans) et Laurie (5 ans ½) se déguisent et Laurie distribue les rôles : « Stéphano tu es le papa : tu vas t'asseoir là-bas, tu prends le cartable et puis Léna t'es la mamie : tu viens en visite chez nous, mets ta robe longue. Moi, Laurie, je suis la maman, je fais la tarte. Non Léna, tu ne dois pas encore entrer. Va dehors, on n'a pas commencé ! »...

Remarque
Dans les « jeux de rôle », chacun doit jouer le rôle qui lui est assigné, sans tricher, sans se dérober. Ce sont des jeux symboliques, les déguisements y sont de plus en plus associés (pour imiter les adultes).

◆ Évolution

Ces jeux deviennent progressivement :
- *plus collectifs* : les enfants jouent à plusieurs ;
- *plus violents* : les enfants ont des rôles de guerriers (souvent inspirés des émissions de TV).

◆ Intérêts

Les jeux de rôle aident l'enfant à s'affirmer, à se valoriser, à imiter l'adulte. Ils scellent la « camaraderie » infantile, mais les enfants exclus du groupe, ou pris à parti par le groupe, le vivent très mal. Au travers de ces jeux, on peut observer les personnalités émergentes des enfants dans le groupe (dans la situation précédente, Laurie semble être le *leader*, elle prend la situation en main).

Rôle de l'EJE

L'EJE au sein de l'équipe, veille à :
- *observer les comportements* de chaque enfant dans le groupe et à déceler les difficultés éventuelles ;
- proposer à l'enfant divers jeux adaptés à ses besoins : exemples des jeux collectifs avec règles *favorisant la socialisation ;*
- canaliser l'agressivité dans des activités sportives et réduire le nombre d'enfants par groupe pour *limiter les conflits ;*
- prêter attention aux *jeux de rôle* : ils donnent des informations sur les capacités relationnelles, sur le rôle des leaders (qu'il faut parfois recadrer), sur l'exclusion de certains enfants (qu'il faut éviter) ;
- dialoguer avec l'enfant, l'écouter, le valoriser, mais aussi savoir lui imposer des limites, des règles (cadre). L'enfant a besoin de cela pour son développement psychosocial ;
- faire les transmissions sur le comportement de l'enfant, aux différents membres de l'équipe.

3 Les modes relationnels dans la grande enfance (vers 6-12 ans)

C'est l'âge où le développement psychosocial de l'enfant est intense. À cet âge-là, l'acceptation par le groupe procure à l'enfant une satisfaction importante (*cf.* Caractéristiques du développement psychosocial, chapitre 4, module 1).

L'enfant de 6 à 12 ans est en contact avec divers milieux sociaux qui participent à son développement, en particulier :

- le *sport* : l'enfant forme son caractère au contact de groupes sportifs (football...) qui développent l'émulation et la coopération et lui permettent de « se défouler sainement »... ;
- les *jeux compétitifs* : l'enfant aime toujours les jeux collectifs, mais il les préfère plus actifs, plus compétitifs. Il y canalise son besoin d'agressivité et de violence toujours latent ;
- les *mass-médias*, *Internet* (les blogs, DVD, et le téléphone mobile) : ce sont des moyens modernes de communication auxquels les jeunes sont très sensibles.

Rôle de l'EJE

Pour favoriser le développement psychosocial de l'enfant, l'EJE au sein de l'équipe, veille à :

- *dialoguer avec l'enfant*, c'est-à-dire s'adapter à son âge, à sa capacité de compréhension, et lui apporter une écoute bienveillante ;
- *observer l'enfant* et en particulier :
  - son intégration et son adaptation au groupe,
  - son langage non verbal (les expressions non verbales sont révélatrices) ;
- déceler les *troubles de l'intégration* dans le groupe ou de l'exclusion du groupe et y remédier au mieux ;
- prévenir les jeux dangereux[1] ;
- donner à l'enfant des *responsabilités* valorisantes au sein du groupe ;
- comprendre les difficultés de l'enfant ;
- savoir le stimuler sans jamais le dévaloriser, sans faire usage de menaces, d'humiliations ou de punitions injustifiées ;
- dépister « l'hyposcolarisation », les difficultés d'adaptation sur le plan scolaire font souffrir, il faut s'employer à chercher la cause de ses troubles et éviter toute humiliation) ;
- veiller à ce que les téléphones mobiles, les mass-médias (télévision, Internet, avec les « blogs », les jeux violents...) ne nuisent pas à *l'équilibre physique* et *mental* de l'enfant.

1. La presse relate souvent les « jeux de l'extrême » : le jeu du halte-là où un groupe de jeunes s'acharne sur une victime à un jour donné à l'avance (parfois celui de son anniversaire), le jeu du foulard où le jeune arrête de respirer, etc.

4 Les systèmes relationnels parents-enfants

L'homme se construit au moyen de relations humaines qu'il a entretenues depuis sa petite enfance. Ces relations, avant de devenir sociales ou professionnelles, sont avant tout familiales.

Apprendre à « s'aimer », c'est apprendre à « aimer » : aucun parent ne peut être accusé de « ne pas aimer » son enfant ; c'est très grave, mais il pourrait être accusé de « mal aimer », c'est assez fréquent et il l'ignore. Or, l'adulte devrait apprendre au jeune à « s'aimer ». L'amour de soi n'a rien de narcissique, il est fait d'estime de soi, et il permet à l'enfant de devenir un « adulte aimant à son tour ». Or, ce qui empêche souvent les jeunes de s'aimer, c'est le fait d'avoir vécu dans un système relationnel familial (et, il faut le dire, parfois social) que l'on pourrait appeler le système SAPE alors que l'épanouissement relationnel est favorisé par le système MOTIVE ; nous allons voir les caractéristiques de chaque système relationnel[15].

◆ Le système relationnel « SAPE »

L'adulte référent, qu'il s'agisse des parents (ou des éducateurs, ou parfois des professeurs) a tendance à être SAPE ; cette attitude consiste à être :

- Sourd au langage verbal du jeune ;
- Aveugle au langage non verbal (expressions, attitudes) du jeune ;
- Partial (il est systématiquement dépréciatif dans ses jugements) ;
- Étouffant (il tue toute motivation, toute initiative à la base) ;

Explications du terme « SAPE »

L'*adulte peut être sourd au langage verbal* du jeune. Souvent il ne sait pas écouter et préfère éviter le dialogue afin de ne pas avoir à se justifier, à se remettre en question… C'est donc une non-communication avec tous ses effets pervers.

L'*adulte peut être aveugle au langage non verbal.* Souvent il ne voit pas les expressions comportementales du jeune (qui sont parfois de véritables « SOS »).

L'*adulte peut être partial* (dans ses jugements) et *étouffant* : c'est-à-dire souvent *dépréciatif* à l'égard du jeune. Or, l'adulte doit aider le jeune à :

- s'épanouir dans sa créativité, son originalité… ;
- assumer ses difficultés, ses insuffisances et savoir les transformer, toujours et encore (en une phrase : « avancer contre le vent par la force même du vent »).

Exemples du langage utilisé

Le langage SAPE est fait de :

- *culpabilisation*. Ex. : l'adulte peut dire : « Regarde la peine que tu me fais avec tes mensonges ! Qu'est-ce que j'ai fait au Bon Dieu pour avoir un enfant comme ça ! » ;
- *injonctions*. Ex. : l'adulte peut dire : « Tu devrais te couper les cheveux ! Tu devrais écouter quand je te parle ! Tu devrais arrêter de fumer ! Tu aurais dû me dire… » ;
- *dévalorisations*. Ex. : l'adulte peut dire : « Mais regarde ce que tu as fait ! Tu fais toujours tout de travers ! Tu es vraiment un incapable, on ne peut pas te faire confiance ! Regarde ton frère, on n'a pas besoin de lui demander plusieurs fois la même chose ! ».

Conséquences sur le développement psychosocial

Ce système relationnel a tendance à ôter toute la motivation du jeune, et à anéantir la bonne volonté sous-jacente (qui est un moteur utile pour la vie en société). Il peut engendrer :

15. Nous vous proposons ici un raccourci (« imagé » pour l'intérêt pédagogique du texte) de ce qui ressort de nombreux entretiens de psychologues avec les jeunes ayant des problèmes relationnels avec leurs parents. Évitons toutefois de faire des généralités.

- la non-confiance (en soi et en l'autre) ;
- le doute, le cynisme, les rancœurs… ;
- voire la violence (selon l'environnement dans lequel le jeune évolue).

Remarque
La formation du caractère d'un être humain (et par là, ses capacités futures d'adaptation à la vie familiale et sociale) est très liée au comportement de ceux qui l'ont entouré dans son jeune âge.

◆ Le système relationnel « MOTIVE »

À l'inverse du système précédent, le système relationnel, que l'on pourrait appeler « MOTIVE », est plus stimulant, plus constructif. L'adulte référent, qui « motive » le jeune, va :

- **M**obiliser ses énergies ;
- **O**ptimiser les situations[16] ;
- **T**olérer les faiblesses, les petits défauts ;
- **I**nciter à entreprendre, à progresser, à continuer ;
- **V**erbaliser (mettre des mots, ouvrir le dialogue…) ;
- **É**couter et Encourager l'autre…

Explications du terme « MOTIVE »

Le système relationnel « MOTIVE » va motiver le jeune en utilisant des mots porteurs d'une énergie stimulante. Ce sont des mots qui croient au *potentiel de l'autre*. Ils vont permettre au jeune de prendre confiance en lui et d'avoir confiance dans l'adulte référent (parent, éducateur ou professeur).

Exemples du langage utilisé

Le langage verbal de l'adulte peut être associé à un langage non verbal ;
Exemples de langage verbal. L'adulte dira :

- « Tu es capable de…, tu peux arriver à…, je te fais confiance » ;
- « Tu as eu 12/20. Je suis sûr(e) que tu peux encore mieux faire… » ;
- « Je suis fier(e) de toi ».

Exemples de langage non verbal. L'adulte peut :

- avoir un regard bienveillant, prendre la main de l'enfant dans la sienne ;
- le regarder yeux dans les yeux, lui sourire ;
- faire un geste amical (ex. : tape sur l'épaule).

Conséquences sur le développement psychosocial

Ce langage devrait motiver le jeune à trouver sa place, sa voie et ainsi à jouer le rôle social qui l'attend. Ce langage peut d'ailleurs être utilisé dans tous les rapports humains de la vie sociale. Il aura toujours un impact positif (Fig. 10.9).

---

16. Optimiser signifie rendre le meilleur possible, voir le bon côté des gens, des situations (quelqu'un qui optimise ses relations va les rendre les meilleures possibles).

Fig. 10.9 Le système relationnel « MOTIVE ».

5 L'insertion dans la société (le lien social)

◆ Les premiers apprentissages sociaux

La société est composée d'individus entre lesquels s'instaurent des échanges de toute nature. « On ne naît pas individu social, on le devient » grâce aux relations humaines avec les groupes qui nous entourent depuis notre naissance. La socialisation de l'individu est indispensable pour son intégration au groupe social. Elle est faite de nombreux apprentissages qui commencent dès la petite enfance et qui ont pour but de lui apprendre le mode de vie en société tout en gardant sa personnalité.

◆ Les groupes de référence et d'appartenance

– Le *groupe de référence* : c'est celui auquel l'individu appartient par sa naissance (l'enfant se réfère à sa famille). Il va adopter son mode de vie, sa langue, sa culture, ses traditions, sa religion, son mode vestimentaire ou alimentaire. L'adulte « référent » de l'enfant a donc un rôle important à jouer.
– Le *groupe d'appartenance* : c'est celui que l'individu choisit, dont il est membre (ex. : les groupes socioculturels et professionnels). Il adopte en principe les valeurs en usage dans ce groupe.

Chapitre 11

Approche des psychopathologies et des dysfonctionnements

A Les éléments d'observation du comportement de l'enfant

L'enfant est confronté à de nombreux facteurs menaçant sa santé psychologique et son épanouissement.
De ce fait, de très nombreux professionnels sont amenés à collaborer, de façon directe ou indirecte, avec les équipes de pédopsychiatrie. Il s'agit alors pour eux d'acquérir des connaissances suffisamment précises pour repérer les *signes de perturbation* ou de *mal-être* chez l'enfant, de comprendre les enjeux des *dysfonctionnements*, d'évaluer les risques et orienter les parents vers les professionnels spécialisés.

1 Les « facteurs de risque » liés à l'entourage familial

Il existe de nombreux « facteurs de risque » que les professionnels de la santé et de l'enfance doivent connaître pour mettre en œuvre une prévention précoce (Tableau 11.1).

Tableau 11.1 Facteurs de risque liés à l'entourage familial.

Avant la naissance	À la naissance	Après la naissance
Antécédents psychiatriques chez la mère Déni de la grossesse Difficultés conjugales Mère isolée	Absence d'interactions mère-nouveau-né Refus de s'occuper du bébé Brusqueries Séparation précoce	Persistance du « baby-blues » et évolution en dépression du post-partum Maltraitance Hospitalisations et placements répétés

2 Les « facteurs de risque » personnels à l'enfant

Ils font référence à plusieurs notions. Exemple : la *vulnérabilité* de l'enfant. Devant un même événement, selon ses capacités, son degré de fragilité, et en fonction de la qualité de son environnement, l'enfant est à même de faire face à la situation de stress ou peut au contraire se montrer profondément perturbé. Notons que la nature de l'événement et le stress qu'il génère varient avec l'âge de l'enfant. D'une manière générale, toute situation nouvelle pour l'enfant et à laquelle il n'a pas été psychologiquement préparé peut être source de stress. Citons quelques exemples :

- tout événement qui modifie l'équilibre familial (hospitalisation d'un parent, naissance d'un frère ou d'une sœur, divorce, décès, modifications des conditions socio-économiques familiales, etc.) ;
- tout changement qui requiert une adaptation (changement de mode de garde ou d'école, déménagement, hospitalisation, maladie physique, handicap, etc.) ;
- toute agression physique ou sexuelle.

La réponse de l'enfant aux contraintes et aux frustrations de la vie est très variable. Certains enfants présentent des troubles psychologiques bruyants, d'autres ne laissent rien paraître, même s'ils ressentent une grande souffrance.

3 Les troubles de la « fonction maternelle ou paternelle »

La personnalité de la mère peut avoir des effets négatifs sur l'épanouissement de l'enfant. On sait que souvent certains comportements normaux de l'enfant ne sont pas tolérés par la mère et le jeune enfant peut être sévèrement limité dans ses modes d'expression en raison d'exigences excessives.

On connaît aussi les risques liés aux séparations précoces qui représentent une expérience traumatisante pour l'enfant.

Le père devrait jouer son « rôle » éducatif et compenser l'éventuel manque affectif maternel, mais souvent, il ne le peut pas. Souvent, le père, d'une part, n'est pas objet de désir pour la mère (qui ne reconnaît pas son autorité) et, d'autre part, n'ose pas s'interposer entre la mère et l'enfant pour imposer les interdits inhérents à l'éducation. Les risques sont grands pour l'enfant de connaître des *difficultés* dans son développement ; il refusera toute frustration et fonctionnera dans la toute-puissance. Or, on sait que l'enfant a besoin d'être éduqué, c'est-à-dire que ses parents doivent *établir des limites* et *doser avec amour* les frustrations nécessaires à son développement.

Mémo psy

« Le symptôme » : expression et occultation d'un conflit

Le symptôme est une production de l'inconscient. C'est l'expression d'un conflit intérieur qui n'a pas pu être entendu. Il est à la fois expression et occultation du conflit. C'est une organisation complexe, en même temps signe de souffrance et « moyen » de résoudre en partie cette souffrance. Plusieurs facteurs sont à considérer lors de l'observation. Ils ne peuvent s'envisager sous un modèle explicatif unique, mais dans un ensemble plurifactoriel.

Le symptôme est très relatif...

Les symptômes les plus bruyants ne sont pas nécessairement les plus pathologiques. Ainsi, un enfant « opposant » peut avoir une personnalité saine, un enfant « très sage » peut souffrir d'une névrose obsessionnelle ! Certains symptômes sont à apprécier en fonction de l'âge de l'enfant. Ainsi, « avoir peur du noir » est banal à 2 ans, mais plus inquiétant à 10 ans.

Le symptôme est mal défini…

L'identification des symptômes est difficile, car la médecine se heurte à l'absence de critère étalon de la santé mentale. En effet, le jugement clinique est variable d'un clinicien à l'autre, et les limites entre le normal et le pathologique dépendent du seuil de tolérance de chacun.

Rôle de l'EJE

L'EJE, au sein d'une structure d'accueil, doit observer et déceler les « signaux de risque » éventuels afin de participer à la *prévention précoce*.

Chez la mère

Repérer les difficultés d'investissement de l'enfant : dépréciation du bébé, culpabilité maternelle trop forte.

Repérer la qualité du « maternage » lors des soins au bébé : portage, premières tétées, bain, etc., et les *interactions* avec le bébé à cette occasion.

Chez le nourrisson

Repérer des pleurs intenses, des troubles du sommeil, un retard de développement, une vigilance développée, etc.

L'EJE (au sein d'une équipe) sera amené à participer à diverses actions de prévention : soutien, réassurance, accompagnement dans les premiers soins et valorisation des compétences du nouveau-né.

L'EJE veille à effectuer toutes les *transmissions* à la responsable de la structure d'accueil.

B Les moyens du dépistage précoce et les terrains d'action

Les actions préventives sont multiples.

Tous les services dont la mission est d'accueillir, soigner, surveiller le développement de l'enfant sont des lieux propices au dépistage précoce :

- la pédiatrie, les services de réanimation, les services de maternité, les lieux d'accueil et de garde pour les enfants (les crèches et l'école), les lieux de rencontres mères/bébés ;
- les consultations de nourrissons, associant la PMI et le secteur de psychiatrie infanto-juvénile, les services sociaux ;
- les visites à domicile, la prise en charge en centres d'accueil, à temps partiel, des tout-petits dans le cadre des secteurs de psychiatrie infanto-juvénile.

Il s'agit :
- d'attirer l'attention sur un aspect singulier ou préoccupant du comportement de l'enfant ;
- de déculpabiliser les parents et les rassurer ;
- de les aider à s'adapter au mieux à l'état actuel de leur bébé.

S'impose alors un travail en liaison et en réseau autour de la notion de risques, associé à une coordination étroite du travail des différents services. Il s'agit de réagir ensemble pour agir ensemble.

C Les différents troubles à « expression somatique » chez l'enfant

On ne doit jamais considérer un trouble comme étant « psychosomatique » avant qu'une possible cause organique n'ait été éliminée. Cependant, la connaissance clinique de ces troubles est précieuse pour les professionnels. Certains troubles apparaissent, en effet, à des âges spécifiques et tous représentent un motif de consultation, voire d'hospitalisation des enfants.

Exemples de troubles à expression somatique chez l'enfant :
- *le sommeil* :
  - insomnies, difficultés d'endormissement,
  - hypersomnie, refuge dans le sommeil ;
- *le domaine psychomoteur* :
  - trouble de l'orientation temporo-spatiale,
  - hyperactivité, tics ;
- *la peau* :
  - eczéma,
  - allergies ;
- *la sphère respiratoire* :
  - asthme précoce,
  - spasme du sanglot ;
- *la sphère digestive* :
  - boulimie,
  - douleurs abdominales,
  - anorexie ;
- *l'élimination* :
  - énurésie,
  - constipation,
  - diarrhée,
  - mégacôlon psychologique ;
- *la sphère neurologique* :
  - céphalées,
  - paralysie transitoire,
  - vertiges, surdité, douleurs… ;
- *le domaine comportemental* :
  - conduites agressives,

  - vols,
  - tentatives de suicide,
  - troubles relationnels, isolement, repli,
  - addictions : alcool, tabac, cannabis ;
- *le langage* :
  - défauts de l'expression, de prononciation, troubles de l'articulé,
  - bégaiement,
  - mutisme,
  - dyslexie ;
- *la sphère intellectuelle* :
  - déficiences mentales (arriération et débilité mentales),
  - difficultés d'apprentissage,
  - troubles mnésiques.

D Les troubles et dysfonctionnement les plus fréquents

Nous ne pouvons, dans cet ouvrage, développer tous les troubles cités précédemment, nous avons sélectionné les plus fréquemment observés.

1 L'énurésie

L'acquisition de la propreté intervient à une période d'affirmation de soi pendant laquelle le jeune enfant va découvrir la maîtrise de son corps. Quelques difficultés peuvent marquer l'évolution affective et relationnelle pendant cette période.

◆ Les caractéristiques de ce trouble

L'énurésie est dite :
- *primaire* quand l'enfant n'a jamais acquis la propreté ;
- *secondaire* quand l'enfant a été propre plusieurs mois ou plusieurs années puis recommence à mouiller son lit, généralement à la suite d'un événement traumatisant.

L'enfant peut :
- mouiller son lit toutes les nuits, parfois plusieurs fois par nuit, ou de façon intermittente, c'est-à-dire qu'il peut être propre plusieurs nuits de suite ou plusieurs semaines ;
- mouiller sa culotte dans la journée et avoir des mictions douloureuses (il faut dans ce cas rechercher une cause organique).

◆ Le contexte environnemental (les questions à se poser…)

- *L'attitude de la mère* quant à la propreté sphinctérienne doit être recherchée : comment l'éducation a-t-elle été engagée ? de façon précoce ? tardive ? rigide ? C'est un moment clé de l'évolution de l'enfant. Certaines mères obsédées de propreté, de régularité, manifestent très tôt une exigence sans relation avec le niveau de maturité de l'enfant. D'autres n'ont aucune demande, laissant leur enfant sans cadre éducatif. Ces attitudes extrêmes risquent d'aboutir aux mêmes symptômes.

- *Le contexte psychosocial* doit aussi être pris en compte : la famille est-elle tolérante ? indifférente ? complice ? A-t-elle prévu des punitions ? Y a-t-il d'autres cas d'énurésie dans la famille ?

L'attitude de l'enfant doit être observée : paraît-il gêné ? apparemment indifférent ? répétant les « explications » des adultes, profondément blessé sur le plan narcissique ? Quels sont les bénéfices secondaires qu'il peut en tirer ? Y a-t-il mobilisation de la famille autour de l'enfant ? exacerbation de conflits familiaux ? Est-ce un système de protection face à d'éventuelles séparations ?

Mémo psy

La traduction du symptôme énurétique...

Les manifestations de l'énurésie chez l'enfant peuvent traduire :

- *une dimension régressive*. L'enfant exprime le désir d'être traité comme un bébé par peur d'être moins aimé s'il devenait propre ;
- *une dimension passive et masochiste*. L'enfant est inhibé. Il multiplie les comportements d'échec, comme s'il recherchait la punition, l'énurésie lui permettant d'exprimer inconsciemment son agressivité (agressivité qui est retournée contre lui, source de souffrance sur un mode masochiste) ;
- *une dimension agressive*. L'enfant manifeste une opposition à toutes les contraintes de la vie quotidienne.

Situation

Césario pleurait au réveil...

À chaque réveil, que ce soit le matin chez lui ou l'après-midi à la crèche, Césario (3 ans) pleurait beaucoup, car il savait qu'il avait encore uriné et que cela « ne se fait plus ! ». Il disait « Je suis encore un bébé, pourquoi ça m'arrive... ? »

L'EJE de la crèche constatait que celui-ci avait très peur de la réaction de sa mère. Qu'il appréhendait même son arrivée !

Remarque

On voit ici qu'il y a une connexion entre le problème de l'enfant et le lien à la mère. L'EJE a su transmettre les éléments de son observation. À 3 ans, l'énurésie n'est pas encore préoccupante, mais les rapports mère-enfant le sont réellement.

Rôle de l'EJE

En présence de troubles de l'élimination chez l'enfant, les professionnels (dont l'EJE au sein d'une équipe) doivent rechercher les mesures éducatives et de soutien à mettre en place avec les parents. Exemples :

- l'*aide psychothérapique aux parents*. Elle leur permet de resserrer les liens avec l'enfant (pourquoi tant d'angoisse ? de punitions...). Il faut écouter, conseiller et aider....

- *l'aide à l'enfant*. Ex. : inciter l'enfant (lorsqu'il est en âge de le faire) à tenir un carnet où seront notés chaque jour succès et échec, lui éviter les facteurs de stress et d'anxiété en fin de journée et ménager des conditions favorables de sommeil.

2 L'hyperactivité

Le dépistage précoce des anomalies du développement de l'enfant repose, pour une part importante, sur l'observation attentive de sa progression par les étapes chronologiquement attendues, ce qui exige que les professionnels connaissent les troubles susceptibles d'apparaître au cours de la croissance et soient capables de les identifier.
Les troubles psychomoteurs affectent les différentes fonctions qui conditionnent le développement de l'enfant. Ils sont d'origines très diverses.
Voyons d'abord l'hyperactivité. Le terme « d'hyperactivité » doit être utilisé avec prudence, car il fait l'objet de nombreuses erreurs de diagnostic…

◆ Les symptômes

La symptomatologie associe les troubles suivants, de façon variable :
- l'*hyperkinésie*. L'enfant ne tient pas tranquille, court, grimpe partout ;
- les *troubles de l'attention*. L'enfant ne peut pas se concentrer (ni sur son travail, ni sur ses jeux). Il est distrait, il perd ses affaires ;
- l'*impulsivité*. L'enfant a du mal à se conformer aux directives. Il ne peut pas organiser son action. Il en résulte des *troubles associés* tels que l'échec scolaire, l'énurésie, les tics, l'anxiété, l'autopunition.

◆ Les causes

L'hyperactivité ne peut être appréhendée que replacée dans l'histoire de l'enfant et de sa famille, et dans le contexte de la personnalité. Les facteurs déclenchant peuvent être :
- des *conditions de vie* défavorables, des exigences éducatives excessives. L'enfant a besoin d'être encadré et le fait d'avoir des repères et des règles a une fonction sécurisante ;
- une *carence relationnelle*. L'enfant a été privé de liens affectifs avec l'entourage du fait de placements, d'hospitalisations, de négligences graves de la part de mères surmenées, déprimées ;
- une *anxiété ou défense maniaque* contre la dépression. Sur un mode hypomaniaque, l'enfant nie la tristesse et la remplace par l'exaltation de l'humeur.

◆ La prise en charge et l'accompagnement

Pour l'enfant hyperactif (ou hyperkinétique), il est conseillé aux parents de :
- limiter l'agitation et l'excitation dans l'environnement proche ;
- réguler le rythme de la journée, en instaurant une « routine » quotidienne et en structurant les activités scolaires et extrascolaires ;
- interrompre, toutes les 15 à 20 minutes, l'activité de concentration. Elle sera ensuite reprise et poursuivie plus efficacement ;

- favoriser les activités intellectuelles le matin ;
- organiser les activités motrices l'après-midi (sports, expression corporelle, danse) ;
- permettre le réinvestissement positif du corps par des techniques de relation et/ou de massages.

Des séances de psychothérapie peuvent aider les parents à mieux aider leur enfant.

Situation

Gaspard (5 ans) ne tenait plus en place !...

Petit, Gaspard sortait avec ses parents dans les grandes surfaces, le samedi, pour faire les courses de la semaine. Sa maman nous raconte : « Gaspard demandait d'emblée un cadeau susceptible d'être trouvé dans les rayons du magasin. Il tapait des pieds et se comportait de façon à obtenir l'objet convoité le plus rapidement !... Mais l'objet ne le calmait pas. Il courait dans tous les sens, il lui arrivait de se heurter aux étalages et de faire tomber certains articles, et Gaspard recommençait à se contorsionner. Lorsqu'on le grondait, il se roulait par terre et faisait une crise de larmes. À l'école, cette hyperactivité se traduisait par de l'inattention, des oublis, des querelles avec ses copains (qu'il taquinait sans cesse : les pinçant, les provoquant de multiples façons...).
Aujourd'hui, Gaspard a 16 ans. Cette hyperactivité s'est considérablement estompée et le résidu est apaisé par les activités sportives. »

Remarque

On voit ici les *aspects comportementaux* de l'hyperactivité d'un garçon (il faut savoir que 9 fois sur 10 ce trouble concerne le sexe masculin). On apprend qu'à 16 ans le jeune semble « guéri » et cela est en effet assez fréquent. Les psychologues constatent qu'à l'adolescence l'enfant « se délivre du relationnel trop pesant » d'avec sa mère pour aller vers d'autres sources d'intérêt.

3 Les troubles du langage

Quand, vers 3 ans, un enfant n'utilise pas le « je » et n'associe pas les mots, il doit bénéficier d'un bilan : examen somatique, en particulier neurologique, examen oto-rhino-laryngologique (ORL), examen psychologique...

◆ Les troubles du langage oral

Citons le zézaiement, le chuintement, le nasonnement... Ils se définissent comme l'incapacité de prononcer de façon correcte un phonème, en particulier les consonnes comme : *f, ch, z, j, l, r, s*.

◆ Le bégaiement

C'est un trouble de l'élocution, qui peut faire suite à un retard de langage. Le bégaiement clonique est marqué par la répétition explosive d'une syllabe.
Chez le sujet bègue, la communication et la relation à l'autre sont troublées. L'investigation psychologique montre souvent un contexte d'anxiété, de passivité, de soumission, d'agressivité, d'autopunition. Le bégaiement est variable d'un moment à l'autre, selon l'interlocuteur, les émotions, les situations (il peut disparaître à la lecture d'un texte). Son caractère héréditaire est parfois retrouvé.

Le bégaiement disparaît le plus souvent spontanément, avec ou sans thérapie, avant 10 ans (il y a moins d'adolescents et d'adultes bègues que d'enfants bègues).

◆ La dyslexie (langage écrit)

La dyslexie est une difficulté physique spécifique d'apprentissage de la lecture chez les enfants d'intelligence normale, dépourvus de déficit. Elle est caractérisée par la difficulté à identifier, décoder, comprendre les mots imprimés et à les rapprocher (dysorthographie). De ce fait, la lecture est pénible et dénuée de sens. On rencontre le plus souvent à l'origine de ce trouble :
- des facteurs de désorganisation cérébrale, retard de langage, défaut de latérisation ;
- des troubles affectifs et des conséquences d'événements familiaux (deuil, divorce…).

4 Les conduites agressives

L'agressivité se manifeste de plusieurs manières, citons :
- les *colères*, les *bris d'objets*, les *agressions de personnes* : l'enfant peut se comporter en tyran lorsqu'il manque d'un cadre sécurisant. Cela se manifeste par exemple dans les familles où les parents ont des difficultés à poser des limites ou lorsqu'il existe des désaccords profonds entre les parents sur le plan éducatif ;
- l'*auto-agressivité* : l'auto-agressivité est le fait de retourner contre soi l'agressivité initialement dirigée vers l'extérieur. Le sujet semble tirer plaisir de la souffrance qu'il s'inflige. Le masochisme apparaît à travers certains comportements où l'enfant se met en danger (conduites à risques) ;
- l'*auto-agressivité* se rencontre souvent avant l'apparition du langage. Elle est aussi l'expression d'une difficulté à vivre des situations que l'enfant ne peut pas encore mentaliser : frustration, séparation, traumatisme… ;
- l'*automutilation* : les conduites automutilatrices s'inscrivent dans le développement de l'enfant jusque vers 2 ans. Le bébé se griffe le visage, se mord les doigts, se heurte la tête contre les parois de son lit. Ces décharges motrices ne sont pas en elles-mêmes pathologiques, mais leur persistance et leur intensité sont pathologiques.

Rôle de l'EJE

Le rôle de l'adulte (parent ou professionnel) dépend de l'âge et de la personnalité de l'enfant agressif. L'EJE (au sein de l'équipe) veille à :
- *éviter les réactions d'interdiction agressives* qui peuvent accentuer le symptôme. Ex. : les punitions vexantes ou sadiques, les humiliations ;
- *privilégier* tout ce qui va dans le sens de la « cohérence » vis-à-vis de l'enfant agressif :
- contenir physiquement l'enfant agressif en l'entourant avec les bras et en ôtant les objets pouvant devenir dangereux ;
- sanctionner le délit. L'enfant a besoin de limite, il doit le respect aux autres. Éduquer, c'est frustrer certes, mais cette frustration est dosée, adaptée à l'âge et à la pathologie ;

- établir un cadre contenant, sécurisant, chaleureux, dans lequel les limites, droits et devoirs de chacun sont établis, sans répéter sans cesse la même chose parce que cela finit par ne plus être entendu ;
- *aider l'enfant qui « s'automutile » à se protéger et à gérer ses émotions :*
  - repérer les circonstances dans lesquelles l'enfant s'automutile. Ex. : au départ ou à l'approche d'un adulte, lors d'une frustration…),
  - mettre des mots et du sens sur les difficultés de l'enfant,
  - aider l'enfant à trouver d'autres moyens pour exprimer sa colère (par exemple : lui permettre de battre, ou de gronder sa poupée),
  - proposer certains objets apaisants (jeux de cartes, ballon, poupée),
  - proposer la musique, la relaxation, les sorties accompagnées, les jeux de rôle… ;
- créer le dialogue avec la famille : toute action auprès de l'enfant ne se conçoit qu'en étroite collaboration avec sa famille dont on essaie d'obtenir l'alliance. Le dialogue entre les parents et l'enfant est capital pour la réussite de la prise en charge.

5 Le spasme du sanglot

La fonction respiratoire peut être l'objet de troubles précoces. Le spasme du sanglot est une perte de souffle qui interrompt le cri de l'enfant et aboutit à une perte de conscience (et parfois à des convulsions).

Le spasme du sanglot apparaît de façon élective avec une personne en particulier, souvent dans des situations de frustration.

On distingue deux formes de spasmes du sanglot : la *forme bleue* est la forme la plus fréquente au cours de la 2e année. Elle peut être confondue avec une convulsion. Elle se rencontre en particulier chez des enfants actifs, coléreux, énergiques, opposants. Après une colère, la respiration s'accélère puis l'enfant fait une *apnée*. Il se cyanose et peut perdre conscience (pendant une courte durée).

Concernant l'évolution possible, il n'y a aucun risque et il ne faut pas dramatiser la situation, malgré son caractère spectaculaire, et l'angoisse et la culpabilité qu'elle génère pour l'entourage. Il est souhaitable de relâcher quelque temps les limites éducatives si elles sont strictes pour laisser à l'enfant le temps de maîtriser davantage ses émotions et l'environnement.

Situation

Le spasme de sanglot de J.P. (3 ans)

Il avait 3 ans. Cet enfant était sujet au spasme du sanglot depuis un an. Ses parents, plutôt autoritaires, acceptaient mal ce qu'ils appelaient « ses caprices ». Au cours de son dernier « spasme », il a beaucoup pleuré, puis il est devenu *bleu*… et s'est *écroulé*. Il a perdu connaissance. Ses parents affolés ont appelé le SAMU, et lorsque les secours sont arrivés, J.P. ne se souvenait de rien. Il allait mieux !

Remarque

C'est un cas classique de spasme du sanglot. Toujours très spectaculaire, cette crise est éprouvante pour l'enfant et son entourage. Elle peut être révélatrice de troubles relationnels enfant-parents.

6 L'asthme

On est souvent interpellé par l'évidence des circonstances à l'origine des crises d'asthme et de leur rôle comme facteur d'aggravation de la crise.

◆ Les causes

Les circonstances psychologiques génératrices de formes d'asthme grave sont :
- les conditions de carence affective ;
- les conflits familiaux ;
- les séparations itératives ;
- les situations sociales défavorables doublées de frustration.

◆ Les caractéristiques

Les caractéristiques essentielles de l'enfant asthmatique sont :
- une grande fragilité émotionnelle dont témoigne le déclenchement des crises sous l'influence de traumatismes tantôt évidents, tantôt inapparents mais reçus de plein fouet ;
- une vulnérabilité psychosomatique élective ;
- la personnalité psychosomatique de l'enfant asthmatique qui a un accrochage instantané à quiconque, mais fugitif, un besoin impérieux et incessant de relation fusionnelle.

◆ Les conséquences

Les conséquences secondaires à l'asthme sont :
- celles communes aux infections chroniques invalidantes ;
- d'autres plus spécifiques : l'angoisse pour l'entourage, les crises respiratoires, l'épreuve des récidives.

7 L'eczéma

Certaines affections cutanées peuvent être reliées, en partie, au contexte affectif et relationnel chez le jeune enfant. C'est le cas de l'eczéma. Il apparaît vers 5-6 mois et disparaît vers 18-24 mois, quelquefois relayé par l'asthme. En outre, sa nature allergique est admise du fait des réactions positives aux antigènes spécifiques. Deux facteurs se précisent dans cette orientation psychosomatique :
- un certain type d'attitude maternelle (personnalité immature rendant les contacts avec l'enfant difficile) ;
- une prédisposition congénitale du nourrisson.

L'amélioration vers la fin de la 2e année semble résulter des capacités de l'enfant à *remplacer les relations* dont il a été privé (ce besoin de « contact corporel »…) par des contacts dont il est l'initiateur, avec des objets ou d'autres personnes.

Mémo psy

« *Le choix de l'organe : un appel au secours !* »

Le psychologue R. Spitz, a dit que les manifestations psychosomatiques sont parfois une *lutte contre la dépression*. Le « choix » de l'organe est dû à une fragilité organique. Le plus souvent, avec cette fragilité, on trouve des conditions d'environnement favorables à une anxiété constitutionnelle. Le pronostic permet d'observer soit une guérison totale, soit une pathologie qui se chronicise et change même d'organe cible.
On voit l'importance d'un repérage précoce pour un accompagnement préventif.

Rôle de l'EJE

En structure d'accueil, l'EJE comme chaque professionnel (quelles que soient sa formation et sa spécificité) doit avant tout savoir « observer et écouter », pour recueillir des informations sur le comportement de l'enfant, à différents moments de la journée, dans différentes situations. Il faut savoir observer les faits, les gestes, et écouter les paroles prononcées par l'enfant. Mais *pour voir, il faut savoir* : pour repérer certains signes, il faut se concentrer et confronter ses points de vue à ceux des autres professionnels, car toute observation est plus ou moins subjective, mettant l'accent sur tel aspect et négligeant tel autre. C'est pourquoi la mise en commun des observations faites par différents intervenants est riche d'enseignement.

Fig. 11.1 **L'EJE, comme chaque professionnel de l'enfance et de la santé, doit avant tout « savoir observer l'enfant ».**

CHAPITRE
12

Approche des handicaps

Le vécu d'un handicap (moteur, intellectuel, sensoriel) est très variable d'un enfant à l'autre. Il dépend d'abord de l'aide psychologique de sa famille et de son aptitude à « vivre la différence » par rapport aux autres enfants de son âge.

A Les principaux handicaps de l'enfant

Le handicap correspond à la perte ou à l'altération d'une fonction ou d'une structure psychologique, physique ou anatomique.

1 Le handicap moteur

Il correspond à une atteinte de l'appareil locomoteur, en voici quelques exemples.

◆ La myopathie

Elle a comme caractéristique une déficience motrice. Une myopathie est une anomalie du fonctionnement neuromusculaire.

◆ L'infirmité motrice cérébrale (IMC)

Elle désigne un état pathologique lié à des séquelles de lésions cérébrales anté-, péri- ou postnatales, non évolutives, avec une prédominance des troubles moteurs spécifiques, sans qu'il y ait nécessairement déficit intellectuel.

◆ La paralysie

La paralysie est une diminution ou une abolition de la motricité. Elle présente de nombreuses variétés dues à sa cause. Citons :

- la *monoplégie* : paralysie d'un membre, supérieur ou inférieur ;
- l'*hémiplégie* : paralysie d'un seul côté du corps (droit ou gauche) ;
- la *paraplégie* : paralysie des membres inférieurs et du tronc.

DEEJE. Diplôme d'État d'éducateur de jeunes enfants

B Le handicap sensoriel

C'est une atteinte du système auditif ou visuel. Les déficiences peuvent atteindre différents degrés. On parle de déficience légère, moyenne, sévère, profonde ou totale.

1 Les handicaps visuels

Une personne aveugle est celle qui a moins de 1/20e d'acuité visuelle. Les causes sont de natures diverses. Citons :

- une forte concentration en oxygène (accident de prématurité en incubateur) ;
- la toxoplasmose ou la rubéole pendant la grossesse.

2 Les handicaps auditifs

Parmi les maladies qui entraînent une surdité, citons :

- la méningite à méningocoque, les encéphalites ;
- la rubéole contractée pendant la grossesse.

Du dépistage précoce de la surdité dépend le développement du langage et de l'affectivité de l'enfant.

3 Le handicap mental

Il correspond à une atteinte de l'intelligence. Celle-ci peut être plus ou moins sévère, aussi nous parlerons de déficience mentale légère, moyenne ou profonde. Elle peut avoir des origines différentes : génétique, atteinte neurologique, néo- ou postnatale, malformation fœtale… Certains enfants atteints d'une infirmité motrice d'origine cérébrale peuvent avoir également une déficience mentale. Exemple : l'un des aspects de la *trisomie 21* est la déficience mentale.

4 Les handicaps associés

On appelle handicaps associés, les plurihandicaps et polyhandicaps. C'est l'association de plusieurs handicaps.

Mémo Plus

La loi du 11 février 2005 apparaît innovante dans le sens où elle donne pour la première fois une définition du handicap : « *Constitue un handicap, au sens de la présente loi toute limitation d'activité ou restriction de participation à la vie en société subie dans son environnement par une personne en raison d'une altération substantielle, durable ou définitive d'une ou plusieurs fonctions physiques, sensorielles, mentales, cognitives ou psychiques d'un polyhandicap ou d'un trouble de santé invalidant* ».

Situation

Cas de Mario (8 ans), enfant porteur d'une hémiplégie

Médicale	Déficience ↓	Lésionnelle	Ex. Lésion de l'artère cérébrale sylvienne
Fonction	Incapacité ↓	Fonctionnelle	Ex. Gêne motrice Limitation des activités
Social	Handicap ↓	Désavantage qui entraîne l'incapacité et la déficience	Ex. Difficulté d'intégration scolaire, nécessité de rééducation, d'appareillage…

C La prévention du handicap

Prévenir le handicap et accompagner l'enfant présentant un handicap[1] sont des tâches difficiles. Le personnel de la petite enfance doit recevoir une formation spécifique et doit pouvoir requestionner ses pratiques régulièrement, afin de mieux répondre aux besoins des familles et des enfants.
Différentes lois sur le handicap[2] ont fixé les grands objectifs de l'action de prévention et de dépistage.

1 Les objectifs des lois sur le handicap

L'état doit assurer cinq grands objectifs :

- la prévention et le dépistage du handicap (c'est un devoir national) ;
- l'éducation de l'enfant présentant un handicap (en milieu ordinaire ou spécialisé) ;
- l'intégration et l'orientation professionnelle de l'enfant présentant un handicap ;
- l'aide financière aux familles (par la création d'une allocation spéciale) ;
- la formation du personnel.

2 L'information dans les écoles

Les jeunes (dès l'âge scolaire) devraient être sensibilisés au problème du handicap. Des visites d'établissements d'enfants atteints de handicap sont proposées en évitant la confrontation de groupe à groupe (les « normaux » d'un côté, les « anormaux » de l'autre). Au contraire, ce sont les relations interpersonnelles, proches de la réalité, qui doivent être privilégiées.

1. Décret 2000.
2. Les lois de 1975, 1985, 1989, 2005, 2007.

3 Les rencontres

Les rencontres entre parents d'enfants valides et parents d'enfants présentant un handicap peuvent être très utiles lorsque ceux-ci ont passé la « phase difficile » d'acceptation et ont acquis assez de recul par rapport au handicap de leur enfant.

4 Le rôle des associations de parents d'enfants présentant un handicap

Ces associations sont à l'origine de nombreuses mesures prises en faveur des enfants présentant un handicap :

- elles peuvent gérer des établissements agréés et subventionnés par l'État ;
- elles sont génératrices d'actions de recherche médicale, sociale ou éducative ;
- elles négocient auprès des pouvoirs publics le lancement d'actions innovantes dans le domaine de l'intégration notamment.

5 La création d'établissements spécialisés

Selon la nature du handicap et le souhait des parents, l'enfant avec une déficience peut bénéficier de différentes formules d'accueil assurant l'éducation spécialisée dont il a besoin. L'accueil de l'enfant dans ces structures dépend d'une décision de la Maison départementale des personnes handicapées (MDPH). Exemples :

- l'*institut médico-éducatif (IME)* : il assure une continuité d'action médico-éducative de la petite enfance à l'âge adulte ;
- l'*institut médico-pédagogique (IMP)* : il prend en charge les enfants de 3 à 14 ans. Il leur propose des soins, une éducation spécialisée et une pédagogie adaptée (enseignement général et pratique).

D Le dépistage des handicaps

Le dépistage se fait principalement pendant la grossesse, au cours des examens prénatals. Dans la colonne de droite du Tableau 12.1, nous soulignons en caractères gras ce qui concerne la prévention prénatale du handicap ; le dépistage se fait aussi lors des autres examens médicaux de l'enfant dans le cadre de la PMI.

E Les répercussions du handicap chez l'enfant

L'enfant présentant un handicap ressent très tôt sa « différence » avec les autres enfants, ce qui entraîne des réactions psychologiques. L'aide et le soutien précoce à l'enfant, ainsi qu'à sa famille, favorisent la prévention des troubles.

Tableau 12.1 **Contenu des examens prénatals.**

Examens prénatals	Nature	Contenu de l'examen	Dépistage
1er examen prénatal (effectué avant la fin du 3e mois)	Entretien avec la femme enceinte		**Dépistage d'éléments perturbateurs de la grossesse** : maladie, fatigue, etc.
	Examens de laboratoire	Sang	**Dépistage des pathologies suivantes** : incompatibilité Rhésus, syphilis, rubéole, toxoplasmose
	Examen complémentaire	Échographie (12e à 13e semaine d'aménorrhée)	**Dépistage d'anomalies fœtales**
Autres examens prénatals (4e, 5e, 6e, 7e, 8e mois)	Entretien avec la femme enceinte		**Dépistage d'éléments perturbateurs de la grossesse** (idem 1er examen)
	Examen médical général	Contrôle de la prise de poids Prise de la tension artérielle	**Dépistage de la toxémie gravidique**[a]
	Examen obstétrical	Palpation de l'utérus Auscultation du cœur du fœtus	**Dépistage des risques d'accouchement prématuré**
	Examens de laboratoire	Sang Urines	**Dépistage de la toxémie gravidique**[a]
	Examen complémentaire	Échographie (conseillée) aux 5e et 8e mois	**Dépistage d'anomalies de croissance et de vitalité fœtales**
Dernier examen prénatal 9e mois (1re quinzaine)	Bilan général	Pronostic de l'accouchement	Surveillance de la vitalité fœtale et de la présentation du fœtus

a. La pesée, la prise de la pression artérielle (PA), ainsi que la recherche de l'albumine, visent à dépister la « toxémie gravidique ». Elles sont répétées à chaque consultation. La toxémie gravidique est une maladie grave caractérisée par l'association d'œdèmes, d'hypertension et d'albuminurie chez la mère, à l'origine de handicaps graves chez l'enfant.

1 Les réactions psychologiques générales

Certains enfants présentant un handicap peuvent développer :

- des *réactions anxieuses* : elles se traduisent par un manque de confiance en soi et, dans ce cas, souvent par des attitudes de dépassement (l'enfant cherche à surmonter les épreuves, à se « surpasser ») ;
- des *réactions d'agressivité* : envers lui-même (l'enfant s'automutile) ou envers les professionnels, ses parents ou ses camarades ;

- des *comportements de passivité* : il se laisse « materner » ou il s'allonge sur le sol ;
- des *conduites régressives* : énurésie ou dépendance… ;
- des *besoins affectifs accrus* : qui se traduisent par un comportement puéril, une grande avidité affective (l'enfant se montre possessif et jaloux, a besoin d'attention) ;
- des *traits dépressifs.*

2 Les particularités psychologiques selon le handicap

La nature du handicap, le degré de l'atteinte, les potentialités de l'enfant, ses interactions avec son environnement, vont influencer le développement de l'enfant sur le plan psychoaffectif. Toutefois, certaines particularités sont observées.

◆ L'enfant présentant un handicap moteur

L'atteinte motrice gêne l'acquisition de certains apprentissages sensori-moteurs, du langage et du schéma corporel.
Le handicap est source de frustrations diverses : limitation des expériences sensori-motrices, dépendance physique et morale, altération des échanges affectifs…

◆ L'enfant présentant un handicap sensoriel

L'enfant handicapé auditif a un handicap qui l'empêche de communiquer verbalement avec autrui. Or, l'enfant est d'emblée à la recherche de « communication ».

Situation

Les difficultés de Manu (5 ans)

Manu (5 ans) est accueilli par une assistante maternelle depuis sa naissance. Dès l'âge de 3 ans, il a présenté des troubles de comportement liés à son handicap : la surdité.
Manu ne jouait avec ses camarades, il paraissait souvent triste, il tombait souvent il bégayait et parfois faisait des colères sans motif apparent. Son assistante maternelle sortait rarement avec elle, car elle appréhendait ses réactions à l'extérieur.
Remarque
Lorsque l'environnement n'est pas suffisamment attentif à l'envie de communiquer de l'enfant, ce dernier peut se sentir exclu. Il faut savoir que la perte de l'audition entraîne souvent, outre les troubles généraux, des troubles de langage et d'équilibre.

◆ L'enfant présentant un handicap visuel

On peut observer plus particulièrement :
- un *retard dans le développement psychomoteur* et plus particulièrement un décalage dans l'âge de l'acquisition de la marche ;
- des *troubles de la communication et de la relation.*

L'annonce du handicap visuel, qui peut être tardive dans certains cas (3 mois), peut avoir un grand retentissement dans l'évolution de la relation mère-enfant.

Situation

Les résultats d'une prise en charge adaptée à l'enfant

Flavio (6 ans) est un enfant non voyant, vif et intelligent. Il est placé en institut spécialisé et, chaque jour, des activités lui sont proposées. Parmi celles qu'il préfère : la piscine (car il aime le contact avec l'eau), la peinture avec les doigts ou les pieds (car il aime le contact avec la matière) et la musique (car il aime le rythme et la danse qui le stimulent…). Il apprend aussi la lecture en « braille » et il a de nombreux amis…

Remarque

On voit ici les résultats d'une prise en charge adaptée aux besoins de l'enfant.

◆ L'enfant présentant un handicap mental

Les particularités de cet enfant sont plutôt des troubles de la vie relationnelle (celle-ci se réduit souvent à une communication non verbale), une inertie ou des accès d'agitation, des comportements répétitifs, stéréotypés ou une anxiété devant tout apprentissage.

Situation

Les progrès de Carla

Carla (10 ans) est une fillette triste et timide depuis sa naissance. Sa maman se sentait démunie face au problème de son enfant : la *déficience mentale*. Depuis la rentrée, Carla a été admise dans un institut spécialisé. Elle a des amis ou fait des activités nouvelles et apprend la lecture en s'amusant. Carla est devenue plus joviale et plus communicative. Sa maman complète l'enseignement en lui proposant différents types d'activités (visites, promenades, etc.).

F L'intégration de l'enfant présentant un handicap en structures d'accueil

L'intégration consiste à reconnaître la différence pour « vivre ensemble ». Il ne suffit pas de mettre un enfant présentant un handicap au milieu d'autres, pour qu'il y ait intégration. Une intégration véritable est un processus d'adaptation réciproque de l'enfant et des professionnels du lieu d'accueil.

1 L'intégration de l'enfant en crèche

L'intégration en crèche d'enfants présentant un handicap a fait l'objet d'un rapport qui met en évidence la réussite de l'opération et montre aussi ses limites.

◆ Intérêts

L'enfant présentant un handicap trouve à la crèche des moyens de stimulation, d'éveil, d'échange avec autrui et de socialisation. Elle lui permet de rencontrer des adultes moins impliqués que ses parents par rapport à son handicap. Étant moins « protecteurs », car plus distanciés, ils peuvent lui permettre d'accéder à une plus grande autonomie.

Les parents d'un enfant présentant un handicap trouvent à la crèche des professionnels compétents, qui les soutiennent, leur donnent des conseils avisés. En outre, la crèche valorise leur enfant : ils le voient évoluer dans un groupe d'enfants normaux.
Les professionnels de la petite enfance (dont l'EJE) peuvent se sentir motivés de participer à l'éveil et aux apprentissages de l'enfant.

◆ Limites

La présence d'un enfant présentant un handicap en crèche, surtout s'il est seul, peut susciter différentes attitudes, à effets négatifs, telles que la surprotection des camarades et des adultes, des sollicitudes multiples et excessives, les rivalités, les jalousies, la régression, la culpabilité, la pitié.

Situation

L'intégration de Tania à la crèche

Tania (13 mois) présentait un retard de développement important avec des troubles du comportement. Après 2 ans à la crèche, elle peut communiquer avec les autres enfants, mais, malgré ses acquisitions, elle ne pourra pas intégrer l'école maternelle, ses parents envisagent une orientation en IME.
Remarque
L'EJE doit alors accompagner les familles dans une démarche d'accès au réel relatif aux capacités de leur enfant. Mais, il doit savoir également « doser » ce qu'il rapporte aux familles. En effet, il semble important de valoriser les progrès réalisés par l'enfant tout en les relativisant au regard de ses connaissances sur le développement global du jeune enfant.

2 L'intégration de l'enfant en école maternelle

Les enseignants sont conscients de l'intérêt pédagogique et social d'une telle intégration. Les apports pédagogiques favorisent chez l'enfant présentant un handicap certaines acquisitions intellectuelles et lui permettent d'acquérir une personnalité plus affirmée et un meilleur développement.
Remarque
C'est pourquoi, il existe aujourd'hui la possibilité de faire appel à un auxiliaire de vie scolaire (AVS) qui permettra à l'enfant d'obtenir un accompagnement plus individualisé donc plus adapté à ses besoins au sein du collectif école. La décision permettant à l'enfant d'obtenir un AVS appartient à la MDPH.

G Le rôle de l'EJE auprès de l'enfant présentant un handicap

Dans le cadre de son activité professionnelle, l'EJE peut être amené à travailler auprès d'enfants porteurs de handicaps dans une structure d'accueil ordinaire (crèche, halte-garderie…) ou dans une structure spécialisée (pouponnière…). Il devra se questionner, le plus souvent en équipe, pour satisfaire au mieux les besoins spécifiques de ces enfants.

1 Réponse aux besoins de l'enfant

◆ Besoin de sécurité

L'ambiance autour de l'enfant doit être calme, gaie et sécurisante, afin de lui permettre de tenter des expériences motrices, de prendre des initiatives.

◆ Besoin de relation

L'enfant a besoin de contacts corporels, verbaux, avec l'adulte et avec ses pairs. Il faut toutefois veiller à maintenir une certaine distance par rapport à une relation qui deviendrait trop fusionnelle avec un adulte référent (pas d'investissement personnel, mais professionnel).

◆ Besoin de faire des expériences

Il faut lui proposer des situations lui donnant « envie de faire », l'amenant à la réalisation concrète d'actes qui serviront de tremplin à des nouvelles expériences : réussir des choses simples correspond à un « exploit » pour un enfant porteur d'un handicap.

2 Rapports avec la famille de l'enfant

Dans les rapports avec la famille, l'EJE veille à :

- parler avec prudence et tact du handicap de l'enfant ;
- répondre avec simplicité aux questions des parents sur le vécu du quotidien de l'enfant (comment se sont passés les repas…) ;
- aider les parents en les écoutant attentivement, en les déculpabilisant (ils ne sont pas responsables du handicap, même s'ils le croient souvent) ;
- les aider en favorisant les contacts avec leur enfant par des paroles positives ; il doit être capable d'entendre ce que les parents peuvent dire de leurs difficultés à se reconnaître parents de cet enfant-là.

3 Méthodologie pour les « techniques d'éveil »

Afin de répondre aux besoins de l'enfant, l'EJE doit proposer des techniques d'éveil très variées. Il doit faire preuve d'observation, d'écoute, de compréhension et de patience. Il doit en particulier :

- *stimuler l'enfant* pour lui donner « envie de faire » et non « faire à sa place » ;
- *aider l'enfant à se structurer* de façon la plus cohérente possible (poser des interdits et des limites précises) ;
- *être le plus objectif possible* vis-à-vis des compétences de cet enfant en ne s'appropriant ni ses réussites ni ses échecs ;
- *éviter de « surestimer » ses compétences, mais aussi de les « sous-estimer »*, donc lui confier des tâches à sa mesure : il faut savoir le « laisser faire seul » ce dont il est capable ;
- *savoir utiliser les techniques d'éveil.* L'objectif n'est pas d'atteindre une « normalisation » de l'enfant, mais de favoriser des acquisitions motrices bénéfiques à son développement et à son autonomie.

L'EJE va, en fonction des difficultés de l'enfant, chercher des canaux de communication et des techniques d'éveil adaptés. Citons, à titre d'exemples, les techniques d'éveil auprès d'enfants atteints de handicaps sensoriels.

◆ Techniques pour l'enfant déficient visuel

Veiller à lui apprendre à développer ses autres sens.

- le toucher :
  - lui décrire ce qu'il touche,
  - lui proposer des matières variées,
  - lui faire apprécier l'eau,
  - conseiller aux parents les contacts fréquents ;
- l'*ouïe* : lui faire écouter de la musique, des bruits différents ;
- le *goût* : lui faire goûter des mets différents, lui décrire les couleurs des plats ;
- l'*odorat* : lui proposer des odeurs différentes (fleurs, aliments).

Et lui parler souvent : lors des exercices d'éveil il faut « mettre en mots » les situations, car l'enfant vit dans un monde clos et noir.

◆ Techniques pour l'enfant déficient auditif

Le problème fondamental de l'enfant atteint de surdité est la difficulté d'entrer en communication avec les autres. Afin de l'empêcher d'avoir une attitude de retrait face au monde, l'EJE doit :

- capter le regard de l'enfant avant de lui parler ;
- associer les gestes à la parole ;
- l'inciter à lui répondre.

Situation

La stimulation de Sarah

À la crèche, pour John (3 ans) atteint de cécité, Sarah (l'EJE) développe toutes les situations mettant en jeu l'audition. Elle lui décrit ce qu'il touche, lui propose des matières variées. Elle lui dit : « c'est dur, mou, léger, lourd, froid, chaud... », elle met en place un univers sonore (ballons avec grelots...). Certains jeux qui fonctionnent avec l'odorat sont également appréciés de John (c'est le cas du « loto des odeurs ! »).

Remarque

Lorsque l'EJE sait répondre aux besoins de l'enfant, après un temps d'écoute et d'observation suffisant, il peut considérablement favoriser son épanouissement et ses moyens d'expression.

Mémo psy

La place des parents

L'enfant présentant un handicap n'est plus un enfant, l'enfant de... et de..., un garçon ou une fille... Il cheville le parent à son nouveau statut, « être parent d'un

enfant présentant un handicap ». Il menace de déshumaniser le parent, de le renvoyer hors du champ de sa parenté ; cette atteinte à la parentalité compromet le cheminement du devenir père, du devenir mère.
Si le handicap de l'enfant « *handicape la famille et si, par un terrible jeu de confusion, assimilation, contagion ou identification, il rebaptise les parents, les stigmatisant et les marginalisant*[1] », alors il faut que ces parents puissent rencontrer des professionnels qui sauront veiller à contenir ce pouvoir de déliaison et de déshumanisation, traumatique et affirmé. Des professionnels humains, à l'écoute, bienveillants, qui sauront réintroduire dans leur vie la différence et l'altérité.
La perception du temps va elle aussi se modifier avec la présence au domicile de leur enfant présentant un handicap. Cet enfant va « prendre » tout le temps des parents, psychique et réel, dans leurs rêveries ou leur quotidien. La vie familiale est bouleversée à la fois dans son intimité, son organisation, sa mobilité. La multiplicité des intervenants, professionnels de la rééducation, du soin, de l'accompagnement, fait irruption dans cet espace privé qui, si chacun n'y prend pas garde, est menacé. La famille devient « *un lieu public et les équipes médico-sociales précoces s'invitent au creux de sa vie la plus secrète, pénètrent son domicile, troublent son quotidien* ». Les parents ont-ils alors encore une place chez eux ?[1]

1. Ben Soussan P. Être parent d'un bébé mort, fragile ou handicapé. In : Aux marges de la vie. Ramonville-Saint-Agne : Érès, coll. « Mille et un bébés » ; 1999.

Rôle de l'EJE

Les éléments d'observation, le dépistage précoce, la prévention…

Le rôle de l'EJE en matière d'observation et d'évaluation du développement vise, ici, la détection d'une possible dysharmonie qui doit alerter et orienter l'enfant vers l'équipe qui suit l'enfant habituellement.
L'important, c'est que tout fonctionne ensemble. Par exemple, il sera attentif à :

- la *fuite du regard*, le regard d'un bébé qui « n'accroche pas » peut signifier plusieurs choses : un problème de vision, d'audition (l'enfant ne s'appuie pas sur autrui, ne reçoit pas les signaux), une attitude de repli sur soi (tendance à l'isolement), un souci neurologique ;
- l'*absence de sourire* souligne une difficulté de contact, d'imitation, une passivité préoccupante, un problème neurologique éventuel ;
- l'*absence d'attention du bébé* : il n'oriente pas son regard vers le même objet que son partenaire de jeu. Qu'est-ce qui peut empêcher la « triangulation », la capacité d'être en phase avec autrui ?
- l'*évolution motrice* : un retard important, une hypotonie doivent alerter. Mais s'agit-il d'un retard dysharmonique ?

- l'*évolution sensorielle* :
  - le bébé ne se retourne pas quand il y a un bruit fort. Est-il absorbé par son activité en cours (cela peut arriver) ?
  - il n'est pas réveillé par les cris et les bruits forts ? Si cela se produit, on pourra se poser des questions sur son audition et demander discrètement aux parents ce qu'ils observent à la maison, en suscitant la vigilance, mais pas l'affolement,
  - le bébé ne regarde pas ses mains, ne les mobilise pas devant ses yeux : voit-il bien ? Les bras sont-ils bien mobiles ?
- le *sommeil* et l'*alimentation* : leur qualité va aussi intéresser, car, si le bébé dort et mange mal, c'est un signe de malaise.

L'EJE pourra dire son inquiétude aux parents sans les effrayer tout en les mobilisant. Passée cette première étape, une concertation d'équipe désignera la personne la plus apte à aider ces parents-là.

L'EJE doit travailler en collaboration avec les familles afin d'affiner ses observations. Rendre attentives les familles sans les effrayer semble être un équilibre important à trouver pour les professionnels de la petite enfance. Le dépistage précoce des troubles du jeune enfant fait partie du rôle de l'EJE. En effet, la prévention précoce permettra de mettre en place le plus rapidement possible un accompagnement adapté aux besoins de l'enfant et de sa famille. Sans être alarmiste, il convient d'être attentif.

Chapitre 13

Approche des maladies

A La santé et la maladie

1 Définitions

La *santé* est un « état de complet bien-être physique, mental et social, et ne consiste pas *seulement* en une absence de maladie ou d'infirmité »[1].
La *maladie* est une « altération de la santé, organique ou fonctionnelle, considérée dans son évolution »[2].

2 Notions

◆ Le « processus pathologique »

Le processus pathologique évolue en quatre « phases » :
- l'*incubation* : lors de l'incubation, dans la plupart des processus pathologiques, les signes sont très discrets ; ils peuvent parfois passer inaperçus (fatigue, migraine...), ils ne sont pas très spécifiques et ce n'est qu'après coup que l'on comprend leur signification ;
- l'*invasion* : les premiers symptômes de la maladie apparaissent, et ils permettent souvent le diagnostic. C'est l'entrée dans la maladie : on est donc encore dans une phase évolutive du processus pathologique ;
- la *période d'état* : les symptômes du processus pathologique atteignent leur maximum d'intensité ;
- la *phase terminale* : à ce stade, le processus peut évoluer vers deux types de dénouements : la guérison ou la mort.

Situation

Les « maux de Margaux »

Margaux (4 ans) se plaint de maux de ventre. Son visage est rouge et ses yeux sont larmoyants (mais elle n'a pas de fièvre). Elle tousse, elle a aussi une légère éruption sur les bras. Le médecin appelé à son chevet ne peut encore prononcer de *diagnostic*[1]. De ce fait,

1. Définition de l'Organisation mondiale de la Santé (OMS).
2. Définition du dictionnaire médical.

il demande à la mère de l'enfant de la garder au chaud et d'observer l'évolution de l'état de santé de l'enfant. Elle doit le recontacter dès le lendemain matin.

Remarque

Les symptômes de cet enfant sont trop diversifiés. C'est pourquoi le médecin ne peut pas prononcer le *diagnostic*.

Exemple : la toux peut laisser présager une *affection respiratoire*, les maux de ventre une *affection digestive* et l'éruption une *maladie éruptive* de la petite enfance, ou tout simplement une *allergie*.

L'enfant est encore dans la période dite d'*incubation* où les symptômes ne peuvent pas encore être rattachés à une maladie en particulier.

1. Diagnostic : identification d'une maladie d'après les symptômes.

Rôle de l'EJE

Être capable de :

- repérer les facteurs favorisant la maladie ;
- comprendre le processus d'apparition de la maladie, ;
- percevoir les réactions individuelles face à la maladie ;
- connaître la classification des maladies ;
- savoir définir la maladie somatique, psychique, psychosomatique.

La connaissance des phases d'une maladie doit aider l'EJE à développer ses capacités d'observation. Il doit savoir que les phases d'un processus pathologique ne sont pas toujours aussi marquées, car chaque pathologie a ses phases propres. De plus, chaque enfant réagit différemment à la maladie.

Le « vocabulaire médical »

Le *vocabulaire médical* est un langage commun utilisé par les professionnels de la santé. Il est constitué de préfixes et de suffixes.

Chaque mot est complété, selon le cas, d'un *préfixe* placé au début du mot et d'un *suffixe* placé à la fin du mot (quelques exemples dans le Tableau 13.1).

Tableau 13.1 **Signification des préfixes et suffixes utilisés dans le vocabulaire médical.**

Préfixes	Signification	Exemples
À ou **An** **Anti**	Absence ou manque de Opposition, lutte contre	**A**sepsie : absence de souillure **A**nurie : absence d'urine **Anti**septique : qui lutte contre les souillures
Algie **Cide**	Douleur Qui tue	Dors**algie** : douleur de la région dorsale Bactéri**cide** : qui tue les bactéries

Rôle de l'EJE

Être capable de :
- s'approprier le vocabulaire spécifique et commun aux professions de la santé et du social ;
- utiliser le vocabulaire spécifique pour affirmer son professionnalisme ;
- parler un langage compréhensible de ses pairs et de toute l'équipe pluridisciplinaire.

D'où l'intérêt d'un apprentissage régulier sur les lieux de stage au contact des professionnels et des outils du service.

NB. Dans les pages qui vont suivre, vous retrouverez de nombreux exemples du vocabulaire médical.

B Les affections de la fonction digestive

1 Définitions

- Le *vomissement* est le rejet (total ou partiel) par la bouche, du contenu de l'estomac. Il se différencie des régurgitations (rejets alimentaires passifs).
- Le *reflux gastro-œsophagien (RGO)* est un vomissement qui peut aller de la régurgitation simple au vomissement en jet.
- La *diarrhée aiguë* se traduit par l'émission de selles anormales, fréquentes et abondantes.
- La *déshydratation aiguë* est une perte brutale et importante d'eau et d'électrolytes (elle peut entraîner la mort de l'enfant dans les formes sévères). Elle est souvent la conséquence d'une diarrhée grave.

2 Notions

◆ Vomissements, RGO et diarrhée

Voyons les caractéristiques de ces pathologies dans le Tableau 13.2.

◆ Déshydratation

Les caractéristiques de la déshydratation sont les suivantes :
- causes : diarrhée aiguë, vomissements abondants, coup de chaleur, etc. ;
- signes : perte de poids, dépression de la *fontanelle* (chez le nourrisson), soif et sécheresse de la bouche ;
- évolution : elle est favorable si la perte de poids n'est pas trop importante (< 8 %).

Tableau 13.2 **Vomissements, RGO et diarrhée : les caractéristiques.**

	Vomissements	RGO	Diarrhée
Causes	Infectieuses (ORL) Anatomiques (anomalies) Diététiques (intoxication) Neurologiques (méningite)	Anomalie : trop grande ouverture du « cardia » (sphincter de l'estomac)	Infectieuse (virale à 80 %) Non infectieuse : erreurs diététiques (ex. quantité trop importante de lait)
Signes	Rejet actif ou passif alimentaire ou bilieux Fréquence et abondance variables Fièvre (si origine infectieuse)	Reflux ou vomissements après la tétée Abondance variable Irréguliers Suivi de pleurs	Variables selon la gravité : – fièvre ; – douleurs (maux de ventre) ; – perte de poids.
Évolution	Favorable (sous traitement)	Favorable (souvent régresse seul)	Favorable (sous traitement)
Complications	Déshydratation aiguë (ci-après)	Rares (œsophagite)	Déshydratation aiguë (ci-après)

Rôle de l'EJE

La prise en charge de l'enfant vomisseur

Au moment où le nourrisson vomit, le mettre en position latérale de sécurité (PLS).
Pendant le vomissement, rester auprès de lui, lui maintenir la tête, le rassurer.
Après le repas veiller à :

- garder l'enfant le plus droit possible pour le rot ;
- le recoucher en position orthostatique ;
- se laver les mains ou solution hydro-alcoolique (SHA).

Participer au traitement diététique ;
Prévenir la déshydratation.

La prise en charge de l'enfant qui régurgite

Assurer la prévention des fausses routes.
Changer toujours l'enfant avant les repas et prendre des précautions lors des repas.

La prévention de la déshydratation

Repérer les modifications de comportement de l'enfant.
Donner à boire à l'enfant chaque fois qu'il risque une déshydratation.

Situation

Axel (vomissements) et Rania (RGO)

► *Axel (3 ans) : vomissements*

Marie est EJE à la crèche dans la section des grands. Axel vomit et pleure. Marie accourt auprès de l'enfant, le rassure, le réconforte et lui maintient la tête. Quand Axel va mieux, elle lui fait rincer la bouche, change ses vêtements, nettoie l'environnement. Elle a observé les caractères du vomissement et transmet l'information à la responsable de la crèche.

► *Rania (4 mois) : RGO*

Rania, dans la section des bébés à la crèche, régurgite très fréquemment après avoir bu son biberon et au moment des changes. Ce sont des rejets de lait. Rania par ailleurs va bien, c'est une enfant très tonique. Sa maman cependant s'inquiète et consulte le pédiatre. Le diagnostic de reflux gastro-œsophagien est posé. Des mesures hygiéno-diététiques (alimentation fractionnée, épaissie, position verticale après le repas) et un traitement médicamenteux sont prescrits.

Remarque

Ces pathologies concernent toutes les deux l'appareil digestif, mais l'enfant présente des symptômes différents : le *reflux gastro-œsophagien (RGO)* n'a aucune répercussion sur la croissance et le comportement de l'enfant. Il régresse souvent lors de la diversification du régime vers 6 mois et le plus fréquemment quand l'enfant se tient assis. Quant aux *vomissements*, tout dépend de leur origine. Notons qu'en cas de vomissements incoercibles pendant quelques heures, il est impossible de faire absorber quoi que ce soit à l'enfant. Dans ce cas, il y a un risque de *déshydratation* non négligeable chez le nourrisson et une prise en charge urgente est indiquée.

C Les affections de la peau

1 Définitions

- L'*érythème* fessier est une affection cutanée fréquente et bénigne, touchant le siège du nourrisson. C'est une dermatose érythémateuse.
- L'*eczéma* est une dermatose érythémateuse et vésiculeuse. Il s'accompagne de prurit.
- L'*impétigo* est une dermatose infectieuse, très contagieuse.

2 Notions

Voyons les caractéristiques de ces différentes pathologies dans le Tableau 13.3.

Tableau 13.3 Érythème fessier, eczéma, impétigo : les caractéristiques.

	Érythème fessier	Eczéma	Impétigo
Causes	Défaut d'hygiène (macération) ou diarrhée	Allergique	Bactérienne (streptocoque et staphylocoque)
Signes	*Début* : irritation locale *État* : lésion rouge puis suintante *Fin* : assèchement et cicatrisation	*Début* : placards rouges irréguliers *État* : vésicules suintantes *Fin* : desquamation (croûtes)	*Début* : petite bulle claire avec liquide trouble *État* : la bulle se rompt *Fin* : croûte suintante et assèchement
Localisation	*Lésion au niveau* : – des plis des fesses – des orifices – en culotte	*Lésion au niveau* : – du visage – puis des plis (aine, aisselles…) Prurit ++	Lésions d'abord au visage Ensuite généralisation à tout le corps

Rôle de l'EJE

Pour l'érythème

Veiller à :

- effectuer des changes réguliers (en respectant le protocole de soins) ;
- se laver les mains avant et après le change et utiliser la SHA ;
- utiliser les produits prescrits par le médecin, avoir des gestes doux, éviter de frotter.

Pour l'eczéma et l'impétigo

Veiller à rassurer l'enfant (le prurit est perturbateur) et respecter des règles d'hygiène strictes (pour prévenir la transmission de l'infection), à savoir :

- se laver les mains (ou SHA), utiliser une sur-blouse ;
- désinfecter le matériel, veiller au circuit du linge, etc.

Situation

Dimitri (eczéma) et Leila (impétigo)

▸ *Dimitri*

Dimitri (3 mois) fréquente la crèche depuis 15 jours, sans aucun problème. L'adaptation semble bien se passer. Sonia (l'EJE) a remarqué des lésions sur son visage et dans son cou. Ces « plaques » rouges s'étendent et semblent gêner Dimitri qui n'est plus le bébé « serein », il pleure beaucoup. Suivant les conseils de la directrice de la crèche, sa jeune maman a conduit Dimitri chez le pédiatre qui a établi le diagnostic : « Il s'agit d'un eczéma ».

▸ *Leila*

À la halte-garderie, Leila (4 ans) présente des lésions autour de la bouche, il s'agit de petites éruptions qui ressemblent à des « bulles d'eau ». Sandra (l'EJE) informe la puéricultrice responsable. Celle-ci pense que Leila présente un *impétigo*, elle avertit la maman. Elle lui conseille de consulter le médecin et, en attendant, elle rassure l'enfant et renforce les mesures d'hygiène pour éviter la transmission de cette dermatose (très contagieuse). Le pédiatre consulté confirmera le diagnostic d'impétigo.

Remarque

Ces situations illustrent deux pathologies relativement courantes chez le jeune enfant.

- *dans la 1re situation*, l'enfant a un *eczéma*. C'est grâce à l'observation attentive de l'EJE que l'enfant pourra être pris en charge et le diagnostic posé ;
- *dans la 2e situation*, on constate que c'est à nouveau le personnel de la crèche qui fait le diagnostic anticipé d'*impétigo* et que, grâce à cela, les mesures préventives peuvent être prises en temps voulu.

D Les affections des muqueuses

1 Définitions

La *conjonctivite* est une infection de la conjonctive. Elle est très contagieuse.
La *stomatite* est une inflammation de la muqueuse buccale. Elle peut être infectieuse ou ulcéreuse.
Le *muguet* est une infection touchant généralement la muqueuse buccale. Elle atteint surtout le nourrisson.

2 Notions

Voyons les différentes caractéristiques de ces pathologies dans le Tableau 13.4.

Tableau 13.4 Conjonctivite, stomatite, muguet : les caractéristiques.

	Conjonctivite	Stomatite	Muguet[a]
Causes	Bactérie ou virus Allergique ou obstructive	Bactérie ou virus	Champignon (*Candida albicans*)
Signes	Yeux rouges Larmoiement Photophobie Écoulement purulent	Si stomatite : – *infectieuse* (inflammation de la bouche – *ulcéreuse* (aphtes et fièvre)[b]	Inflammation buccale avec points blancs adhésifs Succion douloureuse Pleurs
Évolution	Favorable (sans traitement) Défavorable (surinfection, kératite)	Favorable (mais récidives fréquentes	Favorable (sous traitement)

a. Le muguet est aussi une stomatite. Elle est classée « candidosique » (c'est-à-dire causée par un champignon).
b. L'herpès entre dans la catégorie des « stomatites ulcéreuses ».

Rôle de l'EJE

L'EJE doit participer à la prévention de l'infection en collectivité d'enfants. Pour cela, il veillera à :

- faire les transmissions (signaler tout signe suspect) ;
- se laver les mains ++ et utiliser la SHA ;
- désinfecter tout le matériel.

N.B. L'enfant atteint d'une conjonctivite infectieuse n'est gardé en collectivité que s'il reçoit un traitement.

Situation

Arthur (conjonctivite)

Ce matin à la halte-garderie, Mme D. accompagne son fils Arthur (2 ans). Sandra (l'EJE qui l'accueille) constate que l'œil droit du petit garçon est rouge, purulent, et larmoyant. Sandra avertit la directrice. Celle-ci explique à la maman qu'Arthur ne peut fréquenter la crèche et qu'il a probablement une *conjonctivite* (affection contagieuse). Arthur doit consulter un médecin et ne pourra revenir que s'il reçoit un traitement.

Remarque

Dans cette situation, la directrice souligne bien l'intérêt du traitement de la conjonctivite. Il est à la fois *nécessaire à l'enfant* (les médicaments permettent de stopper l'évolution du processus infectieux) et il est *nécessaire à la collectivité* (un enfant traité n'est plus contagieux pour les autres).

E Les affections de la fonction respiratoire (sphère supérieure)

1 Définitions

- La *rhinopharyngite* est une inflammation du nez et de la gorge. C'est une infection bénigne pouvant cependant se compliquer.
- La *laryngite aiguë* est une inflammation du larynx. Elle entraîne un rétrécissement du larynx et peut être grave.
- L'*angine* est une inflammation du pharynx et des amygdales. Son évolution est le plus souvent bénigne.
- L'*otite est* une infection de l'oreille, c'est généralement la complication d'une rhinopharyngite.

2 Notions

◆ Rhinopharyngite, laryngite et angine

Voyons les caractéristiques de chacune de ces pathologies dans le Tableau 13.5.

Tableau 13.5 Rhinopharyngite, laryngite et angine : les caractéristiques.

	Rhinopharyngite	Laryngite	Angine
Causes	Virus	Virus	Bactérie ou virus
Signes	Écoulement nasal Toux (sèche puis grasse) Fièvre (parfois)	Voix voilée Toux (aboyante) Fièvre +	Dysphagie Douleur + + Fièvre + +
Évolution	Favorable à court terme	Favorable à court terme	Favorable sous traitement
Complications	Otite (*cf.* ci-après)	Otite (*cf.* ci-après)	Articulaires (rares si streptocoque A)

◆ Otite

L'otite présente les caractéristiques suivantes :

- *cause* : bactérie ou virus ;
- *signes généraux* :
  - douleur, cris inexpliqués, pleurs,
  - troubles du sommeil et troubles digestifs,
  - fièvre,
  - persistance de la toux (parfois) ;
- signes locaux :
  - tympan rouge, bombant,
  - parfois écoulement du pus ;
- évolution :
  - favorable (sous traitement),
  - complication (mastoïdite ou méningite).

Rôle de l'EJE

Il veillera à :

- rassurer l'enfant ;
- respecter les règles d'hygiène et de sécurité, se laver les mains ou utiliser la SHA et désinfecter les jouets ;
- prévenir les otites : tenir le bébé bien droit en lui donnant le repas ;
- apprendre à l'enfant à se moucher une narine après l'autre et à utiliser des mouchoirs jetables, participer à la lutte contre l'hyperthermie.

Situation

Lisa (rhinopharyngite)

Ce matin, en accompagnant Lisa (30 mois) à la crèche, sa maman a signalé que sa fillette présentait un début de rhinopharyngite, mais qu'elle n'avait pas de fièvre. Au cours de la journée, Estelle (l'EJE) la surveille attentivement. Lisa a le nez qui coule à plusieurs reprises. Estelle la mouche. Pendant la sieste, la fillette se met à tousser (une toux sèche), Estelle relève son matelas. En début d'après-midi, Lisa a les yeux brillants, les joues rouges. Estelle prévient aussitôt la directrice, l'enfant à 38,6 °C. La directrice prend contact avec la maman et donne un médicament antipyrétique à la fillette.

Remarque

Cette situation illustre le rôle et les missions complémentaires de l'EJE et de la puéricultrice pour répondre aux « besoins » de l'enfant malade.

La puéricultrice a la compétence pour traiter la maladie et la douleur, tandis que l'EJE signale les signes suspects, annonciateurs d'une maladie et prend les mesures indispensables au bien-être de l'enfant.

Fig. 13.1 Traitement de la crise d'asthme basé sur les *broncho-dilatateurs* en aérosol.

F Les affections de la fonction respiratoire (sphère inférieure)

1 Définitions

- La *bronchite* et la *bronchiolite* sont des inflammations des bronches.
- La *pneumonie* est une inflammation aiguë du poumon (elle atteint un lobe pulmonaire).
- L'*asthme* est une infection pulmonaire chronique (elle touche les bronches) (Fig. 13.1).

2 Notions

Voyons les caractéristiques de chacune de ces pathologies dans le Tableau 13.6.

Tableau 13.6 Bronchite, bronchiolite, pneumonie et asthme : les caractéristiques.

	Bronchite, bronchiolite	Pneumonie	Asthme
Cause	Virus	Bactérie	Allergène (origine allergique)
Signes	Toux grasse (petites quintes) Dyspnée (sifflements) Tirage Fièvre ++	Toux grasse Dyspnée (sifflements) Tirage Fièvre ++	Toux (expectorations) Dyspnée expiratoire Cyanose, angoisse Pas de fièvre
Évolution	Favorable (sous traitement)	Favorable (sous traitement)	Favorable (avec un traitement)

Rôle de l'EJE

Elle veille à :

- respecter les règles d'hygiène et de sécurité :
  - se laver les mains ou les frictionner avec la SHA,
  - décontaminer les objets, les jouets quotidiennement, etc. ;

- surveiller :
  - la toux et rassurer l'enfant lors des quintes,
  - les vomissements, le poids, la respiration, la température ;
- transmettre :
  - les signes d'aggravation éventuels,
  - l'angoisse, la douleur (pour une prise en charge immédiate) ;
- au cours d'une crise d'asthme :
  - observer l'enfant et signaler la coloration de la peau, la dyspnée, la toux,
  - rassurer l'enfant (car il est inquiet),
  - participer aux conseils d'hygiène de vie auprès des parents en soulignant les risques liés au tabagisme passif, aux poils des animaux domestiques, etc.

Situation

La bronchiolite de Léa

Léa (3 mois) vient d'être hospitalisée en pédiatrie. C'est une enfant fragile, née prématurément, et qui vit dans un milieu défavorisé.

Après un rhume ordinaire (avec écoulement nasal et yeux rouges), Léa a plusieurs quintes de toux, accompagnées de sifflements à l'expiration. L'enfant ne pouvait plus s'alimenter, elle vomissait dès la première gorgée de lait et avait de la fièvre.

La maman a aussitôt emmené Léa aux urgences et le diagnostic de *bronchiolite* a été posé par le médecin. En regard des antécédents médicaux de l'enfant, de son auscultation respiratoire et du contexte social défavorable (mère jeune, isolée, au chômage), le médecin a demandé l'admission de Léa en pédiatrie.

Remarque

Les effets de la maladie doivent s'apprécier non seulement dans leurs répercussions physiologiques et psychologiques, mais aussi en regard des *antécédents médicaux* et du contexte *socio-familial* de l'enfant :

- un enfant fragilisé sera plus *vulnérable* et fera plus facilement des complications, d'où l'intérêt d'une surveillance accrue ;
- l'hospitalisation peut s'avérer indispensable afin d'éviter les complications lorsqu'un enfant vit dans un contexte familial défavorisé qui ne permet pas de répondre à ses besoins de soins.

G Les maladies infectieuses

1 Définition

Les *maladies infectieuses* sont des maladies dues à des virus ou à des bactéries. Certaines maladies donnent lieu à des *éruptions*. Elles sont appelées « maladies éruptives ». Toutes ces maladies sont *contagieuses*. Le processus pathologique des maladies infectieuses évolue en quatre phases (voir fiche 1 de ce chapitre).

2 Notions

◆ Les maladies éruptives

Nous allons étudier la rubéole, la rougeole, la varicelle. La transmission se fait par contact direct (Tableau 13.7).

Tableau 13.7 **Rubéole, rougeole, varicelle : les caractéristiques.**

Maladies	Invasion	État	Soins
Rubéole	Fièvre à 38 °C Rhume	Éruption : macules rouges sur tout le corps	Lutter contre l'hyperthermie Faire les transmissions
Rougeole	Fièvre à 39 °C Rhume Yeux larmoyants	Éruption : macules rouges (débute au visage) Fièvre modérée Toux	Lutter contre l'hyperthermie Faire les transmissions
Varicelle	Silencieuse	Éruption en 3 phases sur tout le corps : – macules – vésicules – croûtes + prurit	Empêcher l'enfant de se gratter (moufles) Appliquer les soins locaux Faire les transmissions

◆ Les maladies non éruptives

Nous allons étudier les oreillons et la coqueluche. La transmission se fait par contact direct (Tableau 13.8).

Tableau 13.8 **Oreillons, coqueluche : les caractéristiques.**

Maladies	Invasion	État	Soins
Oreillons	Fièvre : 38 °C à 39 °C	Gonflement derrière l'oreille Gorge rouge Douleur	Lutter contre l'hyperthermie Soulager la douleur Faire les transmissions
Coqueluche	Toux sèche Pas de fièvre	Quintes : 5 secousses expiratoires suivies d'une inspiration sifflante « chant du coq » Vomissements	Assister l'enfant au moment la quinte Le rassurer Le changer (s'il vomit) Faire les transmissions

Rôle de l'EJE

L'EJE a un rôle à jouer en structure d'accueil, dans le domaine *préventif*. Toutes ces maladies contagieuses peuvent être évitées par la *vaccination*. L'EJE devra informer les parents sur l'utilité de celle-ci, leur rappeler le *calendrier vaccinal* et l'importance des *rappels* dans les délais requis.

Situation

Coralie (rougeole) et Zoé (oreillons)

▶ *Coralie*

Coralie (4 ans) toussait beaucoup et avait de la fièvre. Sa mère (Mme B.) la soignait pour ce qu'elle croyait être une sévère rhinopharyngite. Mais ce matin, voyant le visage de sa fille bouffi avec des boutons, et les yeux larmoyants, elle appelle le médecin de famille. Ce dernier, en regardant l'éruption cutanée de Coralie, pose immédiatement le diagnostic de *rougeole* et s'informe sur la validité de la vaccination de Coralie. Mme B. l'informe qu'elle ne l'a pas eue !

▶ *Zoé*

Zoé (3 ans) rentre de l'école maternelle fatiguée, avec une légère fièvre. Sa mère lui donne un traitement antipyrétique avant le sommeil, mais Zoé passe une mauvaise nuit. Elle se réveille à plusieurs reprises, se plaignant de « maux de gorge et de douleurs à l'oreille ». Ce matin, sa maman l'emmène à la consultation du médecin. Zoé a les *oreillons*. L'enfant, n'ayant pas été vacciné, a subi de plein fouet l'épidémie qui a sévi à l'école maternelle qu'elle fréquente.

Remarque

Ces situations illustrent le développement de deux pathologies pour lesquelles existe une vaccination très efficace. Il s'agit d'un vaccin « trivalent » (qui regroupe la rougeole, la rubéole et les oreillons). L'EJE à la crèche doit rappeler aux parents *l'intérêt de la vaccination* à titre individuel et collectif.

H Les troubles psychologiques alimentaires

1 Définitions

- L'*anorexie* se définit par une perte de l'appétit entraînant un refus de s'alimenter.
- La *boulimie* est un trouble de la conduite alimentaire qui se manifeste par des ingestions excessives d'aliments de façon répétitive et durable.

2 Notions

◆ L'anorexie

Elle peut être :

- *physique* : elle fait suite à une maladie grave qui a affecté l'état de santé ;
- *psychologique* : elle fait suite à un trouble relationnel de la vie de l'enfant, qu'il faut déterminer afin de pouvoir le prendre en charge. Dans ce cas, l'enfant refuse de manger, il pleure ou ne parle pas, parfois, il n'y a aucun signe apparent de tristesse, mais il s'enfonce dans une « grève de la faim » qui alerte son entourage et qui doit être traitée rapidement.

◆ La boulimie

La boulimie peut être d'origine *neurologique* ou *psychologique*. Il faut distinguer les boulimies « familiales » liées à de mauvaises habitudes de vie et les boulimies psychogènes liées à des problèmes relationnels. Dans ce cas, l'enfant boulimique recherche souvent une compensation à un « manque » affectif, à la solitude. On retrouve parfois des événements familiaux (ex. : rupture avec un parent, deuil…).

Rôle de l'EJE

Face à l'anorexie

Elle veille à :

- respecter l'enfant :
  - ses refus, ses goûts, ses dégoûts, son rythme,
  - lui parler souvent au cours du repas, le stimuler par de petites quantités d'aliments ;
- participer à l'information des parents (avec la puéricultrice) ;
- faire les transmissions à la puéricultrice : indiquer la quantité d'aliments refusés et le comportement de l'enfant.

Face à la boulimie

Elle veille à :

- respecter l'enfant, bannir tout jugement de valeur, stimuler gentiment l'enfant ;
- faire du repas un moment *chaleureux* et agréable, dédramatiser la situation ;
- faire les transmissions à la puéricultrice : indiquer le comportement de l'enfant.

Situation

Solène (anorexique) et Ben (obèse)

▶ *Solène*

La maman de Solène (24 mois) se confie à Pauline (la professionnelle référente de sa fillette). Solène mange très peu en ce moment, à la maison comme à la crèche. Elle s'inquiète (est-elle *anorexique* ?). Elle mangeait très bien avant d'avoir ses angines « à répétition ».

Pauline rassure la maman (Solène n'a pas maigri), c'est sûrement passager, et lié aux infections de la gorge. Elle donne à la maman quelques « petits moyens » pour agrémenter le repas (présentation des plats, petites quantités, couleurs variées, ambiance calme), insiste sur l'importance de respecter l'enfant (ses refus, ses goûts, ses rythmes, son appétit), d'éviter le chantage, et de ne pas la culpabiliser.

▶ *Ben*

Ben (8 ans) vient d'arriver à la maison d'enfants « Le chant des Oiseaux ». C'est un centre diététique qui traite les problèmes de surpoids. Ben est atteint d'*obésité* liée à des accès de boulimie. C'est un petit garçon complexé (« mal dans sa peau »), anxieux. Dorine (l'EJE référente) le prend en charge. Elle parle avec Ben, le rassure, se garde de tout jugement. Elle assiste à ses repas, surveille la quantité des mets proposés, et est très attentive à l'ambiance qui doit être conviviale. Dorine alerte Ben sur les méfaits du grignotage entre les repas. Elle l'incite à faire du sport et à se divertir avec des activités qu'il aime. Elle le valorise et tente de lui redonner confiance en lui.

Remarque

La *1re situation* illustre une anorexie d'origine physiologique. L'enfant a perdu l'appétit à la suite d'angines à répétition (qui l'ont affaiblie et lui occasionnaient de la douleur au moment des repas). Le rôle éducatif de la professionnelle devait aider la maman à faire « retrouver l'appétit » à son enfant.

La *2e situation* illustre le cas de Ben (enfant qui vit très mal son problème d'obésité). Elle souligne :

- l'*aspect psychologique* du rôle de l'EJE : elle ne juge pas, elle rassure l'enfant, elle est attentive à l'ambiance du repas ;
- *l'aspect éducatif* du rôle de l'EJE qui indique à l'enfant le comportement adéquat pour lutter contre l'obésité.

Les affections chirurgicales

1 Définitions

- L'*appendicite* est une inflammation aiguë de l'appendice.
- La *hernie* se définit par le passage d'un organe (souvent l'intestin) hors de la cavité abdominale.
- *L'invagination intestinale aiguë (IIA)* est la pénétration d'un segment d'intestin dans un autre. C'est une urgence chirurgicale.

2 Notions

Voyons les caractéristiques de ces trois pathologies dans le Tableau 13.9.

Rôle de l'EJE

Lors de vomissements

L'EJE doit :

- rester auprès de l'enfant et lui maintenir la tête ;
- le rassurer, le sécuriser par la parole ;
- après le vomissement, changer l'enfant ;
- lui rincer la bouche et le réconforter.

Auprès d'un enfant avec une hernie

L'EJE doit :

- surveiller l'éventuelle survenue d'une hernie lors des soins ;
- signaler toute douleur ou mal-être chez l'enfant ;
- surveiller la réductibilité de la hernie (quand on appuie avec le doigt sur la hernie, elle doit rentrer facilement) ;
- transmettre les informations à la puéricultrice.

Tableau 13.9 Appendicite, hernie, IIA : les caractéristiques.

	Appendicite	Hernie	IIA
Signes	Douleurs (dans la fosse iliaque gauche) Nausées Vomissements Fièvre (parfois)	Présence d'une masse volumineuse, soit à l'ombilic, soit à l'aine S'extériorise à l'effort (indolore)	Douleurs abdominales +++ Pâleur Vomissements Émission anale de sang
Évolution	Favorable (avec intervention chirurgicale)	Favorable (avec intervention chirurgicale)	Favorable (avec intervention chirurgicale)
Complications	Péritonite Septicémie	Étranglement herniaire Occlusion	Péritonite Septicémie

Situation

Marisa (appendicite), Bastien (hernie), Fabien (IIA)

▶ *Marisa*

Marisa (8 ans) a été hospitalisée ce jour en chirurgie pédiatrique. Elle se plaignait depuis deux jours de douleurs dans le pli de l'aine (côté droit) qui s'amplifiaient d'heure en heure. Ces douleurs aiguës s'accompagnaient de vomissements. Marisa avait une « fébricule » (37,8 °C). Le diagnostic d'*appendicite* a été rapidement posé par le médecin. L'enfant doit être opérée aujourd'hui. C'est Francesca (l'EJE) qui va collaborer avec Josée (l'IDE) pour préparer Marisa à l'intervention chirurgicale.

▶ *Bastien*

Bastien (bébé de 3 mois) a une *hernie inguinale* depuis sa naissance. Faiza (EJE référente à la crèche) reste vigilante. Quand elle lui change sa couche, elle vérifie le volume, l'aspect de cette hernie (qui s'extériorise davantage quand Bastien pleure). Elle surveille le transit de l'enfant, son comportement (agitation, douleur), et fait les transmissions à la puéricultrice.

▶ *Fabien*

Fabien (7 mois) est admis ce jour aux urgences pédiatriques pour suspicion d'*invagination intestinale*. Ce matin, à la crèche, Fabien s'est mis à crier, à pleurer de façon inhabituelle. Daphné (l'EJE) a tenté de le calmer puis elle l'a changé. Dans les selles de l'enfant, il y avait des traces de sang. Soudain Fabien est devenu tout pâle, s'est mis à nouveau à hurler et a vomi son biberon. Daphné a prévenu la directrice qui a alerté les secours et les parents. Il fallait l'opérer d'urgence !

Remarque

Ces trois situations soulignent la collaboration entre les différents professionnels de la petite enfance pour la transmission des informations. Elles soulignent également le *délai très court* entre le diagnostic de la pathologie et l'intervention chirurgicale et ce, afin d'éviter tout risque d'aggravation et d'infection.

J Les affections de la fonction circulatoire

1 Définitions

- L'*hémorragie externe* est une perte de sang à l'extérieur du corps. Cette perte de sang peut être importante et provoquer un état de choc mettant la vie de l'enfant en danger.

- *L'état de choc* correspond à une hémorragie importante entraînant une insuffisance circulatoire profonde (c'est une urgence vitale).

2 Notions

Les caractéristiques de ces pathologies sont regroupées dans le Tableau 13.10.

Tableau 13.10 Hémorragie, état de choc : les caractéristiques.

	Hémorragie	État de choc
Causes	Accident	Perte de sang +++ (hémorragie grave)
Signes	Si *hémorragies simples* : léger saignement, flasque (ex. : saignement de nez ou petite plaie) Si *hémorragie grave* : saignement abondant, flasque en cas d'hémorragie veineuse), en jet (en cas d'hémorragie artérielle)	Extrémités froides et blanchâtres Respiration faible (ou parfois bruyante) Pouls rapide, fuyant Chute de PA Troubles de la conscience, etc.
Évolution	Favorable (sous traitement) Risque de décès en cas d'hémorragie grave non traitée	Favorable (sous traitement immédiat) Défavorable (risque de décès si pris trop tard)

Rôle de l'EJE

Devant tout saignement, veiller à :
- apprécier le type d'hémorragie et alerter rapidement ;
- agir selon les consignes du service et rassurer l'enfant ;
- selon la situation, arrêter l'hémorragie par des techniques de compression.

Devant un enfant choqué, veiller à :
- appeler immédiatement la puéricultrice ou un médecin ;
- allonger l'enfant en PLS, desserrer les vêtements ;
- rassurer l'enfant ;
- ne pas le faire boire ;
- surélever ses jambes, juste au-dessus du niveau du cœur.

Situation

Mario « saigne du nez »

À la crèche Les Moussaillons, Mario, petit garçon âgé de 2 ans, se lave les mains. Soudain, il se met à saigner du nez et pleure. Sonia (l'EJE) s'approche de Mario, le rassure, puis elle enfile une paire de gants jetables pour se protéger, appuie fortement sur la narine qui saigne et demande à Mario de pencher la tête en avant. Le saignement s'arrête rapidement. L'enfant est rassuré et peut repartir jouer. Toutefois, Sonia lui demande de rester quelques instants avec elle, par mesure de sécurité, afin de s'assurer que l'hémorragie est bien stoppée.

Remarque

La situation illustre une hémorragie simple « l'épistaxis » (ou saignement de nez). Généralement, celle-ci est bénigne et vite régulée, mais l'EJE peut se trouver, dans sa vie professionnelle, face à d'autres types d'hémorragies où une réanimation se révèle nécessaire. Elle doit être capable de mener une action rapide et efficace. L'efficacité de l'action nécessite une connaissance parfaite des gestes professionnels. Ex. : pour arrêter une hémorragie externe, on utilise les techniques de compression directe et de compression à distance[1].

1. *Cf.* Chapitre de secourisme.

K Les affections de la fonction urinaire

1 Définition

L'*infection urinaire* est une infection des urines. Elle est provoquée par des bactéries, le plus souvent des colibacilles.

2 Notions

Voyons les principales caractéristiques de l'infection urinaire (Tableau 13.11)

Rôle de l'EJE

Elle veille à :

- rassurer l'enfant, le sécuriser, le réconforter, etc. ;
- assurer une hygiène préventive et stricte (lavage des mains, du matériel + + +) ;
- préparer l'enfant à l'examen : annonce de l'examen d'urines à l'enfant (expliquer, rassurer) ;
- participer à la surveillance de l'enfant : surveiller le respect du régime sans sel, le poids, la PA, les œdèmes, la diurèse ;
- faire les transmissions écrites et orales.

Tableau 13.11 **Infection urinaire : les caractéristiques.**

Signes	En cas d'*infection urinaire haute (pyélonéphrite)* : – brûlures mictionnelles (dysurie) ; – mictions fréquentes (pollakiurie) ; – douleurs, fièvre et frissons. En cas d'*infection urinaire basse (cystite)* : dysurie et pollakiurie
Évolution	Favorable (sous traitement) Complications (ex. : infection du rein)

Situation

L'infection urinaire de Laurianne

À la crèche, avant le repas, lors du passage aux toilettes, Laurianne (2 ans ½), qui a acquis la propreté sphinctérienne depuis ce printemps, se met à pleurer. Maria (l'EJE) s'approche de l'enfant qui lui dit : « J'ai mal, ça pique ». Après l'avoir essuyée, Maria prend la température de Laurianne (qui au toucher lui paraît chaude), elle a 38 °C. Maria informe la puéricultrice qui avertit la maman. En attendant elle réconforte l'enfant, dédramatise la situation, surveille sa température et la maintient au repos. Le médecin consulté prescrira un ECBU[1] dont le résultat confirmera une *infection urinaire.*

Remarque

Dans cette situation (à la crèche), l'EJE joue un rôle très important dans le signalement des symptômes et ensuite auprès de l'enfant qui « a mal », en attendant l'arrivée de sa maman.

1. L'ECBU est l'examen cytobactériologique des urines. Cet examen (aseptique) relève des compétences de la puéricultrice.

L Les affections de la fonction neurologique

1 Définitions

- La *convulsion* est une crise paroxystique d'origine cérébrale se traduisant par des contractions musculaires involontaires.
- La *méningite* est une infection des méninges. C'est une urgence médicale. Elle est très contagieuse (déclaration obligatoire à la Direction départementale des affaires sanitaires et sociales [DDASS]).

2 Notions

Voyons les caractéristiques de ces différentes pathologies dans le Tableau 13.12.

Rôle de l'EJE

Pour la convulsion, elle veille à :

- prévenir la puéricultrice et lui signaler l'heure du début de la crise ;
- mettre l'enfant en PLS, écarter les objets susceptibles de le blesser ;
- desserrer ses vêtements, lui parler, le sécuriser.

Pour la méningite, elle veille à :

- prévenir la transmission de l'infection (lavage des mains +++, isolement…) ;
- éviter les bruits, les lumières vives, avoir des gestes très doux, très lents (car l'enfant est très sensible) ;
- rassurer l'enfant et ses parents en collaboration avec l'équipe.

Tableau 13.12 Convulsion, méningite et myopathie : les caractéristiques.

	Convulsion	Méningite
Causes	*Hyperthermie* (> 38 °C) *Microbienne* (méningite)	Bactérie (*Haemophilus influenzae* ou méningocoque ou pneumocoque)
Signes	La crise convulsive se déroule en trois phases : – *phase tonique* : raideur, perte de connaissance ; – *phase clonique* : mouvements cloniques des membres ; – *phase hypotonique* : relâchement total.	Signes méningés : – céphalées ; – vomissements ; – raideur du rachis ; – attitude en « chien de fusil ». Fièvre + ++ (syndrome infectieux)
Évolution	Favorable (généralement) Séquelles neurologiques rares	Favorable (sous traitement) Complications neurologiques (rares)

Situation

Zohra (méningite)

Zohra (nourrisson de 6 mois) est hospitalisée en service de pédiatrie pour *méningite à pneumocoques* (la ponction lombaire réalisée hier a confirmé le diagnostic). Zohra est placée en isolement, le personnel de santé respecte les protocoles, notamment en matière d'hygiène, et surveille l'état de conscience de Zohra, son comportement (l'enfant geint et paraît affaiblie). La température de l'enfant se maintient autour de 38,5 °C). Clara (l'EJE) est attentive à l'état digestif de Zohra (ce matin, elle n'a pas vomi son biberon). En réalisant les soins, Clara parle doucement à Zohra et rassure la maman, très inquiète.

Remarque

La *méningite* souligne l'importance des règles d'hygiène. Celles-ci doivent être observées rigoureusement pour prévenir la transmission des germes infectieux.

M La douleur

1 Définition

« La douleur est une expérience sensorielle et émotionnelle désagréable souvent associée à un dommage tissulaire »[3]

2 Notions

◆ Les modifications physiologiques liées à la douleur

Certaines modifications physiologiques accompagnent la douleur. Elles sont organiques, musculaires et émotionnelles. Exemples : variation du pouls, du rythme respiratoire, agitation, tremblements, anxiété, appréhension.

3. Définition de l'International Association for the Study of Pain (IASP).

◆ Les manifestations de la douleur aux différents âges de l'enfant

Les réactions du nourrisson à la douleur

Le soignant doit observer les expressions corporelles suivantes :
- les *mimiques douloureuses* et le cri (tout au long du soin ou occasionnellement) ;
- la *crispation* des doigts (des mains, des pieds), des lèvres, les tremblements du menton ;
- le *regard du bébé*, absent et fuyant quand il souffre.

Les réactions de l'enfant à la douleur

L'enfant de 1 à 3 ans montre parfois du doigt, ou touche la partie du corps qui est sensible.
Entre 3 et 6 ans, l'enfant se plaint spontanément lorsqu'il a mal. Son vocabulaire est plus riche, mais il a besoin d'aide pour décrire la douleur.
L'enfant (après 6 ans) peut dire qu'il a mal, faire le lien entre la douleur et sa maladie. Il peut aussi :
- se *culpabiliser*, penser qu'il a été méchant ;
- *appréhender de mourir*, se poser des questions et interroger autrui ;
- se sentir *différent*, dévalorisé, diminué, *être en colère et* agressif envers l'adulte ou nier la douleur, etc.

Face à la douleur, l'enfant peut :
- adopter une attitude dite « antalgique » par une économie de mouvements ;
- régresser en tendant à adopter des façons d'agir de bébé comme sucer son pouce.

◆ Les méthodes d'évaluation de la douleur

Deux types d'évaluation existent : l'*hétéro-évaluation*, réalisée par le soignant, et l'*auto-évaluation*, réalisée par l'enfant lui-même à la demande du soignant.
L'identification de la douleur chez le nouveau-né et le nourrisson demande un œil averti et attentif. Certaines grilles (avec scores) aident l'observation (ex. : la grille EDIN[4]).
Les méthodes d'auto-évaluation sont utilisées dans le cas où l'enfant peut s'exprimer oralement. Il existe plusieurs méthodes pour quantifier la douleur. La plus utilisée est l'*échelle visuelle analogique (EVA)*.

Rôle de l'EJE

L'EJE (comme tout professionnel) veille à *observer* attentivement l'enfant et à signaler dans les plus brefs délais tout « signe » de douleur. Exemples :
- une *mimique douloureuse* au niveau du visage (froncement des sourcils, contractures des lèvres, tremblements du menton…) ;
- la *motricité* et *l'excitabilité* (agitation + +, trémulation), la *crispation* des doigts de mains, de pieds, le regard (absent, lointain…) ;
- les troubles de l'appétit, du sommeil, du comportement, etc. ;
- la « plainte douloureuse », la « position antalgique » (en chien de fusil), etc.

Le professionnel doit alerter immédiatement. Aujourd'hui, il *est intolérable de laisser souffrir un enfant* alors qu'il existe des moyens pour soulager la douleur.

4. Voir détails dans le Guide de l'AP, Elsevier-Masson.

Situation

« Faire la guerre » à la douleur !

Carla est EJE dans le service de chirurgie pédiatrique où Pierre (10 ans) a été opéré de l'appendicite. Ce matin, quand elle entre dans la chambre, il l'interpelle et se plaint : « J'ai très mal, j'ai l'impression que l'on me plante des aiguilles, j'en ai assez ! ».
Carla s'approche de Pierre, elle lui prend délicatement la main, le laisse parler et l'observe. Il est crispé, ses traits sont tirés, les extrémités de ses doigts sont gonflées (par sa maladie).
Carla lui parle doucement : « on va calmer ces douleurs comme hier, on va leur faire la "guerre" et c'est nous qui allons gagner. Tu t'en souviens ? Hier, nous avons fait la guerre contre cette douleur et elle a disparu immédiatement. Aujourd'hui ça va être la même chose. Nous sommes les plus forts ! Courage Pierre ! »

Remarque

La professionnelle utilise un moyen imagé (qui plaît généralement aux garçons) : « faire la guerre » à la douleur, la « combattre ». Il s'agit effectivement de vaincre ce qui fait mal et d'impliquer l'enfant dans cette lutte. Ainsi, l'enfant sait qu'il doit supporter encore quelques minutes cette douleur, on va en venir à bout.

L'accompagnement de l'enfant

Chapitre 14

A L'acquisition de la propreté

L'apprentissage de la propreté s'associe donc étroitement aux principes d'une éducation globale. Son objectif est de permettre à l'enfant d'acquérir le contrôle de son impulsivité physiologique et, par là même, de le conduire vers l'autonomie et la socialisation. Beaucoup de personnes s'imaginent à tort que pour apprendre à un enfant à être propre, les parents doivent fournir des efforts soutenus et répétés. Or, cet apprentissage ne doit, en aucune façon, viser un conditionnement. Dans la majeure partie des cas, c'est la mère qui se conditionne et non l'enfant. Bien, au contraire, l'enfant doit apprendre à agir seul et le rôle de l'adulte est de savoir *choisir les moments favorables* et la manière pour aider l'enfant à progresser sur la voie de la propreté. Beaucoup de déceptions résultent de l'ignorance de cette notion fondamentale.

1 Les trois impératifs de la propreté

On ne peut rendre un enfant propre tant que son système nerveux n'atteint pas un certain stade de maturation qui lui permette le contrôle des sphincters ! Il y a donc là un « *impératif d'ordre physiologique* » à respecter. Chez le nourrisson, la vessie se vide automatiquement lorsqu'elle est pleine. Chez l'enfant propre, le mécanisme est différent, lorsque la vessie est pleine (ou que le contenu intestinal arrive à son terme), une sensation locale se fait sentir, l'enfant prend conscience de son besoin, et c'est à ce moment qu'il décide (s'il en a la possibilité) d'ouvrir ou de fermer son sphincter. Il pourra même se retenir en attendant d'aller sur le pot. Il faut donc que l'enfant comprenne ce qu'on attend de lui, qu'il sache avertir (même s'il est trop tard !) donc qu'il maîtrise la communication. C'est là un « *impératif d'ordre intellectuel* ».

Il faut également que l'enfant, ayant compris ce qu'on attend de lui, ait le désir d'y répondre pour faire plaisir… C'est un « *impératif d'ordre affectif* ». Il est bien évident que ces trois impératifs sont intimement liés et doivent se compléter, car si l'un venait à faire défaut, les autres ne pourraient suffire à l'acquisition de la propreté.

L'apprentissage sera donc très long, très progressif, avec parfois des retours en arrière selon la psychologie du moment, car c'est l'affectivité qui joue le rôle décisif comme frein ou comme moteur. La naissance d'un petit frère peut, par exemple, perturber l'apprentissage. L'enfant est jaloux, il souffre… il redevient sale pour qu'on s'occupe de lui.

2 La progression de la propreté

L'enfant maîtrise d'abord le sphincter *anal* et ensuite le sphincter *vésical* (chez l'être humain, nous savons qu'à tout âge, le contrôle de la vessie est plus difficile à obtenir que celui des intestins). De même, la propreté est d'abord *diurne* avant d'être *nocturne*. Cela s'explique par la qualité du sommeil qui est trop profond chez le jeune enfant pour lui permettre de prendre conscience de son besoin. Avec l'âge, le sommeil va évoluer, l'enfant pourra se réveiller et appeler sa mère ou aller lui-même au pot si le besoin se fait sentir la nuit.
L'acquisition de la propreté s'échelonnera du 15e au 30e mois.
À 36 mois (3 ans), l'enfant doit être propre jour et nuit. Cependant, il n'y aura lieu de s'inquiéter de l'énurésie nocturne que vers l'âge de 4 ans. Elle est due, dans la plupart des cas, à des problèmes psychologiques qui perturbent l'enfant.

Mémo psy

Le stade anal (de 1 à 3 ans)

La zone érogène dominante est la région anale, avec les organes d'évacuation des selles et des urines.
Les manifestations de plaisir viennent aussi bien de la rétention que de l'expulsion du produit hors du corps.
Au stade anal, « le monde extérieur apparaît à l'enfant comme un obstacle à sa recherche de jouissance (...). On lui défend de se débarrasser de ses excréments quand et comment il veut (...) ».
Les sentiments de l'enfant à cette époque sont caractérisés par l'alternance d'amour et d'agressivité. Il comprend les interdits et se plie aux contraintes de peur d'être puni, mais aussi de perdre l'amour de ses parents.

3 Les expériences de l'enfant

◆ La curiosité pour les selles

Les selles représentent pour le jeune enfant un objet étrange. Il montre à leur égard une curiosité teintée souvent d'inquiétude. D'une part, cet objet qui se détache de lui est associé à une impression de « morcellement »[1] de son corps, quelque chose le quitte..., d'autre part, cet objet est à lui, il représente une partie de lui-même, donc il devrait être bon.
Pour l'enfant, la situation est fort complexe. Il ne comprend pas pourquoi, d'une part, sa mère insiste pour qu'il aille au pot, le félicite pour ce qu'il a fait et, d'autre part, taxe son produit de sale, veut s'en débarrasser immédiatement, paraît même dégoûtée et interdit de le toucher (comme s'il s'agissait d'*un objet dangereux* !).

◆ Le désir de « posséder » et « d'offrir »

Le plaisir de l'enfant va se situer ensuite non pas au niveau de l'expulsion, mais au niveau de la rétention. La mère demande à l'enfant de se retenir pour éviter de salir sa culotte. C'est donc

1. Freud S. Trois essais sur la théorie de la sexualité (1905). Paris : Gallimard ; 1989.

le plaisir de la mère qui est lié à cet acte. La rétention va donc devenir le désir de l'enfant. Si celui-ci sent sa mère contente, s'il se sent encouragé dans sa capacité nouvelle, sa joie en est augmentée. Il va produire une selle pour l'offrir à sa mère.

Situation

Oscar a fait dans le pot !

Oscar vient de faire son « petit besoin » sur le pot, il se lève, regarde avec curiosité, met son petit doigt dans le précieux liquide pour mieux en apprécier la consistance et appelle sa mère… « Maman, beau caca ! » Maman tarde à venir… Oscar décide de transporter le pot à la cuisine pour lui faire admirer le résultat, il en renverse malheureusement une partie en route mais il est très content de lui. Maman le félicite et lui demande d'aller ensemble le vider au WC. Oscar le retourne sur la cuvette des WC. Il est fier de cet exploit et tend la joue à sa mère pour avoir un baiser.

Remarque

L'enfant considère la selle comme un cadeau qui lui sert à prouver, s'il le donne, son obéissance et son affection et, s'il le refuse, son entêtement.

Mémo psy

Le « plaisir anal »

L'enfant qui émet une selle ressent une certaine sensation de plaisir appelée « hédonisme anal ». Le contenu intestinal joue le rôle de corps excitant[1]. « *L'activité érogène de cette zone est à l'origine bien plus importante que nous ne pouvons l'imaginer après le refoulement dont elle est l'objet.* »[2]

Pour le nouveau-né, la zone de plaisir était localisée à la bouche, c'était la *phase orale*, à partir du 15e mois, la zone de plaisir se déplace, pour se situer au niveau de l'activité sphinctérienne, c'est la *phase sadique-anale*. Ce terme un peu surprenant signifie que l'enfant qui expulse une selle a l'impression d'évacuer quelque chose de mauvais, de gênant et de le détruire. D'où le parallèle pour les psychanalystes entre cette expulsion (à caractère sadique) et l'agressivité naissante chez l'enfant.

1. Freud S. *Op. cit.*
2. Soule M, Lebovici S. Connaissance de l'enfant par la psychanalyse, Paris : PUF ; 2007.

Rôle de l'EJE

Pour un apprentissage « naturel » de la propreté

Rappelons aux éducateurs que pour toute période d'apprentissage et plus particulièrement pour l'acquisition de la propreté, la prudence est de règle, car il s'agit d'un contrôle que l'enfant doit effectuer sur une fonction organique. Cet apprentissage n'a de valeur que lorsque l'enfant l'effectue lui-même. L'adulte ne doit se trouver là que pour l'aider, l'accompagner.

◆ À conseiller

Obtenir une régularité en douceur

Des horaires réguliers permettent à l'organisme de structurer des habitudes, mais au préalable il faut observer le rythme d'élimination de l'enfant pour suivre ses habitudes naturelles et essayer de les maintenir. À partir de 15 mois, on peut remplacer les couches par des culottes afin de mieux situer le moment des évacuations. L'installation sur le pot ne doit pas excéder cinq minutes et l'enfant doit y être confortablement assis. Cependant, s'il préfère s'installer sur la cuvette du WC familial, il ne faut pas le lui refuser. Il est conseillé de demander à l'enfant sa collaboration, de susciter ses initiatives, c'est le meilleur moyen d'obtenir un résultat positif et de développer une autonomie précoce et une personnalité plus assurée.

Valoriser la propreté

Insister sur le rôle social de cette fonction ; être propre « c'est pouvoir aller à l'école maternelle », « c'est faire comme papa ou maman »... L'enfant est très sensible à tous les arguments qui valorisent la propreté. S'il obtient un résultat positif, il faut le féliciter pour qu'il comprenne ; même s'il a fait, par mégarde, dans sa culotte, admirez le « beau résultat »... Il faut également savoir agir avec lui. L'enfant de cet âge-là ne demande qu'à imiter sa mère. Apprenez-lui à tirer la chasse (comme vous). Éviter les pots-jouets (ceux qui ont l'apparence d'un canard !) ou les sièges transformables en pots, car, d'une part, l'enfant ne peut identifier le rôle réel du pot et, d'autre part, cela ne valorise pas la fonction... N'oubliez pas que l'enfant prend plaisir à être propre pour faire comme les grands.

◆ À proscrire

L'usage de la force

Éduquer n'est pas dresser, il ne faut jamais forcer l'enfant à aller au pot, ni exercer un contrôle oppressant sur ses évacuations, encore moins le gronder si le résultat se fait attendre... C'est une façon d'assujettir l'enfant, de le rendre totalement dépendant de l'adulte, de créer une situation angoissante qui marquera le psychisme de l'enfant et laissera des traces indélébiles pour l'avenir. L'apprentissage de la propreté est chargé « d'affect ». Si l'enfant a l'impression que sa mère est intransigeante par rapport à sa propreté, il peut refuser de devenir propre, utilisant sa saleté comme une opposition à sa mère.

Les moqueries et les comparaisons

Si on traite l'enfant de « sale », si on le compare avec ironie à ses frères qui réussissent mieux que lui, l'enfant sera blessé, il se sentira coupable, humilié, en particulier si ces reproches lui semblent injustifiés. Les sentiments d'impuissance, de faiblesse, ajoutés à la crainte de se salir, pourront faire de lui un enfant inquiet, peureux, ou redoutant tout effort et toute initiative.

Les réveils nocturnes

Certains parents pour obtenir une propreté plus rapide réveillent l'enfant une, deux ou trois fois pendant la nuit. Il en résulte des troubles du sommeil, de la nervosité, et souvent une résistance de la part de l'enfant. Évitez aussi d'appliquer la méthode du rationnement d'eau le soir, car l'organisme de l'enfant en a grand besoin.

B La découverte du sexe

L'enfant est un être sexué et l'éveil de sa sexualité commence dès la naissance.
À trois ans, l'enfant connaît son propre sexe. Il différencie également l'homme de la femme, donc le père de la mère. L'enfant accorde à l'anatomie un intérêt tout particulier, il parle fréquemment des organes génitaux, il les touche (masturbation). Cette découverte suscite des sentiments très complexes : surprise, curiosité, inquiétude... C'est l'âge auquel il se pose de nombreuses questions et questionne les parents sur la sexualité, la maternité. L'enfant n'attend de l'adulte que des réponses simples.

Situation

Les mots qui vont « tout salir !... »

Ben (2 ans ½) et Zora (3 ans), tout nus, jouent et s'amusent. Ils découvrent leurs organes génitaux avec une innocence totale. Ils ne voient aucun mal à les toucher, à les observer de près, sauf... si la mère arrive et dit des mots qui vont tout salir !...

Remarque

Là où il n'y avait qu'*innocence*, l'adulte met des mots qui signifient qu'il y a délit, interdit, ce qui suscite l'angoisse. L'enfant se questionne « pourquoi est-ce si grave ? Pourquoi est-ce mal ? » et l'adulte n'apporte pas les réponses adéquates qui pourraient apaiser sa crainte et sa culpabilité.

Rôle de l'EJE

Nous allons observer la situation décrite précédemment et imaginer le comportement des parents en fonction de celui des enfants.

Comportement des enfants

Les enfants :

- observent avec intérêt leurs organes génitaux ;
- touchent leurs organes génitaux ;
- sont surpris, étonnés de cette nouvelle découverte ;
- se posent des questions : la fillette voit que le garçon a quelque chose de plus (d'où inquiétude, envie) ; le garçon voit qu'il manque quelque chose à la fillette (d'où inquiétude).

Comportement des parents

Attitudes négatives :

- les parents sont très mal à l'aise face aux questions et aux préoccupations de leur enfant relatives à la sexualité ;
- ils jugent sévèrement l'enfant, pensant que celui-ci devient vicieux ou tout au moins perd sa pureté ;
- ils éludent les questions ;
- ils séparent brutalement les enfants.

Attitudes positives :
- ils répondent avec naturel et aisance ;
- ils ne sont pas choqués par les questions de l'enfant ;
- ils se félicitent de la curiosité de l'enfant, la trouvent normale ;
- ils répondent clairement aux questions posées, ce qui rassure l'enfant.

Mémo psy

« La pudeur… »

« La pudeur ne naît qu'avec la connaissance du mal… Comment les enfants qui ne l'ont pas, auraient-ils ce sentiment ? Leur donner des leçons de pudeur, c'est leur apprendre qu'il y a des choses honteuses et c'est leur donner le désir secret de connaître ces choses-là ». (Jean-Jacques Rousseau dans l'Émile).

C Le complexe d'Œdipe

La sexualité de l'enfant l'*attire* vers le parent du sexe opposé au sien et le pousse à *rejeter* l'autre. Freud[2] a longuement analysé cette situation et (en souvenir du héros grec condamné par le destin à épouser sa mère et à tuer son père) il lui a donné le nom de « complexe d'Œdipe ». Pour résumer simplement, on peut dire que le petit garçon est amoureux de sa mère, et la petite fille de son père.
Le parent du même sexe est un rival à l'égard duquel l'enfant manifeste des sentiments de haine ou de jalousie.
De nombreux mots d'enfants de cet âge reflètent leurs sentiments. Par exemple, pour une fillette : « Dis Papa ! Quand je serai grande… tu m'épouseras ? » ou pour un garçonnet : « Maman est à moi ! Plus tard… on se mariera ! », « Quand je serai grand je me marierai avec maman », etc.
S'identifier au parent du même sexe jouera un rôle décisif pour résoudre le complexe d'Œdipe.
Pour le garçon, le détachement de la mère se réalise par le désir de ressembler au père.
Pour la fillette, le détachement de son père se réalise par le désir de ressembler à sa mère. Elle va chercher à adopter sa voix, ses gestes, ses tenues… Elle jouera à la poupée, elle voudra avoir un mari (comme elle !).
L'identification au parent du même sexe est une attitude très positive, puisque la fillette tendra ainsi vers la féminité, le garçon vers la masculinité.
L'enfant ne peut y parvenir que dans la mesure où il est estimé suffisamment de ses parents.

2. Freud S. *Op. cit.*

Situation

Célia est jalouse de sa mère !

Célia (4 ans) témoigne à son père un intérêt tout particulier. Lorsqu'il arrive, elle se précipite vers lui pour lui raconter sa journée ; elle veut qu'il partage ses jeux, qu'il la couche, qu'il l'embrasse avant de s'endormir… Le week-end, à la campagne, elle aime faire avec lui de grandes courses à travers champs, mais lorsque son père et sa mère se promènent enlacés, Célia se précipite au milieu d'eux pour les séparer. Elle prend la main de son père et insensiblement écarte sa mère !…

Remarque

Cette situation œdipienne est vécue avec plus ou moins d'intensité selon les enfants.
Le jeune enfant est troublé par tous les sentiments qu'il éprouve (*amour-hostilité-jalousie-inquiétude-frustration-agressivité-culpabilité-crainte-solitude…*).
L'enfant découvre la solitude face au couple parental, il est amené à passer d'une relation à deux (lui et sa mère) à une relation triangulaire (père-mère-enfant). Face à cette situation, il cherche à trouver sa place, il cherche l'affection sécurisante.
Le comportement de l'enfant change, il devient agressif envers l'un des deux parents. Il passe une période troublée et la façon dont il va résoudre ce complexe dépend beaucoup de l'attitude des parents.

Rôle de l'EJE

Conseils aux parents

Les parents doivent aider l'enfant à se délivrer progressivement de ses tensions. Savoir le comprendre, l'aimer, lui pardonner son agressivité et ses paroles malheureuses, et surtout ne pas provoquer inutilement sa jalousie par un comportement amoureux aux démonstrations excessives. Ils doivent, de plus, lui expliquer sa place au sein de la triade familiale et chercher surtout à lui offrir l'image d'adultes équilibrés et heureux, qui suscitent estime et amour sécurisant.

D Le stade génital (à la puberté)

Un « *stade de latence* » ou « *accalmie sexuelle* » (Freud), se déroule entre 6 et 12 ans. C'est une période calme sur le plan sexuel, par rapport à la période précédente.
Le stade génital ne se manifeste qu'à la période pubertaire. Il se caractérise par une maturité sexuelle.
La zone génitale devient zone érogène dominante. Mais la réalisation de cette maturité peut être perturbée ou empêchée par des anomalies survenues aux stades antérieurs.
On peut, par exemple, observer au cours de la puberté des phénomènes de régression ou de fixation à l'un ou l'autre des stades antérieurs, avec une résurgence des tendances qui les caractérisent ; c'est surtout le complexe d'Œdipe qui mène la vie dure à l'équilibre psychique de l'adulte.
« À la puberté, dit Freud, l'individu se trouve devant une grande tâche qui consiste à se détacher des parents ». Cela ne se fait pas sans heurts…

CHAPITRE 15

Les grands courants de pensée (psychologie et psychanalyse)

A Les grands courants de la psychologie

Les grands courants de pensée influençant l'approche psychologique de l'enfant sont fondés généralement sur les théories suivantes :

- la *théorie maturationniste* : elle met l'accent sur les aspects biologiques et préformés du développement ;
- la *théorie éthologiste* : elle met l'accent sur les conduites programmées, pouvant être déclenchées par les stimuli de l'environnement ;
- la *théorie constructiviste* : insiste sur le processus de construction du sujet en développement ;
- la *théorie socio-constructiste* : accorde une importance aux interactions sociales dans l'apprentissage ;
- la *théorie behavioriste* : accorde un rôle décisif aux mécanismes d'apprentissage (conditionnement).

1 La théorie maturationniste (ou innéiste)

◆ Le principe

La théorie repose sur le postulat suivant : le développement de l'être humain évolue en fonction d'informations innées. Le développement organique et le développement psychologique sont programmés et les structures de comportement préformées. A. Gesell est le grand théoricien de la maturation.

◆ Le théoricien : Arnold Gesell (1880-1961)[1]

Psychologue américain, A. Gesell est aussi médecin. C'est dans sa célèbre « trilogie sur l'enfance » qu'il présente son système des « stades de développement » de la naissance à 16 ans.
Pédagogue d'enfants différents, il estime nécessaire d'étudier les enfants normaux pour disposer de normes de comparaison sur lesquelles appuyer les méthodes de rééducation. Elles deviennent rapidement des guides de croissance sous la forme de « baby-tests »[2].

---

1. Gesell A, Ilc F. Le jeune enfant dans la civilisation moderne. Paris : PUF ; 1961. Gesell A., Amatruda CS. L'embryologie du comportement, traduction du Dr Chauchard. Paris : PUF ; 1953.
2. Les *baby-tests* sont des échelles descriptives qui fournissent un ordre chronologique d'apparition des séquences de développement. Ordonnées par mois et années d'âge, elles donnent une valeur statistique et permettent de mesurer avec une relative précision un niveau de développement et non un quotient intellectuel (QI).

Pour l'étude du jeune enfant, A. Gesell utilise une méthode d'observation très rigoureuse en se servant de la caméra comme outil de travail. Avec les enfants plus grands, il combine les méthodes d'observation, de test et d'interview.

Sa théorie du développement psychologique

Dans sa théorie du développement psychologique, A. Gesell accorde à la notion de *maturation* une importance capitale. La maturation correspond ici aux modifications dues à l'hérédité.
La croissance mentale est étroitement liée à la croissance du système nerveux. Cette croissance est génétiquement programmée. La croissance mentale se traduit par des structures de comportement de plus en plus complexes. Il existe donc un parallélisme étroit entre le développement anatomo-physiologique et comportemental. A. Gesell croit en un certain *déterminisme biologique*. Il ne nie pas l'influence du milieu, mais il ne lui accorde que peu d'importance. Il n'a, selon lui, qu'un rôle de direction : « il oriente et spécifie par conditionnement restrictif, mais il ne crée pas les progressions elles-mêmes.

Sa théorie de l'apprentissage

Dans sa théorie de la maturation, A. Gesell introduit la notion de plasticité qui lui est complémentaire. Cette plasticité permet l'apprentissage. Cependant, son étude comparative des couples jumeaux (monozygotes, donc de même génotype) apporte la preuve expérimentale de l'inutilité d'un apprentissage trop précoce. En effet, deux jumeaux monozygotes, placés dans les mêmes conditions, mais à des âges différents, sont entraînés à un comportement donné, tel que monter les escaliers. L'expérience montre que le deuxième jumeau acquiert plus rapidement la performance parce qu'il a été soumis à un entraînement à un âge plus tardif. Cela démontre la prépondérance de la maturation dans l'acquisition d'une conduite.

Sa théorie des facteurs du développement

A. Gesell admet deux facteurs d'inégale importance dans le développement psychologique de l'enfant : un facteur interne (la maturation) et un facteur externe (le milieu).

- La *maturation* : son influence est prépondérante. Elle est liée :
  - au développement et à la croissance du système nerveux : le degré de maturation mentale est fonction du niveau de maturation du système nerveux ;
  - à l'hérédité : l'enfant possède des traits et des tendances innés (d'origine familiale, raciale et sociale) qui déterminent jusqu'à un certain point ce qu'il pourra apprendre, quand et comment il pourra l'apprendre.
- Le *milieu* : l'importance de la maturation n'exclut pas l'influence du milieu, en particulier du milieu social. « Si l'enfant avait grandi dans un monde naturel, sans monde social, il serait sans doute resté capable des principales adaptations nécessaires à la vie, mais il serait presque entièrement dépourvu de toute personnalité », dit A. Gesell.

Sa théorie du mécanisme du développement

Ce mécanisme est mû par des forces de croissance intrinsèques qui modifient l'architecture interne du système nerveux. Il est indépendant des circonstances et stimulations externes.
Dès la période embryonnaire, ces forces de croissance ordonnent les matériaux vivants de l'organisme en structures organisées. Ils trient des millions de cellules nerveuses qui pénètrent progressivement dans les fibres musculaires. En temps opportun, les influx passent des fibres nerveuses aux fibres musculaires pour produire des mouvements. Dès lors, les structures

existantes se transforment en structures plus complexes ; l'activité motrice, provenant de ces structures, débouche sur un « comportement » qui se structure progressivement.

Sa théorie des axes du développement

Le développement résultant de la maturation s'effectue selon deux axes :
- *un axe céphalo-caudal*, dans le sens longitudinal, de la tête vers les pieds ;
- *un axe proximo-distal*, dans le sens transversal, des parties les plus proches du corps aux parties les plus éloignées.

Le développement est oscillant, rythmé, diaphasé, en spirale :
- les oscillations sont faites de *déséquilibres et d'équilibres relatifs*, de retour en arrière et de répétitions sous forme de cycles et de sous-cycles ;
- le cours du développement a une *allure en spirale* : la croissance de l'organisme ne se fait pas en ligne droite, mais oscille en spirale vers la maturité. Les stades ne se succèdent pas d'une façon nette et tranchée. Il y a retour partiel à des types d'activités antérieurs et réincorporation d'anciennes composantes aux comportements nouveaux.

Les stades de développement sont des profils de comportement et de maturité. Le profil d'un stade représente une synthèse du comportement total de l'enfant à un âge donné. Chaque stade comprend des comportements spécifiques qui sont des traits de maturité. Les structures de comportement habituellement observables sont regroupées selon quatre « sphères » :
- *comportement moteur* : posture, locomotion, préhension, ensembles posturaux ;
- *comportement adaptatif* : capacité à percevoir des éléments significatifs dans une situation et à se servir de l'expérience *présente* pour s'adapter à des situations nouvelles ;
- *comportement verbal* : toutes les formes de communication et compréhension des gestes, sons, paroles ;
- *comportement personnel et social* : réactions personnelles à d'autres personnes et à la culture sociale.

2 La théorie éthologiste

◆ Le principe

Les auteurs qui se rattachent à ce point de vue estiment que l'organisme humain dispose d'un certain nombre de conduites pouvant être déclenchées en présence de certains stimuli du milieu. L'intégration fonctionnelle se produit à des « périodes sensibles » du développement, lorsque l'organisme est le plus réceptif à une stimulation d'un type particulier. Tel est le cas du mécanisme inné d'attachement se produisant dès la naissance. D'une façon générale, ces chercheurs étudient les signes, les gestes, les attitudes, les mouvements qui, dans l'interaction de l'enfant avec son milieu, prennent une valeur de « signal » et ont un effet déclencheur de conduites. Ces comportements sont à la base de la communication non verbale.

◆ Le 1er théoricien : John Bowlby (1907-1990)

Psychiatre, psychanalyste anglais, il s'intéresse particulièrement aux effets pathologiques de la séparation précoce mère-enfant. Peu satisfait des thèses psychanalytiques freudiennes relatives à la genèse de la relation objectale, il reconsidère, à la lumière des travaux de Lorentz, la notion d'attachement à la mère. Il étudie notamment le mécanisme inné d'attachement et l'importance du besoin précoce d'attachement.

Sa théorie sur l'attachement

L'éthologie est la science qui étudie le comportement de l'animal dans son milieu naturel et non en laboratoire. Cette science recourt à la biologie, et donc aux notions d'équipements héréditaires de l'espèce. Le fondateur en est Konrad Lorenz qui a développé l'étude de l'éthologie sur les bébés humains. L'empreinte est considérée comme une forme particulière d'attachement.

Situation

Observations faites par K. Lorenz sur les canetons : « l'attachement » des canetons

Dès leur naissance, les canetons suivent le premier objet mobile qu'ils rencontrent. C'est leur mère (la cane). Ils adoptent cette « gestalt » en mouvement comme objet d'amour et comme représentant de leur espèce. Le lien qui s'établit entre l'objet et les canetons est un lien stable et irréversible.

Remarque : interprétation de ce comportement

L'objet en mouvement joue le rôle de *stimulus déclenchant*. Il provoque (par un mécanisme inné de déclenchement) une réponse : la conduite de suite de l'objet. Cette première « fixation » du caneton à l'objet privilégié est appelée en éthologie : l'*empreinte*.

L'importance du *besoin précoce d'attachement* et les séquelles d'une carence précoce d'attachement chez le bébé humain ont été mises en évidence.

Sa théorie de l'attachement du bébé humain

J. Bowlby réfute la notion freudienne de l'établissement de la relation d'objet libidinal par étayage sur la satisfaction du besoin oral. Il considère que l'attachement réciproque du bébé à sa mère et de la mère au bébé résulte de certains systèmes de comportements caractéristiques de l'espèce. Le nouveau-né est doté d'un certain nombre de systèmes comportementaux prêts à être activés, tels que pleurer, sourire, sucer, suivre des yeux, s'agripper. Ces réactions sont le résultat d'une discrimination des stimuli externes émanant d'êtres humains (tels que les stimuli tactiles, la voix, le visage vu de face). La réponse de l'enfant se déclenche automatiquement parce qu'elle est préformée et qu'il lui faut juste un stimulus déclenchant pour se manifester. C'est la première phase du comportement, dite *phase d'orientation et de signaux sans discrimination de figure* (empreinte). Les réactions de l'enfant provoquent une réponse de la mère. Celle-ci constitue un nouveau « signal ». C'est sur l'enchaînement de ces signaux que vont s'organiser, selon J. Bowlby, les prémisses de la relation mère-enfant. Notons que, selon cette théorie, c'est le « niveau de programmation génétique » qui rend la mère et l'enfant biologiquement aptes à recevoir les signaux du partenaire.

Cette période sensible, ce phénomène d'empreinte, peuvent éclairer les mesures pratiques qui se développent depuis quelques années dans les maternités : nouveau-né posé sur le corps de sa mère, encouragements aux stimulations tactiles précoces, etc.

◆ Le 2e théoricien : Hubert Montagner

H. Montagner est éthologue. À partir des années 1970, il entreprend l'étude de la *communication non verbale* dans des groupes d'enfants en collectivité (crèches, écoles maternelles). Il utilise le film et l'observation continue. Il met au point un poste d'observation lui permettant d'étudier les enfants sans être remarqué d'eux (glace sans tain, orifices pour les caméras) afin d'éliminer l'éventuelle influence de l'observateur sur le comportement des enfants.

Ses observations sur l'enfant et la communication[3]

L'analyse des modalités d'échange entre les enfants dans le groupe a mis en évidence différentes séquences comportementales, véritable mode de communication préverbale, ayant pour but d'apaiser ou de créer des liens, ou au contraire ayant comme effet de provoquer une rupture de liens, une fuite ou une agression. En fonction de la fréquence d'utilisation de tel ou tel comportement, il a dégagé certains « types comportementaux » (tels que les leaders, les dominés agressifs). Il a ensuite cherché comment se différenciait et se modifiait chacun de ces profils en fonction de l'attitude de la famille, des éducateurs et des auxiliaires de puériculture (AP) (pour les crèches) et des enseignants (pour les écoles maternelles).
H. Montagner a remarqué que, dans un groupe d'enfants de 14 mois à 3 ans, on retrouve essentiellement l'*apaisement*, l'*offrande* et la *menace*.
Les *leaders* sont les enfants qui expriment le plus d'actes de lien (d'offrandes) et qui sont capables de canaliser les enfants les plus agressifs (ils sont apaisants).
NB. Nous avons développé les théories de H. Montagner au chapitre sur le développement dans cet ouvrage.

Sa théorie sur les corrélations de comportements mère-enfant

Certaines corrélations entre le profil de comportement de l'enfant et l'attitude de la mère ont été mises en évidence par H. Montagner :

- les *mères des leaders* manifestent dans leur comportement envers l'enfant beaucoup d'actes d'offrande et de liens, et peu de menaces, d'agression, de brusqueries. Elles ont un comportement stable et sont très à l'écoute de l'enfant. Lorsqu'elles viennent le chercher à la crèche, elles sont détendues, s'accroupissent pour le saluer, s'intéressent à ce qu'il fait, ne l'accaparent pas. En général, leurs conditions de travail extérieur ne sont pas trop contraignantes ;
- les *mères des dominés agressifs* sont généralement très exigeantes vis-à-vis de leur enfant. Elles souhaitent qu'il fasse des acquisitions précoces et, en voulant trop exiger de lui, ont tendance à le diminuer, à le dévaloriser (parmi elles, on note de nombreuses enseignantes ou commerçantes).

Rôle de l'EJE

Le rôle de l'adulte (parent ou EJE) consiste à favoriser le dialogue et les capacités d'expression du jeune enfant. Il doit également aider l'enfant à moduler certains de ses comportements, en particulier ses comportements agressifs afin de lui permettre de mieux-être intégré au groupe. Pour ce faire, il lui faudra trouver des moyens de canaliser l'agression en la détournant par des offrandes, ou en valorisant ses possibilités physiques dans des activités où il pourrait être dominant sans être dangereux pour les autres.

3. Montagner H.

3 La théorie constructiviste

◆ Le principe

Les partisans de cette théorie présentent le développement psychique comme une construction progressive qui s'édifie à partir des *interactions* entre l'enfant et le monde extérieur.

◆ Le 1er théoricien : Jean Piaget (1896-1980)

Psychologue suisse, biologiste et zoologiste, il est fasciné par les problèmes de l'acquisition et de l'évolution des connaissances. En tant qu'épistémologue, il s'est préoccupé de l'enfant pour expliquer l'adulte et non pour expliquer l'enfant lui-même. C'est pourquoi il s'est toujours défendu d'être un psychologue de l'enfance. La plus grande partie de son œuvre est consacrée à l'étude du *développement cognitif* : processus par lequel un être vivant acquiert des informations sur son environnement. Ses études le conduisent à élaborer une théorie du développement intellectuel.

Sa théorie du développement

Selon J. Piaget, l'intelligence est un prolongement de l'adaptation biologique. C'est une forme d'*adaptation* au milieu. Il y a continuité entre le biologique et l'intellectuel. Le développement intellectuel est une construction continue qui consiste en une équilibration progressive. Il évolue par stades, par paliers d'équilibre, jusqu'à la pensée de l'adulte qui représente l'équilibre final. À chaque stade, une nouvelle structure s'élabore à partir des précédentes. Autrement dit, les structures construites à un âge donné deviennent partie intégrante des structures de l'âge suivant.

Sa théorie sur les facteurs du développement

Le développement intellectuel de l'enfant se réalise sous l'influence de la maturation *organique*, du *milieu physique*, du *milieu social*.

- la *maturation organique*, et notamment celle du système nerveux, intervient dans le développement intellectuel, mais elle n'est jamais indépendante d'un exercice fonctionnel. Elle ne détermine pas non plus la mise en place de structures préprogrammées. Elle se borne à ouvrir une série de possibilités, grâce auxquelles les conduites se révèlent ;
- le *milieu physique* agit à partir de l'expérience acquise dans l'action effectuée sur les objets pour en découvrir les propriétés. Il s'agit d'expériences concrètes aboutissant à des abstractions simples (par exemple : l'enfant découvre que les objets ont un poids, propriété à distinguer de leur forme, de leur volume, de leur couleur) ;
- le *milieu social* : il intervient parce qu'enfant vit en société. Du fait de sa participation active, il y a *interaction* entre lui et le milieu social. Les facteurs de développement sont le langage, l'échange social et la socialisation et enfin la transmission sociale ou éducation.

Sa théorie sur le mécanisme du développement

Pour J. Piaget, la finalité du développement cognitif[4] est l'*adaptation* de l'individu à son environnement.

Deux fonctions essentielles interviennent dans ce développement et permettent de comprendre les processus d'adaptation puis d'équilibration : il s'agit de l'assimilation et de l'accommodation.

4. Cognitif : relatif à la faculté de connaître.

- l'*assimilation* : c'est un processus par lequel une conduite se reproduit activement et s'intègre à de nouveaux schèmes[5]. Par exemple : sucer son pouce en l'intégrant au schème de la tétée. Elle procède par l'intériorisation d'une action, sous forme de modèle d'action, sur lequel l'enfant ajuste sa conduite afin de pouvoir approcher et comprendre d'autres projets. Par exemple : la répétition de l'acte de téter le sein donne le schème de la tétée. L'enfant va généraliser ce schème à tous les autres objets qu'il porte à sa bouche ;
- l'*accommodation* : c'est la façon qu'utilise l'enfant pour répondre aux résistances qu'il rencontre, pour réajuster le schème au nouvel objet qu'il tente de comprendre. Ce réajustement consiste en une modification de la structure du schème acquis précédemment. Ce jeu entre l'assimilation et l'accommodation se fait lui-même selon un mécanisme : l'*autorégulation.*

L'*équilibration* : pour comprendre ce mécanisme, il faut concevoir l'interaction entre l'enfant et le milieu en termes de déséquilibre. Autrement dit, chaque fois que l'enfant arrive à établir un équilibre entre lui et son environnement, cet *équilibre est rompu* pour différentes raisons :
- soit parce que l'enfant veut accéder à une meilleure compréhension du milieu et des objets ;
- soit parce que des changements sont intervenus dans le milieu lui-même.

Le mécanisme d'autorégulation intervient pour réduire et corriger les différents écarts. Il s'effectue à la manière des tentatives d'un cycliste débutant qui corrige la chute probable en se redressant lors des déviations. L'apprentissage par essai et erreur suppose lui aussi des régulations dites en « boucle » : chaque erreur corrigeant l'essai suivant.

Mémo psy

L'effort continuel « d'adaptation »

Le développement cognitif de l'enfant est donc un *effort continuel d'adaptation* résultant de l'équilibre entre assimilation et accommodation par mécanisme d'autorégulation. Ce mécanisme s'observe à tous les stades. Les développements affectif et intellectuel sont, pour J. Piaget, inséparables, mais distincts. Les relations qui existent entre eux sont fonctionnelles. L'affectivité est considérée comme le moteur de la construction progressive du système cognitif, mais elle n'est rien sans l'intelligence qui lui fournit tous ses moyens et éclaire ses buts.

Sa théorie sur les « stades du développement »[6]

J. Piaget estime que le développement mental de l'enfant apparaît comme une succession de trois grandes constructions :
- l'intelligence sensori-motrice (de 0 à 2 ans) ;
- l'intelligence opératoire concrète (de 2 ans à 11-12 ans) ;
- l'intelligence opératoire formelle (11-12 ans à 16 ans).

(Ces périodes, ou stades, sont divisées en sous-stades.)

---

5. Un schème est le modèle d'une action qui est transposable, généralisable ou différenciable d'une situation à la suivante.
6. Piaget J., Inhelder B. La psychologie de l'enfant. Paris : PUF ; 2004.

NB. Les théories de J. Piaget sont énoncées dans cet ouvrage au chapitre sur le développement de l'enfant (DF1).
Rappelons ci-après les grandes expériences de J. Piaget.

Situation

Les grandes expériences de J. Piaget

► *La réaction circulaire primaire*

Au début de la vie, la succion est une conduite réflexe (innée), mais vers l'âge de 1 à 4 mois, il ne s'agit plus d'une conduite innée. L'activité de l'enfant se transforme en fonction de l'expérience.
Ex. : la succion du pouce se fera, non plus par hasard, mais par coordination entre la main et la bouche.
Par le mécanisme de « réaction circulaire primaire », le résultat découvert par hasard du plaisir de sucer sera conservé par répétition.

► *La réaction circulaire secondaire (de 4 à 8 mois)*

Ex. : l'enfant découvre par hasard qu'en tirant sur le cordon qui pend de son berceau, tous les objets qui y sont fixés remuent. Par la suite, il cherchera à tirer systématiquement sur le cordon pour voir bouger les objets !
Ce sous-stade est la charnière entre les actes préintelligents et les actes intentionnels.
Alors que les réactions circulaires primaires portent sur le corps propre, les réactions circulaires secondaires portent sur les objets extérieurs et prolongent les premières.

► *La réaction circulaire tertiaire et la découverte de moyens nouveaux par expérimentation active (11-12 mois à 18 mois)*

Ex. : l'enfant essaie tout d'abord d'atteindre directement l'objet (ex. : un verre de jus d'orange sur la table) placé hors de sa portée. Il peut découvrir la possibilité d'attirer à lui l'objet éloigné en tirant la nappe sur laquelle il est posé.

► *L'expérience sur le début de la représentation mentale (18 mois à 2 ans)*

Ce stade marque la transition entre la période sensori-motrice et celle de l'intelligence représentative.
Ex. : l'enfant, en présence d'une boîte d'allumettes entrouverte contenant un petit objet, essaie de l'ouvrir d'abord par divers tâtonnements matériels (sous-stade précédent), mais après échec, il suspend son action, réalise un examen de la situation, puis brusquement, glisse son doigt dans la fente et ouvre la boîte.
L'enfant devient capable de trouver des moyens nouveaux, non plus par tâtonnements extérieurs, mais par combinaisons intériorisées qui aboutissent à une compréhension soudaine.

► *L'expérience sur la fonction symbolique (2 à 4 ans)*

Un objet que l'on voit pour la première fois laisse, après sa disparition, une « image mentale » qui est une copie et une reproduction intérieure de l'objet.
Ex. : le chasseur peut se représenter la présence d'un ours à un endroit précis à cause de l'existence de pas sur la neige. La trace de l'ours est le signifiant, l'ours est le signifié.
Piaget appelle « fonction symbolique » (ou sémiotique) la capacité d'évoquer des objets, ou des situations non perçues actuellement, en se servant de signes ou de « symboles ».
Au cours de la deuxième année, la fonction symbolique se manifeste par différents moyens :

- l'*imitation différée* est l'imitation qui débute en l'absence du modèle. Elle est accommodation plus ou moins pure aux modèles extérieurs ;
- le *jeu symbolique*, ou jeu de fiction, est au contraire l'assimilation du réel aux besoins du Moi ;
- les expériences sur la « pensée intuitive » (ou prélogique) vers 2 à 7 ans.

Elles se caractérisent par l'*animisme* : c'est la croyance que les choses sont vivantes et douées d'intention : l'enfant qui se cogne contre une table accuse « la méchante table de lui avoir fait du mal ».

► *Les expériences sur les opérations concrètes (7 à 12 ans)*

Ex. : compter, classer, sérier, tout sera exploité à l'école lors de l'apprentissage de l'arithmétique.
Au cours de cette période de grands progrès sont faits dans la socialisation et l'objectivation de la pensée. L'enfant est alors capable de *décentration* et n'est plus limité à son seul point de vue.

◆ Le 2e théoricien : Henri Wallon (1879-1962)

Psychologue français et médecin, H. Wallon s'oriente très vite vers la psychologie de l'enfant. C'est dans une perspective psychogénétique qu'il étudie le comportement global de l'enfant et le développement de sa personnalité. Sa thèse décrit pour la première fois un *stade émotionnel* et apporte une contribution originale à la connaissance de l'enfant. Il représente en France une référence essentielle en psychologie de l'enfant.

Sa théorie du développement

Sa théorie se rattache au point de vue constructiviste. Le développement psychologique repose sur la maturation et le besoin d'autrui :

- la *maturation* est la condition nécessaire à tout apprentissage. C'est par la maturation que le psychisme se construit ;
- le *besoin d'autrui* : l'enfant, immature à la naissance, est incapable de survivre seul. Il est dépendant de son entourage social pour la satisfaction de ses besoins vitaux (alimentation, soins d'hygiène…). L'enfant est « social biologiquement », dit H. Wallon. C'est à partir de la communication avec son entourage, que l'enfant va passer d'un état d'indifférenciation totale à la construction de l'image de « soi » et de celle des autres.

H. Wallon conçoit le développement psychologique en stades déterminés par les possibilités internes de l'enfant et les conditions extérieures de son existence.

Sa théorie sur les facteurs de développement

Dès le début du développement psychique, les facteurs d'origine biologique et les facteurs d'origine sociale s'entremêlent et agissent solidairement. Chaque nouvelle acquisition de l'enfant devient à son tour facteur de développement. Par exemple, l'acquisition de la marche ou de la préhension exerce une influence sur l'évolution des connaissances et des relations sociales.

Sa théorie sur le mécanisme du développement

La dynamique du développement réside dans les échanges conflictuels entre l'enfant et son milieu. Le développement est jalonné de conflits, de crises, nés de déséquilibre entre la maturation et l'influence du milieu ambiant.

Sa théorie sur les stades du développement

H. Wallon étudie le développement de l'enfant en six stades :

- le *stade impulsif de la naissance à 6 mois*. Le nouveau-né répond aux stimulations par une *réponse réflexe*. Elle peut être une décharge motrice générale ou un acte réflexe adapté à sa fonction (tel que la succion) ;

- le *stade émotionnel de 3-6 mois à 12 mois.* Ce stade représente le passage du physiologique au psychique. Il est caractérisé par des *réactions émotionnelles.* L'enfant, étant incapable de se suffire à lui-même, doit agir sur son entourage pour lui signaler ses besoins et obtenir satisfaction. Il utilise comme moyens expressifs les cris, les gestes, qui deviennent alors de véritables « signes d'appel ». C'est en fonction du nombre et de la nature des réponses apportées que l'enfant va progressivement développer son système intentionnel de communication. C'est donc grâce aux *interactions* entre l'enfant et son milieu, par l'intermédiaire des réactions émotionnelles et affectives, que se constituent les premières structures de la vie mentale ;
- le *stade sensori-moteur et projectif (de 1 à 3 ans)* :
  - *stade sensori-moteur (de 1 à 2 ans)* : l'acquisition de la marche permet à l'enfant d'accéder à un nouvel espace lui offrant une multitude de nouvelles disponibilités d'investigation. La parole ouvre les possibilités de communication de l'enfant et contribue à la prise de conscience de soi ;
  - *stade projectif (de 2 à 3 ans)* : l'intelligence est une « intelligence des situations » essentiellement sensori-motrice. L'enfant connaît l'objet par « l'action » qui s'y rattache. À ce stade, l'enfant est « égocentrique ». Il assimile l'autre à lui-même, il se différencie mal de l'autre ;
- *le stade de personnalisme (de 3 à 5 ans)* :
  - au cours de ce stade, l'enfant devient capable de se situer par rapport aux autres. Cette prise de « conscience de soi » se traduit par la crise d'opposition et de négativisme, dite *crise de personnalité* (vers 3 ans) ; l'enfant s'oppose sans cesse à l'autre, lui dit « non », s'entête, n'obéit pas. Il refuse d'être aidé : il veut tout faire seul. Il affirme par là sa personnalité naissante, le clivage entre moi et l'autre, l'accession à son « je »,
  - enfin, l'enfant cherche à s'affirmer aux yeux de l'autre. Il le fera tout d'abord en attirant l'attention par son opposition, période suivie d'une « période de grâce » où l'enfant veut être séduisant (il veut se faire aimer et admirer).
- le *stade de la personnalité polyvalente (de 6 à 11 ans).* Au cours de cette période, la curiosité de l'enfant se déplace de sa propre personne et se tourne vers l'extérieur. Sa personnalité évolue vers une *autonomie croissante.* L'enfant sort de la constellation familiale et entre dans la communauté scolaire où il va pouvoir multiplier ses expériences sociales ;
- le *stade de la puberté et de l'adolescence (à partir de 11 ans).* L'adolescent accorde de l'importance aux actions menées vers la satisfaction des *besoins du Moi.* Ses principales préoccupations intéressent sa personne propre. Cette période est marquée par la reconstruction du Moi à un niveau supérieur. Elle n'est pas sans analogie avec la « crise des 3 ans ».

4 La théorie socio-constructiviste : Lev Vygotski (1896-1934)

L. Vygotski, psychologue russe, est connu pour ses recherches en psychologie du développement. Il s'intéresse tout particulièrement aux problèmes du développement de l'enfant, mais également à la construction de la pensée.

Né la même année que J. Piaget, il se différencie de lui en proposant une interprétation différente du développement de l'enfant. En effet, pour L. Vygotski, le développement de l'enfant s'effectue du social vers l'individuel alors que J. Piaget défend le contraire.

L. Vygotski a développé la notion de *zone proximale de développement* (ZPD). C'est un espace qui décrit ce que l'enfant peut dénouer seul ou avec l'aide d'autrui quand un accompagnement

adapté lui est offert. Cette zone détermine deux niveaux de développement, celui atteint par l'enfant et celui qu'il peut potentiellement atteindre. En effet, les interactions permettent à l'enfant d'apprendre de lui-même ou avec l'aide d'un adulte, ainsi il apprend à résoudre des problèmes qu'il ne pouvait auparavant.
L. Vygotski articule sa théorie autour de trois grands axes :

◆ Une approche historique et culturelle

Selon L. Vygotski, l'évolution historique et culturelle de la société impacte sans aucun doute le développement des fonctions psychiques supérieures. En effet, chaque société construit sa propre culture au regard de son histoire et des pratiques qui lui sont propres. Chaque membre de la société va alors progressivement intégrer la culture portée et soutenue par le collectif.
Cette approche défend l'idée que le développement de l'enfant n'est pas un processus autonome et interne mais que l'environnement (groupe social d'appartenance de l'enfant) y joue un rôle fondamental.

◆ Les médiations et interactions sociales

Selon L. Vygotski, le développement des fonctions psychiques de l'individu s'effectue sur un modèle de transmission culturelle, via la médiation sociale et est ancré dans des dimensions historiques. Le développement de l'enfant s'ancre forcément dans ses interactions avec autrui, interactions asymétriques, c'est-à-dire avec l'adulte (parents, éducateur, adulte). Cette interaction sociale avec un adulte plus compétent sera alors le moteur de son développement. En effet, le processus d'intériorisation (systématiquement de l'extérieur vers l'intérieur) permet à l'enfant d'accéder à une autonomie du développement de la pensée.

◆ Les instruments psychologiques

Selon L. Vygotski, les instruments psychologiques ne sont pas organiques ou individuels, mais des élaborations sociales par nature. Il est important de préciser que L. Vygotski pense que le langage est un régulateur essentiel de l'activité humaine. Le langage est créé par l'homme, c'est un produit culturel qui a été élaboré au fil du temps par les générations. Le langage comme instrument psychologique est mis à disposition de l'enfant dans le cadre de ses interactions sociales avec l'adulte.
L'intériorisation de ces instruments va permettre à l'enfant d'être à son tour le médiateur de la culture, mais également de développer son intelligence.

Rôle de l'EJE

Les structures de la petite enfance sont des espaces privilégiés où des professionnels vont accompagner les enfants dans leur développement. Les hypothèses de L. Vygotski sont à prendre en compte dans leurs réflexions éducatives. L'EJE, un des premiers adultes en interaction avec l'enfant, est un médiateur social qui permet à l'enfant d'accéder à la culture.
D'après L. Vygotski, s'appuyer sur les connaissances que les professionnels ont des différents stades de développement de l'enfant ne suffit pas. Il convient également de prendre en compte l'enfant comme un être social, qui élabore des relations avec autrui et son environnement.

5 La théorie behavioriste (le conditionnement)

◆ Le principe

La théorie des behavioristes repose sur le principe que le comportement humain est le résultat d'un ensemble de réactions acquises en réponse aux *stimulations* externes. Les conduites humaines sont, en quelque sorte, des *automatismes innés ou acquis*. L'homme est donc considéré comme une machine dont le processus de fonctionnement est le fait de divers mécanismes physico-chimiques. Le développement de l'individu se fait par *conditionnement* de cette structure physico-chimique à des réactions appropriées selon son niveau d'organisation et l'action du milieu.

◆ La théorie

Du point de vue behavioriste, l'enfant est une entité organique en constante interaction avec le milieu. Son développement psychologique dépend de l'évolution organique mais aussi, et surtout, des expériences et apprentissages. Ces deniers sont essentiellement décrits en termes de conditionnement.

Situation

L'expérience de « Pavlov » !

Le conditionnement a été mis en lumière avec la célèbre expérience de Pavlov. Ce dernier faisait tinter une clochette en offrant le repas à son chien… jusqu'au jour où il n'a pas servi le repas mais seulement fait tinter la clochette !

L'expérience se fait en trois temps :

- *1er temps* : la présentation du repas est considérée comme un *stimulus inconditionnel.* Elle déclenche chez le chien la salivation (*une réponse inconditionnelle*) ;
- *2e temps* : la présentation du repas est suivie, après un court temps d'un son de cloche (stimulus neutre), le chien continue de saliver (l'expérience doit être répétée plusieurs fois) ;
- *3e temps* : le chien salive au seul son de cloche, bien que le repas n'ait pas été présenté ! Il a été *conditionné* (c'est ce que l'on appelle le conditionnement répondant).

Remarque

Dans ce type de conditionnement, la stimulation précède toujours la réponse, et la relation fonctionnelle s'établit entre le stimulus et la réponse. Il est aisé de faire le parallèle avec l'éducation. Par exemple, si on conditionne un enfant par un *stimulus neutre*, tel que le cri (« attention » !) chaque fois que l'on approche vivement un objet devant ses yeux, après un certain nombre de répétitions, l'enfant anticipera et fermera les yeux au simple cri « attention ». Le cri provoque une réaction inconditionnelle (il faut l'avouer, nous avons tous été « conditionnés » au cours de notre vie par notre entourage !).

B Les grands courants de la psychanalyse

S. Freud est le premier théoricien de la psychanalyse. Il révéla l'importance déterminante du vécu de la petite enfance dans le développement de l'être humain. À la suite de S. Freud, la psychanalyse a fait l'objet de nombreuses autres études et a suscité, jusqu'à aujourd'hui, de nombreuses controverses.

1 Introduction : intérêts de la psychanalyse pour les professionnels de l'enfance

La psychanalyse a permis de mieux comprendre l'enfant et d'améliorer son vécu quotidien. Encore faut-il qu'en structures d'accueil les professionnels soient sensibilisés à l'écoute analytique de l'enfant et qu'ils aient des connaissances sur sa vie psychique et son développement. Ce « savoir-être » et ce « savoir » orientent la qualité de l'intervention des professionnels de l'enfance.

- L'*écoute analytique* de jeunes enfants dans une collectivité consiste à prendre en compte, non seulement leurs besoins, mais aussi leurs demandes, notamment leurs demandes affectives. Cette écoute a pour but de permettre à l'enfant d'exprimer quelque chose de l'ordre du désir.
- L'*observation psychanalytique* des conduites dans les soins donnés aux jeunes enfants, permet aux professionnels d'avoir un autre regard sur l'ensemble de leurs activités.
- Le *regard psychanalytique* sur l'enfant permet de recevoir sa souffrance sans la dénier, tout en nous autorisant à en soulager les signes physico-affectifs immédiats. Il nous apprend à recevoir l'angoisse et l'agressivité de l'enfant en sachant que celle-ci ne nous est pas directement adressée. Elle nous fait comprendre que l'enfant a besoin d'exprimer celle-ci en direction de quelqu'un capable de l'entendre.

Enfin, toutes les *connaissances acquises par le psychanalyste* dans le domaine du développement psychomoteur nous aident à mieux répondre aux besoins spécifiques de l'enfant engendrés par chaque nouveau stade de son développement.

> **Mémo psy**
>
> ***Les différents points de vue psychanalytiques***
>
> Chaque auteur étudié dans ce chapitre est chef de file d'une école ou initiateur d'un courant et propose une approche spécifique de la petite enfance. Celle-ci est faite par certains en termes d'*interactions* mère-enfant, par d'autres en termes d'*attachement*, ou par d'autres encore en termes de *carence* maternelle précoce. Mais avant d'étudier le rôle influent de tous ces « chefs de file » de la psychanalyse infantile, il convient de parler du « père » de la psychanalyse, c'est-à-dire de S. Freud.

2 Sigmund Freud (1856-1939)

◆ Le grand théoricien

Médecin autrichien, S. Freud est le fondateur de la psychanalyse. En 1900, il crée la « Société psychanalytique de Vienne » et consacre sa vie à la psychanalyse.

S. Freud s'intéresse à l'enfance dès qu'il découvre que l'hystérie a pour origine un traumatisme psychique subi dans le jeune âge et dans son livre *Trois essais sur la théorie de la sexualité*, S. Freud montre l'importance de la pulsion sexuelle dans le développement de l'enfant. C'est l'analyse du petit Hans (un petit patient âgé de 5 ans) qui est à l'origine de sa théorie révolutionnaire sur la sexualité de l'enfant.

Situation

L'analyse du « petit Hans »

Le « petit Hans » (âge de 5 ans) souffre de crises d'angoisse et de phobies, en particulier la phobie des chevaux. Celle-ci devenait si forte que Hans ne voulait plus se promener dans les rues. S. Freud raconte comment il analysa les désirs inconscients du petit garçon et comment il interpréta son symptôme, qui devait bientôt disparaître : « ...Je lui révélai alors qu'il avait peur de son père (représenté par les chevaux) justement parce qu'il aimait tellement sa mère. Il devait, en effet, penser que son père lui en voulait de cela, mais ce n'était pas vrai, son père l'aimait tout de même. »

Remarque

Pour S. Freud, l'intérêt de cette analyse d'enfant était de confirmer sa théorie sur la « sexualité infantile » faite à partir des adultes.

Nous allons d'abord faire un bref résumé de l'étude des structures de la personnalité dans l'œuvre de S. Freud avant de citer quelques « exemples » bien connus de sa théorie sur le développement psychosocial.

◆ Sa théorie sur les « structures de base de la personnalité »

S. Freud distingue dans un premier temps trois structures de base de la personnalité humaine : l'inconscient, le préconscient, le conscient. Il leur donne par la suite une appellation différente : le Ça, le Moi et le Surmoi :

- le *Ça* : c'est le représentant psychique de l'héritage biologique. Il est régi par le *principe du plaisir* : toute « intervention » du Ça tend à procurer un plaisir immédiat ou à éliminer un déplaisir (tension, douleur, manque...) ;
- le *Moi* : c'est la structure qui assure une « interaction » efficace entre la personne et son environnement. Le « Moi » obéit au *principe de réalité*. Cependant, il faut se garder de l'opposer au principe du plaisir ;
- le *Surmoi* : c'est la structure qui règle les conduites avec autrui, avec la société ; elle est fondée sur le *principe de l'interdiction*. Il incarne la pression des valeurs morales transmises par l'éducation. Son rôle est assimilable à celui d'un juge qui censure et interdit. Il se constitue par l'intériorisation des « interdits parentaux ».

Situation

Hugo (5 ans)

Le Ça dit : « J'ai très envie de tirer la queue du chat »,
Le Surmoi répond : « Maman veut pas que j'embête le chat »,
Le Moi conclut : « Je vais faire la grimace au chat ».

◆ Ses théories sur le développement psycho-sexuel (notions)[7]

Prenons l'exemple des trois stades observés chez l'enfant de 0 à 5 ans.

7. Il s'agit ici d'un bref résumé des théories essentielles de Freud. Pour mieux connaître Freud, le lecteur se reportera à des ouvrages spécialisés.

Le stade oral (de la naissance à 1 an)

Citons quelques particularités observées au cours de ce stade :

- le *plaisir sexuel* est lié à l'excitation de la *zone bucco-labiale* ; l'objet de la pulsion sexuelle est le *sein maternel* ;
- la *relation d'objet* est marquée par des significations liées à la fonction d'alimentation et à la valeur symbolique de la nourriture ;
- le *but sexuel* est double ; il vise :
  - la recherche du plaisir auto-érotique,
  - l'incorporation.

Le stade anal (de 1 à 3 ans)

Citons quelques particularités observées au cours de ce stade :

- le *plaisir sexuel* est lié à l'excitation de la *zone anale* ; l'objet de la pulsion est représenté par le « boudin fécal » ;
- la *relation d'objet* est marquée de significations liées à la fonction de défécation rétention-expulsion) et à la valeur symbolique des selles ;
- le *but pulsionnel* est double :
  - un plaisir auto-érotique,
  - une dimension objectale : un moyen de pression sur l'entourage.

Le stade phallique (de 3 à 5 ans)

Citons quelques particularités observées chez l'enfant au cours de ce stade :

- le *plaisir sexuel* est lié à l'excitation de la *zone urétrale* ; l'objet de la pulsion est le pénis, conçu comme un organe de puissance et de complétude narcissique ;
- la *masturbation,* observée au cours de la toilette ou de miction, a une valeur « auto-érotique ». Quand elle est réprimée par les parents, la pratique est refoulée dans l'inconscient ;
- le *complexe d'Œdipe* : au cours de cette période, l'objet de la pulsion est le « partenaire privilégié » du couple parental (le père pour la fillette, la mère pour le garçon). Sa source est l'excitation recherchée dans la possession amoureuse de ce partenaire.

NB. Le complexe d'Œdipe joue un rôle fondamental dans la structuration de la personnalité et dans l'orientation du désir humain. On le considère comme le *moment fondateur* de la vie psychique, assurant le primat de la vie génitale, le dépassement de l'auto-érotisme et l'orientation du désir humain avec la prohibition de l'inceste.

3 Jacques Lacan (1901-1981)

◆ Le théoricien

Médecin psychiatre français, J. Lacan soutient en 1932 sa thèse sur la psychose paranoïaque. Exclu des associations officielles de la psychanalyse, il fonde avec quelques amis (dont Françoise Dolto) une école psychanalytique : l'École freudienne de Paris, basée sur ses propres théories. Son œuvre est essentiellement une *œuvre orale* divulguée sous la forme de « séminaires » tenus dans les institutions psychiatriques et universitaires. Il a bouleversé la psychanalyse dans sa théorie et sa pratique en proposant une relecture de S. Freud à la lumière du structuralisme et de linguistique afin d'élaborer une *nouvelle théorie de l'inconscient*. En faisant effectuer ce qu'il appelle « un retour à Freud », il rappelle que la psychanalyse n'est pas une technique comportementale visant à adapter l'individu à la société, son but est au contraire, avant tout, de révéler au sujet la « vérité de son désir ». Une découverte particulière de J. Lacan intéresse la petite enfance : son observation d'un fait auquel il donne le nom de *stade du miroir*.

◆ Sa théorie essentielle : « le stade du miroir »

Le stade du miroir constitue une des plus importantes découvertes psychanalytiques postfreudiennes concernant la petite enfance.
À l'encontre des théories admises jusque-là sur l'avènement tardif de la personnalité de l'enfant, J. Lacan observe que l'enfant, entre 6 et 18 mois, est capable de reconnaître son reflet dans le miroir comme étant le sien. Pour la première fois, le jeune enfant *découvre son corps* comme une « totalité ». Il se reconnaît comme étant séparé du corps de l'autre. Cette reconnaissance est un moment de jubilation intense.
Ce stade s'articule avec le complexe d'Œdipe dont il constitue le premier temps. Il est, pour J. Lacan, un moment de structuration fondamentale dans la constitution de l'être humain en tant qu'*être de langage*, donc capable de relations humaines nécessitant la reconnaissance de soi et de l'autre. C'est également en renonçant à vouloir échapper à l'angoisse par l'identification au corps maternel que l'enfant commence à conquérir sa qualité de sujet désirant. Outre le fait qu'il éclaire le processus fondamental par lequel se construit et se réalise le sujet, le stade du miroir est fondamental pour la théorie et le traitement des psychoses infantiles, dont Françoise Dolto et Maud Mannoni (voir ci-après) vont être les premiers chefs de file en France. Cette non-reconnaissance par l'enfant de son image dans le miroir constitue un indice important dans le diagnostic de la *psychose infantile* (l'enfant psychotique vivant précisément dans un monde où il y a ni « autre » ni « moi »).

Mémo psy

Maud Mannoni (adepte de J. Lacan)

Psychologue, M. Mannoni, a appliqué les théories de J. Lacan dans son centre d'accueil d'enfants psychotiques à Bonneuil. Elle y reçoit ce qu'elle appelle « les enfants troublés du système ». Que ce soit le système scolaire, familial ou social. Ce lieu permet à l'enfant de « parler » pour pouvoir se *constituer* en tant que sujet. Par langage, il faut entendre son rapport à la parole. L'enfant est souvent nommé avant même sa naissance biologique : on parle de lui, on désire pour lui avant même qu'il n'advienne. Cette parole peut parfois *aliéner* l'enfant, car, « étant parlé par », il peut ne pas réussir à prendre la parole comme sujet, c'est-à-dire à accomplir le destin qui lui est propre et qui lui est révélé à partir de la vérité de son désir.

4 Mélanie Klein (1882-1960)

◆ La théoricienne

Psychanalyste anglaise, M. Klein consacra toute sa vie à traiter de jeunes enfants. Elle prétendait que si on analysait les enfants dès l'apparition des premiers symptômes « un grand nombre des malheureux qui peuplent les prisons échapperaient à un tel destin ».

Pionnière dans la psychanalyse des enfants, elle s'opposa à Anna Freud sur la façon de conduire le traitement psychanalytique des enfants. Pour A. Freud, le psychanalyste doit éduquer l'enfant et servir d'intermédiaire entre l'enfant et ses parents. M. Klein au contraire s'oppose à toute conception pédagogique de la psychothérapie infantile ; le jeune enfant doit pouvoir être entendu seul par quelqu'un d'extérieur à la famille.
M. Klein fut probablement la première psychanalyste à traiter des enfants âgés de moins de 3 ans. Sa technique se fonde essentiellement sur le jeu comme « moyen », pour le jeune patient, de s'impliquer complètement. Les comportements de l'enfant sont interprétés selon les principes psychanalytiques freudiens.

◆ Ses théories essentielles

Les relations objectales précoces

M. Klein est la première à découvrir que le nourrisson a, dès sa naissance, une relation particulière avec sa mère. Il est capable « d'attachement précoce » et réagit à la vue, à la voix, à l'odeur, au toucher maternel.
Ses découvertes ont bouleversé nos visions de l'enfance dans la mesure où les idées affirmées allaient à l'encontre de celles des psychologues généticiens et des chercheurs de l'époque. (Pour R. Spitz par exemple, le sourire à 3 mois est une réaction de type « signal » et non pas le signe d'un échange interpersonnel).

Le « Moi précoce »

Selon M. Klein, la formation et le développement du Moi sont liés au fonctionnement de la « pulsion de vie ».
La force du « Moi » dépend de la qualité des relations que le bébé a avec son entourage proche. Elle s'explique dans la capacité du nourrisson à supporter la privation.
L'expérience de satisfaction favorise l'amour et l'idée du « bon objet », alors que le manque et la frustration engendrent l'agressivité, source d'angoisse. M. Klein met en garde contre la surestimation que l'on fait généralement de l'environnement. Il ne suffit pas qu'il soit bon pour que l'enfant soit satisfait. Sa satisfaction dépend également de sa propre capacité de jouissance et de satisfaction, sur laquelle l'adulte n'a aucun pouvoir.

L'angoisse, la culpabilité et le Surmoi

L'angoisse et la culpabilité constituent l'axe essentiel de l'œuvre de M. Klein. Les expériences pénibles de frustration (ex. : sensation de faim, de froid…) sont d'abord ressenties par le bébé comme des persécutions. Il est en proie à l'agressivité, donc à l'angoisse, et il ne peut supporter ses pulsions agressives. Il craint inconsciemment que son agressivité détruise son « objet d'amour », dont il est totalement dépendant : la mère. L'angoisse et la culpabilité se renforçant mutuellement, l'enfant se crée un « Surmoi » sévère et autopunitif.

L'inhibition

M. Klein s'intéresse très tôt aux inhibitions dont sont victimes les jeunes enfants. Dans la mesure où ces inhibitions touchent à des apprentissages fondamentaux ou à des fonctions essentielles dans le développement de l'enfant (motricité, langage, activités scolaires), elles entravent totalement son développement.

Situation

Mélanie voulait introduire les « psys » dans les jardins d'enfants...

M. Klein a dit : « Il faut introduire des psychanalystes dans les jardins d'enfants car ils pourraient reconnaître le moment où une intervention psychanalytique est souhaitable pour éviter que l'enfant ne développe une névrose. » L'intérêt de cette « co-éducation avec les psychanalystes » est de limiter le refoulement et de favoriser l'épanouissement psychologique.

Remarque

Pour M. Klein, une éducation psychanalytique doit répondre aux questions inconscientes des jeunes enfants et y apporter des réponses. Le but d'une éducation psychanalytique est de fournir à l'enfant une protection contre les chocs graves de la vie et de l'aider à vaincre les inhibitions qui entraveraient son développement.

5 Donald Winnicott (1896-1971)

◆ Le théoricien

D. Winnicott, auteur anglais, est l'un des rares psychanalystes à avoir exercé en qualité de pédiatre ; on trouve trace de cette double orientation tout au long de son œuvre. Ayant travaillé au « Paddington Green Children's Hospital » à Londres pendant à peu près 40 ans, D. Winnicott estimait, à la fin de sa vie, avoir rencontré environ 60 000 mères et enfants.

Dans la lignée de M. Klein, D. Winnicott met l'accent sur la complexité et les contradictions internes de la vie émotionnelle du nourrisson. Il ajoute aux théories de M. Klein l'importance fondamentale de l'*environnement* dans le développement de l'enfant. Cette notion d'environnement est très large, elle englobe aussi bien la mère qui s'occupe de l'enfant que l'institution qui l'accueille quelques heures par jour.

◆ Ses théories essentielles

La relation mère-enfant

La relation mère-enfant se modifie pendant les deux premières années. D. Winnicott distingue trois phases qui sont définies chacune par une description particulière de l'état de dépendance du nourrisson à sa mère :

- *dépendance absolue (0 à 5 mois)* : le nourrisson est dans un état de dépendance absolue de sa mère. L'environnement doit répondre totalement à ses besoins ;
- *dépendance relative (6 mois-2 ans)* : l'enfant commence à être conscient de sa dépendance. Il ressent corporellement le lien entre besoin et satisfaction. Petit à petit, l'enfant va « signaler » lui-même ses besoins ;
- *vers l'indépendance (2-3 ans)* : le jeune enfant acquiert progressivement les moyens de se passer de soins et peut affronter les autres. Il a confiance dans l'environnement. C'est le développement de la « socialisation ».

« La capacité du bébé à être seul »

Au début, le nourrisson dépend totalement de sa mère, mais, dès la phase de dépendance relative, il s'en libère progressivement. Il acquiert ainsi la « capacité d'être seul », c'est la possibilité pour le petit enfant de pouvoir être seul en présence de la mère. Quand il est seul en présence de quelqu'un dans une ambiance chaleureuse, l'enfant peut se détendre. Il est important qu'un adulte « se trouve là sans rien exiger » pour que l'enfant puisse se créer un environnement interne qui lui permet de se passer de la présence des autres quand certaines situations de la vie l'exigeront.

« La préoccupation maternelle primaire »

Elle correspond à une période d'intérêt exclusif de la mère pour le nouveau-né. C'est la capacité pour la mère de s'identifier aux besoins de son bébé afin de savoir à tout moment ce dont il a besoin (être porté, changé, câliné, nourri). Cette phase débute à la fin de la grossesse et dure pendant toute la période de dépendance absolue du nourrisson.

L'objet transitionnel

D. Winnicott, en 1971, disait qu'il avait été déçu de s'apercevoir que ses lecteurs avaient privilégié le bout de chiffon, ou l'ours en peluche, aux dépens de ce qu'il voulait signifier quand il parlait d'objet transitionnel. D. Winnicott se réfère, non pas tant à l'objet utilisé qu'à l'utilisation de l'objet. Il est parti de l'observation des bébés qui, dès leur naissance, utilisent leurs mains, leurs doigts dans le but non seulement de satisfaire leurs pulsions orales, mais aussi de rechercher un apaisement, un état de quiétude.

Les bébés ensuite privilégient un objet (poupée, ours en peluche, morceau de drap ou de couverture) auquel ils s'attachent d'une façon habituelle et tyrannique. D. Winnicott voit cette trouvaille de l'objet transitionnel par le bébé comme la création d'une relation avec un objet concret qui n'est plus son corps. Pour lui, l'objet transitionnel est la première possession « non-moi » et l'utilisation de l'objet transitionnel est une défense contre l'angoisse de séparation. Ces phénomènes transitionnels peuvent persister longtemps : « L'objet est voué à un désinvestissement progressif, et, les années passant, il n'est pas tant oublié que relégué dans les limbes » (D. Winnicott).

Les techniques de soins

Le nourrisson n'existe pas sans la personne qui s'occupe de lui et le soin se définit autant en termes psychiques que physiques. Une bonne technique de soins comprend le maintien (*holding*) et le maniement (*handling*). D. Winnicott les recommande aux mères et leur donne des conseils pour les effectuer dans les meilleures conditions. Le nourrisson compte sur les capacités de sa mère à percevoir ses besoins et à y répondre d'une manière adaptée.

Le *holding (maintien)* désigne la façon dont l'enfant est porté. Le maintien physique de l'enfant par la mère (ou la personne qui s'en occupe) détermine les processus de maturation de l'enfant. Ainsi, l'adulte doit :

- *porter le bébé* en obtenant sa *coopération*, en le soulevant délicatement et en évitant de le faire sursauter ;
- répondre au *besoin de sécurité* et de *contact* de l'enfant, en le maintenant avec douceur ;
- répondre *au besoin de continuité* dans les soins en donnant un rythme régulier et répétitif au holding.

Le *handling (maniement)* désigne la manière dont l'enfant est manipulé. C'est la façon de soigner l'enfant, de lui donner le biberon, de le laver. La mère doit tenir compte de la très grande sensibilité de la peau de l'enfant. Celle-ci va devenir progressivement la frontière entre le « moi » et le « non-moi » du nourrisson.

Mémo psy

Le rôle de l'EJE vu par D. Winnicott

Pour D. Winnicott, les personnes qui s'occupent de jeunes enfants de moins de 3 ans doivent continuer la tâche de la mère. Il faut éviter tout contact impersonnel et tout geste mécanique, car, pour l'enfant, cela signifie de l'hostilité à son égard. Le jeune enfant éprouve généralement des difficultés à partager la personne qui s'occupe de lui avec d'autres enfants. Il ne peut véritablement l'accepter qu'à partir du moment où il devient lui-même capable d'avoir des relations avec plusieurs personnes. Pour D. Winnicott, la meilleure base d'éducation est un allaitement réussi. L'éducation doit commencer après le maternage. Elle est d'autant plus réussie que le jeune enfant est suffisamment sécurisé, en pleine possession de sa créativité, plein d'amour et de confiance en lui et en l'environnement.

6 Anna Freud (1895-1982)

◆ La théoricienne

Fille de S. Freud, A. Freud était institutrice à Vienne avant de devenir psychanalyste en Angleterre (où sa famille s'est installée en 1938).

Opposée aux théories de M. Klein, A. Freud cherche à rendre la psychanalyse accessible aux éducateurs et aux parents, en faisant des conférences de psychopédagogie ouvertes au grand public.

Elle reprend essentiellement les théories de son père, leur ajoutant seulement une dimension orthopédagogique.

Pour elle, la psychanalyse des enfants doit avoir une visée éducative et correctrice, ce qui est en contradiction avec l'idée qu'on se faisait du rôle et de la place du psychanalyste à l'époque.

◆ Ses théories essentielles : les « moments clés » du développement

L'enfant suit une « *ligne de développement* » qui va de la dépendance absolue du nouveau-né vis-à-vis des soins maternels à l'autonomie affective du jeune adulte.

A. Freud propose un éclairage psychanalytique des principaux moments de ce développement et interprète les problèmes majeurs rencontrés par l'enfant et son entourage au cours des trois premières années. Les « moments clés » seront surtout observés au travers de l'alimentation, de la propreté, du jeu.

L'enfant face à l'alimentation

Pour le nourrisson, la nourriture est tellement associée à la mère que, lorsque l'enfant refuse de manger, la mère se sent personnellement rejetée et la nourriture peut devenir très rapidement un terrain de lutte entre la mère et l'enfant. A. Freud conseille alors de substituer temporairement à la mère une autre personne. À l'inverse, le fait que la nourriture et la mère soient étroitement associées explique qu'une séparation d'avec la mère soit cause d'un refus alimentaire (anorexie) ou au contraire d'une boulimie, la nourriture jouant le rôle de substitut d'amour maternel.

L'enfant face à la propreté

Le moment de l'apprentissage de la propreté est un des moments les plus difficiles et les plus conflictuels au cours du développement de l'enfant. Selon A. Freud, cet apprentissage peut durer trois jours ou plusieurs années selon qu'on le considère comme l'acquisition d'un stade réflexe ou comme un moment de l'éducation globale de l'enfant.
Il est préférable que l'enfant puisse *intérioriser la règle de la propreté* afin que celle-ci corresponde moins à une exigence externe qu'à une exigence interne. Dans la mesure où l'enfant est attaché à ses produits corporels et que sa mère les reçoit comme cadeau, ils sont aussi des armes qu'il utilise en cas de déception ou de colère. L'enfant peut, à tout moment, refuser de contrôler ses sphincters et refaire pipi au lit pour manifester une souffrance ou une opposition.

L'enfant face au jeu

A. Freud voit une progression dans les activités ludiques de l'enfant qui vont du jeu à l'aptitude au travail. Le jeu est d'abord une activité qui concerne le corps propre à l'enfant ou celui de sa mère. L'enfant peut ensuite jouer avec une couche, un oreiller, un nounours qui ont le statut d'*objets transitionnels*. Progressivement, il s'intéresse à des jouets ou *objets inanimés* qui lui permettent d'exprimer l'ambivalence de ses sentiments à son propre égard et à l'égard de ses proches. Enfin, il se dirige vers un matériel de jeu qui l'absorbe comme un *travail*. Le « jeu-travail » est une activité à part entière (activités de remplissage, jeux de construction…).
Selon A. Freud, dans la mesure où l'aptitude au travail n'est qu'une évolution de l'aptitude au jeu, il est important que l'enfant tire du plaisir de toutes ses activités, car cela le prépare à la maîtrise de la situation scolaire.

Mémo psy

Le rôle de l'EJE vu par A. Freud

Pour A. Freud, l'éducation est une « adaptation à la réalité ». Elle considère l'enfant comme un être pervers soumis au principe de plaisir et à ses pulsions. L'adulte qui éduque l'enfant doit lui apprendre à différer la satisfaction de ses désirs et l'aider à parcourir toutes les étapes de son développement afin de lui donner toutes ses chances possibles pour l'avenir qu'il est en droit d'espérer.
Selon A. Freud, le psychanalyste est sensé :

- éclairer les parents sur les difficultés de leur enfant ;
- faciliter une éducation qui préviendrait les névroses infantiles ;
- expliquer la signification psychologique que revêt pour l'enfant chaque commandement (être propre, travailler, réussir, etc.) ;
- rendre accessibles les théories psychanalytiques à tous les parents et professionnels de l'enfance.

7 Margaret Mahler (1897-1985)

◆ La théoricienne

Pédiatre et psychanalyste autrichienne, M. Mahler a vécu aux États-Unis. Elle a publié ses premiers travaux en anglais dans le domaine des troubles psychomoteurs, en particulier des « tics nerveux ».
Elle crée à New-York un centre modèle pour enfants, à la fois pour le traitement intensif des enfants psychotiques et pour des recherches sur le développement normal du processus de « séparation-individuation », à partir d'observations d'enfants de 4 mois à 3 ans, en présence de leurs mères.

◆ Ses théories essentielles

La naissance psychologique de l'être humain

Pour M. Mahler, la « *naissance psychologique* » de l'être humain est distincte de sa « *naissance biologique* ». Si la coupure du cordon ombilical est suffisante pour réaliser la séparation physique d'avec la mère, la séparation psychique demande, elle, un temps beaucoup plus long. Ce processus de séparation dure les trois premières années de la vie. De nombreux troubles ultérieurs de l'être humain trouvent leur origine dans l'échec de ce processus de « séparation-individuation ».

Les phases du développement de l'enfant

L'enfant suit un long cheminement qui le conduit de la fusion d'avec sa mère à leur séparation physique et psychique. Ce cheminement se fait en partie spontanément, parallèlement à son développement moteur, jusqu'à l'autonomie complète. À chaque stade de progrès moteurs correspond l'émergence de besoins psychiques et l'on observe une modification correspondante dans les modalités du maternage.
L'enfant traverse six phases de développement que nous ne pouvons développer[8] :
- la *phase autistique* (0-1 mois) ;
- la *phase symbiotique* (1-5 mois) ;
- la *phase de différenciation* (5-9 mois) ;
- la *phase d'exploration* (9-16 mois) ;
- la *phase de rapprochement* (16-24 mois) ;
- la *phase d'individuation* (24-36 mois).

8 René Spitz (1887-1974)

◆ Le théoricien

Psychanalyste d'origine autrichienne, émigré aux États-Unis, R. Spitz entreprend, à partir de 1935, une approche expérimentale du nourrisson par l'observation directe et le film. Ses observations de plusieurs centaines de nourrisson, ses travaux sur la carence maternelle précoce et sur l'hospitalisme ont fait de R. Spitz un des auteurs encore les plus cités parmi les pédiatres, les psychologues et les spécialistes de la petite enfance (bien que quelques découvertes sur le nouveau-né aient remis en question certaines de ses théories).

8. Se reporter aux ouvrages spécialisés.

◆ Ses théories essentielles[9]

L'angoisse du 8e mois

Un changement radical s'opère entre le 6e et le 8e mois de l'enfant et modifie son comportement envers autrui. Face à toute personne inconnue de lui, le bébé réagit en pleurant, en hurlant ou en manifestant de la frayeur.

La *théorie* : R. Spitz analyse cette « *peur de l'inconnu* » en expliquant que, face à l'étranger, le jeune enfant réagit principalement au fait que ce n'est pas sa mère. Il pleure parce qu'il a peur que sa mère ne l'ait abandonné. Pour R. Spitz, l'angoisse du 8e mois est la première manifestation d'angoisse proprement dite. Mais cette angoisse marque une étape décisive dans le développement psychique du nourrisson. Cela signifie que l'enfant est maintenant capable d'aimer puisqu'il *distingue l'être aimé des autres*. À partir de là, le jeune enfant modifie sa façon de se comporter avec son entourage puisqu'il est en mesure d'opérer les différenciations dans ses attachements.

L'*interprétation* que fait R. Spitz des réactions de l'enfant face à une personne étrangère, continue de faire l'objet de *vives controverses* parmi les spécialistes de la petite enfance.

Certains psychologues proposent de distinguer la peur de l'étranger et la peur de perdre l'objet d'amour préalablement acquis. Ils affirment que ce n'est pas parce que ces phénomènes apparaissent au même moment, qu'ils découlent obligatoirement l'un de l'autre.

> **Mémo psy**
>
> ***L'entrée à la crèche : « Avant ou après 8 mois ? »***
>
> Ces controverses nous amènent à aborder l'âge de l'entrée à la crèche. Avant ou après 8 mois ?
>
> Beaucoup de professionnels de la petite enfance préconisent l'entrée en crèche des enfants *avant l'âge de la crise d'angoisse*, donc *avant 8 mois*. Certains psychanalystes (dont F. Dolto) conseillent au contraire une entrée en crèche *après l'âge de 9-12 mois*, c'est-à-dire quand l'enfant a acquis les éléments précurseurs de son autonomie motrice. Elle pense que si l'enfant de moins de 3 mois réagit moins violemment à la séparation que celui de 9-12 mois, ce n'est pas parce qu'il souffre moins, mais parce qu'il ne dispose pas de moyens d'expression suffisants pour faire entendre sa souffrance.

Les carences affectives

R. Spitz a été l'un des premiers auteurs à travailler sur les maladies de « carence affective » chez le nourrisson et à en montrer les répercussions graves sur le développement de l'enfant. Ces troubles proviennent généralement de l'absence physique de la mère par suite de maladie, de mort, d'hospitalisation de l'enfant. Le syndrome d'*hospitalisme* a été découvert par R. Spitz à partir de l'observation de plusieurs enfants qui avaient tous été séparés de leur mère (entre le 6e et le 8e mois) pendant une période ininterrompue de trois mois. Ces nourrissons

9. Spitz R. De la naissance à la parole : la première année de vie. Paris : PUF ; 1997.

présentaient des manifestations dépressives graves caractéristiques (pleurs, tristesse, attitudes de régurgitations, perte de poids, arrêt de développement, refus de tout contact).

Situation

L'hospitalisme : étude d'un cas clinique par R. Spitz

Il s'agit de Tania, une petite fille de 6 mois ½. « Elle reste immobile dans son berceau ; lorsqu'on s'en approche, elle regarde l'observateur d'un air de profonde souffrance. Aussitôt qu'il commence à lui parler et à la toucher, elle se met à pleurer, mais d'une façon différente de celle habituelle chez les bébés dont les pleurs sont accompagnés par des vocalisations exprimant leur déplaisir, et parfois par des cris. Elle, au contraire, pleure sans bruit, les larmes roulant sur son visage. Lui parler d'un ton doux et réconfortant ne fait que redoubler ses pleurs, auxquels se mêlent des gémissements et des sanglots qui la secouent tout entière. Elle perd du poids et un sérieux trouble de l'alimentation se déclare : elle a de la peine à absorber de la nourriture et à la garder... ».

Remarque

Cela représente, selon R. Spitz, un *tableau assez typique du syndrome de l'hospitalisme*. C'est une forme de *dépression infantile* qui provoque des retards dans le développement de l'enfant et des désordres psychiques ultérieurs, plus moins graves. Les désordres sont moins graves si la séparation ne dépasse pas 5 mois. Au-delà, la santé physique et psychique du jeune enfant risque d'être gravement compromise.

9 Françoise Dolto (1908-1988)

◆ La théoricienne

Médecin psychanalyste, membre fondateur de la Société française de psychanalyse, membre de l'École freudienne de Paris, fondée par J. Lacan, F. Dolto s'est consacrée plus particulièrement à la psychanalyse des enfants. Elle a été une des premières en France à ouvrir le champ de la psychanalyse aux « inadaptés précoces ».

◆ Ses théories essentielles

Le dialogue avec les nourrissons

F. Dolto a été l'une des premières psychanalystes à dire qu'il fallait *parler* aux nourrissons. Ils ont besoin d'entendre un langage formulé, articulé, des phrases construites et des mots chargés d'émotion et de sens, afin que les expériences indicibles qu'ils traversent deviennent humanisées par la parole. Il faut aider le nourrisson à se comprendre lui-même, en lui fournissant les mots appropriés aux sensations et aux émotions qu'il ressent.

Le développement de l'enfant selon les stades freudiens

La psychanalyse a décrit le développement affectif du jeune enfant sous forme de stades. À chacun de ceux-ci correspond un comportement spécifique de l'enfant à l'égard des personnes qu'il aime. S. Freud a donné un nom à chacun de ces moments de l'histoire du développement individuel de l'enfant. Il a parlé de stades en leur donnant le nom qui évoque la partie du corps sur laquelle sont centrés momentanément l'intérêt et le plaisir de l'enfant (stade oral, stade anal, stade phallique). En fonction de ces stades, F. Dolto donne quelques conseils (brièvement résumés ci-après) :

- *stade oral* :
  - l'enfant exprime son agressivité par la *morsure* (*cf.* mémo ci-après),
  - l'enfant aime la personne qui le *nourrit*, il a « envie de l'absorber » ;
- *stade anal* :
  - l'enfant marque son *opposition* à l'adulte,
  - l'enfant a des réactions agressives contre tout ce qui s'oppose à lui. Son comportement est : actif, brutal, bruyant ;
- *stade phallique* :
  - intérêt pour la différence sexuelle entre les filles et garçons (*questions sur le sexe, la naissance*),
  - rivalité envers le parent du sexe opposé (*complexe d'Œdipe*).

Mémo psy

La morsure (vue par F. Dolto)

Lors du *stade oral actif ou sadique oral* (de 6 mois à 1 an), avec l'apparition des dents et du sevrage, la succion se complète d'une activité de morsure.
La morsure est l'extériorisation de « pulsions cannibaliques », pulsions agressives et destructrices à caractère sadique. Elle donne les premières manifestations de l'*ambivalence* : amour et haine pour le même objet qui, à ce stade, est encore un objet partiel (le sein). L'incorporation est devenue destructrice.

La cause des enfants

F. Dolto a combattu toute sa vie pour *défendre la cause des enfants*. Quelque chose doit changer, dit-elle, dans la condition de l'enfant. L'adulte devrait modifier son attitude à son égard. Selon elle, ce que la psychanalyse peut apporter à tous ceux qui s'occupent d'enfants, c'est la conviction qu'on peut échanger avec les tout-petits comme avec des égaux. Même s'ils sont petits en taille, ils ont leur personnalité marquée et, même s'ils ne parlent pas, ils comprennent beaucoup plus de choses que ce que l'on a cru jusqu'à ce jour. Ils méritent donc beaucoup d'égard et de considération de la part de l'adulte. Il ne s'agit pas du tout de l'enfant roi, mais de l'enfant en devenir et respecté comme tel.

L'éducation des enfants

L'éducation d'un enfant, dit F. Dolto, devrait consister à l'aider à devenir ce qu'il est. Il faut laisser l'enfant prendre au jour le jour des initiatives et se développer selon sa propre orientation. Le plus difficile pour les parents et les éducateurs, c'est d'accepter la « *différence* ». L'adulte est fier d'être imité par l'enfant. F. Dolto critique cette attitude de l'adulte qui appauvrit le développement de la personnalité de l'enfant et le condamne à une future vie aliénée et réductrice. Celui-ci devra en effet toujours se corriger pour se conformer au « *modèle* » qu'on lui aura inculqué. L'important est de développer chez l'enfant son « *autonomie* » le plus tôt possible, en lui donnant les moyens d'explorer différentes activités, sans le contraindre ou l'orienter vers des choix imposés. L'enfant a d'abord besoin de vivre le présent au présent. Si celui-ci est bien vécu, il pourra intérioriser le temps social qui exige de chacun un centrage sur l'avenir sous forme de projets.

Mémo psy

La Maison Verte

F. Dolto a créé une maison d'accueil de l'enfant à Paris « La Maison Verte ». Lieu de loisirs et de rencontres pour les jeunes enfants de moins de 3 ans accompagnés de leurs parents, ce n'est ni une crèche, ni une garderie, mais un intermédiaire entre la famille et la collectivité. C'est un lieu d'accueil ouvert tous les après-midi, qui prépare l'enfant à être séparé de sa mère. Les petits y trouvent une initiation à la vie collective avec des enfants de leur âge et des adultes. Souvent 5 ou 6 visites à la Maison Verte sont suffisantes pour éviter ce qu'on appelle « le syndrome d'adaptation à la crèche, en présence de leurs mères : « Quand ta maman ira au travail, d'autres dames comme nous s'occuperont de toi. »
F. Dolto dit-elle-même : « *C'est un lieu de prévention de troubles psycho-sociaux précoces de l'enfant et pour les parents un lieu de ventilation, au jour le jour, des fantasmes anxiogènes et pathogènes de la relation mère-enfant, père-enfant, père-mère (...) dus à l'angoisse refoulée de l'adulte devenu parent. L'enfant imaginaire doit être parlé pour que l'enfant réel puisse être accepté et aimé...* ».

10 Serge Lebovici

◆ Le théoricien

Psychiatre, psychanalyste et professeur de psychiatrie de l'enfant et de l'adolescent à l'université de Paris, S. Lebovici publie des articles et des livres scientifiques depuis plus de trente ans. Son approche pluridisciplinaire articule les apports de la médecine, de la psychiatrie, de la psychanalyse et de la neurobiologie au développement de l'enfant. S. Lebovici s'intéresse particulièrement aux interactions précoces dans le couple mère-enfant et à la compréhension psychanalytique de celles-ci. Il est l'auteur de très nombreux ouvrages[10].

◆ Ses théories essentielles

L'interaction mère-nourrisson

S. Lebovici observe surtout en tant que psychanalyste les interactions entre la mère et son nouveau-né. Il est l'un des premiers psychanalystes en France à avoir utilisé les techniques vidéo dans ses observations cliniques. Ses écrits sont des références en ce domaine.

La prévention précoce

L'observation réelle de la relation mère-enfant a permis non seulement de traiter les difficultés du nourrisson, mais aussi de mieux évaluer la psychopathologie précoce. On peut observer dès

10. Lebovici S. Le nourrisson, sa mère et le psychanalyste ». Paris : Bayard ; 2003 ; La connaissance de l'enfant par le psychanalyste », Paris : PUF ; 2007 ; Nouveau traité de psychiatrie de l'enfant ». Paris : PUF ; 2004.

les premières semaines des éléments psychopathologiques dans l'interaction mère-enfant. Une prise en charge précoce de la mère et de son enfant peut permettre de modifier le type d'interactions parfois dangereuses qui s'installent entre eux (retraits, rejets, maltraitance).
Une mère dépressive peut éprouver beaucoup de difficultés à entretenir des échanges verbaux et visuels avec son enfant.
L'expérience de prévention précoce, conduite par l'équipe de S. Lebovici dans le département de Seine-Saint-Denis, a défini la notion de « situation à risques ». Les indicateurs de risque sont tous les éléments à prendre en compte dans l'environnement du nouveau-né avant et après sa naissance, susceptibles de le mettre en danger (absence de visites à la mère à la maternité, alcoolisme dans la famille, instabilité des modes de garde, etc.).

C Conclusion générale

Tout choix d'auteurs peut paraître *arbitraire* ; nous avons délibérément accordé une place privilégiée à des théoriciens qui sont également praticiens et auteurs. Ils sont particulièrement *représentatifs* de théories psychanalytiques diverses concernant la petite enfance, pratiquées en France, en Angleterre et aux États-Unis. Ces auteurs sont considérés comme des *chefs de file*. Ils sont initiateurs et responsables d'une orientation scientifique de théories originales, voire d'une école. Toutefois les recherches, les théories et la technique psychanalytique concernant l'enfance continuent à évoluer. Les EJE auront à cœur de maintenir leur esprit en éveil et de s'informer régulièrement en ce domaine.

La méthodologie de l'intervention pédagogique, la démarche d'observation

Chapitre 16

L'évolution des besoins des enfants et des familles, la nécessaire autonomie des parents pour assumer leur fonction auprès de leurs enfants, orientent de plus en plus les objectifs de travail des éducateurs vers un accompagnement éducatif, des connaissances et une attitude d'écoute et de discernement.

A Le projet éducatif

Le projet éducatif fait partie du projet d'établissement et il est obligatoire pour les établissements et services d'accueil des enfants de moins de 6 ans (décret du 1er août 2000).

Le guide d'accompagnement du décret 2000[1] définit le projet éducatif de la façon suivante : « Il est porteur des finalités de l'action et traduit une *vision globale de l'éducation*, une affirmation de la place de l'enfant, de ses besoins à partir desquels sont envisagées la présence et l'action des adultes pour lui permettre de se sentir en *sécurité*, de vivre des expériences, de construire son *individualité*, d'avancer vers l'*autonomie*, d'éveiller son *intelligence*, de développer sa *personnalité* et sa *créativité*, d'établir des *relations* avec d'autres, adultes et enfants, de vivre au sein d'un groupe. »

Préalablement à l'élaboration du projet éducatif, l'EJE et l'équipe de l'institution doivent s'interroger sur la notion globale d'éducation. Cette première phase est le lieu où chaque professionnel va pouvoir formuler ses valeurs éducatives avec sa part d'utopie et sa vision philosophique sur cet adulte en devenir qu'est l'enfant accueilli en structure petite enfance. Ces représentations et ces valeurs individuelles exprimées par les différents membres de l'équipe devront être confrontées afin que soit élaboré des valeurs éducatives partagées, sorte d'idéal commun. C'est à partir de cet idéal que pourront être définis les objectifs, les grands axes du projet. En effet, le projet éducatif est également soutenu par les connaissances théoriques des différents professionnels (courants de pensée et travaux d'auteurs sur le développement moteur, affectif, cognitif, les rythmes de l'enfant, etc.).

Pour conclure, le projet éducatif « expose les grandes lignes de la pédagogie mise en place. Il est descriptif. C'est un travail qui permet aux équipes de « poser » leur quotidien. Le temps de cette rédaction, chaque professionnel prend le temps de parler de ce qu'il fait et de sa propre vision de l'organisation institutionnelle.

1. Guide d'accompagnement du décret 2000. DGAS, mars 2001.

DEEJE. Diplôme d'État d'éducateur de jeunes enfants

C'est une partie du projet d'établissement qui est intéressante. Elle permet en effet, aux équipes de prendre du recul sur ce « faire et refaire quotidien ». C'est un regard collectif sur ce qui se passe avec l'enfant »[2].

B Les principes pédagogiques

Le processus d'apprentissage est une série de phénomènes successifs formant un tout et aboutissant à un résultat déterminé. La démarche étant la manière dont l'individu va progresser, les conditions pédagogiques vont influencer cette dernière. On voit donc que processus et démarche sont indissociables dans la situation d'apprentissage.
Ces processus et démarches sont identiques pour tout le monde : qu'il s'agisse de la formation des éducateurs ou des autres professionnels de l'enfance ou de parents en situation d'apprendre pour répondre aux besoins de leur enfant.
On n'est pas obligé d'apprendre la théorie avant d'apprendre la pratique… Ainsi :

- le mode de *raisonnement inductif* se fait dans le sens pratique-théorie : les théories servant d'éclairage à la pratique ;
- le mode de *raisonnement déductif* se fait dans le sens théorie-pratique : la pratique apparaît comme la mise en application de théories enseignées.

Dans la formation, la confrontation de ces deux modes de raisonnement dans les travaux de groupes est favorable à la compréhension d'un grand nombre de situations.

1 La démarche et ses étapes

La démarche de résolution de problème ou d'intervention comporte quatre étapes : l'analyse de situation, la planification des actions et leur mise en œuvre, l'évaluation des résultats avec le réajustement des actes. Ces différentes étapes font appel à des outils, véritables savoir-faire techniques :

- les *outils de recueil de l'information*, adaptés en fonction des situations (âge de l'enfant, circonstances d'arrivée de l'enfant dans le service, etc.) ;
- les *outils de gestion de l'information commune* à plusieurs membres d'une même équipe (l'exploitation des données recueillies) pour analyser, organiser la prise en charge, décider, évaluer. Ils garantissent deux principes essentiels : la continuité des actions auprès de l'enfant et l'efficacité des pratiques, elles-mêmes subordonnées à la qualité des transmissions au sein de l'équipe.

◆ Le recueil de données individualisées

S'adressant à des enfants dès leur plus jeune âge, le recueil d'informations se fait essentiellement sous trois formes.

Les méthodes d'observation

Les méthodes d'observation sont des outils majeurs quand on travaille avec les enfants. Elles sont réalisées dans différents contextes. On distingue :

2. Schuhl C. Réaliser un projet d'accueil petite enfance. 2e édition. Lyon : Chronique sociale, coll. « Comprendre les personnes » ; 2006.

- l'observation, *moyen de recueil de données* dans le cadre de la résolution de problème de soin, à l'aide du dossier de soin ;
- l'observation permanente et vigilante, *moyen de découverte et de connaissance d'un enfant* avant et pendant sa prise en charge, afin d'assurer la continuité des soins, son confort et le respect de ses rythmes propres ;
- l'observation individuelle longitudinale, *moyen d'évaluation du développement* ;
- l'observation thématique ou observation-attention, *moyen de compréhension d'une situation donnée* à un moment donné (le déroulement du repas dans un groupe d'enfants à la crèche, les conditions d'accueil des familles dans une consultation, etc.).

Toutes ces observations font l'objet d'une notation fidèle, précise, qui permet aux lecteurs de se représenter ce qui a été observé par l'observateur lui-même.

L'outil d'observation

Un outil d'observation établi à des fins de suivi de l'enfant permet de garder en mémoire les informations recueillies au gré des échanges avec l'enfant. Ex. : il peut s'agir :

- *d'un instrument de mesure préétabli*, comme par exemple les grilles d'évaluation de la douleur chez le tout petit enfant ;
- *d'un instrument élaboré en fonction du but visé* (ex. : projet d'animation). Il permet de s'en tenir aux faits (il peut être extérieur aux personnes) ; il est construit par l'utilisateur lui-même. Cette construction implique une méthodologie de travail, car la finalité doit toujours être définie *a priori* (observer pour quoi faire, pour quelle utilisation ?). On peut ainsi formuler une série de questions en relation avec le sujet de l'observation.

◆ L'analyse de la situation

L'analyse des données recueillies fait appel à une méthode d'analyse dans laquelle on distingue :

- *l'analyse corrélative traditionnelle* ;
- *l'analyse systématique* qui, pour des situations complexes incluant des facteurs psychosociaux ou affectifs entre plusieurs personnes, est une méthode efficace. Elle est souvent enseignée pour les professions à caractère social. C'est un travail sur les éléments constitutifs d'une situation, leurs interactions et leur incidence sur la situation de l'enfant ou son état de santé.

En systémie, on ne considère plus la personne comme « isolée », avec une famille éventuellement mais comme une partie d'un système qu'il faut contacter dans son ensemble pour se donner les meilleures chances d'évolution. C'est un changement dans la façon de voir les faits. Ce système est un « outil ». Nous entendons par système un ensemble de personnes qui ont un passé et un avenir commun.

L'exercice professionnel des EJE peut se faire aussi bien dans les services pédiatriques que les services d'enfants hors du secteur hospitalier. Dès lors, l'accent est mis tout au long de la formation sur le fait que soigner n'est pas réservé à l'hôpital ; c'est avant tout « prendre soin de » l'enfant, quels que soient son état de santé et son milieu de vie. C'est dans cet esprit que va se faire l'apprentissage de l'EJE.

Le processus de résolution de problème fait donc appel à de solides connaissances qui auront besoin d'être réactualisées tout au long de la vie professionnelle. Il s'agit de comprendre ce qui est en jeu à chaque étape de l'évolution d'un enfant, et dans chaque situation, et de faire des liens avec le rôle de l'adulte (parents ou professionnels) aux différentes étapes d'une démarche visant à prendre soin de l'enfant.

◆ La transmission des informations

Les écrits professionnels engagent l'EJE dans une démarche d'évaluation et de prise de position, vis-à-vis d'un enfant et de sa famille (jamais absente de l'accueil en structure petite enfance). Les écrits professionnels s'inscrivent dans une logique d'action et se réalisent dans une relation triangulaire :

- le *sujet* sur qui on écrit : l'enfant, ses parents, sa famille ;
- l'*auteur* : l'EJE qui écrit sur le sujet ;
- le *destinataire* : celui à qui s'adresse l'écrit à propos du sujet sur lequel l'auteur écrit : le responsable, l'équipe. On peut y associer les parents, car ils se trouvent concernés par cet écrit puisqu'il parle « de » et « sur » leur enfant et « sa » famille.

Le principe de précaution

Il y a lieu d'appliquer le *principe de précaution* : paroles, décisions et actes engagent souvent l'avenir et il est important de réfléchir avant de parler et d'agir, aux possibles effets inattendus, parfois pervers, de ce que l'on se propose de dire et faire. Et si écrire c'est agir, dans les situations particulièrement délicates, ce principe ne doit pas être négligé.

Pour l'EJE, la *réflexion éthique* est forcément *au centre de son acte d'écriture*, car sa mission première est d'assurer le bien-être de l'enfant dans le respect de la fonction parentale. Cette règle fondamentale est étroitement liée à la trace laissée dans l'écrit. Celui-ci nécessite dès lors une réflexion, *un choix de mots* eux-mêmes *issus de valeurs professionnelles* telles que le respect de l'enfant, de son intimité, de sa manière d'être vis-à-vis de ses parents…

D'un autre côté, l'information doit traduire la précision du geste, l'authenticité des faits, la prise de responsabilité au travers des actes et des décisions.

L'écrit : objet d'échanges avec la famille ?

En outre, toute personne a accès à l'ensemble des informations détenues par les professionnels et établissements (ce droit d'accès est exercé par le titulaire de l'autorité parentale si la personne est mineure). Tout écrit professionnel doit pouvoir faire l'objet d'un échange avec la famille de l'enfant-sujet de l'écriture.

L'écrit : moyen de vérification des données ?

C'est un moyen de vérifier auprès des parents l'exactitude des faits et la compréhension réciproque de la situation de leur enfant. C'est aussi l'occasion de formuler avec eux le projet d'intervention (objectifs visés, actions envisagées, échéances, etc.). *L'écriture est alors enjeu de la confiance à établir et à maintenir dans la relation parentale* et en toute situation, l'objectif premier étant de garantir les meilleures conditions de vie pour l'enfant. Dès lors, une attention est portée sur : la *position éthique de l'EJE* qui est fondée sur ses propres valeurs et celles du groupe professionnel de référence (puéricultrices, infirmières, soignants), mais également en référence à la loi, notamment lorsqu'il y a conflit entre les valeurs en présence.

Mémo psy

L'écrit et l'éthique

Les écrits renvoient toujours à une réflexion sur les aspects déontologiques liés à la transmission d'informations et à la position éthique de l'EJE. Le rapport, comme tout écrit professionnel, doit respecter le secret professionnel et le champ des responsabilités respectives des protagonistes de la situation.

L'exercice professionnel engage l'EJE dans l'acte d'écriture à tous les niveaux de sa responsabilité individuelle et collective.

Les destinataires des écrits professionnels sont les suivants :

- pour qui ?
  - l'enfant et sa famille,
  - les professionnels : EJE et autres, institution ;
- pour quel objectif ?
  - assurer la continuité,
  - proposer des solutions adaptées,
  - garder en mémoire,
  - laisser une trace,
  - disposer d'un justificatif ;
- avec quelles formes, quels outils ?
  - dossier de l'enfant,
  - fiche de liaison,
  - cahier de transmission,
  - registre de service.

Les écrits professionnels ne sont pas de simples exercices rédactionnels. Les notes peuvent avoir plusieurs formes :

- l'une *informative* c'est une transmission d'information simple ;
- l'autre *récapitulative* (des faits ou des actions) qui fait appel à une analyse soit descriptive (le *compte rendu*), soit corrélative (le *rapport*). Il s'agit d'une véritable construction qui demande du temps, de la réflexion et un travail préparatoire (tri et ordonnancement des informations), selon qu'il s'agit d'informatives objectives, d'interprétations de réactions d'une personne ou d'hypothèses de causes, d'intentions, de solutions, etc.

Les différentes formes de rapports

Le rapport, parmi les écrits-outils professionnels, est celui qui demande probablement l'investissement le plus important. Il faut du temps, une disponibilité d'esprit suffisante et de la concentration.

C'est un texte par lequel on ne se contente pas de transmettre une information. Après avoir analysé une situation, on en déduit des conséquences, on exprime un jugement, on suggère une décision à prendre (cet écrit est donc orienté vers l'avenir).
Dans l'exercice professionnel, un rapport peut être réalisé soit à l'initiative de l'EJE, soit à la demande d'un tiers ou d'un supérieur hiérarchique.
Les différentes formes de rapports sont les suivantes :

- le *rapport circonstancié*, destiné à relater des faits, accidentels par exemple, peut avoir une visée décisionnelle ou être un simple témoignage ;
- le *rapport d'activité*, destiné à rendre compte de façon construite et synthétique de l'activité annuelle du travail peut, au-delà de sa fonction de compte rendu d'activité, être un véritable travail d'autoévaluation et la base d'un projet annuel d'activité pour l'année suivante ;
- le *rapport de signalement* d'un enfant en danger ou en risque de danger, patent ou latent, est destiné à une autorité judiciaire ou administrative ; ce n'est pas le plus fréquemment rencontré ;
- le *rapport de synthèse* est relatif à la situation d'un enfant, destiné à faire part des modalités de la prise en charge et de son évolution ainsi que des résultats attendus.

La qualité du rapport

- Le *rapport doit être constructif*, car il s'agit du devenir d'un enfant : des propositions peuvent étayer le rapport ; elles doivent être, elles aussi, argumentées pour éviter toute méprise sur les intentions et objectifs poursuivis.
- Le *rapport doit faire preuve de concision* : l'écrit doit se centrer sur l'essentiel (ce qui requiert un esprit d'analyse et de synthèse) et éviter les écueils que sont les généralités.
- Le *rapport doit faire preuve de discernement* : la complexité d'une situation peut amener l'EJE à poser une ou plusieurs questions plutôt que d'apporter une conclusion par trop affirmative.
- Le *rapport doit être persuasif* : les faits et les hypothèses de causes doivent être assortis d'arguments. Une interprétation ne peut pas s'exprimer comme une simple affirmation, elle doit être étayée de connaissances théoriques. Par exemple, si l'EJE constate que les besoins fondamentaux d'un enfant ne sont pas satisfaits, elle doit se questionner : quels sont les faits et leur origine ? que dit la mère ? qu'est-ce l'observation donne à voir ? l'ensemble des signes de négligence. Ces éléments devront s'accompagner d'autres informations comme l'éveil de l'enfant, l'expression du regard, sa mobilité, etc.
- Le *rapport doit être écrit correctement*. La rédaction du rapport et sa présentation sont des éléments de valorisation de son contenu. Il est recommandé de soigner :
  - le *vocabulaire* et l'*orthographe* : consulter le dictionnaire si besoin pour que le choix des termes traduise exactement la pensée. La précision dans ce domaine est déterminante pour la juste compréhension de la situation ; vérifier les accords des mots entre eux… ;
  - la *mise en forme* : formuler un titre et un sous-titre afin de permettre au destinataire de situer immédiatement l'objet du rapport, rédiger une introduction courte qui situe le problème dans son contexte puis le développement (le corps du rapport) et une conclusion (qui peut être une ouverture sur l'avenir, ou une synthèse de l'ensemble).
- *Le rapport doit être dactylographié*. Cela facilite la lecture et réduit la longueur du texte. L'informatique facilite beaucoup le travail de l'EJE.

CHAPITRE
17

Les activités d'éveil et de jeux, les principes éducatifs et les modes d'animation

A Les jeux et les jouets

1 Le rôle des jeux et des jouets

Le jeu d'enfant doit être envisagé au sens le plus large du terme, c'est-à-dire sous l'angle d'une activité ludique qui englobe aussi bien les jeux spontanés et libres du tout-petit que les jeux plus codifiés des plus grands.
Les jouets étant les « accessoires » des jeux, ils seront étudiés ici en tant qu'objets répondant à des besoins précis de l'enfant, utilisés avant tout comme « moyens » permettant de donner à l'enfant éveil, plaisir et épanouissement.

◆ Choix des jouets avant la marche

On devrait appeler les jouets de cette période des « objets à jouer », tant il serait souhaitable que leur origine, leur forme soit des plus rudimentaires afin de mieux répondre aux besoins de l'enfant. Les critères de choix sont les suivants :

- *les jouets doivent stimuler les organes des sens* qui participent à l'*éveil* de l'enfant ; cette stimulation sera :
  - *visuelle* : d'où le choix d'objets colorés, d'objets mobiles,
  - *auditive* : d'où le choix d'objets sonores,
  - *tactile :* d'où le choix d'objets aux contacts variés ;
- *les jouets doivent répondre au besoin de manipulation et de succion* de l'enfant (à ce qu'A. Gesell appelle le « circuit main-bouche »). C'est l'âge où l'enfant fait la connaissance du monde non seulement par la manipulation, mais par la « succion ». L'enfant porte tout à la bouche, les jouets doivent donc répondre à ce besoin. Ils seront donc : solides, lavables, de forme simple et répondant aux normes de sécurité.

Remarque
Pour faciliter l'étude des jouets, nous avons fait un regroupement par fonction, mais il est bien évident que certains jouets peuvent cumuler plusieurs fonctions. En outre, un choix s'imposait parmi les nombreux jouets, cette liste n'a pas la prétention d'être exhaustive.

Jouets à secouer

Les *hochets*, qui étaient jusqu'ici les jouets par excellence du nourrisson, ne sont pas toujours bien adaptés à ses besoins. Ils sont souvent trop lourds pour les petites mains du bébé et leurs

DEEJE. Diplôme d'État d'éducateur de jeunes enfants

sons sont peu mélodieux. En outre, leur contact est dur et froid. Le bébé leur préfère avec raison ses mains et ses pieds qui entrent dans son champ visuel et ne disparaissent pas aussi vite de sa vue. Ils sont d'ailleurs moins lourds à porter et plus doux ! Cela dit, tout dépend du moment où le jouet est proposé à l'enfant. L'âge de 2-3 mois est peut-être précoce, en revanche, vers 4 à 5 mois, le hochet semble plus apprécié du bébé. À cet âge-là, l'objet peut favoriser les « réactions circulaires » (*cf.* J. Piaget), car le bébé veut reproduire le bruit qu'il a entendu et qui est source de surprise pour lui.

Jouets à voir

Citons tout particulièrement deux objets très appréciés :

- le *mobile*, objet de grosse taille et coloré, stimule l'enfant visuellement et constitue un des premiers points de repère dans son environnement :
  - il peut être suspendu au plafond, ce qui est un élément de décoration appréciable, mais il est parfois trop loin des yeux du bébé pour répondre vraiment à ses besoins,
  - il peut être accroché au berceau, c'est un mobile musical, dans ce cas l'enfant le verra facilement, mais l'adulte devra choisir le moment opportun pour le mettre en mouvement (à la crèche, le mobile peut être fabriqué par les éducatrices de jeunes enfants) ;
- le *boulier* (ou un ballon de baudruche) peut également être suspendu au berceau. Le boulier produira le même effet que le mobile musical ; le son du boulier est moins mélodieux, mais il a l'avantage d'être provoqué par le geste du bébé qui le heurte (*cf.* J. Piaget).

Rôle de l'EJE

L'EJE conseillera les parents au sujet du choix et de l'utilisation des jouets. Il leur dira qu'il ne faut pas abuser du « mouvement » ; seule la *vision de l'objet* suffit à stimuler l'éveil du bébé. En outre, il est préférable que l'objet soit animé par la main de l'adulte plutôt que mécaniquement. Là encore, la relation adulte-enfant, par l'intermédiaire de l'objet, est importante.

Jouets à attraper et à toucher

- Le *portique* : c'est vers 5-6 mois que le portique semble être particulièrement apprécié de l'enfant. L'EJE doit veiller à la bonne installation du portique dans le lit de l'enfant afin que les qualités du jouet soient exploitées aux mieux de son intérêt.

Un portique muni d'élastiques sur le côté est inefficace, le bébé tire le portique vers lui au lieu d'être tiré « par » le portique.

- Les *objets domestiques* : les jeunes enfants aiment particulièrement toucher, tâter, sucer… Certains objets sont à privilégier : ce sont les objets familiers qui ont des textures diverses, telles que le bois, le tissu, le plastique.

Nous pourrons sans craindre faire connaître aux jeunes enfants : une tasse ou une timbale peu fragile, un gant de toilette ou une éponge (sèche et propre), un gros cordon de rideau (rigide) ou des anneaux de rideaux, des cuillères de pique-nique (en plastique solide), des boîtes, etc. L'intérêt est d'offrir à l'enfant une stimulation à la fois tactile (par des objets durs, mous, rugueux, soyeux, lisses...) et auditive (par des objets de formes variées).

- Le *tableau de découvertes* : c'est un jouet très utile, car il développe en même temps de nombreuses capacités sensorielles (toucher, vue, ouïe). Avec ce « tableau », l'enfant peut pousser, tourner, tirer, appuyer, remuer, un objet de forme différente dans tous les sens.

C'est en fait la répétition des gestes qu'il essaie de maîtriser qui l'intéresse. Chaque fois qu'il y réussit, il entend un son, il voit une image, qui l'incite à recommencer l'opération.

Jouets à sucer

Parmi les jouets destinés à cet usage, citons quelques objets en caoutchouc parmi les plus demandés :

- les *anneaux et clés plastifiés,* les « *grips* », sont des objets qui offrent des éléments de relief stimulants et qui s'attrapent bien ; les « *colliers de dentition* » sont particulièrement indiqués vers 6-7 mois lors de la sortie des premières dents ;
- les *animaux* en plastique souple peuvent être proposés au bébé. Parmi ces animaux, la « girafe » au long cou est celle que l'enfant maintient le mieux.

Objets musicaux

L'enfant apprécie très tôt la musique. Ses préférences iront vers les sons mélodieux, apaisants, plutôt que vers les rythmes excitants. On peut répondre à ses goûts en lui proposant de nombreux objets musicaux (voir « L'éveil musical »).

Objets à jeter

Vers 7-8 mois, l'activité motrice du tout-petit va se tourner à présent vers l'extérieur, vers l'environnement proche. L'enfant a besoin de dépenser toute une énergie accumulée en lui. Cette décharge, apparemment agressive, est indispensable à son équilibre. Prendre un cube, ou un autre objet au hasard, le jeter, est positif pour l'enfant, mais l'effet est souvent mal compris de l'adulte.

C'est vers 7 mois que bébé commence à jeter les objets, incitant l'adulte à aller les chercher par ses contorsions et ses cris.

- Les *cubes* : pour cette période (7-8 mois) les cubes seront choisis de préférence en plastique, légers et solides. Ainsi, ils pourront être sucés et jetés. C'est seulement dans un deuxième temps (vers 15-18 mois) que l'enfant leur donnera leur fonction réelle : celle de l'*empilement*. Dans ce cas, il faudra les choisir assez lourds, aux arêtes bien droites, pour faciliter le travail de l'enfant.
- Les *boules* et les *balles* : ces jouets incitent l'enfant à se déplacer pour les attraper, en rampant et en marchant à quatre pattes. Il existe des modèles nombreux et variés. Citons deux exemples :
  - les balles de préhension (10 cm environ de diamètre) permettent à l'enfant dès 6-7 mois de s'entraîner à saisir, à lâcher l'objet tout en s'amusant de bon cœur avec l'adulte ;
  - les balles de tissu ou de mousse (6-8 cm de diamètre) : très bon marché, résistantes et agréables au toucher, elles sont très prisées des bébés qui aiment les câliner.

Mémo psy

Prendre et jeter

À la lumière de la psychanalyse, on peut approfondir un peu le sens de ce geste qui est fréquent chez le jeune enfant et qu'il répète sans se lasser.

Freud[1] a dit que ce jeu est en rapport avec la phase de *sevrage*. L'enfant en jetant un objet, s'en sépare, puis cherche à le retrouver pour s'en séparer à nouveau après l'avoir serré contre lui. L'objet rejeté (cube, balle…) serait le symbole du sein maternel que l'enfant doit à regret abandonner. Ces jeux seraient très utiles, car ils aideraient bébé à exorciser des tensions internes, d'où le plaisir qui s'ensuit.

1. Freud S. Au-delà du principe du plaisir. In : Essais de psychanalyse. Paris : Payot. coll. « Petite bibliothèque » ; 2004.

Rôle de l'EJE

Pour favoriser l'activité de l'enfant, à la crèche, l'EJE doit veiller à ce que certaines conditions soient mises en place.

Créer un environnement affectif et sécurisant

Pour être curieux du monde qui l'entoure, aller à la découverte des objets, persévérer dans ses expériences, l'enfant a *besoin d'être en paix avec lui-même et avec son entourage*. L'enfant qui manque d'affection, qui ne se sent pas important pour quelqu'un, regarde son environnement d'un œil éteint.

C'est aux adultes de repérer ce genre de symptôme, révélateur d'un malaise de l'enfant, et de tout mettre en œuvre pour y remédier. Il peut s'agir d'une mauvaise adaptation à la crèche, d'un problème d'ordre familial. Si plusieurs enfants présentent ce symptôme, il faut s'interroger sur l'organisation du groupe. L'EJE a ici un rôle humain et un rôle de coordination important à jouer.

Organiser un espace de jeu suffisant

L'enfant a besoin d'un espace où il puisse se déplacer et se mouvoir à l'aise, mais où il ne se sente pas perdu. C'est par l'organisation de l'espace en collectivité que l'on pourra donner à chacun une aire de jeu adaptée à sa motricité. Cet espace va grandir avec les enfants.

Choisir des jouets bien adaptés est une tâche délicate

Toutefois, certains critères peuvent aider à ce choix :

- des critères liés aux jouets : privilégier la simplicité, les normes de sécurité, la solidité, l'hygiène ;
- des critères liés à l'enfant : son âge, mais surtout ses possibilités motrices, intellectuelles, son tempérament, son état de santé, son environnement, ses propres intérêts…

Acheter de préférence pour le jeune enfant des objets : doux, légers, pas trop petits, qui peuvent être portés à la bouche sans risque, qui se lavent facilement et qui présentent une grande diversité de touchers, de couleurs, de sonorités. Choix des matériaux : le plastique, le bois, le tissu.

Doser la quantité de jouets

La quantité des jouets mis à la disposition des enfants doit être dosée selon l'âge et l'importance du groupe d'enfants :

- envahi de jouets, le jeune enfant ne saura où porter son attention, son intérêt se dispersera et il ne sera plus motivé pour jouer ;
- peu de jouets, surtout chez les plus grands, risque de provoquer des conflits entre les enfants.

Respecter l'autonomie de l'enfant

L'enfant a besoin de temps et de calme pour se livrer à ses manipulations de la façon la plus efficace. Si l'adulte intervient trop fréquemment dans le jeu de l'enfant, celui-ci détournera son attention du jeu, il sentira celui-ci lui échapper et demandera autre chose. Un excès d'intervention de l'adulte est nuisible pour l'enfant.

De plus, la motricité fine de la main va se préciser par les manipulations d'objets. Celle-ci sera d'autant plus facilitée que l'enfant est dans une posture qu'il a prise lui-même, dans laquelle il n'a pas de problème d'équilibre. Un enfant placé assis, alors qu'il ne maîtrise pas cette position, aura toute son énergie concentrée sur l'effort à faire pour ajuster l'équilibre et ne manipulera pas (ou mal) les jouets. Ce même enfant pourrait nous étonner par l'efficacité de son activité ludique sur le tapis. (Ces idées ont été largement développées dans les livres sur les expériences de Loczy.)

Accompagner du regard les expériences de l'enfant

Pendant ces moments de jeux autonomes, l'adulte, s'il ne joue pas avec l'enfant, n'est pas indifférent à ce qui se passe, pour des raisons de sécurité évidentes dans une collectivité d'enfants, mais aussi par intérêt au jeu de l'enfant. Rencontrer le regard de l'adulte quand on a réussi à empiler deux cubes, sentir sa compréhension quand on tâtonne pour ajuster deux lego, sont d'autant d'encouragements pour entreprendre de nouvelles explorations. Pour l'adulte, voir la passion chez l'enfant, distinguer le regard intéressé, sont autant de satisfactions et d'indicateurs pour comprendre l'enfant et lui proposer un milieu adapté à ses intérêts.

◆ Choix des jouets après la marche

À partir de 14 à 15 mois, âge approximatif de l'acquisition de la marche indépendante et assurée, le jeune enfant se décentre de lui-même et s'ouvre sur le monde. Les acquisitions vont être nombreuses et variées, évoluant à des rythmes différents selon les enfants. C'est l'âge des premiers mots, de l'acquisition de la propreté, des changements dans le rythme du sommeil. Les enfants de 15 mois à 2 ans sont classés à la crèche dans la section des « moyens » et, comme chaque EJE le sait, c'est souvent la section où l'on constate quelques difficultés dans l'organisation des activités en raison du comportement des enfants.

◆ Les enfants de la section des « moyens » (15 à 24 mois environ)

Les personnalités

C'est la section la plus difficile, car l'enfant de cette tranche d'âge a souvent tendance à être :

- *agressif* : dès qu'il voit un autre enfant jouer, il veut accaparer le jouet. C'est en fait une façon de le copier, « d'être l'autre qui joue », comme disent les psychologues ;
- *individualiste et possessif* : lorsqu'il a pris un jouet, il ne veut ni le rendre, ni le prêter. « C'est à moi, pas à toi ! » c'est une façon de définir son territoire. « C'est une phase normale après la période dite d'angoisse et c'est une façon de jouir du contact de l'objet à un âge où s'opère en lui une folie de manipulation » (R. Spitz) ;
- *négatif* : c'est la phase de « non », une façon d'affirmer son identité en s'opposant aux autres et à l'adulte ;
- *instable* : l'enfant change souvent d'activités et ne peut maintenir longtemps son attention, sollicitant sans cesse l'adulte ;
- *très demandeur d'affection* : c'est un besoin plus difficile à satisfaire en collectivité.

Les difficultés rencontrées

La coexistence à la crèche, en section des « moyens », semble difficile. Elle peut mettre un frein à l'activité ludique en étant pour l'enfant source de :

- *frustration* : l'objet est pris par le plus fragile ;
- *peur* : l'enfant faible est bousculé par les autres ;
- *excitation* : les pleurs sont un fond sonore excitant pour le groupe ;
- *gêne de jeu* : l'attention est limitée, si le jeu individuel est interrompu sans cesse, l'enfant ne peut s'engager dans une activité féconde.

Rôle de l'EJE

Quelques solutions peuvent être proposées.

Certains aménagements peuvent être proposés à la crèche :

- il faudrait des espaces et des moments de jeu différenciés, mieux scinder les activités des enfants. Ex. : un enfant pourrait dormir, pendant qu'un autre empilerait des cubes et que trois autres joueraient à l'eau (mais, pour cela, il faut du personnel) ;
- il serait préférable d'acheter peu de « petits jouets » mais plutôt de « gros jouets » : c'est l'âge idéal des matelas d'eau, des blocs-mousse, des tunnels (*cf.* Activité corporelle) ;
- il faudrait que l'adulte mette à profit l'envie de l'enfant d'« imiter l'autre », pour lancer des « jeux moteurs » favorisant la socialisation (*cf.* Jeux moteurs) et lui permettant de se « défouler ».

◆ Les enfants de la section des « grands » (2 à 3 ans)

Dans la section dite des « grands » à la crèche, l'enfant est âgé (environ) de 2 à 3 ans. Cette répartition est très variable selon les établissements et se fait, bien sûr, en tenant compte de l'évolution de chacun.

Mais puisque nous centrons notre propos sur le jeu, nous dirons que ce qui caractérise l'enfant de cet âge est :

- une *personnalité* plus affirmée ;
- une plus grande *socialisation* : le personnel pourra donc exploiter plus facilement les différentes activités ludiques étudiées ci-après, par exemple les jeux moteurs ;
- un esprit de plus en plus *curieux* : c'est l'âge où les jeux éducatifs commencent à intéresser l'enfant ;
- l'accès à la *pensée symbolique* : l'enfant peut se représenter mentalement certaines situations. C'est l'âge où les jeux symboliques prennent tout leur intérêt ;
- le plaisir de *toucher*, de *manipuler*, de *créer* se poursuit : c'est l'âge où les différents jeux de manipulation passionnent l'enfant et où la peinture est exploitée largement.

Remarque

Tous les jouets cités dans le paragraphe précédent (« avant la marche ») intéressent toujours l'enfant, mais il va les utiliser différemment. Prenons le cas des anneaux plastifiés : dans un premier temps l'enfant ne savait que les sucer ou les jeter, à présent il va pouvoir les empiler sur une tige (même s'il est encore malhabile).

Notons aussi que, dans le domaine des jeux, toute classification est de pure forme, car ceux-ci sont étroitement liés les uns aux autres. Exemple : les jeux qui développent la motricité et le symbolisme stimulent aussi l'éveil intellectuel, et les jeux symboliques sont particulièrement éducatifs ! Tout cela s'interpénètre et se dynamise pour participer à l'harmonie du développement de l'enfant.

Situation

« À chaque âge ses jeux ! »

Aujourd'hui, Déborah (EJE à la crèche des Poussins bleus) fait visiter les locaux à Zoé (élève qui débute son premier stage en structure d'accueil). Elle lui explique comment sont répartis les enfants et commence la visite :

- dans le *service des « petits »*, Zoé est admirative devant les enfants qui ne marchent pas encore, mais qui, allongés sur le tapis de sol, font des « roulades » sur eux-mêmes, sucent des girafes ou des anneaux plastifiés et se regardent dans les grands miroirs fixés face à eux, au niveau du sol. Zoé demande à Déborah l'utilité des mobiles fixés au plafond ;
- dans le *service des enfants en âge de marcher*, Zoé remarque qu'il y a les « actifs » et les « calmes » et que les professionnels ont su offrir à chacun les jouets qui correspondent à leur tempérament et à leurs besoins ;
- enfin, Déborah lui fait visiter un autre service où plusieurs enfants s'expriment dans des activités artistiques et des « coins jeux » qui leur plaisent particulièrement. Elle lui dit : c'est le *service des « grands »* !...

Remarque

Cette situation met en relief les différents services de la crèche où les « jeux » et jouets sont adaptés à chaque tranche d'âge (Fig. 17.1).

Fig. 17.1 **Quelques exercices de motricité avant et après l'acquisition de la marche (exemples)[1].**

2 Le choix des jouets en fonction du développement psychomoteur (Tableau 17.1)

◆ Les critères de qualité et les normes de sécurité des jouets et équipements

L'EJE, comme tout professionnel de santé, a un rôle important à remplir en collectivité d'enfants. Il doit connaître les critères de choix d'un jouet afin de pouvoir conseiller utilement les parents.

◆ Les critères de qualité

L'EJE doit conseiller des jouets conformes aux normes de qualité et de sécurité « Afnor », à savoir : « les jouets ne doivent entraîner aucun risque de toxicité, blessure, coupure ou brûlure ».

1. Guide de l'AP, J. Gassier, Elsevier-Masson.

Tableau 17.1 **Choix des jouets en fonction du développement de l'enfant.**[1]

Développement psychomoteur	Choix des jouets	Illustrations
1. Vers 3 mois à 6 mois L'enfant aime : – voir (les couleurs, le mouvement) ; – écouter ; – toucher ; – sucer.	Mobiles (au plafond, au berceau) Mobiles musicaux Bouliers Hochets, anneaux plastifiés	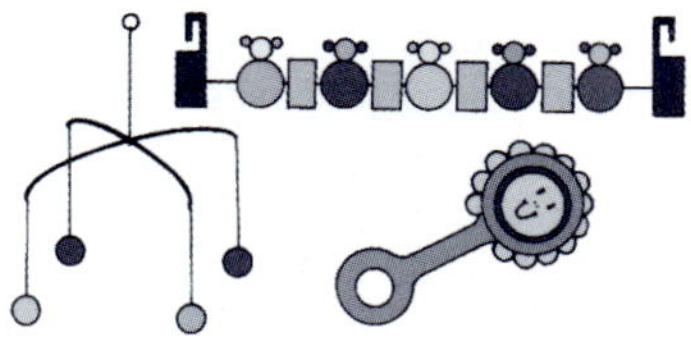
2. Vers 6 mois à 15 mois L'enfant maîtrise : – la préhension volontaire ; – le relâchement volontaire ; – la position assise. C'est l'âge : – des dents ; – de la crise d'angoisse (8e mois).	Tableaux des découvertes Portiques, tableaux d'éveil… Cubes… Clés, anneaux en plastique… Animaux en caoutchouc Colliers à dentition Ours en peluche, poupées…	
3. Vers 2 ans – L'enfant aime introduire, retirer, superposer, juxtaposer. – L'enfant aime déplacer les objets : lancer ; pousser ; tirer ; traîner. – L'enfant aime les activités créatives : peinture ; modelage ; musique ; lecture.	Pyramides d'anneaux Gobelets et cubes gigognes Trieurs de forme Puzzles… Ballons, balles Petits trains Autos, camions (à chevaucher) Jeux à tirer Jouets porteurs… Peintures Pâtes à modeler Disques pour enfants Livres pour enfants	

1. Guide de l'AP, J. Gassier, Elsevier Masson.

Tableau 17.1 **Choix des jouets en fonction du développement de l'enfant (suite).**

Développement psychomoteur	Choix des jouets	Illustrations
3. Vers 3 ans L'enfant aime se concentrer, réfléchir, inventer… L'enfant aime mimer des situations L'enfant a besoin de se dépenser physiquement L'enfant apprécie les activités de groupe L'enfant apprécie les jeux vidéos	*Jeux éducatifs* : – jeux de construction (cubes, Lego…) ; – Lottino ; – perles à enfiler… *Jeux symboliques* : – ours, poupées, dînettes ; – marionnettes ; – panoplies, déguisements… *Jeux moteurs* : – échelles ; – balançoires ; – toboggans ; – tourniquets, manèges… *Jeux collectifs* : – danse, rondes… ; – consoles de jeux ; *Jeux interactifs*.	 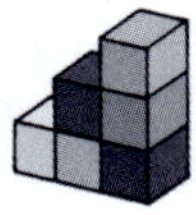 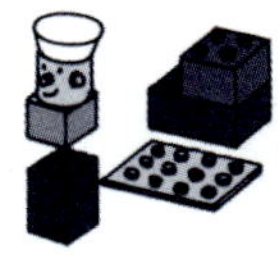   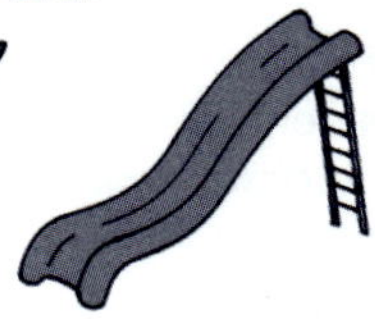

Mémo psy

Critères de qualité

Les jouets doivent :

- être lavables et aux couleurs indélébiles ;
- avoir des formes rondes, simples, douces ;
- être solides ;
- être adaptés à l'âge de l'enfant. Un jouet inoffensif peut se révéler dangereux lorsqu'il est confié à des petites mains maladroites. Les emballages doivent mentionner : « À ne pas donner aux enfants de moins de … ».

◆ Les normes de sécurité

Il ne faut pas confondre marque NF et marquage CE :

- le *marquage CE (Communauté européenne)* est un marquage européen obligatoire pour tous les produits soumis à une ou plusieurs directives européennes. Il indique que les produits respectent les *exigences essentielles* de sécurité, de santé publique et de protection des consommateurs ;
- la *marque NF (normes françaises)* est une marque de certification de qualité volontaire ayant un objectif de différenciation. Elle garantit que les exigences de *qualité*, *sécurité*, *fiabilité*, *aptitude à l'usage*, décrites dans les normes et règlements de certification, ont été contrôlées et sont respectées.

◆ Fiche technique : étude d'un jouet (ex. : le jouet porteur)

Dans une structure d'accueil pour enfants, le personnel est souvent amené à constituer un « fichier du matériel d'animation ou de jeux ». Nous allons énoncer les caractéristiques d'un jouet porteur (type camion).

Description de l'objet (notice)

Pour décrire un objet, il faut observer le matériel et tenir compte de la notice explicative donnée par le fabricant. Il s'agit d'un jouet multifonctions, plus particulièrement destiné à transporter l'enfant, mais qui peut aussi être poussé, selon les modèles :

- il est en matière plastique ;
- il a un siège et quatre roues (petites et solides) ;
- son volant est muni d'un klaxon ;
- ses couleurs sont vives ;
- il est léger et facile à transporter.

Observation du jouet en situation

Observons le matériel en « situation », c'est-à-dire quand il est utilisé par l'enfant à la crèche.
Dans la section des moyens : le jouet porteur est utilisé par les enfants de 18 mois à 2 ans (qui ont tendance à le pousser) (Fig. 17.2). Très apprécié des enfants, il est souvent objet de conflit entre celui qui le possède et les autres.
Dans la section des grands : le jouet porteur est utilisé par les enfants de 2 à 3 ans. Il est directement investi dès que l'adulte le propose. Les enfants aiment se déplacer à grande vitesse, entrer en collision avec d'autres enfants.

Intérêt du jouet

Ce jouet répond aux normes Afnor (critères vus précédemment). Il est proposé de préférence aux enfants de 18 mois à 3 ans, en jeu libre, car il répond à un besoin de motricité de l'enfant à cet âge-là.

Fig. 17.2 Émile (18 mois) découvre le jouet « porteur »[2].

2. Guide de l'AP, J. Gassier, Elsevier-Masson, p. 80.

Lieu d'évolution du jouet

Le lieu d'évolution de ce jouet doit être spacieux et aéré. C'est le cas pour le jardin de la crèche (si une partie est dallée) ou pour les salles de la crèche (vides ou aménagées avec des parcours) et les couloirs.

Rôle de l'EJE

Pour éliminer les conflits, ce jouet devrait être mis en permanence à la disposition des enfants. Le professionnel veillera à en prévoir un assez grand nombre. Il devra aussi :

- surveiller les enfants lors de l'utilisation ;
- l'entretenir régulièrement : il est lavable ;
- le ranger à l'intérieur chaque soir : il est quelque peu encombrant, mais il doit être rangé au même endroit après utilisation et à l'intérieur (pour le conserver plus longtemps).

B Les activités et jeux moteurs

L'enfant se développe par une activité motrice spontanée au travers de ses jeux. Il éprouve un grand plaisir à « essayer ». Plus le champ d'expériences motrices est grand, plus les possibilités « d'essais » sont nombreuses. Pour répondre aux besoins de l'enfant, il faut donc lui aménager un espace et un matériel de jeu suffisamment riche et varié.

1 Les objectifs des activités et jeux moteurs

À travers une activité ludique, donc source de plaisir, l'enfant maîtrisera mieux ses mouvements, percevra mieux son corps ; son adresse et son équilibre se développeront.
Cette activité participe à l'évolution harmonieuse des fonctions relationnelles et sensorielles. C'est à travers de nombreuses expériences motrices que se créent et s'installent des habitudes de comportements, elles vont aider l'enfant à structurer sa personnalité. Les jeux moteurs pourront développer chez l'enfant différentes qualités.
Rappelons ici que les jeux moteurs font l'objet d'un paragraphe volontairement distinct des « activités corporelles », mais que leurs centres d'intérêts se regroupent. Rappelons ci-après les objectifs des jeux moteurs (Fig. 17.3).

2 Les « équipements » ou « accessoires » nécessaires aux jeux

À la crèche, l'achat de petit et de gros matériel s'avère indispensable, la force créatrice de l'enfant saura faire le meilleur usage des deux :

- *petit matériel* : bancs de hauteurs différentes (avec ou sans dossier), petites tables, petites chaises, matériel de récupération (barils de lessive, draps, serpillères), etc. ;

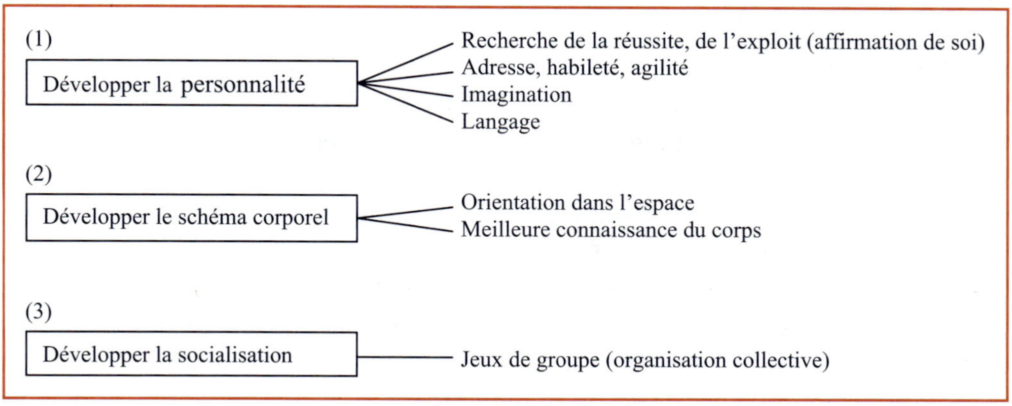

Fig. 17.3 Objectifs des jeux moteurs.

- *gros matériel* : toboggan, balançoires, échelles, cabanes, gros éléments de construction, cages à écureuil, etc.

Ce matériel permet de répondre au besoin d'activité des jeunes enfants en stimulant l'équilibre et la motricité, ainsi que le développement des sens, c'est-à-dire les outils de la vie de relation.

Pour connaître l'utilité de ce matériel, contentons-nous de noter les actions qu'il engendre : grimper, enjamber, s'accroupir, s'allonger, s'accrocher, se suspendre, glisser, sauter, se rouler, franchir un espace, se cacher.

L'association de petit et gros matériel agrandit l'éventail des possibilités de jeux. Mais de nombreuses activités motrices se dérouleront sans l'adjonction de matériel, c'est le cas des jeux chantés et dansés.

3 Les jeux de bancs, des tables, des chaises

◆ Les bancs

C'est un matériel très connu des enfants, favorisant de nombreux jeux moteurs. L'éducatrice aura intérêt à placer les bancs contre les murs de la salle, ce qui crée un appui, un support de sécurité pour l'enfant. On sait à quel point il aime monter, marcher et sauter du banc. Ce jeu peut avoir diverses variantes et être enrichi par l'imagination de l'adulte de multiples façons.

◆ Les tables

Elles peuvent remplacer les bancs. On peut sauter, courir entre les tables, se cacher au-dessous, les actions s'enchaînent les unes aux autres. La table, à l'inverse du banc, donne à l'enfant l'impression de transgresser un « interdit », car elle a un autre usage habituellement.

◆ Les chaises

Elles s'alignent en enfilade selon la direction souhaitée par les enfants eux-mêmes. Ils aiment, seuls ou aidés de l'adulte, franchir le dossier de chacune d'elles. Comme la table, la chaise est ainsi détournée de sa fonction réelle.

Rôle de l'EJE

L'EJE choisira un moment d'intérêt des enfants pour le banc pour suggérer un jeu moteur. Par exemple, elle attirera l'attention du groupe vers l'enfant qui marche (ou saute du banc) en disant : « Max marche bien sur le banc, regardez tous ! » et elle sollicitera ensuite un enfant plus timide : « Veux-tu rejoindre Max ? », en lui tendant la main et en l'aidant à monter.
Bob a besoin de s'aider de ses deux mains pour monter et descendre, mais il le fait avec un vif intérêt et on l'applaudit ! L'enfant est toujours à la recherche du progrès.
L'EJE sollicite, sans discrimination, tous les enfants, les laissant libres d'accepter ou de refuser le jeu, sans faire de commentaires sur leur décision. Certains ne bougeront pas du tapis de sol, où ils se trouvent très bien, mais ils ne manqueront pas d'applaudir les performances de leurs petits camarades.
Nous avons cité quelques jeux moteurs susceptibles d'être appréciés par les enfants à la crèche. Il faut cependant savoir que rien de très « collectif » ne peut vraiment être organisé pour les enfants de 2 à 3 ans, c'est-à-dire « les grands » à la crèche. L'enfant de cet âge-là joue avec son compagnon sans que ne s'instaure une relation réelle à deux ou à plusieurs.
Il existe de très nombreux jeux moteurs. Citons-en quelques-uns observés à la crèche.

4 Le jeu du « footing ludique »

L'éducatrice peut proposer aux grands enfants, le matin à la crèche, un petit « footing » en musique, si elle juge qu'ils ont besoin de s'éveiller (*cf.* Situation) ou envie de se défouler. L'exercice doit toujours répondre à un besoin des enfants et ne pas être imposé subitement. Cet exercice, en hiver, peut permettre aussi aux enfants de se réchauffer après une récréation dans le jardin. Il s'accompagne éventuellement de musique.

Situation

Le « footing ludique »

Maggie (l'EJE) organise aujourd'hui un petit « footing » à 8 h 30 pour les grands enfants de la crèche. Elle les met tout de suite dans l'ambiance en courant elle-même vers les quatre coins de la pièce. Elle signale le but de sa course : « Je cours vers la porte », puis « vers la fenêtre ». « Venez me toucher »… et tous les enfants s'agglutinent autour d'elle. Outre le contact, ce jeu permet à l'enfant de mieux se repérer dans l'espace, tout en enrichissant son vocabulaire. L'adulte doit courir à un rythme que les enfants peuvent suivre facilement. Elle pourra ajouter pour les stimuler : « Qui m'attrape ? Qui attrape Yann ? ». Ce qui favorise les contacts entre enfants, donc leur socialisation.

Remarque

Le dynamisme du groupe est proportionnel à l'enthousiasme de l'éducatrice. Ce jeu est en général très apprécié de tous. On peut le remplacer, par exemple, par une course après le ballon, mais le contact de « personne à personne » est moindre.

5 Le jeu du « loup et des moutons »

L'éducatrice fait le « loup ». Elle s'assoit au centre d'un cercle formé par les enfants. Elle doit choisir, pour lancer le jeu, un moment où les enfants sont au sol, elle doit toujours leur expliquer ce qu'elle va faire, les jeux de rôle : « Je suis le loup, je vais me mettre à quatre pattes, et aller vers l'un d'entre vous ». Par exemple : « Je vais vers Max, Max est un petit mouton, il va partir en courant se cacher... ». Elle choisit, pour lancer le jeu, un enfant qui a beaucoup de vitalité et qui répondra bien à la demande, les autres auront aussitôt envie de « l'imiter ».
Ce jeu peut avoir des variantes multiples, mais il doit rester simple, une seule demande, pas plus, pour être bien compris de l'enfant. Par exemple : « Max va vite se cacher dans le coin jeu... Zohra va vite se cacher sous la table... », etc.

Rôle de l'EJE

Le rôle de l'EJE sera de calmer, de sécuriser les enfants et de les aider à s'accepter progressivement par le moyen relationnel du jeu précisément. Elle doit rester celle qui « aide », qui est à l' « écoute » des sollicitations de chacun et chacune.
Répondre aux besoins individuels, c'est respecter les rythmes des enfants qui sont tous différents les uns des autres.

6 Les jeux avec des « engins mobiles » (le tricycle)

Que l'on soit dans le cadre familial, ou à la crèche, il est indispensable de mettre à la disposition de l'enfant des engins mobiles dès que celui-ci sera en âge de les utiliser. Il s'agit de :

- matériel sans pédalage : autos-porteurs, pédibus, tracteurs ;
- matériel avec pédalage : tricycles, petites autos,...

À la crèche, l'EJE vérifiera que le matériel proposé est en bon état de marche et elle prévoira l'achat d'un nombre suffisant d'engins afin de limiter les disputes entre utilisateurs.

Situation

Maggie (EJE) organise des « jeux de rôle » avec le tricycle

Maggie motive les enfants dans leurs jeux avec les tricycles (Fig. 17.4). Elle sait créer des « jeux de situation » en demandant à Jules (2 ans ½) d' « aller chez l'épicier acheter du café » ou de « faire un message à la grand-mère de Zoé ».
Maggie peut suggérer à Carole d'« aller chercher le bébé (la poupée) et de le ramener derrière son vélo ».
Maggie parfois cherche à favoriser « les échanges » entre enfants en demandant de nouveaux rôles (ce qui entraîne des changements d'engin). Exemple : elle dit : « Jules tu es le papa, va chercher le bébé de Zoé à la crèche » ; « Yann est le laitier (ou le fleuriste), il apporte le lait (ou les fleurs) à Zoé..., etc.
Dans ce dernier cas, il faut prévoir le matériel correspondant au rôle (une bouteille vide représente le lait). Quelques feuillages représentent les fleurs, etc.

Fig. 17.4 **Le tricycle est le jouet préféré des enfants, dès qu'il sait pédaler[3].**

7 Le jeu de traces au sol

Lorsqu'on se trouve en collectivité, que l'on soit à l'intérieur ou à l'extérieur (si c'est possible), on peut tracer quelques lignes discontinues sur le sol (avec des feutres ou du scotch coloré). Ainsi, les enfants sont invités à suivre un parcours dont les difficultés sont accrues. L'intérêt du jeu n'est que plus grand. On peut également ajouter quelques obstacles sur le parcours (briques en plastique, cartons).
Ce jeu développe le sens de l'espace, la maîtrise du geste, la discipline. La réussite valorise l'enfant et lui donne envie de recommencer.

Rôle de l'EJE

L'organisation du jeu

L'EJE anime le jeu et en prévoit l'organisation matérielle au fur et à mesure des besoins.
Elle doit donc surveiller attentivement le jeu et l'intérêt que lui portent les enfants afin de le faire « évoluer ».
Elle doit susciter le dialogue avec les enfants au travers de jeux de rôle. C'est une façon de les stimuler à poursuivre le jeu.

L'observation des enfants

Au cours du jeu, l'EJE et tout le personnel peuvent à loisir observer le comportement des enfants et noter beaucoup d'indices révélateurs de la personnalité de chacun (*cf.* Mémo psy, ci-après).
L'EJE est le médiateur affectif et le témoin averti. Il observe le comportement de l'enfant devant le matériel, stimule les hésitants, canalise les énergies et aide les

3. Guide de l'AP, J. Gassier, Elsevier-Masson, p. 86.

enfants qui présentent des difficultés. Il conseille, anime, participe, aide, coopère, il vérifie les agencements de matériel. Le dynamisme du groupe est proportionnel à son rayonnement.
La relation adulte-enfant se doit avant tout d'être joyeuse. Ce qui compte beaucoup, c'est « l'attention » que l'EJE porte sur chaque enfant ; elle est porteuse d'affect, d'intérêt, d'encouragement, de compréhension... Elle relie au groupe chaque enfant qui joue isolé. Si l'EJE entre dans l'action, elle est seulement complice du jeu et n'essaie pas d'intervenir pour le diriger. Elle joue aussi un rôle important au niveau du langage en verbalisant les actions sans toutefois submerger l'enfant sous un flot de paroles qui le détournerait de son activité ou le rejetterait vers son petit monde personnel.

Mémo psy

L'observation de la personnalité des enfants au cours des jeux

L'EJE en observant les enfants, pourra déceler divers traits de leur personnalité naissante. Il y a selon H. Montagner[1] des enfants que l'on peut dire :

- *accapareurs* (ils veulent toujours le jouet du voisin) ;
- *peureux* ou *timides* ou *souffre-douleur* ;
- *inadaptés* à la crèche (ils sont seuls, l'air triste, sucent le pouce...) ;
- *maladroits* qui utilisent mal le matériel ou ont des difficultés motrices (mauvaise coordination ou mauvaise latéralité) : certains ne savent pas tourner le guidon, d'autres ne savent pas freiner et se laissent emporter par la vitesse, quelques enfants ont des difficultés, car ils n'ont pas l'âge requis pour utiliser le véhicule ;
- *leaders* qui entraînent les autres et que l'on cherche à imiter ;
- *paresseux* qui abandonnent vite la partie ;
- *agressifs* qui détournent le véhicule de sa bonne utilisation (ils foncent sur les autres).

Il y en a encore bien d'autres... Seul un regard porteur d'affection, d'intérêt, d'encouragement et de compréhension aidera l'enfant à progresser. Pour chacun, il y a un mot à dire, un geste à faire.

1. H. Montagner, *op. cit.*

C Les activités et jeux de manipulation

La manipulation précède le jeu et prépare son avènement. Celle des éléments naturels (eau, sable, terre) précède souvent celle des autres éléments (pâtes à modeler, à gâteau...).
La manipulation développe tous les sens (le *toucher* en particulier), elle développe aussi :

- la *motricité fine* : préhension manuelle et globale (mouvements de tout le corps) ;

- l'*intelligence* : observation des rapports de cause à effet (par les nombreuses actions réalisées) ;
- la *créativité* : création de formes différentes ;
- la *socialisation* (jeux à plusieurs) : on observe, on compare, on imite, on s'entraide…

1 Les activités « sable » et les substituts

Le sable est une matière légère, fluide, qui file entre les doigts lorsqu'on veut la saisir. Beau à regarder, à sentir, à toucher, il suscite des expériences multiples.
Le bac à sable est un lieu où tous les enfants de la crèche aiment se retrouver. Ils sont là côte à côte, ils font et défont sans cesse des formes étranges, mystérieuses… auxquelles ils parlent, donnent des noms. Le plus souvent, les petits gênent le jeu des grands. Le sable est touché puis projeté. Quelques disputes éclatent, on entend des cris lorsqu'ils bousculent les jolis pâtés.
Les activités de manipulation du sable sont nombreuses :

- le pétrissage, le malaxage, le modelage du sable : les enfants font des boulettes, des serpents, des pâtés ;
- les projections (ou pluie de sable) dans un bac plat : les enfants l'envoient et observent les formes éclaboussées du sable ;
- les transvasements…

Quelques exemples d'activités sont présentés ci-après.

◆ Le bac à sable

Installé dans le jardin de la crèche, le bac à sable offre à l'enfant le plaisir de toucher (Fig. 17.5). Avec le sable, l'enfant fait des expériences très diverses : toucher, effleurer, réaliser des traces avec les doigts et en observer la rapide disparition, creuser, taper, transvaser, transporter, lancer, y enfouir des objets, ratisser…

◆ Le bac à farine

Les petits enfants aiment beaucoup la farine parce qu'elle est douce au toucher. Les traces s'effacent moins vite, le modelage est plus fin, elle épouse bien les formes.

Fig. 17.5 Le bac à sable[4].

4. Guide de l'AP, J. Gassier, Elsevier-Masson, p. 91.

◆ Les activités de « modelage » et de « pétrissage »

Si les éléments naturels : sable, eau, terre, sont souvent exploités, et avec profit, il faut aussi introduire d'autres matériaux.
Quelques exemples d'activités.

◆ Les pâtes à modeler

Tout ce qui est « pâteux » exerce une très grande attraction sur l'enfant. Diverses pâtes peuvent être proposées. Les pâtes à modeler sont souples et ont de jolies couleurs. Elles conviennent particulièrement aux jeunes enfants, car elles sont faciles à travailler. Elles favorisent l'acte d'étaler, de caresser, de lisser, et elles conservent la forme.

◆ Les pâtes à gâteaux

À la crèche, les enfants sont souvent amenés à préparer eux-mêmes les gâteaux d'anniversaire. On adopte souvent la recette du gâteau au yaourt qui présente l'avantage d'utiliser le pot de yaourt comme unité de mesure.
On peut leur proposer de décorer le gâteau avec des pâtes d'amandes colorées. Ils portent eux-mêmes le gâteau à la cuisine pour le faire cuire et peuvent constater la transformation de la pâte à la cuisson. Le moment du goûter est une fête. Ils sont fiers d'y avoir participé activement.
La recette du gâteau au yaourt (Fig. 17.6) est la suivante :

- Ingrédients :
  - 1 yaourt,
  - pots de farine,
  - pots de sucre,
  - ½ pot d'huile,
  - 2 œufs,
  - ½ sachet de levure,
  - éventuellement parfum : zeste de citron ou d'orange, vanille ;
- Technique :
  - mettre le yaourt dans un plat,
  - laver les œufs, les casser, les mélanger avec le yaourt,
  - ajouter successivement le sucre, la farine, l'huile, la levure, bien mélanger,
  - graisser et fariner un moule et y mettre la pâte,
  - cuisson : 30 à 40 minutes (four moyen).

Fig. 17.6 Le gâteau au yaourt[5].

5. Guide de l'AP, J. Gassier, Elsevier Masson, p. 92.

◆ Le papier

Le papier est un matériau qui offre de multiples possibilités d'expérimentation. Il peut être chiffonné, roulé en boules, déchiré, lacéré.
On offrira aux enfants : des catalogues, des emballages de papier cadeau, des échantillons de papiers peints, du papier aluminium…

Rôle de l'EJE

Les éducateurs sont les témoins de ces œuvres éphémères qui donnent tant de plaisir à leurs bâtisseurs. Ces exercices s'accompagnent parfois de pleurs et déclenchent des conflits. L'EJE veillera à :

- faire des commentaires bienveillants (dans le domaine de la création, il faut valoriser toutes les productions enfantines) ;
- tempérer les ardeurs destructrices et faire accepter à l'enfant brimé la démolition de son œuvre, en l'encourageant à la refaire.

2 Les activités et jeux d'eau

Les possibilités d'utilisation de l'eau sont multiples ; elles présentent quelques variantes en fonction du lieu où va se dérouler l'activité. Nous voyons ici l'organisation d'activités et de jeux d'eau à la crèche.
Voici quelques exemples d'activités.

◆ Le bac à eau

En collectivité, le bac à eau est largement utilisé. Outre le plaisir des jeux d'eau, cette activité est particulièrement riche de possibilités. On peut l'enrichir de matériels divers : entonnoirs, éponges, bouteilles en plastique, arrosoir, bateau, matériel de cuisine (louches, cuillères, fouets, passoires, écumoires…). Ce matériel permet de favoriser l'éveil intellectuel de l'enfant par tous les rapports de cause à effet.
En outre, cette activité favorise la socialisation : les enfants aiment échanger leur matériel. C'est le « troc » et ils se parlent, se copient, s'observent.

Rôle de l'EJE

Veiller à :

- laisser l'enfant jouer à son rythme personnel et ne pas imposer d'activité (jeu libre) ;
- s'impliquer dans le jeu et partager le plaisir de l'enfant, échanger avec l'enfant, sous forme verbale ou par le jeu ;

- encourager les initiatives, apaiser les craintes ;
- veiller à ce que les jeux des petits ne soient pas perturbés par ceux des plus grands, ou des plus vifs ;
- prévenir l'enfant de la fin de l'activité. C'est un acte de respect qui doit être systématique (pour toute activité).

◆ La pataugeoire

C'est une mini-piscine où l'enfant connaît l'eau par tout son corps. Il aime y jouer avec ses copains : on se touche, on s'éclabousse. Il faut que l'adulte soit présent et surveille chaque enfant.

◆ La piscine

L'activité piscine plaît généralement beaucoup à l'enfant. Elle lui offre des sensations corporelles diverses, sources de plaisir, de détente, de bien-être.

Situation

« Histoires d'eau » !...

Camille (2 ans), Enzo (18 mois) et Jules (3 ans) entrent dans la piscine. Ils s'observent d'abord, puis apprivoisent l'eau petit à petit. Enfin, ils y pénètrent et provoquent de grandes éclaboussures qui les font rire aux éclats. Enzo vient malencontreusement de recevoir de l'eau dans les yeux et se met à hurler. Emeline (EJE) le prend dans ses bras, le console et verbalise. Enzo veut retourner dans l'eau !

Fig. 17.7 **La pataugeoire permet à l'enfant des jeux d'eau qui lui offrent des sensations corporelles diverses, sources de détente de découvertes.**

Rôle de l'EJE

Même si la piscine est petite, la vigilance est de règle. L'EJE doit respecter les *règles d'hygiène, de sécurité, de confort et de respect de l'enfant* ; elle veille à :

- annoncer l'activité à l'enfant ;
- veiller à la propreté de la piscine et de l'eau ;
- assurer une surveillance constante ;
- sécuriser l'enfant qui a peur de l'eau ;
- inviter l'enfant manifestant des signes de « froid » à sortir de l'eau et l'essuyer rapidement ;
- laisser l'enfant entrer et sortir de la piscine à sa guise ;
- si possible participer au bain avec les enfants.

D Les activités et jeux symboliques et les « coins-jeux »

Le jeu symbolique est un jeu de fiction où l'enfant laisse libre cours à son imagination. Il peut avoir pour support différents objets, tels que : la poupée, l'ours, la marionnette, etc.
Les « coins-jeux » favorisent l'expression des jeux symboliques et doivent être largement exploités à la crèche.

1 Les caractéristiques de l'activité ou jeu symbolique

L'illusion créatrice de l'enfant intéresse particulièrement les psychologues puisqu'elle se situe à une période de la vie où il amorce une ouverture vers autrui qui ne fera que s'amplifier. Le jeu symbolique est :

- un *jeu de socialisation* : en imitant les autres au travers du jeu symbolique, l'enfant se décentre de lui-même vers autrui. C'est un premier pas vers l'autonomie. Au travers du jeu, l'enfant va vivre et expérimenter différents rôles de la vie sociale, il va développer son attention, son langage, il va mieux accepter les partages, les règlements, les frustrations imposées par l'adulte, il va également mieux vivre les « manques » : l'absence de sa mère en particulier. Cette attitude participe à la formation de la socialisation ;
- un *jeu de transfert* : la poupée (ou l'ours) devient l'enfant, tandis que, face à elle, l'enfant endosse le personnage de ses parents dont il adopte tous les traits de caractère (attitudes, voix…). L'enfant souligne (parfois avec un humour certain) les attitudes parentales qui l'ont le plus marqué. Notons ici qu'il n'est pas de vision plus lucide, sur la famille que celle de l'enfant par le moyen du « jeu symbolique » !
- un *jeu de langage* : S. Freud a dit : « Il n'y a pas d'acquisition du langage sans jeu ! ». Grâce à la poupée (ou l'ours) l'enfant devient un véritable orateur. Il manie le vocabulaire avec passion, utilisant tout son petit répertoire et y mettant même… l'intonation appropriée. L'enfant transgresse les interdits, Roxane (*cf.* Situation ci-après) ne dit pas qu'elle a puni sa poupée, pourtant celle-ci a eu de grosses faiblesses (pipi au lit, pleurs, désirs de dormir dans le lit de maman…). L'enfant se donne le beau rôle, celui de l'adulte fort et puissant qui

pardonne. Parfois le registre est différent ; par l'intermédiaire de la poupée, l'enfant refait la douloureuse expérience du monde. Les adultes ne sont pas toujours souples avec l'enfant, la poupée va symboliser cette résistance. L'adulte doit donc admettre les comportements agressifs de l'enfant par rapport à la poupée. Cependant, si l'on observe que la poupée est plus souvent battue, jetée, ou violentée, que câlinée, il y a, chez l'enfant, quelque problème à élucider. Les psychologues disent que, dans une telle situation, la poupée battue représente aux yeux de l'enfant une part de lui-même qu'il refoule ou rejette inconsciemment.

Situation

Roxane (2 ans) et sa poupée (Célia)

Roxane dit : « Célia est méchante : elle ne veut pas que je l'habille, elle remue, elle crie, elle griffe... Oh la ! la ! Je crois qu'elle a mal dormi. Elle a fait pipi et a pleuré pendant la sieste... Je lui ai donné du lait chaud au biberon, mais elle a encore pleuré, elle voulait venir dormir dans mon lit, alors je l'ai prise au bras... ».

Remarque

Écoutons attentivement l'enfant et sachons que les poupées sont à l'image de l'enfant. Nous devons nous attacher à décoder leurs messages. À chaque instant, la poupée révèle l'identité de l'enfant qui la berce, qui lui confie ses secrets.

2 Les variétés d'activités ou jeux symboliques

Nous allons voir que cette activité ludique aura une magie différente selon l'âge de l'enfant.

◆ L'ours (vers 8 mois)

C'est le premier confident et ami du bébé, c'est une présence rassurante à ses côtés dont le contact doux et chaud lui rappelle le toucher de sa mère. L'ours restera longtemps le témoin des premières peines.

C'est un jouet progressivement délaissé au profit des poupées par les fillettes et gardé un peu plus longtemps par les garçons, mais jamais abandonné. Il reste le « jouet fétiche ».

Mémo psy

L'attrait de l'ours!

« C'est un animal à principe masculin par sa semi-animalité et féminin par la tendresse qui émane de sa personne, peut-être tire-t-il de cette ambivalence son principal attrait », dit le psychologue H. Wallon.

◆ La poupée

Le choix de la poupée varie en fonction de l'âge de l'enfant (Fig. 17.8) :

- vers 1 à 2 ans, c'est l'âge où la poupée doit être la plus rudimentaire. La poupée de chiffon remplit cette condition ;
- l'enfant, entre 3 et 5 ans, aime avoir plusieurs poupées.

Maya (3 ans) dit : « Mes poupées sont couchées dans leur berceau. Léna c'est la grande, elle est sage. Pauline c'est le bébé, elle boit le biberon et fait pipi... ».

Le style de la poupée évolue vers plus de perfection et de précision dans le détail, l'enfant aime reconnaître les yeux, la bouche, veut la coiffer, mais on remarque que lorsque l'enfant a plusieurs poupées, c'est toujours la plus défraîchie, la plus « manipulée » qu'il préfère.

Mémo psy

Le garçon et la poupée !

Le petit garçon peut-il jouer à la poupée ? C'est un débat qui a entraîné de longues discussions entre ses partisans et adversaires. Il nous semble illogique, dans un siècle où l'on prône les pères très heureux de s'occuper de leur enfant, de refuser à un garçon d'apprendre son futur métier de père avec la poupée ! Le baigneur est souvent plus apprécié par le garçon que la poupée, parce qu'il peut mieux s'identifier à lui, il peut même expérimenter avec lui ce qu'on lui fait, ce qu'on lui apprend (se laver, se coiffer…).

D'après une enquête faite à l'école maternelle, il en ressort que : « Les garçons jouent spontanément à la poupée jusqu'à 3-4 ans. Au-delà, l'attitude hostile des parents à l'égard de cette activité les incite à abandonner un jouet qu'ils affectionnaient spontanément (…). De nombreux pères de famille l'interdisent même systématiquement, car ce jeu est, d'après eux, dévirilisant. On a même vu un jeune garçon de 3 ans aller se cacher pour jouer à la poupée, tant la pression familiale était pesante… »

La poupée de chiffon : vers 1 à 2 ans, la poupée doit être rudimentaire (douce, molle, chaude, solide, lavable). C'est une mascotte qu'on transporte partout.

La poupée classique : vers 3 à 5 ans, la poupée devient plus sophistiquée. L'enfant aime l'habiller, la coiffer. Il faut la choisir légère et manipulable.

La poupée mannequin : après 5 ans, cette poupée attire l'enfant, car c'est un être « idéalisé » auquel il voudrait ressembler plus tard ! *Barbie* est la plus connue. L'enfant demande aussi les accessoires (tenue de tennis, ski…).

Fig. 17.8 Les variétés de poupées[6].

6. Guide de l'AP, J. Gassier, Elsevier-Masson.

Rôle de l'EJE

Les jeux symboliques dans leur ensemble tiennent un rôle très actif dans la vie du jeune enfant, favorisant les projections et les identifications, tout en ne cessant de solliciter le plaisir créatif de celui-ci. L'EJE veillera à tout mettre en œuvre pour qu'à sa crèche ces jeux puissent se vivre pleinement.
L'écoute et l'observation des enfants, au travers de ces jeux, sont importantes : très souvent les dialogues entre l'enfant et ses jouets laissent apparaître ses préoccupations et ses troubles. L'éducateur doit y porter une oreille attentive et bienveillante. Il peut le signaler à la puéricultrice et éviter ainsi qu'une situation se dégrade. Ainsi avec discrétion, habileté, gentillesse, l'EJE pourra expliquer à la maman le message que l'enfant lui fait passer au travers du dialogue avec sa poupée. C'est une tâche difficile, mais tellement humaine de réconcilier l'enfant avec ses proches ! Le jeu a été pour lui un « exorcisme », encore faut-il qu'il soit entendu.
Toutes les théories des psychologues confirment l'intérêt des jeux symboliques chez l'enfant, toutefois, il faut mettre les professionnels en garde contre un excès d'interprétation des conduites enfantines au travers de ces jeux.
Il faut de plus éviter de s'immiscer dans les jeux de l'enfant et de dicter des dialogues ou des comportements dans le but de lui faire passer des « leçons ». Ce serait ignorer l'importance de ces jeux dans la construction de la personnalité de l'enfant et ne pas prendre en compte toutes les potentialités que le tout-petit trouve dans leur usage.

3 L'organisation des coins-jeux à la crèche

Les coins-jeux entrent dans la catégorie des jeux symboliques. Permettant à l'enfant de recréer des situations imaginaires, ils sont très adaptés aux besoins des enfants de 2-3 ans. Coins très personnels, ils sont à l'échelle de l'enfant.
Il y a de nombreuses possibilités de choix de coins-jeux. Citons les suivantes.

◆ Le coin-cuisine

C'est souvent l'endroit de la maison que l'enfant préfère, car tous ses sens sont sollicités : le toucher (par les ustensiles de cuisine, les matières utilisées), l'odorat (par la senteur des plats), la vue (par les divers bocaux sur les étagères, les fruits aux couleurs variées).
Quel plaisir pour l'enfant de recréer cet endroit magique où il se passe tant de choses !

Situation

Delphine aime « bricoler » !...

Delphine (3 ans) a bricolé seule près du lavabo pendant de longues minutes ; elle refaisait sans cesse les mêmes gestes, remplissant un verre d'eau, le réchauffant entre ses mains, secouant au-dessus de celui-ci un produit imaginaire, puis elle se dirigea vers sa poupée, et lui dit : « Veux-tu venir dans mes bras pour le biberon ? ». Elle la prit aussitôt et alla s'asseoir avec elle, par terre, dans un coin, tandis que ses petits camarades, assis autour de la table se mettaient en place pour un repas bien sympathique que Pascal (le plus grand) animait d'une présence un peu directive…

Remarque

Dans le coin-cuisine, l'enfant cherche à toucher, à laver, à posséder le plus de choses. Parfois, cela occasionne des disputes lors de la répartition des rôles, mais le terrain de jeu exige la coopération. Il faut être plusieurs autour de la table, servir et desservir, préparer le repas fictif et le donner à la poupée. Tout cela crée une complicité entre les enfants.

La directrice de crèche devra acheter un matériel tout simple, peu fragile : une table, 2 à 4 chaises basses, un petit ménage en plastique (très complet), un matériel de nettoyage (qui permet d'apprendre quelques notions de propreté très utiles à la maison) : éponges, chiffons, torchons, serpillières, savon et balai. Un coin-eau, un lavabo ou une petite cuvette en plastique seront les bienvenus. Sur une étagère, disposer quelques boîtes vides que l'enfant remplira d'objets divers imitant le riz, les pâtes. Selon les crèches, quelques vrais produits peuvent être introduits. C'est à la directrice d'apprécier lesquels.

◆ Le coin-poupées

C'est le coin le plus utilisé dans les collectivités d'enfants. Quelle crèche n'a pas aujourd'hui son coin-poupées ? C'est tout simplement la reconstitution d'une chambre. C'est l'endroit où l'enfant retrouve à la fois ce qu'il aime et ce qu'il appréhende le plus : le lit.

Ici, c'est la poupée qui va prendre sa place. Quel plaisir de l'endormir, de la lever, de la baigner…

Matériel à procurer à l'enfant :

- 3 lits de différents volumes serviront à coucher les poupons et poupées avec des draps, oreillers, couvertures ;
- une poussette pour promener bébé ;
- un petit placard servira à mettre les vêtements des poupées. Des chiffons de formats et couleurs différents peuvent être très utiles ;
- une cuvette plastique pour le coin toilette (un savon, un gant et du coton) ;
- au sol : un tapis ou deux coussins (facultatifs) ;
- une table basse et deux chaises au milieu de la pièce serviront à faire causette pendant que bébé dort.

◆ Le coin-garage

Quel garçon (ou fillette) n'a pas fait rouler pendant quelques minutes une auto sur une table en imitant le vrombissement du moteur ?

La directrice de crèche installera le jeu au sol à l'intérieur d'un coin où seront regroupés tous les véhicules courants et pourquoi pas quelques autres (tracteurs, grues). Seuls deux à trois enfants seront envoyés ensemble dans le coin-garage afin d'éviter un bruit de fond dérangeant pour le reste du groupe.

Le matériel à procurer à l'enfant est en fait assez rudimentaire sur le plan de l'installation, puisque le jeu se pratique au sol. Seul l'achat du petit matériel sera onéreux. Citons pour exemples :

- des casiers de rangement ;
- des adhésifs de couleur, afin de marquer les routes (grandes, petites, chemins de campagne). On peut aussi coller des ronds verts (les arbres) ou apporter quelques branchages ou feuillages de l'extérieur ;
- un garage modèle réduit (bien étudier le modèle avant l'achat, peu sont pratiques !) solide ;
- des cubes symboliseront les obstacles (ponts, ravins… on peut imaginer bien d'autres choses).

◆ Le coin-déguisement

C'est un coin particulièrement apprécié des enfants dès l'âge de 2-3 ans. Ils adorent jouer à imiter les adultes et n'importe quels drap, chiffon de couleur, paire de chaussures vont l'aider à faire le « carnaval ». C'est souvent avec plaisir que les parents apportent une aide complice au personnel de la crèche en leur fournissant du matériel. Les enfants sont doublement heureux de retrouver des vêtements apportés par leurs parents.
Le déguisement apporte beaucoup de joie à l'enfant à une période où l'imitation est un problème capital pour lui. Il veut être « l'autre », il admire l'adulte, et veut lui ressembler. Le fait de se cacher, de jouer un personnage[7] le rend plus fort. Son imagination l'entraîne même à devenir animal, objet ou chose.
Exemple : Dimitri, 3 ans, petit garçon habituellement timide, s'est aujourd'hui déguisé en fleur et est allé voir la directrice de la crèche pour lui dire : « Madame, je suis une sent-bon ! »...

◆ Le coin-maquillage

Ce coin peut habilement compléter le coin-déguisement. Des produits de maquillage inoffensifs sont vendus à cet effet, dont on trouvera la liste dans les catalogues de jouets.

◆ L'intérêt des coins-jeux

Les coins-jeux sont très prisés par les enfants, car, outre le plaisir ludique évident qu'ils leur offrent, ils répondent à leurs besoins profonds. Ils ont des intérêts multiples. En particulier les coins-jeux permettent :
- la *communication verbale* : un enfant pose des questions, l'autre lui répond, on précise des termes (« c'est la viande, le gâteau... ») d'où l'enrichissement du vocabulaire, de la mémoire, de l'imagination également. Autre avantage de ces échanges : les enfants timides ou introvertis sortent facilement de leur réserve ;
- l'*apprentissage de la socialisation* : l'enfant accepte les partages des rôles au travers des jeux, il a besoin de la présence de l'autre ;
- l'*imitation des adultes* : l'enfant adopte les phrases et gestes de l'adulte. Il apprend ainsi à mieux comprendre les ordres, à mieux les accepter (la fillette dit à la poupée de bien se tenir à table, de dire merci...).

Il apprend de plus quelques fonctions domestiques, ce qui développe chez lui le respect des objets, le rangement du matériel, l'entretien.

Rôle de l'EJE

Tout le talent de l'EJE (responsable d'une crèche) réside d'abord dans l'aménagement de ces coins-jeux. Tout doit être utilisable, rien ne doit être superflu. Il faut donc observer le jeu des enfants. Il faut aussi devancer leurs besoins pour acheter le matériel approprié et le renouveler, car il faut bien sûr faire « évoluer » ces coins-jeux.
Il est démontré que l'appropriation par les enfants de l'environnement architectural influence les activités et les comportements de ceux-ci en crèche[1], ce qui permet de

7. L'étymologie de « personnage » vient du mot étrusque qui désigne le masque.

mettre l'intérêt des « coins-jeux » et d'évoquer certains aménagements susceptibles de favoriser les échanges, les imitations et la communication des jeunes enfants.
L'EJE est donc le maître d'œuvre de ces installations. Le personnel doit le tenir informé des besoins nouveaux des enfants au travers des demandes, des questions, des recherches. Pour favoriser la créativité et le dynamisme des enfants dans leurs coins-jeux, certains *critères* sont à considérer et plus particulièrement les éléments suivants.

Le temps du jeu

Le personnel doit laisser les enfants libres de leurs jeux dans leurs coins, sans jugement, ni consignes. Qu'importe si l'enfant qui joue recommence sans cesse le même jeu, cela répond à un besoin, l'adulte doit l'accepter. Ses gestes ont besoin d'être expérimentés, répétés pour devenir automatisés, donc aisés.
Le temps est un facteur indissociable de l'imitation : temps d'observer, d'éprouver le plaisir d'agir, de juger l'effet produit, d'entrer en contact avec l'autre (observez la rencontre de deux jeunes enfants : c'est également le facteur temps qui est en jeu).

La clandestinité du jeu

Le personnel doit rester discret, c'est-à-dire favoriser l'autonomie totale des enfants qui, dans leurs coins-jeux se créent un « monde à eux ».
Il faut que l'adulte sache qu'accepter le jeu de l'enfant dans le coin-jeu, c'est en favoriser la clandestinité et, par conséquent, accepter d'en être exclu. Parfois, l'enfant cherche à intégrer l'adulte dans son coin-jeu (Fig. 17.9). Dans ce cas, celui-ci doit essayer de comprendre quel « rôle » l'enfant veut lui faire jouer. Il doit donc être très ouvert, très disponible, savoir retrouver un peu de cet « esprit d'enfance » qui lui fait si souvent défaut pour être admis des tout-petits.

La sécurité du jeu

Il ne suffit pas pour l'adulte d'aménager un coin-jeu, de distribuer le matériel et de vaquer à ses occupations en laissant les enfants jouer seuls. L'effacement de l'adulte est ressenti par l'enfant comme un désintérêt, et son jeu n'est plus valorisant si l'œil de l'adulte ne se pose pas dessus de temps en temps. De plus, le « coin-jeu » doit maintenir la « sécurité affective » du jeune enfant. Ainsi l'enfant doit pouvoir en permanence suivre l'adulte du regard dans la pièce, où qu'il se trouve. Le « coin-jeu » ne sera donc que « semi-cloisonné ».
L'éducateur est le « médiateur affectif » du groupe, car il est le lien entre les enfants :

- il les connaît, les regarde chacun isolément ;
- il pose une question (si l'opportunité se fait sentir), ce qui est une marque d'intérêt et stimule la poursuite du jeu ;
- s'il observe un enfant en difficulté par rapport au groupe, il doit « discrètement » l'aider à s'intégrer. Son attitude est déterminante. En un mot, dans le cadre de ces jeux, il faut *animer en restant discret*.

1. Legendre A. Appropriation de l'environnement architectural par les enfants (thèse de 3e cycle).

Les panneaux modulables
Ces panneaux, en bois (ou en plastique) s'assemblent et se démontent très facilement. Ils permettent des utilisations très diverses et créent des « *coins-jeux* » très appréciés des enfants. Prenons quelques exemples :
Le coin « théâtre » (marionnettes)
Le coin « dessins », « cuisine », « musique »...

Le coin « marchande »
L'enfant apparaît derrière le comptoir pour vendre sa marchandise aux petits copains...

Fig. 17.9 Les divers coins-jeux[8].

Mémo psy

Mise en garde

Toutes les théories des psychologues confirment l'intérêt des jeux symboliques chez l'enfant, toutefois, il faut mettre les professionnels en garde contre un excès d'interprétation des conduites enfantines au travers des jeux.

E Les activités et jeux d'expression artistique et l'éveil musical

Peindre ou dessiner sont des activités d'expression très importantes chez l'enfant, elles lui permettent de communiquer et présentent de nombreux intérêts.
L'éveil musical a pour objectif de proposer à l'enfant une exploration sonore susceptible de lui procurer du plaisir.

1 Le dessin

Le dessin ou activité graphique comprend deux éléments : le fait de laisser des traces et l'intention de représenter quelque chose. On distingue :

8. Guide de l'AP, J. Gassier, Elsevier-Masson, p. 100.

- le dessin sur des grands tableaux (tableaux noirs et craies de couleur ou tableaux blancs et feutres) : ces tableaux, installés verticalement au mur, permettent des mouvements très larges, ce qui est intéressant pour le jeune enfant. En effet, l'enfant de 18 mois à 2 ans utilise pour dessiner tout son bras (et non pas seulement son poignet comme l'enfant plus grand), il a besoin d'un tableau d'environ 1 m^2 environ, afin de faire des tracés suffisamment étendus. L'utilisation de l'éponge lui fournit de nouvelles perceptions et sensations ;
- le dessin sur des grandes feuilles (feuilles blanches ou de couleur) : ces feuilles peuvent être posées sur le sol. Elles permettent de faire des gribouillis à l'aide, le plus souvent, de gros feutres de couleur. Par terre, le mouvement est plus étriqué ; l'enfant doit utiliser son poignet pour diriger le mouvement. Cette activité sera donc profitable pour les enfants de 2 à 3 ans ;
- le dessin sur des petites feuilles : ces feuilles seront collées sur une table avec du papier collant. Deux feutres fins seront proposés et permettront à l'enfant d'exercer sa motricité fine.

Rôle de l'EJE

L'EJE veillera à :

- respecter la créativité de l'enfant et ne pas l'inciter à représenter un objet quelconque,
- inviter l'enfant à parler de son dessin et l'écouter en évitant de lui proposer ses propres interprétations ;
- identifier le dessin par le nom de l'enfant et la date. Il est important de dire à l'enfant qu'on écrit là son nom et pourquoi. L'enfant plus grand écrira lui-même son nom d'une façon toute personnelle qu'il faut respecter ;
- mettre le dessin dans le casier de l'enfant pour qu'il puisse l'offrir à ses parents.

2 La peinture

L'activité de peinture doit être proposée au jeune enfant dans un but de découverte et non d'apprentissage. Elle doit être et rester une activité (Fig. 17.10).

◆ La peinture avec « les mains » ou avec les pieds

L'enfant aime jouer avec les couleurs et couvrir de grands espaces. Différentes couleurs sont proposées à l'enfant dans des récipients plats et suffisamment larges (assiette plate ou autre…).

Le contact direct avec cette matière molle et de couleur lui permet de développer ses sensations tactiles et visuelles et de trouver une compensation à la frustration de son souhait de toucher d'autres matières.

Certains enfants n'apprécient pas le contact avec cette matière pour des raisons variées, souvent parce qu'elles « salissent » le corps.

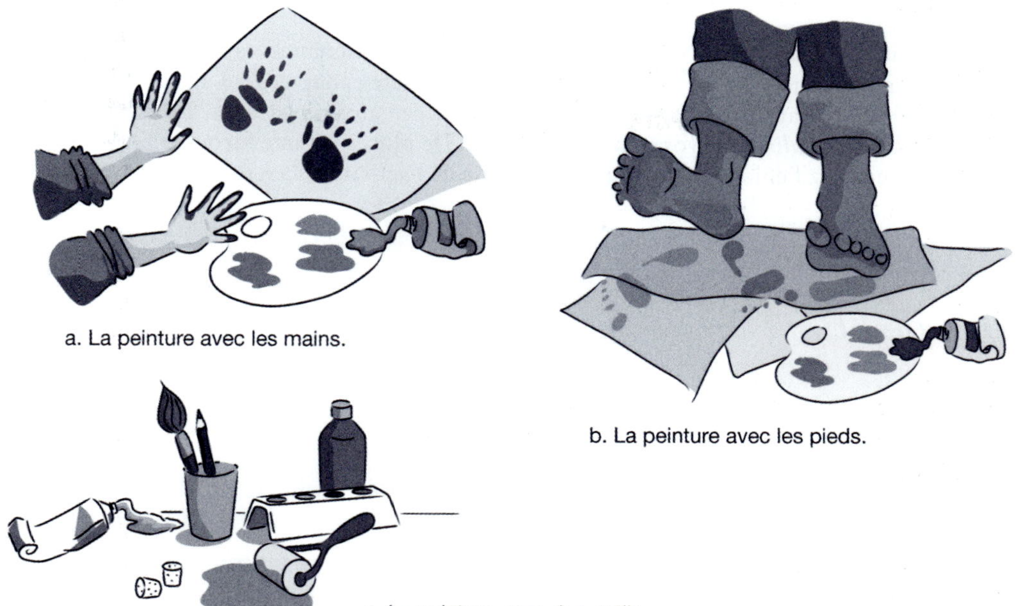

a. La peinture avec les mains.

b. La peinture avec les pieds.

c. La peinture avec des outils.

Fig. 17.10 Les jeux avec la peinture[9].

◆ La peinture avec « des outils »

L'utilisation d'outils variés permet à l'enfant de multiplier ses expériences. Il ne faut toutefois pas les proposer à chaque activité peinture, car ils en limitent les avantages. Les pinceaux incitent l'enfant à dessiner rapidement et grossièrement plutôt qu'à peindre, et les rouleaux offrent peu de possibilités créatrices.

La peinture avec des instruments peut se réaliser sur des feuilles collées au mur ou sur des feuilles collées sur une table.

Situation

« Les activités d'expression artistique » à la crèche

Déborah (EJE à la crèche Les Poussins bleus) fait visiter à Zoé (nouvelle stagiaire) les « ateliers d'expression artistique ». Les enfants sont tous âgés de 2 ans ½ à 3 ans. Ils apprécient d'aider les professionnelles à préparer le matériel :

- avec l'EJE Léa, c'est l'atelier « peinture » qui va commencer. Les enfants préparent les coupelles remplies de liquides colorés et disposent les pinceaux et les éponges ;
- avec l'EJE Daphné, c'est l'atelier « dessin ». Les enfants l'aident à fixer de grandes feuilles blanches sur les tables et disposent les feutres colorés (3 pour chacun).

Dans une autre pièce, les enfants sont très attentifs. Ils écoutent l'éducatrice leur raconter une *histoire* à l'aide d'un *livre*. Ils sont regroupés autour d'elle et posent beaucoup de questions.

9. Guide de l'AP, J. Gassier, Elsevier-Masson, p. 91.

Remarque

Cette situation illustre la vie de la crèche autour de différentes animations (dits ateliers d'expression artistique) et une activité « livres », toutes adaptées à l'âge des enfants. On constate qu'à 2 ans ½/3 ans, l'enfant aime participer aux préparatifs. L'adulte qui le lui demande le *socialise* et favorise son *autonomie*. De plus, c'est une façon de favoriser *l'imitation* qui, chez l'enfant, est un puissant ressort de l'activité.

Rôle de l'EJE

L'EJE doit :

- participer à l'activité et veiller à ce que la plus grande liberté soit laissée à l'enfant ;
- être à l'écoute de l'enfant, lui proposer un choix varié de couleurs et vérifier régulièrement l'état du matériel ;
- tenir les parents informés de l'activité peinture et de ses intérêts ;
- ranger les peintures identifiées dans le casier de l'enfant ou les afficher au mur (à hauteur des enfants).

3 L'éveil musical

L'exploration sonore part du même principe que l'exploration des objets. Elle est toujours associée à une activité ludique.

Pour faire connaître la musique à l'enfant, il n'y a pas de « méthode à effet garanti », mais différentes démarches d'éveil musical fondées sur une qualité d'échange avec l'enfant. Participer à l'éveil musical de l'enfant, c'est l'aider à développer sa sensibilité auditive au même titre que sa sensibilité visuelle ou tactile et affiner son intérêt et son goût pour la musique.

Situation

Gaston joue avec un maraca

Gaston joue avec un maraca et le tourne dans tous les sens. Il le fait rouler comme une boule sur le sol, puis le fait tourner dans ses mains comme un volant en imitant le bruit du moteur, il le secoue… Cet objet « résonne »… (c'est une grande découverte !) puis il l'abandonne.

Rôle de l'EJE

L'éveil musical sera favorisé par l'adulte qui éprouve du plaisir à :

- *chanter spontanément* : l'adulte ne doit pas avoir de retenue pour chanter quand il en a envie même s'il chante faux. Son plaisir se communique à l'enfant ;

- *participer aux jeux sonores de l'enfant* : l'adulte doit partager avec l'enfant des expériences sonores au travers des jeux. Ex. : lorsque l'enfant cherche à s'exprimer par un acte sonore (vocalisation), l'adulte doit y participer ;
- *commenter les sons avec l'enfant* : l'adulte doit essayer de commenter ce qu'il entend. Ainsi, il apprend à l'enfant qu'il y a des « musiques qui grimacent, qui pleurent, qui rient, qui grattent... » ;
- *associer la musique à un jeu* : pour retenir l'intérêt de l'enfant, il faut savoir « accrocher » la musique à une situation de jeu originale.

Les formes de l'éveil musical sont multiples et ses contenus variés. En voici quelques-unes à titre d'exemples.

◆ Les comptines

Les comptines sont des « jeux chantés ». Elles permettent à l'enfant de mieux connaître son corps. Par exemple : dans la comptine « Savez-vous planter les choux ? On les plante avec le pied, le doigt, la main... », l'enfant touche en chantant les différentes parties de son corps (Tableau 17.2).

◆ Les chansons

Citons :
- les *berceuses*, elles sont chuchotées et mélodieuses ; elles servent à endormir l'enfant ;
- les *chansons de gestes*, elles font appel au « mime » ;
- les *chansons de texte*, elles s'écoutent comme un « conte » ;
- les *chansons de jeux*, elles accompagnent certaines activités ludiques.

◆ Les instruments musicaux

À la crèche (ou autre collectivité), un instrumentarium, riche et diversifié, peut être proposé aux enfants. Sa présence est indispensable pour permettre l'éveil musical.

Tableau 17.2 **Comptines pour enfants.**

	Chanson	Gestes d'accompagnement
	Je fais le tour de mon jardin Bonjour Papy, bonjour Mamy Je descends l'escalier Je sonne à la porte Je m'essuie les pieds Et j'entre	Faire le tour de la tête Toucher chacune des paupières Glisser le doigt le long de l'arête du nez Appuyer sur le nez Frotter la lèvre Pointer l'index vers la bouche
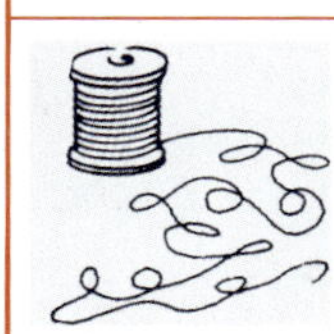	Enroulez le fil vert Déroulez le fil vert Et tire, tire, tire... Et tape, tape, tape	Tourner les mains dans un sens Tourner les mains dans l'autre sens Écarter les poings fermés Taper dans les mains

Situation

Clara joue au « train »

Clara (2 ans) joue au train, elle fait « tuf, tuf... ». L'EJE peut rythmer le bruit du train à l'aide d'un instrument approprié... en s'associant au jeu de l'enfant. Aussitôt, Clara s'empare de l'instrument pour en jouer à sa guise.

Dans le choix des instruments, on doit tenir compte de certains critères de qualité et de sécurité ; le personnel doit sélectionner un matériel qui associe la qualité sonore, l'aspect esthétique, la solidité (donc la longévité) et les normes de sécurité. Tout cela oriente l'intérêt de l'enfant vers une plus grande exigence musicale.

◆ Les disques (ou CD)

Les disques font connaître à l'enfant des musiques de tous genres. L'EJE ne doit pas seulement tenir compte de ses goûts personnels. Elle veille à élargir au maximum les goûts de l'enfant. Il existe deux catégories de disques (CD) : ceux que l'on écoute à différents moments de la journée (heure du repas, de la sieste...) et ceux qui rythment certaines activités, telles que les jeux moteurs...

◆ Le coin « musique »

À la crèche, le coin « musique » doit trouver sa place, au même titre que le coin-poupée ou le coin « cuisine ». L'enfant peut y faire des découvertes musicales en toute liberté. La musique peut s'associer à toutes les activités de l'enfant.

◆ La musique et la peinture

L'interaction de ces deux activités peut être passionnante, car elle permet de concrétiser la matière sonore : chanter, et peindre en même temps.

◆ La musique et les jeux d'eau

Associer des enregistrements musicaux à des jeux d'eau lors de l'activité pataugeoire. Ex. : bruit de l'eau de pluie, des vagues (*cf.* Jeux d'eau) ;
Faire des improvisations sonores d'eau avec sa voix, avec des objets... Ex. : glouglou, pfitt... (*cf.* Jeux de langage).

Rôle de l'EJE

À la crèche, l'EJE participe à l'éveil musical de l'enfant. Pour cela, il peut :

- toujours lier l'éveil musical au jeu : ne jamais faire de la musique une activité à but pédagogique ;
- chanter en invitant l'enfant à l'accompagner ;
- reproduire spontanément les sons émis par le jeune enfant ;
- organiser des séances « musique » en utilisant différents instruments ;

- s'assurer de la qualité du matériel proposé (l'EJE doit signaler tout objet devenu vétuste, toute sonorité douteuse...) ;
- associer la musique à d'autres activités (repas, sieste, changes...).

Test pour l'EJE

Indiquez la (ou les) réponse(s) la (les) mieux adaptée(s) aux situations proposées ci-après.

Au cours des activités proposées aux enfants à la crèche, l'EJE doit :

A. interrompre le jeu lorsque le temps prévu est écoulé ;
B. prévenir les enfants que la fin du jeu approche ;
C. alterner les activités libres et les activités structurées ;
D. obliger les enfants à participer à l'activité proposée ;
E. se déplacer d'un enfant à l'autre au cours de l'activité ;
F. rester assise sur une chaise pour observer l'activité ;
G. rester debout immobile pendant l'activité ;
H. s'associer à l'activité par une participation active ;
I. mettre beaucoup de jouets à la disposition des enfants ;
J. doser la quantité de jouets ;
K. limiter, de façon importante, le nombre de jouets ;
L. n'accorder aucune importance au nombre de jouets ;
M. choisir l'activité en fonction de la préférence des enfants ;
N. organiser une seule activité afin que les enfants y participent obligatoirement ;
O. organiser 2 ou 3 activités afin que les enfants puissent choisir celle qu'ils préfèrent ;
P. inciter les enfants à représenter un objet lors d'une activité dessin ;
Q. les laisser dessiner ce qu'ils veulent ;
R. les laisser exprimer leurs émotions lors des représentations graphiques.

Réponses : les attitudes positives sont : B, C, E, H, J, M, O, Q, R.

F Les jeux cognitifs et les livres d'enfants

Sous ce terme se cachent tous les jeux appelés également « didactiques » ou « éducatifs ». Ces jeux développent effectivement chez l'enfant différentes facultés selon le type de jeu proposé. Ils vont du simple perfectionnement de la préhension manuelle à toutes sortes d'associations d'idées.

Malgré leur intérêt, les professionnels de la petite enfance restent persuadés qu'il faut en limiter l'utilisation, car tout matériel qui ne comporte qu'une solution déterminée à l'avance limite l'activité créatrice de l'enfant. Enfiler des anneaux ou de grosses perles est un exercice excellent, mais à condition que le jeu n'impose pas d'ordre préétabli (ex. ordre croissant ou décroissant, ordre déterminé par la couleur) ; les constructions libres seront toujours plus enrichissantes que tous les assemblages comportant une seule solution. Dans la même logique, préferer donner à l'enfant du papier qu'il peut déchirer en petits morceaux et coller à son idée

sur une feuille, plutôt que de faire coller des « gommettes », *a fortiori* autour d'une forme dessinée à l'avance par l'adulte.
Il faut bien savoir que l'imagination créatrice de l'enfant est plus performante que celle de tous les concepteurs de jouets réunis.

Mémo plus

Échouer dans une expérience est frustrant...

Il faut admettre que ces jouets font aujourd'hui partie de l'environnement de l'enfant. Bien choisis et bien utilisés, ils peuvent être très enrichissants pour lui. Pour cela, il est préférable d'acheter un jeu d'un niveau plutôt plus bas qu'un jeu d'un niveau plus haut, car l'enfant y jouera avec plus de chances de succès, ce qui augmentera l'intérêt qu'il porte au jeu. Échouer dans une expérience est frustrant pour l'enfant et diminue sa confiance en lui. Avec un jeu trop compliqué, on obtient le résultat inverse à celui escompté, on décourage et on nuit à l'épanouissement de la personnalité de l'enfant.

1 Les principaux jeux à caractère cognitif (exemples)

Nous proposons dans ce paragraphe un regroupement de jouets à caractère éducatif dont la liste est loin d'être exhaustive. Nous avons simplement voulu illustrer notre propos de quelques exemples concrets. Pour plus de détails, les EJE se reporteront aux catalogues ou ouvrages spécialisés.
Citons plus particulièrement les jeux suivants.

◆ Les jeux d'emboîtement

Ces jeux sont très nombreux sur le marché ; ils permettent à l'enfant de réaliser des emboîtements dans un ordre déterminé. Très tôt, l'enfant prend plaisir à mettre quelques éléments d'une boîte dans une autre, sans tenir compte du format (ce qui n'a aucune importance) : c'est à l'usage qu'il comprend le principe de l'emboîtement. Ex. : les *jouets gigognes* : dans ce type de jeu, les gobelets ; la *pyramide d'anneaux* et bien d'autres jeux du même type sont largement utilisés.

◆ Les jeux d'encastrement (trieurs de forme, puzzles et mosaïques)

Ces jeux séduisent l'enfant, car ils lui permettent de faire un « tri de formes » pour pouvoir encastrer les divers éléments. De plus, ces formes sont très attrayantes et représentatives (couleurs, animaux, personnages familiers...). Il aime les « retrouver ».

◆ Les jeux de construction

Ces jeux permettent à la fois l'encastrement et l'empilement (Fig. 17.11). Avec ces jeux, les enfants apprennent les lois de l'équilibre et font aussi travailler leur esprit créatif. Ces jeux sont fabriqués avec divers matériaux :

- la *mousse* : ses nombreuses qualités plaisent aux enfants ; elle est très utilisée à la crèche où elle suscite des jeux et des emplois très divers ;

Les jeux avec la mousse :
– L'utilisation de la mousse de polyéthylène est très appréciée des jeunes enfants (2 ans ½/ 3 ans) car elle est légère, douce, colorée, malléable.
La directrice de crèche apprécie ses autres qualités : elle est résistante, silencieuse, lavable et peu onéreuse.
– Différentes possibilités de jeux s'offrent à l'enfant avec la mousse :
• la fabrication d'un fruit (une pomme par exemple) : c'est un *jeu d'encastrement;*
• la fabrication de murs (maison), de ponts, de tables, de sièges : c'est un *jeu de construction*.

Les lotos et dominos : ils constituent un ensemble de jeux faisant appel à la logique, l'observation, la découverte du monde, l'expression orale. Nous connaissons bien :
– le loto des animaux familiers,
– le loto du jardin,
– le domino des chiffres,
– le domino des lettres,
– le domino des heures, etc.
Les dominos d'idées et dominos puzzles sont des jeux plus difficiles que les précédents et se donnent après l'âge de 3 ans.

Le « coin-livres »
On assemble 2 ou 3 panneaux bibliothèque où les livres sont retenus par de solides élastiques et peuvent être vus de face par l'enfant.

Fig. 17.11 Les jeux d'encastrement et de construction[10].

- le *bois* : il permet des constructions plus fines, plus précises, car il est plus lourd donc mieux perçu et ses arêtes sont plus délimitées. Les jeux de construction en bois sont des « classiques du genre » ;
- le *plastique* est de plus en plus utilisé, car il est très fonctionnel et peu onéreux.

◆ Les jeux de connaissance

Ils sont très divers et permettent à l'enfant de développer sa créativité, sa manipulation, sa mémorisation, sa logique… Citons les *scènes familières* à reconstituer, les *jeux de collage*, les *lotos* et *dominos*, etc.

10. Guide de l'AP, J. Gassier, Elsevier-Masson, p. 95.

◆ Les jeux d'enfilage et de laçage

Ils développent la manipulation fine et la créativité de l'enfant. De plus, ils lui permettent de fabriquer un objet de parade que l'on peut « se mettre » ou « offrir »… Il faut cependant éviter de donner des perles aux enfants de moins de 2 ans et les surveiller dans leurs jeux.

Rôle de l'EJE

Arriver à réussir l'exercice d'un jeu éducatif donne toujours à l'enfant une grande satisfaction, il aura envie d'aller plus loin. Encore faut-il que l'adulte soit le témoin de son succès, ce qui double son plaisir et le valorise. Un spectateur complice est donc toujours l'atout indispensable à ce type de jeu.

De plus, pour commencer à jouer, l'enfant a toujours besoin d'un minimum d'*explications*, ou d'une démonstration de l'adulte. Il est vivement déconseillé de déposer ces jeux sur une table devant les enfants et de les laisser se débrouiller. Ces jeux demandent un effort de la part de l'enfant, ils constituent pour lui un « travail », même si les fabricants ont usé de toutes les ruses pour les rendre plus gais et plus attrayants. Lors du jeu, l'adulte peut parler avec l'enfant pour l'*encourager* et, même s'il rate son coup, le *féliciter*… Il doit éviter de forcer et d'imposer, ce qui détruirait l'idée de « plaisir » que l'enfant doit associer au jeu et, pour la même raison, l'adulte ne doit jamais insister pour la poursuite du jeu éducatif si l'enfant décide d'y mettre fin.

En conclusion, il faut dire que l'impact que pourra avoir le jeu didactique sur le développement de l'enfant va dépendre non seulement du choix du matériel, mais surtout de la façon dont le jeu sera nourri en temps et en heures d'une présence de l'adulte *affectueuse et non envahissante*.

2 Les livres pour enfants

On peut associer les livres aux jeux cognitifs. La première rencontre de l'enfant et du livre a lieu dans la famille, à la crèche ou à l'école maternelle. Pour l'enfant, le livre est un *objet* à découvrir (avec tous les sens), un objet à caractère ludique et auquel il parle.

Les livres pour enfants sont très divers, ils correspondent aux grandes phases de son développement.

◆ L'imagier ou images inanimées (dès 1 an)

Le jeune enfant (qui ne sait pas lire) a une perception globale du livre. Les images viennent à lui comme un « tout ». Elles doivent donc être nettes, simples, de format lisible.

Il existe des imagiers à *thèmes* (ex. : la mer, la maison, le jardin) ou à enchaînement *logique* (Fig. 17.12).

◆ Le livre d'images ou images animées (dès 2 ans)

Le livre d'images (Fig. 17.13) capte l'intérêt des enfants dès l'âge de 2 ans par les « situations » qu'il présente (le jeu, le repas…). La variété des images crée des expériences visuelles intéressantes pour l'enfant.

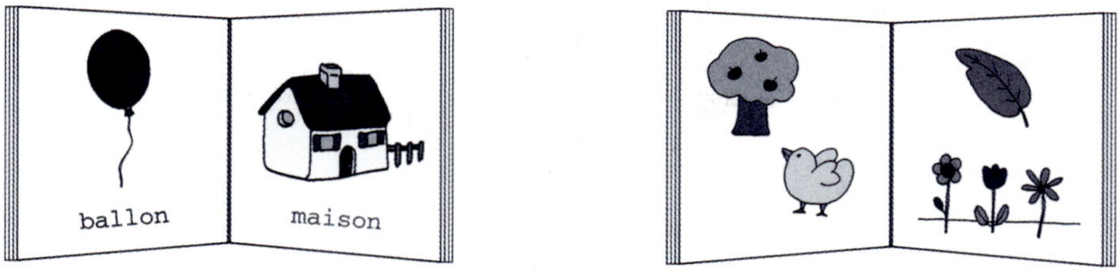

Ici, les images sont isolées sur une page, accompagnées du mot correspondant.

Ici, les images sont regroupées par deux sur le thème du jardin, sans mots d'accompagnement.

Fig. 17.12 Les imagiers[11]. Les imagiers offrent une perception globale du livre. Ce sont les premiers presentés à l'enfant.

Dans les exemples ci-dessous, les images sont isolées sur la page de gauche et le texte (très simple) explique la situation sur la page de droite.

Les petits personnages humains *Les animaux humanisés*

Fig. 17.13 Les livres d'images[11].

Le livre propose des petits personnages (humains ou animaux). Les images suscitent chez l'enfant un langage de plus en plus élaboré où le verbe est introduit. Images et texte ne font qu'un. On distingue :

- les personnages humains : ces personnages vivent leur vie. Ils sont peints dans « l'action » et permettent à l'enfant de découvrir avec eux un monde qui ressemble au sien ;
- les animaux humanisés : ce sont des personnages très prisés des petits, car ils font une large place à l'imagination, et sont très divers : ours, chien, lapin, éléphant…

Rôle de l'EJE

C'est toujours l'adulte (parent ou professionnel de l'enfance) qui met pour la première fois un livre entre les mains de l'enfant. Ce moment est important et peut influencer les rapports que l'enfant aura avec le livre. Les paroles qu'il prononce et le temps qu'il accorde à l'enfant sont déterminants :

- l'adulte doit respecter le dialogue de l'enfant avec le livre : c'est un tête-à-tête dans lequel il s'investit totalement ;

11. Guide de l'AP, J. Gassier, Elsevier-Masson.

- l'adulte ne doit pas chercher à privilégier le livre à tout prix, à jouer au pédagogue. Le résultat serait à l'inverse de celui escompté ;
- l'adulte doit laisser parler sa sensibilité, sa joie de la découverte, son enthousiasme spontané. Il se laissera émouvoir par le livre et, ainsi, transmettra à l'enfant son plaisir,
- L'EJE favorisera la création d'un « coin-livre » à la crèche.

G Les activités et jeux de langage

Professionnels de la petite enfance et parents doivent « entrer de façon ludique » dans les jeux phonatoires ou jeux de langage de l'enfant.

1 Les jeux de « sons créateurs »

Les jeux de langage peuvent favoriser (dès le plus jeune âge) la maîtrise du langage. En effet, l'enfant a beaucoup à apprendre et peut progresser rapidement sur le plan des phonèmes et des structures de la langue. Mais il est d'une extrême importance que l'adulte réponde à cette aptitude par des jeux, dans des situations ludiques bien définies.

Rôle de l'EJE

Il faut savoir écouter un enfant de 2ans parler à son chien, à ses poupées, à son ourson, et remarquer combien de fois il lui arrive d'introduire dans ces conversations de nouveaux phonèmes[1] ou de nouveaux ensembles phonétiques, les chantonnant parfois, les « utilisant » seuls ou avec d'autres phonèmes, et les intégrant progressivement à son répertoire du jour. Ex. : Wou, wou… Bou, bou, chien chien, cou, cou, dou, dou, dodo… ».
L'adulte peut s'associer à ces jeux au moment opportun, lorsque l'enfant l'y invite. Il peut élargir le répertoire et proposer d'autres sons autour des objets de l'environnement (que l'enfant connaît bien) ou lors de jeux de rôles (ex. : jeux symboliques).

1. Phonèmes : éléments sonores du langage.

2 Les jeux « phonatoires »

Si l'on veut augmenter le répertoire phonétique de l'enfant en jouant, tant en spontanéité qu'en répétition ou en imitation, on peut proposer d'autres jeux.

Situation

« Méthodes imagées » pour aider l'enfant !

Jany (EJE) peut dire à l'enfant : Le chien s'appelle Rourou, (lui faire sentir que le *r* gratte la gorge en lui faisant toucher sa gorge et la sienne lorsque ce phonème est produit),

- Elle peut chanter : « Mes petites mains… » et mettre un doigt sur sa narine, puis sur l'une des narines de l'enfant et l'amener à prendre conscience des conditions de production du *m*.

Elle peut aussi, en versant de l'eau (lors des jeux d'eau), faire remarquer le glouglou de l'eau qui sort de la bouteille et l'accompagner de l'onomatopée *peu-peu-peu…* ou *glou-glou-glou* (ce jeu peut s'associer aux jeux d'eau vus précédemment),

- De plus, face à un miroir, en regardant faire Jany et en l'écoutant, l'enfant peut, à son exemple, placer ses dents supérieures sur sa lèvre inférieure et « faire le chat fâché » : *fff…* ou le chien fâché : *rrr…*,
- Jany peut lui apprendre, par imitation, à accompagner d'un *brrr* montant et descendant le mouvement d'un jouet sur roues ou rails (auto ou train) ou jouer « à l'abeille » qui tourne autour de sa tête, à la « mouche » qui vole en cercles devant lui : *zzz…* et se pose subitement sur son nez, son ventre, son genou.

3 Les jeux de devinettes

Dès que l'enfant semble posséder un vocabulaire d'une centaine de mots et commence à formuler de courts ensembles ou de courtes phrases, on peut lui proposer des jeux de devinettes, car il s'y prête habituellement avec joie.

Situation

Quelques « devinettes » pour aider l'enfant !

Marie (l'EJE) peut dire à l'enfant d'aller chercher ses *sou…liers*, de lui montrer ses *che… veux* ;

Utiliser des photos ou des images surtout en séries associées, par exemple, des jouets, des vêtements, des animaux. Ex. : « *Montre-moi la ch,..èvre, la r…obe, le ca…mion* ». Puis lui demander « *ça, c'est une ch…, une r…, un ca…* ».

Rôle de l'EJE

Il est bon de commencer en n'utilisant que des mots à deux syllabes, dont on donne la première d'abord et, quelques secondes après, la deuxième, si l'enfant ne l'a pas fait lui-même. Il ne le fera probablement pas au début, se surprendra, puis s'amusera du jeu et bientôt, il y participera volontiers et en profitera.

Un peu plus tard, quelques monosyllabes pourront être introduites, mais à la condition de n'utiliser comme consonnes initiales que celles qui peuvent s'allonger en phonation : *m-l-r-s-ch-z-j…*, pour former, par exemple : *s…el, ch…at, r…oue…*

Mémo psy

Les fautes de langage et de prononciation de l'enfant (que faire ?)

Si l'enfant a tendance à faire des fautes de langage, l'écoute indulgente de l'adulte est primordiale. On ne demande pas à un enfant d'épeler un mot avant qu'il ne connaisse ses lettres. Il en va de même sur le plan de la prononciation : on ne peut demander à un enfant de dire correctement les mots contenant un *r* avant qu'il ne possède parfaitement ce phonème et qu'il puisse produire un bruit laryngé, qui prend la « forme » du *r*.

Situation

Méthode en douceur pour Jean qui « zozotte »…

Jean a 4 ans et il ne prononce pas encore le *s* ; il le remplace par *t*. Il vient de dire en chantant : « j'aime bien manger la *toupe* au lait » (au lieu de soupe). Zora (EJE) répète après lui « j'aime bien manger la *soupe…* ». Elle s'arrête un instant, s'assied et place Jean tout près d'elle : « Tu vois, quand je fais *t*, ma langue vient toucher mes dents… quand je fais *s*, mes dents se touchent toutes et on ne voit pas ma langue… Tu vois ? *sssss…ssssss…sssoupe, sssoupe*. Tu vois ? Comme le bruit que fait le beurre qui rôtit dans la poêle. »
Cette méthode, tout en douceur, est souvent efficace. L'enfant apprend en jouant.

Rôle de l'EJE

En collectivité, l'EJE veille à ne pas :

- *intervenir mal à propos* : l'activité doit rester ludique. Lorsque l'enfant cherche à imiter et à être compris, lui signaler son erreur risque de le refouler dans un état de frustration ;
- *interrompre l'enfant pendant qu'il parle*, pour relever l'erreur ou lui imposer la forme correcte. Cela peut provoquer un bredouillement pouvant tourner au prébégaiement ;
- *pénaliser les erreurs* : on sait que pénaliser une activité inconsciente provoque et renforce l'association activité-pénalité.

En revanche, l'EJE doit faire en sorte que la correction (si elle est nécessaire) de la prononciation soit une chose agréable pour l'enfant (Fig. 17.14). Les jeux de parole et de langage doivent susciter notre enthousiasme et notre plaisir pour entraîner les siens.

Fig. 17.14 Maîtrise du langage vers 3 ans[12].

H Les principes éducatifs et les modes d'animation

1 Les principes éducatifs

Les principes éducatifs donnés par l'adulte (professionnel ou non) ont pour but d'aider l'enfant à grandir harmonieusement sur les chemins de l'autonomie et de l'indépendance.

◆ L'accès à l'autonomie

L'autonomie est la capacité à agir par soi-même. L'accès à l'autonomie se fait en trois phases chez l'enfant : l'attachement, la séparation et la maîtrise.

L'attachement chez le nourrisson

L'autonomie de l'enfant a pour origine l'attachement et la construction du lien affectif. L'attachement est la base du lien affectif. Celui-ci n'est pas instantané. Sa construction commence avant l'arrivée de l'enfant. Elle est amplifiée par les échographies pendant la grossesse, puis, à l'arrivée de l'enfant, une adaptation réciproque parents-enfant va se mettre en place[13]. L'attachement se construit donc progressivement.

Rôle de l'adulte (parent ou professionnel)

Une relation affective entre parents et enfant est constituée par des paroles et des sourires. Quand les parents sont gratifiés par un sourire, ils doivent gratifier leur enfant qui les gratifie à son tour et ainsi de suite. Chaque jour, l'attachement s'enrichit.

12. Guide de l'AP, J. Gassier, Elsevier-Masson.
13. Les psychologues parlent « d'accordage affectif ».

La séparation (vers 14-15 mois)

Vers 14 mois, dès que l'enfant marche, il peut commencer à accéder à l'autonomie en mettant de l'espace entre lui et ses parents. La séparation permet à l'enfant de nouer des relations avec d'autres adultes.
Vers l'âge de 3 ans, la séparation passe par l'acquisition du « Je », du « Moi » qui permet à l'enfant de dire « je suis, « je veux » et progressivement, il passe de l'hétéronomie (*on me donne des règles pour agir*) à l'autonomie (*je me donne mes règles pour agir*).

Rôle de l'adulte (parent ou professionnel)

Certains parents ou professionnels ont souvent une attitude trop protectrice vis-à-vis de l'enfant. Cette attitude empêche le développement de l'autonomie. L'enfant y répond par la provocation (la provocation crée une distance dont l'enfant a besoin pour « se détacher de sa mère » s'il est trop dépendant d'elle) et il cherche à *affirmer son moi* en refusant ce qu'on lui impose (ex. : « ne fais pas ça, viens ici ! » Il le fera quand même et cherchera à le faire par provocation).

La maîtrise (vers 18 à 21 mois)

Vers 18 mois, lorsque l'enfant commence à maîtriser les activités motrices, il cherche à les perfectionner et il s'entraîne sans cesse (il monte et descend plusieurs fois du canapé, veut monter l'escalier seul…).

Rôle de l'adulte (parent ou professionnel)

L'adulte peut jouer le rôle de *frein* ou le rôle de *moteur* face à l'enfant qui fait des efforts pour atteindre la *maîtrise*. Il veille à ne pas submerger l'enfant d'*interdits* massifs, mais, au contraire, guide ses pas, encourage ses efforts et le félicite dans ses réussites tout en assurant sa sécurité.

◆ L'accès à l'indépendance

On est indépendant lorsqu'on n'est pas soumis à quelqu'un. L'enfant acquiert l'indépendance grâce à l'acquisition de l'autonomie et donc de la maîtrise qui va lui procurer la liberté.
L'accès à l'indépendance est tributaire de deux forces « antagonistes » : l'enfant ressent le désir de grandir et, en même temps, ressent la peur de grandir qui le pousse à rester petit.
L'enfant qui dit « Je veux faire seul ! » (qui peut le faire et qui y prend visiblement du plaisir) éprouve un sentiment de liberté qui stimule l'indépendance.

Le conflit

Le conflit provient d'un sentiment de frustration que l'on éprouve lorsque quelqu'un nous demande de faire quelque chose que l'on ne peut pas faire ou que l'on ne veut pas faire.

Le conflit n'est jamais souhaitable dans les rapports parents-enfants, mais, parfois, il joue un rôle positif, car il permet la *séparation*, indispensable à l'accès à l'indépendance. Le conflit permet de créer une *distance* avec l'autre qui nous gouverne !

Mémo psy

À chaque âge » son « conflit » !...

Vers 2 ans : l'enfant commence à se montrer opposant, il a acquis le « non » et l'utilise pour s'affirmer vis-à-vis des adultes, mais aussi pour chercher les limites. Il veut comprendre ce qu'il peut ou ne peut pas faire. C'est l'adulte qui doit lui donner ces repères en posant les interdits.

Chez le jeune enfant : les conflits peuvent s'engager sur le terrain de la nourriture (il dit souvent « je n'aime pas ça ! je n'en veux pas ! »), du sommeil (« je ne veux pas aller au lit ! »), de la propreté (« je ne veux pas me laver les dents »)...,

Chez l'adolescent : les conflits peuvent aussi s'engager sur les mêmes terrains. Le jeune peut refuser de se nourrir ou manger avec excès (d'où risque d'anorexie ou de boulimie), il peut mépriser le sommeil et rentrer tard...

La négociation

La négociation est fondée sur la discussion en vue d'aboutir à un accord.

La négociation entre adultes et enfant est indispensable ; elle témoigne du respect. L'enfant (ou le jeune) est une personne, il a son point de vue, ses raisons, qu'il faut tenter de comprendre, qu'il faut prendre en compte.

Le crédit de confiance accordé par les parents à l'enfant, avec garantie d'un retour, est un élément qui permet à l'enfant d'acquérir plus facilement son *autonomie* et de construire son *indépendance* dans une liberté harmonieuse.

Rôle de l'adulte (parent ou professionnel)

L'enfant a des désirs et des droits et le parent aussi. D'où les conflits d'intérêts où il faudra négocier. Un adulte responsable (parent ou professionnel) doit créer une hiérarchie claire et explicite de droits et de devoirs, mettre des limites, des points de repère, indispensables à l'enfant (ou au jeune) pour « se structurer ».

◆ La socialisation

La socialisation est un processus progressif par lequel l'enfant, au cours de son développement, assimile les comportements, valeurs, normes, coutumes, conventions et modes de pensées propres à l'environnement socioculturel dans lequel il évolue.

La socialisation est l'*aptitude à vivre en société*. L'enfant va donc apprendre les règles de base qui vont lui permettre de se socialiser. La socialisation s'inscrit dans le processus de maturation générale de l'enfant. Elle se réalise par étapes au travers des différents groupes socioculturels d'appartenance.

Chez le nourrisson → « le groupe familial »

Le jeune enfant vit d'abord au sein de sa famille. D'abord réduite aux parents et à la fratrie, elle s'ouvre rapidement aux ascendants (grands-pères et grands-mères). La famille va, par le moyen des permissions et des interdits, inculquer au jeune enfant les premières « normes culturelles » du groupe auquel il appartient. Ce seront ses premières valeurs.

Chez l'enfant → « le groupe scolaire »

La scolarisation complète le processus de socialisation par l'apport de *règles collectives*. Ce sont des règles communes au groupe. Elles doivent être comprises et acceptées par tous les enfants.

Chez l'adolescent → « le groupe social »

Le processus de socialisation s'achève à l'adolescence, ce qui implique de quitter la famille, de se reconnaître adulte à son tour et membre du groupe social d'appartenance. Certains jeunes se fondent facilement dans leur groupe, d'autres le contestent, s'opposant à leur famille ou à leurs éducateurs dont ils refusent les normes. C'est également une source de conflits que l'adulte doit gérer habilement.

2 Le débat autour de la « stimulation » de l'enfant

Comme on le sait, la plupart des débats et des divergences en matière d'éducation tournent autour de la question de la stimulation : faut-il ou non stimuler et, si oui, de quelle manière ? Si nul ne songe sérieusement à discuter l'utilité d'une certaine dose de *stimulation* pour le développement de l'enfant, en revanche on assiste (depuis le début de XXe siècle) à des affrontements d'opinion, souvent passionnés, entre partisans d'une éducation « traditionnelle », fondée essentiellement sur une stimulation *directe*, et les partisans d'une éducation dite « nouvelle » qui, dénonçant les limites et les dangers d'une telle approche, préconisent plutôt de prendre appui sur le désir d'apprendre de l'enfant pour ne le stimuler qu'*indirectement*, par un environnement suffisamment riche et adapté à ses besoins.

◆ La controverse

L'actualité de la controverse est accentuée par le sentiment omniprésent dans notre civilisation que l'élément déterminant pour l'avenir des enfants est leur *compétitivité*.
Et, en effet, on ne peut nier que notre système social fonctionne sur la base d'une compétition impitoyable dont l'école est un des maillons essentiels : ceux qui y réussissent ont bien plus de chance que les autres de réussir socialement.
À cette notion de compétitivité vient fréquemment se superposer celle de *précocité* comme si la seconde était le gage de la première (ce qui est loin d'être prouvé !).
Aussi rencontre-t-on assez fréquemment des situations d'incompréhension entre certaines familles et les professionnels de la petite enfance. Les premières, désirant garantir la réussite sociale future de leur enfant, pratiquent et préconisent une *stimulation intense* dans leur éducation dans le but d'accélérer leurs acquisitions.

Cette pratique va à l'encontre de celle préconisée par certains professionnels persuadés de l'inutilité, voire de l'effet néfaste de ce qu'ils appellent les *sur-stimulations*.
Réciproquement, on peut rencontrer des familles disposées à prendre leurs enfants comme ils sont, à respecter leur propre rythme de développement, à mettre plus l'accent sur le bien-être de l'enfant que sur ses performances. Cette conception de l'éducation se heurte parfois à celle d'autres professionnels de la petite enfance, pour qui ces enfants présentent éventuellement des « retards » par rapport au calendrier « normal » des acquisitions.
C'est autour de cette controverse que se jouent la plupart des conflits ouverts ou latents existant notamment entre les familles et les professionnels de la petite enfance.

◆ Les arguments en faveur des stimulations

La réflexion porte sur leur nature et leur intensité. La nécessité des stimulations peut être démontrée par deux voies différentes :

- la première démonstration par la négative s'appuie sur l'étude d'enfants carencés dans leur développement psychomoteur ;
- la seconde démonstration est fondée sur les processus de maturation du système nerveux central de l'enfant. Elle montre comment son développement fonctionnel, c'est-à-dire sa capacité à maîtriser de nouvelles acquisitions, est en partie *ontogénétique* (c'est-à-dire préprogrammée dans le développement de l'être humain) et en partie *phylogénétique* (c'est-à-dire orientée, accélérée ou ralentie par les expériences).

Mémo psy

« Les enfants sauvages »

J.M. Itard a décrit un cas réel d'enfant sauvage (Victor de l'Aveyron)[1] qu'il recueillit et tenta d'éduquer. Il démontra que, faute d'un *environnement suffisamment stimulant*, non seulement un enfant ne développait pas un certain nombre de facultés (Victor, quand on le découvrit ne parlait ni ne marchait et, bien entendu, ne lisait pas davantage), mais même que ces facultés, dûment *stimulées* ensuite par des *exercices intenses*, avec une pédagogie parfois « musclée », ne parvenaient ensuite plus à se développer totalement. Après des années d'exercice intensif, Victor ne marchait toujours pas avec aisance, ne parlait que très mal, ayant semble-t-il fait davantage de progrès dans le domaine du langage écrit que dans celui de l'oral. Bref, il ne put jamais rattraper le *retard accumulé* malgré de spectaculaires progrès sur le chemin de l'humanité.
Cet exemple n'est pas unique. On peut le rapprocher de celui des enfants sauvages découvert en Inde, support réel du personnage créé par R. Kipling dans son *Livre de la Jungle*, ou encore celui de Kaspar Hauser[2].

1. Malson L. Les enfants sauvages, mythe et réalité. Paris : Belfond, coll. « 10/18 » 1964 ; et le film de F. Truffaut : *L'enfant sauvage*, 1969.
2. Film de W. Herzog : *L'énigme de Kaspar Hauser*, 1974.

Un minimum d'environnement favorable

Ces exemples prouvent qu'il faut un minimum d'environnement favorable pour que se développent toutes les potentialités humaines d'un jeune enfant. Par environnement, on entend, non seulement l'*espace de vie*, mais aussi l'*espace relationnel et social*. Ils montrent également que, dans un environnement aux caractéristiques différentes de la normale, certains enfants peuvent développer des comportements adaptés à ce milieu, et inconnus du jeune enfant civilisé, notamment pour assurer leur survie.
L'être humain développe donc des compétences en fonction des stimulations qui lui viennent de l'extérieur. Le cas des enfants sauvages (en montrant que certaines acquisitions, si elles n'ont pas été *faites en temps et en heure*, ne pourront plus être totalement maîtrisées par la suite) apporte des arguments à la cause de la *stimulation* des jeunes enfants.

La prise en compte des « périodes sensibles »

Avant la découverte des processus de maturation fonctionnelle du système nerveux central, certains auteurs[14], dont Maria Montessori[15], avaient noté qu'il existait pour chaque acquisition des « périodes sensibles » où l'enfant se donnait tout entier à la nouvelle conquête et la maîtrisait rapidement, tandis qu'avant, ou après, la même acquisition était considérablement plus laborieuse, voire pratiquement impossible. L'intuition géniale de M. Montessori fut scientifiquement confirmée au niveau cytologique, histologique et biochimique, par la constatation que le développement fonctionnel des cellules nerveuses se produisait par *régions préférentielles* successives selon les moments, et semble-t-il en partie, selon *l'activité du sujet*.
Ainsi, de même que le système musculaire se développe génétiquement chez tous les sujets sains et qu'il peut être considérablement renforcé par l'exercice physique qu'ils pratiquent, de même, le programme de maturation du système nerveux central est en partie orienté par l'activité du sujet. Or ces processus s'étalent essentiellement sur les dix premières années de la vie. On comprend que des facultés non acquises vers 10-15 ans ne pourront ensuite qu'être imparfaitement maîtrisées, les « circuits » non constitués à cet âge ne pouvant plus l'être ensuite de façon satisfaisante. Voilà pourquoi les enfants sauvages ne devinrent jamais tout à fait civilisés, c'est un argument important en faveur d'une *stimulation précoce*.

◆ Les trois types de stimulation

Les stimulations se présentent sous différentes formes.

1er type : les stimulations directes

On distingue les stimulations sur le mode « consigne » et celles sur le mode « affectif ». Certaines sont délivrées sur un mode positif, d'autres sur un mode négatif.

Les stimulations « consignes »

Si elles sont *positives* : il s'agit de consignes, d'ordres ou de conseils ou encore d'encouragements : « Fais ceci », « Vas-y », « Essaie encore », etc. Elles présentent l'intérêt de se formuler sur un mode positif, ce qui leur donne un côté constructif dans l'esprit de l'enfant, mais on doit noter qu'elles induisent un état de *dépendance* de l'enfant à l'adulte. L'enfant développe plus un conformisme aux ordres reçus qu'une véritable autonomie,

14. de Ajuriaguerra J. Manuel de psychiatrie de l'enfant. Paris : Masson ; 1997.
15. Montessori M. L'esprit absorbant de l'enfant. Paris : Desclée de Brouwer ; 2003.

Si elles sont *négatives* : il s'agit essentiellement des interdits : « Ne fait pas ceci », « Non », « C'est défendu », etc. Outre la relation de dépendance, on doit souligner que des consignes délivrées sur ce mode sont perçues par l'enfant globalement, c'est-à-dire qu'il incorpore en partie pour lui-même la tonalité négative de la consigne (« Puisqu'on me dit toujours non, n'est-ce pas que je suis moi-même négatif, mauvais ? »). Cependant, les interdits sont indispensables pour protéger la sécurité vitale de l'enfant (dangers objectifs pour sa vie ou sa santé) et structurants, en ce sens qu'ils délimitent de façon sécurisante l'espace dans lequel l'enfant peut agir. Les consignes négatives peuvent donc être stimulantes si elles restent limitées au minimum nécessaire (faute de quoi, elles risquent de devenir déprimantes).

Les professionnels devraient s'efforcer de délivrer au moins autant de consignes sur le mode positif que sur le mode négatif. Mais en tout état de cause, elles restent fondatrices d'une relation de dépendance ou plus exactement d'hétéronomie (contraire d'autonomie). C'est le principal reproche que l'on peut adresser aux stimulations directes.

Les stimulations « affectives »

Si elles sont *positives* : ce sont toutes les interactions entre l'enfant et l'adulte, placées sur le terrain de l'affectivité : « C'est bien mon chéri ! », « Tu es un amour », « Fais-moi plaisir », ou même le gros câlin ou le baiser qui viennent sanctionner une réussite.

Si elles sont fondées comme les précédentes sur une relation de dépendance (affective cette fois), elles correspondent assez à la pensée globale des jeunes enfants, qui font volontiers l'amalgame : « Ce que je fais est bien – Je suis bien – On m'aime » et réciproquement. Toutefois, si ce type d'amalgame peut se comprendre au niveau de la vie familiale, il se conçoit mal dans le cadre professionnel. On s'efforcera donc de placer les interventions sur le plan de ce que *fait* l'enfant (sur quoi il peut agir) plutôt que sur celui de ce qu'il *est* ou de ce que nous ressentons pour lui (sur quoi il est impuissant).

Si elles sont *négatives* : c'est tout le registre allant de la dépréciation de l'enfant au chantage affectif : « Tu es vilain » (voire « pas beau »), « Si tu fais ça, je ne t'aime plus » ou plus glacial encore, à la troisième personne « Maman » ou « Tata ne t'aime plus ». Dépendance, mauvaise image de soi, anxiété existentielle de perte d'amour, inutile de multiplier les arguments pour proscrire ce type de discours, au moins dans le domaine professionnel.

2e type : les stimulations semi-directes

En allant vers des stimulations de plus en plus indirectes, on distingue, d'une part, tout ce qui constitue les méthodes démonstratives et, d'autre part, tout ce qui relève de l'imitation.

Les méthodes démonstratives

Elles sont utilisées chaque fois que l'on montre à l'enfant comment s'y prendre pour telle ou telle tâche. Le message délivré est : « Fais comme je fais. » La relation de dépendance est ici atténuée par le fait que l'enfant, lorsqu'il aura maîtrisé l'action en question, deviendra en quelque sorte l'égal de l'adulte. Ici, l'élève peut un jour espérer égaler le maître.

L'imitation

Plus spontanément encore, souvent sans même que l'adulte en ait l'intention, l'enfant prend modèle sur lui, avec le vif désir de se valoriser en « étant comme… » et en « faisant comme… ». L'imitation est un des plus puissants ressorts de l'activité entre 0 et 6 ans et les jeunes enfants s'emploient à imiter, avec la même ardeur et la même fascination, les traits positifs et négatifs du comportement des adultes qu'ils admirent, et des enfants qui les attirent (les « copains » ou les « aînés »). C'est dire l'*effet stimulant*, dans le sens positif du terme, de la présence auprès des enfants de professionnels à la personnalité riche et équilibrée qui, ayant pris conscience de ce phénomène, se garderont de faire eux-mêmes ce qu'ils ne souhaitent pas que les enfants fassent (exemple : s'asseoir sur les meubles…). C'est là aussi que réside un des atouts de la collectivité enfantine en offrant à l'enfant des camarades à imiter. Notons que cette imitation ne joue son rôle pleinement positif que si elle est *spontanée* et *volontaire* ; le fait d'inciter les uns à imiter les autres leur renvoie au passage leur infériorité et le fait d'ériger ces confrontations en compétition (ce qui est totalement étranger à la mentalité du jeune enfant) ne peut donner que des résultats négatifs (en tout cas pour tous ceux qui ne sont pas vainqueurs).

3e type : les stimulations indirectes

Il s'agit de tout ce qui, dans l'*environnement* de l'enfant, déclenche son intérêt et sert de support aux expériences qu'il veut tenter. C'est l'élément fondamental pour qui veut pratiquer les *méthodes actives* : il s'agit de proposer aux enfants un espace, un mobilier, un matériel, adaptés à leurs besoins du moment, à leurs centres d'intérêt, à leurs compétences, permettant des expériences structurantes, en toute liberté, sans laisser de place aux dangers objectifs et en s'efforçant d'éviter les échecs répétitifs qui sont démobilisateurs.

Peut-on parler encore de stimulation ? Il s'agit là d'une forme très indirecte et certains s'y refusent. On ne peut nier toutefois l'aspect mobilisateur d'un environnement riche et structuré. On peut donc admettre qu'en le mettant en place, l'adulte stimule l'enfant, mais en le laissant maître de ses choix, en favorisant son *autonomie*.

Le reproche fait de ce type de méthode pédagogique est que l'enfant peut ne pas explorer toutes les *possibilités* qui lui sont offertes, et négliger certains apprentissages. La réalité prouve qu'il n'en est rien (sauf problèmes particuliers). En général, les enfants explorent plutôt dix fois qu'une chacune des possibilités offertes par l'environnement, souffrant souvent au bout d'un certain temps, même dans les lieux les mieux structurés, du manque de diversité des expériences possibles.

D'autres pensent que les découvertes faites par *tâtonnement* et sans le secours du savoir préétabli des adultes demandent beaucoup de temps et d'énergie, tandis que leur transmission didactique serait beaucoup plus économique. « Pourquoi, disent-ils, faudrait-il que chaque enfant réinvente la roue et la machine à vapeur ? »

Ce à quoi on pourrait répondre par cette citation de J. Piaget : « *Un enfant a infiniment plus à gagner à faire pendant trois jours une expérience qu'il fait lui-même, plutôt que de passer un quart d'heure à voir un adulte lui montrer.* »[16]

Rôle de l'EJE

Attention aux effets négatifs des surstimulations

Les effets négatifs d'une stimulation, qui nous était apparue positive au premier abord, ont commencé à être repérés au fil de la partie précédente. Pour faire une synthèse sur cette question, il faut adopter un point de vue *systématique*, c'est-à-dire prendre en compte l'*ensemble* du système d'*interactions*, d'*actions* et de *réactions* qui se produisent dans un acte de stimulation.

16. Piaget J. Psychologie et Pédagogie. Paris : Gallimard, coll. « Folio Essais », numéro 91 ; 1988.

La surstimulation directe

On voit alors que dans l'acte de stimulation directe, certes, l'enfant est poussé de l'avant, surtout si cette stimulation est sur le mode positif, et il fera vraisemblablement des acquisitions un peu plus tôt que si on n'avait rien fait. Mais *en même temps* que cette conquête s'inscrit en lui le fait qu'il a eu *besoin* de quelqu'un qui le stimule pour l'effectuer. Si l'expérience se renouvelle régulièrement, on peut craindre qu'en même temps que l'enfant développe ses acquisitions, il développe son *hétéronomie*[1], ne devenant capable de progresser que « poussé » par quelqu'un.

La surstimulation indirecte

Certains, conscients des ambiguïtés de la stimulation directe, jouent la carte de l'*environnement*, de la stimulation indirecte, mais leur désir de voir l'enfant progresser est tel qu'ils le submergent de matériel et de jouets, tous plus sophistiqués les uns que les autres, souvent bien en avance sur ses compétences actuelles. Face à cette pléthore de stimulations, l'enfant est souvent désemparé, énervé, il ne sait plus où donner de la tête, s'excite, détruit, devient tendu ou apathique.

1. Dépendance d'autrui.

◆ Conclusion sur la « controverse »

D'un côté, on trouve des adeptes d'une stimulation directe, limitée dans le temps, qui, s'appuyant sur les réflexes posturaux du nouveau-né, lui propose des exercices moteurs sur des engins simples (gros ballon, rouleau de mousse, etc.). Ils font valoir une plus grande précocité et notamment une meilleure tonicité des enfants ainsi stimulés.

Face à eux, inspirés principalement par l'exemple de Loczy[17], des détracteurs faisaient valoir que l'enfant peut très bien faire ces acquisitions par lui-même, avec un tapis de sol et quelques points d'appui judicieusement placés à sa portée, ce qui lui donne une sûreté et une confiance en ses capacités bien plus grande. Et que, même si les acquisitions sont un peu plus tardives (les enfants marchent en moyenne vers 15-16 mois), elles sont incomparablement plus durables, plus sûres et mieux acquises. Quand les enfants commencent à marcher, ils ne tombent plus et sont très sûrs dans leur motricité. Si l'on tient à la précocité et à l'aspect purement moteur des choses, on peut être sensible aux arguments des partisans de la gymnastique du nourrisson. Mais si l'on prend en considération le long terme et le versant psychologique de l'affaire, on ne peut manquer d'admettre le poids des arguments des « loczystes ». Ces derniers soulignent que les enfants ainsi élevés ont, notamment, une excellente coordination, et une motricité fine extrêmement déliée.

Ils ne pensent pas que la stimulation de la tonicité soit un facteur favorable pour l'enfant dans la mesure où, ensuite, il a du mal à la contrôler et peut facilement être brusque et maladroit (à quoi sert-il de marcher plus tôt si c'est pour se cogner partout et tomber, au risque de se décourager ?). Mais c'est surtout au niveau de l'image de soi que la question est fondamentale : l'enfant qui a fait seul, *par lui-même*, des acquisitions n'intériorise-t-il pas un sentiment d'*autonomie*

17. Pouponnière hongroise de Budapest. Voir : Appel G., Loczy D.M. ou le maternage insolite. Paris : Éditions Le Scarabée ; 1996.

et de *confiance* en soi plus grand que s'il avait été stimulé ? En réalité, la preuve scientifique n'est pas faite, mais on peut logiquement le supposer.

Rôle de l'EJE

Le rôle de l'EJE sera donc de se faire son opinion personnelle et surtout de toujours baser son action sur l'*observation* de l'enfant, et de personnaliser la stimulation.
L'observation est très révélatrice des besoins individuels de l'enfant :

- s'ennuie-t-il ? L'EJE s'en apercevra au fait qu'il erre, qu'il est apathique ou encore qu'il joue de façon mécanique et stéréotypée avec un jeu qu'il connaît parfaitement ;
- est-il hyperstimulé ? On le verra au fait qu'il papillonne, qu'il est instable, qu'il n'arrive pas à se concentrer ; il veut tout faire avant de l'avoir fait. Un enfant qui est dans de bonnes conditions se remarque aisément : il est absorbé dans son activité, déploie des trésors de patience, d'ingéniosité, de curiosité, ignorant souvent ce qui se passe autour de lui. Cela est vrai du nourrisson qui essaie de contrôler le mouvement de son bras, comme de l'enfant de 5 ans occupé à des transvasements complexes. C'est l'état idéal, qu'on cherchera à atteindre en proposant davantage à ceux qui s'ennuient, et en permettant à ceux qui sont instables de retrouver des espaces plus restreints, plus calmes, moins stimulants.

Il n'existe pas de solution valable pour tout un groupe de jeunes enfants. Il faut adapter la méthode, autant que faire se peut, aux caractéristiques individuelles de chacun.
En bref, l'EJE doit savoir que *stimuler* un jeune enfant, c'est :

- lui imposer autant d'activités qu'il peut en effectuer, et aussi difficiles qu'il peut les réussir, *mais pas plus* ;
- préférer la *stimulation par l'environnement*, donc la stimulation indirecte à la stimulation directe dans une perspective d'*autonomie* de l'enfant ;
- intervenir auprès de l'enfant uniquement lorsque c'est nécessaire et *sur un mode positif*. Réserver le négatif au minium vital.

3 Le choix d'un mode d'animation

Pour établir un projet d'animation, il faut définir les objectifs et prendre en compte certains critères. Le professionnel doit *préparer le projet en amont*.

◆ Le projet d'animation

Un projet d'animation se prépare toujours à l'avance (si possible en équipe). Plusieurs questions doivent être résolues. On utilise la méthode du QQQOCP[18] :

18. La formule (mnémotechnique) est plus facile à mémoriser dans cet ordre-là, mais il faut savoir que le Pourquoi ne se place pas à la fin, mais à chaque niveau de la réflexion (Pourquoi quand ? Pourquoi comment ? etc.).

- **Qui ?** Les enfants à qui le projet s'adresse :
  - Quel est leur nombre ?
  - Quel est leur âge ? et leur niveau de développement psychomoteur ?
- **Quoi ?** Le choix de l'activité. Ex. collage, peinture, dessin, manipulation, jeux d'eau (...) ;
- **Quand ?** Le moment de la journée où va se dérouler l'activité, et la durée de l'activité (approximative) ;
- **Où ?** Le lieu (intérieur ou extérieur) ; par exemple, si on prévoit une activité « piscine » ;
- **Comment ?** Le matériel à préparer : la répartition des tâches (à savoir qui prépare le matériel et qui s'occupe des enfants si plusieurs adultes animent le projet) et le mode d'animation prévu (*cf.* ci-après) ;
- **Pourquoi ?** L'intérêt de l'activité pour ces enfants.

◆ Les trois modes d'animation

Il existe trois grands modes d'animation.

Le mode d'animation directif

C'est un mode d'animation où toutes les initiatives viennent de l'adulte. Dans ce cas, l'enfant est placé dans une situation de contraintes, il doit se plier aux règles. Ce mode d'animation a tendance à limiter la créativité de l'enfant et peut engendrer un sentiment de frustration. Il est peu utilisé dans les structures d'accueil du petit enfant.

Le mode d'animation non directif

C'est un mode d'animation où l'animateur n'intervient pas. Il laisse dans ce cas s'exprimer la libre créativité de l'enfant. Il laisse l'enfant jouer seul. Mais il est présent, attentif, disponible et prêt à répondre à ses demandes et à lui procurer un sentiment de sécurité. Sur le plan de l'organisation, il se limite à aménager un espace adéquat. Ce mode d'animation est souvent utilisé à la crèche.

Rôle de l'EJE

Dans une section de « petits » à la crèche, il est judicieux d'aménager l'espace en disposant, d'une manière agréable sur le sol, des objets variés qui stimulent la curiosité et l'intérêt de l'enfant. Pour que le jeune enfant puisse jouer seul, il faut :

- qu'il se sente en sécurité dans la crèche ;
- que l'adulte soit présent dans la section, prêt à répondre à ses appels ;
- que l'adulte soit attentif à son jeu ;
- que l'adulte reste assis au sol et évite les déplacements.

Le mode d'animation semi-directif

L'EJE) intervient pour proposer et non pour imposer. L'enfant doit pouvoir librement et réellement choisir. C'est indiqué pour les enfants qui ont des difficultés à prendre des initiatives (notamment à leur arrivée dans l'établissement ou dans le cas d'enfants timides).

Situation

Un mode d'animation « non directif » à la crèche

Aujourd'hui, Aurélia (EJE) a collé sur le mur de grandes feuilles de papier et sur une petite table, elle a disposé quatre gobelets contenant des feutres de différentes couleurs. Les enfants choisissent librement. L'activité peinture et coloriage va commencer !

- *Max (2 ans ½) et Clara (3 ans) prennent des feutres*, se placent devant les feuilles et font de grands mouvements amples en se déplaçant de droite à gauche (Aurélia applaudit !)
- *Jules (3 ans) préfère colorier un coin de la feuille*, puis il change d'endroit pour refaire un gribouillis. Ensuite, il change de feutre, il met sa main contre la feuille et en colorie le pourtour (Aurélia admire !)
- *Clémentine (18 mois) entre à son tour et veut se servir d'un feutre*, mais elle n'arrive pas à enlever le capuchon ; elle le tend à Aurélia (Aurélia le lui enlève en lui montrant comment elle a fait !). Clémentine reste quelques instants, puis s'en va…

Au cours d'une activité auprès des « petits », l'EJE doit disposer le matériel de manière à laisser l'enfant agir sans rien lui imposer. Dans ce cas, on peut observer différents types de comportements. Ex. : l'enfant de 10 mois se lâche d'une main pour saisir l'objet qu'il convoite.

◆ Les critères d'organisation des jeux

L'animateur du groupe d'enfants doit être attentif à différents critères.

Doser la quantité de jouets

Avec trop de jouets, l'enfant ne sait plus où porter son attention.
Avec peu de jouets, le jeune enfant n'exerce pas ses possibilités sensori-motrices et les conflits éclatent entre les enfants plus grands.

Aménager l'espace jeu

L'espace va évoluer en fonction de l'âge de l'enfant et de ses besoins. En collectivité, l'aire de jeu sera adaptée à la motricité :

- l'*espace jeu doit répondre à des normes de sécurité* afin de réduire les risques d'accidents et donc de laisser plus de liberté à l'enfant ;
- l'*espace jeu doit être clair, aéré et propre* pour répondre aux normes d'hygiène indispensables à la collectivité ;
- l'*espace jeu ne doit pas être* :
  - *trop vaste* : l'enfant se sentirait perdu,
  - *trop exigu* : l'enfant a besoin de bouger,
  - *trop plat* : l'enfant apprécie les reliefs, les plans inclinés, les blocs de mousse. Il aime franchir les obstacles ;
- l'*espace jeu doit être aménagé avec différents « coins-jeux »* : d'une part, cet agencement permet de varier les activités, d'autre part, la dispersion des enfants en petits groupes a pour effet de réduire les causes d'agressivité ;
- l'*espace jeu doit être gai et il doit comprendre* : tapis multicolores au sol, mobiles au plafond, décorations sur les murs, photos…

Proposer des activités variées et libres d'accès

L'attention de l'enfant est limitée. Il faut donc lui proposer une grande variété d'activités. De plus, il se lasse vite et doit pouvoir changer d'activités quand il le souhaite.

Proposer des temps de repos (ou de relaxation)

Ils sont nécessaires à certains moments de la journée, en particulier :

- après une activité où l'enfant s'est particulièrement dépensé ;
- avant le repas du midi.

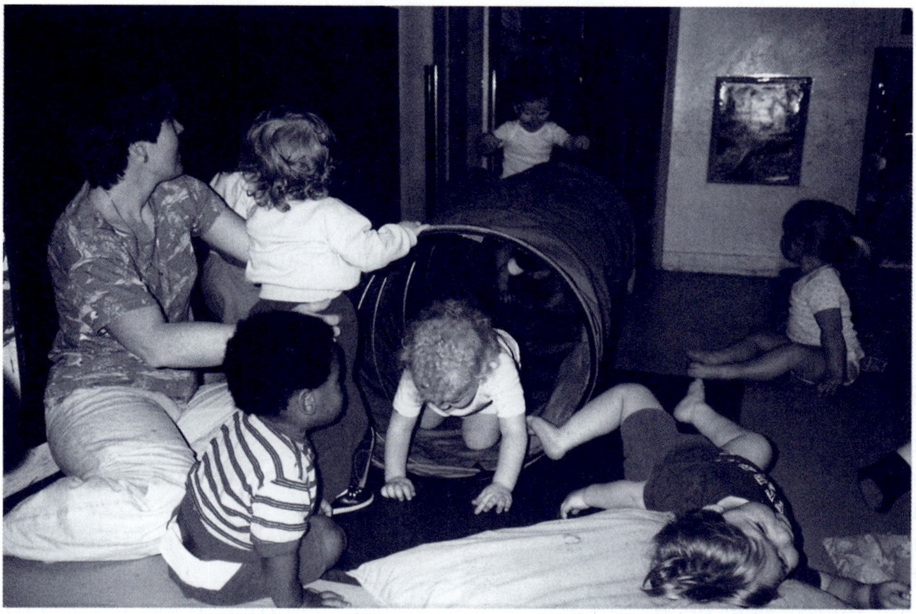

Fig. 17.15 **L'EJE à le choix entre trois modes d'animation : directif, non directif ou semi-directif.**

Chapitre 18

Pratiques de puériculture (soins d'hygiène, de sécurité et de confort lors des soins)

A Les critères d'hygiène, de sécurité et de confort lors des soins

Quelle que soit la nature des soins à réaliser, il existe une logique à suivre et des critères d'hygiène, de sécurité, de confort (*HSC*) à assurer, tout en respectant l'enfant[1].

1 Assurer l'hygiène (H)

L'EJE doit :

- se laver les mains (voir page suivante le déroulement de la technique) ;
- ou utiliser la SHA ;
- désinfecter le plan de travail, le coussin de change (avec un produit nettoyant-désinfectant) ;
- prévoir un récipient distinct pour regrouper le matériel propre ou le matériel souillé ;
- prévoir un sac à linge pour regrouper le linge sale ;
- respecter les « circuits » (propre sale).

2 Assurer la sécurité (S)

L'EJE doit :

- consulter le dossier de l'enfant (prescriptions, transmissions…) ;
- privilégier le matériel à usage unique ;
- préparer tout le matériel avant une intervention ;
- vérifier les produits : dates de péremption, mode d'emploi, etc.
- ne jamais laisser l'enfant seul sur la table de change ;
- remonter les barrières du lit de l'enfant ;
- nettoyer, désinfecter, ranger le matériel après usage ;

1. Notons ici que beaucoup de critères d'*hygiène* assurent aussi la *sécurité* de l'enfant.

DEEJE. Diplôme d'État d'éducateur de jeunes enfants

- faire les transmissions écrites et orales et noter :
  - la nature du soin, la date et l'heure,
  - l'observation sur l'enfant (aspect, comportement, anomalie ou modification de l'état physique de l'enfant).

3 Assurer le confort (C)

L'EJE doit :
- changer l'enfant avant une activité (ou soin) ou lui proposer d'aller aux toilettes ;
- avoir des gestes doux ;
- fermer la fenêtre avant tout soin, vérifier la température du local ;
- nettoyer l'enfant s'il a régurgité, aérer la pièce ;
- installer l'environnement : pièce aérée et propre, objets en quantité suffisante, photos de ses proches sur les portes de placard (à la crèche).

4 Assurer le respect de l'enfant (R)

L'EJE doit :
- informer l'enfant de l'heure de l'activité et la lui expliquer (selon son âge) ;
- tenir compte de ses remarques, de ses appréhensions, de son état ;
- associer les parents (si possible) ;
- évaluer le degré de participation de l'enfant au soin et stimuler son autonomie ;
- lui parler au cours de l'activité ou du soin ;
- lui proposer son (ou ses) jouet(s) favori(s).

Mémo plus

L'hygiène des mains

Le lavage simple des mains est la première mesure d'hygiène (Fig. 18.1). Il peut être remplacé, aussi souvent que nécessaire, par une friction des mains avec une *solution hydro-alcoolique (SHA)*[1]. Le lavage des mains se pratique au minimum trois fois dans la journée :
- lors de la prise de service et lors de la fin de service ;
- lors des gestes de la vie courante (après s'être mouché, s'être coiffée, être allée aux toilettes,...) ;
- après avoir manipulé du matériel souillé ou des liquides biologiques (sang, urine,...).

1. Recommandations de la Société française d'hygiène hospitalière (SFHH).

B Le bain du nourrisson[2]

Tableau 18.1 Le bain du nourrisson[1].

Objectif du soin : assurer l'hygiène de la peau et le confort de l'enfant. *Indications* : au nourrisson, le bain se donne généralement le matin par commodité, pour l'enfant plus grand, le bain du soir est justifié par l'hygiène (l'enfant se salit au cours de la journée) et l'effet relaxant avant la nuit. *Les contre-indications du bain* sont rares. Dans ce cas, on fera une toilette sans bain.		
Matériel	**Procédure**	**Illustration[2]**
Savon liquide Nettoyant désinfectant + lavette Savon doux et gant de toilette Thermomètre de bain Sac à linge sale Papier toilette	Se laver les mains (ou SHA). Sortir le matériel. Nettoyer la baignoire. Annoncer le soin de l'enfant. Faire couler le bain. **a) Déshabiller l'enfant.** Agir délicatement en parlant à l'enfant. **b) Procéder à un nettoyage préalable du siège** (s'il est souillé) avec du papier-toilette. **c) Savonner l'enfant dans l'ordre suivant (du** plus propre au plus sale) : – le pli du cou et les aisselles ; – les bras et les mains ; – le thorax, l'abdomen, le dos ; – les jambes et les pieds ; – les organes génitaux et les fesses. Veiller à insister dans les plis. Pour la petite fille, nettoyer délicatement les organes génitaux d'*avant vers l'arrière*. **d) Porter l'enfant dans le bain.** *Le maintenir au niveau de l'aisselle et tenir le siège dans l'autre main* très fermement Plonger l'enfant dans le bain très lentement, lui parler. Le sortir du bain lentement. **e) Essuyer l'enfant en tapotant légèrement.** Insister dans les plis (aisselles, aine). Le maintenir dans le drap de bain en vue du shampoing (*cf.* tableau suivant).	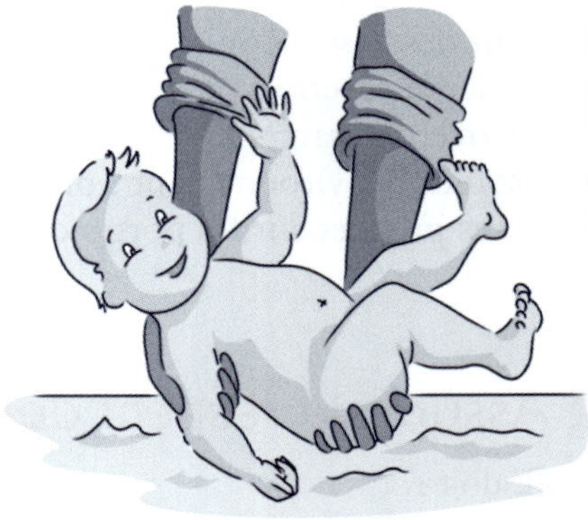 Le geste de sécurité
1. Guide de l'AP, J. Gassier, Elsevier-Masson.		

2. Les techniques de soins proposées dans cet ouvrage sont, par nécessité, synthétisées. Pour plus de détails, consulter l'ouvrage suivant : Gassier J., Isufi A. Fiches de soins pour les AP. Paris : Elsevier-Masson ; 2009.

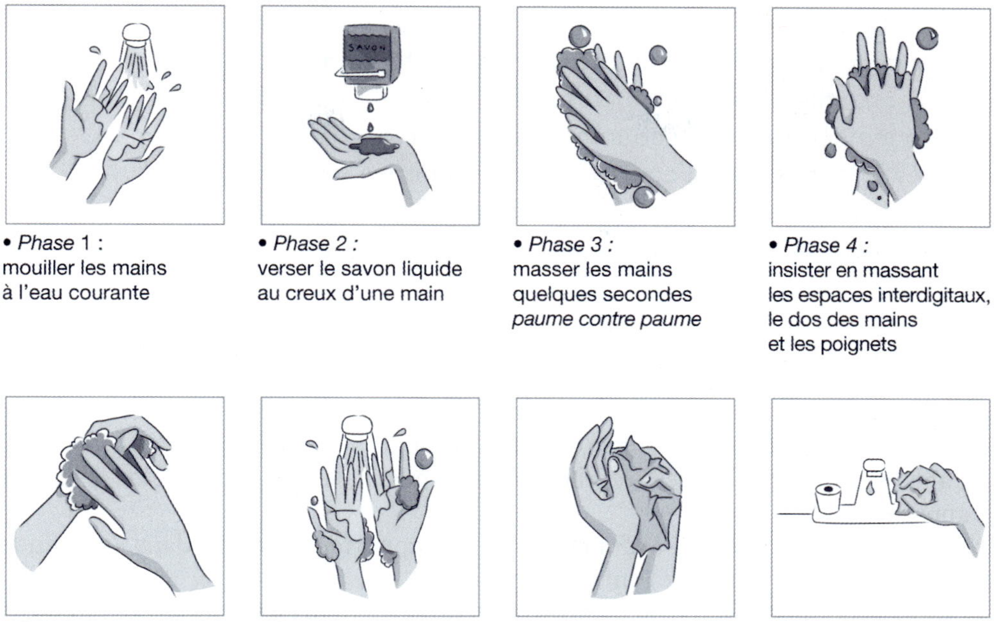

• *Phase* 1 : mouiller les mains à l'eau courante

• *Phase 2 :* verser le savon liquide au creux d'une main

• *Phase 3 :* masser les mains quelques secondes *paume contre paume*

• *Phase 4 :* insister en massant les espaces interdigitaux, le dos des mains et les poignets

• *Phase 5 :* masser aussi le bord cubital des mains puis faire une friction circulaire des pouces

• *Phase 6 :* rincer abondamment à l'eau courante en gardant les mains vers le haut

• *Phase 7 :* sécher par tamponnement *(avec un essuie-mains à usage unique)* en gardant les mains vers le haut

• *Phase 8 :* refermer le robinet à l'aide du dernier essuie-mains utilisé

Fig. 18.1 **Lavage des mains**[3].

Mémo plus

Les compétences attendues de l'EJE

L'EJE veille à :

- respecter les critères d'HSCR (voir plus haut) et la chronologie du bain ;
- évaluer le degré d'autonomie de l'enfant pendant le bain ;
- respecter les principes d'ergonomie ;
- observer l'état clinique de l'enfant : communication, état cutané, douleurs (plaintes), etc.

3. Guide de l'AP, J. Gassier, Elsevier-Masson.

- faire apprécier le bain à l'enfant. La peur du bain, observée occasionnellement chez certains enfants, peut être prévenue. Il faut éviter :
  - la quantité d'eau trop importante (l'enfant est insécurisé),
  - la température de l'eau trop chaude ou trop froide,
  - les éclaboussures d'eau ou de savon dans les yeux,
  - le moment inopportun du bain (début d'une phase de sommeil ou de jeu).

C Le shampoing[4]

Le nourrisson est tenu allongé contre la hanche de l'adulte (position en « berceau »). Sa tête et son dos sont soutenus par la main droite et l'avant-bras de l'adulte (Tableau 18.2). L'enfant plus grand (en structure d'accueil) est allongé sur le coussin de change qui jouxte la baignoire. Cela apporte :

- *hygiène* : cette méthode à l'avantage de ne pas apporter du savon dans l'eau du bain destinée à rincer le corps de l'enfant ;
- *confort* : il n'y a pas de risque de projection de savon dans les yeux de l'enfant, ce qui provoque généralement une appréhension du bain ;
- *contact* : il y a un contact sécurisant pour l'enfant (les yeux dans les yeux, avec l'adulte qui fait le shampoing et lui parle).

Tableau 18.2 **Le shampoing du nourrisson.**

Matériel	Procédure	Illustration[1]
Shampoing doux Vêtements propres Sèche-cheveux Nettoyant-désinfectant + poubelle (sac)	– Ouvrir le shampoing. – Annoncer le soin à l'enfant. – Mettre le shampoing (1 noisette) sur les cheveux du bébé et faire mousser en massant. – Parler à l'enfant au cours du soin. – Rincer plusieurs fois. – Essuyer les cheveux délicatement. – Habiller l'enfant. – Sécher les cheveux puis les brosser. – Sécuriser l'enfant. – Nettoyer le matériel. – Faire les transmissions.	 Pour être pratiquée aisément, cette méthode « hors du bain » demande une certaine installation et n'est justifiée que pour un nourrisson (enfant de petit poids).

1. Guide de l'AP, J. Gassier, Elsevier-Masson.

4. *Ibid.*

D Les soins associés au bain (visage, oreilles, nez, ongles, nombril) (Tableau 18.3)[5]

Tableau 18.3 Les soins d'hygiène et de confort associés au bain du nourrisson.

Objectifs : assurer l'hygiène, le confort et l'esthétique de l'enfant.
Indication : les soins sont quotidiens et selon les besoins.
Précautions : planifier les soins dans un ordre logique.

Matériel	Procédure	Illustration[1]
Savon liquide SHA Gant de toilette + eau courante Ou compresse et sérum physiologique Petite serviette de toilette Fusettes de coton (ou cotons-tiges) Poubelle (ou haricot) Ciseaux à bouts ronds Nettoyant- désinfectant + lavette	Se laver les mains (ou SHA). Annoncer les soins à l'enfant. **a) La toilette du visage** – Utiliser compresses ou gant de toilette (selon l'âge de l'enfant). – Nettoyer d'abord les yeux. – Nettoyer ensuite le visage dans l'ordre suivant (du plus propre au plus sale) : • le front ; • les joues ; • le menton, la bouche ; • le nez. – Essuyer en tapotant. **b) Les soins des oreilles** – Nettoyer d'abord le pavillon puis le conduit auditif externe. – Changer de fusette aussi souvent que nécessaire. – Ne jamais mouiller l'intérieur des oreilles. **c) Les soins du nez** – Utiliser de préférence des fusettes (si coton-tiges, les tenir à la base par sécurité). – Changer de fusette aussi souvent que nécessaire. **d) Les soins des ongles** – Mains et pieds : couper les ongles au carré pour éviter les ongles incarnés (hygiène). – Maintenir fermement les doigts du bébé avec les ongles (sécurité). – Ne pas couper les ongles du nouveau-né (sécurité). **e) Fin des soins** – Nettoyer, désinfecter (si besoin) le matériel et le ranger. – Se laver les mains.	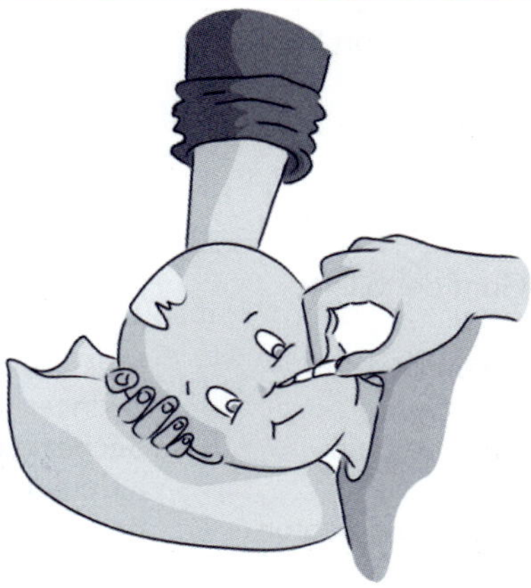 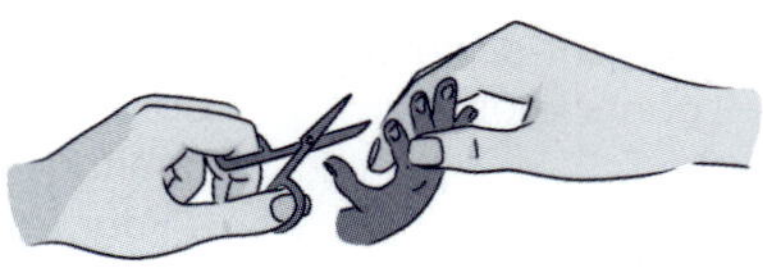

Laver le visage en allant de l'organe le plus fragile (les yeux) vers le plus sale (le nez). Le rinçage du gant après les soins des yeux permet d'éliminer les sécrétions qui se trouvent sur le gant (si on utilise des compresses, le problème ne se pose pas).

1. Guide de l'AP, J. Gassier, Elsevier-Masson.

5. *Ibid.*

E La toilette sans bain (Tableau 18.4)[6]

Tableau 18.4 La toilette sans bain.

<table>
<tr><td colspan="3">Objectif : assurer l'hygiène de la peau et le confort de l'enfant. Il s'agit de réaliser la toilette d'un enfant sans le baigner. Cette toilette peut être accompagnée de shampoing ou non. Il faut être placé à proximité d'un point d'eau (sécurité).
Indications : lorsque le bain est impossible (pour motif de santé).
Le matériel est identique que pour la toilette avec bain.</td></tr>
<tr><th>Matériel</th><th>Procédure</th><th>Illustration[1]</th></tr>
<tr><td>Eau + savon liquide

SHA

Sac à linge

Gant de toilette

Savon doux

Drap de bain

Chemise de coton

Couche propre

Nettoyant-désinfectant + gants jetables

Poubelle (sac)</td><td>– Se laver les mains (ou SHA).
– Annoncer le soin à l'enfant.

1er temps : le haut du corps
– Déshabiller l'enfant (le haut du corps) délicatement (Fig. a).
– Nettoyer dans l'ordre : cou, aisselles,
bras, mains, thorax, abdomen, dos.
– Rincer (gant bien essoré).
Sécher en tapotant.
– Couvrir le haut du corps avant de nettoyer le bas du corps.

2e temps : le bas du corps
– Déshabiller le bas du corps.
– Nettoyer en allant du plus propre au plus sale : jambes, organes génitaux et siège.
– Pour les organes génitaux : aller d'avant en arrière (Fig. b).
– Rincer deux fois.
– Sécher en tapotant (Fig. c)
– Insister dans les plis.
Mettre la couche de l'enfant.

3e temps : le matériel
– Nettoyer le matériel et le ranger.
– Se laver les mains.
– Faire les transmissions.

Autres soins associés à cette toilette : le shampoing et les soins annexes (cf. pages précédentes).</td><td>a. Déshabiller l'enfant
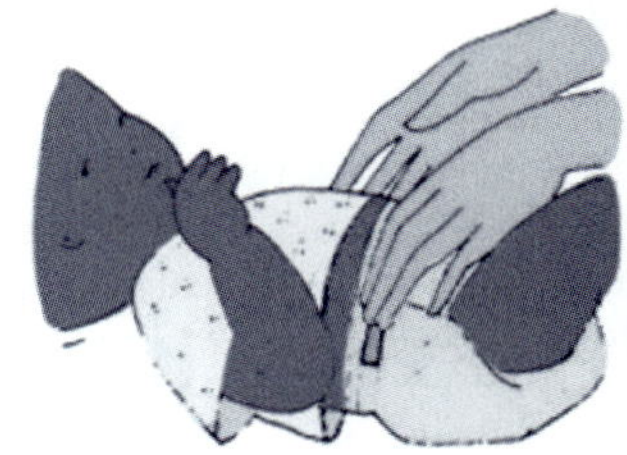
b. Nettoyer le siège d'avant en arrière

c. Sécher en tapotant
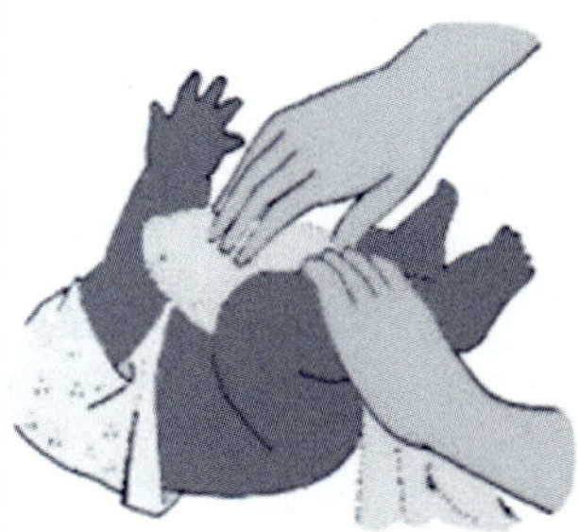</td></tr>
<tr><td colspan="3">1. Guide de l'AP, J. Gassier, Elsevier-Masson.</td></tr>
</table>

6. *Ibid.*

F L'hygiène du siège et le change des couches[7]

Le change consiste à remplacer des couches souillées par des couches propres après avoir nettoyé soigneusement les fesses de l'enfant (Tableau 18.5).

Tableau 18.5 La toilette du siège et le change des couches.

Objectifs : assurer l'hygiène de la peau et le confort de l'enfant, prévenir les érythèmes fessiers.
Indications : chaque fois que nécessaire (toutes les trois heures minimum), si possible avant les repas afin d'éviter de provoquer des régurgitations en bougeant l'enfant après le repas et de troubler l'endormissement.
Le change se fera aussi après le repas, avant le coucher et après le sommeil (nuit ou sieste).

Matériel	Procédure	Illustration[1]
Eau + savon liquide SHA Coussin de change Jouet (si besoin) Poubelle Sac à linge sale Papier-toilette Gant de toilette Serviette de bain Couche propre Nettoyant-désinfectant + lavette Savon liquide	Se laver les mains (ou SHA). Nettoyer le coussin de change. Sortir le matériel nécessaire (Fig. a). Mettre l'enfant sur le coussin de change, lui parler, le sécuriser. **1er temps : savonner** Essuyer le siège (si selles) avec du papier toilette. – Savonner le siège du *plus propre au plus sale* dans l'ordre suivant : les plis des cuisses, les cuisses, les organes génitaux et les fesses. – *Pour la fille : nettoyer du méat à l'anus sans revenir en arrière.* **2e temps : rincer, essuyer** – Bien rincer (dans le même ordre). – Essuyer le siège (insister dans les plis (Fig. b). **3e temps : mettre la couche** – Mettre la couche propre à l'enfant (Fig. c). – Recoucher ou sécuriser l'enfant. **4e temps : entretenir le matériel** – Nettoyer et désinfecter le matériel. – Se laver les mains. – Faire les transmissions.	a. 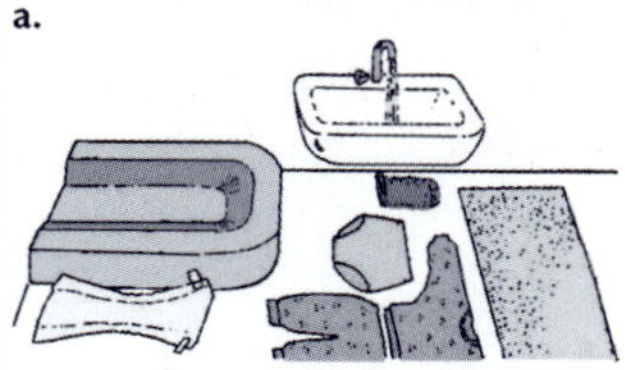 b. 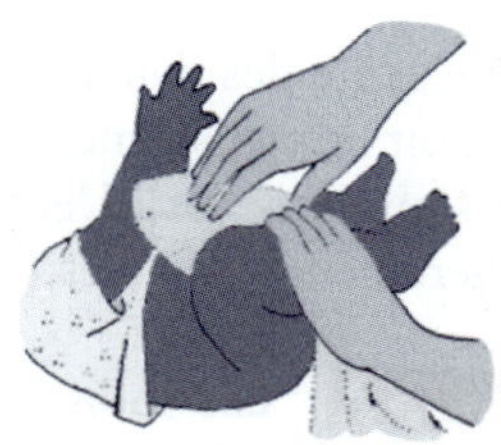 c. 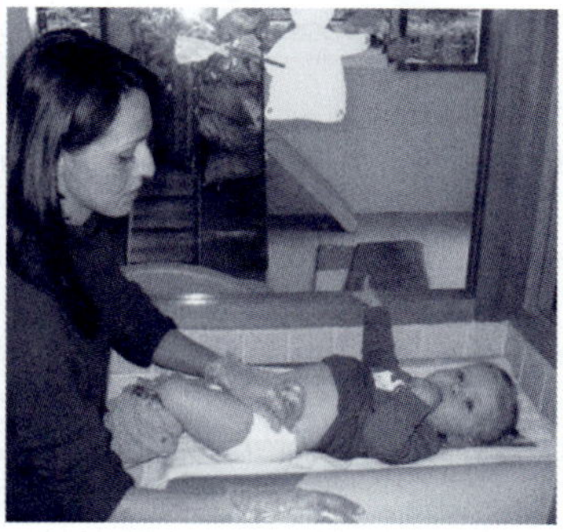

1. Guide de l'AP, J. Gassier, Elsevier-Masson.

7. *Ibid.*

Mémo plus

Particularités du change

Chez l'enfant présentant un érythème fessier

En cas d'érythème fessier, on pratique la toilette du siège de la même façon (parfois un savon spécifique est prescrit par le médecin, l'EJE s'en informera avant le soin). Puis on glisse la couche sous le siège de l'enfant et on applique le traitement prescrit (sous contrôle de la puéricultrice).

Chez l'enfant qui marche

Au moment de l'acquisition de la propreté, il est souhaitable de profiter du moment du change pour proposer à l'enfant d'aller au pot et lui demander s'il désire avoir ou non une couche. Veiller à changer l'enfant en position debout (afin de ne pas le replacer en position de « bébé »).

G L'hygiène des dents[8]

La bonne santé des dents est indispensable pour assurer un bon état général. L'hygiène de la bouche doit être enseignée à l'enfant dès le plus jeune âge (le dentifrice sera craché dès que l'enfant saura cracher). L'entretien du matériel et le renouvellement de la brosse à dents sont particulièrement conseillés (Tableau 18.6).

Tableau 18.6 Les soins des dents.

Objectif : assurer l'hygiène, le confort buccal et la prévention des caries. *Indication* : si possible après les repas.		
Matériel	**Procédure**	**Illustration**[1]
SHA Serviette de toilette Dentifrice (enfant) Brosse à dents (enfant) Verre d'eau tiède	– Se laver les mains (ou SHA). – Sortir le matériel et annoncer le soin à l'enfant. – Protéger les vêtements. – Expliquer la technique à l'enfant : • nettoyer les dents du rouge (gencives) vers le blanc (dents) ; • faire des mouvements rotatifs pour les dents de côté. – Rincer la bouche plusieurs fois. – Nettoyer et ranger le matériel. – Apprendre à l'enfant à ranger le matériel (brosse tête en haut). – Faire les transmissions.	
1. Guide de l'AP, J. Gassier, Elsevier-Masson.		

8. *Ibid.*

H Les soins d'hygiène associés au repas

(Tableau 18.7)[9]

Tableau 18.7 Les soins d'hygiène et de confort associés au repas de l'enfant.

Objectif : assurer l'hygiène et le confort.
Indications : les soins s'effectuent avant le repas (visage, mains, siège) et après le repas (mains et parfois visage).
Précautions : organiser l'ensemble de l'action (*aller du plus propre*, le visage, *au plus sale*, le siège).

Matériel	Procédure	Illustration[1]
Eau courante Savon liquide SHA Jouet Gant de toilette[a] + savon (si besoin) Serviettes de toilette[b] Couche propre Nettoyant Lavettes	Se laver les mains (ou SHA). Expliquer le soin à l'enfant. **a) Effectuer la toilette du visage.** Aller du plus propre (les joues) au plus sale (le nez). Favoriser l'autonomie de l'enfant. **b) Laver les mains de l'enfant.** Bien nettoyer dans les espaces digitaux et bien essuyer. **c) Nettoyer le siège de l'enfant et changer la couche[c].** **d) Conduire l'enfant à table** pour prendre son repas. **e) Après le repas, faire laver les dents à l'enfant** (*cf.* tableau précédent). **f) Nettoyer la table.** Nettoyer et ranger le petit matériel. **g) Faire les transmissions**	

a. Un seul gant peut être utilisé. On le met au sale à la fin de l'action.
b. Une serviette est utilisée pour le visage + mains, une seconde serviette est réservée au siège.
c. Si l'enfant est grand, il ira au WC avant le repas, dans ce cas, il faut veiller au lavage des mains après le passage aux toilettes.

1. Guide de l'AP, J. Gassier, Elsevier-Masson.

9. *Ibid.*

Les soins associés au coucher (Tableau 18.8)[10]

Tableau 18.8 Les soins d'hygiène et de confort associés au coucher.

Objectif : assurer les soins d'hygiène de l'enfant (visage, mains, siège) afin d'assurer une sensation de confort et de bien-être au cours du sommeil.
Indication : au moment de la sieste (à la crèche ou en halte-garderie).
Précautions : organiser l'ensemble de l'action dans un but d'efficacité : installer le lit à sa place habituelle, vérifier la literie, prévoir doudou ou tétines, fermer ou entrebâiller les volets, mettre une musique douce (si besoin), prévoir une légère aération.

Matériel	Procédure	Illustration[1]
Eau SHA Gant + savon liquide Gant (savon facultatif)	Se laver les mains (ou SHA). **1er temps : le visage** – Laver le visage de l'enfant (*cf.* page précédente). – Expliquer le soin à l'enfant. **2e temps : les mains** – Laver les mains de l'enfant. **3e temps : le siège** – Faire la toilette du siège et le changer de couche ou emmener l'enfant (Fig. a) plus grand au WC. – Respecter la pudeur de l'enfant. **4e temps : l'habillage** – Lui mettre les vêtements adaptés à la sieste. – Accompagner l'enfant au lit. – Donner à l'enfant son doudou (Fig. b). – Rester près de lui jusqu'à ce qu'il trouve le sommeil. **5e temps : la surveillance** Surveiller le sommeil de l'enfant. Faire les transmissions sur la qualité du sommeil.	a.  b. 

1. Guide de l'AP, J. Gassier, Elsevier-Masson.

10. *Ibid.*

J Les soins associés au lever (après la sieste)

(Tableau 18.9)[11]

Tableau 18.9 Les soins d'hygiène et de confort associés au lever de l'enfant (après la sieste).

Objectif : assurer les soins d'hygiène de l'enfant (visage, mains, siège) à son lever, afin de lui assurer une sensation de confort et de bien-être et de stimuler sa vitalité. *Indication* : après le sommeil de l'enfant (sieste).		
Matériel	**Procédure**	**Illustration**[1]
Eau Savon liquide Jouet Gant de toilette[a] Vêtements propres	– Se laver les mains. – Attendre le réveil naturel de l'enfant (lui proposer un jouet). – Expliquer le déroulement de l'action à l'enfant. – *Organiser l'ensemble de l'action en allant du plus propre au plus sale (siège).* – Inciter l'enfant grand (> 3 ans) à agir seul pour stimuler l'autonomie (*cf.* figure ci-contre). **a) 1er temps : effectuer la toilette du visage à l'eau**, dans l'ordre suivant : – *yeux* : de l'angle externe vers l'angle interne (propre vers sale)[b]; – *front ;* – *joues ;* – *bouche ;* – *nez.* **b) 2e temps : laver les mains de l'enfant** – Bien essuyer le visage et les mains. – Essuyer délicatement en tapotant. **c) 3e temps : laver le siège de l'enfant** Bien rincer et bien essuyer dans les plis de l'aine. **d) 4e temps : rhabiller l'enfant** : choisir des vêtements adaptés à la situation. – L'accompagner auprès de ses copains. Introduire l'enfant habilement dans un groupe de jeux déjà constitué. – Veiller à l'intégration de l'enfant aux jeux. **e) 5e temps : entretenir le matériel** – Nettoyer et ranger le matériel. – Faire les transmissions.	
a. Un seul gant peut être utilisé. On le met au sale à la fin de l'action. b. Respecter le protocole du service de soins.		
1. Guide de l'AP, J. Gassier, Elsevier-Masson.		

11. *Ibid.*

Chapitre 19

Pratiques des gestes d'urgence et de premiers secours

A L'identification d'une situation d'accident, l'examen de la victime

1 Définition

Pour *identifier* une situation d'accident, il faut savoir l'observer et l'*analyser*. Il faut ensuite *examiner la victime*. Pour cela, il est nécessaire de s'appuyer sur des connaissances et une expérience. Nous nous bornerons dans ce chapitre à rappeler les notions essentielles de secourisme[1].

2 Objectifs

Porter assistance à une victime (faire les gestes efficaces et adaptés à la situation) :

- transmettre une information pertinente aux secours (Samu…) ;
- protéger les personnes (soi-même et les autres personnes, en particulier les autres enfants en collectivité) pour éviter un nouvel accident.

Situation

Les accidents de Zoé, Tahar et Arthur

Zoé (3 ans) est retrouvée inanimée dans le jardin de la crèche où elle jouait. Tous ses copains sont attroupés autour d'elle ; ils sont déconcertés !
Tahar (5 ans) s'étouffe au cours d'une manipulation d'objets, il suffoque et pâlit.
Arthur (2 ans ½) arrive en courant. Il a le doigt ensanglanté, il hurle ; il est terrorisé…
Ce sont autant de situations d'urgence auxquelles un professionnel de l'enfance peut être confronté et qu'il doit savoir maîtriser.

3 Actions

Le professionnel de l'enfance veillera à :

a) **rechercher la cause de l'accident et déjouer les risques de « sur-accident »**
   - examiner les environs immédiats très rapidement (exemple : toboggan à proximité, couteau, liquide lessiviel…) ;

---

1. Guide de l'AP, chapitre « AFGSU - 1er secours », Elsevier-Masson.

- écouter (si possible) les renseignements fournis par les témoins (ceux qui ont vu) ou la victime (selon l'âge de l'enfant).

b) **examiner la victime et la surveiller : l'examen de la victime porte sur trois points : la ventilation, la circulation et la vigilance :**

1. ***la ventilation*** (la victime respire-t-elle ? comment ?) :
   - vérifier les mouvements de la poitrine (ou l'abdomen). Ils indiquent la *fréquence respiratoire*. De plus, on perçoit un flux d'air en approchant sa *joue* des orifices ventilatoires de la victime (nez ou bouche). La joue est en effet très sensible au moindre souffle. Normes (ventilation normale) : 12 à 20 mouvements/minute chez l'adulte, 20 à 30 mouvements/minute chez l'enfant et 30 à 40 mouvements/minute chez le nourrisson ;
   - *observer la coloration de la peau au niveau du visage et des extrémités (lèvres, ailes du nez, lobe des oreilles, ongles…)*. La coloration de la peau peut révéler une mauvaise oxygénation du sang par une cyanose (coloration bleue violacée) alors qu'une couleur rosée est le signe d'une bonne oxygénation du sang et d'une ventilation efficace. Norme : une coloration rosée indique une bonne oxygénation du sang. Exemple : pour l'ongle, appuyer sur l'ongle pour chasser le sang des vaisseaux sous-jacents, l'ongle devient blanc ; on relâche la pression, l'ongle se recolore.
2. ***la circulation :***
   - *outre la couleur de la peau* (visage et extrémités), qui signale une mauvaise ou une bonne oxygénation du sang, c'est le *pouls* qui constitue l'élément de contrôle essentiel de la circulation. Il faut apprendre à apprécier sa fréquence. Normes (fréquence normale) : 60 à 80 pulsations/minute chez l'adulte, 80 à 100 pulsations/minute chez l'enfant, 100 à 120 pulsations/minute chez le nourrisson,
   - on prendra le pouls au niveau du cou (artère carotide) ou au pli de l'aine (pouls fémoral) ou au bord interne du bras (pouls humoral), juste au-dessus du coude.
3. ***la vigilance ou conscience.*** Pour tester la vigilance, il faut tester le toucher, l'ouïe et les pupilles :
   - *au niveau du toucher* : le secouriste doit pincer sa peau pour vérifier sa réaction,
   - *au niveau de l'ouïe* : l'appeler, lui poser une question, lui demander de lui prendre la main,
   - *au niveau des yeux* : il observera les *pupilles* de la victime. À l'état normal, à la pleine lumière, les pupilles doivent rétrécir. À l'ombre, les pupilles doivent s'agrandir. Leur absence de réaction est un signe d'arrêt circulatoire entraînant la mise en œuvre immédiate de moyens de réanimation (ventilation artificielle orale + massage cardiaque externe).

B L'alerte et la protection des personnes en cas d'accident

1 Définitions

L'*alerte* est l'acte par lequel une personne, témoin d'un accident, transmet des informations pertinentes aux secours (Samu, Smur, médecin).

La *protection des personnes* est l'acte par lequel le secouriste évite le sur-accident pour lui-même et pour les autres.

2 Objectifs

Les objectifs sont les suivants :
- alerter, pour éviter la panique et être efficace rapidement (la répartition des rôles et la répétition des conduites à tenir sont indispensables) ;
- protéger les personnes pour éviter le sur-accident.

Situation

La mise en PLS de Paolo (2 ans)

Joanna vient de prendre son service à la crèche. Elle observe Paolo dans la salle de jeu. Il est rouge violacé, il tousse puis il vomit abondamment. Immédiatement elle jette un œil à l'environnement (elle ne voit rien de suspect !). Elle met vite l'enfant en position latérale de sécurité (PLS) et, en même temps, fait alerter la directrice par une collègue. Pendant ce temps, Joanna rassure Paolo et le couvre. La cause de l'accident sera rapidement élucidée et l'enfant mis hors de danger.

3 Actions

◆ La méthodologie de l'alerte

Utilisons le questionnement mnémotechnique :
- Q : « *Qui passe l'alerte ?* », c'est la personne qui est la plus rapidement mise en contact avec l'accidenté ;
- Q : « *Qui contacter et quand ?* », la personne témoin de l'accident doit appeler le plus rapidement possible en cas d'accident le Samu : faire le 15 pour bénéficier de conseils médicaux et être guidé ; en cas d'incendie, prévenir les pompiers (faire le 18) ;
- Q : « *Que signaler ?* », l'appelant donne un message complet : ses nom et prénom, la nature de l'accident, le lieu et l'heure, les symptômes observés, les dangers persistants (incendie, explosion…) ;
- O C : « *Où et Comment passer l'alerte ?* », le secouriste utilisera un téléphone portable.

◆ La méthodologie de la protection des personnes

a) **1re phase : l'analyse de la situation et de l'alerte.** Le secouriste se posera deux types de questions :
   - quels sont les risques persistants ?
   - dois-je passer l'alerte ? ou faire alerter ? quelle est la situation ?

b) **2e phase : le dégagement de la victime ou la PLS.** Selon la situation, il y a deux façons de protéger la victime :
   - soit la dégager du lieu de l'accident, si cela est nécessaire ;
   - soit la mettre en PLS (Fig. 19.1). Cette position est indiquée pour :
     – l'*enfant inconscient*, car le relâchement musculaire peut entraîner la chute de la langue et causer une asphyxie,
     – l'*enfant qui vomit*, afin d'éviter une « fausse route ».

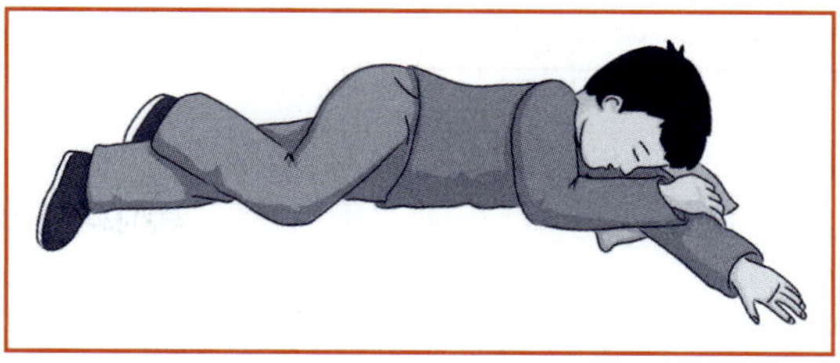

Fig. 19.1 **La technique de la position latérale de sécurité (PLS).**

4 La plaie simple sans saignement important

◆ Définition

On appelle plaie simple une plaie superficielle, sans saignement abondant et éloignée des organes nobles (loin de l'œil et des orifices naturels).

◆ Objectifs

Les objectifs sont les suivants :
- arrêter l'écoulement sanguin et éviter l'infection (nettoyage de la plaie) ;
- éviter le sur-accident (*risques d'accident d'exposition au sang [AES]*), se protéger et protéger les autres enfants.

Situation

L'accident de Joe (2 ans) à la crèche

Joe est un enfant vif, très actif, à la personnalité de *leader*. Toutes les occasions sont bonnes pour se faire remarquer du groupe de ses copains. Aujourd'hui, trompant la vigilance de Marie (sa référente), il a sauté d'un banc et s'est heurté à la partie acérée d'un petit objet placé par mégarde sur le terrain de jeux. Un petit saignement s'est produit à la jambe. Tous les enfants se sont attroupés autour de lui. Marie est intervenue pour lui porter secours.

◆ Actions

Le secouriste agit en plusieurs temps. Il doit :
- *examiner la victime et l'aspect de la plaie :*
  - saigne-t-elle beaucoup ? est-elle propre ou souillée ? où est-elle localisée ?
  - rechercher la cause de la plaie (facteur aggravant ?). Ex. : clou rouillé, éclat de bois ;
- *passer l'alerte :*
  - le secouriste fait passer l'alerte (par un témoin adulte),
  - en l'absence de témoin, il faut agir avant d'alerter ;
- *protéger les personnes ou enfants du risque d'AES :*
  - protéger les autres enfants (périmètre de sécurité),
  - se mettre des gants pour soigner la plaie ;

Tableau 19.1 **La procédure pour les soins de la plaie simple.**

Plaie superficielle		
Moyens	**Actions**	
SHA Gants jetables Eau + savon liquide Produit désinfectant Compresses stériles	Se laver les mains ou SHA. Nettoyer la plaie à l'eau et au savon. La désinfecter. Recouvrir la plaie de compresses.	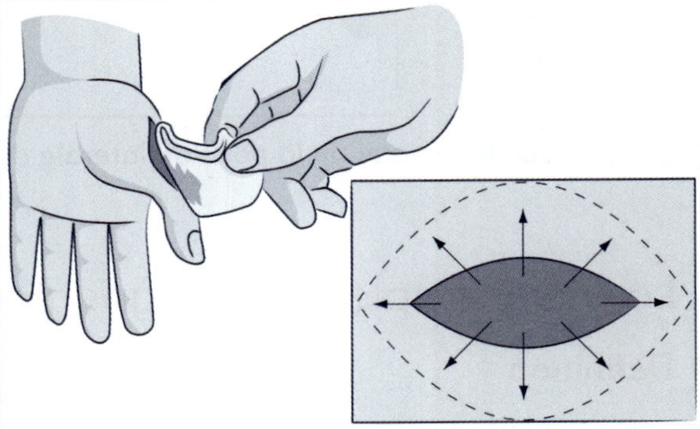 Les soins de la plaie

- *soigner la plaie.* Pour secourir un enfant présentant une plaie simple, voyons la procédure à respecter (Tableau 19.1) ;
- *prendre des précautions complémentaires :*
  - couvrir l'enfant (excepté la plaie), le rassurer et le surveiller,
  - demander aux parents de l'enfant :
    - de contrôler que la vaccination antitétanique est récente ;
    - de surveiller l'absence de signes inflammatoires ou infectieux (rougeur, douleur, gonflement…) dans les jours qui suivent et, en cas de doute, de consulter un médecin rapidement.

NB. Nettoyer la plaie de l'intérieur vers l'extérieur en renouvelant la compresse après chaque geste, puis sécher.

C La blessure grave avec saignement important

1 Définition

L'*hémorragie* traduit la lésion d'un vaisseau sanguin. Si elle est abondante, elle peut entraîner un état de choc. C'est donc une urgence vitale (une hémorragie est grave si le sang peut imbiber un mouchoir en quelques secondes).

2 Objectifs

Les objectifs sont les suivants :
- arrêter l'écoulement sanguin ;
- éviter l'aggravation de l'état de la victime ;
- éviter le sur-accident (risque d'AES).

Situation

La blessure de Clémentine (3 ans)

Clémentine prend un repas à table avec ses grands frères et sœurs et leurs amis, à l'occasion d'un anniversaire. Il y a de la musique et du bruit. Vers le milieu du repas, Clémentine se lève brusquement de table et provoque la chute d'une carafe qui vient se casser sur son pied, lui occasionnant une hémorragie importante. Elle hurle de douleur et de frayeur devant le groupe de jeunes déconcerté par l'accident.

3 Actions

◆ Examiner la victime

Quel est l'état de la victime : quel est son état (choc, stress) ? La rassurer + + + .
Déterminer la nature de la blessure : la blessure est-elle superficielle ou profonde, propre ou souillée ? Quelle est la cause (verre, fer) ?

◆ Déterminer la nature de l'hémorragie

L'hémorragie peut être :

- *externe* : le sang coule hors du corps. Ex. : épistaxis (saignement du nez) ;
- *interne* : le sang coule à l'intérieur du corps. Ex. : traumatisme crânien, hémorragie cérébrale ;
- *interne extériorisée* : le sang coule à l'intérieur du corps et en ressort à distance. Ex. : hématémèse (saignement de l'estomac, vomissement de sang) ;
- *artérielle* : le sang coule par saccade. C'est un sang rouge vermeil ;
- *veineuse* : le sang coule en nappe. C'est un sang rouge sombre ;
- *capillaire* : le sang coule très faiblement. C'est un sang rouge vermeil ou rouge sombre.

◆ Pratiquer une compression directe (Fig. 19.2)

En cas d'hémorragie importante, le secouriste doit :

- comprimer la partie qui saigne avec un ou plusieurs doigts (selon la taille de la plaie) ;

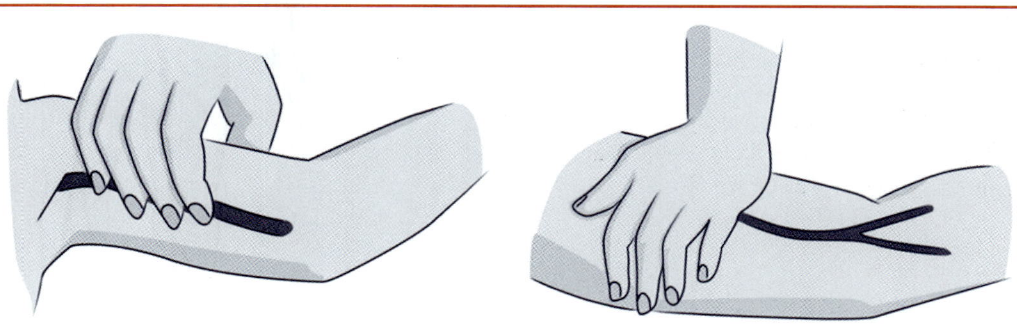

a) Compression avec les doigts b) Compression avec la main

Fig. 19.2 La compression directe d'une hémorragie sur un membre.

- allonger la victime sur le sol rapidement afin de concentrer la circulation, on peut la porter ou l'aider à s'allonger en la maintenant par les épaules ;
- rassurer l'enfant victime et s'assurer qu'il garde conscience (lui parler, le questionner) ;
- le couvrir (sauf la plaie), car la perte de sang et la mise au sol occasionnent un refroidissement ;
- maintenir la compression directe jusqu'à l'arrivée des secours.

◆ En cas d'échec de la compression directe, pratiquer la compression à distance

Le point de compression est toujours situé entre la plaie et le cœur. Il existe différents points de compression en fonction de la localisation de l'hémorragie (Tableau 19.2).
Les traumatismes crâniens, les troubles de la vigilance

4 Définition

Les troubles de la vigilance sont des *troubles du système nerveux* central consécutifs à une diminution de l'alimentation en oxygène des cellules nerveuses. C'est souvent le cas lors des

Tableau 19.2 **Les points de compression.**

Localisation de l'hémorragie	Point de compression	Illustration
Cuir chevelu	Devant l'oreille (1)	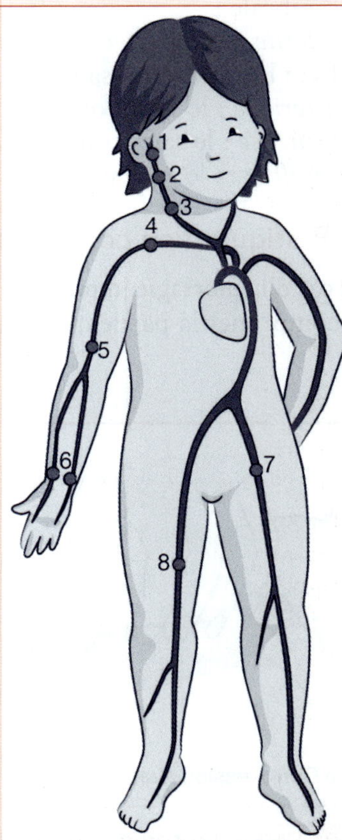
Visage	Creux des joues (2)	
Cou	Face latérale du cou (3)	
Poitrine ou aisselles	Derrière la clavicule (4)	
Bras	Face interne du bras (5)	
Mains	Face antérieure du poignet (6)	
Jambes	Pli inguinal (7)	
Pieds	Face interne de la cuisse (8)	

traumatismes crâniens (avec ou sans fracture). Ils se manifestent sous trois formes : l'évanouissement, la syncope et le coma.

5 Objectifs

Le secouriste veille à éviter les *risques majeurs* liés à cet état, en particulier :
- le *relâchement musculaire* : risque d'avaler sa langue ;
- le *danger ventilatoire* : le cycle *hypoxie-anoxie* peut s'installer et les dommages sont irréversibles (destruction des cellules nerveuses).

Situation

Le trauma de Tina (6 ans)

Tina apprécie les jeux de courses, d'escalades qui répondent bien à son besoin d'hyperactivité. Les éducateurs du centre de loisirs ont remarqué que Tina suivait davantage les garçons que les filles de son âge.

Aujourd'hui, lors d'un jeu de rôle, elle est tombée d'une échelle. Elle a poussé un cri puis le silence. Ses copains ont d'abord cru qu'elle dormait, mais Tina n'ouvrait plus les yeux. Elle venait de subir un grave traumatisme crânien, qui heureusement fut rapidement pris en charge par les secours.

6 Actions

◆ L'identification de la situation et l'alerte

- *Examiner la victime* et déterminer la nature de ses troubles : la questionner, localiser la douleur (si possible).
- *Alerter ou faire alerter* (c'est une urgence vitale).
- *Faire protéger les autres enfants*, en collectivité (éviter le sur-accident).

◆ La conduite à tenir lors d'un traumatisme chez le nourrisson

La surveillance, pendant les premières heures après l'accident est axée sur :
- l'*état de conscience* (toute somnolence, agitation ou apathie est suspecte) ;
- la *symétrie des pupilles* (toute asymétrie d'une pupille par rapport à l'autre est anormale) ;
- la *mobilisation des membres de l'enfant* (tout membre flasque laisse suspecter une paralysie) ;
- l'*apparition de vomissement ou de convulsion* à distance de la chute est un symptôme signalant une atteinte cérébrale.

NB. La première nuit de surveillance, réveiller l'enfant toutes les trois heures pour s'assurer qu'il ne sombre pas dans le coma.

◆ La conduite à tenir lors d'une perte de conscience

Le secouriste veille à :
- rassurer la victime (même si elle paraît inconsciente) ;
- ne pas bouger la victime suspectée d'un traumatisme crânien ;

- immobiliser la tête : si la victime se plaint de douleurs cervicales ;
- desserrer les vêtements de la victime et la couvrir ;
- selon les consignes reçues, allonger la victime sur le dos, tête basse, les jambes surélevées (ce qui fait refluer le sang vers le cœur et le cerveau). On peut aussi lui tapoter les joues, tout en lui parlant et en la rassurant.

D L'arrêt cardio-respiratoire, la réanimation

1 Définition

L'*arrêt cardio-respiratoire* (ACR) est l'arrêt du fonctionnement de *deux organes vitaux* : le cœur et les poumons. Un tel état peut amener la mort en cinq minutes si on n'intervient pas rapidement.

2 Objectifs

Amener le plus rapidement possible de l'oxygène au cerveau de l'enfant atteint. La réanimation est mise en place dès qu'il y a arrêt respiratoire accompagné ou non d'un arrêt cardiaque. Il s'agit de :

- *libérer les voies aériennes* ;
- *réaliser une réanimation cardio-pulmonaire (RCP)* adaptée au nourrisson ou à l'enfant ;
- *mettre en œuvre un défibrillateur automatisé externe (DAE)* ou autre[2] (en cas d'ACR de survenue brutale sans traumatisme).

Situation

La chute de Claire (10 ans)

Claire (10 ans) est une petite fille qui va tous les mercredis au centre aéré. Elle aime se faire remarquer par les autres. Hier, elle a choisi de grimper sur un mur à l'aide d'une échelle et d'aller encore plus haut. Ses copains l'applaudissaient lorsqu'un élément du mur s'est détaché sous ses pieds ; elle a chuté de 3 mètres. Elle était inanimée au sol lorsque l'éducateur, alerté par les cris des autres enfants, s'est approché du lieu de l'accident. C'est lui qui a pratiqué les gestes de première urgence et a donné l'alerte.

3 Actions

◆ L'identification de la situation et l'alerte

Le secouriste doit agir très vite :

- *examiner la victime* (consciente ? respiration ? tonus ? couleur cutanée ? pouls ?),
- *déterminer la cause de l'arrêt cardio-respiratoire*. Ex. : hémorragie grave, chute importante, plaie grave, etc. ;

2. DSA (défibrillateur semi-automatique) ou DA (défibrillateur automatique).

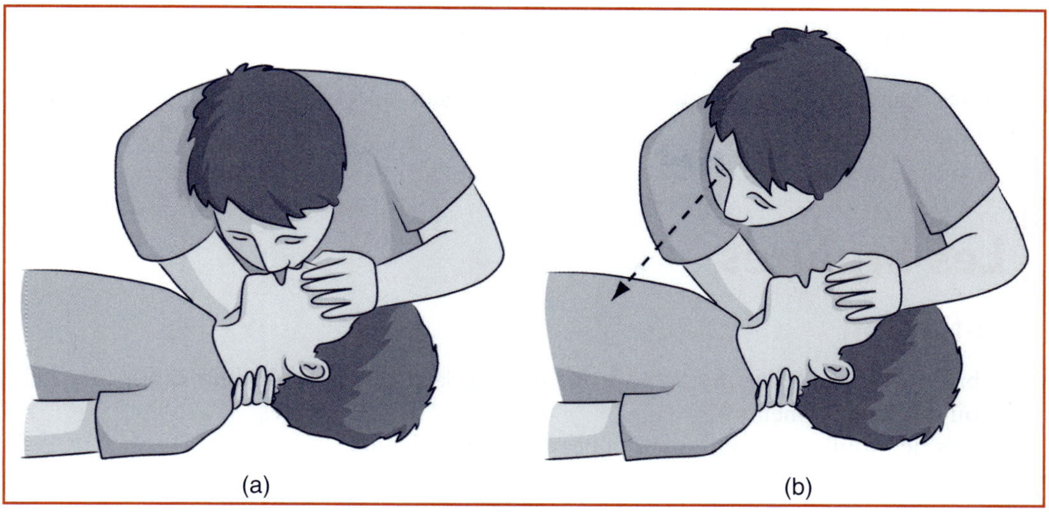

Fig. 19.3 **La technique du bouche-à-bouche chez l'enfant (> 1 an). (a) Débuter par 5 insufflations. (b) Observer la reprise respiratoire.**

- *alerter ou faire alerter* (urgence vitale), ne pas quitter la victime. En l'absence de témoin, il faut effectuer deux minutes de RCP avant d'alerter lorsque l'enfant est non pubère, et ramener un DAE s'il s'agit d'une enfant de plus de 1 an ;
- *protéger les personnes* (et autres enfants en collectivité) : faire établir un périmètre de sécurité.

◆ La conduite à tenir : la désobstruction et la réanimation

Lors d'une réanimation, il y a trois étapes essentielles : la désobstruction des voies aériennes, la ventilation et la stimulation cardiaque.
L'intervention doit être rapide, car la réanimation cardio-respiratoire permet de maintenir une circulation artificielle limitée dans le temps[3].
Au préalable, le secouriste aura libéré les voies respiratoires, à savoir qu'il aura évacué les sécrétions grâce à un doigt recouvert d'un mouchoir, et se sera muni d'un masque.

◆ L'enfant de plus de 1 an (enfant inconscient qui ne respire pas)

Mettre l'enfant (poitrine dénudée) dos plat sur un plan dur (ni mouillé, ni métallique), ensuite :
- *débuter par cinq insufflations* (Fig. 19.3a) :
  - pratiquer le RCP (comme chez le nourrisson, soit 30/2) ; la compression thoracique s'effectue avec la main (enfoncement d'un tiers de l'épaisseur du thorax (Fig. 19.3b). Poursuivre de cinq cycles de RCP (30/2) avant la mise en place du DAE,
  - poser les électrodes sur l'enfant (électrodes adaptées en dessous de 8 ans), puis les connecter ;
- *effectuer des compressions* à la fréquence d'environ 100/minute en laissant le thorax se relâcher entre chaque mouvement de façon verticale (afin d'éviter une fracture des côtes).

---

3. Si le DSA identifie une fibrillation ventriculaire, il faudra effectuer une défibrillation pour faire « repartir » le cœur. Sinon, il faut poursuivre la réanimation cardio-pulmonaire jusqu'à l'arrivée des secours.

Le temps d'appui doit être égal au temps de relâchement pour permettre un bon remplissage du cœur.
Les gestes sont poursuivis jusqu'à l'arrivée des secours spécialisés ou la reprise de la respiration par la victime.

E Les brûlures

1 Définition

« Une brûlure est une *lésion des tissus* provoquée par la chaleur, des produits caustiques, l'électricité ou des rayonnements ».
Les degrés de brûlure et les effets sur la peau sont les suivants :
- *1er degré* : rougeur de la peau (érythème) ;
- *2e degré* : cloques (phlyctène) ;
- *3e degré* : peau blanche ou carbonisée (brunâtre) ou cartonnée.

2 Objectifs

Les objectifs sont les suivants :
- identifier l'origine, l'étendue, le degré de la brûlure et l'état de la victime ;
- effectuer des soins immédiats adaptés et efficaces ;
- alerter les secours en donnant des informations pertinentes.

Situation

La brûlure de Jasmine (3 ans)

Jasmine est une petite fille gourmande. Dès qu'elle sent une odeur alléchante émaner de la cuisine du domicile familial, elle accourt ! Mais l'enfant n'a pas encore la notion du danger. Aujourd'hui, vers midi, elle a voulu savoir ce que contenait la casserole qui était sur le feu, et elle a renversé sur elle le bouillon de légumes. L'enfant a poussé un grand cri. La personne qui gardait Jasmine, en l'absence de ses parents, a dû pratiquer les gestes de premiers secours.

3 Actions

◆ L'identification de la situation et l'alerte

Couper le courant, éteindre les flammes[4] ;
Déterminer rapidement par l'observation :
- l'origine (thermique, chimique ou électrique) de la brûlure ;
- son étendue et sa profondeur (degré) ;
- sa localisation.

4. Si les vêtements sont en feu, étouffer les flammes avec une couverture ou un manteau ou faire rouler à terre l'enfant.

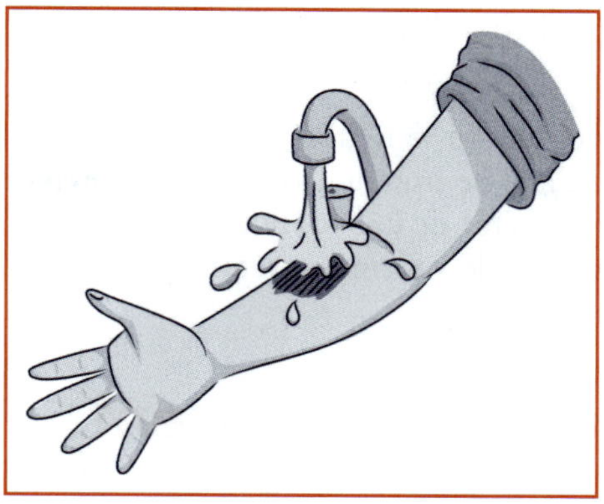

Fig. 19.4 L'arrosage d'une brûlure thermique au bras (sous le robinet).

Déterminer sa gravité :
- une *brûlure est grave* lorsqu'elle est localisée au visage, aux mains, aux articulations, près d'un orifice naturel ;
- une *brûlure est peu grave* (chez l'enfant) si la peau est seulement rosée et si la surface des cloques est inférieure à cinq fois la surface (5 %) de la paume de la main de l'enfant (une brûlure est souvent grave chez le nourrisson, car sa paume est petite).

Éviter un sur-accident en se protégeant et en protégeant les autres enfants du danger ;
Demander à un témoin de donner l'alerte pour se consacrer aux soins de la victime.

◆ La conduite à tenir selon l'origine de la brûlure

a) **En cas de brûlure thermique** (Fig. 19.4)[5]
- déshabiller l'enfant, à l'exception des vêtements qui collent à la peau ;
- arroser (tant que l'enfant le supporte et jusqu'à disparition de la douleur pour une brûlure peu grave ; sinon respecter l'avis médical pour une brûlure plus grave) ;
- éviter de percer les cloques, car ce geste peut provoquer une infection.

b) **En cas de brûlure chimique**[6] :
- enlever les chaussures, doucher ou arroser jusqu'à l'arrivée des secours, à l'eau courante, à faible pression, afin de rincer le produit et de calmer la douleur ;
- déshabiller (si possible sous l'eau) sans arracher les vêtements qui collent à la peau.

c) **En cas de brûlure interne**[7] :
- mettre l'enfant en position semi-assise en cas de difficultés respiratoires ;
- alerter et suivre les conseils des secours. Spécifier, si possible, le nom du produit et la quantité approximative prise par l'enfant.

d) **En cas de brûlure électrique**[8] :
- s'assurer que le courant est coupé ;
- allonger l'enfant ou le mettre en position semi-assise ;
- alerter, suivre les conseils des secours.

---

5. Ex. : eau bouillante (casserole renversée, thé, café…).
6. Ex. : produit chimique (type HCl, etc.).
7. Ex. : ingestion d'un produit toxique (eau de Javel, lessive, etc.).
8. Ex. : électrocution (prise de courant non protégée…).

◆ Les précautions à prendre dans tous les cas

Le secouriste veille à :
- asseoir ou allonger la victime sur la région non brûlée (si possible sur un linge propre) ;
- la couvrir pour éviter qu'elle ne prenne froid (éviter la région brûlée) ;
- la rassurer et surveiller son état de conscience ;
- s'informer du dernier rappel de vaccin antitétanique (moins de 5 ans).

F L'asphyxie ou l'étouffement

1 Définition

On appelle *asphyxie* l'arrêt de la respiration avec un risque d'étouffement total (risque vital).

2 Objectifs

Dégager très rapidement les voies respiratoires lorsqu'un enfant a *inhalé un corps étranger obstructif*. Il s'agit d'une urgence vitale. Appeler aussitôt le Samu et effectuer la *manœuvre salvatrice* pour empêcher la mort de l'enfant ou des séquelles neurologiques irréversibles.

Situation

L'étouffement de Mario

Mario (7 ans) est assis à son bureau et suce un bonbon. Son grand frère arrive silencieusement derrière lui et, pour s'amuser, lui donne une tape dans le dos ! Mario, sous l'effet de la surprise, déglutit le bonbon « de travers ». Il se lève brusquement et porte les mains à sa gorge. Il reste la bouche ouverte, ne peut plus parler et devient tout rouge. Son frère crie au secours afin d'alerter un adulte et, en attendant, pratique sur lui la manœuvre de désobstruction dite de Heimlich.

Remarque

La désobstruction s'impose lorsque l'on constate que l'enfant *ne tousse pas, ne respire plus et n'émet aucun son.* C'est le tableau classique de l'obstruction par un corps étranger de gros calibre, le plus souvent alimentaire (ex. : bonbon, cacahuète, grain de raisin…) ou un objet (bille…). Le dégagement des voies respiratoires varie en fonction de l'âge de l'enfant. Il doit se pratiquer en urgence, sans attendre l'arrivée des secours.

3 Actions

◆ Évaluer la cause et l'heure de l'accident

- *Examiner rapidement* l'environnement pour déceler le corps étranger à l'origine de l'accident et questionner le témoin :
  - Quel est l'objet mis en cause (ex. : une cacahuète[9], un bonbon, une bille) ?
  - À quelle heure s'est produit l'accident ?
- *Faire passer l'alerte* par un témoin adulte (car il s'agit pour le secouriste *d'agir vite*).

9. La cacahuète représente, avant 4 ans, un corps étranger trachéo-bronchique sur deux.

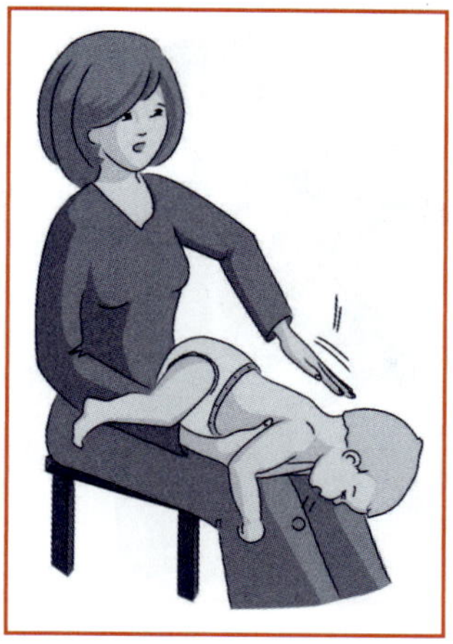

Fig. 19.5 **Manœuvre de Mofenson[110].**

◆ Examiner la victime et la rassurer tout le temps

Trois paramètres vitaux sont significatifs :

- la *ventilation* : arrêt respiratoire ? ne peut plus parler ? ne peut pas tousser ?
- la *circulation* : coloration cutanée bleutée, pupille (dilatée) ?
- l'*état de conscience* : hébété ? somnolent ? hypotonie ? immobile ? angoissé ?

◆ La conduite à tenir : les différentes manœuvres de désobstruction pharyngolaryngée

La manœuvre de Mofenson (enfant de moins de 1 an) (Fig. 19.5)

Cette technique est adaptée à un enfant de moins de 1 an (au thorax encore relativement étroit). Le secouriste doit :

- s'asseoir ;
- installer l'enfant hypotonique à califourchon ventral sur sa cuisse fléchie ;
- interposer sa main gauche entre la cuisse et le thorax de l'enfant (soutenu par la paume de sa main) ;
- frapper fort (avec le plat de la main libre) au milieu des deux omoplates jusqu'à cinq fois de suite.

Intérêt : la tête de l'enfant étant plus basse que le tronc, si les vomissements surviennent, ils ne peuvent pénétrer dans les voies respiratoires et giclent au sol. Généralement, la reprise de la conscience est rapide, ainsi que la régularisation du rythme respiratoire si l'anoxie est de très brève durée.

Mise en garde : le geste interdit (car inutile et dangereux) est l'introduction d'un doigt dans la bouche (si le corps étranger n'est pas visible, car il y a risque de fausse route par vomissement).

La manœuvre de Heimlich (enfant de plus de 1 an) (Fig. 19.6)

Elle est utilisée après échec des cinq tapes dorsales entre les omoplates. Le secouriste doit :

- se placer derrière l'enfant (assis ou debout pour le grand enfant) ;
- le plaquer contre sa poitrine, la tête sous son menton ;

Fig. 19.6 **Méthode de Heimlich.**

- enserrer le tronc de l'enfant en passant les bras sous ses aisselles et repérer la base du *sternum et l'ombilic* ;
- mettre son poing droit fermé et oblique (pour un droitier) dans l'espace ainsi défini, le pouce contre la peau de l'*abdomen sus-ombilical* ;
- recouvrir avec sa main gauche le poing droit et exercer une brutale traction oblique en haut et en arrière en *faisant pénétrer son poing sous le thorax*.

G Les intoxications

1 Définition

On appelle *intoxication* l'absorption d'un *produit toxique*. Un *produit toxique est un poison* pour l'organisme vivant (l'enfant sans surveillance peut absorber de nombreux produits toxiques).

2 Objectifs

Neutraliser le plus rapidement possible le produit et agir adéquatement dès l'absorption du produit.

Situation

L'intoxication de Maria (2 ans)

Maria (2 ans) est une petite fille très curieuse qui aime découvrir tous les objets de son environnement. Trompant la vigilance des adultes susceptibles de la surveiller, elle se hisse à hauteur d'une tablette où est disposé un produit lessiviel dans un petit flacon ; un produit orangé (comme son jus de fruit !). Aussitôt, Maria ouvre le flacon et avale quelques gorgées du liquide convoité. Elle le recrache et pousse un cri. Le produit toxique l'a gravement brûlée. Les secours sont appelés en urgence.

3 Actions

◆ L'identification de la situation et l'alerte

Identifier la cause de l'accident

Les causes des intoxications sont variées[10]. Il peut s'agir de produits de ménage (eau de Javel, lessive…), des produits alimentaires (consommation d'aliments altérés, ex. : champignons, huîtres…), des produits médicamenteux (absorption de médicaments), des produits pesticides (insecticides, raticides), etc.

Observer l'état de la victime

Certains symptômes sont spécifiques :
- des symptômes *digestifs* (vomissements, diarrhée +++) ;
- des troubles de *conscience* et du *comportement* (agitation ou somnolence, hypertonie ou hypotonie) ;
- des troubles *respiratoires* (respiration accélérée), *circulatoires* (pouls accéléré).

Passer l'alerte

Appeler immédiatement le Samu ou le centre antipoison le plus proche qui vous questionnera :
- Quels sont les médicaments responsables et la quantité absorbée ?
- Quelle est l'heure probable de l'intoxication et du dernier repas ?

◆ La conduite à tenir en cas d'absorption d'un produit toxique

Si la victime est inconsciente et respire, la mettre en PLS et la couvrir.
Ne pas faire vomir la victime, mais, si elle vomit spontanément, lui pencher la tête en avant, puis la mettre en PLS.
S'il y a difficulté ou arrêt ventilatoire, pratiquer la ventilation artificielle.
Attendre le Samu ou transporter soi-même rapidement la petite victime aux urgences pédiatriques.

H Les piqûres et les morsures

1 Définitions

- Les *piqûres* observées le plus souvent chez l'enfant sont celles des insectes (ex. : abeilles, guêpes[11]), des araignées, voire des serpents.
- Les *morsures* observées le plus souvent sont celles des chiens.

10. Il peut y avoir aussi des intoxications au monoxyde de carbone (nous ne les traitons pas ici). *Cf.* le Guide de l'AP pour complément.
11. En collectivité d'enfants, un nid de guêpes doit toujours être signalé aux pompiers.

2 Objectifs

Les objectifs sont les suivants
- déterminer la cause de l'accident et assurer les premiers soins ;
- prévenir la surinfection et alerter en cas d'aggravation.

Situation

Jules est mordu par le chien de son frère

Jules (7 ans) s'amuse avec son frère Max (15 ans) au gendarme et au voleur. Le grand frère a emmené son chien (Aruba) qui appartient à son beau-père. Ce chien connaît bien Max, car il s'occupe souvent de lui. Lors du jeu, une bagarre est simulée entre les deux enfants. Le chien ne comprend pas qu'il s'agit d'un jeu et veut défendre son maître. Il attaque Jules et le mord grièvement à la joue. Jules hurle de douleur, son grand frère appelle les secours au moyen de son téléphone portable.

3 Actions

◆ L'identification de la situation et l'alerte

Le secouriste (qui n'a pas assisté à la scène d'accident) doit :
- *identifier la cause* de l'accident : interroger la victime ou les témoins, noter l'heure approximative de l'accident et observer l'état de l'enfant (symptômes apparents) ;
- *passer l'alerte* (si l'état de la victime est préoccupant).

◆ La conduite à tenir pour une morsure (ex. : morsure par le chien)

Lors d'une morsure par un animal domestique, le secouriste doit :
- nettoyer la plaie avec un antiseptique (ou dans l'urgence, avec de l'eau et du savon) ;
- rassurer l'enfant tout le temps et appeler les secours.

Lors d'une morsure de chien, il faut évaluer trois risques majeurs :
- le risque de *tétanos* : vérifier la validité de la vaccination antitétanique chez l'enfant ;
- le risque de *rage* : prendre les coordonnées du maître de l'animal et exiger que l'animal soit examiné par un vétérinaire rapidement et contacter également le centre antirabique le plus proche ;
- le risque d'*infection* : le médecin prescrit des antibiotiques à l'enfant, à titre préventif.

◆ Conduite à tenir pour une piqûre simple (ex. : guêpe ou abeille)

La conduite à tenir est la suivante :
- expliquer le soin à l'enfant, le rassurer tout le temps ;
- enlever le dard (si abeille), introduire la pointe d'une aiguille sous le dard, pousser vers le haut, ou utiliser une pince à épiler ;
- désinfecter avec un antiseptique et calmer la douleur par l'application de glace.

◆ La conduite à tenir pour une piqûre aggravée

On appelle *piqûre aggravée* une piqûre faite à plusieurs endroits à la fois, à des endroits sensibles (ex. : gorge, bouche, œil…) et à un sujet allergique. Il faut appeler les secours d'urgence (SAMU).

Mémo plus

Les différents types d'accidents d'enfants en images[1]

1. Guide de l'AP, J. Gassier, Elsevier-Masson.

Chapitre 20

Prévention de la maltraitance

A Définitions

Il faut différencier l'enfant maltraité de l'enfant en risque :

- l'*enfant maltraité* est celui qui est victime de violences physiques, de cruauté mentale, d'abus sexuels, de négligences lourdes, ayant des conséquences graves sur son développement physique, psychologique et affectif ;
- l'*enfant en risque* connaît des « conditions d'existence qui risquent de mettre en danger sa santé, sa sécurité, sa moralité ou son éducation. » *L'enfant en risque n'est pas maltraité* et ne le sera peut être jamais. Il s'agit « d'un enfant dont on ne respecte ni le rythme ni les besoins », que ce soit en fonction des modes de vie parentaux, de leur personnalité, ou des contraintes de la vie moderne.

B Les signes de la maltraitance

Un seul signe ne suffit pas pour évoquer la maltraitance, c'est généralement la répétition des symptômes qui doit alerter.

1 Les signes de violence physique

Les signes les plus fréquemment observés sont les suivants :

a) **les lésions de la peau :**
   - les *hématomes et les ecchymoses* : ces lésions sont particulièrement évocatrices lorsqu'elles siègent au niveau des mains, de la face, du cuir chevelu et du siège,
   - les *plaies* : elles sont polymorphes et permettent de suspecter l'instrument en cause,
   - les *brûlures* : citons en particulier les brûlures de cigarettes,
   - l'*arrachement des cheveux* : les plaques d'alopécie sont toujours suspectes ;

b) **les lésions viscérales** : ces lésions sont le plus souvent consécutives à un choc direct (coup de pied). Certaines localisations sont, par elles-mêmes, évocatrices de possibilité de mauvais traitements. Ce sont celles des organes fixes de l'abdomen : foie, rate, pancréas, duodénum, mésentère, alors que les lésions accidentelles touchent plutôt des organes latéraux ;

DEEJE. Diplôme d'État d'éducateur de jeunes enfants

c) **les lésions oculaires** : elles découlent de violences répétées au niveau de l'extrémité céphalique sous forme de coups ou de secousses brutales. Elles accompagnent souvent les lésions cérébrales et consistent en hémorragies et décollements de la rétine ;
d) **les fractures** : elles présentent certaines caractéristiques, désignées sous le nom de *syndrome de Silverman*. Elles sont multiples, d'âges différents et de localisation spécifique (touchant plus particulièrement les côtes, le nez, les membres et le rachis) ;
e) **les traumatismes crâniens** : ils sont dus à des chocs violents. Les lésions neurologiques, provoquées par un « hématome sous-dural post-traumatique », peuvent entraîner le décès de l'enfant.

2 Les signes de violence psychologique et de négligences lourdes

Parmi les signes caractéristiques possibles de négligences lourdes sur le plan psychologique, citons une hypotrophie, une dénutrition sévère. Elles traduisent l'absence de soins ou de vaccinations.
Les signes évocateurs de violence psychologique varient avec l'âge et la personnalité de chaque enfant.

◆ Chez le jeune enfant

On peut observer :
- une conduite d'évitement (c'est-à-dire un refus de contact visuel, verbal ou physique) ;
- une absence de réaction à toute stimulation sensorielle de l'environnement ;
- une avidité affective, des troubles du sommeil, des tics, des balancements ou une dépression sévère.

◆ Chez l'enfant plus grand

On peut observer :
- une inhibition et une passivité ou une agitation et une instabilité psychomotrice ;
- le désinvestissement scolaire.

3 Les signes de violences sexuelles

Parmi les signes caractéristiques possibles, citons les lésions génitales et les manifestations d'une infection sexuellement transmissible (IST).
Certains signes évocateurs varient avec l'âge de l'enfant.

◆ Chez le jeune enfant

On peut observer :
- une énurésie et une encoprésie (incontinence des urines et des selles), des vomissements et des douleurs abdominales ;
- des conduites inadaptées : exhibitionnisme, voyeurisme, dessins et vocabulaire trop sexués... ;
- des agrippements à l'adulte non impliqué ou la peur d'un adulte particulier.

◆ Chez l'adolescent

On peut observer un besoin de se dégrader (par l'alcoolisme, la toxicomanie, des scarifications…) et des tentatives de suicides répétées…

4 Les cas associés à la maltraitance

Deux cas peuvent être associés à la maltraitance. Ils sont toutefois assez rares.

◆ Le syndrome des « enfants secoués »

Il correspond à des secousses et à des mouvements verticaux d'accélération-décélération exercés au niveau de la tête d'un petit nourrisson dont le tonus de la nuque est insuffisant, ce qui peut entraîner divers troubles et des retards psychomoteurs. Le pronostic est souvent grave (décès, séquelles neurologiques).

◆ Le syndrome de Münchhausen par procuration

Le terme de *syndrome de Münchhausen par procuration*[1] s'emploie dans une forme particulière de sévices à l'enfant où les symptômes sont créés par la mère de l'enfant et amènent les médecins à faire des explorations et des traitements inutiles (*cf.* Situation ci-après).

Situation

La 15e hospitalisation d'Émeline (2 ans)

Émeline (2 ans) est hospitalisée pour des crises convulsives (jusqu'à 12 par jour). Il s'agit de la 15e hospitalisation pour le même motif. Elle a reçu de nombreux traitements anticonvulsivants. La mère est toujours très présente au cours des hospitalisations et elle déplore que les soins et la prise en charge de l'enfant arrivent toujours trop tard, « quand la crise cesse… ». Après de nombreuses explorations et des interrogatoires de la mère et des proches, le « syndrome de Münchhausen » a été évoqué par les médecins.

Remarque

C'est une forme particulière de maltraitance liée à la pathologie psychiatrique de la mère.

C Les facteurs de risque de maltraitance

On avance trois types de facteurs qui concourent à une fragilisation des familles, à un dysfonctionnement des relations parents-enfants aboutissant à des mauvais traitements. On prend également en compte la dégradation de l'environnement de vie et l'isolement social.

1 Les facteurs tenant à l'enfant lui-même

Certaines études semblent désigner l'enfant comme une victime potentielle du fait de ce qu'il représente. Citons l'enfant adultérin, l'enfant né d'un premier mariage, l'enfant de remplacement

1. Du nom du médecin allemand qui a découvert ce syndrome.

après un deuil, *l'enfant non désiré ou non accepté*, ou parce que la relation parent-enfant n'a pu s'établir ou a été cassée (en particulier *l'enfant prématuré* ou *placé dès son jeune âge*), ou l'enfant qui ne correspond pas à l'image idéalisée (ex. : *l'enfant handicapé*).
Il ne s'agit bien évidemment que d'une possibilité de risque et non pas d'une désignation.

2 Les facteurs tenant aux parents de l'enfant

Les parents maltraitants ont une relation pathologique avec leur enfant qui peut être favorisée par certains facteurs (la maladie mentale, l'alcoolisme, la toxicomanie…). Ils ont fréquemment en commun une *immaturité affective, une mauvaise image de soi, une intolérance à la frustration,* dues le plus souvent à des perturbations graves vécues dans leur propre enfance. Ils ont pu eux-mêmes avoir été *victimes de sévices* physiques ou psychologiques ou avoir souffert de *carences* de soins et ils reproduisent la même situation avec leurs enfants. Notons que les conflits familiaux, dans les situations de divorce, constituent ces dernières années l'une des premières causes de maltraitance.

3 Les facteurs liés à l'environnement socioculturel

◆ Les difficultés matérielles

Il s'agit principalement des conditions de vie (insuffisance de ressources), souvent des effets du chômage. De même, la pauvreté, l'isolement et le déracinement risquent d'empêcher la verbalisation des sentiments ou des émotions et amener à un passage à l'acte plus rapide. Pour autant, il faut souligner que ces facteurs ne peuvent, à eux seuls, entraîner une situation de maltraitance.

◆ Les violences institutionnelles

Elles se définissent comme étant des *violences* (ou *négligences*) *graves au sein des institutions* qui prennent le relais de la famille pour les soins ou l'éducation de l'enfant (établissements ou familles d'accueil). Il s'agit de violences liées aux interventions (ou non-interventions) d'un membre du personnel de ces établissements ou familles d'accueil.

D Le signalement pour maltraitance

Quand on se trouve face à un cas de maltraitance ou de situation à risque, il convient d'en faire le compte rendu aux personnes compétentes ; on parle alors d'information préoccupante ou de signalement. L'information préoccupante est un document écrit (établi après évaluation pluridisciplinaire), faisant état de la situation de l'enfant et de la famille en préconisant des mesures à prendre. La nouvelle loi de protection de l'enfance (du 5 mars 2007) a établi une cellule unique départementale de recueil, d'évaluation et de traitement des informations préoccupantes.

1 L'obligation légale de signalement

Elle est faite à tout citoyen. Celui-ci doit signaler aux autorités administratives ou judiciaires « les sévices ou privations infligés à des mineurs de 15 ans » dont il aurait connaissance.

Le Code pénal[2] prévoit à cet égard des peines de prison pour toute omission volontaire. De même, une peine est prévue pour « quiconque s'abstient volontairement de porter assistance à une personne ».

2 La levée du secret professionnel

Le secret qui lie les personnels médico-sociaux est levé quand il s'agit de sévices à mineur de moins de 15 ans. Citons la loi :

- *art. 226-13* : la révélation d'une information à caractère secret par une personne qui en est dépositaire, soit par état ou par profession, soit en raison d'une fonction ou d'une mission temporaire, est punie d'un an d'emprisonnement et d'une amende importante ;
- *art. 226-14* : l'article 226-13 n'est pas applicable dans les cas où la loi impose et autorise la révélation du secret. En outre, il n'est pas applicable à celui qui informe les autorités judiciaires, médicales ou administratives, de privations ou de sévices, y compris lorsqu'il s'agit d'atteintes ou de mutilations sexuelles, dont il a eu connaissance et qui ont été infligées à un mineur ou à une personne qui n'est pas en mesure de se protéger en raison de son âge ou d'une incapacité physique ou psychique.

3 Les deux types de signalement

Il existe deux types de signalement d'enfant en danger : l'information préoccupante et le signalement par voie judiciaire.

◆ La transmission de l'information préoccupante

Elle doit être faite à la cellule unique départementale par tout professionnel de santé, éducatif ou social, ou par tout témoin de faits inquiétants (tels les voisins ou la famille élargie). S'ils souhaitent garder l'anonymat, ils peuvent aussi appeler le 119.

◆ Le signalement direct à l'autorité judiciaire

Il se fait lorsqu'un enfant est victime de mauvais traitements et qu'il est impossible d'évaluer la situation, ou lorsque la famille refuse toute intervention (porte fermée). Le procureur de la République apprécie la situation et une enquête de police ou de gendarmerie est engagée. Le juge des enfants est saisi dans le cadre de l'assistance éducative.

Mémo plus

Le numéro de téléphone pour le signalement

Numéro vert : 119 (numéro d'appel gratuit).
Service national d'accueil téléphonique pou l'enfance maltraitée (24 h/24 h).

2. Art. 223-6 du Code pénal.

E Les mesures de protection de l'enfance en danger

Il n'y a pas de mesure de protection systématiquement applicable. Qu'il s'agisse de protection administrative ou judiciaire, les mesures seront modulables en fonction de l'état de l'enfant et des capacités de la famille à accepter l'aide proposée.
De nouvelles pratiques d'intervention offrent des solutions variées, souples et évolutives dans le temps. Elles permettent de sortir de l'alternance entre les deux seules mesures connues : le placement ou l'aide éducative en milieu ouvert (AEMO).
Toutes ces mesures de protection de l'enfance peuvent être prises indépendamment des mesures pénales prises éventuellement contre les parents (retrait de l'autorité parentale ou jugement pénal).

Rôle de l'EJE

De par sa mission en crèche, l'EJE participe à la prévention ou au dépistage de la maltraitance. Une amélioration constante de cette structure en fait un lieu privilégié de réponses aux besoins psychosociaux et éducatifs des nourrissons.

1 La participation à la prévention de la maltraitance

L'EJE doit être capable de :
- favoriser la relation parents-enfants ;
- observer et transmettre à la puéricultrice les difficultés de certains parents ;
- indiquer des signes qui peuvent être révélateurs de sévices, ex. : absence brutale et prolongée, sans justification, d'un enfant qui venait régulièrement ou modifications importantes du comportement de l'enfant.

En revanche, l'EJE doit savoir que le goût de l'aventure, du risque ou simplement des jeux sont, chez de nombreux enfants, la cause d'*ecchymoses*, d'*hématomes*, qu'il ne faut pas interpréter comme des sévices.
D'une manière générale, il est important de détecter, lors d'un entretien, les signes qui, dans le comportement des parents, permettent de suspecter, voire de confirmer, la maltraitance. Mais il faut éviter les erreurs d'appréciation qui pourraient avoir des effets redoutables. L'EJE, comme tout professionnel, doit suivre les règles suivantes.

◆ Détecter et signaler les attitudes suspectes

Parmi les attitudes les plus fréquemment observées de la part des parents, on peut citer :
- les propos dévalorisants, les humiliations répétées envers l'enfant ;
- les gestes inadaptés ou l'attitude d'indifférence qu'ils lui manifestent ;
- les sollicitations excessives et/ou inadaptées à l'âge et aux capacités de l'enfant.

On peut constater par ailleurs lors du questionnement :
- un malaise et une absence d'explication vis-à-vis d'une lésion traumatique évidente ;
- une discordance entre les explications données et le tableau clinique constaté ;

- des incohérences dans les propos ;
- un retard dans la prise de décision de l'hospitalisation (surtout si l'enfant est très traumatisé).

◆ Auprès d'un nourrisson

Veiller à observer et à signaler à la puéricultrice les *comportements peu maternants* (ex. : absence de paroles ou de contact entre la mère et son nouveau-né, fuite du regard).

◆ Juger les parents

Éviter de porter un jugement négatif sur les mamans apparemment négligentes.

2 L'aide à l'enfant qui déclare sa souffrance

L'EJE doit veiller à aider l'enfant, noter et garder les traces et transmettre les informations.

◆ Aider l'enfant à « mettre des mots » sur sa souffrance

Lors d'une révélation de sévices, le professionnel de l'enfance devrait pouvoir aider l'enfant et être efficace dans la transmission des faits. Il doit être capable de « verbaliser, noter, garder et transmettre ».

L'adulte qui a reçu des confidences de la part d'un enfant doit savoir redire sa souffrance en la verbalisant. Ex. : il peut dire à l'enfant : « je te crois » ; « je te plains » ; « tu n'es pas coupable » ; « je te remercie de m'avoir fait confiance. Je ferai tout pour t'aider » ; « je ferai tout pour t'aider, mais je ne peux le faire seul en gardant cela pour moi ».

L'adulte doit aussi lui expliquer ce qu'il peut faire pour l'aider.

◆ Noter et garder « traces »

Il est conseillé de noter par écrit les « mots » exacts de l'enfant au moment où il vient de les prononcer.

Si l'enfant exprime les sévices à travers un dessin, il est recommandé d'authentifier, de dater le document, de le garder en lieu sûr et de le transmettre aux services compétents.

◆ Transmettre

La maltraitance n'est pas un problème qu'un professionnel peut résoudre seul. Il est fondamental de communiquer avec l'équipe et ses supérieurs et de ne pas confondre *information préoccupante* et *signalement*. L'information préoccupante doit être partagée avec toute l'équipe qui décidera de sa transmission à la cellule uniquement des signalements.

Domaine de compétences 3

Communication professionnelle

Chapitre 21

L'organisation du travail

Organiser son travail, c'est savoir gérer son temps, c'est déterminer, pour une tâche ou une activité, sa durée et le moment favorable pour l'exécuter. Il est indispensable de bien identifier les contraintes liées au temps ; elles sont nombreuses.
Le découpage temporel d'une activité doit prendre en compte la priorité des actions. Il faut savoir classer les priorités et évaluer les urgences, il faut également apprécier les compétences de chacun pour gérer les situations. La planification des actions nécessite des capacités d'organisation méthodique du travail. De nombreux outils peuvent être utilisés pour faciliter la tâche. Il faut aussi et surtout respecter la *législation du travail* et les dispositions de la *convention collective* de l'établissement où l'on exerce ses fonctions.

A L'analyse méthodique du travail

Organiser un soin ou une activité exige du professionnel une réflexion préalable. Il lui faut être méthodique. Pour faciliter son analyse de la situation, il peut se questionner avec la méthode du QQQOCP (quoi ? qui ? quand ? où ? comment ? pourquoi ?) (Tableau 21.1)[1].

Situation

Adeline (EJE) organise son travail à la crèche

Adeline (EJE) vient d'accéder à son nouveau *poste de travail* à la crèche des Bleuets. Mme D. (la directrice) la reçoit pour son premier jour de travail, lui remet :

- son « planning de présence » à la crèche pour le mois ;
- la *fiche de poste* précisant son rôle, ses tâches et ses missions au sein de la structure.

Mme D. demande à Adeline de lui présenter un « projet d'actions éducatives » dans un délai de 15 jours environ.
Adeline va donc, dans un premier temps, observer et expérimenter toutes ces tâches afin de déterminer les besoins et de répondre aux attentes.
Elle veillera à organiser les activités méthodiquement (en utilisant la *méthodologie du QQQOCP*) et à gérer son temps en fonction des priorités qu'elle aura définies.

1. Cette « méthode mnémotechnique » se retient mieux dans cet ordre-là. Toutefois, le Pourquoi sera placé de préférence en début et à tous les stades de la réflexion.

Adeline liste également les outils dont elle aura besoin.
Compétences professionnelles
L'EJE chargée d'organiser un projet d'actions éducatives pour les enfants doit savoir :
- recueillir les informations utiles à l'organisation du travail ;
- analyser les besoins et les demandes ;
- planifier les tâches en listant les priorités ;
- informer ses partenaires de travail ;
- contrôler une situation (suivre toutes ses étapes) ;
- utiliser les outils adaptés à chaque situation.

Tableau 21.1 Méthodologie.

Q	*Quoi ?* (quelle est l'activité demandée ?)
Q	*Qui ?* (quel est le destinataire de l'activité ?) *Avec qui ?* (avec qui réaliser cette activité ?)
Q	*Quand ?* (quand réaliser cette activité ?)
O	*Où ?* (où réaliser cette activité ?)
C	*Comment ?* (quels moyens mettre en œuvre pour réaliser cette activité ?)
P	*Pourquoi ?* (quels sont les objectifs visés ? par l'activité ?)

B La démarche d'actions et les outils de l'organisation du travail

La démarche d'actions (qu'il s'agisse de soins ou d'activités) répond à une logique qu'il est important de respecter afin de ne pas oublier des éléments majeurs et de trouver des solutions. Pour chaque étape, des outils d'organisation vont être utilisés (Tableau 21.2).

C Le planning d'activités

Un planning permet de suivre l'exécution de tâches ou d'activités mettant en œuvre les ressources humaines et matérielles.
La présentation des plannings est variable en fonction de leur utilisation, mais, en règle générale, on trouve les tâches, les personnes… en ordonnées et l'échelle de temps en abscisse.
Ils permettent une lecture aisée et rapide, une mise à jour facile (manipulations simples).

Tableau 21.2 **La démarche d'actions et les outils de l'organisation du travail.**

Étapes	Actions	Outils
1. Collecter les informations	– Observer, recueillir et analyser les données	– Grilles d'observation – Formulaire de collecte de données et d'analyse des besoins
2. Programmer les actions Planifier les tâches	– Planifier les tâches à effectuer – Identifier les missions des autres professionnels (AP, CAP petite enfance) – Lister les priorités des tâches – Informer les membres de l'équipe professionnelle	– Formulaire de planification des activités – Plannings des agents, organigrammes – Calendriers, échéanciers – Réunions de transmissions
3. Réaliser les actions	– Respecter les procédures ou les protocoles – Respecter l'éthique – Respecter le droit du travail	– Fiches de procédures ou de protocoles – Tableau de bord – Charte, conventions collectives
4. Assurer le suivi	– Gérer le projet – Suivre ses étapes – Mettre en évidence les problèmes	– Liste de contrôle des tâches – Tableau de bord – Réunions…
5. Évaluer les résultats	– Évaluation qualitative et quantitative	– Formulaire d'autoévaluation, fiche d'évaluation, graphique, diagrammes, entretien d'évaluation

1 Utilisation dans le secteur médico-social

Le terme planning désigne à la fois la méthode et le matériel qu'on utilise chaque fois qu'il s'agit de visualiser l'ordonnancement de tâches ou d'événements :

- la gestion du personnel : congés, absences ;
- la gestion des soins et activités ;
  - soins d'hygiène et de confort,
  - activités (animations, sorties) ;
- la gestion les locaux : occupation des espaces (lieu de vie, espace de repos, de repas, d'activités…)
- la gestion de matériel : surveillance des stocks, réservation de matériel, etc.
- la gestion de documents : dossiers d'inscription, fiches de transmissions, autorisation de sorties, cahier de vie, etc.

2 Intérêt des plannings

Les plannings servent :

- à visualiser rapidement l'état d'une situation. Ex. : jours de congés ou d'absence du personnel (qui sera présent ? absent ? quand ? pour quel motif ?), jours, heures et lieux d'accueil assurés par le personnel (qui fait quoi ? quand ? où ? auprès de qui ?),
- à établir des prévisions. Ex. : présence quotidienne des enfants en multi-accueil…,

- à suivre l'évolution du processus d'exécution. Ex. : inscription des enfants dans une crèche…,
- à contrôler l'exécution des tâches. Ex. : remise des dossiers à la date prévue, matériels et salles réservés pour telle personne.

NB. Les plannings informatiques sont réalisés avec des logiciels spécifiques ou un tableur.

3 La durée hebdomadaire du travail

Elle est présentée dans le Tableau 21.3.

Tableau 21.3 Présentation de l'activité.

	Abscisse (le plus souvent échelle du temps) ↓	Titre ↓	Visualisation de l'ordonnancement de l'activité ↙
Le service →	Unité de ……		Légende[1]
La période →	Planning de ……		
Ordonnée (nom des personnes)	Mois de ……	1 2 3 4 5 6 7	
	Adeline		
	Corinne		
	Dorothée		
	Gaby		
	Mathias		

1. Les couleurs, hachures ont une signification connue de l'équipe.

Chapitre 22

Le projet d'établissement ou de service

Le milieu médico-social, dans le contexte actuel, doit toujours chercher à améliorer ses prestations, à rénover, à innover, à répondre aux demandes et aux attentes des usagers ou des personnes aidées. Les professionnels sont donc amenés à mettre en place des projets d'établissement ou de service auxquels beaucoup de professionnels participent[1].

A Définition

On appelle projet d'établissement ou de service tout projet concernant l'établissement ou le service.

L'article R. 180-10 du décret 2000 modifié par le décret 2007 puis par le décret 2010 stipule : « Les établissements et services d'accueil élaborent un projet d'établissement ou de service qui comprend les éléments suivants :

1. *un projet éducatif* pour l'accueil, le soin, le développement, l'éveil et le bien-être des enfants ;
2. *un projet social*, précisant notamment les modalités prévues pour faciliter ou garantir l'accès aux enfants de familles connaissant des difficultés particulières [...] ;
3. *les prestations d'accueil* proposées, en précisant notamment les durées et les rythmes d'accueil ;
4. *le cas échéant, les dispositions particulières* prises pour l'accueil d'enfants présentant un handicap ou atteints d'une maladie chronique ;
5. *la présentation des compétences* professionnelles mobilisées ;
6. *pour les services d'accueil familial*, les modalités de formation des assistantes maternelles, du soutien professionnel qui leur est apporté et du suivi des enfants au domicile de celles-ci ;
7. *la définition* de la place des familles et leur participation à la vie de l'établissement ou du service ;
8. *les modalités* des relations avec les organismes extérieurs. »

Les éléments constitutifs du projet pourront être débattus en réunion de travail.

1. La loi du 3 janvier 1986 formule les conditions du droit d'expression : « les salariés bénéficient d'un droit à l'expression directe et collective sur le contenu, les conditions d'exercice et l'organisation de leur travail. »

B La présentation d'un projet en réunion

Nous allons aborder de façon concrète la démarche entreprise par l'équipe d'une crèche autour de l'accueil d'enfants présentant un handicap.

Situation

Réunion autour d'un projet en crèche

Mme A. (puéricultrice, directrice de la crèche) a reçu une lettre de demande de deux familles pour l'accueil d'enfants atteints de handicap. Pierre (atteint de la trisomie 21) et Victor (présentant un handicap moteur).

Une réunion est organisée ce jour (de 14 h à 16 h 30) à la crèche pour envisager un projet autour de l'accueil de ces enfants. Le personnel éducatif est convoqué et un représentant du personnel de service (12 personnes).

La directrice a préparé des « documents » à remettre aux participants. Elle a organisé les *tables en U* (pour faciliter les échanges dit-elle…). Elle a prévu de remettre des « documents » aux participants (pour favoriser l'acceptation du projet… dit-elle).

Enfin, Mme A. prend soin de faire émarger les personnes sur la « feuille de présence ». La réunion commence. Il est 14 h 10.

- *Marie (AP)* prend la parole la première. Elle dit d'une *voix assurée* qu'elle est très motivée par le projet et qu'elle se porte candidate à la fonction de « référente » car elle a l'expérience d'un travail auprès d'enfants présentant un handicap. Elle le justifie en disant que ce travail est plus « gratifiant », le résultat plus palpable… ;
- *Saïa (EJE)* lui coupe la parole (d'un *ton vif*) pour dire que la présence d'enfants présentant un handicap à la crèche peut susciter des attitudes à *effets négatifs* chez le personnel (des rivalités, des accusations) et sur l'enfant, la surprotection entraîne une régression ;
- *Mélinée (CAP petite enfance)* attire l'attention sur l'*aspect économique* de ce projet (achat de matériels spécifiques, transformation des locaux pour l'accessibilité, heures supplémentaires pour le personnel, fatigue et surcroît de travail), elle est farouchement opposée au projet !.

À ce moment-là, le groupe *s'enflamme* et les « joutes orales » se déchaînent.

Mme A. doit taper du poing sur la table pour calmer les participants. Elle réoriente le débat vers la *construction du projet*.

À 16 h 30, elle constate que les trois quarts de l'équipe sont motivés. Elle prend la décision d'accueillir Pierre car la configuration des locaux (sur plusieurs étages) ne permet pas un accueil de qualité pour Victor. L'équipe accepte le projet.

Le *compte rendu* est signé. Une prochaine réunion fixera les modalités pratiques. En attendant, l'équipe va préparer la « démarche d'action » de mise en œuvre du projet (cela exige de la réflexion).

Tableau 22.1 **Méthode du QQQOCP pour analyse d'une réunion de présentation.**

Méthodologie du QQQOCP	Questions à se poser	Connaissances ou outils à mobiliser	
Quoi ?	La réunion	– De quel *type de réunion* ce projet d'établissement fait-il l'objet ? – Quel est l'*objet* de la réunion ?	Ordre du jour
Qui ?	Les acteurs	– Qui sont les *organisateurs* ? les *animateurs* ? les *participants* ? – Qui est *convoqué* ? (fonctions, nombre, présents, absents ?) – Quelle est l'attitude des participants ? (attitudes observées, réflexion…)	Guide de pilotage ou convocation Liste d'émargement Charte du comportement en réunion (éthique)
Quand ? Où ?	Contexte de temps Contexte de lieu	– *Quand* est organisée la réunion ? – Quelle est sa *durée* ? – *Où* est-elle organisée ? (pourquoi ?)	Convocation à la réunion
Comment ?	Contexte matériel Contexte humain Méthode adaptée	Comment est organisé l'espace ? Quels documents sont prévus ? Quels *matériels* ? Quelle *méthode* d'animation est adoptée ? Comment *réagit* le groupe ?	Disposition des tables en réunion Préparation à la réunion Observation des attitudes (charte du comportement)
Pourquoi ?	Objectifs visés	Quels sont les *objectifs* de chaque projet ? Aspects matériels ? Aspects humains ?	

C La méthodologie d'analyse de la réunion

Nous allons utiliser la méthode du QQQOCP pour analyser la « réunion de présentation » d'un projet d'établissement ou de structure (Fig. 22.1).

D La méthodologie d'analyse du projet (diagrammes « causes-effets »)

Lors de la présentation d'un projet, le groupe est confronté à des problèmes à résoudre. Il peut utiliser certaines méthodes et certains outils pour effectuer un travail d'analyse lui permettant de cerner les causes des problèmes et leurs effets.
Afin d'analyser correctement les situations présentées au début de ce chapitre, nous allons utiliser le diagramme causes-effets. Cette méthode d'analyse permet :

- de visualiser les causes du problème posé ;
- d'en déduire les effets ;

Tableau 22.2 La méthodologie d'analyse du projet par le diagramme « causes-effets ».

1. Collecter l'information.	Outil : la « collecte de données » (ou d'informations). C'est l'initiateur du projet qui se charge de recueillir les données qui seront présentées à l'équipe.
2. Identifier la demande.	Le projet : il s'agit d'accueillir deux enfants présentant un handicap à la crèche Objectif : convaincre l'équipe du bien-fondé de la demande, de la possibilité de cette intégration et obtenir un consensus du groupe
3. Mettre en relation les éléments de la situation Outils : le diagramme « causes-effets ».	Le « diagramme causes-effets » (figure ci-dessous)
4. Proposer des solutions aux problèmes.	a) Mobiliser les connaissances sur le sujet : – organiser une information sur le handicap (réunion avec un psychologue) ; – présenter des films (DVD) sur la psychologie des enfants présentant un handicap ; – offrir des documents (extraits de presse) exposant le succès de l'intégration de l'enfant présentant un handicap, etc. b) Mobiliser les énergies dans l'équipe : motiver les personnes (solliciter les professionnelles qui ont déjà l'expérience du handicap pour convaincre les autres du bien-fondé du projet).
Analysons la situation : Projet en crèche. Nous utilisons le document 1 (l'ordre du jour) pour compléter le « diagramme causes-effets » ci-après.	

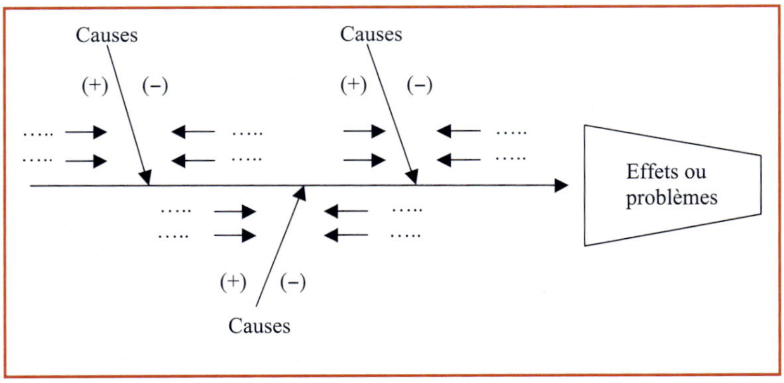

Fig. 22.1 Le diagramme « causes-effets » de K. Ishikawa.

- de repérer à quels niveaux il sera possible d'agir.

Ce diagramme a la forme d'arête de poisson (Tableau 22.2) :

- les causes sont regroupées au niveau de chaque arête et les effets (ou problèmes) sont inscrits dans la tête du poisson ;
- des flèches secondaires sont reliées aux flèches principales pour inscrire chaque cause recensée ; on peut inscrire d'un côté les éléments positifs (« + ») et de l'autre les éléments négatifs (« – ») (Fig. 22.1).

E Les étapes de la démarche d'élaboration du projet

L'EJE doit pouvoir repérer les différentes étapes de l'élaboration d'un projet, identifier ce qui le justifie, ses objectifs, repérer le rôle des différents partenaires du projet et définir son rôle et sa mission, au sein du projet. Un projet naît d'une demande justifiée ou de l'existence d'un besoin ou d'un problème qu'il faut mesurer. Le projet va aboutir à un changement qui doit être clarifié en équipe. Exemple (voir la situation à la crèche : l'accueil d'enfants présentant un handicap).
Ce projet doit être réalisable dans un temps limite. Il met en jeu des professionnels, internes ou externes à la structure où le projet est mis en place, prêts à participer et à s'investir dans l'action. Il doit être analysé en équipe. Il nécessite l'utilisation d'une méthodologie en étapes. (Tableau 22.3).

Tableau 22.3 **Les étapes et les objectifs de la démarche, les outils utilisés.**

Les étapes de la démarche	Les objectifs, les actions	Les outils, les moyens
1re étape : la collecte de données	– Recueillir les *informations.* – Identifier le problème ou les besoins.	*Formulaires* de « collecte de données, d'analyse des besoins fondamentaux »
2e étape : l'analyse de données	– *Analyser* les besoins. – Rechercher leurs causes et leurs effets.	*Méthodologie d'analyse* – le QQQOCP ; – le diagramme « causes-effets ».
3e étape : – l'organisation ; – les planifications des actions.	– Définir les actions à accomplir. – Lister les *actions* en fonction des besoins et des attentes. – Répartir les *rôles de chacun*, lister les tâches à accomplir selon la fonction de chacun dans la structure. – Établir des échéances (à court ou long terme), selon sa fonction ou selon les directives reçues.	– *Hiérarchiser* les actions en fonction des priorités – Lister les moyens disponibles (matériels, humains…) – Tenir compte de l'*organigramme* Planning, calendrier…
4e étape : – la réalisation du projet ou des actions ; – les transmissions	– Tenir compte du « cahier des charges ». – Tenir compte des directives reçues. – Tenir compte de l'échéance, du planning. – Tenir compte du rôle et des missions de chacun. – Réajuster les actions si nécessaire – Faire les « transmissions ».	Cahier des charges Organigramme Cahier de transmissions
5e étape : l'évaluation du projet	– Évaluer la réalisation du projet en observant et en questionnant la famille de l'enfant. – Respecter les consignes reçues (dans le cadre de sa mission).	

CHAPITRE 23

La hiérarchie et l'équipe

A La notion de hiérarchie

L'équipe est un groupe de professionnels, possédant chacun :

- des *compétences* : elles sont acquises au cours de l'expérience professionnelle et des formations suivies et doivent être reconnues par tous les membres de l'équipe ;
- un *statut* : il représente le positionnement hiérarchique de l'individu dans le groupe et dans l'organisation du travail.

1 Le rôle du chef, l'attitude de l'équipe

Pour assurer le fonctionnement d'un groupe pluriprofessionnel, il est nécessaire que les actions soient coordonnées par une personne responsable. La personnalité du chef est *déterminante* pour le groupe : il peut être passif, négatif, démocratique ou agressif (l'attitude autoritaire et agressive crée plus de difficultés dans l'équipe qu'elle ne peut en résoudre ponctuellement). La présence d'un chef rappelle l'objectif du groupe, définit les règles de fonctionnement et les moyens de réalisation.

L'organisation et le déroulement des activités sont facilités si les décisions du chef sont prises après concertation des membres de l'équipe. La manière dont les membres de l'équipe vivent l'idée d'autorité est tout aussi déterminante… Plus les individus se comportent en *membres responsables* de leurs actions et du groupe, capables d'initiatives dans la limite de leurs compétences, moins l'autorité a raison de s'exercer « autoritairement ». Elle se limite alors à soutenir l'intérêt du groupe, à favoriser la communication et le développement des aptitudes individuelles.

2 Les définitions

- *On appelle « hiérarchie »* : le classement des fonctions selon un ordre établi ; il définit
QU000 les « rapports de subordination » entre les différents membres d'un groupe.
- *On appelle « niveau hiérarchique »* : la place d'un élément du groupe par rapport à la direction.
- *On trouve trois grandes catégories de niveaux* : les niveaux de direction, les niveaux d'encadrement et les niveaux d'exécution.

Le directeur est donc le responsable. Il est *détenteur du pouvoir exécutif* ; il a le pouvoir de prendre des décisions et de se faire obéir du personnel placé sous ses ordres.

DEEJE. Diplôme d'État d'éducateur de jeunes enfants

Selon le statut juridique, les formes de délégation, de pouvoir, peuvent varier. D'une manière générale, le détenteur du pouvoir exécutif délègue à ses adjoints qui eux-mêmes délèguent aux responsables des postes de direction.
Le niveau 1 est le plus élevé. Plus on descend dans la hiérarchie, plus l'autorité est diluée.

Situation

« Le juste équilibre du management de l'équipe »[1]

L'équipe de l'établissement ou du service d'accueil du jeune enfant est une entité composée d'individus de formation et de compétences différentes. La responsabilité hiérarchique des personnels de la structure (ou du service) incombe au directeur d'établissement (ou au chef de service).
C'est ce dernier qui donne du sens à l'équipe, qui en assure la cohésion, qui favorise l'émergence d'un sentiment d'appartenance, ciment d'une organisation efficace [...]. Le directeur doit aussi garantir le respect des compétences et des rôles de chacun des membres de l'équipe [...]. Il n'y a pas de principe d'organisation unique et idéal, mais des applications adaptées aux situations rencontrées. Le directeur doit choisir le juste équilibre et la bonne méthode au bon moment :

- l'*approche directive*, qui ne laisse pas de place à la négociation, s'utilise en général dans tout ce qui touche à l'application des règlements, protocoles et procédures, ainsi que dans les situations d'urgence ;
- le *management participatif*, en revanche, permet l'expression de la créativité, de l'adaptabilité des personnes, soit à leur poste de travail, soit dans la distribution temporelle des activités, soit, par exemple, dans la gestion de leur planning de travail. L'essentiel est de préciser d'emblée l'*espace de négociation*, afin de ne pas générer de *frustration* : il est très dommageable de demander à des individus d'exprimer leur avis pour finalement arriver à autre chose. Cette remarque peut sembler relever du truisme, mais les problèmes qui surgissent quelquefois dans les relations interprofessionnelles, ou entre un cadre et son équipe, sont le plus souvent dus à des fautes élémentaires dans le management.
- D'après les décrets 2000, 2007 et 2010, en l'absence du directeur, la continuité de la fonction de direction doit être assurée. Les modalités de délégation doivent être notifiées dans le règlement de fonctionnement de la structure.

Néanmoins, la délégation de fait ne supprime pas la responsabilité, et le directeur reste, même en son absence, responsable de droit de la bonne marche de l'établissement (ou du service), de l'application des consignes, du respect des protocoles établis et du règlement de fonctionnement.

Remarque

Cette situation présente celui qui est responsable de l'équipe au sein d'une structure petite enfance : le directeur. On peut résumer son rôle en dix titres.
Le directeur a :

1. le *rôle de leader* : il est le *responsable* d'une équipe, il la dirige.
2. le *rôle de symbole* : il est le *chef*, et doit remplir les devoirs qui correspondent à cette « image représentative ».
3. le *rôle d'agent de liaison* : il *transmet des informations* qu'il reçoit de la présidence et/ou de sa direction, à l'équipe pluridisciplinaire.
4. le *rôle de porte-parole* : il *transmet des informations* à des personnes extérieures (ex. : familles, médecin de la structure, travailleurs sociaux de la circonscription...) sur les résultats des actions menées dans l'établissement.

5. le *rôle d'évaluateur* : il *évalue les compétences professionnelles* des membres de l'équipe. (*cf.* évaluation des compétences au chapitre 3).
6. le *rôle d'entrepreneur* : il *prend l'initiative de projets* pour effectuer des améliorations, des changements (ex. : réunions autour de projets éducatifs et territoriaux).
7. le *rôle de régulateur* : il *prend des décisions* lorsque la structure fait face à des perturbations importantes ou inattendues (ex. : convocations de l'équipe pour des réunions urgentes...).
8. le *rôle de gestionnaire* : il est responsable de la *répartition des ressources* et de l'approbation de toutes les dépenses du service (ex. : gestion du budget).
9. le *rôle de négociateur* : il représente le service dans *diverses négociations* (achats de matériels...).
10. le *rôle de contrôleur* : il *contrôle* toutes les activités effectuées dans le service (ex. : contrôles de la *qualité d'accueil* et de *la pertinence* des actions menées).

1. Cahier de l'infirmière n° 4 (Communication professionnelle). Paris: Masson ; 2000.

B L'organigramme de structure ou de service

L'organigramme est le support qui permet de visualiser les niveaux et relations hiérarchiques. Sa présentation générale est celle d'un schéma. Le dessin présente les éléments constitutifs, leur position hiérarchique par rapport à la direction et les relations d'autorité qui existent entre eux.
Il existe une grande variété de représentations graphiques. Les plus simples sont la *pyramide* et l'*arbre*.

1 Types d'organigramme[1]

Les deux types d'organigrammes sont présentés avec la Fig. 23.1 et la Fig. 23.2.

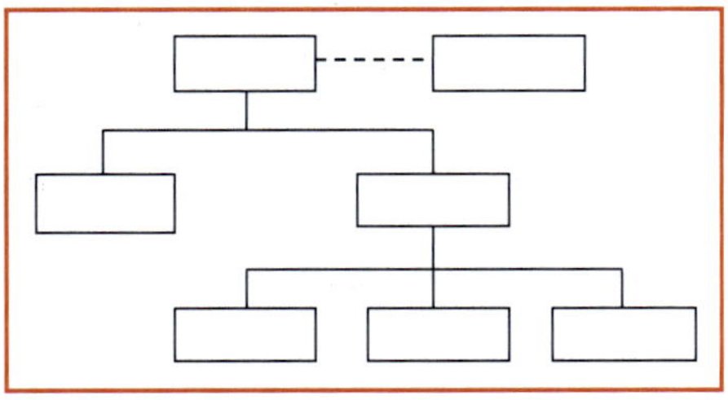

Fig. 23.1 Organigramme en pyramide.

1. In : Gassier J. BAC ASSP. Paris : Masson ; 2012.

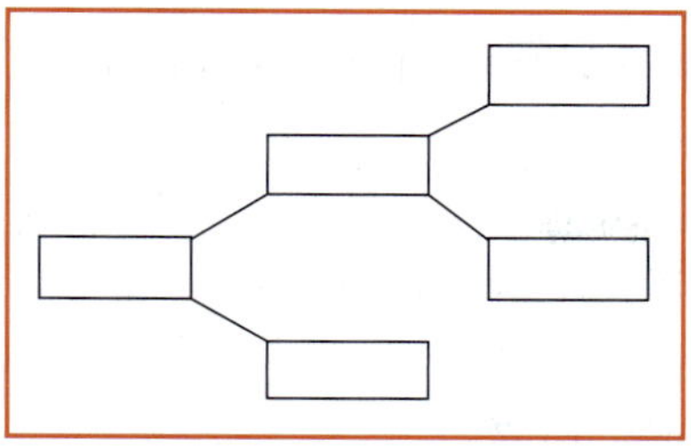

Fig. 23.2 **Organigramme en arbre.**

Un organigramme est composé de cartouches contenant le nom d'un service ou d'une personne.
Les cartouches sont disposées par niveaux, chaque niveau correspondant à un échelon hiérarchique.
Les cartouches sont reliées par des traits qui symbolisent la nature du lien entre les personnes :

- *lien hiérarchique* (transmission d'ordres), représenté par un trait plein ;
- *lien fonctionnel* (transmission d'information), représenté par un trait en pointillé.

2 Exemple d'organigramme en crèche[2]

Un exemple d'organigramme en crèche est présenté sur la Fig. 23.3.

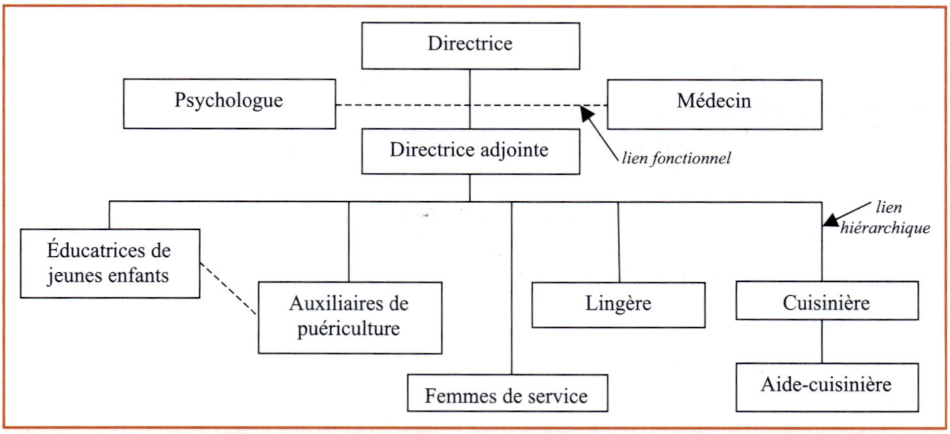

Fig. 23.3 **Organigramme en crèche.**

2. In : Gassier J. BAC ASSP (T3). Paris : Masson ; 2012.

C Les relations fonctionnelles, le règlement de fonctionnement

1 Les formes de relations fonctionnelles

Les relations fonctionnelles entrent dans les critères du bon fonctionnement d'une équipe. Elles prennent différentes formes. Il y a :

- les relations d'information (échange d'information entre différents professionnels notamment lors des transmissions...) ;
- les relations de coopération (les deux équipes effectuent un travail en commun dans un objectif précis).

Quelle que soit la forme prise par les relations fonctionnelles, le repérage des liens passe par l'identification des moyens de communication utilisés par l'équipe.

Qui communique avec qui ? Quand ? Comment ? Pourquoi ? Et avec quoi ?...

Exemples de supports de communication internes : tableaux, notes de service, affiches, comptes rendus, calendriers, réunions, plannings de toutes sortes, et le *règlement de fonctionnement* (Fig. 23.4).

2 Le règlement de fonctionnement

Le règlement de fonctionnement précise « les modalités d'organisation et de fonctionnement de l'établissement ou du service et notamment :

- les fonctions du directeur ou, pour les établissements à gestion parentale, du responsable technique ;
- les modalités permettant d'assurer, en toutes circonstances, la continuité de la fonction de direction ;
- les modalités d'admission des enfants ;
- les horaires et conditions de départ des enfants ;
- le mode de calcul des tarifs ;
- les modalités du concours du médecin, ainsi que, le cas échéant, de la puéricultrice ou de l'infirmier attachés à l'établissement ou au service, et des professionnels mentionnés à l'article R. 2324-38 ;
- les modalités de délivrance de soins spécifiques, occasionnels ou réguliers, le cas échéant avec le concours de professionnels médicaux ou paramédicaux extérieurs à la structure ;
- les modalités d'intervention médicale en cas d'urgence ;
- les modalités d'information et de participation des parents à la vie de l'établissement ou du service ;
- [...] »[3].

Remarque

On peut noter qu'un exemplaire du règlement de fonctionnement doit être communiqué, à leur demande, aux familles dont l'enfant est inscrit dans l'établissement ou le service (*cf.* article 7 du décret 2007-230 du 20 février 2007).

---

3. Article R. 180-11 du décret 2000 modifié par le décret n°2007-230 du 20 février 2007.

VILLE DE NICE

ARRETE PORTANT

REGLEMENT DE FONCTIONNEMENT

DES ETABLISSEMENTS MULTI-ACCUEIL COLLECTIFS DE LA PETITE ENFANCE

ARRETE

MODALITES D'ACCUEIL DES ENFANTS

TITRE I - DEFINITION DES DIFFERENTS MODES D'ACCUEIL

ARTICLE 1 : ***LES ETABLISSEMENTS MULTI-ACCUEIL COLLECTIFS***

Les établissements multi-accueil collectifs sont des structures municipales réparties sur l'ensemble du territoire de la ville de NICE accueillant les enfants de 2 mois et demi à 4 ans en accueil régulier ou en accueil occasionnel et les enfants de 4 ans à 6 ans uniquement en accueil occasionnel.

ARTICLE 2 : ***LES ETABLLISSEMENTS MULTI-ACCUEIL FAMILIAUX***

Les établissements multi-accueil familiaux représentent un service municipal d'accueil du jeune enfant dénommé « service d'accueil familial », étendu à l'ensemble du territoire de la ville de Nice et découpé en secteurs géographiques. Chaque secteur est doté d'une « antenne », lieu de rencontre entre les assistantes maternelles et les enfants. Elle regroupe un certain nombre d'assistantes maternelles agréées, encadrées par une directrice puéricultrice. Le service d'accueil familial accueille les enfants de 2 mois et demi à 4 ans en accueil régulier ou en accueil occasionnel et les enfants de 4 ans à 6 ans uniquement en accueil occasionnel.

Extrait des articles relatifs à la vie quotidienne.

Fig. 23.4 « Les «établissements multi-accueil collectif» accueillent les enfants de 2 mois et demi à 4 ans en accueil régulier ou occasionnel et de 4 ans à 6 ans en accueil occasionnel ». (Article 1 de l'arrêté des Modalités d'accueil.)

VIE QUOTIDIENNE

ARTICLE 1 : ***ADAPTATION***

Afin de favoriser l'intégration de l'enfant dans l'établissement, un accueil progressif est organisé dans l'intérêt de l'enfant et de ses parents.

ARTICLE 2 : ***HYGIENE***

Les parents doivent veiller à l'hygiène corporelle et vestimentaire de leurs enfants.

ARTICLE 3 : ***ALIMENTATION***

- les laits (lait deuxième âge et lait de croissance) sont fournis par l'établissement suivant une liste disponible auprès de la Directrice.
- les repas sont fournis dans les établissements ouverts en continu.

ARTICLE 4 : ***VETEMENTS***

- les couches jetables sont fournies par les parents et sont nécessaires pour chaque jour de présence jusqu'à l'acquisition de la propreté.
- les vêtements doivent être marqués au nom de l'enfant.
- un sac comprenant un rechange vestimentaire devra être fourni par les parents.
- en été, un trousseau adapté devra être fourni par les parents en fonction des consignes de l'établissement (chapeau, crème solaire, sandales en plastique et serviette de bain).

ARTICLE 5 : ***SECURITE***

Le port de bijoux et le lien de maintien des sucettes sont interdits pour des raisons de sécurité. L'introduction dans l'établissement d'objets à caractère dangereux (billes, monnaie...) est interdite, ceux-ci pouvant entraîner des accidents par inhalation, ingestion ou blessure. De plus, aucun aliment ne peut être apporté dans l'établissement (y compris biberons et biscuits). En cas d'accident, les parents pourront être tenus pour responsables.

La ville de Nice décline toute responsabilité en cas de vol de poussettes dans l'établissement et en cas de perte ou de vol d'objets de valeur dont les enfants seraient détenteurs.

ARTICLE 6 : ***ARRIVEE DES ENFANTS***

Les activités d'éveil ayant lieu principalement en début de demi-journée et en raison de leur importance pour l'intégration à la vie en collectivité il est demandé aux parents d'emmener leurs enfants avant 10 h 00 le matin, et à partir de 14 h 00 l'après-midi. Exceptionnellement, selon le contrat d'accueil journalier choisi, l'arrivée des enfants pourra avoir lieu le matin jusqu'à 10 h 30 et l'après-midi à partir de 13 h 30.

Toute absence devra être impérativement signalée avant 9 h 00.

Afin d'éviter de trop longues journées de présence dans l'établissement, il est recommandé autant que possible, de ne pas laisser les enfants plus de dix heures par jour.

Fig. 23.5 **Le règlement municipal de fonctionnement des établissements multiaccueil collectifs de la petite enfance** (ville de Nice extraits).

Chapitre 24

Le droit du travail (la convention collective)

A La durée légale du travail

Le temps de travail effectif correspond au temps pendant lequel le salarié doit être à la disposition de l'employeur et se conformer aux directives de celui-ci sans pouvoir vaquer librement à ses occupations personnelles.

1 La durée hebdomadaire du travail

Fixée à 35 heures hebdomadaires pour toutes les entreprises quel que soit leur effectif, la durée légale du travail effectif est une durée de référence, un seuil à partir duquel sont calculées les heures supplémentaires. Il ne s'agit ni d'une durée *minimale* (les salariés peuvent être employés à temps partiel) ni d'un *maximum* (des heures supplémentaires peuvent être accomplies dans le respect des durées maximales au-delà desquelles aucun travail ne peut être demandé).
La durée légale du travail peut être dépassée dans le cadre de la réglementation sur les heures supplémentaires. Toutefois, il existe des durées maximales au-delà desquelles aucun travail effectif ne peut être demandé.

2 Les durées maximales du travail

Sauf dérogation, les durées maximales sont fixées à :
- 10 heures par jour ;
- 48 heures par semaine, sauf circonstances exceptionnelles (60 heures) ;
- 44 heures en moyenne sur une période de 12 semaines consécutives. En outre, les salariés doivent bénéficier d'un repos quotidien de 11 heures au minimum et d'un repos hebdomadaire de 24 heures auquel s'ajoutent les heures de repos quotidien. Aucun temps de travail quotidien ne peut atteindre 6 heures sans que le salarié bénéficie d'un temps de pause d'une durée minimale de 20 minutes.

Situation

Le planning du personnel à la crèche

Ce lundi matin, Farah (AP) et ses deux collègues : Sarah (EJE) et Coralie (AP) arrivent à la crèche. Dès la reprise du travail, elles se rendent dans le bureau de la directrice (Mme D.) pour consulter le planning de la semaine (voir ci-dessous).

DEEJE. Diplôme d'État d'éducateur de jeunes enfants

Le planning de travail du personnel à la crèche[1]

	Janvier	Lundi 16	Mardi 17	Mercredi 18	Jeudi 19	Vendredi 20	Samedi 21	Totaux semaine
Farah (AP)	Matin	9 h/13 h	9 h/13 h	9 h/13 h	9 h/13 h	9 h/13 h		
	A-M	14 h/17 h	14 h/17 h	14 h/17 h	14 h/17 h	14 h/17 h	Repos	35 h
Sarah (EJE)	Matin	11 h/14h	9 h/13 h	9 h/13 h	9 h/14 h	11 h/14 h		
	A-M	15 h/19 h	14 h/19 h	14 h/19 h	15 h/19 h	15 h/19 h	Repos	41 h
Coralie (AP)	Matin	11 h/13 h	9 h/13 h	10 h/14 h	9 h / 13 h	9 h/14 h		
	A-M	14 h/20 h	14 h/18 h	15 h/19 h	14 h/19 h	15 h/19 h	Repos	42 h

Remarque

On constate que Farah (AP) accomplit ses activités dans le cadre des 35 heures hebdomadaires, alors que ses collègues Sarah (EJE) et Coralie (AP) dépassent les 35 heures avec, respectivement, 41 et 42 heures de travail hebdomadaire. Cela reste toutefois dans le cadre légal du travail et a fait l'objet d'accord tacite entre les parties (*cf.* tableau ci-après).

1. Crèche de l'hôpital R.

Mémo plus

Le temps de travail maximum

Journalier	Hebdomadaire	Mensuel	Annuel
10 h maximum	48 h maximum 44 h maximumn sur 12 semaines consécutives	151,67 h en moyenne sur l'année	1 607 heures maximum

3 Les heures supplémentaires[1]

Au-delà de *35 heures* hebdomadaires, le salarié effectue des heures supplémentaires. Le contingent annuel des heures supplémentaires est fixé à 220heures par an et par salarié. Elles font l'objet d'une majoration de salaire :

- de la 36e à la 43e : 25 % de majoration ;
- à partir de la 44e : 50 % de majoration.

Depuis le 1er octobre 2007, elles sont exonérées d'impôt sur le revenu et ouvrent droit à une réduction des cotisations salariales et patronales.

1. Art. L3121-22 du Code du travail.

La *loi du 20 août 2008* permet d'accomplir des heures supplémentaires au-delà du contingent annuel après avis du comité d'entreprise ou des délégués du personnel, l'autorisation de l'inspecteur du travail n'étant plus requise.

B Les modifications apportées au contrat de travail

1 La suspension du contrat de travail

Le *contrat de travail peut être suspendu* pendant un temps limité *sans remettre en cause l'appartenance du salarié à son entreprise*. Les causes de suspension sont : les congés maladie, le congé maternité, le congé paternité, une adoption, une grève, un congé sabbatique, un congé de formation… Dans la mesure où le salarié n'exécute pas son travail, l'employeur ne lui verse pas de rémunération. À son retour dans l'entreprise, le salarié a la garantie de retrouver son poste.
Les changements des conditions de travail (modification des horaires, nouvelles tâches de travail…) relèvent du pouvoir de direction de l'employeur alors que la *modification du contrat de travail* (rémunération, durée du travail…) *requiert l'accord du salarié*. Un exemple : les *tâches de travail*. Le fait de donner de nouvelles tâches qui correspondent à la qualification du salarié constitue un changement des conditions de travail. Un changement de poste est, en revanche, une modification du contrat de travail.

2 Le licenciement du salarié

Le *licenciement* est la rupture du contrat du fait de l'employeur. Tout licenciement doit avoir un motif, appelé « cause réelle et sérieuse ». La cause est « réelle » lorsqu'elle repose sur des éléments vérifiables. Le motif doit être « sérieux » au point d'empêcher la poursuite de la relation de travail (Fig. 24.1).

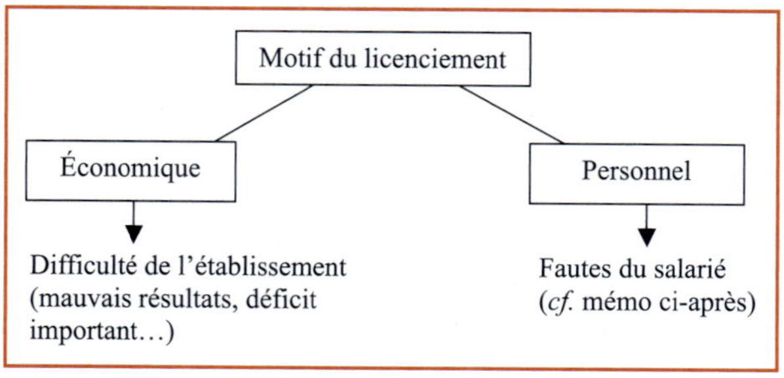

Fig. 24.1 **Type de licenciement.**

Mémo plus

Les 3 × 3 du licenciement !

1. Les trois degrés de fautes du salarié

On distingue trois degrés de faute :

- la *faute sérieuse* (ensemble de fautes légères) ;
- la *faute grave*, en cas de manque de loyauté, d'absences injustifiées ou lorsque l'employé critique l'entreprise, commet des actes d'indiscipline ;
- la *faute lourde*, lorsqu'il y a intention de nuire à l'employeur.

2. Les trois phases de la procédure de licenciement (Fig. 24.2)

On distingue trois phases pour la procédure (objectif : protection du salarié).

3. Les trois documents du licenciement

L'employeur doit remettre trois documents :

- le *certificat de travail* : date d'entrée et de départ, emplois occupés ;
- l'*attestation Assedic* : pour faire valoir les droits à l'allocation chômage ;
- le *reçu pour solde de tout compte* : attestation (signée de l'employé) des sommes perçues : salaire, indemnités.

3 La démission du salarié

La *démission* est la rupture du contrat de travail du fait de l'employé. Celui-ci n'a pas d'obligation de donner son motif mais il doit clairement exprimer son intention de démissionner. Il doit respecter un délai de préavis prévu dans le contrat de travail. Toutefois, il peut être dispensé de préavis :

- à sa demande et après acceptation de l'employeur. En ce cas, l'indemnité de préavis n'est pas due ;
- à la demande de l'employeur. En ce cas, l'indemnité de préavis sera payée.

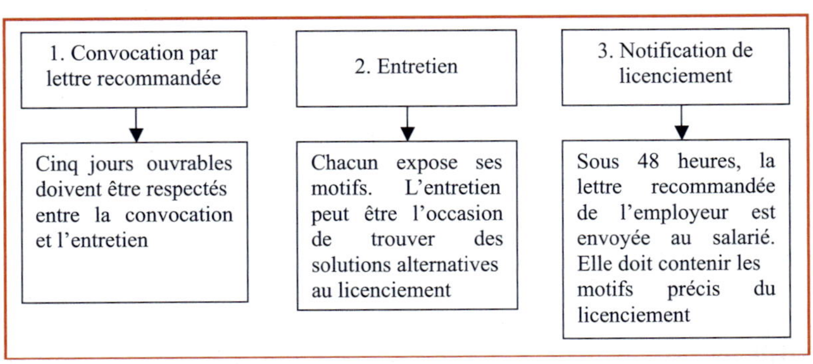

Fig. 24.2 **Phases de procédure de licenciement.**

Situation

Trois professionnelles face aux modifications de leurs conditions de travail

Sarah (EJE) sait que son contrat de travail ne peut, en aucun cas, être modifié unilatéralement par l'employeur. Celui-ci doit obtenir son accord avant de modifier son poste ou d'augmenter sa durée de travail. Toutefois, l'employeur dispose d'un pouvoir de direction qui lui permet de changer seul les *conditions de travail*.

Lorsque la directrice de la crèche leur a présenté le planning des horaires, Sarah (célibataire) a volontiers *accepté les horaires tardifs* en soirée que sa collègue Farah (AP) mère de trois enfants ne pouvait assumer.

Sarah a accepté de devenir *déléguée du personnel* à la demande de l'équipe de la crèche.

Par ailleurs, Sarah, comme ses collègues, a pris bonne note du prochain *changement du lieu de travail* imposé par la direction. En effet, la crèche n'étant plus aux « *normes* » de sécurité, un nouvel établissement a été construit dans le sud du 18e arrondissement de Paris et Sarah ne pouvait pas s'opposer à ce changement, puisqu'il s'agit du même *secteur géographique* que l'établissement actuel. Toutefois Sarah sait que, si le secteur géographique proposé avait été différent du secteur actuel, elle aurait dû également l'accepter, car cette obligation figure dans la *convention collective* de la crèche.

En revanche, sa collègue Coralie (AP) ne voulant accepter, ni les horaires, ni le changement d'adresse de l'établissement, a *préféré* donne sa *démission* (*cf.* sa lettre ci-après).

Remarque

L'employeur peut imposer, contre l'avis du salarié, un changement dans les conditions de travail prévu dans la convention collective. Un salarié est totalement *libre d'accepter ou de refuser une modification du contrat de travail.* Un refus n'est donc pas une faute professionnelle, mais il peut néanmoins avoir des conséquences néfastes. En effet, face à une réponse négative, l'employeur peut certes abandonner les modifications, mais il peut également entreprendre un *licenciement* (ce serait le cas pour Coralie, mais celle-ci a préféré choisir « la démission »).

Notons que pour Coralie une *période de préavis* doit être respectée, la salariée devant alerter son employeur au moins un mois avant la date effective de sa démission (Fig. 24.3).

C La convention collective (extraits)

La convention collective est un accord aux conditions de travail et aux garanties sociales signées entre les représentants des salariés et les organisations patronales. Elle *complète* les dispositions du Code du Travail.

L'employeur doit *informer* les salariés de l'existence d'une convention collective : un exemplaire doit être accessible pour les salariés et pour les représentants syndicaux.

Il y a deux types de conventions collectives :

- la convention concernant l'ensemble des conditions de travail ;
- la convention sur un thème précis (comme le salaire, la formation professionnelle, les représentants du personnel, le droit de grève, etc.) ;

La convention peut être signée au niveau de :

- l'entreprise : elle ne concerne que les salariés de l'entreprise ;
- une branche professionnelle : les infirmières, les éducateurs, les AP, etc. ;
- départemental, régional ou national.

Prenons l'exemple d'une convention collective concernant la crèche des Bleuets. Voyons quelques thèmes qui y figurent.

Coralie D.
9, allée des Fleurs
75018 PARIS

Tél.

Lettre recommandée avec accusé de réception

Le 15 Mai 2010

À l'attention de Mme D.
Directrice de la crèche

Objet : lettre de démission

Madame la Directrice,

Ayant trouvé un nouvel emploi d'auxiliaire de puériculture près de mon domicile, je vous informe de ma décision de démissionner de mon poste actuel.

Cette démission prend effet le 17 mai 2010 et sera effective à l'issue du préavis de un mois prévu par mon contrat de travail, soit le 17 juin 2010 à minuit.

Je vous remercie de mettre à ma disposition, à cette date, les documents de fin de contrat : dernier bulletin de paie, certificat de travail, attestation Assedic.

Veuillez agréer, Madame la Directrice, l'assurance de mes salutations distinguées.

Coralie D.

Fig. 24.3 **La lettre de préavis de Coralie pour démission.**

1 Les représentants « élus » du personnel

Élus dans les entreprises de 11 salariés et plus, les *délégués du personnel* exercent les attributions que le Code du travail leur confie spécifiquement et, dans certains cas, assument les missions normalement dévolues au comité d'entreprise (CE), au comité d'hygiène, de sécurité et des conditions de travail (CHSCT) et au délégué syndical (DS).
Comme tout représentant du personnel, le délégué du personnel bénéficie d'une protection particulière contre les mesures de licenciement.

◆ Remarque

Les missions des délégués du personnel sont les suivantes :

- représenter le personnel auprès de l'employeur et lui faire part de toute réclamation individuelle ou collective en matière d'application de la réglementation du Code du travail ;

- être consultés, en l'absence de comité d'entreprise, sur les licenciements, la durée du travail (heures supplémentaires, horaires individualisés), la formation professionnelle. Ils sont également consultés sur la fixation des congés payés.

◆ L'élection des délégués du personnel

Les délégués du personnel sont élus pour 4 ans et rééligibles [...].
Sont électeurs les salariés âgés de 16 ans au moins ayant 3 mois d'ancienneté, et n'ayant encouru aucune condamnation privative du droit de vote politique. Sont éligibles les électeurs de 18 ans au moins ayant un an d'ancienneté [...].

2 Les représentants « nommés » du personnel

Chaque syndicat représentatif dans une entreprise ou un établissement de 50 salariés ou plus peut désigner un *délégué syndical* (DS). Nommé pour une durée indéterminée, le délégué syndical exerce un rôle de représentation du syndicat auquel il appartient et de négociateur de conventions ou d'accords collectifs.

Mémo plus

La protection du délégué

Il bénéficie d'une protection particulière en matière de licenciement. Les effectifs sont calculés conformément aux dispositions prévues par le Code du travail.

3 Le rôle du CHSCT (comité d'hygiène, de sécurité et des conditions de travail)

Constitué dans tous les établissements occupant au moins 50 salariés, le *CHSCT* a pour mission de contribuer à la protection de la santé et de la sécurité des salariés, ainsi qu'à l'amélioration des conditions de travail. Il est composé notamment d'une délégation du personnel.

Mémo plus

Les moyens du CHSCT

Le CHSCT dispose d'un certain nombre de moyens pour mener à bien sa mission (information, recours à un expert...) et les représentants du personnel, d'un crédit d'heures et d'une protection contre le licenciement.

4 Le rôle du CE (comité d'entreprise)

Dans les entreprises de 50 salariés et plus, le chef d'entreprise est tenu d'organiser la mise en place d'un *comité d'entreprise* (CE) composé de représentants élus du personnel et, éventuellement, de représentants syndicaux désignés par les *organisations syndicales*.

Mémo plus

Les attributions du CE

La consultation est l'une des attributions essentielles du comité d'entreprise : il est obligatoirement informé et consulté sur les questions intéressant l'organisation, la gestion et la marche générale de l'entreprise et, notamment, sur les mesures de nature à affecter le volume ou la structure des effectifs, la durée du travail, les conditions d'emploi, de travail et de formation professionnelle des salariés.

5 Le droit de grève

Le *droit de grève* est un droit reconnu à tous les salariés. Pour *être légale*, la grève doit être collective, concertée et avoir pour objet la défense des revendications professionnelles.
En France, toute grève dans le service public doit être précédée d'un *préavis de grève* remis par les syndicats cinq jours avant le début du mouvement. Dans le secteur privé, cette réglementation ne s'applique pas.

Remarque

La grève a pour conséquence de suspendre le contrat de travail. Il en résulte le non-paiement du salaire. L'employeur ne peut remplacer les grévistes par des intérimaires ou des CDD.
Il existe trois modes de règlement des conflits collectifs. La *conciliation* consiste à rapprocher les idées des parties et à trouver un accord grâce à l'intervention d'un tiers. Dans la *médiation*, le médiateur soumet des recommandations (non obligatoires) aux parties. L'*arbitrage* est une procédure à l'issue de laquelle la sentence s'impose aux parties.

Mémo plus

Les formes de grève[1]

Grève perlée	On ralentit volontairement le travail en diminuant les cadences. *Type d'action illégal*
Grève du zèle	On applique les règlements dans les moindres détails. *Grève légale*
Grève tournante	Arrêts successifs du travail dans les différents services de l'entreprise. *Grève légale si elle ne met pas en danger l'entreprise*
Grève sur le tas	Occupation des locaux par les grévistes. *Grève licite s'il n'y a pas d'entrave à la liberté du travail et à la circulation dans l'entreprise, et si elle ne met pas l'entreprise en danger*
Grève solidaire	Cessation de travail pour soutenir, par solidarité, les revendications d'autres travailleurs

Pour les confédérations, cinq syndicats sont représentatifs de droit (CFE-CGC, CFDT, CFTC, CGT, FO) ; ils disposent de plus de pouvoirs que les autres syndicats. D'autres unions syndicales existent, mais elles disposent de pouvoirs plus réduits.

1. http://vosdroits.service-public.fr/particuliers/F117.xhtml

Chapitre 25

L'initiation à la gestion comptable et budgétaire

A Définitions

Gérer : signifie administrer, surveiller (avec une notion de responsabilité).
Budget : signifie l'ensemble des dépenses et des recettes prévues annuellement ;
Revenus : désigne les montants pécuniaires qui sont perçus par un individu ou par un établissement.
Les revenus donnent lieu à des prélèvements fiscaux et sociaux (impôts, charges, cotisations sociales...) qui sont eux-mêmes des revenus pour les organismes publics concernés.

B Objectifs

L'EJE qui participe à la direction d'un établissement doit savoir gérer un « budget » et cela, afin d'identifier les recettes et les dépenses, de les équilibrer, et surtout de prévenir tout déficit dans le budget.
Un *budget déficitaire* ne permet pas de faire face aux dépenses ; le déficit peut entraîner l'emprunt et l'endettement.
Un *budget excédentaire* permet facilement de faire face à toutes les dépenses et dégage un excédent qui peut être épargné afin de couvrir des dépenses imprévues.

C Méthodologie

La gestion du budget doit être méthodique. Les principales étapes à respecter pour gérer un budget sont présentées dans le Tableau 25.1.

DEEJE. Diplôme d'État d'éducateur de jeunes enfants

Tableau 25.1 **Les étapes de la gestion d'un budget.**

Étapes	Actions
1. Évaluer les revenus	Il faut : – additionner l'ensemble des recettes régulières de l'année pour obtenir le revenu annuel ; – diviser ce revenu annuel par 12 pour obtenir le revenu moyen mensuel
2. Évaluer les dépenses fixes	Additionner les dépenses obligatoires annuelles et diviser le total par 12
3. Évaluer les dépenses courantes	Noter toutes les dépenses sur 2 ou 3 mois et diviser la somme totale obtenue pour avoir une moyenne mensuelle
4. Évaluer les dépenses d'équipements et de loisirs	Noter les dépenses faites et estimer les besoins en équipement Les comparer au budget disponible afin de savoir si ces dépenses sont possibles et quand ?

Les théories de communication

Chapitre 26

A La communication verbale

Communiquer nécessite un certain nombre de qualités. Il convient tout d'abord d'adapter sa voix et ses propos aux personnes auxquelles on s'adresse.

1 La voix et la parole

◆ La puissance et la tonalité de la voix

Certains professionnels, habitués à parler fort parce que coutumiers des groupes, conservent dans l'entretien avec l'usager (adulte ou enfant) un ton de voix élevé. Cela peut choquer l'usager et ses proches et leur donner le sentiment d'être dominés. Si tel est le cas, le professionnel veillera à s'adapter à un contexte de tête à tête et à moduler sa voix, de telle sorte que l'usager soit sollicité, donc attentif.

◆ Le débit et l'articulation des paroles

Le professionnel doit avoir un débit de paroles modéré :
- *si le débit est trop lent*, il risque d'avoir un effet soporifique (donc nuisible à l'écoute) ;
- *s'il est trop rapide*, c'est la compréhension des propos qui est compromise.

L'articulation des mots est également une qualité indispensable à la clarté de la phrase. L'objectif du professionnel est d'être écouté et compris.

◆ Les pauses et les silences

Le professionnel doit savoir que, pour bien communiquer, il faut savoir accepter les silences. Dans le cadre d'un échange, il faut savoir « se taire ». Une pause permet à l'autre d'assimiler ce qu'il a entendu, et de s'exprimer à son tour s'il le désire.

2 Le regard (auxiliaire de la parole)

À la maîtrise de la parole, il est indispensable d'associer celle du regard :
- *regarder l'autre*, c'est l'assurer qu'on parle pour lui et non pour soi-même, c'est le mettre en confiance ;

- « être regardé » *par l'autre* lorsqu'on parle, doit aussi être pris en considération. Il faut se demander quelle image donnent de nous notre corps, nos gestes, nos mouvements, nos expressions du visage (nous développons la communication non verbale ci-après).

3 La distance entre les personnes (ou proxémie)

Au cours de la communication, s'installe une distance entre les personnes. On appelle *proxémie* la distance que chacun de nous met en place pour délimiter son territoire. Ex. : lorsque vous vous trouvez dans un ascenseur et, qu'à chaque étage, monte un nombre de plus en plus important de personnes, chacun de nous sent son espace menacé et cherche à se protéger. C'est une réaction normale[1].
Nous allons voir les quatre niveaux de distance qui peuvent être instaurés et ensuite voir dans quel « espace » évolue le professionnel par rapport à l'usager.
Il existe quatre niveaux de distance entre les personnes.

◆ La *distance intime* (de 40 à 45 cm environ)

Elle est réservée aux actes les plus intimes de la vie personnelle (ex. : câlins, baisers…). À cette distance, on sent l'odeur de l'haleine, la respiration, la chaleur de la peau. Le ton de la voix est faible (la communication peut se faire sur le mode non verbal).

◆ La *distance quotidienne* (de 45 cm à 1,20 m)

Elle est observée lors des échanges de la vie quotidienne. Ex. : discussions familiales, proximités de personnes (on voit le visage de la personne plus que le corps). Le ton de la voix est modéré.

◆ La *distance sociale* (de 1,20 m à 4 m environ)

Elle est observée lors des échanges de la vie sociale. Ex. : discussions entre collègues de travail, lors de réunions administratives (on voit le visage et le corps des personnes). Le ton de la voix est relativement élevé.

◆ La *distance publique* (> 4 m)

Elle est observée lors d'interventions en public. Ex. : lors d'un discours. On voit les personnes de loin, sans précision. Le ton de la voix est élevé.

Rôle de l'EJE

Lors de l'accueil et des soins, le professionnel se situe dans l'espace intime de la personne. De ce fait, celle-ci peut ressentir sa présence comme une intrusion, voire une agression. L'EJE doit donc savoir se faire accepter par l'enfant. D'où l'importance de créer une relation fondée sur des valeurs de respect (qu'il s'agisse d'adulte ou d'enfant). Notons que le jeune enfant ressent profondément le *langage des gestes* de l'adulte qui s'occupe de lui.

1. Les ethnologues disent que l'homme (comme l'animal) cherche à protéger son territoire.

B La communication non verbale

La situation ci-après présente une situation de communication entre deux personnes (vue dans la 1re partie de ce module) : Anna, la directrice de la crèche, organise la fête de Noël et invite Mme D. (maman d'une fillette) qui refuse d'y participer. On peut relever de nombreux aspects de la communication verbale et non verbale dans cet entretien.

Situation

L'invitation à la fête de Noël à la crèche

Anna est une jeune directrice de crèche. Ce matin, elle accueille en souriant Mme D. (maman de Zoé, 3 ans) pour lui annoncer qu'elle organise la fête de Noël dans l'établissement le 18 décembre (de 17 h à 20 h) et qu'elle l'invite à y participer avec les autres parents.

Mme D. lui répond en *pointant du doigt* : « Je ne veux pas venir à cette fête et Zoé n'y participera pas non plus, je n'ai pas la tête à ça ! ».

Anna, déconcertée, *pâlit*, *s'assoit*, *pose vivement ses paumes de main* sur le bureau, *fronce les sourcils*... et dit : « Nous souhaitons que tout le monde participe à cette fête ! ». Mme D. la *regarde fixement*, *raidit son buste* et dit : « Votre demande de participation financière est trop élevée ! » et elle ajoute d'*un ton sec*, avec un *grand mouvement du bras droit qui la déstabilise* : « D'ailleurs j'ai des problèmes avec X. (son mari), il veut vivre sa vie... » Elle ajoute quelques détails sur sa vie privée et dit : « Il a fermé les vannes ! ».

Anna *se lève lentement*, *s'approche de Mme D.*, *la regarde* gentiment et lui dit : « Je vous comprends, vous avez certainement des difficultés financières liées à cette situation, mais j'aimerais que vous veniez car Zoé risquerait de se sentir exclue ; vous ne voulez pas ça, j'en suis certaine ? ». Mme D. dit : « Non, bien sûr, mais baissez le montant de ma participation ! ». Anna *se rassoit*, *l'œil vague*, ses jambes *se balancent* sous le bureau, elle *tapote son stylo* ; elle réfléchit quelques instants puis elle passe un coup de fil. En raccrochant, elle *sourit*, *se rapproche très près* de Mme D., *la prend par les épaules* et lui dit : « C'est possible ! ». Mme D. est *ravie*, *son œil pétille*, elle viendra avec Zoé à la fête.

Remarque

Nous avons indiqué par des mots en italique dans le texte, le langage non verbal d'Anna et de Mme D.

Dans cette situation non verbale, c'est l'expression :

- des *postures* : notons ici les positions du corps, la façon de se lever, de bouger la tête... ;
- des *gestes* : notons ici les mouvements des bras, des doigts, du buste, des jambes... ;
- du *regard* : émetteur d'encouragement, de désapprobation ou de satisfaction ;
- des *mimiques* : sourires, froncement des sourcils...

C'est aussi :

- la *distance* entre les deux interlocuteurs (*proxémie*) ;
- le *changement* de couleur de la peau (elle *pâlit*...) ;
- le *toucher* (elle la prend par l'épaule...).

1 Récapitulatif des signes caractéristiques de la communication non verbale

La communication non verbale, c'est l'expression de signes (ou signaux) émis par la personne et qu'il faut savoir observer car ils ont valeur de langage. On distingue :

- les *postures*. Ex. : positions du corps (assis au fond ou au bord de la chaise…), de la tête (hochements…), du buste (raide, courbé…), façon de marcher, de se lever, de s'asseoir, de se coucher… ;
- les *gestes*. Ex. : mouvements des mains (croisées, ouvertes, crispées), des doigts (utilisés pour tapoter un stylo, pour se gratter…), des jambes (qui se balancent), des pieds (qui trépignent), du toucher de la main (vif, tendre…)… ;
- le *regard*. Ex. : fixe, fuyant, vide, absent, vague, anxieux, éteint, larmoyant, ou vif, franc, pétillant, chaleureux, encourageant, tolérant, moqueur, ironique… ;
- les *mimiques*. Ex. : sourire au coin des lèvres, froncement des sourcils, plissement du front, grimaces, tics nerveux… ;
- les *manifestations neurovégétatives*. Ex. : modifications de couleur de la peau (on rougit, on pâlit…), transpiration, sueurs, respiration accélérée…

Rôle de l'EJE

L'observation du langage non verbal

Les signes de la communication non verbale peuvent être observés aussi bien dans le sens « usager-professionnel » que dans le sens « professionnel-usager » (que l'usager soit un enfant ou un adulte !).

Le *professionnel* peut recueillir beaucoup d'informations sur l'usager qui ne peut pas (ou ne veut pas) s'exprimer (ce peut être le cas de jeunes enfants). En l'observant attentivement, il peut connaître les sentiments ou les besoins de l'enfant ou de sa famille et y répondre de façon adaptée.

Dans la situation à la crèche : Anna (directrice) qui observe la mère de la fillette, mesure le degré de sa colère aux signes suivants : Mme D. « pointe le doigt, raidit son buste, a un ton de voix sec, fait un grand mouvement du bras (qui la déstabilise)… » puis, dans un second temps, tout s'inverse : « son œil pétille, elle sourit » (elle a obtenu satisfaction).

L'*usager* (*l'enfant ou sa famille*) peut aussi connaître les intentions du professionnel par l'observation.

Dans la situation à la crèche, la mère de la fillette observe la directrice (Anna) :

- dans un 1er temps : Anna est rigide et ferme dans son attitude, « elle pose vivement ses paumes de mains sur le bureau, fronce les sourcils… » ;
- dans un 2e temps : Anna se détend, elle se rapproche de Mme D., la regarde gentiment, la tient par les épaules…

2 Grille d'analyse d'une situation de communication interpersonnelle professionnelle

La situation précédente présente une situation de communication entre deux personnes : Anna la directrice de crèche et Mme D. (maman d'une fillette de la crèche) qui refuse de participer à la fête de Noël à laquelle la directrice la convie.

Nous voyons que les formes *verbale* et *non verbale* se complètent. Nous allons utiliser les informations données dans la situation, pour compléter la grille d'analyse ci-après. Nous appelons A et B les deux acteurs (A étant le professionnel) (Tableau 26.1).

Tableau 26.1 Grille d'analyse d'une situation de communication interpersonnelle en milieu professionnel (ici la crèche).

Acteur A : un professionnel	Réponses	Acteur B	Réponses
Qui ? Anna (directrice de la crèche) **Le contenu du message de A** : – nature ? – caractéristiques ? **Le langage de A est-il** : – professionnel ? – familier ? – chaleureux ? – froid ? – compris par B ? – adapté ? – pourquoi ? (quels sont les mots qui vous paraissent inadaptés ?) **L'attitude de A** : – position et postures du corps – gestes, mimiques du visage – hochement de tête – jambe qui balance… **L'écoute de A** : Comment A manifeste-t-il une écoute attentive de B ? – postures – mots (lesquels ?) – reformulation (laquelle ?) **L'interaction** : – identifiez les différentes phases de la communication – effets sur A ? **L'évolution observée chez A** entre le début et la fin de la communication : – effets sur B ? **L'objectif** : – l'objectif de la communication est-il atteint ? – conditions relationnelles de cette communication (bienveillance, opposition, neutralité, agressivité ?)		**Qui ?** (Mme D., mère d'une fillette) **Le contenu de la rétroaction de B** : – nature ? – caractéristiques ? **Le langage de B est-il** : – professionnel ? – familier ? – chaleureux ? – froid ? – compris par A ? – adapté ? – pourquoi ? (quels sont les mots qui vous paraissent inadaptés ?) **L'attitude de B** : – position et postures du corps – gestes, mimiques du visage – hochement de tête – jambe qui balance… **L'écoute de B** : Quels effets provoquent sur B l'écoute de A ? – postures – mots (lesquels ?) – reformulation (laquelle ?) **L'interaction** : – effets sur B ? **L'évolution observée chez B** entre le début et la fin de la communication : – l'attitude – le vocabulaire – les relations **L'objectif** : – l'objectif de la communication est-il atteint ? – conditions relationnelles de cette communication (bienveillance, opposition, neutralité, agressivité ?)	

Conseils aux étudiants : chaque fois que l'occasion se présente, et principalement sur les lieux de stage, observez un maximum de situations de communication ; elles pourront vous servir, à la fois pour l'élaboration de votre rapport de stage et/ou de votre journal d'observation, mais aussi pour illustrer et mieux comprendre vos cours sur la communication.

C L'attitude d'écoute

L'écoute est un acte qui demande un engagement personnel : le temps investi dans l'écoute et l'attention portée à l'usager sont essentiels au tissage des liens relationnels. La reformulation est souvent nécessaire à la bonne compréhension. Pour écouter l'autre, il faut pouvoir faire abstraction de son propre point de vue. L'attitude d'écoute dans une relation à deux personnes n'est ni spontanée, ni facile. Pour mieux cerner les caractéristiques de l'écoute, on peut se référer aux classifications établies par Rogers[2] (psychosociologue) qui dénombre *sept attitudes fondamentales* dans la relation. Nous allons les décrire à partir d'un cas concret à titre d'exemple et voir ensuite quelle forme d'écoute doit privilégier le soignant.

Situation

Quelle sera l'attitude d'écoute de Maud ?

Mme J. expose un problème à Maud, EJE du service d'oncologie pédiatrique où sa fillette Léa est hospitalisée depuis quelques mois. Elle dit : « Je n'arrive plus à m'intéresser à la vie. Je fais ce que j'ai à faire, mais c'est tout. Je veux sortir Léa du service de soins. »
Voici les différentes réponses que Maud peut être amenée à faire à Mme J.

1 L'observation de sept attitudes d'écoute

À partir de la situation ci-dessus, voyons les sept attitudes d'écoute possibles selon le psychologue Rogers[1].

2 L'attitude d'aide

Cette attitude fait appel aux sentiments et vise à encourager l'autre.
Maud peut dire : « Ne parlez pas ainsi, je suis là pour vous aider, pour vous soutenir. Je viendrai tout à l'heure rester un moment avec vous pour discuter plus longuement de votre problème. »

3 L'attitude de décision

Cette attitude privilégie l'action. Elle est basée sur les ordres ou les recommandations. Elle tend à faire évoluer rapidement la situation.
Maud peut dire : « Il faudrait participer aux séances de la psychologue (Mme D.), faites-vous inscrire, elles ont lieu les mardi et vendredi. »

2. Rogers C. Psychothérapies et relations humaines. Théorie de la thérapie centrée sur la personne. Paris : ESF ; 2009.

4 L'attitude d'évaluation

Cette attitude tend à prononcer un jugement (c'est bien ou c'est mal !).
Maud peut dire : « Ne pas avoir le moral, c'est très dommageable pour votre santé, ça n'aidera pas votre enfant à guérir, il faut réagir ! »

5 L'attitude d'enquête

Cette attitude tend à poser des questions, à faire des investigations pour cerner toutes les données de la situation. Elle cherche (indirectement) à gagner du temps, à détourner la conversation qui a un aspect « gênant ».
Maud peut dire : « Y a-t-il eu un problème particulier pour vouloir faire sortir votre enfant du service ? » ; « En avez-vous déjà parlé à quelqu'un ? »

6 L'attitude d'interprétation

Cette attitude vise à chercher des explications, des causes, des motifs… En fait, elle les impose à son interlocuteur à partir d'hypothèses personnelles.
Maud peut dire : « Je pense que cette démotivation est liée à la durée de l'hospitalisation de votre enfant et à la fatigue liée aux trajets. »

◆ L'attitude de fuite

Cette attitude vise à s'abriter, à se protéger derrière des considérations générales pour mettre fin à l'écoute.
Maud peut dire : « Ne pas avoir le moral, dans une telle situation, c'est normal, Mme J. Essayez d'être patiente, la sortie de Léa ne devrait pas tarder. »

◆ L'attitude d'écoute active (compréhension)

Cette attitude est très respectueuse de la personne et favorise l'échange relationnel. Le professionnel s'en tient à « ce qui a été dit » par celle-ci. Il reformule ses propos en les résumant et sans y apporter d'élément personnel et il veille à manifester de l'intérêt aux propos entendus (*cf.* L'écoute active du professionnel, ci-après).
Maud peut dire : « Vous m'avez dit que vous ne vous intéressiez plus à rien et que vous souhaitez changer votre enfant de service de soins ; j'en ferai part à Mme Y. (cadre puéricultrice) qui viendra vous voir. Je suis certaine qu'on trouvera les moyens pour vous aider ».

Rôle de l'EJE

La recherche de la bonne attitude

Les six premières attitudes sont souvent le résultat d'une précipitation. Elles manifestent une tendance à régler le problème en imposant sa propre conception. Elles sont à éviter. Le professionnel doit rechercher quelle est l'attitude qui convient le mieux auprès de telle ou telle personne. C'est l'attitude d'*écoute active* qui doit être privilégiée (nous allons développer ci-après ses caractéristiques essentielles).

7 L'attitude d'écoute active

L'écoute active est recommandée aux professionnels, car elle permet un véritable *échange* où le discours de l'autre est intégré : on lui donne le droit de penser différemment et on lui reconnaît la possibilité de changer, d'évoluer. Expliquer, informer, convaincre sont des démarches vaines si elles ne sont pas en phase avec ceux auxquels elles s'adressent.
Il ne s'agit pas pour le professionnel de jouer au psychologue ou de répéter mot à mot la phrase énoncée par son interlocuteur. L'écoute active consiste à redire avec ses propres mots ce que l'on a pu comprendre. L'interlocuteur saura alors rectifier et préciser sa pensée s'il sent que la priorité lui est accordée pour mener la conversation comme il le désire.

◆ Les principes

L'écoute repose sur deux principes :
- la *réceptivité* : c'est l'ensemble des comportements qui manifestent à l'interlocuteur qu'on est attentif à lui, elle se traduit de différentes façons :
  - un contact visuel soutenu et chaleureux,
  - des expressions corporelles, c'est-à-dire des mimiques qui traduisent nos sentiments ;
- des *signes d'encouragement* qui aident la personne à poursuivre le dialogue, par la voix (acquiescements verbaux, onomatopées...), les hochements de tête...

◆ Les moyens

Pour relancer l'échange avec la personne, il existe deux types de questions :
- les *questions fermées* : elles sont courtes et simples, mais n'induisent que des réponses courtes et simples. Maud pourrait dire à Mme J. : « Vous n'avez donc pas le moral aujourd'hui ? » la réponse pourrait se limiter à un non de Mme J ;
- les *questions ouvertes* : elles laissent à la personne une plus grande liberté pour la réponse. Maud pourrait dire à Mme J. : « Vous n'avez plus envie de rien et vous souhaitez changer votre enfant de service. Comment envisagez-vous ce transfert ?

L'intérêt de la question ouverte est le recueil d'une information plus riche et plus détaillée qui permet à la personne de constater l'intérêt qu'on porte à son problème et l'envie d'aller plus loin dans l'échange relationnel. La question ouverte peut être utilisée avec la technique de reformulation (*cf.* ci-après).

D La reformulation

Reformuler les propos de l'autre consiste à lui en renvoyer le contenu, sans nécessairement en conserver la forme. Il importe surtout de n'ajouter aucun élément personnel et de n'y adjoindre ni évaluation, ni interprétation.

1 L'objectif et les intérêts

En reformulant à la personne le contenu de ses propos, le professionnel l'aide à voir clair dans sa propre démarche, à approfondir son point de vue, à préciser sa demande. Selon les situations, la reformulation a pour objectif :
- d'établir un climat de confiance ;
- de dégager l'essentiel de la conversation, de favoriser une réflexion ;

- de vérifier le sens de propos exprimés de façon confuse ;
- de soulager la personne « d'un poids » lié à une situation pénible ;
- de dédramatiser la situation (lorsqu'il y a une manifestation d'agressivité de la part de la personne) ;
- de permettre une responsabilisation de la personne.

Il apparaît donc que la reformulation sera d'autant plus efficace qu'on aura *su écouter* son interlocuteur préalablement.

2 Les types de reformulation

Voici différents types de reformulation que pourrait utiliser Maud (*cf.* Situation précédente) :

- la *reformulation par écho* : le professionnel répète simplement les mots que la personne vient de prononcer (cf. L'attitude d'écoute active précédemment citée) ;
- la *reformulation reflet* : si la personne dit : « Je suis complètement épuisée », « J'en ai marre », le professionnel peut dire : « Vous vous sentez à bout », « Vous êtes fatiguée ? » ;
- la *reformulation clarification* : dans la situation précédente, Maud pourrait introduire une phrase du type : « Vous voulez dire que votre moral est au plus bas, je vous comprends bien » ;
- la *reformulation de synthèse* : après un monologue assez long de l'interlocuteur, le professionnel peut introduire une phrase du type : « J'ai bien entendu, vous avez donc dit... » ;
- la *reformulation positive* face aux interpellations négativantes et disqualifiantes. Lorsque la personne dit : « Vous ne me faites pas confiance », le professionnel peut alors dire : « Si j'ai bien compris, il est important pour vous que je puisse vous faire confiance ».

3 L'utilisation des « relances »

Le professionnel peut aussi compléter la reformulation par des « relances », c'est-à-dire des propos qui invitent l'autre à aller plus loin dans sa réflexion ou à préciser ou à développer un point qu'il n'a fait qu'ébaucher.

Dans l'étude de cas précédente, Maud peut dire à Mme J. :

- « *Vous avez dit que..., est-ce que vous voulez bien précisez...* »,
- « *Vous avez dit que..., pouvez-vous m'en dire plus sur ce que vous ressentez...* ».

En (ré) écoutant ce qu'elle vient de dire, la personne peut être assurée qu'elle a bien été comprise et mieux prendre conscience de ce qu'elle pense. Elle pourra ainsi en dire davantage et ressentir alors un soulagement.

Rôle de l'EJE

Le professionnel doit *éviter d'abuser des reformulations* (elles peuvent agacer). Il faut, dans certains cas, expliquer le sens de cette reformulation. Ainsi si la personne vous dit : « Vous ne faites que répéter ce que je vous dis ! », vous pouvez lui répondre : « Je comprends votre agacement, pardon, c'était pour mieux m'assurer de vous avoir bien compris. » Les phrases de reformulation ont un effet bénéfique si elles sont le reflet d'une attitude authentique de compréhension de l'autre.

Chapitre 27

La communication interpersonnelle

A Les caractéristiques de la communication interpersonnelle

1 Intérêts

La communication interpersonnelle est un besoin fondamental. Elle a un rôle important dans l'évolution de l'être humain. Elle permet de tisser des liens entre les personnes. Elle est le moyen de mettre en commun des sentiments, des opinions, des expériences, des informations. Elle est indispensable au dynamisme physique et psychique.
Le Petit Robert dit : « La communication est le fait de communiquer, d'établir une relation avec quelqu'un, quelque chose » ; elle consiste à mettre en commun « une information ». La communication est un *acte*, l'information est son *contenu*.

2 Principe

Dans une communication interpersonnelle, il y a au moins deux partenaires : l'*émetteur* du message et le *récepteur* du message. Lorsqu'un message est compris, le récepteur est capable de donner une réponse adaptée au message reçu, donc d'entamer le dialogue. Pour cela, le récepteur doit pouvoir :

- entendre le message ;
- comprendre le message ;
- analyser le message.

Ce n'est qu'à l'issue de ces trois étapes qu'une réponse peut être élaborée.

3 Le schéma de la communication interpersonnelle

La situation de communication interpersonnelle peut être représentée par la Fig. 27.1[1].
Elle comprend :

- un *émetteur* (E), c'est l'origine de la transmission de l'information ;
- un *récepteur* (R), c'est le destinataire de l'information ;
- un *canal*, c'est le moyen physique ou matériel permettant la transmission de l'information ;

1. Guide de l'AP, Elsevier-Masson, p. 432.

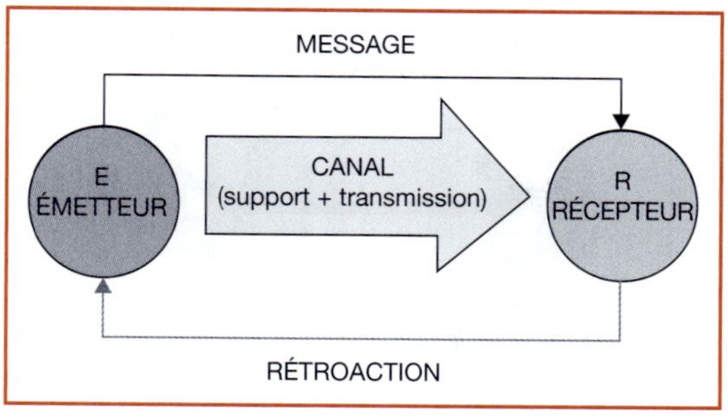

Fig. 27.1 **La communication interpersonnelle.**

- un *message*, c'est le contenu de l'informatif de la communication ;
- une *rétroaction*, c'est la réponse possible du récepteur et l'éventuelle remédiation apportée par l'émetteur.

Mémo plus

Les supports de la communication

Il existe trois formes de supports de communication :
- le *support oral* : entretien direct ou réunion ou entretien téléphonique ;
- le *support écrit* : lettre ou notes d'information, de service, dépliant, tract ;
- le *support visuel* : tableau, planning, graphique, affiche, affichette, vidéo, photographie.

B Les caractéristiques de la communication interpersonnelle (Fig. 27.2)

1 Les critères de qualité

Pour assurer la qualité de la communication, quelques « règles » sont à respecter :
- l'*émetteur* doit utiliser un langage clair, adapté à son (ou ses) interlocuteur(s) et se montrer motivé par son sujet ;
- le *récepteur* doit être prêt à recevoir le message en étant attentif et motivé par le sujet ;
- le *message* doit être clair, simple, intéressant, formulé dans un langage commun ;
- le *matériel* utilisé doit être en bon état de marche, adapté à la nature du message ;
- l'*environnement* doit être propice à la communication (éliminer les bruits parasites, prévoir un lieu adapté).

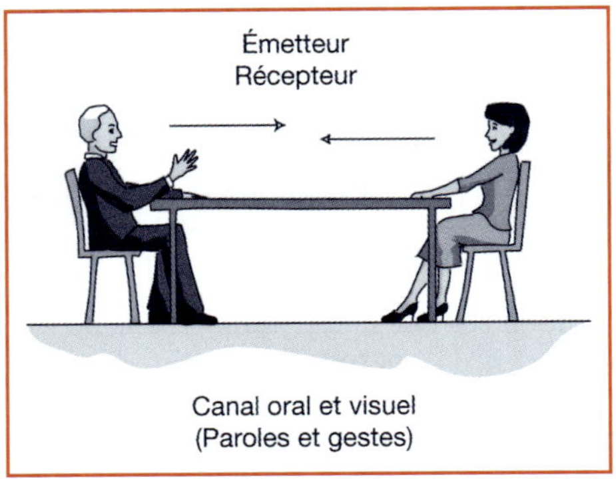

Fig. 27.2 **La situation de communication interpersonnelle [2].**
Les facteurs socio-affectifs influencent considérablement la communication interpersonnelle.

2 Les facteurs d'influence d'ordre socio-affectif

Ils sont présentés avec le tableau 27.1.

C Les méthodes facilitant la communication interpersonnelle

Il existe deux méthodes qui facilitent la communication entre deux personnes, tout particulièrement en milieu social.

1 La « redondance »

Lorsqu'on dit « c'est redondant » en parlant d'un texte écrit, l'opinion exprimée a une connotation plutôt péjorative : cela veut dire qu'il y a des répétitions. Dans le cadre de la transmission d'un message verbal, cela facilite la communication.
Le professionnel doit répéter une phrase sous la même forme ou sous une forme différente (il peut même y associer le gestuel). Répéter n'est pas alourdir le message, c'est le rendre

Tableau 27.1 **Facteurs d'influence d'ordre socio-affectif.**

Facteurs physiologiques	Facteurs culturels/spirituels	Facteurs affectifs	Facteurs sociologiques	Facteurs cognitifs
– Organes sensoriels de phonation – Système locomoteur – Système nerveux	– Éducation – Culture – Religion – Préjugés – Traditions – Habitudes…	– Sentiments – Impressions – Émotions – Les « non - dits » (inconscient)…	– Environnement – Entourage – Statut social – Génération…	– Intelligence – Mémoire – Raisonnement – Opinion – Idées – Information…

2. (Guide AP, J. Gassier, Elsevier-Masson).

plus compréhensible. C'est particulièrement apprécié par les tout jeunes enfants qui n'ont pas encore accès au symbolique. On peut alors leur parler d'un objet en le montrant.

2 La rétroaction ou « *feed-back* »

Cela signifie « l'information en retour ». Celui qui a adressé un message doit s'assurer qu'il a été réceptionné et compris par le destinataire (si ce n'est pas le cas, l'information doit être renouvelée). C'est une façon d'assurer la continuité de l'information, de vérifier son efficacité et de mettre en confiance les partenaires de la communication.

Mémo psy

Les limites du « feed-back[1] »

Le feed-back est une technique qui renvoie l'information du *récepteur* à l'*émetteur*, lui permettant de s'assurer que le message a été compris par le récepteur. Mais ce contrôle subit aussi l'influence des bruits et des filtres, et est donc *aléatoire*.

De toute façon, cette méthode connaît des limites ; il est en effet difficile d'envisager une conversation où l'on doit s'assurer à chaque étape que ce qui a été dit a été compris, elle risque de s'éterniser et de devenir particulièrement ennuyeuse.

Un des premiers points est de pouvoir remettre en question la « qualité » du message énoncé, avant de mettre en doute ses capacités d'attention, car il est nécessaire de considérer la communication comme une interaction (*processus d'action et de rétroaction*) entre deux personnes ou communicants.

Les difficultés d'attention et de compréhension sont fréquentes et, bien souvent, s'engage un *rapport de force* qui ne facilite en rien une simple conversation.

Force est de constater que les professionnels ne sont pas encore suffisamment préparés à ces techniques de communication orale.

1. Extrait du NCI (Nouveaux cahiers de l'infirmière), n° 3. Paris : Masson.

D Les obstacles à la communication interpersonnelle

Les obstacles à la communication sont multiples. Citons ceux le plus souvent constatés en milieu éducatif entre professionnel, l'enfant et les parents.

1 Le message est trop long et inadapté

Le message est inadapté à la personne et risque d'être incompréhensible. De plus, il n'est pas accompagné d'une redondance ou d'une rétroaction qui permettrait de le simplifier et de le clarifier.

Le message doit être adapté à la personne à qui il est destiné. Le professionnel ne doit pas utiliser des termes trop techniques ou professionnels ou des mots pouvant avoir un double sens, lorsqu'il s'adresse à un usager (surtout un enfant).

Situation

Les « mots » porteur de « maux »

Mathilde (EJE) dit : « Bonjour Hugo, je te propose de m'accompagner rejoindre les autres enfants qui jouent du xylophone dans la salle d'à côté. Je suis certaine que cela va te plaire ! »

Remarque

Hugo n'a pas compris la signification du terme « xylophone » ni le reste de la phrase (trop longue et inadaptée).

2 Le message est imprécis, subjectif ou partial

Certains mots imprécis, ou subjectifs (faisant appel aux sentiments ou vécu personnel) ou partial (avec une arrière-pensée) doivent être bannis du langage professionnel.

Situation

Les mots qui « font mal » !...

Jean-François, Julie et Marie, professionnels dans un institut médico-éducatif accueillent pour son premier jour une fillette (Sophia) présentant, outre sa déficience mentale, un problème de poids :

- Jean-François dit : « cette enfant est trop grosse » : le message exprime une opinion que Jean-François s'est forgé, mais ne donne pas d'éléments précis de description ou de comparaison ;
- Julie dit : « cette enfant pèse 30 kg » : le message exprime un fait mesurable, une information qui permet d'évaluer objectivement une situation ;
- Marie dit : « je supporte mal l'obésité chez l'enfant » : le message exprime le sentiment que Marie ressent à la vue de cette fillette. Cette phrase n'a aucune valeur d'information objective, et n'est ni professionnelle, ni respectueuse de l'usager.

Remarque

Dans cette situation, il est évident que c'est le message de Julie qui est *professionnel*, car il est *objectif* et *précis* et il *respecte* l'enfant.

E Les méthodes de communication adaptées aux situations psychologiques difficiles

Prenons (ci-après) l'exemple d'une conversation entre une maman fragilisée et la professionnelle (ici une EJE) qui l'accueille à la crèche avec son enfant.

Situation

L'aide apportée par Noémie à Caroline

Immédiatement après son accouchement, Caroline (âgée de 23 ans), célibataire, a dû être hospitalisée d'urgence dans une clinique psychiatrique pour une psychose puerpérale. L'enfant, David, a été confié à sa cousine pendant son absence (qui a duré un mois). Traitée, Caroline a pu revenir à son domicile et reprendre progressivement contact avec son bébé (elle est suivie par l'équipe d'intersecteur de psychiatrie infanto-juvénile). Aujourd'hui, Caroline place son enfant âgé de 2 mois ½ à la crèche où travaille Noémie (EJE). Cette jeune maman est présente tous les jours en période d'adaptation de l'enfant.

Voici ce qu'elle dit à Noémie et voici ce que Noémie lui répond : « Mon bébé refuse de téter, j'ai peur..., "ils" vont certainement me l'enlever car je suis une mauvaise mère (son visage est crispé, elle sanglote en disant ces mots !). Tout en se rapprochant de Caroline, Noémie la rassure (elle lui pose la main sur l'épaule) (1) et lui dit : « C'est ce que toutes les mères ressentent (2). Exprimer cette crainte est déjà une bonne chose. Nous pourrons vous aider (3). Vous avez entendu ce que le médecin de la crèche vous a dit (c'est d'ailleurs inscrit dans le carnet de santé) : votre enfant est en très bonne santé (4). Regardez (dit Noémie) comment je fais (elle prend l'enfant dans ses bras et lui sourit (5). À vous maintenant (6). Caroline prend l'enfant dans ses bras et veut directement lui donner le biberon. Attendez un petit peu avant de lui donner le biberon... Pour qu'il vous reconnaisse, lui dit Noémie, vous pouvez lui parler et lui faire quelques câlins. Le bébé est très sensible à la voix, à l'odeur et au contact de sa maman. Il faut prendre du temps pour qu'il vous « ressente » comme étant sa maman (7), Caroline câline son enfant. J'ai l'impression qu'il aime les caresses, l'enfant esquisse un sourire en regardant sa mère. Votre enfant aime bien vos caresses et aussi vous voir sourire (8). Vous avez raison, il faut que je me détende (9). Maintenant vous pouvez lui présenter le biberon lui dit Noémie ».

Remarque

Il s'agit d'une méthode de communication adaptée à une maman fragilisée. Voyons quelques commentaires faits sur chaque phrase prononcée[1] :

1. *Réassurance psychologique* de Caroline (qui est angoissée) par un léger contact physique de la professionnelle (*langage non verbal*) ;
2. *Réassurance sur sa fonction de mère* (montrer qu'elle n'est pas la seule à avoir des difficultés !) ;
3. *Réassurance sur l'aide possible* de la part des professionnels de la crèche ;
4. *Réassurance sur l'état de l'enfant.* Il s'agit de son premier bébé : il est important de la rassurer sur sa bonne santé physique ;
5. *Réassurance sur le geste.* Le principe est dans un premier temps de faire à sa place, mais devant elle ;
6. *Reproduction du geste.* Impliquer assez rapidement le parent dans le processus d'imitation ;
7. *Empressement* de la mère. La mère (trop anxieuse) veut se précipiter... la présence de la professionnelle et ses explications vont lui permettre de savoir prendre du temps avec son enfant ;
8. *Communication non verbale* (développer chez la mère les gestes et les mimiques de la communication non verbale) ;
9. *Obstacles à la communication* (l'état de convalescence après un épisode encore récent, la prise de psychotropes – parfois sédatifs ou stimulants – ainsi que la peur d'une décision de placement de l'enfant peuvent entraver la communication et accentuer l'anxiété de la mère).

Compétences professionnelles

Le professionnel doit savoir :

- *évaluer* l'état psychologique de la mère et le degré de sécurité de l'enfant ;
- favoriser l'établissement de *liens affectifs mère/enfant* afin d'amener la mère à prendre confiance dans *ses capacités de mère* en se basant sur l'apprentissage par *identification et imitation* ;
- développer la communication non verbale entre la mère et l'enfant.

Il veillera en particulier à :

- ne pas juger le comportement de la mère ;
- favoriser entre elle et son enfant une relation équilibrée (ni fusionnelle, ni rejetante) ;
- ne pas se contenter d'un apprentissage purement technique, mais mettre la mère en situation de donner sa « ration affective de lait » à son enfant ;
- faire les transmissions de la situation (à sa responsable et à l'équipe), car ce qui s'est passé est important et doit faire l'objet d'un *suivi*.

1. Les numéros correspondent à ceux de la situation.

F Les attitudes relationnelles lors de l'accueil de l'enfant et de sa famille (multi-accueil, crèche…)

L'accueil est un moment particulier où des personnes qui ne se connaissent pas ou peu se rencontrent. Le relationnel de l'accueil a donc une place considérable. Il oriente les rapports interpersonnels qui vont se nouer par la suite.

Le professionnel de l'enfant veille donc à se comporter de la manière suivante.

1 Être disponible

Dès l'accueil, le professionnel doit manifester sa disponibilité. C'est une attitude d'attention particulière à l'autre dans l'instant. La disponibilité se manifeste par :

- *des paroles de bienvenue*, chaleureuses et vraies, que l'on prononce en se présentant, en expliquant sa fonction :
  - « Je suis là pour (…) » ;
  - « Mon rôle est de (…) » ;
  - « Vous pourrez toujours me contacter quand (…) ».
- des expressions corporelles adaptées :
  - un *sourire* vrai, authentique, a le pouvoir de réchauffer immédiatement les rapports humains ;
  - un *regard* encourageant, compatissant, a des effets positifs indéniables sur l'interlocuteur ;
  - un *contact* : une poignée de mains, une main posée sur l'épaule rend le rapport plus « humain ».

2 Écouter et observer

Une écoute active permet de créer, entre le patient et le professionnel, une relation de confiance, rassurante, sécurisante, réconfortante qui participe à la thérapie (*cf.* Écoute active).
Il est conseillé au professionnel d'adopter un *état d'esprit positif* : pour être dans cet état d'esprit, le professionnel doit se considérer positivement et considérer le patient de la même manière.

3 Respecter l'enfant et sa famille

Pour comprendre l'enfant (ou sa famille), il faut faire preuve :
- *de neutralité bienveillante*, elle repose sur l'intérêt porté à l'autre (un intérêt désintéressé) ;
- *d'empathie*, c'est une aptitude et une volonté à contrôler ses propres réactions socio-affectives afin de comprendre les émotions de l'autre et se rendre disponible à l'autre.

Cette compréhension permet d'accueillir l'enfant comme un être humain dans sa globalité.

4 Être vrai dans son comportement et ses paroles

Être vrai, c'est être authentique, c'est donc communiquer à autrui les vrais sentiments qui l'habitent. Ce qui l'empêche de les manifester vraiment, c'est souvent la peur, la gêne. Cela peut s'observer à l'hôpital face à un enfant atteint d'un grave handicap ou en fin de vie ou des « proches » différents de nous (ne parlant pas le même langage). Il faut savoir gérer sa crainte et la dépasser.

Situation

L'accueil d'Hugo (26 mois) par Marjorie (EJE) à la halte-garderie

Hugo est un enfant timide, qui a toujours été « gardé » à son domicile, car de santé fragile. Aujourd'hui, il fait pour la première fois son entrée à la halte-garderie. C'est Marjorie (EJE) qui est chargée de l'accueillir avec sa maman. « Bonjour Hugo. Tu ne me connais pas. Je m'appelle Marjorie. On m'appelle Marjo. Tu pourras dire facilement mon nom » (elle le répéta deux fois en souriant à l'enfant et en lui tenant la main). Hugo reste blotti contre sa mère, l'œil inquiet. Marjo lui dit que la halte-garderie va lui plaire, car il y a beaucoup de jouets ! Elle propose aussitôt une visite des lieux (sans chercher à prendre l'enfant des bras de sa mère). « Regarde le toboggan. Es-tu déjà monté sur un toboggan ? Vois-tu les deux enfants qui s'amusent ? Ils ont ton âge. Je vais te les présenter : Sarah et Carlos. »
L'échange est bref… Chacun reste méfiant ! Puis l'heure du repas arrive. Hugo (tenaillé par la faim), accepte de quitter les bras de sa mère et de s'installer à table, à côté de ses nouveaux copains. Marjorie demande à la maman de dire « au revoir » à l'enfant et elle explique à Hugo qu'elle viendra le chercher après le repas. Hugo sourit et le repas se déroule harmonieusement. Marjorie reste présente en permanence à ses côtés. L'enfant ne parle pas, mais ne la lâche pas du regard. Marjorie lui dit : « Tu vois, tu es un « grand » ! À présent, tu as pris tes repas avec tes copains… comme ton grand frère Jules à l'école… ».

Remarque

Pour accueillir un enfant dans un lieu nouveau, avec des personnes inconnues de lui, il faut savoir utiliser non seulement les *bons mots,* mais aussi la *bonne attitude* et c'est ce qu'a fait Marjorie dans la situation. Elle a été *attentive* à l'enfant et a atteint son objectif : *le sécuriser* et *le rassurer*.

Rôle de l'EJE

Orienter, Renseigner, Respecter : c'est la règle d'ORR de l'accueil

O – Orienter (c'est-à-dire présenter)

L'EJE veille à :

- se présenter (nom, fonction...), a expliquer « concrètement » son rôle à l'enfant ;
- présenter le personnel (nom, fonction) et à expliquer concrètement leurs rôles auprès de l'enfant ;
- présenter les autres enfants (futurs copains de l'enfant) ;
- présenter la structure ou le service.

R – Renseigner (c'est-à-dire informer)

L'EJE veille à :

- renseigner les parents sur le fonctionnement de la structure ou du service (en lien avec le règlement de fonctionnement) ;
- se renseigner sur les habitudes de vie de l'enfant pour mieux satisfaire ses besoins (ex. : rythme alimentaire, rythme de sommeil, usage de la tétine, besoin d'un doudou pour dormir...) ;
- renseigner les différents membres de l'équipe sur l'enfant. Le professionnel transmet à l'équipe les informations recueillies auprès des parents (recueil de données) dans l'intérêt de l'enfant (réponse à ses besoins, ses habitudes de vie...) (*cf.* Mémo ci-après).

R - Respecter (l'enfant et sa famille)

a) Respecter l'enfant, c'est :

- répondre à ses besoins fondamentaux, (en particulier le sécuriser, lui parler...) ;
- lui proposer des objets de première nécessité (en particulier le doudou ou le biberon d'eau s'il est bébé) ;
- lui attribuer rapidement un « référent » parmi le personnel (cela peut être sécurisant pour l'enfant).

b) Respecter la famille de l'enfant, c'est :

- répondre aux questions des parents dans un langage clair et adapté ;
- s'assurer qu'ils ont bien compris et *reformuler* si nécessaire ;
- être disponible, souriante, à l'écoute ;
- respecter leurs traditions, leur culte, leur dignité ;
- éviter toute familiarité.

Mémo plus

La fiche de « recueil de données »

La fiche de recueil de données permet de mieux connaître l'enfant dans son environnement. Elle comporte des informations sur :

- l'habitat, l'entourage familial, la fratrie, la situation familiale des parents… ;
- les habitudes de vie, les antécédents, les besoins fondamentaux insatisfaits ;
- les allergies, le traitement en cours, la douleur (éventuellement), la peur (s'il a été hospitalisé ou placé dans un foyer de l'enfance)… peuvent s'ajouter à ce recueil.

Chapitre 28

Les techniques de transmission des informations

On appelle transmissions le fait de transmettre des informations. Tout professionnel de l'enfance (EJE, AP, puéricultrice…) doit savoir transmettre puisqu'il est appelé à travailler en équipe. Voyons l'exemple des transmissions *ciblées* très utilisées en milieux de soins.

A La transmission écrite

1 Caractéristiques des transmissions ciblées

On appelle transmission ciblée une méthode de transmissions écrites qui permet de comprendre rapidement la situation d'un patient (enfant ou adulte) et le processus de soins. Voici le schéma :

Données (D)→Actions (A)→Résultats (R)→DAR

(informations) (activité de soins)

Nous allons réfléchir aux caractéristiques des transmissions ciblées selon la formule mnémotechnique du QQQOCP[1].

◆ P – Pourquoi ? Quels sont les intérêts généraux des transmissions ciblées ?

Les transmissions ciblées permettent :

- d'avoir une *vision globale et synthétique* de l'enfant, donc d'éviter les retranscriptions répétitives ;
- de connaître les *problèmes prioritaires* de l'enfant au jour donné (ex. : changement de l'état de santé, du comportement) ;
- de faciliter la prise en charge personnalisée de l'enfant ;
- de constituer un *document légal* (ex. : dossier d'inscription, autorisations diverses…).

De ce fait, les transmissions répondent aux exigences de qualité d'accueil et d'accompagnement de l'enfant, qui sont :

- la lisibilité ;
- la continuité ;
- la sécurité.

1. Cette formule mnémotechnique est facile à retenir dans cet ordre-là, toutefois, il est conseillé de toujours placer le (P) *Pourquoi*, au début et à tous les stades de sa réflexion.

◆ Q – Par qui ? Qui rédige les transmissions ciblées ?

Ce sont les professionnels au sens large qui rédigent les transmissions ciblées.
Toute personne amenée à écrire dans un dossier doit impérativement indiquer son nom (ou éventuellement ses initiales si elles sont clairement identifiées au sein de l'établissement) ainsi que sa fonction.

◆ Q – Pour qui ? Quel est l'intérêt pour l'enfant ? Et pour les professionnels ?

Intérêts pour l'enfant

Les transmissions ciblées lui offrent :
- un accueil personnalisé adapté à ses besoins particuliers ;
- un accueil et des soins de qualité.

Intérêts pour les professionnels

Les transmissions ciblées permettent :
- de situer chacun dans sa fonction, son rôle, ses responsabilités (par l'indication de son nom et de sa signature) ;
- d'améliorer la communication dans l'équipe ;
- de développer les compétences et le professionnalisme par l'adoption d'un vocabulaire commun et la réflexion sur son travail ;
- de gagner du temps en évitant les retranscriptions répétitives.

◆ Q – Quoi ? Que regroupent les transmissions ciblées ?

Elles regroupent plusieurs documents complémentaires :
- le cahier de transmissions qui constitue une photographie du vécu quotidien de chaque enfant accueilli ;
- le projet d'accueil personnalisé qui fixe les objectifs éducatifs spécifiques à chaque enfant en lien avec le projet parental.

◆ C – Comment ? Comment se présentent ces documents ?

Afin d'offrir une vision globale de l'accompagnement et du suivi de l'enfant, les professionnels doivent veiller à articuler le contenu de ces documents, chacun ayant des informations particulières à donner concernant la situation de l'enfant et de sa famille.

◆ O – Où sont conservés les documents ?

Ces documents sont réservés aux différents membres de l'équipe. Ils doivent être accessibles aux professionnels qui seront garants de la confidentialité de leur contenu. Ces documents étant consultés et remplis quotidiennement, il s'agira pour l'équipe de les placer dans un lieu propice à leur utilisation (Fig. 28.1).

2 Intérêts du « DAR »

Toute cible renvoie à une information classée selon trois rubriques : *Données*, *Actions* et *Résultat (DAR)*.

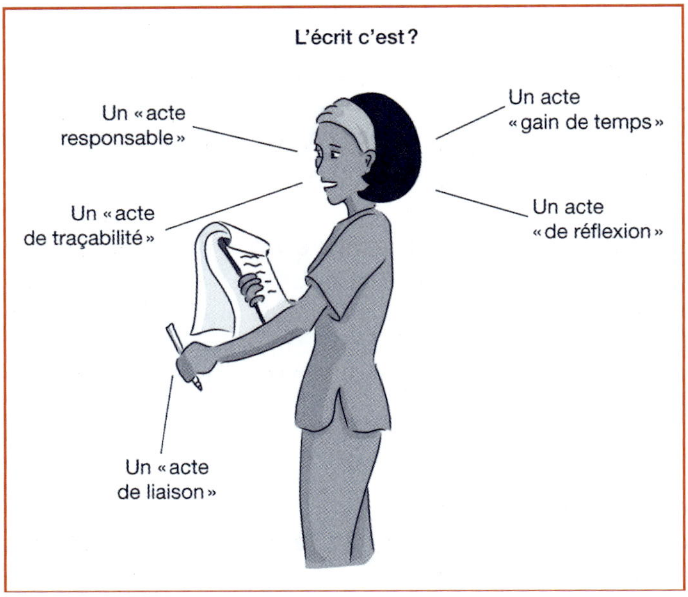

Fig. 28.1 **Qu'est -ce que la « transmission écrite » ?**
(Guide de l'AP, J. Gassier, Elsevier-Masson).

◆ Les données (D)

Ce sont des informations ou des observations émises par les professionnels. Elles peuvent être objectives ou subjectives. Elles valident la cible qui peut être un changement de comportement d'un enfant ou une préoccupation particulière (ex. : refus de se nourrir).

◆ Les actions (A)

Ce sont les actions réalisées (ou à réaliser) par les professionnels à partir de l'analyse de la situation de l'enfant. Ces actions doivent répondre au problème défini par la cible. Elles sont centrées à la fois sur :

- l'enfant :
  - soins d'hygiène et de confort (soins de prévention d'érythème fessier),
  - socialisation (stimuler l'autonomie, l'apprentissage des règles, l'intégration dans un groupe…),
  - actes éducatifs (démarche éducative, éveil).
- la famille :
  - soutien, reconnaissance et valorisation de la fonction parentale (ex. : continuité éducative),
  - collaboration avec les parents.

◆ Le résultat (R)

C'est l'effet des actions sur l'enfant et de l'intérêt porté à sa famille. On peut constater : une amélioration de son état ou de son comportement ou pas d'amélioration ou une aggravation. En fonction des résultats, la cible peut être fermée, réexaminée ou une nouvelle cible peut être ouverte.

3 Analyse critique des transmissions ciblées

Les transmissions ciblées, malgré les nombreux avantages qu'elles présentent, ont aussi leurs lacunes. Certains professionnels signalent que la pensée « ciblée » leur fait gagner du temps dans l'organisation de leurs actions, mais qu'elle ne répond qu'à des standards de problèmes cibles (avec actions/réactions) et que le principe des « cases à cocher » présente le risque d'*enfermer l'action éducative* dans une *grille* standard (qui peut être réductrice pour les pratiques).
En conséquence, les professionnels doivent en permanence se questionner pour améliorer la qualité de leurs pratiques. Les transmissions ciblées ne doivent, en effet, jamais aboutir à une prise en charge minimaliste de la personne (parce que trop ciblée, trop spécifique) car il faut, à l'inverse, toujours garder une vision de l'être humain dans sa « globalité ».

Rôle de l'EJE

Compétence attendues

Le professionnel doit comprendre tout l'intérêt des transmissions et participer activement au travail de coordination avec l'équipe. Il doit transmettre tous les éléments de son observation en respectant la règle essentielle : *Être clair, précis et concis.*

Le professionnel veille à :

- rechercher, traiter et transmettre les *informations* pour assurer la continuité de l'action éducative ;
- rechercher et hiérarchiser l'information concernant l'enfant et permettant de prendre en compte sa culture, ses habitudes de vie, ses goûts, son régime… ;
- transmettre les informations liées à la réalisation de l'activité ou du soin et alerter en cas d'anomalie ;
- s'exprimer au sein de l'équipe, en utilisant un *langage* et un *vocabulaire professionnels* ;
- utiliser des écrits professionnels assurant la *traçabilité* des activités ou des soins ;
- discerner les informations à transmettre dans le respect des règles *déontologiques* et du *secret professionnel*.

B La transmission orale (TO)

Les transmissions orales (TO) faites par les professionnels de la petite enfance fournissent des informations claires et concises sur l'accueil du jeune enfant et de sa famille et favorisent la coopération entre les divers membres de l'équipe. Cependant, les transmissions orales, malgré tout l'intérêt qu'elles présentent, ont besoin d'être complétées par les transmissions écrites (vues précédemment).
L'EJE est une profession de tradition orale. À l'inverse de l'expression écrite, l'expression orale est pratiquée avec plus d'aisance par l'ensemble des professionnels. Comparons ces deux modes d'expression.

1 Avantages de l'oral sur l'écrit

L'expression orale est plus :

- *valorisante* (beaucoup de professionnels s'expriment mieux qu'ils écrivent) ;
- *simple* (le vocabulaire est familier, il peut y avoir des répétitions) ;
- *subjective* (le professionnel peut exposer ses sentiments personnels) ;
- *rapide* (elle nécessite un temps de réflexion moins long et donne l'impression de perdre moins de temps).

2 Inconvénients de l'oral sur l'écrit

Si elle n'était pas constamment associée à l'expression écrite, l'expression orale présenterait des inconvénients majeurs. Il y a des *risques* de perte de l'information, de déformations, d'approximation, d'erreurs, d'oublis, de subjectivité, voire de limitation de la coopération. L'*échange est interpersonnel* : une seule personne est informée et non le groupe.

3 Intérêts des TO au niveau du professionnel (Fig. 28.2)

Les transmissions orales faites par le professionnel permettent de :

- donner des informations prioritaires concernant :
  - les soins apportés à l'enfant (ex. : change…),
  - le comportement du jeune enfant,

Fig. 28.2 **La pluridisciplinarité est la mise en commun d'informations issues de plusieurs disciplines.**

 – ses besoins fondamentaux (alimentation, sommeil, élimination…),
 – ses demandes particulières (habitudes de vie, culture, visite, loisirs…) ;
- assurer la *continuité éducative* et la sécurité (physique et affective) du jeune enfant ;
- *échanger ses idées* sur le projet éducatif ;
- mettre en place des objectifs éducatifs, les évaluer et les réajuster ;
- débattre en équipe sur certaines situations qui « font problème ».

C La méthodologie d'un exposé oral

L'EJE peut être amené à animer un groupe, ou à prendre la parole en groupe lors d'une réunion de travail.

1 Les caractéristiques d'un exposé

On différencie l'exposé de la simple prise de parole dans un groupe de travail, cette dernière permettant de faire part de son point de vue, d'une expérience.
L'exposé est une intervention d'une durée variable, qui s'adresse à un auditoire dans le but de transmettre un savoir sur un sujet défini. Il se caractérise par une sorte de compromis entre la langue parlée et la langue écrite. En effet, par la nature de sa préparation, l'exposé s'apparente à la communication écrite, mais il s'agit bien d'une communication orale : il est dit et non lu.

2 Rôle et objectif de l'orateur

L'orateur fait en sorte que la réunion se déroule comme prévu. Celui qui prend la parole en réunion, doit être :
- *compris*, il doit pour cela :
  – segmenter l'exposé,
  – utiliser des phrases simples et courtes,
  – employer un vocabulaire commun (termes connus du groupe),
  – varier les supports de communication (vidéo, polycopiés, tableau),
  – créer une interaction avec l'auditoire ;
- *écouté*, il doit donc :
  – varier le débit (qui ne sera ni trop lent ni trop rapide),
  – accepter les silences,
  – regarder les auditeurs,
  – se déplacer si besoin dans la pièce ;
- *entendu*, il doit :
  – installer correctement les auditeurs,
  – utiliser un registre de voix compréhensible par tous,
  – parler avec un volume suffisant, mais pas trop fort.

L'orateur a donc un double objectif : celui de facilitation et celui de régulation du groupe.
- un *rôle de facilitation* pour permettre une communication efficace dans le groupe,
- un *rôle de régulation* pour que la solidarité du groupe se maintienne (Tableau 28.1).

Tableau 28.1 **Rôle et objectifs de l'orateur.**

Facilitation	Régulation
Il s'agit : – d'écouter les participants ; – de solliciter les participants ; – de reformuler les questions ; – de faire des synthèses ; – de relancer les temps de paroles.	Il s'agit : – de motiver le groupe ; – d'encourager chacun à parler ; – de valoriser les participants ; – de susciter des prises de paroles ; – de faire respecter les temps de parole.

3 Préparation d'un exposé

Faire un exposé, c'est présenter oralement un sujet à un auditoire. L'orateur veillera à réfléchir préalablement selon la méthode du QQQOCP (Tableau 28.2).
Après cette réflexion, l'orateur doit en conséquence :

- *s'informer du type d'auditeurs* (tout public, collègues de travail, stagiaires, familles) afin d'adapter le contenu et la forme de l'exposé ;
- rassembler une *documentation* ;
- consulter des personnes ressources, le CDI… (tout dépend du sujet de l'exposé) ;
- faire un *plan* très structuré de son exposé ;
- ne rédiger que des *notes* (ne pas détailler l'exposé par écrit, seules la présentation et la conclusion peuvent être rédigées totalement) ;
- n'utiliser que le recto des feuillets ;
- prévoir des couleurs pour *mettre en évidence le plan* de l'exposé et les moments où l'on a prévu d'utiliser des documents (graphiques, photos, textes, citations…) ;
- *classer les documents annexes* selon l'ordre d'utilisation de l'exposé ;
- s'assurer de l'aménagement de la salle (présence ou non de tableaux, de micros, d'outils de projection). En vérifier le fonctionnement, se familiariser avec leur maniement si nécessaire.

Tableau 28.2 **Préparation de l'exposé oral.**

Q	Quoi ?	Quel est le thème de la réunion ?
Q	Qui ? (dit quoi à qui ?)	À qui est destiné l'exposé ? Quelles sont les attentes des participants ? Et donc par exemple : quels sont les aspects du comportement d'un enfant qui seront abordés ?
P	Pourquoi ?	Pourquoi donner ces informations ? Quel est objectif ?
Q	Quand ?	Quand doit-on prévoir l'exposé ? Quelle sera sa durée ?
O	Où ?	Où doit-on organiser l'exposé ? La salle est-elle prête, aménagée ?
C	Comment ?	Comment l'organiser ? Que dois-je prévoir ?

Rôle de l'EJE

Critères de réussite d'un exposé

Afin de réussir son exposé, le professionnel en situation d'orateur, veille à :

- soigner l'expression verbale ;
- utiliser un vocabulaire « commun », un langage professionnel adapté ;
- être attentif à l'expression non verbale : il doit renforcer le contenu de ce qui est dit. Il faut savoir modifier ses attitudes (se lever, se déplacer) au cours de l'exposé ;
- regarder les auditeurs. À la maîtrise de la parole, il est indispensable d'associer celle du regard. Le regard est le lien entre celui qui parle et celui (ou ceux) au(x) quel(s) il s'adresse. Il garantit l'efficacité de la communication ;
- préparer une *grille du déroulement* de son exposé. C'est une façon de planifier son action afin de ne rien oublier.

La préparation comprend :

- date ;
- sujet ;
- documentation ;
- aménagement des lieux ;
- élaboration des supports.

Évaluation du déroulement d'un exposé (non exhaustive)

Le professionnel évalue la réussite de son exposé aux différents stades de son déroulement :

- réalisation :
  - attitudes de l'orateur : voix (ton, articulation, débit), expression verbale (correction, vocabulaire), expression non verbale (posture, gestes, regard), attention à l'auditoire ;
  - contenu : plan (structure, articulations), utilisation du tableau ou autres supports, utilisation de documents (qualité, diversité), respect de la durée ;
- réactions du groupe :
  - écoute ;
  - intérêt ;
  - questionnement ;
  - reformulation, etc.

D La réunion

La vie d'une structure petite enfance est ponctuée de diverses réunions du personnel dont l'objectif numéro un est d'améliorer la qualité d'accueil du jeune enfant et de sa famille. Il existe différentes réunions.

1 Les intérêts de la réunion

La réunion permet à chaque professionnel :
- d'exprimer les difficultés rencontrées dans le cadre de son travail ;
- de trouver des solutions pertinentes (par des échanges d'idées multidisciplinaires) ;
- d'entretenir le sentiment d'appartenance à une équipe.

La réunion permet une réflexion sur :
- l'organisation de l'accueil ;
- l'utilisation et la gestion du matériel ;
- l'harmonisation du travail (l'objectif est de trouver la façon la plus consensuelle possible).

La réunion se fait dans le cadre de la *pluridisciplinarité* et bénéficie de tous les avantages de l'*interdisciplinarité* (voir Mémo ci-après).

Mémo psy

Les trois types de réunions

Si l'on veut faire une synthèse des objectifs d'une réunion, rappelons qu'on peut classer les réunions en trois catégories :
- réunion d'information : transmettre des informations ;
- réunion de discussion : échanger des informations, des opinions, des questions ;
- réunion de décision : résoudre des problèmes et rechercher les solutions.

La pluridisciplinarité

« La pluridisciplinarité est une mise en commun d'informations issues de plusieurs sciences ou disciplines. Elle relève d'une ouverture d'esprit, d'une curiosité intellectuelle qui pousse le professionnel à évoluer, à sortir de son domaine et de son langage propre.[1] »

L'interdisciplinarité

« L'interdisciplinarité exprime la dynamique entre les personnes qui échangent à partir de leur domaine de connaissance. Il ne s'agit plus d'accoler une série de connaissances, mais (par le lieu du dialogue) de les associer. Le résultat espéré est un enrichissement de la compétence des professionnels et de leur compréhension d'une situation.[2] »

1 Richard MS, préface de Brun D. Soigner la relation en fin de vie : famille, malades, soignants. Paris : Dunod ; 2004.

2 Lassaunière JM. L'interdisciplinarité jusqu'à la mort. Paris : Jalmalv ; 2005.

2 Le comportement en réunion

Le seul désir de comprendre ouvre la voie de communication. Le professionnel se forme en s'informant. Lors d'une réunion, certaines personnes manifestent souvent des réactions révélatrices de leur personnalité ou de leur vécu. Certaines de ces réactions ne sont pas professionnelles.

◆ Les attitudes observées en réunion

Parmi les traits de personnalité observés le plus souvent, citons les bavards, les agressifs, les contestataires, les moralisateurs, les sages, les timides, les égocentriques (Fig. 28.3). De façon plus générale :

- certains participants ont des difficultés à prendre la parole dans un groupe. Pourquoi ?
  - *ils n'ont rien à dire* parce qu'ils sont d'accord, parce qu'ils ne sont pas concernés…,
  - *ils ne peuvent pas parler* parce qu'ils ne savent pas ou croient ne pas savoir, parce qu'ils n'ont pas le vocabulaire ou croient ne pas l'avoir, parce qu'ils ne sont pas écoutés ou croient ne pas l'être… ;
- un participant peut jouer le rôle de « leader ». Il dirige, influence, contrôle le travail du groupe. Il peut être institutionnel par son statut (par exemple : directeur, EJE, puéricultrice, AP) ;
- les affinités et les conflits existent dans un groupe, mais ne sont pas durables. Un groupe évolue. Un climat trop conflictuel peut remettre en cause la cohésion du groupe et nuire à sa production.

Fig. 28.3 Portraits de quelques participants à une réunion de service (dans un groupe, chacun joue un rôle en fonction de sa personnalité et de son vécu).
(Guide de l'AP, J. Gassier, Elsevier-Masson).

◆ Les interventions positives en réunion

On peut distinguer deux catégories d'interventions (les positives et les négatives) ; avoir une attitude positive, c'est avoir la volonté d'aboutir. Citons quelques attitudes positives. Pour qu'un groupe soit productif, il faut que certaines règles soient respectées par les participants. Il faut savoir :

- manifester de la solidarité ;
- réduire les tensions ;
- être coopératif ;
- écouter ;
- ne pas couper la parole ;
- être concis, bref ;
- parler en son nom, utiliser le « je » ;
- éviter la critique, la mise en cause des personnes ;
- éviter les jugements de valeurs.

Chapitre 29

L'animation d'équipe et de réunion

A Les différents types de réunions

Situation de communication orale impliquant plusieurs personnes, les réunions et groupes de travail ont pour but de présenter des informations, d'exprimer des réflexions, des questions, de confronter des opinions, de prendre des décisions, d'aboutir à des productions. La réunion facilite le dialogue social et la production grâce aux échanges qu'elle génère. Mais attention, elle doit être vraiment utile et efficace car l'excès de réunions peut au contraire nuire au bon fonctionnement de la structure et du service. Suivant l'objectif que l'on veut atteindre, on peut organiser différents types de réunions (Tableau 29.1).

Rôle de l'EJE

L'EJE doit pouvoir identifier les différents types de réunions et leurs objectifs respectifs, connaître les moyens de préparation d'une réunion et les supports écrits qui y sont associés (convocation, ordre du jour, liste d'émargement). Enfin, il doit pouvoir se situer parmi les participants à ces réunions en fonction de son rôle dans l'équipe.

1 Exemples de deux types de situations

Nous allons voir différents types de situation en fonction du contexte professionnel et nous les analyserons.
Situation 1 : Réunion organisée par la directrice de crèche (Mme A.)
Mme A. (EJE) est directrice de la crèche municipale où elle accueille 32 enfants. Aujourd'hui, elle a demandé au directeur de la maison de retraite adjacente de lui réserver la grande *salle de conférences*, Jeudi (de 18 h à 19 h) afin d'y recevoir les parents des enfants (50 personnes environ), à qui elle a des informations importantes à transmettre. Une *convocation* sera adressée par voie postale à chacun d'eux avec l'*ordre du jour*, dès l'accord de la direction de la maison de retraite pour le local.

Tableau 29.1 Les différents types de réunions, leurs objectifs, leurs caractéristiques.

Types de réunion	Objectifs	Caractéristiques	Exemples dans le secteur sanitaire et social
1er type La réunion : – d'information – de décision	Transmettre les informations	Animation de type directif	Réunion du personnel organisée par un cadre supérieur ou directeur (*cf.* Situation 1)
2e type La réunion de : – résolution de problèmes – négociation	Résoudre des problèmes et rechercher une solution Adopter un projet	Animation de type semi-directif (il y a discussion et prise de décision par le responsable)	Réunion de présentation d'un projet Réunions autour des transmissions, des observations
3e type La réunion : – de discussion – d'intégration – de « groupe de paroles »	Échanger des informations, des opinions, des questions	Animation de type non directif (pas de rapports hiérarchiques entre les participants)	« Groupes de parole » Réunion pour accueillir un nouveau collègue Réunion pour parler d'un projet avant de le présenter à une hiérarchie Groupe d'analyse des pratiques

2 Analyse de la situation

Analysons les différentes situations en utilisant la méthode du QQQOCP (Tableau 29.2).

Tableau 29.2 Utilisation de la méthode du QQQOCP.

Méthodologie		Questionnement
Quoi ?	La réunion ?	À quel *type de réunion* rattachez-vous chacune des situations ?
Qui ?	Les acteurs ?	– Qui sont les *participants* ? les *organisateurs* ? – Quels sont leurs problèmes ? quels sont leurs *liens hiérarchiques* ? Leurs attentes de la réunion ?
Quand ?	Le contexte de temps ?	Ces réunions sont-elles *planifiées* ? *organisées* ? Quelles sont leurs durées ?
Où ?	Le contexte de lieu ?	– Où se déroulent ces réunions ? (*contexte professionnel*) – Quels sont les critères de *choix* du local ?
Comment ?	Le contexte de moyens ?	– Quels sont les critères d'aménagement de l'*espace* (*choix des tables ?*) – Quels *documents* doivent être prévus pour *informer* les participants ? – Quel *mode* d'animation ou *technique* d'animation est (ou sera) adopté(e) pour chaque réunion ?
Pourquoi ?	Les objectifs visés ?	– Quel est le *but à atteindre* pour les organisateurs de ces réunions ? – Quelles sont leurs *attentes* ? Comment en *évaluer* les résultats (efficacité de la réunion) ?

B La préparation d'une réunion

La réunion est le plus souvent organisée à l'initiative du responsable du service ou de la structure, mais bien d'autres personnes peuvent participer à la préparation. Différentes actions sont mises en œuvre pour préparer une réunion. Certains outils y sont associés (Tableau 29.3).

1 L'intérêt des supports de communication visuelle

L'animateur a intérêt à prévoir des *supports* de communication visuelle pour illustrer et renforcer son discours. Ces supports permettent également une meilleure compréhension et mémorisation du message que l'on veut transmettre. En outre, les documents remis aux participants leur permettent de garder une trace visible de certains points abordés.

Mémo plus

Le choix des tables de réunion

Le choix des tables et la disposition des chaises dans une salle de réunion influencent les échanges entre les participants et privilégient certains « réseaux » de communication.
Donnons quelques exemples (Fig. 29.1).

C Les modes et techniques d'animation

Selon la personnalité de l'animateur, il est possible de repérer trois modes d'animation : directif, semi-directif ou non directif (Tableau 29.4).

1 La décision

Lorsque le groupe est amené à choisir entre plusieurs propositions, le choix peut être fait :
- de *façon autoritaire*, par la personne responsable ;

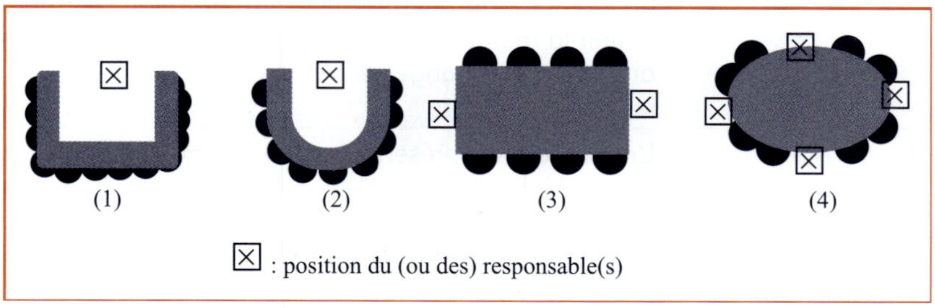

Fig. 29.1 **Choix des tables en réunion.**
(1) en U ; (2) en demi-cercle ; (3) rectangle ; (4) ovale.

Tableau 29.3 Préparation d'une réunion.

Actions à mettre en œuvre	Outils
L'organisation doit :	
– prévoir la *liste des professionnels* concernés par le sujet de la réunion ;	Organigramme
– rédiger l'*ordre du jour* (précisant le thème central de la réunion) et la *convocation* à envoyer aux participants ;	Ordre du jour, convocation
– rédiger la *liste d'émargement* avec les noms et fonctions des personnes convoquées à la réunion et une colonne réservée à la signature ;	Liste d'émargement
– *organiser la salle*. La disposition des tables doit être propice aux échanges ;	*Cf.* schéma du choix des tables (page précédente)
– *prévoir les supports matériels*. Exemples :	
• documents d'accompagnement,	Photos, photocopies, articles de presse…
• matériel de visualisation,	Rétroprojecteur, vidéoprojecteur
• matériel de prise de notes.	Feutres, tableau blanc, etc.

- par *négociation* jusqu'à obtenir un consensus, c'est-à-dire une adhésion de l'ensemble du groupe à une proposition faite par l'animateur du groupe.

Le consensus demande un long temps de discussion et d'harmonisation entre les participants à la réunion.

2 Les outils

L'animateur peut utiliser divers outils pour animer ses réunions. Citons à titre d'exemples :

- le *brainstorming*[1] : il s'agit d'une technique de recherche d'idées spontanées. Chacun en émet « une » et ensuite on met tout sur la table ;

Tableau 29.4 Modes et techniques d'animation.

Modes d'animation	Caractéristiques	Effets sur le groupe
Mode directif	L'animateur impose sa méthode de travail, donne son point de vue (toutes les idées passent par lui).	Ce mode ne favorise pas les échanges dans le groupe.
Mode semi-directif	L'animateur présente l'ordre du jour, propose au groupe de définir la méthode de travail, organise les échanges entre les participants.	Ce mode encourage la motivation des membres du groupe et stimule les interactions.
Mode non directif	L'animateur est présent. Il observe les participants, il répond aux questions mais les laisse libres de s'organiser entre eux.	Ce mode stimule les échanges et les interactions mais peut entraver la « cohésion » du groupe (risque de tensions…).

1. On l'appelle aussi « remue-méninge » en français.

- le *QQQOCP* (Qui, Quoi, Où, Quand, Comment, Pourquoi) : il s'agit d'une méthode utile pour faire réfléchir le groupe et résoudre un problème, analyser une situation (nous l'utilisons souvent dans cet ouvrage) ;
- le *tour de table* : il consiste à demander aux participants de prendre la parole à tour de rôle. Cela stimule les personnes timides ou réservées, mais attention, car il peut également les mettre mal à l'aise ;
- l'*organisation en atelier, par « petits groupes »* : les participants sont divisés en groupe de 3 à 6 personnes qui vont travailler sur un thème précis. Un rapporteur est désigné dans chaque groupe pour faire la synthèse du travail réalisé. L'animateur passe de groupe en groupe pour aider les groupes à atteindre leurs objectifs. Une synthèse est mise en commun en fin de réunion.

Mémo plus

Les critères de qualité d'une réunion d'équipe

Pour réussir une réunion avec l'équipe, il faut la préparer et prendre en compte certains « critères de qualité » qui permettent d'atteindre plus facilement les objectifs visés. Il faut considérer les éléments suivants.

Le contexte humain

Il s'agit des personnes en présence. Dans un groupe de petite taille, il y a plus de cohésion, les membres participent davantage, les échanges sont plus satisfaisants. Dans un grand groupe, il y a moins d'implications personnelles et donc plus de frustrations. De plus, il faut tenir compte des rapports hiérarchiques, des affinités et des personnalités susceptibles de favoriser la cohésion du groupe ou de lui nuire.

Le contexte de l'environnement

Pour faciliter l'audition, il faut éviter les bruits parasites, les conversations en aparté et les sonneries de téléphone. Le choix du lieu est important, il doit privilégier le calme, mais le « comportement respectueux » des participants prend une part importante à la réussite de la réunion.

Le contexte du temps

La durée de la réunion ne doit pas être le fruit du hasard. Elle doit être programmée : trop courte, elle engendre des frustrations, trop longue, elle est fatigante et engendre la lassitude et la dispersion.

Le contexte de moyens

Certains matériels et certains supports écrits seront préparés par l'animateur de la réunion. Ils ont toute leur importance (articles de presse, photos, DVD, etc.).

La réunion est annoncée à l'avance aux personnes concernées par « convocation » (avec ordre du jour).

Les tables sont préparées méthodiquement pour pouvoir échanger plus facilement.

D L'animation d'une réunion (situation)

Quel que soit le type de réunion programmé, il est indispensable qu'une personne prenne en charge son déroulement. C'est le rôle de l'animateur qui doit aider le groupe sans chercher à s'imposer ou à l'influencer par ses idées.
Notons que, selon le contexte professionnel, l'animateur d'une réunion n'est pas obligatoirement l'organisateur, ni le responsable hiérarchique. Nous allons donner un exemple pris dans un institut médico-éducatif. Dans ce type de structure, ce sont généralement le directeur ou les chefs de service qui organisent les réunions. Le lien hiérarchique est très présent.

Situation

Réunion organisée par un chef de service (Mme B.)

Mme B. (*chef de service à l'IME*) accueille aujourd'hui en salle de réunion les 28 professionnels des unités d'accueil (*EJE, éducateurs spécialisés, moniteurs éducateurs…*). Objet de la réunion : achat d'une structure de jeux.
Mme B. propose aux personnes de s'installer autour des tables (qu'elle a disposées en U) et s'installe de façon à être « bien vue et bien entendue » des participants.
Elle les remercie de leur présence et leur rappelle « l'ordre du jour ». Elle leur signale que la réunion devra se terminer à 11 h (car une autre réunion est prévue ensuite dans cette salle).
Mme B. demande à Zohra (l'éducatrice spécialisée) de faire circuler la « liste d'émargement » et de la lui ramener (il y a trois absents).
Elle leur présente rapidement le déroulement de son intervention et remet, pour commencer, à chacun des participants les documents concernant l'aire de jeux. Il y a huit feuillets représentant chacun un modèle, avec le descriptif (matières, entretien, prix…). Mme B. leur fait ensuite visionner un DVD où des enfants évoluent sur la structure de jeux. Elle donne ensuite quelques minutes pour réfléchir et ouvre le débat.

- *Annie* (*monitrice éducatrice*) parle la première, en critiquant le choix de la marque, « elle aurait préféré que plusieurs fournisseurs soient représentés ! » ;
- *Emilie* (*éducatrice spécialisée*) lui emboîte le pas en critiquant l'architecture de la structure qu'elle ne trouve pas suffisamment « *secure* » pour les tout petits… ;
- *Sonia* (*la jeune EJE*) trouve au contraire que l'architecture proposée est très moderne et adaptée puis, dit à Emilie « qu'il faut savoir évoluer avec son temps !... » ;
- *Zohra* (*éducatrice spécialisée*) est d'accord avec elle (et le dit haut et fort). Le débat s'anime (…).

Mme B. écoute les unes et les autres calmement. Elle demande l'avis de plusieurs participants qui, bien que professionnels chevronnés, n'osent pas s'introduire dans le débat même si pourtant ils apprécient l'aire de jeux proposée.
Mme B. (d'un geste ferme de la main) calme l'enthousiasme verbal (et un peu dominateur) des jeunes professionnelles et reprend la situation en main. Elle sélectionne deux modèles, qui semblent plus particulièrement répondre aux attentes en termes d'évolutions motrices et de sécurité de la majorité ; elle reprend les commentaires de quelques participants pour en faire la synthèse, puis (après un *tour de table* et nouvelle *concertation*) leur demande de choisir entre les deux modèles (un des deux modèles est finalement choisi à la quasi-majorité).
Le choix est fait, la *décision* est prise par Mme B.
Le « *compte-rendu* » de la réunion est signé (il est 10 h 55). Mme B. en donnera copie aux participants et l'enverra aux absents.
Mme B. se lève la première, remercie les personnes et leur donne congé.

E L'analyse des trois temps de la réunion

Pour analyser cette situation, utilisons à nouveau la méthode du QQQOCP et étudions les trois temps de l'animation (Tableau 29.5).

Tableau 29.5 Le rôle de l'animateur, les moyens et les outils.

Les trois temps de la réunion	Moyens et outils
L'animateur guide le groupe à travers les trois temps d'une réunion. **1er temps : le lancement de la réunion** C'est un temps d'introduction, de présentation. Il faut : – tenir compte des *rapports hiérarchiques* ; – *se présenter* (si nécessaire) ; – *vérifier les présences et les absences* ; – rappeler le *thème* de la réunion, ses *objectifs* et sa *durée* ; – présenter le *plan de travail*, le déroulement, les *techniques* d'animation…	*Organigramme* de la structure *Liste d'émargement* *Ordre du jour* *Supports visuels* (DVD) et/ou *supports* *écrits* (photocopies)
2e temps : le développement de la réunion L'animateur veille à : – faciliter les *échanges* entre participants ; – recadrer les *objectifs*, éviter la dérive des échanges vers des sujets exclus du champ du groupe[1] ; – pratiquer « l'écoute active » ; – utiliser le *langage non verbal* ; – *apaiser* les éventuels conflits ou tensions (agressivité verbale) ; – faire un « tour de table » ; – s'assurer de la *compréhension*, du suivi du débat par tous les participants ; – *valoriser le groupe* : veiller à ne pas déprécier sa production, même si elle semble minime (proposer des modalités d'amélioration)	Attitudes de l'animateur : – encourager les *timides*, solliciter les *silencieux* ; – modérer les *bavards* ; – *être attentif* à chacun ; – utiliser la « *gestuelle* » pour renforcer l'attention ; – *maîtriser* ses réactions, *calmer* les agressifs ; – *questionner* ++ ; – *reformuler*, *noter* au tableau ; – proposer livres, revues, stages, actions de *formation*[2].
3e temps : la conclusion de la réunion C'est le moment de la conclusion. Il s'agit de : – récapituler les *points importants* et la *décision* prise ; – répartir les *rôles de chacun* (s'il y a un projet) ; – proposer une autre réunion (si nécessaire) ; – *remercier* les participants et prendre congé.	Formalités : – rédiger un « compte rendu » ; – rappeler les noms des personnes désignées.

1. Sont exclus les débats en réunion professionnelle : *les salaires, les classifications* (loi de 1982).
2. Dans le cadre de son statut au sein de la hiérarchie.

Mémo plus

Les deux fonctions de l'animateur

- **1. Facilitation**
  - Compétences attendues (exemples)
    - observer
    - écouter
    - solliciter
    - reformuler
    - analyser
    - synthétiser
- **2. Régulation**
  - Compétences attendues (exemples)
    - faire respecter l'ordre du jour, la durée de la réunion
    - gérer les temps de parole
    - motiver, encourager, valoriser
    - harmoniser

F Le comportement en réunion

Le seul désir de comprendre ouvre la voie de la communication. L'EJE se forme en s'informant. Lors d'une réunion, certaines personnes manifestent souvent des réactions révélatrices de leur personnalité ou de leur vécu. Certaines de ces réactions ne sont pas professionnelles, mais doivent être prises en compte. En effet, les espaces (privé/professionnel) sont intimement liés, notamment dans le champ social où il est question de la relation à l'autre.

1 Les attitudes observées en réunion

Parmi les traits de personnalité observés le plus souvent, citons les bavards, les agressifs, les contestataires, les moralisateurs, les sages, les timides, les égocentriques. De façon plus générale :

- certains participants ont des difficultés à prendre la parole dans un groupe. Pourquoi ?
  - *ils n'ont rien à dire* parce qu'ils sont d'accord, parce qu'ils ne sont pas concernés…,
  - *ils ne peuvent pas parler* parce qu'ils ne savent pas ou croient ne pas savoir, parce qu'ils n'ont pas le vocabulaire ou croient ne pas l'avoir, parce qu'ils ne sont pas écoutés ou croient ne pas l'être… Un participant peut jouer le rôle de « leader ». Il dirige, influence, contrôle le travail du groupe. Il peut être institutionnel par son statut (par exemple : directeur) ;
- les affinités et les conflits existent dans un groupe, mais ne sont pas durables. Un groupe évolue. Un climat trop conflictuel peut remettre en question la cohésion du groupe et nuire à sa production.

2 Les interventions positives en réunion

Avoir une attitude positive, c'est avoir la volonté d'aboutir. Citons quelques attitudes positives. Pour qu'un groupe soit productif, il faut que certaines règles soient respectées par les participants. Il faut savoir :

- manifester de la solidarité ;
- réduire les tensions ;

- être coopératif ;
- écouter ;
- ne pas couper la parole ;
- être concis, bref ;
- parler en son nom, utiliser le « je » ;
- éviter la critique, la mise en cause des personnes ;
- éviter les jugements de valeurs.

G L'analyse des interventions en réunion

Lors des échanges en réunion d'un groupe de personnes, on remarque que les interventions de celles-ci peuvent se limiter à *deux grandes catégories* : celles orientées sur la tâche du groupe et celles orientées sur l'ambiance et le relationnel[2].

1re catégorie d'intervention	
Interventions orientées sur la tâche du groupe	
Les questions	**Les réponses**
Exemples : – demande d'*information* (Pourquoi ? Comment est-ce arrivé ?) ; – demande des *dispositions*, des *directives*… (il faut faire en sorte que…).	Exemples : – donne des *informations* (cela s'est produit à cause de…) ; – prend des *dispositions*, des *directives*… (je vais demander l'application de telle mesure…)
2e catégorie d'intervention	
Interventions orientées sur l'ambiance, le relationnel du groupe	
Les positives	**Les négatives**
Exemple : – manifeste de la *compréhension*, de la *solidarité*, de l'*empathie*… (nous ferons en sorte d'aider cette personne… Elle fait ce qu'elle peut !)	Exemple : – n'est jamais d'accord, entretien l'*hostilité*, les *mises en cause*… (c'est inacceptable, cette personne ne comprend rien…)

Rôle de l'EJE

Respecter « la charte de comportement en réunion »

La « charte de comportement en réunion » est un « outil » qui précise les « devoirs » de chaque membre du groupe. Elle doit être élaborée à l'aide des personnes concernées. Celles-ci doivent admettre que la qualité d'une réunion de travail ne dépend pas uniquement de l'animateur de la réunion, mais suppose un comportement actif et positif de chaque participant. Nous donnons un exemple de « charte de comportement » élaborée par les membres d'un service de soins. Il est loin d'être exhaustif, mais indique les règles essentielles de comportement des professionnels attendues en réunion.

2. D'après la théorie de F. Bales.

Mémo plus

La charte du comportement en réunion

Chaque participant à la réunion s'engage à :

1. être ponctuel ;
2. ne pas se laisser déranger (mobiles interdits) ;
3. respecter la durée de la réunion ;
4. respecter l'animateur (par son comportement et ses paroles) ;
5. respecter les intervenants (par son comportement et ses paroles) ;
6. respecter l'ordre du jour ;
7. oublier ses intérêts personnels (exposer les cas généraux), ne pas monopoliser la parole ;
8. ne pas interpréter ou déformer ce qui a été dit ;
9. éviter les sous-entendus (parler vrai) ;
10. respecter l'éthique et la discrétion professionnelle.

Fig. 29.2 **Portraits de quelques participants à une réunion de service (dans un groupe, chacun joue un rôle en fonction de sa personnalité et de son vécu).**

La conduite d'entretien

CHAPITRE
30

L'entretien est un support de communication orale qui permet un échange entre deux personnes en « face à face ». Dans le cadre de son travail, l'EJE est régulièrement amenée à réaliser des entretiens avec les familles, les professionnels et les partenaires.

A Les différents types d'entretien

Il y a trois types d'entretien :

- l'*entretien d'information*, effectué à l'entrée de l'enfant dans la structure (entretien avec sa famille) ;
- l'*entretien d'aide*, réalisé pour répondre aux besoins ou aux demandes ponctuelles ;
- l'*entretien de formation* et l'*entretien d'évaluation*, réalisés lors de l'encadrement de stagiaires, ou de nouveaux professionnels.

L'entretien permet :

- de mieux connaître les besoins particuliers des personnes ;
- d'établir un climat de confiance indispensable aux relations humaines ;
- de mettre des mots sur des problèmes, des inquiétudes, des craintes et ainsi d'apaiser des tensions ;
- d'améliorer la coopération dans l'équipe, la qualité des activités et les rapports avec les familles.

B La préparation d'un entretien

L'entretien entre l'enfant (et/ou sa famille) et le professionnel peut être spontané ou organisé. S'il est prévu à l'avance, il faut réfléchir à son contenu.

Pour faciliter la préparation de l'entretien, le professionnel peut utiliser la méthode du QQQOCP (quoi ? qui ? quand ? où ? comment ? pourquoi ?)[1]

- Q – Quoi (de quel entretien s'agit-il) ? Entretien d'information ? d'aide ? d'évaluation ?...

1. Veiller à toujours placer le « pourquoi » au début de sa réflexion et à tous les stades de l'analyse.

- Q Qui (avec qui) ? C'est généralement le responsable qui est sollicité, mais d'autres professionnels peuvent y être associés.
- P Pourquoi (quel est objectif) ? Qu'attendent les personnes de cet entretien ? Pourquoi m'a-t-on sollicité ?
- Q Quand (l'organiser) ? Il faut rechercher le moment de disponibilité pour chacun (l'entretien ne doit pas empiéter sur les activités professionnelles).
- – Où (l'organiser) ? Un espace où il est possible de respecter la confidentialité des personnes. Pour cela, le choix d'un local *clos* et *intimiste* (tel le bureau) est souhaitable.
- C Comment (l'organiser) ? quel sera le contenu de l'entretien, les outils ?
  a) la forme de l'entretien : le professionnel peut :
    - poser des questions à la famille de l'enfant (par exemple à l'arrivée, lors du recueil de données, une « grille » de questions préétablies facilite l'entretien) ;
    - écouter l'enfant (ou famille de l'enfant) ou le stagiaire (selon le type d'entretien) : cet entretien peut être relancé par la reformulation des propos de l'interlocuteur,

  b) le vocabulaire à adopter. Pour se comprendre, les personnes ont un cadre de références commun constitué par divers facteurs qui influent sur notre comportement. Ex. : la nationalité (langue, culture), le milieu social, l'expérience professionnelle…

NB. Plus le cadre de références des interlocuteurs est proche, plus la communication est facilitée.

Rôle de l'EJE

Lors de l'entretien, l'EJE veille à :

- *observer son interlocuteur* : le comportement, les manifestations émotionnelles ;
- *l'écouter (avec bienveillance et empathie)* : l'écoute concerne ce qui est dit et, au-delà, ce qui n'a pas été exprimé verbalement, mais dont une signification peut être trouvée (les non-dits, les silences, les mimiques expressives…). La bienveillance et l'empathie supposent de se montrer attentif pour les propos des personnes, mais aussi d'avoir de l'indulgence (dans le sens de ne pas juger). Elles passent non seulement par ses paroles mais encore par son attitude corporelle, son regard sur l'interlocuteur ;
- *garder une « distance professionnelle »* : pour le professionnel, la difficulté est de trouver une bonne distance : suffisamment proche pour ne pas apparaître froid ou indifférent, tout en préservant une distance (dite professionnelle) qui protège et permet d'éviter l'instauration de relations trop familières ;
- *respecter le secret professionnel* lié à sa fonction ;
- *transmettre les informations* : transmettre la nature de l'entretien à l'équipe (ou au responsable) dans la mesure où cet entretien peut apporter des *éléments d'informations utiles*. Avant toute transmission, le professionnel doit se questionner : « Que m'a-t-il dit ? », « Que vais-je dire de ce qu'il m'a dit ? », « Est-ce important ? en quoi ? ».

C Les situations d'entretien à la crèche

Ces situations mettent en scène deux entretiens auxquels sont souvent confrontés les stagiaires au cours de leur formation.

1 1er entretien : Mme A. (directrice de la crèche) et Marie (stagiaire EJE)

Mme A. va interroger Marie à la fin de sa première semaine de stage en crèche pour « faire un premier point ». Mme A. a organisé l'entretien dans son bureau et s'est rendue disponible 30 minutes pour la stagiaire.
Elle ferme la porte, invite Marie à s'asseoir face à elle, puis elle s'installe à son bureau et commence à lire la grille des questions qu'elle a prévu de poser. La première est : « Expliquez-moi le développement psychomoteur de l'enfant de 0 à 1 an ». Marie bredouille, rougit… elle semble être en difficulté face à cette question. Mme A. va donc l'aider, puis elle laisse Marie parler de son vécu en stage.

2 2e entretien : Mme C. (formatrice), Mme D. (EJE) et Aurélie (stagiaire CAP petite enfance)

Mme C. vient aujourd'hui évaluer Aurélie qui termine son 2e mois de stage en crèche. Elle observe d'abord Aurélie qui effectue une toilette à un enfant, puis lui demande de la rejoindre dans le bureau de Mme D. pour écouter l'exposé de sa « collecte de données » et sa « démarche de soin ».
Mme C. pose d'emblée des questions à Aurélie concernant l'enfant.
Aurélie semble décontenancée par la nature des questions (qui s'éloignent de la grille qu'elle a complétée) et par le ton sec de sa formatrice. Elle bredouille… et perd pied sur un sujet qu'elle connaît pourtant fort bien…
Nous retrouvons dans ces deux situations, deux types d'entretien, et nous allons utiliser la *méthode du QQQOCP* pour dégager les *caractéristiques essentielles* de ces entretiens et l'*attitude des protagonistes* (grille-ci-après).

D L'analyse des entretiens

1 Situation 1

Méthodologie		
Quoi ?	Type et objet de l'entretien ?	*Entretien d'évaluation*. Mme A. (directrice de la crèche) veut apprécier les profits que l'étudiante (Marie) a tirés de son expérience en stage.
Pourquoi ?	Objectif de l'entretien ?	*Mme A.* cherche à *évaluer les bénéfices* sur Marie (stagiaire) et à aider celle-ci à améliorer son attitude en stage (notamment au niveau des *connaissances théoriques*). *Marie* attend d'être guidée et aidée.

Méthodologie		
Qui ?	Acteurs de l'entretien ?	*Mme A.* est en position de *supérieur hiérarchique*. Elle dirige la crèche. L'attitude attendue est celle de quelqu'un qui donne des repères, qui trace le chemin, qui facilite l'acquis de compétence. *Marie* (*stagiaire*) attend les directives pour améliorer ses compétences, pour revoir son attitude selon les remarques qui lui sont faites.
Quand ?	Contexte de temps ?	C'est la fin de la *1re semaine de stage* qui est choisie. Mme A. a prévu *30 min de disponibilité* à la stagiaire.
Où ?	Contexte de lieu ?	L'entretien est organisé dans son bureau : lieu intimiste, clos et confortable (pour faciliter l'échange et pratiquer la confidentialité des propos).
Comment ?	Méthode choisie ?	*Méthode dirigée* (dans un 1er temps) puis Mme A. a prévu une grille de questions à poser à l'étudiante. *Méthode libre* (dans un 2e temps) lorsque Mme A. voit l'effet produit par ses questions. Donc, cela va favoriser l'échange.
	Cadre de référence ?	Les personnes en présence n'ont pas le même cadre de référence (niveau de langage différent). Le supérieur hiérarchique doit en tenir compte et tenter d'adapter son langage à l'étudiante pour être mieux comprise.
	Contexte matériel ?	Mme A. a choisi d'organiser son bureau afin de créer une « distance professionnelle » avec la stagiaire. Cela incite au *respect de la hiérarchie*, mais c'est également source d'intimidation, de stress accru pour la stagiaire.

2 Situation 2

Méthodologie		
Quoi ?	Type et objet de l'entretien ?	*Entretien d'évaluation*. La stagiaire (CAP petite enfance) passe une « MSP » (mise en situation professionnelle).
Pourquoi ?	Objectif de l'entretien ?	Évaluer les *compétences attendues* de la stagiaire à la fin de son stage.
Qui ?	Acteurs de l'entretien ?	Mme D. (EJE) Mme C. (responsable de la formation de l'élève) Aurélie (stagiaire) Entre ces personnes, il y a des rapports *hiérarchiques* et professionnels.
Quand ?	Contexte de temps ?	La stagiaire termine son 2e mois de stage.
Où ?	Contexte de lieu ?	Elle va d'abord être *évaluée en pratique professionnelle* et ensuite elle fera un exposé oral dans le *bureau* de Mme D. (lieu clos et calme).
Comment ?	Méthode choisie ?	*Entretien dirigé* : la formatrice pose les questions la première. L'élève avait anticipé d'autres types de questions sur la « grille » de sa collecte de données (avec cases à cocher).

Méthodologie		
	Cadre de référence ?	Le cadre de référence est *différent* : l'élève et sa formatrice n'ont pas le même niveau de langage et la même position. Le ton de la formatrice trouble l'élève *qui sait,* mais qui a des *difficultés* pour trouver les bons mots, qui manque de vocabulaire, qui (de plus) est *stressée*. À ce stade de la communication, la formatrice doit savoir *observer* l'élève et *réorienter* l'entretien.
	Contexte matériel ?	Une personne est derrière son bureau (Mme D.), l'autre est debout (Mme C.). *La distance est marquée. Elle est hiérarchique* et aura pour effet de renforcer le manque d'assurance de l'élève qui est évaluée.

Rôle de l'EJE

Compétences attendues d'un professionnel lors d'un entretien avec une stagiaire

Le professionnel veille à :

- *observer la personne* : sa présentation, son comportement, ses manifestations émotionnelles : rougeur, pâleur, sueur… (le langage non verbal en dit long sur le ressenti de la personne) ;
- *écouter la personne* de façon active (avec bienveillance et empathie). L'écoute concerne ce qui est dit et, au-delà, ce qui n'a pas été exprimé verbalement, mais dont une signification peut être trouvée (les non-dits, les silences,…). La bienveillance et l'empathie supposent de se montrer attentif pour les propos, mais aussi d'avoir de l'indulgence (*prendre en compte le stress*) ;
- *garder une « distance professionnelle »* : pour le professionnel, la difficulté (lors d'un entretien) est de trouver une bonne distance : suffisamment proche pour ne pas apparaître froid ou indifférent, tout en préservant un espace qui protège et permet d'éviter l'instauration de relations trop familiales.

E L'entretien d'évaluation ou de bilan annuel avec un professionnel

Voyons comment est pratiqué l'« entretien d'évaluation ou de bilan » entre l'employé et son employeur (Tableaux 30.1 et 30.2).

Tableau 30.1 L'entretien de bilan.

Questionnement	Éléments de réponses
Quoi ? – L'entretien de bilan – Qu'est-ce que comporte l'entretien ?	Quels sont les trois temps de l'entretien ? sur quoi portent-ils ? *1. Un temps de préparation (côté employeur, côté salarié) portant sur :* – les succès obtenus ; – les difficultés rencontrées ; – les erreurs commises. *2. Un temps de bilan (depuis l'embauche).* L'évaluation du savoir, du savoir-faire, du savoir être, du savoir devenir : – ce qui a été fait au cours de l'exercice ; – les attentes de l'entreprise, du service, du salarié ; – le positionnement du salarié dans le service, ses capacités d'adaptation, ses potentiels, son adéquation au poste. *3. Un temps de projet :* – ce qui concerne l'exercice à venir/projet de service ; – ce qui concerne l'exercice à venir/projet personnel ; – les évolutions de l'emploi, l'avenir, le plan de carrière, la formation professionnelle.
Pourquoi ? – Objectifs ? – Risques ?	*À quoi sert l'entretien ?* Il permet : – d'évaluer l'efficience, la réalisation des objectifs, ceux de l'employeur et ceux du salarié ; – de mesurer les écarts entre les attentes et les résultats ; – de fixer les objectifs de l'année à venir. Le risque d'un entretien « mal mené » ou « mal vécu » : cela peut engendrer une démotivation chez le salarié.
Comment ? – Les conditions – Les outils	*a) Quelles sont les conditions de l'entretien ?* – garantir la confidentialité des échanges oraux et la transparence des écrits (la signature du salarié vaut, pour prise de connaissance) ; – repréciser les objectifs et les enjeux de l'entretien ; – donner la possibilité de fiches mémo au salarié (entretien préparé) ; – fixer la durée maximale de l'entretien : ni trop long, ni trop court (une demi-heure semble un juste milieu) ; – faire un compte rendu écrit (à conserver dans le dossier du salarié, avec copie au salarié) ; – les cinq dernières minutes : donner au salarié la parole sur ce qu'il souhaite ajouter ; – éviter tout dérangement lors de l'entretien ; – éviter les bruits parasites (téléphone…). *b) Quels sont les outils ? (cf. Tableau 30.2)*

Il s'agit ici du bilan annuel d'évaluation d'un professionnel du secteur sanitaire et social[1].

1. Document ARESSAD (extraits).

Tableau 30.2 Un outil pour l'entretien de bilan annuel (la grille d'évaluation).

	Excellent	Très bon	Bon	Assez bon	Moyen	Insuffisant
1. Les qualités générales						
Présentation et comportement général						
Expression orale et écrite						
Capacité de travail						
Assiduité/ponctualité						
2. Le professionnalisme						
Niveau de connaissances générales						
Expérience professionnelle						
Conscience professionnelle						
Souci de la qualité des soins						
Discrétion/réserve professionnelle						
3. Le comportement (par rapport à l'environnement)						
Sens des relations humaines, esprit d'équipe						
Faculté d'écoute et de dialogue						
Capacité de négociation						
Esprit de coopération						
4. L'organisation personnelle						
Méthodes de travail						
Efficacité						
Disponibilité						
Esprit d'initiative						
Adaptation au changement						
5. Les résultats et la contribution						
Atteinte des objectifs						
Gestion des ressources humaines						
Utilisation des moyens et outils du service						

Chapitre 31

La fonction d'encadrement, l'analyse des pratiques

A La méthodologie de l'encadrement

Encadrer un professionnel (ou stagiaire), c'est le suivre et l'évaluer au cours de son activité professionnelle. Pour cela, il faut avoir des objectifs pédagogiques.

1 Les trois objectifs pédagogiques

Il existe différents types d'objectifs pédagogiques. On distingue de façon classique :
- les objectifs en termes de *savoir* : acquisition de connaissances ou d'informations ;
- les objectifs en termes de *savoir-faire* : acquisition d'aptitudes, de capacités à utiliser des méthodes, des techniques ou des outils ;
- les objectifs en termes de *savoir être* : acquisition d'attitudes et de motivations.

Les objectifs sont assortis d'un plan d'action compatible avec les moyens disponibles, cohérents avec les objectifs de l'unité validés par la hiérarchie.

2 Les trois familles de méthodes pédagogiques

Après le choix des objectifs d'une action de formation, vient celui des méthodes pédagogiques. On distingue trois grandes familles de méthodes. Citons les trois principales :
- les *méthodes démonstratives*, où le formateur montre ce qu'il faut faire et entraîne à un savoir faire (pratique ;
- les *méthodes interrogatives*, où le formateur pose des questions et fait découvrir ce qu'il veut transmettre, ce qui accroît le savoir ;
- les *méthodes actives*, où le formateur implique les formes dans des situations concrètes d'analyse, d'action, de résolution de problèmes : ce qui entraîne un *savoir-faire* et permet une véritable *intégration des acquis*.

En fait, si ces approches pédagogiques sont diverses, il nous semble moins utile de les opposer que de les considérer comme complémentaires. Aucune famille de méthodes n'est bonne en soi ou universelle. Chacune a ses avantages et ses limites.

Le formateur peut donc, soit privilégier l'une de ces méthodes, soit les utiliser en *alternance* (en respectant les objectifs de la formation et le niveau du (ou des) stagiaire(s).

DEEJE. Diplôme d'État d'éducateur de jeunes enfants

Mémo psy

Les verbes d'action « mobilisent »

Dans la formation d'objectifs pédagogiques, il convient d'être particulièrement attentif :

- à utiliser des *verbes d'action*, tels que : énumérer, décrire, identifier, classer, construire, utiliser, évaluer, analyser, créer, organiser, comparer… car ils sont « mobilisateurs » !
- à éviter les verbes démobilisateurs, tels que : comprendre, apprécier, perfectionner, améliorer.

3 Intérêts des méthodes de pédagogie actives

Choisir de « former » sur le terrain de stage, c'est privilégier le choix des « méthodes de pédagogie actives ».

Ce type de pédagogie apprend à se questionner, à mettre du sens sur des *expériences concrètes*.

Le fait de solliciter des connaissances sur des mises en situation permet à l'apprenant de développer plus efficacement et plus rapidement des compétences professionnelles.

Un grand pédagogue américain (Jean Dewey), auteur de la formule « c'est en faisant que l'on apprend » disait que :

Un adulte retient approximativement :

- 10 % de ce qu'il entend ;
- 30 % de ce qu'il voit ;
- 60 % de ce qu'il fait (et à propos de quoi il réfléchit en agissant).

B Les mises en situation

Les compétences sont définies comme un ensemble de comportements qui permettent l'exercice efficace d'une activité complexe.

Le référent professionnel va observer le stagiaire sous sa responsabilité et il va repérer ses besoins.

Si certaines compétences ne sont pas acquises, c'est en s'appuyant sur des situations professionnelles que le référent professionnel va permettre au stagiaire de trouver ses réponses.

Situation

Sylvio observe Mathias (stagiaire EJE) en halte-garderie

Lundi 9 h 30 : Mathias entre dans sa nouvelle phase de processus d'apprentissage : celle du « laisser faire ». Son référent professionnel (Sylvio) lui permet de travailler seul, mais il restera vigilant et l'observera à distance. Mathias est chargé d'animer une activité avec un groupe de 4 enfants âgés de *20 mois à 3 ans…*

Mathias a préparé une liste avec le matériel nécessaire à l'activité (peinture). Il le *vérifie*, le *regroupe*, puis *distribue* les papiers et les pinceaux aux enfants.

Il les laisse agir à leur guise et n'intervient que pour apaiser les conflits (autour du choix des pinceaux…). Puis Mathias *range* le matériel et *libère* les enfants.

Après l'activité, Sylvio lui dit : « Es-tu certain de n'avoir rien oublié d'important ? … Réfléchis un peu !… ».

C Les outils d'évaluation des compétences

La personne qui encadre les stagiaires EJE (référent professionnel) va évaluer les compétences professionnelles au regard de certains *critères*.
Nous allons voir sur le Tableau 31.1 les critères d'évaluation utilisés par le référent professionnel. C'est à l'aide du référentiel de compétences, notamment des indicateurs de compétences, que le référent professionnel proposera un accompagnement adapté aux stagiaires EJE.

Tableau 31.1 Le référentiel de compétences (extrait du référentiel professionnel des éducateurs de jeunes enfants)[1].

Référentiel de compétences	+++	+	–
DOMAINE DE COMPÉTENCES 1 : ACCUEIL ET ACCOMPAGNEMENT DU JEUNE ENFANT ET DE SA FAMILLE **1. Développer des pratiques adaptées d'accueil et d'accompagnement du jeune enfant et de sa famille** • Savoir répondre aux besoins et/ou attentes des familles en matière d'accueil (repérer, orienter, organiser, mettre en œuvre). • Savoir établir avec chaque enfant une relation adaptée et appropriée en fonction de son développement, de son histoire et de son entourage familier. • Savoir créer les conditions d'un accueil adapté à chaque enfant en termes de confort, de sécurité, de médiation éducative et d'interactions dans le groupe. • Savoir assurer les soins de vie et l'accompagnement quotidien dans une relation privilégiée au jeune enfant. • Savoir agir dans le respect des règles éthiques.			
2. Reconnaître et faciliter au quotidien la fonction parentale • Savoir reconnaître à tout parent une place éducative. • Savoir définir, avec la famille, le projet d'accueil et d'accompagnement dans une démarche de coéducation. • Savoir créer les conditions d'accueil et d'échange avec et entre les familles. • Savoir soutenir (faciliter, encourager, valoriser) chaque parent dans sa fonction d'éducation.			
3. Contribuer à une démarche de prévention précoce autour des premiers liens d'attachement • Savoir repérer (observer et analyser) pour chaque enfant la dynamique des premiers liens. • Savoir accompagner chaque famille et enfant dans les processus de séparation et d'individuation. • Savoir élaborer avec la famille des solutions adaptées en cas de difficultés (ouverture, passage de relais...).			
DOMAINE DE COMPÉTENCES 2 : ACTION ÉDUCATIVE EN DIRECTION DU JEUNE ENFANT **1. Favoriser le développement global de l'enfant et viser son inscription sociale dans ses différents milieux de vie (famille, école, loisirs...)** • Savoir concevoir et mettre en œuvre un projet éducatif. • Savoir proposer les conditions relationnelles et pédagogiques propres à favoriser la dynamique évolutive de l'enfant dans tous les aspects de son développement.			

Tableau 31.1 Le référentiel de compétences (extrait du référentiel professionnel des éducateurs de jeunes enfants) (*suite*).

Référentiel de compétences	+++	+	–
• Savoir conduire et aménager des espaces temps pour que les jeunes enfants puissent s'éveiller et expérimenter, par le *jeu* l'expression, les conduites motrices et les interactions. • Savoir utiliser ses capacités d'observation et d'écoute pour analyser les situations éducatives, adapter les dispositifs et démarches pédagogiques. • Savoir individualiser les méthodes au sein d'un collectif. • Savoir soutenir les processus d'autonomisation, d'acculturation et de socialisation de l'enfant. • Savoir établir des relations personnalisées et distanciées en ayant conscience de l'impact de sa subjectivité.			
2. Concevoir et mettre en œuvre des actions de prévention sur les questions d'éducation, de santé et d'exclusion sociale • Savoir assurer des actions préventives concertées en matière d'éducation à la santé et à la sécurité. • Savoir réagir à des situations d'urgence (pratiquer les gestes d'urgence et les protocoles de premiers soins). • Savoir repérer les signes de maltraitance (familiale et/ou institutionnelle) et élaborer des réponses appropriées. • Savoir mettre en place des pratiques éducatives d'hygiène. • Savoir mettre en place des protocoles d'hygiène, de sécurité et de premiers soins respectueux de chaque enfant. • Savoir repérer des situations d'exclusion sociale et élaborer des réponses appropriées.			
DOMAINE DE COMPÉTENCES 3 : COMMUNICATION PROFESSIONNELLE **1. Contribuer à l'élaboration et à la conduite du projet socio-éducatif au sein d'une équipe pluriprofessionnelle de l'établissement ou du service** • Savoir soutenir et accompagner l'équipe afin de maintenir une cohérence d'intervention dans le cadre des missions, du projet institutionnel et de leurs évolutions. • Savoir conduire une réunion. • Savoir articuler sa pratique avec les places et fonctions des différents acteurs afin de favoriser une dynamique de travail en équipe. • Savoir rédiger des écrits professionnels (synthèse, projet, compte rendu, observation…). • Savoir inscrire l'action éducative dans un cadre administratif, juridique et financier. • Savoir argumenter ses propositions. • Savoir mutualiser et transmettre son savoir-faire. • Savoir utiliser les différents supports et techniques de communication.			
2. Assurer en l'équipe la cohérence de l'action socio-éducative auprès des jeunes enfants en coopération avec les parents • Savoir repérer et articuler la place respective de l'équipe et des parents dans l'action éducative. • Savoir conduire un entretien. • Savoir construire la continuité éducative entre famille et institution en créant les conditions de communication avec les familles. • Savoir se situer et adapter son langage et son écoute au regard de situations humainement et socialement complexes.			

Tableau 31.1 **Le référentiel de compétences (extrait du référentiel professionnel des éducateurs de jeunes enfants) (*suite*).**

Référentiel de compétences	+++	+	–
• Savoir restituer aux parents le vécu de l'enfant en leur absence. • Savoir expliciter aux parents le projet éducatif afin qu'ils puissent y prendre place. • Savoir orienter les familles vers les services et personnes compétents au regard de leurs besoins.			
DOMAINE DE COMPÉTENCES 4 : DYNAMIQUES INSTITUTIONNELLES, INTER-INSTITUTIONNELLES ET PARTENARIALES **1. Inscrire les projets et interventions socio-éducatives dans les réalités propres aux institutions et aux politiques de la petite enfance** • Savoir concilier son action avec les exigences budgétaires. • Savoir identifier la place de la structure dans son environnement. • Savoir exercer les responsabilités liées à sa position d'expert de la petite enfance au niveau éducatif et social. • Savoir positionner les actions menées dans un contexte de promotion de l'enfance et de repérage de l'enfant en tant que personne. • Savoir poser clairement l'articulation entre projet éducatif et projet social. • Savoir promouvoir un projet à ses différents niveaux (établissement, social, éducatif). • Savoir actualiser ses connaissances sur l'évolution des politiques sociales.			
2. Participer à l'action sociale territorialisée et à la synergie des compétences des différents acteurs • Savoir conduire des actions conjointes avec les partenaires de l'intervention sociale, sanitaire, scolaire et culturelle. • Savoir s'inscrire dans l'organisation d'événements liés à l'action sociale. • Savoir proposer et argumenter dans le cadre de l'élaboration de projets territoriaux de politique sociale concernant la petite enfance.			

1. Annexe 1 de l'arrêté du 16 novembre 2005 relatif au diplôme d'État d'éducateur de jeunes enfants.
NB. +++ (compétence acquise) ; + (progrès à faire) ; – (compétence non acquise).

D Le rôle de l'encadrement (le repérage des besoins)

Voici quelques éléments de réponse relatifs à la situation de Sylvio et Mathias, au regard des critères de compétences attendues.

Mathias aurait dû :

- montrer sa *disponibilité* aux enfants, les *avertir*, leur *présenter* l'activité ;
- organiser l'activité en fonction des *capacités* et de l'*âge* des enfants (20 mois à 3 ans) ;
- faire preuve d'*intérêt* pour les créations picturales de chaque enfant (les valoriser) ;
- savoir *communiquer* avec chaque enfant et *écouter* les commentaires… ;
- *annoncer* aux enfants la *fin* de l'activité (5 minutes avant la fin) ;
- savoir « passer le relais » à une autre équipe. (Les enfants doivent être accompagnés vers un autre professionnel et non pas « libérés » !).

Mémo plus

Les outils du service

Le projet d'établissement

C'est un document obligatoire pour chaque établissement[1] qui définit les objectifs en matière de *coordination*, de *coopération* et d'*évaluation* des activités, ainsi que les modalités d'organisation des services et de *cohésion* des équipes.

L'organigramme de structure

Il permet à un salarié de visualiser les personnes travaillant dans la structure (ou le service), les fonctions qu'elles exercent et les *liens hiérarchiques* ou *fonctionnels* qui les relient. Un organigramme peut également servir d'annuaire interne. Son existence doit être en permanence rappelée aux professionnels du service par le responsable (celui qui est au haut de l'échelle et qui participe à la « cohésion » de l'équipe).

Les critères d'évaluation, les grilles d'évaluation…

« L'évaluation est la comparaison d'un ensemble de données à des critères, en vue d'une prise de décision ».

Les *critères d'évaluation* sont définis en fonction des *objectifs* pédagogiques et des *compétences à atteindre*. Chacun sera évalué sur son niveau d'acquisition de la compétence. Les personnes qui sont chargées de l'encadrement élaboreront la *grille d'évaluation* adaptée aux objectifs à atteindre.

Ainsi on pourra dire au final si le critère est acquis, pas acquis ou en cours d'acquisition.

1. Décret du 1er août 2000 modifié par les décrets 2007 puis 2010.

E L'accompagnement des stagiaires

Accompagner un stagiaire amène le professionnel de terrain à quitter sa posture de professionnel pour celle de référent professionnel et à mobiliser des *compétences* spécifiques. Certains outils pédagogiques permettent d'étayer sa mission d'encadrement.

1 Le référent professionnel

◆ Définition

Le référent est un professionnel qui aide à l'intégration du nouvel arrivant dans le service. L'accompagnement des stagiaires est une « activité secondaire » puisque le référent exerce son métier principal (ES, EJE ou AP). Avant de proposer à quelqu'un d'exercer le rôle de référent professionnel, il faut préalablement évaluer la charge de travail qui va lui incomber et sa disponibilité. Il faut aussi évaluer ses capacités relationnelles et ses capacités à assumer une charge de « formateur ». L'apprentissage sur le terrain de stage a ses règles, dont une fondamentale :

« savoir adapter la complexité des situations professionnelles aux capacités de l'apprenant ». Pour cela, le référent professionnel doit évaluer en permanence la *progression* de l'apprenant.

◆ Fonctions du référent professionnel

Le référent assure deux fonctions essentielles, il va « former » et « socialiser » le stagiaire :

- *former* : il transmet au stagiaire les « savoirs spécifiques » du service, il développe les situations d'apprentissage et participe aux évaluations régulières du stagiaire, afin de mesurer le niveau de ses acquisitions ou compétences professionnelles ;
- *socialiser* : il permet au nouvel arrivant d'acquérir la « culture du service », il favorise son intégration à l'équipe par la transmission des codes, des habitudes propres au service (Fig. 31.1).

Mémo psy

Les mots clés concernant l'accompagnement des stagiaires

Le référent professionnel doit manifester des compétences à la fois pédagogiques et relationnelles. Citons quelques mots-clés (dans le tableau ci-après) qui les caractérisent.

Fonction pédagogique	Fonction relationnelle
Former Informer Transmettre Guider Commenter Expliquer Évaluer	Motiver Dialoguer Écouter Rassurer Encourager Respecter Valoriser
Compétences	Compétences
Maîtrise des techniques Expérience professionnelle Méthodologie Maîtrise du vocabulaire Organisation, planification…	Assurance Autorité Bienveillance, patience Négociation (gérer les conflits) Sens des responsabilités

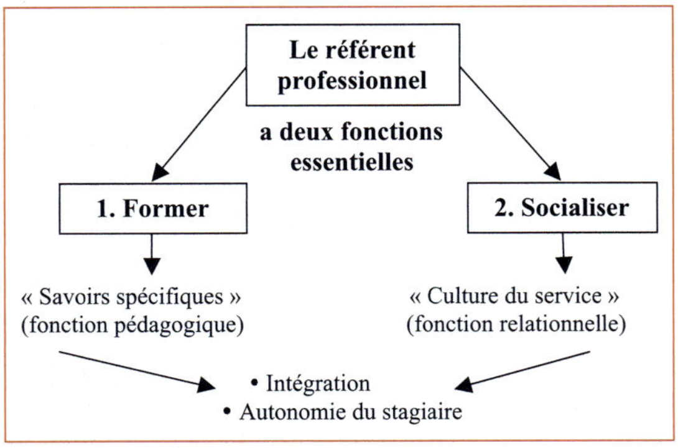

Fig. 31.1 Fonctions du référent professionnel.

2 La méthode (ou processus d'accompagnement)

Le référent professionnel suit généralement un processus pédagogique fondé sur la progression suivante :
- *1er jour* : le référent accueille le stagiaire et lui fait visiter la structure ;
- *2e jour* : le référent propose au stagiaire de passer à l'action en sa présence ;
- *les jours suivants* : le référent peut donner au stagiaire son autonomie professionnelle tout en gardant le contact avec lui.

On peut résumer ainsi le processus d'accompagnement du stagiaire :
1. *faire voir* ;
2. *faire faire* ;
3. *laisser faire.*

Voici donc, ci-dessous, le processus chronologique d'accompagnement du stagiaire.

◆ Le 1er jour : « accueillir et faire voir »

Le référent saura être disponible au moment de l'arrivée du stagiaire et le prendre en charge :
- la *disponibilité* : le référent veille à :
  - accorder du temps au stagiaire pour faire connaissance, lui présenter les documents de l'accueil et les commenter ;
  - solliciter les questions, formuler les « non-dits » et dissiper ainsi les éventuels malentendus ou les appréhensions ;
- la *démonstration,* l'observation :
  - le référent propose au stagiaire d'observer ses pratiques au sein de l'institution ;
  - dans la seconde partie de la journée, le référent peut permettre au nouvel arrivant d'observer d'autres catégories professionnelles (ex. : observer l'AP ou la puéricultrice dans des pratiques relevant de son rôle propre). À la fin de la journée, le référent réserve un « temps de bilan » afin de répondre aux questions du stagiaire.

◆ Le 2e jour : « expliquer et faire faire »

Dès le 2e jour de présence dans le service, le stagiaire doit pouvoir intégrer sa fonction et son rôle dans le service. Le référent lui confie quelques tâches professionnelles de base (ex. : la toilette d'un enfant, le repas d'un enfant) :
- l'*explication* : le référent explique au stagiaire le sens donné aux activités et les précautions à prendre. Il lui montre le matériel disponible. Après une phase d'observation, il pose quelques questions au stagiaire pour savoir s'il a relevé quelques points importants concernant l'accueil de l'enfant et de sa famille ;
- l'*action* : le référent observe le stagiaire afin que celui-ci puisse mettre en pratique les compétences inhérentes à sa future fonction. L'accompagnement se réalise alors dans le cadre de rencontres régulières entre le référent et le stagiaire. Rencontres dont l'objectif sera la construction de l'identité professionnelle de l'étudiant.

◆ Les jours suivants : « laisser faire !... »

Les jours suivants, le référent ne peut plus assurer une présence constante auprès du stagiaire. Il le laisse faire en autonomie. Le référent adopte le « laisser faire » en autonomie sous deux conditions : il faut qu'il estime que le stagiaire *peut* le faire et qu'il se sent *prêt* à le faire. Toutefois, le référent va régulièrement *contrôler* ses actions, c'est-à-dire *observer* l'organisation et la pertinence des actions, contrôler la validation des transmissions, l'utilisation des documents, le relationnel avec l'enfant, les parents et avec les différents membres de l'équipe, écouter les arguments d'une autoévaluation, évaluer la pertinence de l'observation et des questions. Le référent reste également disponible pour d'éventuelles questions du stagiaire.

Mémo plus

Comment former, encadrer ? (les grands principes à méditer…)

Le référent professionnel doit appliquer quelques règles pour bien former et encadrer un stagiaire ou un « nouveau professionnel » ; il doit *se décentrer de soi* (de ses propres « représentations » et *idées préconçues*) et se centrer sur l'*objectif à atteindre* :

- interroger ses représentations, c'est interroger sa pratique dans une démarche d'encadrement, c'est lutter contre les évidences : « Pourtant, je lui ai dit ce qu'il devait faire, il devait avoir compris ! » ;
- expliquer l'importance de son rôle à la personne que l'on encadre ;
- faire confiance à ses *capacités potentielles*, c'est le *motiver*, le *stimuler* à bien faire, à se surpasser.

3 Les difficultés d'intégration d'un nouvel arrivant dans l'équipe

L'encadrement d'un nouvel arrivant dans une équipe (stagiaire ou nouveau professionnel) se heurte à de nombreuses difficultés. Voyons leurs sources sous forme d'un graphique (Fig. 31.2).

Mémo plus

Extrait de presse : Les difficultés de l'intégration du nouvel arrivant

L'éclairage du psychologue[1]

Les réunions donnent parfois le sentiment que la *communication en équipe est une gageure* […]. Infirmières, aides-soignantes ou auxiliaires de puériculture ont pourtant passé une bonne partie de leur temps de formation en stage, mais *elles étaient élèves*, les voilà à présent de jeunes professionnelles […].

Du côté des « anciennes », certaines phrases reviennent souvent : « Elle ne va pas nous faire la leçon avec l'expérience que l'on a ! *Elle a appris la théorie, mais nous, on est sur le terrain* ».

Et du côté des « nouvelles » : « Elles sont là depuis dix ans, mais je ne supporte pas la manière dont elles parlent aux malades ! » « Elles ne voient même pas que ce malade est déprimé ! » « Elles s'accrochent à des manières de faire d'il y a vingt ans ! »

Qu'on soit jeune ou ancien, chacun regarde l'autre à travers le prisme de ses fantasmes[2]. Il est essentiel de ne jamais l'oublier. Après quinze ans de pratique dans un service, si je me méfie des jeunes collègues, *il s'agit de ma peur d'être mise en cause dans ma manière de fonctionner*. Ainsi, je globalise et pose un regard sceptique sur tout ce qui vient d'elles.
Lors de ma première insertion en service, je peux accumuler amertume et désenchantement, et me taire, avec l'idée qu'a priori, je ne serai pas entendue et celle, encore plus déprimante, qu'il va falloir se conformer pendant des années à des *pratiques qui n'ont rien à voir avec ce que j'ai appris*. Tout cela est bel et bien un fantasme. Le malheur est qu'on ne l'évite pas. *Il existe trois pistes pour ne pas être piégé* :

- en prendre conscience
- s'exercer à la bienveillance à l'égard de tout collègue, quel qu'il soit ;
- « risquer » de prendre la parole, tranquillement.

Marie Quinon, psychologue, Compiègne (60)

1. Soins aides-soignantes, n° 25.
2. Voir à travers un prisme : voir la réalité déformée. Fantasme : production de l'imagination par laquelle le sujet conscient cherche à échapper à l'emprise de la réalité.

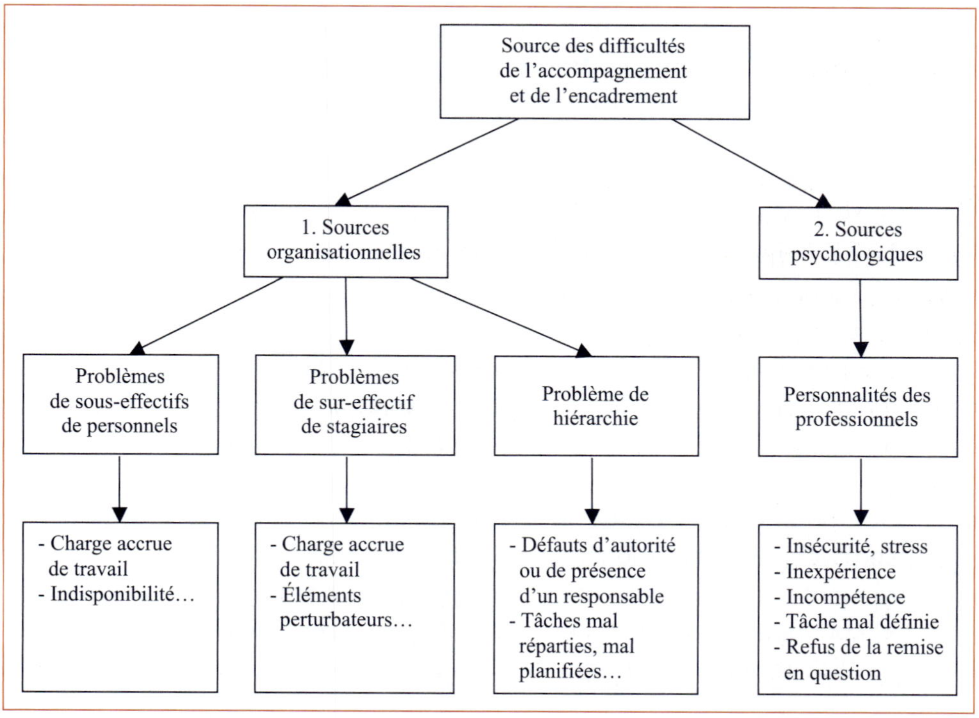

Fig. 31.2 **Difficultés de l'encadrement d'un nouvel arrivant.**

F L'analyse des pratiques professionnelles

L'analyse des pratiques professionnelles fait partie de ces outils indispensables pour penser, construire, interroger, ou imaginer le quotidien professionnel. Longtemps utilisée dans les structures d'accueil spécialisées, elle permet à tous les professionnels de prendre du recul, pour mieux envisager l'organisation du travail et les attitudes professionnelles en situation.
L'analyse des pratiques professionnelles est fonction de l'importance que l'on accorde à la professionnalisation des personnels au sein des institutions. Elle devrait progressivement se généraliser, mais soulève certaines questions (*cf.* article de presse ci-après).

Mémo plus

Extrait de presse : L'analyse des pratiques professionnelles[1]

Dans la plupart des contextes, l'analyse des pratiques se déroule dans le cadre de groupes « réels », c'est-à-dire des groupes constitués de professionnels appartenant au même service) [...] mais le positionnement des professionnels dans l'établissement n'est pas identique (*puéricultrice, EJE, AP, CAP petite enfance, etc.*). Il faut donc réfléchir à son impact dans le fonctionnement du groupe [...]. Il est nécessaire d'être *vigilant*, car ce travail peut activer ou *réactiver des conflits latents* entre professionnels. Le *rappel des règles* est nécessaire, la réalisation du compte rendu prend encore plus de sens, validé à la séance suivante par l'ensemble des membres du groupe. L'intérêt d'une telle démarche d'analyse des pratiques est que la réflexion [...] s'élabore à travers la situation proposée par l'un(e) des professionnels(le)s. Cependant, lorsque le professionnel présente l'action, la situation est mise en mots, en pensée ; la parole et le ressenti du professionnel sont dévoilés [...]. Il faut donc à nouveau être *vigilant*, car certains professionnels sont tentés de donner de la situation vécue une autre lecture [...] qui leur paraît plus proche du réel. Le *glissement vers le jugement* peut être vite là [...]. D'où l'importance du travail sur les *perceptions*, les *ressentis*. Dans ce travail d'analyse des pratiques, le projet d'établissement a une fonction contenante [...]. Ce dont il s'agit, c'est la pratique professionnelle, c'est ce qui est attendu du sujet dans son *contexte professionnel*. Cependant, *peut-on amener le sujet professionnel à changer sans toucher le sujet personnel ? Peut-on faire évoluer, changer, l'action sans changer le sujet ?* [...].
Ce qui est fondamental, c'est de permettre aux professionnels de travailler sur la résonance psychique des situations qu'ils sont amenés à vivre dans la rencontre. Un cas fréquent : celui des enfants qui mangent peu et des collègues qui (malgré le « projet ») continuent à solliciter l'enfant de façon accentuée pour qu'il mange !
Exemple : l'EJE termine sa présentation en disant : « Je sais, je sais tout ce que

vous allez me dire, on l'a travaillé, mais lorsque L. refuse de goûter quelque chose que je sais qu'il va aimer, je ne supporte pas. »
C'est à la fois, dans la présentation de la situation, des questionnements, des propositions qui sont faites, mais aussi dans cette autorisation de parole que se situe l'importance de l'analyse des pratiques, facilitant une prise de distance et la possibilité d'envisager la situation autrement. Car c'est bien dans cet *autrement professionnel... et émotionnel* que se situe l'enjeu. C'est ainsi que « *la bonne distance professionnelle* » pourra être trouvée sans être envahie par l'effectif.

1. Extraits de : Métiers de la petite enfance, février 2010.

Fig. 31.3 L'analyse des pratiques professionnelles permet aux différents professionnels de prendre du recul pour penser, construire et interroger le quotidien des activités et des soins.

Domaine de compétences 4

Dynamiques institutionnelles, interinstitutionnelles et partenariales

Chapitre 32

Le cadre de la politique familiale en France

À travers sa fonction d'expertise éducative et sociale de la petite enfance, son statut d'acteur des dynamiques institutionnelles et partenariales, l'EJE occupe une place centrale dans le champ du travail social.
Le DF4 se propose de développer les compétences qui permettront au futur EJE de s'approprier le cadre de ses interventions, afin de pouvoir au mieux « *élaborer l'action éducative et sociale en lien avec les cadres institutionnels, partenariaux et les politiques de la famille et de l'enfance* »[1].
En effet, l'acquisition de connaissances, de compétences professionnelles permet à l'EJE d'initier un travail individuel et collectif de réflexion destiné à inscrire son activité professionnelle dans des « *dynamiques institutionnelles, interinstitutionnelles et partenariales* ».
Pour cela, il lui est indispensable d'avoir une bonne compréhension des politiques sociales et familiales dans lesquelles s'inscrit son intervention.

◆ Le socle de la politique familiale

Alors que la politique de protection maternelle et infantile (PMI) est structurée par des ordonnances de 1945, la politique familiale française est mise en place, elle, dès la fin du XIXe siècle. En 1939, l'État élabore, avec le *Code de la famille et de la natalité française*, le socle d'une politique familialiste (instauration de la prime au premier enfant soumise à divers critères restrictifs – il faut que la naissance ait lieu en France dans les deux années qui suivent la célébration du mariage – encouragement au troisième enfant pour lequel est créée l'allocation de mère au foyer) et pénalise les autres modèles de vie familiale. De plus, ce code rassemble une série de mesures visant à lutter contre l'avortement, l'immoralité, etc. Un autre tournant dans la politique familiale est marqué par l'intégration des prestations familiales dans la branche famille de la Sécurité sociale en 1945. Naît alors la notion du « *risque famille* ». Dès lors, la solidarité nationale (notamment par les allocations familiales) vise à compenser les conséquences d'une baisse relative de revenu liée à l'élargissement des charges familiales et aux conséquences d'aléas familiaux : veuvage, enfant handicapé, etc. Ce thème de la politique de la famille, régulièrement au centre des débats publics, est une des composantes du travail quotidien des éducateurs de jeunes enfants auprès des familles.

1. Référentiel professionnel des éducateurs de jeunes enfants. Annexe I de l'arrêté du 16 novembre 2005.

◆ Les objectifs visés

La rénovation de la réglementation des modes d'accueil de la petite enfance, dont l'objectif premier est une meilleure adaptation de l'offre aux besoins des familles, en témoigne. En outre, les professionnels du secteur sanitaire, social et éducatif côtoient en permanence les réseaux associatifs, qui traditionnellement, en France, participent pleinement aux *objectifs* de la politique nationale en faveur de l'enfance et de la famille. Nous en évoquerons quelques aspects dans la dernière partie de ce chapitre.

Contrairement à d'autres pays de l'Union européenne, il s'agit d'une politique explicite. Elle repose sur plusieurs éléments[2] :

a) une aide directe aux familles par :

- des prestations financières dites « universelles ». Les allocations familiales proprement dites qui sont versées dès le deuxième enfant sans condition de ressources et qui augmentent progressivement avec le nombre d'enfants,
- un système de fiscalité qui favorise les familles ayant des enfants via le calcul du quotient familial ;

b) un dispositif institutionnel spécifique, avec notamment :

- *une structure administrative* dont l'appellation varie, actuellement : un secrétaire d'État chargé de la famille auprès du ministre des Solidarités et de la Cohésion sociale,
- *le Haut conseil de la famille* (depuis 2008, il se substitue au Haut conseil de la population et de la famille et à la Conférence nationale de la famille), placé sous l'autorité du président de la République,
- *le ministère du Travail, des Relations sociales, de la Famille et de la Solidarité* (dont certains bureaux s'occupent plus particulièrement de la question familiale),
- *la Caisse nationale d'allocations familiales* (CNAF) et les 119 caisses d'allocations familiales (CAF) chargées de gérer une vingtaine de prestations, ainsi qu'une politique complémentaire d'action sociale en direction des familles et de la petite enfance,
- *le concours d'unités de recherche institutionnelle* sur la démographie et la famille telles que l'Institut national d'études démographiques (INED), le bureau de la recherche de la CNAF ou encore la Mission recherche expérimentation du ministère des Affaires sociales (la Mire),
- *de forts mouvements familiaux* regroupés au sein de *l'Union nationale des associations familiales* (UNAF) et ses 7 500 associations familiales adhérentes. Le financement de l'UNAF équivaut à 0,1 % des prestations familiales. L'UNAF, instituée par l'ordonnance du 3 mars 1945, a le pouvoir de représenter l'ensemble des familles auprès des pouvoirs publics et elle est donc reconnue officiellement comme interlocutrice auprès des diverses administrations en charge de la question familiale (CNAF, conseil économique et social, office HLM où elle représente les mouvements familiaux)[3].

---

2. Commaille J., Strobel P., Villac M. Enjeux et perspectives de la politique familiale française - Année internationale de la famille, octobre 1994.
3. L'UNAF dispose ainsi d'une sorte de monopole en matière de représentation des familles et elle est représentée notamment à la CNAF (organe de gestion) ou au conseil économique et social (organe consultatif).

A L'évolution de la politique familiale et l'aide aux familles

La CNAF et les CAF, créées à la libération, constituent la branche famille de la Sécurité sociale. Elles ont remplacé les anciennes caisses de compensation d'avant la Seconde Guerre mondiale. Ces caisses sont aujourd'hui des organismes de protection sociale de droit privé, gérés de manière paritaire, financés par des cotisations patronales et contrôlés par les services de l'État : ministère des Finances, Cour des comptes et Chambre régionale des comptes, Direction départementale des affaires sanitaires et sociale (DDASS) et Inspection générale des affaires sociales (IGAS). Chargées d'un service public, la CNAF et les CAF inscrivent leur action dans une convention d'objectifs et de gestion avec l'État, établie pour une période de quatre ans.

1 Les missions des CAF

Les caisses d'allocations familiales gèrent les prestations familiales destinées à aider les personnes et les ménages chargés de famille, dans une visée à la fois nataliste et d'aide et d'actions sociales. Leur activité s'inscrit dans le cadre de la politique familiale définie par les pouvoirs publics, à laquelle s'intègre la charge de promouvoir une politique d'accueil de la petite enfance dans le cadre d'objectifs négociés (entre la CNAF, qui coordonne l'action des CAF, l'État et les municipalités avec les contrats enfance jeunesse).
En outre, les CAF, impliquées dans des politiques qui touchent plus largement les conditions de vie des familles, notamment dans les domaines du logement, de la lutte contre la précarité et l'exclusion, etc., ont la charge de verser des prestations ayant un caractère plus social (revenu de solidarité active [RSA] assurant un revenu minimum, par exemple).

◆ Les prestations familiales : création et évolution

À l'origine (1945), le dispositif comprenait le système du quotient familial et seulement cinq allocations : les allocations familiales proprement dites, les allocations prénatales et les primes à la naissance, l'allocation de salaire unique et l'allocation de logement familial.
Les allocations familiales, versées chaque mois seulement à partir du deuxième enfant, sont ensuite progressives, au prorata du nombre d'enfants et de leur âge. Elles constituent toujours le poste principal des prestations. D'autres prestations plus spécifiques complètent depuis plus de 20 ans cette allocation première. Les caisses versent également, au titre de l'aide sociale, des compléments, notamment pour les vacances, et financent des établissements tels que les crèches, les colonies, les foyers, etc.

◆ Les bénéficiaires des prestations familiales

La CAF alloue des prestations à plus de 30 millions de personnes soit un habitant sur deux. La population allocataire couvre de plus en plus des personnes en difficulté, quelles que soient leurs situations familiales.
On a constaté ces dernières années que près de 12 millions d'allocations perçoivent une prestation de la CAF. Cela représente une augmentation annuelle de 1,6 %. En Métropole, cette augmentation semble due à l'accroissement du RSA (revenu de solidarité active). Dans les départements d'outre-mer (DOM), la progression s'explique quant à elle par une augmentation des bénéficiaires de l'aide au logement.

Les prestations versées atteignent près de 60 milliards d'euros.
En métropole, le nombre d'enfants bénéficiaires a augmenté de 0,7 % par rapport à 2008 soit 12 874 120 et baissé de 0,4 % dans les DOM soit 586 605.

2 Les familles allocataires

Parmi ces allocataires, la répartition est la suivante :
- 41 % n'ont pas d'enfant et plus des trois quarts (86,9 %) sont des personnes seules ;
- plus de la moitié (59 %) a des enfants dont :
  - 46 % moins de trois enfants,
  - 13 % sont des familles nombreuses ;
- plus d'un allocataire sur deux (52 %) est âgé de moins de 40 ans ;
- 11 % sont âgés de 60 ans et plus.

◆ Les bénéficiaires des aides au logement

Les aides au logement ont pour but de soutenir les familles à faible revenu dans leurs efforts financiers consacrés au logement principal. Chaque année, plusieurs millions d'allocataires perçoivent l'aide au logement.
Parmi ceux-ci :
- 80 % sont locataires ;
- plus de 50 % sont des personnes isolées ;
- 20 % sont des familles monoparentales ;
- 7 % sont des couples sans personne à charge ;
- 22 % sont des couples avec au moins une personne à charge.

Il existe trois types d'aide au logement :
- *l'aide au logement social (ALS)* : elle s'adresse à des personnes âgées de plus de 65 ans, à des personnes handicapées, à des jeunes travailleurs âgés de moins de 25 ans et à toute personne non éligible à l'ALF ou à l'APL et notamment aux étudiants qui représentent plus du quart des bénéficiaires ;
- *l'aide au logement familial (ALF)* : elle est attribuée aux personnes isolées ou aux couples ayant au moins une personne à charge ;
- *l'aide personnalisée au logement (APL)* : elle s'adresse à toute personne locataire d'un logement neuf ou ancien qui a fait l'objet d'une convention entre le propriétaire et l'état. Cette convention fixe, entre autres, l'évolution du loyer, la durée du bail et les normes de confort.

◆ Les bénéficiaires des minima sociaux et du RSA[4]

Les minima sociaux sont des prestations sociales versées sous condition de ressources et visant à assurer un revenu minimum à une personne ou à sa famille. Le RSA est une prestation « hybride », assurant à la fois une fonction de minimum social (RSA socle) et de complément de revenu pour des travailleurs vivant dans des foyers aux revenus modestes (RSA activité).

4. www.sante-sports.gouv.fr/minima-sociaux,5910.html

3 La complexification du système d'aide à la famille

La « nécessité » d'accompagner l'évolution et la diversité des situations de précarité ainsi que des modes de vie familiaux a généré une complexité du système d'aide et d'actions sociales et une transformation des « modes de régulation sociale »[5].
Cette position des pouvoirs publics s'accompagne d'une logique de ciblage des populations et d'un développement des prestations sous condition de ressources. La politique familiale évolue ainsi vers le social, ce dont rend compte la croissance des dépenses liées à l'action sociale des CAF. Mais la politique familiale va aussi perdre de sa lisibilité. C'est le cas avec la tentative de mise sous condition de ressources des allocations familiales en 1997 : après un an, leur universalité est à nouveau restaurée.
L'évolution de la politique familiale a été parfaitement résumée par Michel Villac, observateur éclairé du phénomène, qui la définit « comme un lieu de coexistence, ou une juxtaposition, de principes de justice différents, et qui aurait abandonné, de fait, toute prétention à se référer à un corps de principes généraux qui en marquerait l'unité. Cette évolution reflète le passage d'une famille-institution normative à une famille plus contractuelle appuyée sur une individualisation accrue des comportements. On retrouverait ici, en fait, une tendance plus générale de l'évolution de nos sociétés [...] vers des modalités plus négociées, plus souples, laissant une place plus grande aux acteurs locaux. La perte d'unité de la politique familiale française, la dilution du sens qui se marque par la multiplication et la complexité croissante des prestations, ne serait ainsi que l'expression, dans ce domaine particulier, d'un mouvement plus général affectant l'ensemble des régulations sociales »[6].

B L'aide directe à la famille : les prestations familiales

1 La terminologie des allocataires

Initialement, les prestations familiales concernaient la famille et non ses membres ; il est donc utile de préciser, dans le cadre de cette évolution, certaines notions spécifiques au calcul des droits en la matière, notamment l'enfant à charge et les conditions de ressources.

◆ L'enfant à charge

Cette notion implique la prise en charge financière, effective et permanente, de l'entretien de l'enfant (nourriture, logement, habillement) ainsi que la responsabilité affective et éducative à son égard. L'existence d'un lien de parenté n'est donc pas nécessaire entre l'adulte qui assume ce rôle et l'enfant. Il peut s'agir :

- d'un enfant légitime, naturel, reconnu ou non ;
- d'un enfant adopté ou recueilli ;

5. Processus par lequel le comportement d'un système complexe est ajusté « en conformité à quelques règles ou normes ».
6. Villac M. La politique familiale. Débat autour d'une définition. In : Solidarité santé études statistiques, numéro 4. Paris : Ministère des affaires sociales de la santé et de la ville-Masson ; 1993.

- d'un frère ou d'une sœur, d'un neveu ou d'une nièce.

Est considéré comme à charge :

- l'enfant jusqu'à 6 ans, sans aucune autre condition ;
- de 6 à 16 ans, période de l'obligation scolaire, l'enfant doit faire preuve de son assiduité ;
- de 16 à 20 ans, s'il est sans activité ou si son revenu est inférieur à 55 % du SMIC (certaines allocations sont maintenues jusqu'au 21e anniversaire).

L'enfant doit résider en France métropolitaine de façon régulière et permanente (dérogations possibles dans certaines situations).

◆ Les conditions de ressources

Le versement de certaines prestations dépend du montant des ressources de la personne ou du ménage. La déclaration des revenus annuels permet aux CAF d'étudier les droits et de déterminer le montant de l'allocation, le cas échéant.
Le montant de chacune de ces allocations fait l'objet d'une réévaluation au 1er janvier et au 1er juillet de chaque année. Les CAF éditent à l'attention des allocataires un « Guide de vos prestations » régulièrement mis à jour[7].

7. On peut également s'informer sur le site Internet : caf.fr

Chapitre 33

Politique familiale et accueil du jeune enfant

La nécessité de faire garder les jeunes enfants pendant que les femmes travaillent, remonte à la naissance d'un prolétariat féminin et urbain lié à l'industrialisation du pays puis à la croissance de la qualification des emplois féminins. La famille, les proches et les nourrices ont été les premières solutions. Elles restent encore aujourd'hui les principaux recours pour les parents de tous petits enfants qui exercent une activité professionnelle hors du domicile. Néanmoins, d'autres options, notamment sous la forme d'équipements encadrés par des professionnels de la petite enfance, viennent compléter l'offre proposée aux parents. Ainsi, après avoir été ignorée, la question de l'accueil du petit enfant s'est greffée progressivement à la politique familiale française au nom d'une meilleure conciliation de la vie familiale et de la vie professionnelle.

A L'acceptation des choix individuels

L'évolution de la politique familiale, au regard de ses fondements lors de la première moitié du xxe siècle, repose sur l'acceptation de la pluralité des choix familiaux et des choix individuels sans référence normative au mariage indissoluble ou au rôle de la femme dans la famille ou dans la sphère professionnelle. Il ne s'agit plus de promouvoir un modèle familial type, mais de diversifier les aides afin qu'elles répondent à la diversité des situations familiales, au nom du concept de libre choix.

Le libre choix[1] se traduira pour la question des modes d'accueil par :

- le libre choix du mode d'accueil (crèche, multi-accueil, assistante maternelle, employée à domicile, etc.) ;
- le libre choix d'avoir des enfants, d'exercer une activité professionnelle pour les femmes.

1. Cette notion est par ailleurs controversée par M. Villac (1993) qui en souligne les limites du fait de la coexistence de deux types de politiques contradictoires : les unes souhaitent plutôt aider les mères de famille à concilier vie professionnelle et vie familiale ; les autres cherchent à inciter, directement ou indirectement, certaines femmes à quitter le marché du travail (ou les statistiques du chômage).

B Le contexte originel de la politique pour l'accueil de la petite enfance en dehors du milieu familial

L'histoire française des modes de garde de la petite enfance, durant ces dernières décennies « est d'abord celle d'une pénurie »[2]. Ainsi, la France comptait, en 1972[3], environ 40 000 berceaux de crèches collectives pour dix fois plus de femmes actives ayant un enfant de moins de 3 ans. Les raisons de cette pénurie sont multiples[4] :

- la politique familiale adoptée en 1945 incitait les femmes à élever leurs enfants qu'on souhaitait nombreux[5], le travail féminin n'étant accepté qu'en cas de nécessité, à l'époque et jusqu'aux années 1970 ;
- la méfiance à l'égard des moyens de « socialisation collective » du jeune enfant a également joué un rôle non négligeable. Cette méfiance portait alors essentiellement sur les risques de contagion et sur les carences affectives supposées du petit enfant ainsi séparé de sa mère[6] ;
- le coût trop élevé de la garde des enfants, argument récurrent soulevé pour critiquer les modes de garde collectifs, joue aussi, dès cette époque, un rôle important dans l'établissement de cette carence.

1 Les causes d'une demande croissante

Ce n'est qu'en 1970 qu'une « volonté » collective nationale se manifeste en faveur d'une politique d'accueil de la petite enfance, contrainte par les transformations économiques et sociales qui, pendant une dizaine d'années, avaient contribué à l'affaiblissement des principes conducteurs de la politique familiale élaborée après guerre.

◆ Sur le plan quantitatif

Parmi les transformations ayant contribué à accroître la demande et/ou à donner une visibilité sociale nouvelle à la pénurie de l'offre de places, retenons notamment :

- l'évolution croissante des effectifs des enfants de 0 à 5 ans sur cette période ;
- l'activité professionnelle féminine et salariée qui s'accroît chez les femmes mariées en âge de procréer (quel que soit le nombre d'enfants) en concomitance avec la baisse des emplois féminins du secteur agricole[7], les aides familiales ;
- les évolutions croissantes et plus larges de l'urbanisation et de la mobilité géographique[8] ;

---

2. Norvez A. De la naissance à l'école. Santé, modes de garde et pré-scolarité dans la France contemporaine - Travaux et documents, cahier numéro 126. 459 pages. Paris : INED/PUF ; 1990.
3. Source : Informations sociales, numéro 10/1972, CNAF.
4. Norvez A. *Op. cit.*
5. Il faut toutefois noter que cette politique s'inscrivait dans une phase de déclin continu de l'activité professionnelle féminine et n'était donc pas en contradiction avec les évolutions socio-économiques.
6. Voir notamment les travaux de R A. Spitz et ceux de J. Bowlby.
7. Emplois avec lesquels la garde des enfants par leur mère restait généralement conciliable.
8. Éléments qui conduisent à accroître les besoins de modes de garde, en modifiant les structures familiales et en diminuant les solidarités de proximité telles que les relations de voisinage.

- le repli sur soi de la famille conjugale, bâtie sur le modèle du triptyque père/mère/enfants, qui éloigne de la même façon les grands-parents ou voisins de l'intimité familiale et des tâches éducatives portées au petit enfant.

◆ Sur le plan qualitatif

L'élévation du niveau scolaire des jeunes filles après la Seconde Guerre mondiale contribue à accroître le niveau de qualification des emplois et, par conséquent, le niveau culturel, économique et social de la clientèle potentielle des modes de garde de la petite enfance. Les besoins de telles structures touchent alors des femmes ayant la possibilité et les « attributs sociaux »[9] susceptibles de donner une visibilité sociale au problème de pénurie[10]. Cette évolution « qualitative » de la clientèle potentielle va aussi poser la question de la qualité du service offert et des fonctions d'une institution accueillant jusqu'alors une population de milieux essentiellement populaires.

2 La question de la qualité service

Ce n'est pas seulement la pénurie qui va constituer un problème social, mais aussi la qualité de l'institution et la nature du service. On critique particulièrement la réglementation des crèches qui concerne alors principalement la protection de la santé physique des petits enfants.
Pour cette nouvelle clientèle, il s'agit de ne pas se faire déposséder de son enfant par des professionnels abrités derrière des normes d'hygiène jugées « obsolètes ». Nombre « d'experts » vont dans ce sens et jugent que le mode de garde, et notamment la crèche collective, peut même être un « plus » pour l'enfant. Mais pour cela, l'activité doit se recentrer sur les besoins et les potentialités de l'enfant, ce qui suppose l'introduction de matériel et de pratiques pédagogiques (jeux et jouets, livres, espaces aménagés plus adaptés, etc.), et l'ouverture aux parents, jugée nécessaire à l'épanouissement d'un enfant « qui doit être connu dans les deux milieux »[11]. Il y a ainsi une sorte de consensus : on estime que ce qui sera bien pour les familles, et surtout pour les mères, le sera aussi pour les enfants.
Pour les professionnels de la petite enfance, cette évolution va s'accompagner d'une plus grande technicité, donc d'une revalorisation des statuts. Ainsi, à l'occasion d'un rapport en 1972[12], les meilleurs spécialistes de la question se font les avocats d'une politique de garde des jeunes enfants, tout en se refusant à prendre position pour ou contre la garde de l'enfant par sa mère (sauf avant 3 mois) ou pour un mode de garde particulier. Ce qui compte, c'est le climat entre les parents et les accueillants[13], climat largement dépendant du degré de liberté ressentie dans le choix du mode de garde.

---

9. C'est-à-dire les ressources sociales en termes de capital culturel, social et économique et les positions socioprofessionnelles (scientifiques, administratifs, journalistes, etc.).
10. La presse féminine qui se développe à la même époque : *Marie-Claire, Parents* (créé en 1969) etc. constituera à ce titre un relais efficace.
11. Comme l'expliquent alors les experts en petite enfance (Soulé M., Lézine I., Stamback M., etc.), la crèche doit s'ouvrir aux parents au sens propre comme au figuré. Elle doit aussi être ouverte sur les autres secteurs (hôpitaux d'enfants, médecine préventive…). Voir Soulé M. Les modes de garde des enfants de 0 à 3 ans. Cahier des recommandations. 5e édition. Paris : ESF ; 1986 (1972).
12. Résultat du travail des experts cités dans la note précédente, réalisé entre septembre 1971 et avril 1972, dans le cadre des travaux de préparation au VIe plan.
13. R. Lebel, alors directeur de la CNAF, rappelle que ce rapport recoupe une étude de CREOOC (approche socio-économique) : il faut un choix, donc différentes structures, car les attitudes sont variables selon les conceptions des rôles au sein de la famille et le partage des rôles entre celle-ci et la collectivité.

La question d'une véritable politique pour l'accueil des plus petits est alors posée, tout en poursuivant l'objectif de qualité. L'évolution de la définition de la crèche témoigne de cette préoccupation collective.

C Les textes

1 Décret du 21 avril 1945, art. 3

« La crèche a pour objet de garder pendant la journée, durant le travail de leur mère, les enfants bien portants ayant moins de 3 ans accomplis. Les enfants y reçoivent les soins hygiéniques qu'exige leur âge... ».

2 Décret n° 74-58 du 15 janvier 1974

Relatif à la réglementation des pouponnières, des crèches, des consultations de protection infantile et des gouttes de lait (JO du 27 janvier 1974), modifié par décret n° 62-785 d'août 1992 (JO du 12 août 1992), art. 3.
« Les crèches ont pour objet de garder pendant la journée durant le travail de leur mère les enfants bien portants ayant moins de 3 ans accomplis. Les enfants y reçoivent les soins nécessaires à leur développement physique et mental. »

3 Décret n° 2000-762 du 1er août 2000

Relatif aux établissements et services d'accueil des enfants de moins de 6 ans, art. R. 180-1.
« Les établissements et les services d'accueil veillent à la santé, à la sécurité et au bien-être des enfants qui leur sont confiés ainsi qu'à leur développement. Ils concourent à l'intégration sociale de ceux de ces enfants présentant un handicap ou atteints d'une maladie chronique. Ils apportent leur aide aux parents afin que ceux-ci puissent concilier leur vie professionnelle et leur vie familiale. »

4 Décret n° 2007-230 du 20 février 2007

Relatif aux établissements et services d'accueil des enfants de moins de 6 ans reprend les termes du décret n° 2000-762.

5 Décret n° 2010-613 du 7 juin 2010

Relatif aux établissements et services d'accueil des enfants de moins de 6 ans, art. R. 23124-17
« Les établissements et les services d'accueil veillent à la santé, à la sécurité et au bien-être des enfants qui leur sont confiés, ainsi qu'à leur développement. Dans le respect de l'autorité parentale, ils contribuent à leur éducation. Ils concourent à l'intégration sociale des enfants présentant un handicap ou atteints d'une maladie chronique qu'ils accueillent. Ils apportent leur aide aux parents pour favoriser la conciliation de leur vie professionnelle et de leur vie familiale. »

D Le vrai début de la politique d'accueil et la mise en place du dispositif actuel

Depuis une trentaine d'années, l'investissement des pouvoirs publics français en faveur des modes d'accueil et de garde des jeunes enfants a contribué à faire de la conciliation des tâches maternelles et professionnelles des femmes une question politique fédérée dans la politique familiale française. Cette question de la garde du tout-petit, loin d'être spécifique à la France, concerne l'ensemble des pays de l'Union européenne et les réponses varient d'un État membre à l'autre[14].

1 L'apparition d'un acteur principal : les CAF

Depuis 1970, les caisses d'allocations familiales versent directement aux gestionnaires des crèches une somme (appelée « prestation de service ») pour chacun des enfants accueillis. La garde des jeunes enfants a ainsi pris une place de plus en plus importante dans les dépenses d'action sociale de la politique familiale[15].

Ces prestations de service, en instaurant une mesure légale et provisionnée des services et avantages accordés, marquent le point de départ de l'inscription progressive de l'accueil du petit enfant dans le domaine des politiques familiales. Cette évolution, qui s'accompagne d'un courant de recherche et de réflexion nouveau sur le petit enfant et les modes de garde, a aussi une incidence pour les familles utilisatrices des crèches.

◆ L'incidence pour la famille

L'application par les communes du nouveau barème mis en place par les CAF s'est traduite par une hausse importante du coût de la garde pour les familles jusqu'alors essentiellement ouvrières[16]. Ainsi, cette augmentation mensuelle, pour les familles utilisatrices appartenant aux premières tranches des quotients familiaux, allait de 200 % à 500 %. Autrement dit, c'est par la mise en place de ces prestations de service que la crèche collective s'est ouverte à de nouvelles catégories de familles, notamment issues de groupes sociaux aux revenus moyens et aisés.

Il y a ainsi congruence entre l'histoire des modalités du financement des crèches collectives et le projet social et professionnel d'une tranche relativement aisée du salariat féminin et celle de la prise en charge des petits enfants dans ces mêmes établissements[17].

---

14. Ainsi, en Belgique par exemple, la création d'un « fonds d'équipements et de services collectifs » et d'une série d'arrêtés destinés à accroître la participation de l'État au développement de telles structures marquent ce même intérêt nouveau des pouvoirs publics. À la même époque (début des années 1970), des préoccupations identiques apparaissent en Allemagne ou en Italie.
15. 2 % du montant en 1970, 12 % en 1980, 25 % en 1990 et près de 30 % aujourd'hui.
16. Bouve C. Les crèches collectives : usagers et représentations sociales, contribution à une sociologie de la petite enfance. Paris : L'Harmattan ; 2001.
17. En parallèle aux efforts fournis pour développer les modes d'accueil du petit enfant, d'autres solutions furent expérimentées, telles que « l'allocation pour frais de garde » dont le but était de contrebalancer la hausse des coûts supportée par les familles aux revenus modestes du fait de la mise en place du barème des CAF, accompagnant la création des prestations de services.

◆ La diversification des modes d'accueil

En 1975, le Conseil économique et social[18] préconise « le développement rapide et diversifié des équipements sociaux pour la petite enfance »[19]. Outre les besoins de l'enfant et les attentes des parents, ce souhait renvoie à des objectifs et à des préoccupations nationales :

- la pénurie jouerait ainsi un rôle de renoncement à des naissances ;
- certains modes de garde pourraient jouer un rôle dans la prévention et le dépistage précoce des handicaps ; les années 1970-1975 voient se développer l'idée selon laquelle les modes d'accueil pourraient avoir une fonction prophylactique et contribuer à réduire les inégalités scolaires et sociales entre enfants.

◆ L'évolution de la place de l'enfant dans la société

L'idée de la nécessité de lier l'aide de la société au petit enfant plutôt qu'à la famille subsistera malgré le rejet du rapport « Sullerot » (1981). Cette certitude fait l'objet, un an plus tard, du rapport « Bouyala-Roussille »[20] qui visait à définir les grandes lignes d'une politique globale destinée au petit enfant. Il s'agissait alors de promouvoir la place de l'enfant dans la société et d'essayer de modifier les pratiques sociales à son égard. De même, le terme « d'accueil » vient se substituer à celui de « garde » pour qualifier les structures destinées aux tout-petits, marquant ainsi symboliquement le droit des enfants à être « traités comme des individus ayant non seulement des besoins, mais (aussi) des désirs légitimes »[4].

◆ L'évolution de l'objectif public en faveur de l'enfance

L'action de l'État, jusqu'alors essentiellement portée sur la protection de l'enfant, change. La dynamique, la logique interministérielle et la volonté de définir une action globale en faveur de l'enfant s'inscrivent dans une mouvance qui se développe (notamment dans le secteur de l'Aide sociale à l'enfance) et s'accélère sous l'impulsion de l'Organisation des Nations unies (ONU) à l'occasion de la préparation de l'Année internationale de l'enfant (AIE)[21]. L'organisation de l'AIE en 1979 a permis ainsi de capitaliser les travaux et réflexions des pouvoirs publics qui ont constitué une base de travail plus ou moins explicite pour la politique menée au cours des années suivantes[22].

---

18. Pour rappel, l'article 3 de l'ordonnance n° 58-1360 du 29 décembre 1958 portant loi organique du Conseil économique et social fait rentrer la question des modes de garde dans le champ de compétences du Conseil économique et social.
19. Avis du Conseil économique et social du 15 octobre 1975.
20. Bouyala N., Roussille B. L'enfant dans la vie, une politique pour la petite enfance. Rapport au Secrétariat d'État de la famille, 1982.
21. En décembre 1976, l'Assemblée générale des Nations unies adopte une résolution proclamant 1979 « Année internationale de l'enfant » (106e séance plénière, RAG n° 31/169) dans le but de sensibiliser les États membres et l'opinion publique aux besoins des enfants et d'amener à la réalisation de projets concrets en faveur des enfants.
22. Pour la CNAF, l'Année internationale de l'enfant fut ainsi « l'occasion de faire le point de ses interventions sociales en direction des enfants et de tendre vers une définition plus claire de ce que pourrait être une politique de l'enfance, s'intégrant dans celle de la famille ».

2 La politique d'un nouveau gouvernement en faveur de l'enfant et de la famille

Comme nous l'avons souligné, les années 1970 furent des années très importantes pour la réflexion, les tentatives d'innovation et l'évolution de la réglementation en matière de professionnalisation des métiers de la petite enfance. Cependant, la pénurie de modes de garde au début des années 1980 était toujours aussi impressionnante : le taux d'activité des femmes progressant plus vite (surtout pour les tranches d'âge ayant les plus forts taux de fécondité) que l'offre de berceaux.

C'est dans ce contexte que le Secrétariat d'état chargé de la famille[23] présente en 1981 la qualité de l'accueil comme « une composante essentielle d'un projet de société solidaire », afin de favoriser l'égalité des chances et de prévenir l'inadaptation.

◆ Les besoins démographiques

Pour les analystes de l'époque, la pénurie d'offre semblait avoir un rôle de renoncement aux naissances, comme paraissait l'indiquer l'écart observé entre le désir d'enfant, souligné alors par les enquêtes d'opinion, et le niveau bien moindre de réalisations effectives.

Il s'agit alors « d'assurer aux couples la possibilité d'avoir le nombre d'enfants qu'ils désirent et, à chaque parent, les moyens de concilier la vie professionnelle et la vie familiale » et « c'est en œuvrant pour que disparaissent progressivement les obstacles au relèvement de la natalité et en refusant de privilégier un modèle quelconque de famille, que se dégageront les voies d'un retour à l'équilibre démographique respectueux de la diversité culturelle et humaine de la population »[24].

Le gouvernement met ainsi en avant les arguments démographiques en faveur d'une politique familiale forte, intégrant le développement des modes d'accueil du jeune enfant, tout en affirmant sa neutralité face aux choix des familles[25] : « Pour assurer l'avenir de la Nation, il faut que notre société soit plus accueillante à l'enfant, que tous les enfants qui naissent soient désirés et que tous les enfants désirés puissent naître » (ce qui suppose une offre suffisante de structures).

◆ L'amélioration qualitative et quantitative de l'offre

Le Secrétariat d'état souligne l'ampleur du travail au noir (un enfant sur quatre est alors confié à une nourrice non agréée). Il prévoit dès lors de développer « l'ensemble des composantes de l'offre de services contrôlés par la collectivité »[26] avec comme objectif la réalisation de 300 000 places dans les structures d'accueil des enfants de moins de 3 ans[27]. Quatre types d'accueil sont alors concernés :

---

23. Cabinet de Mme G. Dufoix, Secrétaire d'État chargée de la Famille.
24. Discours de Mme G. Dufoix (1981).
25. L'idée forte et récurrente du secrétaire d'État (et de la gauche socialiste d'alors) est celle d'une politique familiale construite sur le respect des choix conjugaux et individuels qui, s'ils ne sont pas contrariés mais soutenus, sont censés garantir un équilibre social vertueux. La politique du secrétariat d'État prétend alors ne pas chercher à renforcer un type de famille, mais se présente au contraire comme étant au « service des choix familiaux des individus ».
26. Comme le préconisait le rapport annuel de l'Inspection générale des affaires sociales (IGAS), en février 1979, sur les équipements sanitaires et sociaux, consacré aux années 1977-1978 « … que soit maintenu une diversité des modes de garde et que se poursuive le développement de ces structures ».
27. Ce qui correspond à l'engagement du candidat à la présidence François Mitterrand.

- la crèche collective et la crèche familiale ;
- l'école maternelle des 2-3 ans (mesure faisant l'objet d'une réflexion sur les adaptations nécessaires à l'accueil des plus petits) ;
- les assistantes maternelles qui doivent bénéficier d'une meilleure formation ;
- les structures innovantes (essentiellement représentées, à cette époque, par les crèches de petits effectifs créées à l'initiative de parents), l'idée étant de faire davantage de place aux parents dans ce dispositif des modes d'accueil[28].

On envisage ainsi la création annuelle de 40 000 places (15 000 collectives et 25 000 familiales), le but d'une telle répartition étant officiellement d'obtenir à terme un équilibre entre l'accueil collectif et l'accueil familial[29].

Le programme prioritaire du gouvernement

Le gouvernement établit un programme prioritaire[30] consacré à l'accueil de la petite enfance et charge les services départementaux d'accompagner ce mouvement. Il a cinq objectifs :

- « développer les services d'accueil des jeunes enfants pour adapter réellement leurs capacités aux besoins des familles » ;
- « insérer les services d'accueil des jeunes enfants dans la vie quotidienne des familles »[31] ;
- « décloisonner les services d'accueil et en particulier désenclaver la garde à domicile » ;
- « rapprocher les professionnels de la petite enfance » ;
- « créer un environnement quotidien favorable »[32].

À cette étape de l'action et de la réflexion des pouvoirs publics vont naître les contrats crèches (1983), puis les contrats enfance (1988), et enfin les contrats enfance et jeunesse (2006) qui constitueront la clé de voûte de la politique actuelle.

L'évolution des structures

Devant l'ampleur du déficit de l'offre de structures et face aux pressions financières d'alors, un double mouvement se poursuit dans le domaine de l'accueil de la petite enfance :

- le premier mouvement « consiste dans le passage d'une problématique médicale, en terme de santé et d'hygiène, des lieux de garde (crèches, garderies...) à une problématique psychologique et sociale, en terme d'éveil et socialisation » ;
- le second mouvement « réside dans l'apparition de structures d'accueil centrées sur la relation enfant-parent et la socialisation ou l'éveil de l'enfant : crèches parentales,

28. Le secrétaire d'État prendra néanmoins le soin de préciser dans une conférence de presse du 26 octobre 1981 que l'intérêt porté aux crèches parentales ne doit pas laisser à penser que celles-ci puissent être la panacée.
29. Mais les différences de coût en défaveur des crèches collectives et la volonté d'encadrer les nourrices non déclarées et les assistantes agréées isolées peuvent aussi expliquer ce calcul.
30. Programme prioritaire d'exécution du IXe plan rédigé conformément aux orientations gouvernementales du 15 décembre 1982 et dans la logique même du rapport « Bouyala-Roussille ».
31. Ce qui se traduit en particulier par la participation des parents à la vie des services d'accueil afin d'éviter les ruptures dans la vie quotidienne de l'enfant et pour que les parents puissent continuer d'exercer leur responsabilité.
32. C'est-à-dire sécurisé (prévention des accidents domestiques, etc.) et accueillant pour l'enfant et sa famille (domaine du logement, des transports, de la santé, etc.).

ludothèques... et lieux d'accueil enfants-parents », popularisés par la Maison verte lancée par Françoise Dolto[33].

3 Des politiques contractuelles pour développer l'accueil du petit enfant

Pour le secrétariat d'État chargé de la famille, il s'agit de mettre en place « un véritable service d'accueil de la petite enfance, voire un service public ».

◆ Une politique en faveur du choix réel du mode d'accueil

Afin que les parents puissent réellement choisir le mode d'accueil qu'ils préfèrent, on souhaite une « harmonisation progressive des tarifs ». Un effort financier est demandé aux CAF « en faveur des familles au début de leur vie familiale », « pour des raisons tant sociales que démographiques » dans le but d'accroître quantitativement les places en crèche. Les CAF doivent avoir un rôle stimulant, leur aide n'est donc majorée que lorsque les gestionnaires s'engagent dans le cadre d'« un contrat de développement des modes de garde » qui intègre :

- l'adaptation des amplitudes d'ouverture aux horaires des parents ;
- l'ouverture effective aux enfants handicapés ;
- la tolérance en matière d'accueil des enfants malades ;
- la bonne participation des parents à la vie de la crèche.

◆ La création des contrats crèches

Pour rentabiliser les deniers des allocataires, il est demandé aux CAF de s'assurer du plein-emploi des crèches en incitant les gestionnaires à pratiquer des inscriptions en sureffectif et à faire participer les parents financièrement de manière équitable, mais significative[34].

La CNAF lance alors l'opération « contrat crèche » le 14 juin 1983, avec le soutien du gouvernement. Ce contrat crèche est fixé pour 5 ans et vise à assurer 40 % des besoins en modes de garde pour les enfants de moins de 3 ans sur une commune[35]. Les CAF sont chargées dans chaque département de mettre en place les contrats sur la base d'un contrat type établi par la CNAF[36]. Ces contrats poursuivent des objectifs précis et reposent sur une base commune.

Comme souhaité par le secrétariat d'État, le contrat concernait aussi les aspects qualitatifs des différentes crèches : horaires, accueil des enfants légèrement malades ou handicapés, etc.

En trois ans, les contrats auront permis la création de 8 200 places (résultats décevants, selon la CNAF).

---

33. Neyrand G. « Accueil des jeunes enfants : nouvelles figures ». In : Les implicites de la politique familiale. Paris : Dunod ; 2000.
34. Le taux d'effort demandé aux familles doit être identique quels que soient leurs revenus.
35. Une modification y sera apportée en 1984 ; la durée est alors portée à 7 ans et les taux de couverture baissés à 35 %.
36. En ce qui concerne la CNAF, la réflexion interne en termes de déconcentration (aux CAF) des fonds destinés aux modes de garde (principe qui constituera le socle de la politique contractuelle des CAF menée à partir de 1983) avait déjà été longuement mûrie à l'occasion des opérations de 1970 et 1974 dites « opération 100 millions crèches » (déblocage d'un fond de cent millions de francs pour les crèches).

◆ Le contrat enfance remplace les contrats crèches

Le contrat enfance répond à une volonté de mener une politique plus globale d'accueil des jeunes enfants en intégrant :

- l'accueil des enfants de 3 à 6 ans et les autres structures d'accueil ;
- l'amélioration qualitative des structures ;
- l'information des familles ;
- la formation du personnel.

La CNAF propose ces contrats enfance aux communes en janvier 1988 ; ils vont connaître un franc succès (en deux ans, 600 contrats ont été signés).

De plus, à la même époque, le rôle des CAF évolue. Elles ne sont plus uniquement des financeurs, mais deviennent alors (théoriquement) de vrais partenaires qui vont développer une compétence d'expertise. Les marges de négociation des CAF sont aussi accrues, tout comme leurs responsabilités.

D'autres mesures et objectifs s'inscriront dans la dynamique des contrats enfance, rendant compte de l'importance croissante des CAF dans ce domaine d'activité :

- 1989 : relais assistantes maternelles (173 relais en 1995 sur 60 départements) ;
- 1994 : orientations autour de l'idée de libre choix des parents ;
- 1998 : contrats d'aide aux communes ou regroupement de communes pour développer une politique concertée en faveur des temps libres pour les enfants. On met ici l'accent sur une vision globale « incluant tous les aspects de la vie de l'enfant dans sa famille, à l'école, dans la cité, dans son environnement permanent »[37]. L'objectif est de favoriser une politique de soutien à l'accompagnement éducatif des enfants de 6 à 16 ans et à l'animation pendant les temps libres des jeunes de plus de 16 ans.

◆ Un nouvel outil : le contrat enfance jeunesse[38]

Le contrat « enfance et jeunesse » marque une nouvelle étape des CAF dans les domaines de la petite enfance et de la jeunesse.

À partir du 1er juillet 2006, la branche Famille ne signe plus que des contrats « enfance et jeunesse » qui se substituent aux dispositifs antérieurs[39].

Le contrat « enfance et jeunesse » répond prioritairement à deux objectifs :

- *favoriser le développement et optimiser l'offre d'accueil par* :
  - un soutien ciblé sur les territoires les moins bien servis, au regard des besoins repérés,
  - une réponse adaptée aux besoins des familles et de leurs enfants,
  - un encadrement de qualité,
  - une implication des enfants, des jeunes et de leurs parents dans la définition des besoins, la mise en œuvre et l'évaluation des actions,
  - une politique tarifaire accessible aux familles les plus modestes ;
- *contribuer à l'épanouissement des enfants et des jeunes* et à leur intégration dans la société par des actions favorisant l'apprentissage de la vie sociale et la responsabilisation pour les plus grands.

37. Circulaire CNAF. Les orientations de l'action sociale familiale des CAF 1997-2000 - n° 152 du 6 juin 1997.
38. Source Internet, site : caf.fr
39. Les contrats enfance signés avant le 1er juillet 2006 continuent à être financés par la CAF dans les mêmes conditions jusqu'à leur terme.

L'élaboration du contrat « enfance et jeunesse »

Cette élaboration repose sur une analyse circonstanciée de la réalité sociale du territoire concerné afin de faire émerger un projet local global prioritaire, adapté aux besoins des enfants et des jeunes, centré sur une fonction d'accueil.
Cette analyse s'effectue en deux temps :

- un diagnostic sur le territoire de la CAF. Ce diagnostic doit obligatoirement fournir les éléments relatifs à :
  - la nature et l'ampleur de l'offre supplémentaire au regard de la demande et de l'offre existantes, et de l'utilisation qui en est faite, en s'assurant que l'offre prévue correspond à des besoins considérés comme prioritaires,
  - la richesse du territoire,
  - la proportion de familles potentiellement vulnérables ;
- un diagnostic sur le territoire contractuel.

L'état des lieux intègre le recueil et l'analyse des principaux éléments concernés par le développement des actions. Celles-ci feront l'objet d'une évaluation.
Le diagnostic portera sur :

- la population couverte ;
- l'analyse de l'offre de service existante ;
- l'écart entre l'offre et la demande ;
- l'évolution du contexte local et des besoins ;
- le service rendu en vérifiant le niveau de satisfaction des parents et le cas échéant des jeunes.

Ses caractéristiques

Ses caractéristiques sont les suivantes :

- il se substitue aux dispositifs antérieurs y compris au contrat « enfance » signé avec les conseils généraux ;
- il vise les enfants jusqu'à 17 ans révolus ;
- il donne priorité à la fonction d'accueil des enfants et des jeunes ;
- il est signé pour une durée de 4 ans ;
- pour chaque année, le montant maximal des subventions est clairement indiqué ;
- le taux de cofinancement est de 55 % ;
- il est ouvert aux entreprises pour la partie « enfance ».

E La politique pour l'accueil du petit enfant : bilan et perspectives

La diversité de l'offre d'accueil de la petite enfance peut prendre plusieurs formes. Il existe des services d'accueil au sein de structures collectives, réalisés au domicile du prestataire ou de la famille.

1 L'accueil des enfants de moins de 6 ans[40]

En 2008, près d'un enfant sur deux âgé de moins de 3 ans bénéficie d'un mode d'accueil collectif ou individuel. Les enfants peuvent être accueillis par des assistantes maternelles, au sein d'établissements d'accueil du jeune enfant (EAJE), à l'école maternelle ou par des salariés à domicile. L'offre d'accueil correspond aux places disponibles dans les EAJE.

En 2007, l'offre était de 1 116 163 places pour 1 135 930 places au 31 décembre 2008. L'action publique a fait de l'offre d'accueil du jeune enfant un de ces axes prioritaires afin que les familles puissent concilier leur vie privée et leur vie professionnelle.

En 2008, les assistantes maternelles offrent environ 772 300 places (dont 614 000 destinées aux enfants âgés de moins de 3 ans) d'accueil. Rappelons que pour accueillir des enfants à leur domicile, les assistantes maternelles doivent obtenir un agrément délivré par le président du Conseil général. En 2008, la direction de la recherche, des études, de l'évaluation et des statistiques (DRESS) recense 412 100 assistantes maternelles en France métropolitaine. Cependant, elles ne sont que 282 000 en exercice.

Aujourd'hui, les enfants âgés de 2 ans peuvent être accueillis en école maternelle. En effet, en 2008, près de 149 000 enfants âgés de 2 ans y sont accueillis.

Quant à la garde à domicile, elle concerne environ 40 000 enfants âgés de moins de 3 ans.

En outre, on dénombre environ 10 000 établissements qui proposent une capacité d'accueil en structures collectives de 350 000 places destinée aux enfants de moins de 6 ans.

Remarque

Il est important de noter que la moitié des besoins en mode d'accueil sont couverts en 2008. En effet, il existe une capacité d'accueil théorique de 1 152 489 pour la France entière alors que l'on dénombre environ 2 433 595 enfants âgés de moins de 3 ans.

Nous pouvons observer une légère augmentation du nombre de places d'accueil du jeune enfant.[41]

Il est intéressant d'observer que l'évolution du développement des établissements d'accueil résulte d'une croissance des structures multi-accueil alors que, par ailleurs, le nombre de crèches et de structures mono-accueil décroît.

2 La prestation d'accueil du jeune enfant (PAJE)

Les familles peuvent bénéficier de la PAJE pour leur(s) enfant(s) né(s) depuis le 1er janvier 2004.

Dès lors que la grossesse est déclarée, la famille n'a aucune démarche à effectuer pour bénéficier de la prime de naissance et de l'allocation de base. Le dispositif mis en œuvre est sous condition de ressources, il comprend les dispositions suivantes :

- le complément de libre choix du mode de garde ;
- le complément de libre choix d'activité.

Le libre choix, c'est la possibilité, pour les parents qui le souhaitent, de cesser momentanément de travailler pour élever leur enfant, et pour ceux qui veulent continuer à travailler, la mise à disposition de modes de garde de qualité et sécurisants.

---

40. L'e-essentiel, n° 101, août 2010. Publication électronique de la CNAF. Direction des statistiques, des études et de la recherche.
41. Rapport Tabarot Rapport sur le développement de l'offre d'accueil de la petite enfance. Juillet 2008.

◆ Le complément de libre choix du mode de garde

Cette mesure concerne l'emploi d'une assistante maternelle agréée ou une garde à domicile pour un enfant de moins de 6 ans si l'activité professionnelle est minimum. Le montant de la prise en charge partielle de la rémunération varie selon les revenus et l'âge de l'enfant.

◆ Le complément de libre choix d'activité

Cette mesure concerne les femmes qui ont cessé de travailler ou travaillent à temps partiel, mais qui ont exercé une activité professionnelle minimum variant selon le nombre d'enfants à charge. Elles doivent avoir au moins un enfant de moins de 3 ans à charge.
Sans activité professionnelle, le montant du complément de libre choix d'activité dépend de la situation et du droit à l'allocation de base de la PAJE. Avec l'allocation de base de la PAJE, le montant est de 339,94 euros mensuels et, sans l'allocation de base, de 501,59 euros. Avec une activité professionnelle réduite, les modalités varient selon la durée du temps de travail ainsi que le droit à l'allocation de base.
L'allocation de base est soumise aux conditions de ressources. Elle est cumulable avec l'allocation de présence parentale, mais pas avec le complément familial. Le montant mensuel est de 161,66 euros par famille.

3 Opinions et satisfaction des parents vis-à-vis des modes de garde[42]

L'enquête réalisée par la DREES[43] sur les « *modes de garde et d'accueil des jeunes enfants* », met en évidence les préférences des parents.

◆ Des conditions de garde qui satisfont les parents

72,4 % des parents sont pleinement satisfaits des conditions de garde de leur(s) enfant(s). Ils le sont tant par rapport à l'éveil et à la sécurité procurés à leur enfant que pour les horaires proposés.
En fonction du mode de garde, les résultats diffèrent. Ainsi, par exemple :

- 75 % des parents dont leur enfant est accueilli par une assistante maternelle sont pleinement satisfaits de la souplesse au niveau des horaires ;
- seulement 56,4 % des parents dont l'enfant fréquente une crèche le sont.

◆ La crèche collective est le mode d'accueil le plus plébiscité

30,6 % des parents globalement satisfaits des conditions de garde de leur enfant auraient préféré un autre mode d'accueil. Ainsi, parmi eux, la crèche est très majoritairement souhaitée (63,8 %), l'assistante maternelle n'étant mentionnée que par 14,9 %.
Le mode de garde jugé le plus bénéfique pour l'enfant par les parents interviewés est :

- 61,7 % les parents eux-mêmes ;

42. Clément J., Nicolas M. Opinions et satisfaction des parents vis-à-vis des modes de garde, in L'essentiel, numéro 82, CNAF, février 2009.
43. Direction de la recherche, des études et des évaluations statistiques (DREES) 2007.

- 21,5 % la crèche collective ;
- 13,1 % l'assistante maternelle ;
- 2,1 % la garde à domicile.

La garde par les parents apparaît donc comme idéale pour l'enfant. Lorsque cette dernière solution est exclue, la crèche collective est majoritairement mentionnée (39,6 %).

◆ Des images différentes en fonction des modes de garde

Selon les personnes interrogées, l'aspect bénéfique pour l'enfant d'un mode de garde peut recouvrir des notions différentes.

Par exemple, les parents pour lesquels la crèche collective est le mode de garde le plus bénéfique pour l'enfant, indiquent qu'elle favorise l'apprentissage de la vie en collectivité (98,2 % d'entre eux pensent que cet item correspond le mieux à la crèche).

À l'inverse, les parents déclarant que l'assistante maternelle est le mode de garde le plus bénéfique, insistent sur le fait que l'enfant apprend à être autonome (84,6 %).

4 La non-complémentarité des aides directes et de l'offre de structures

◆ Un nouveau système de répartition

La politique menée depuis une vingtaine d'années a amélioré indéniablement l'offre de modes d'accueil à tous les niveaux.

En fait, l'ensemble du dispositif aurait accentué les différences d'offre entre les communes en fonction des ressources financières de ces dernières[44]. En d'autres termes : plus une commune était riche, plus elle disposait de marge de manœuvre pour porter ses efforts sur la politique petite enfance ; il lui était possible d'augmenter ses dépenses brutes par enfant qui déterminent le niveau des aides de la CAF dans le cadre du contrat enfance.

Inversement, les communes les moins bien dotées financièrement ont eu tendance à recevoir globalement moins d'aides des CAF, car il leur était plus difficile de faire progresser leurs dépenses ; elles ont ainsi eu plus de difficultés pour développer des structures d'accueil collectives. Développer l'accueil chez une assistante maternelle (lorsqu'il était encore possible de développer ce type d'accueil…, quitte à créer un relais assistante maternelle) pouvait être alors tentant, car bien moins onéreux[45].

Notons toutefois que depuis le 1er janvier 2000, les gestionnaires (souvent les communes) des modes d'accueil de la petite enfance n'ont plus à subir la différence de charge résultant de la différence de revenus de leur clientèle. En effet, la réforme de la prestation de service unique (PSU), votée par le conseil d'administration de la CNAF et mise en place à compter du 1er janvier 2002,

44. En septembre 1996, la Cour des comptes dénonçait d'ailleurs le risque d'inégalités entre les communes résultant de la politique des contrats enfance, ainsi que le fait qu'elle ne soit pas assez redistributive. De la même façon, le dispositif général a tendance à accentuer les inégalités familiales face à l'offre de mode d'accueil.

45. Il ne faut pas perdre de vue que la participation d'une commune pour une place en crèche collective peut varier de 6 804 euros par an et par enfant à 3 258 euros (chiffres de 1995), selon les revenus des familles ; qu'une place chez une assistante maternelle agréée ne coûte rien à la commune ; que la participation de la commune pour une place à l'école maternelle, pour les enfants de plus de 2 ans, est seulement de 1 104 euros (en 1995), quel que soit le revenu du ménage.

a défini de nouvelles règles de financement par les caisses d'allocations familiales (CAF). Le rôle essentiel des subventions des CAF au fonctionnement des structures d'accueil a fait de cette réforme un élément de renouveau majeur. C'est la CAF qui supporte aujourd'hui le coût supplémentaire induit par l'ouverture des équipements d'accueil aux clientèles les plus modestes[46]. Le changement de calcul des aides versées par la CAF aux gestionnaires des modes d'accueil de la petite enfance a contribué à davantage d'équité entre les communes et entre les familles de conditions et de territoires différents.

◆ La réalité des familles aux revenus modestes

Jusqu'en 2002, les petites communes financièrement peu nanties sont aussi, généralement, celles qui accueillent davantage de familles aux revenus modestes. Pour ces populations, la situation est alors inextricable, cela pour plusieurs raisons :

- le coût, beaucoup trop élevé pour ces familles, d'un mode d'accueil familial ne leur permet pas de bénéficier des allocations qui correspondent ;
- le coût d'une garde en crèche collective ou familiale est le seul raisonnable (environ 10 % de leur revenu), mais, comme nous venons de le souligner, leur commune ne dispose pas (le plus souvent) de ces modes d'accueil ;
- le recours au travail au noir ou le congé parental et l'allocation parentale d'éducation restent souvent les seules solutions possibles. Mais, là encore, les familles les moins insérées ne peuvent parfois pas bénéficier de cette dernière mesure, puisqu'il faut se prévaloir d'une activité professionnelle durant les dernières années qui précèdent la demande. Nous avons donc là, à un niveau plus global, une absence de satisfaction des besoins sur des territoires accueillant des populations ayant de faibles ressources, d'où l'intérêt des services de PMI et de certaines associations qui prennent généralement le relais, là où la commune et la CAF ne peuvent construire une réelle politique d'accueil et un réel accompagnement des populations.

Dans cette perspective, rappelons qu'aujourd'hui, trois moyens sont développés dans la politique visant la conciliation de l'activité maternelle et professionnelle :

- l'octroi d'une prestation de service unique (PSU) versées aux gestionnaires des établissements d'accueil par les CAF ;
- l'attribution d'aides aux familles sous forme de prestations en numéraire ou de prise en charge des cotisations patronales ;
- le bénéfice d'exonérations fiscales accordées aux familles.

Mémo plus

La prestation de service unique (PSU)

La PSU a été mise en place en 2002 et généralisée en 2005 par les CAF.
Elle est versée à toutes les structures relevant du décret du 1er août 2000 (crèches collectives, familiales et parentales, haltes-garderies, jardins d'enfants, structures multi-accueils, structures passerelles), les micros crèches relèvent également de cette prestation depuis 2007.

46. La nouvelle prestation de service intègre directement les participations familiales dans son calcul : nombre d'actes × 66 % du prix plafond journalier – participations familiales.

La PSU concerne les enfants de moins de 4 ans dont les parents sont ressortissants du régime général ou fonctionnaires.
Son montant correspond à 66 % du prix de revient plafonné, déduction faite des participations familiales (3,88 €/h en 2008 en collectif).
La tarification est à l'heure pour tous les types d'accueil. Les ressources à prendre en compte sont les ressources imposables avant abattement.
La PSU est calculée de la manière suivante :
1. calcul du prix de revient de la structure : prix de revient = total des dépenses de fonctionnement annuelles de la structure/nombre d'heures réalisées dans l'année (présences réelles) ;
2. calcul de la PSU unitaire : PSU unitaire = 66 % du prix de revient plafond ou du prix de revient réel si ce dernier est inférieur au plafond ;
3. calcul du montant de la PSU pour la structure : [(Nombre d'actes payés par les familles en heures × montant de la PSU unitaire) – montant des participations familiales] × % régime ouvrant droit.

Impact du montant de la participation familiale sur le montant de PSU :
- ressources (1/12e du revenu annuel) = 1 524 € ;
- taux d'effort = 0,06 % ;
- participation familiale horaire : 1 524 × 0,06 = 0,91 €/h ;
- prestation de service horaire plafond = 3,88 € ;
- prestation de service horaire versée : 3,88 € – 0,91 € = 2,97 €/h.

Le barème des participations familiales est établi par la CNAF (participation familiale proportionnelle aux ressources et à la composition de la famille ainsi qu'à la nature de l'accueil).
Le projet d'établissement et le règlement de fonctionnement sont validés par la CAF. Le prix de revient horaire ne doit pas dépasser le seuil d'exclusion (12,30 €/h en 2008 pour l'accueil collectif).
Enfin, la politique familiale, et indirectement les modes d'accueil et leur fonctionnement, se sont recentrés depuis une vingtaine d'années sur l'enfant, qu'on estime être porteur d'une créance sur la collectivité du seul fait de son existence[47].
Aussi, à un niveau politique global, et dans un contexte de fragilisation des situations familiales et professionnelles[48], le problème actuel est-il celui de l'articulation entre les trois objectifs essentiels que sont :
- la conciliation vie professionnelle/vie familiale ?

---

47. On retiendra, comme le fait justement remarquer Jean-Michel Belorgey que « l'interprétation des allocations familiales comme un droit de l'enfant a conduit à servir celles-ci à tous les enfants y compris ceux issus d'unions de fait (...) ». Belorgey JM. Ordre familial et ordre public : quelle relation ? In : Les implicites de la politique familiale. Paris : Dunod ; 2000.
48. 30 % des actives de 18 à 25 ans étaient par exemple au chômage en 1998, et le nombre des séparations et divorces est passé de 41 000 en 1970 à 124 000 en 1995. Les enfants de milieux populaires sont en outre davantage touchés par le chômage et le divorce des parents. Ainsi, 70 % des enfants de moins de 6 ans vivant dans une famille dite « monoparentale » ont un parent ouvrier ou employé.

- l'épanouissement de l'enfant ?
- le soutien à la parentalité et aux liens familiaux ?

Parallèlement s'est aussi développée « l'idée selon laquelle une certaine forme de salaire maternel pouvait constituer, pour une durée limitée du cycle familial, une alternative crédible en même temps que favorable à la naissance d'un plus grand nombre d'enfants »[49].

Rôle de l'EJE

S'informer, informer les familles, faire remonter l'information vers les décideurs.

L'éducatrice de jeunes enfants participant à la direction d'un établissement d'accueil de la petite enfance ou exerçant des fonctions de coordinateur petite enfance se doit :

- d'avoir une vision globale des politiques d'accueil ;
- de connaître la réalité de l'évolution de l'offre en adéquation avec les besoins évolutifs des familles (mise en perspective des réalités socio-économiques) ;
- d'effectuer un diagnostic susceptible d'aider les « décideurs » ;
- d'informer les parents sur la solution d'accueil la plus appropriée, dans un souci de clarté, d'équité et de respect des préférences parentales et des besoins de l'enfant.

5 Plan petite enfance[50]

Parce que les parents d'enfants de moins de 3 ans doivent pouvoir disposer d'une solution de garde qui réponde à leurs souhaits, le gouvernement français a engagé un plan petite enfance sur cinq ans depuis novembre 2006 pour améliorer l'offre d'accueil encore insuffisante au regard des besoins des familles.

Il vise notamment à atteindre 350 000 places d'accueil, à encourager la création de microcrèches et de crèches d'entreprise, à offrir la même qualité de services sur tout le territoire et à faciliter le recrutement des professionnels.

6 Un droit opposable à la garde d'enfants

◆ Droit opposable et insuffisance de l'offre d'accueil des jeunes enfants

En février 2007, le centre d'analyse stratégique qui envisageait la création d'un droit opposable à la garde d'enfant abandonne finalement cette idée dans son rapport sur le service public de la petite enfance, du fait notamment de l'insuffisance des offres de garde existantes.

Le 1er août 2007, le président de la République adresse une lettre de mission au ministre en charge de la famille indiquant qu'il souhaite que soient prises « toutes les dispositions

49. Mackiewicz M. P., Norvez A., Pioli D., Rollet C. Petite enfance en ville nouvelle, construction et régulation du champ de la petite enfance à Saint-Quentin-en-Yvelines, Rapport CNAF, décembre 1998.
50. Bas P. Présentation du plan petite enfance, 7 novembre 2006.

nécessaires pour que les parents soient en mesure de concilier plus facilement leurs vies professionnelle et familiale, notamment en développant et en diversifiant l'offre de garde d'enfants. Notre objectif est la mise en place d'un droit de garde opposable effectif à la fin de la présente législature ».
Pour ce faire, Michèle Tabarot, député UMP des Alpes-Maritimes, est chargée le 12 février 2008 de présenter un rapport sur les moyens de développer l'offre d'accueil de la petite enfance. Celui-ci devra respecter deux impératifs : « assurer la sécurité et l'épanouissement des enfants et favoriser la maîtrise de la dépense ».
Lorsqu'elle remet son rapport[51] au Premier ministre le 23 juillet 2008, il souligne à nouveau l'insuffisance quantitative de l'offre de garde. D'après son évaluation, il faudrait créer 322 000 places pour couvrir les besoins. Il précise également que ce chiffre avoisinerait les 500 000 places si les enfants de 2 ans n'étaient plus scolarisés à l'école maternelle.
Michèle Tabarot a identifié les besoins d'évolution des structures en s'inspirant, notamment, des pratiques ayant cours à l'étranger, d'abord en Europe du nord. Ses préconisations sont centrées sur « le développement de modes de garde innovants, souples et adaptés aux besoins des enfants et des familles ». Le rapport prône une mise en place progressive du droit à la garde d'enfant.

◆ Les propositions du rapport Tabarot

Accroître l'offre de garde en direction des enfants âgés de 2 à 3 ans par la création de « jardins d'éveil » dans les structures existantes et dans les écoles maternelles. Cela permettrait de libérer des places pour les plus petits dans les crèches. Il convient aussi de développer un service d'accompagnement aux familles, en mettant en place un numéro d'appel unique et un site Internet.

À partir de 2012

Le droit de garde opposable serait rendu effectif pour les enfants âgés de 2 à 3 ans.

À partir de 2015

Le droit opposable serait progressivement ouvert à l'ensemble des enfants.
Dans cette perspective, et pour développer l'offre d'accueil, le rapport propose d'assouplir les conditions d'encadrement des lieux d'accueil de la petite enfance en :

- augmentant le taux d'encadrement des assistantes maternelles ;
- valorisant l'expérience des personnels en crèche ;
- assouplissant les conditions de qualification des directeurs des établissements ;
- donnant plus de souplesse pour accueillir les enfants en surnombre ;
- donnant aux communes la possibilité de se saisir d'une compétence d'agrément des structures collectives et des assistantes maternelles.

À ce jour, plusieurs de ces mesures ont été mises en œuvre.

51. Tabarot M. Rapport sur le développement de l'offre d'accueil de la petite enfance. Documentation française, juillet 2008.

En 2009, un appel à candidature est lancé pour l'« expérimentation de création de 8 000 places de jardins d'éveil »[52].

Depuis fin 2008, les assistantes maternelles sont autorisées à garder quatre enfants en même temps[53] (contre trois enfants précédemment). Elles peuvent également se regrouper dans un lieu unique, appelé « maison d'assistants maternels »[54] (local communal ou appartement) sans perdre leur statut.

Le 7 juin 2010, un nouveau décret[55] assouplit les règles d'encadrement et de fonctionnement des établissements d'accueil du jeune enfant afin d'accueillir davantage d'enfants. Celui-ci est contesté par la Fédération nationale des éducateurs de jeunes enfants[56] (FNEJE) et de nombreux professionnels de la petite enfance.

Ce décret modifie essentiellement les points suivants :

- les microcrèches deviennent un mode d'accueil à part entière et peuvent accueillir dix enfants ;
- les jardins d'éveil sont rattachés aux modes d'accueil collectifs de droit commun, mais bénéficient de nombreuses dérogations ;
- les enfants peuvent être accueillis en surnombre (de 10 % à 20 %), certains jours de la semaine, sans toutefois dépasser 100 % hebdomadaires ;
- la répartition du personnel diplômé et qualifié encadrant les enfants est modifiée (40 %-60 %),
- le nombre d'années d'expérience professionnelle pour diriger les structures collectives passe de 5 à 3 ans ;
- lors de la création, l'extension ou la transformation d'un établissement, les dossiers doivent comprendre des pièces engageant la responsabilité des maires et des services préfectoraux ;
- les puéricultrices peuvent pallier l'absence de médecins dans les services de PMI ;
- le rôle éducatif des EJE au sein des structures est renforcé.

52. CNAF. Lettre circulaire n° 2009-076.
53. Loi n° 2008-1330 du 17 décembre 2008 de financement de la sécurité sociale pour 2009.
54. Loi n° 2010-625 du 9 juin 2010 relative à la création des maisons d'assistants maternels et portant diverses dispositions relatives aux assistants maternels.
55. Décret n° 2010-613 du 7 juin 2010 relatif aux établissements et services d'accueil des enfants de moins de 6 ans.
56. Retrouvez la position de la FNEJE sur son site Internet : www.fneje.fr

Chapitre 34

Secteur association et politique familiale

Historiquement, l'ensemble associatif a souvent cherché à répondre aux besoins non couverts par l'État. Il se crée ainsi par « réaction », réaction qui cesse dès que les services publics décident de prendre le relais soit directement, soit en utilisant l'association comme sous-traitant. Un problème à résoudre, une insatisfaction collective ou le goût de l'entreprise peuvent être à l'origine d'une création d'association. La loi 1901 dont la réglementation est accessible à tous, favorise ce type d'initiative. Rappelons également l'existence de l'Union nationale des associations familiales et des unions départementales nées de l'ordonnance de 1945.

En France[1], le secteur de la santé et de l'action sociale compte à lui seul 115 000 associations et 560 000 salariés (la moitié de l'emploi associatif global)[2] ; 20 % des bénévoles[3] agissent dans ce secteur. Les trois quarts des ressources sont d'origine publique (84 % pour la santé et 60 % pour les services sociaux, contre respectivement 8 % et 35 % de recettes privées).

Il faut savoir que dans de nombreuses associations, la qualité du bénévolat détermine la capacité de l'association à déployer une force qui lui soit propre et qui la différencie des autres organisations présentes dans le même champ d'activité. Sa légitimité en dépend.

Et, dans ce domaine, les associations d'aides aux personnes en grande difficulté (enfants, familles, mères de familles, pères seuls, etc.) puisent leur force et leur efficacité dans le soutien que des bénévoles apportent aux professionnels, non comme des collaborateurs, mais comme des partenaires engagés au service d'une même cause.

A Des ressources associatives au service de l'enfance et de la famille

Dans le secteur associatif, les œuvres caritatives et les initiatives privées répondent souvent à des aspirations individuelles ; elles sont aussi sources d'innovations et peuvent être des terrains privilégiés d'expérimentation de nouveaux services pour un public en quête de réponses adaptées à ses problématiques. La réponse associative fondée sur le volontariat présente une spécificité qui lui est propre et avec laquelle aucun service public ne peut rivaliser. L'engagement de

1. Source : site Internet : www.interassos.net
2. Sur l'ensemble des associations, 85 % d'entre elles n'ont aucun salarié.
3. 40 % des Français sont membres d'au moins une association.

personnes pour une cause donnée, leur détermination à atteindre le but fixé ensemble s'inscrivent implicitement dans un processus de réalisation de soi, qui donne une force exceptionnelle à l'entreprise commune. Les professionnels trouvent bien souvent dans le panel associatif des partenaires au service des familles qui constituent des ressources tout à fait intéressantes.

B Le secteur de l'accueil de la petite enfance

Rappelons le rôle déterminant des crèches d'étudiants qui se sont créées au moment des événements de 1968. Le rejet massif d'institutions rigides, fermées aux familles, souvent « trop médicalisées » aux yeux des parents, est une innovation (décriée en son temps) qui a impulsé une autre conception de l'accueil des jeunes enfants.

1 Les crèches parentales

Les crèches parentales (ou crèches à gestion parentale, selon le décret du 1er août 2000), créées dans les années 1980 pour pallier la pénurie de structures d'accueil ont elles aussi introduit une autre manière de répondre à l'attente de parents.
Il s'agit de la réunion de quelques parents qui créent ensemble un service de garde d'enfants dans des locaux agréés par le service départemental de PMI. L'effectif d'enfants accueillis ne doit pas dépasser 20 enfants, le service étant assuré par les parents utilisateurs, à tour de rôle durant la semaine. Se pose alors la question de la stabilité des repères et de la cohérence des pratiques, du fait du roulement des familles pour assurer la gestion et le fonctionnement du service, et participer aux soins sous la direction d'un professionnel (souvent éducateur de jeunes enfants). En outre, cette formule, reposant entièrement sur la disponibilité et l'engagement des parents, perd souvent de son dynamisme lorsque les enfants ont atteint l'âge de l'école maternelle, parents et enfants quittant la structure. Les parents de deuxième génération auront-ils le même engouement ?

2 Les crèches à horaires décalés

Les crèches à horaires décalés sont actuellement très recherchées par les familles dont les horaires de travail ne permettaient pas, jusqu'à une époque récente, de bénéficier des services des crèches. À titre d'exemple, nous communiquons ci-après l'expérience engagée en 1984 par une association loi 1901, soutenue par la municipalité : la crèche Bout'Chou[4].
Dès les années 1980, le contrat enfance proposé aux municipalités par la CNAF souligne la nécessité d'augmenter le nombre de structures d'accueil et de les diversifier davantage pour répondre au plus près aux besoins des familles.

3 Exemple de la crèche Bout'Chou

◆ Historique de la crèche

Répondre aux demandes grandissantes des familles pour des modes de garde avec des horaires plus souples et surtout plus adaptés à leur activité professionnelle, c'est le but de la crèche

4. Pour contacter l'association : 5, passage Chauvin, 75013 Paris.

expérimentale à horaires décalés. Que l'on débute son travail à 6 h du matin ou que l'on termine à 21 h 30, pour un agent RATP ou de La Poste, un cuisinier, un commerçant ou un intermittent du spectacle, comment concilier vie professionnelle et mode de garde ?
En 1994, cette structure dite « expérimentale » à l'époque, et qui fonctionne toujours aujourd'hui, a ouvert ses portes et a même augmenté sa capacité d'accueil.

◆ Les missions de la crèche

Ouverte de 5 h 30 à 22h du lundi au vendredi et de 7 h 30 à 18 h 30 le samedi, la crèche a pour objectif de permettre aux familles de mieux concilier vies professionnelle et familiale ; 68 000 familles parisiennes bénéficient de ce mode de garde.

◆ Son financement

Il se répartit entre la ville de Paris (50 %), la CAF (30 %) et enfin les participations familiales (20 %).

◆ Accueillir des enfants sur des horaires décalés : un enjeu

Cet accueil des enfants sur une plage horaire très large pouvant démarrer très tôt le matin et se terminer tard le soir demande une réelle réflexion autour de l'enfant, de sa famille, mais aussi des professionnels accueillants.
Le projet éducatif, véritable colonne vertébrale de la crèche, va permettre « d'intégrer et de construire les savoirs dans la réalité »[5] avec la collaboration de toute l'équipe. Il s'appuie sur des observations, des échanges centrés sur le savoir-faire et savoir-être afin de répondre au mieux aux besoins individuels ou collectifs d'un enfant ou groupe d'enfants.

◆ L'organisation institutionnelle

L'équipe se compose de :

- l'équipe encadrante :
  - deux puéricultrices (1 directrice et 1 directrice adjointe) qui se partagent l'amplitude horaire 5 h 30-22 h sur la semaine et l'astreinte du samedi,
  - un pédiatre et un psychologue,
  - une éducatrice de jeunes enfants, coordinatrice pédagogique au sein de l'équipe, qui participe activement à la mise en place du projet ;
- le personnel auprès des enfants :
  - des éducatrices de jeunes enfants,
  - des auxiliaires de puériculture ;
- le personnel des services généraux :
  - deux cuisiniers : du matin et du soir,
  - des agents de service et agents techniques.

Trois plages horaires au choix sont proposées aux familles :

- la plage dite « du matin » : 5 h 30-18 h 30 ;
- la plage dite « du milieu » : 7 h 30-18 h 30 (très peu de places y sont réservées) ;
- la plage dite « du soir » : 9 h-22 h.

---

5. Bosse Platière S., Dethier A., Fleury C., Loutre du Pasquier N. Accueillir le jeune enfant : quelle professionnalisation ? Paris : Érès ; 1995. p. 119.

Pour chacune de ces trois plages horaires, la présence de l'enfant à la crèche est limitée à 10 h avec un minimum de 4 h et ce, 5 jours sur 7 (lorsque l'enfant fréquente la crèche le samedi, il est demandé à ce qu'il soit absent un jour dans la semaine). Le règlement intérieur de la crèche, signé par les familles, fixe ce cadre.
Soulignons que ce contrat (ou « garde-fou ») entre la crèche et les familles est dans la réalité assez bien respecté et que les baby-sitters sont rares dans l'organisation des familles.
Les enfants sont accueillis par groupes d'âge et par petites unités :

- « section du matin » pour la plage horaire 5 h 30-18 h 30 ;
- « section du soir » pour la plage horaire 9 h-22 h ;
- le jardin d'enfants regroupe tous les enfants de 2 à 3 ans ; il est ouvert de 5 h 30 à 22 h.

Favoriser des petits groupes d'enfants est le point fort du projet de la crèche.

◆ Les familles

Les demandes sont nombreuses. À titre indicatif, sur l'année 2000, 196 familles ont effectué une préinscription à la crèche pour seulement une trentaine de places disponibles.
Ce premier contact est important, car il permet d'évaluer au mieux les besoins des parents.
Ainsi, nous remarquerons que :

- les horaires tôt le matin concernent des familles d'agent RATP, de La Poste, les agents hospitaliers, les fonctionnaires de police, les cuisiniers, les pâtissiers… ;
- les horaires tard le soir concernent les intermittents du spectacle, les professeurs de musique, les commerçants ou les professions libérales.

Toute l'équipe accueillante facilite les échanges avec les familles ; elles sont invitées à s'associer à des activités tout au long de l'année (sorties collectives au théâtre, au jardin, fêtes, réunions) afin de mieux comprendre le fonctionnement de l'établissement. Cette place accordée aux parents permet d'assurer une meilleure continuité de la prise en charge de l'enfant, minimisant ainsi le risque d'éventuelles situations de rupture.
La crèche à horaires décalés, avec sa souplesse, fonctionne comme une aide au développement de la fonction et de l'identité parentale, en particulier auprès de familles démunies qui n'ont pas de relais, ou de certaines familles monoparentales. Dans ce contexte, l'équipe encadrante peut être amenée à encourager les parents à confier leur enfant sur une amplitude horaire plus large.
Ainsi, la crèche et ses horaires souples se placent dans un dispositif plus global d'accueil et de prévention, d'accompagnement et d'harmonisation avec les familles dans l'éducation des enfants.

◆ Une période clé pour l'enfant et sa famille : l'adaptation

L'enfant est accueilli à la crèche à la fin d'un congé de maternité ou parental. Et, pour la majorité d'entre eux, l'enfant et sa famille « expérimentent leur première séparation importante »[6]. Il s'agit là d'une période de vulnérabilité pour l'enfant, aussi bien que pour sa mère ou son père. Cette période est d'autant plus sensible que le sentiment de culpabilité est très présent chez les parents qui confient leur enfant en crèche, surtout s'ils le font sur des rythmes et des horaires atypiques.

6. Bosse Platière S., Dethier A., Fleury C., Loutre du Pasquier N. *Op. cit.*

Ce temps dit d'adaptation va permettre de faciliter les échanges de cette « triangulation » composée des parents, de l'enfant et de l'équipe accueillante ; il se déroule sur 2 semaines : la première semaine est un temps de découverte, les parents étant présents et la seconde est un temps progressif de séparation. Cette période repose sur un travail de « référence » ou de « double référence » :

- deux professionnelles privilégient la prise en charge de l'enfant, afin d'acquérir une connaissance plus fine des habitudes de vie de l'enfant et de ses besoins ;
- la mère, face à un interlocuteur privilégié, s'investit dans une relation de confiance et peut exprimer plus facilement ses inquiétudes et ses angoisses. Il est essentiel, pour chaque professionnelle accueillante, d'identifier le rythme biologique de l'enfant (sommeil, alimentation) afin d'assurer dans sa prise en charge une meilleure continuité entre la maison et la collectivité.

Mémo plus

Maintenir une relation individualisée pour chaque enfant, entre lui et la référente, tout en préservant et maintenant la place et le rôle des parents.

Cet accueil personnalisé et individualisé dans un contexte collectif permet de tisser des liens de continuité entre la crèche et la maison, et d'harmoniser au mieux l'accueil d'un enfant endormi à 5 h 30 du matin ou les retrouvailles à 22 h. Cela demande un grand sens de l'observation de la part des professionnelles et une responsabilisation de chacune.
Les réunions, les formations organisent la vie institutionnelle, amenant toute l'équipe à réfléchir sur ses pratiques professionnelles en collaboration avec le psychologue et le pédiatre.

◆ Le travail en réseaux

L'équipe est amenée à travailler en partenariat avec :

- des équipes scolaires : le projet crèche-école, mis en place en 1996 entre les professionnelles de la crèche et une école maternelle, a pour objectif d'aménager des échanges entre les enfants autour d'ateliers pédagogiques (chant, musique, motricité). Aujourd'hui, ce projet fait partie intégrante de la dynamique de l'établissement, et il permet aux familles de réfléchir tout doucement sur leur organisation quand l'enfant rentrera à l'école avec des horaires plus « traditionnels » ;
- les coordinatrices du service de PMI, les médecins ;
- les services sociaux ;
- les services de soin ;
- des structures relais (par exemple une structure d'accueil ouverte 24 heures sur 24 et 7 jours sur 7, « Enfant présent », et qui s'adresse à des familles en difficultés d'ordre psychologique ou social).

Ainsi, à la crèche Bout'chou, le projet se centre sur la qualité d'accueil et complète les autres structures. Sa spécificité la place dans le sillage de structures alternatives, dont la fonction de relais parental et la vocation thérapeutique sont plus évidentes.
Les familles font le constat que les temps familiaux sont plus importants : « on profite de son enfant tout l'après-midi, ou toute la matinée ».

Tout doucement, les politiques réfléchissent à développer des établissements innovants (et plus variés), plus souples dans leur fonctionnement, avec une amplitude horaire élargie, afin de mieux répondre aux besoins des familles.
Le décret du 1er août 2000 suggère d'élargir et d'assouplir les possibilités d'accueil prenant en compte les contraintes des familles. Cette transformation, sans être impossible, pose un certain nombre de problèmes matériels et avant tout une augmentation de moyens humains donc financiers.

C Les services d'aide et de soutien à la parentalité

Cette notion, définie dans un précédent chapitre (*cf.* Partie 1), met en évidence l'évolution de la conception d'aide aux parents, allant d'une assistance à un accompagnement des familles.

1 Le concept de « Maison verte »

À la fin des années 1970, un nouveau concept est créé, allant dans le sens du soutien à la parentalité. Cette initiative de Françoise Dolto[7], pédiatre et psychanalyste, s'est développée depuis (on compte aujourd'hui en France environ 150 maisons de ce type). Il s'agit d'une approche personnalisée de l'enfant, en lieu neutre, qui veut éviter « l'âge de la fréquentation scolaire pour que les effets d'une petite enfance perturbée dans son développement (avant 3-5 ans) se fassent connaître »[8] ; c'est donc au moment de la construction psychique que l'on doit accompagner l'enfant.
Les objectifs de la Maison verte sont donc de nature préventive, s'intéressant au dysfonctionnement de la relation parent-enfant. Elle agit à plusieurs niveaux : rompre l'isolement, soutenir la parentalité, préparer la séparation en vue de la scolarisation, favoriser l'apprentissage des limites et des règles de savoir-vivre (ne pas dépasser la ligne tracée au sol, mettre un tablier pour les jeux d'eau, etc.).
Le principe est l'accueil de l'enfant, de sa conception à l'âge de 3 ans, accompagné d'un adulte qu'il connaît. Trois règles sous-tendent cet accueil : l'anonymat de l'enfant comme de l'adulte qui l'accompagne, la présence permanente de cet adulte (que l'enfant connaît et qui peut être un parent, une assistante maternelle ou une baby-sitter, un grand-parent), la libre fréquentation de la Maison (celle-ci est ouverte quelques demi-journées par semaine).
L'accueillant s'adresse directement à l'enfant quel que soit son âge, les adultes qui accompagnent les enfants parlent entre eux, regardent les enfants, écoutent, lisent ; les adultes reconnaissent ensemble leurs responsabilités éducatives envers les enfants, et essaient de s'exercer...
La Maison verte « permet de réintroduire un monde commun où adultes et enfant mêlés peuvent reconstruire des relations autrefois naturelles »[9].

7. Association Archives et Documentations Françoise Dolto, 21, rue Cujas, 75005 Paris.
8. F. Dolto dans sa présentation du travail en Maison verte.
9. L. Dupraz, in : Les Métiers de la petite enfance, n° 42, octobre 1998.

2 « Enfant présent », une initiative évolutive au service des familles en difficulté

Dès l'origine, ce mode de garde « innovant » vise l'accueil d'enfant en difficulté pour prévenir un placement institutionnel, il s'agit d'une formule d'accueil en crèche familiale ouverte en 1987, dans l'est parisien. Sa mission prioritaire est de nature sociale ; ce n'est pas une structure d'accueil traditionnelle.

Les objectifs visent la prévention du « dysfonctionnement des relations parents-enfants avec le souci particulier d'insister sur la place de l'enfant, place quelquefois malmenée lors du remaniement opéré par son arrivée dans un couple. »[10]

Son fonctionnement repose sur des règles spécifiques :

- une grande souplesse d'horaires pouvant aller jusqu'à une garde de l'enfant la nuit, voire plusieurs nuits (ce qui est inapplicable dans une crèche familiale ordinaire) ;
- une formation et un encadrement des assistantes maternelles qui sont réalisés à un rythme soutenu par l'équipe ;
- des activités de stimulation et de socialisation et un suivi attentif des enfants qui sont organisés par petits groupes ;
- un accompagnement individualisé des parents qui est effectué par l'équipe de direction de la crèche ;
- un partenariat qui est établi avec les services de PMI, de suivi médical, de l'aide sociale à l'enfance ; l'association travaille dans le cadre d'aide éducative en milieu ouvert (AEMO) et le dispositif permet l'accueil en urgence. L'admission des enfants se fait à partir des candidatures déposées par les partenaires.

Près de vingt ans après la création de l'association, « Enfant présent » remplit toujours sa mission première, avec un soutien financier diversifié, car le cadre administratif des structures d'accueil ne permettrait pas d'assurer une pérennité à ce type de service.

Pour aider les parents à investir leur rôle, la CNAF sollicite la participation des associations, leur expérience et leur réflexion. Les demandes de financement de projets de soutien à la parentalité sont transmises aux CAF via les DDASS. C'est dans ce contexte qu'est diffusée la circulaire destinée à promouvoir les réseaux d'écoute, d'appui et d'accompagnement des parents[11]. De très nombreuses associations agissent ainsi dans les quartiers de manière à favoriser la réflexion parentale, à faire l'apprentissage de leurs capacités éducatives et à partager leur expérience avec d'autres parents : des « maisons ouvertes », des « maisons de parents », des « maisons de la médiation », etc. Les groupes de parents et la mise en place de réseaux donnent toute sa dimension à ce mouvement générateur de lien social et évoluant dans le sens d'une responsabilisation des parents à l'égard de l'éducation de leurs enfants. Dans ce cadre, les professionnels représentent une ressource mise à disposition des familles. Les adresses qui suivent ont pour objectif de favoriser la circulation de l'information.

---

10. Rapport d'activité 1989, cité par Boutin et Durning. Les interventions auprès des parents. Paris : Dunod ; 1999. p. 103.
11. Circulaire n° 99-153 du 9 mars 1999 adressée aux DRASS et aux DDASS.

Mémo plus

Quelques adresses d'associations d'intervention familiale

Il s'agit des coordonnées d'instances implantées au plan national avec souvent une organisation décentralisée au niveau local.

Association nationale des professionnels et acteurs de l'action sociale et sanitaire en faveur de l'enfance et de la famille (ANPASE)
Adresse : BP 4, 76380 Canteleu.
Site Internet : www.anpase.org.
Actions : c'est un observatoire du travail social qui propose et répond aux préoccupations du terrain, dispose d'instances départementale, régionale et nationale.

École des parents et des éducateurs, fédération nationale (34 associations Écoles des parents réparties sur la France)
Adresse : 180 bis, rue de Grenelle, 75007 Paris.
Site Internet : www.ecoledesparents.org
Actions : lieu d'écoute, de consultation, d'information, de documentation.

D Les services de soutien aux personnes en difficulté ou en détresse

« Aider les personnes à sortir de leur isolement, à établir et restaurer des liens de confiance avec leur environnement, puis les accompagner, concrètement au quotidien »[12] préside à la prévention de la maltraitance ou de la négligence, anticipe les risques de dégradation des situations dommageables pour le développement et l'épanouissement des enfants. Un réseau important d'associations œuvre dans ce champ social.

1 Violence faite aux enfants[13]

Fondation pour l'enfance
Adresse : 17, rue de Castagnary, 75015 Paris.
Site Internet : www.fondation-enfance.org

Association interprofessionnelle spécialisée dans la prévention des abus sexuels (AISPAS)
Adresse : 19, rue de la Résistance, 42000 Saint-Étienne.
Actions : création d'outils pédagogiques d'information en faveur des enfants et des adolescents.

Association française d'information et de recherche sur l'enfance maltraitée (AFIREM)
Adresse : Hôpital des enfants malades, 149, rue de Sèvres, 75730 Paris cedex 15.

12. Jesu F., in : Les cahiers de la puéricultrice, n° 143, septembre 1999.
13. On peut se procurer l'Annuaire des associations françaises de protection de l'enfance (Érès) en librairie.

Son objectif premier : collecter l'information pour permettre des échanges et la circulation des opinions quant aux problèmes des enfants maltraités.
Les Numéros verts, notamment Fil santé jeunes, SOS enfance maltraitée, le 119 ou encore Amitié ou Croix-Rouge Écoute permettent une écoute permanente.

2 Violence faite aux femmes

Les associations agissent en partenariat avec les services publics, notamment la Délégation régionale aux droits des femmes.
Fédération nationale solidarité femmes service, violences conjugales écoute
Site Internet : www.violencefaitesauxfemmes.com
Numéro d'appel national : 3919.
Objectifs : permettre aux femmes victimes de violence conjugale d'en parler, de préserver leurs droits et de trouver des solutions en urgence.
Association européenne contre les violences faites aux femmes au travail (AVFT). Tél. : 01 45 84 24 24.
Centre national d'information et de documentation des femmes et des familles (CNIDFF)
Adresse : 165, boulevard Sérurier, 75019 Paris.
E-mail : femmesinfo@cidffdeparis.fr
SOS violences en privé
Tél. anonyme : 03 22 52 09 52.
Institut national d'aide aux victimes et de médiation (INAVEM)
Tél. : 08 84 28 46 37.
Une instance européenne au service des professionnels de santé : www.sivic.org. Informations, protocoles d'intervention, bibliographie, liens avec les sites médicaux sur la violence conjugale.

3 Conclusion

L'évolution de la politique familiale, et en particulier son élargissement à la dimension sociale et éducative du parcours de l'enfant, de la naissance à l'adolescence, est un élément important dans le soutien des familles. La valorisation des initiatives collectives, tant professionnelles que non professionnelles, préside à la démarche de prévention des risques à l'égard de la santé physique et mentale de l'enfant. « Libérer les potentiels créatifs des habitants, soutenir leurs capacités à se regrouper, à investir les logiques associatives et à se rapprocher des professionnels de façon à répondre aux besoins et aux problèmes sociaux par la réflexion et l'action communes (...) fait partie des principaux enjeux à relever, en particulier par les réseaux de soutien à la parentalité. »[14]

14. Jesu F. *Op. cit.*

Chapitre 35

Approche des problématiques socio-économiques

L'éducateur de jeunes enfants est un travailleur social spécialisé dans le domaine de la petite enfance. Son travail auprès du jeune enfant ne peut se faire qu'en tenant compte de son environnement social et familial. Aussi, il attache une importance particulière à l'observation du lien existant entre l'enfant et sa famille, l'enfant et son milieu.
Dans le cadre de ces fonctions, l'EJE développe une capacité d'observation et d'analyse et s'implique avec d'autres professionnels du social dans des actions de soutien à la parentalité à l'échelle du territoire sur lequel sa structure ou son service sont implantés.
Aujourd'hui, face aux discours stigmatisants par rapport aux habitants de cité, et culpabilisants par rapport à des parents, sans doute générés par la peur, la méconnaissance, etc., il est important de travailler certaines valeurs et l'éthique des travailleurs sociaux.

◆ Le questionnement sur le problème de la pauvreté

Dans ce guide, l'idée n'est pas de prétendre solutionner le problème de la pauvreté, mais d'apporter une *contribution à la compréhension* de ce qui se joue entre les parents et les éducateurs de jeunes enfants, afin que ces derniers se trouvent mieux armés pour s'interroger et guider leur action. Il ne s'agit donc pas de proposer une nouvelle méthode de travail, mais bien plus de *susciter un questionnement* et de lancer des pistes de réflexion, voire d'action avec les familles vivant une situation de pauvreté.
Le jeune enfant restant au cœur des préoccupations de l'EJE, ce sera bien de sa protection dont il sera question, même si l'essentiel aura les parents comme sujets.
L'EJE doit s'interroger sur les effets de la pauvreté sur les enfants accueillis dans les structures petite enfance. Quelle est l'incidence de la pauvreté sur le développement des jeunes enfants et leur devenir ? Quelles sont les conséquences sur le lien parent-enfant ? Qu'est-ce que grandir dans une famille pauvre ?

◆ La compréhension du problème de la pauvreté

Il est important de souligner qu'à l'échelle de l'espace urbain de la cité, la pauvreté ne touche pas tous les ménages de manière identique. Certains disposent de revenus modestes, mais ne sont pas pauvres. Cependant, l'assimilation de la personne à un lieu de vie considéré comme économiquement défavorisé contraint tous les habitants à *partager le stigmate de la pauvreté* même si celui-ci ne concerne réellement qu'une partie des ménages.
Les difficultés économiques et un chômage souvent de longue durée provoquent une précarité endémique et l'isolement social de beaucoup de ménages.

DEEJE. Diplôme d'État d'éducateur de jeunes enfants

« Des personnes vivent dans des situations de pauvreté si leurs revenus et leurs ressources (matérielles, culturelles et sociales) sont à ce point insuffisants qu'elles les empêchent d'avoir des conditions de vie considérées comme acceptables dans le pays membre où elles vivent. » [1]
Cette définition, donnée par le Conseil européen souligne tout d'abord que la *pauvreté est un phénomène* relatif : on est pauvre au sein d'une société donnée. Elle met en évidence aussi que la pauvreté est un phénomène ayant à voir avec l'exclusion : la pauvreté peut couper ceux qui en souffrent du reste de la société, en les empêchant d'accéder aux normes de consommation, en engendrant un phénomène de « honte », en les incitant à demeurer dans un « entre-soi » aux effets démobilisateurs.
Au regard de ce constat, de nombreux sociologues ont tenté de cerner ce phénomène. Parmi eux, Serge Paugam a développé le concept de *disqualification sociale* et Robert Castel celui de *désaffiliation*.

A La disqualification sociale

Le concept de disqualification sociale est actuellement très utilisé du fait de la résurgence de la question de l'exclusion. Il est fortement lié à des notions telles que la désinsertion sociale insistant davantage sur des phénomènes perçus et vécus individuellement, que sur celle de la relégation sociale mettant l'accent sur la stigmatisation collective ainsi que sur celle, plus ancienne, de déclassement social visant, elle, à rendre compte des effets de mécanismes sociaux globaux.
La disqualification sociale, dans une perspective d'analyse des modes de gestion de l'échec social, *s'attache au discrédit* porté sur ceux qui *ne participent pas « pleinement »* à la vie économique et sociale. Elle tend à qualifier un processus à l'articulation d'éléments objectifs et d'éléments subjectifs. Elle met au centre « le statut occupé et sa position dans la hiérarchie sociale en même temps que les effets identitaires des logiques de désignation et d'étiquetage. À ce titre, elle porte également un intérêt au *rôle du disqualifié* qui n'est plus seulement posé comme agi, mais aussi « *comme acteur de la disqualification, que cette action prenne les formes de l'acceptation, de la dénégation ou de la transaction* »[2].
La disqualification tend ainsi à rendre compte tant de la dégradation morale que présente ce processus de changement organisé de statut que de la procédure sociale de désignation qui l'accompagne. Elle repose sur l'idée selon laquelle des faits sociaux, comme l'assistanat, peuvent être vécus comme une cérémonie de dégradation statutaire à l'occasion de laquelle est mise en vue une nouvelle appartenance à une catégorie sociale peu honorable ou tout au moins inférieure au rang social antérieurement occupé. Elle réintègre, ce faisant, une dimension symbolique (celle de la valeur de la place occupée dans la hiérarchie sociale), à côté des dimensions économiques et sociales. La question de la *valeur sociale des individus* et celle de leur contribution à la collectivité en termes d'utilité sociale recoupe, en ce sens, intimement la dévalorisation de l'identité d'individus qui, ayant intégré celle-ci, en viennent simultanément à l'autodénigrement et au décrochage social.
Serge Paugam parle d'un phénomène d'« *étiquetage* » (apposition de la société d'une image le plus souvent négative des personnes en difficulté).

1. Conseil emploi revenus cohésion sociale (CERC). Les enfants pauvres en France. Rapport n° 4, La documentation française. p. 6. Paris, 2004.
2. Paugam S. La disqualification sociale, essai sur la nouvelle pauvreté. Paris : PUF ; 1991. p. 104.

C'est véritablement ce sentiment et l'image négative que les publics en difficulté se font d'eux-mêmes, mais également que la société aussi a, et leur donne d'eux-mêmes, qui les conduisent à l'exclusion.
Dans ce cas, la personne s'exclut elle-même de la scène sociale parce qu'elle se sent exclue du système, rejetée.

Situation

Mme R., mère de deux jeunes enfants, explique les « stratagèmes » qu'elle utilise afin que les habitants de son quartier, ne la voient pas aller demander de la nourriture au Secours populaire : « C'est trop la honte ! », honte de ne pas pouvoir être comme tout le monde.
Ainsi, cette personne, de peur de ne pas pouvoir assumer « le poids des regards », ne va voir les bénévoles du Secours populaire qu'aux heures où elle sait qu'il y a peu de demandes.
Elle exprime aussi clairement le fait qu'elle a « horreur de quémander », mais qu'elle n'a « pas le choix à cause de ses enfants ».
Remarque
Il s'agit réellement pour cette femme d'un engrenage. La honte entraînerait le rejet et le rejet engendrerait l'exclusion.
Le terme de « disqualification » de Serge Paugam peut être rapproché du terme de « désaffiliation » de Robert Castel.

B La désaffiliation

Robert Castel aborde les conséquences de la pauvreté sous un autre angle. En effet, l'idée de disqualification renvoie à une situation de hors-jeu, alors que la désaffiliation comprend une dimension socio-historique plus à visée explicative.
La pauvreté n'est pas un état. Comme le souligne Robert Castel, c'est plutôt un *processus*, autrement dit un enchaînement de situations et d'actions émaillées de ruptures professionnelles et familiales, qu'il désigne sous le terme de désaffiliation.
Cette notion est proposée par le sociologue pour désigner le « mode particulier de dissociation du lien social », la « *rupture du lien sociétal* » qu'ont en commun les exclus, les pauvres. « Au bout du processus, la *précarité économique* est devenue dénuement, la fragilité relationnelle isolement. […] En schématisant : être dans la zone d'intégration signifie que l'on dispose des garanties d'un travail permanent et que l'on peut mobiliser des supports relationnels solides ; la zone de vulnérabilité associe précarité du travail et fragilité relationnelle ; la zone de désaffiliation conjugue *absence de travail et isolement social.* »[3]
Quelle que soit la manière dont on caractérise la frontière entre pauvreté et exclusion, pour peu que l'on prenne la peine de suivre dans le temps un groupe de personnes se trouvant dans l'une ou l'autre de ces situations, on constate que, d'une année sur l'autre, une proportion variable de ces personnes change de catégorie : elles peuvent s'en sortir, ou tomber dans le dénuement.
Ce phénomène de mobilité permanente ne suffit pas toujours, semble-t-il, à nous faire éviter la confusion entre les situations et les personnes, tant sont prégnantes les représentations idéologiques qui les confondent.

3. Castel R. Les métamorphoses de la question sociale. Paris : Fayard, coll. « L'espace du politique » ; 1998.

Les « *pauvres* », les « *exclus* », les « *assistés* » et les « *précaires* » sont donc des catégories qui ne désignent aucunement des personnes, mais des situations. Et pourtant, ceux que l'on appelle les « *pauvres* » qui vivent déjà dans l'incertitude du lendemain, souffrent du regard des autres, de sorte que les préjugés et le mépris dont ils font si souvent l'objet aggravent leur situation.
La désaffiliation s'applique au domaine de recherche qui nous intéresse et notamment les conséquences de la perte du lien social sur la parentalité.
D'après Robert Castel, les idées reçues sont préjudiciables aux parents en situation de pauvreté. La plus courante voudrait que les « *pauvres* » soient responsables de leurs propres difficultés. Ils sont représentés alors comme des êtres paresseux, profiteurs, voire agressifs. D'autres les accusent d'être des parents démissionnaires, incapables de gérer le budget familial, de discipliner leurs enfants et de les aider à s'insérer. Ils sont tenus pour responsables des actes de délinquance de leur progéniture.
La pauvreté « *tape* » sur le lien familial. C'est dans le lien familial que chacun construit son identité, c'est dans les interactions familiales que se créent les fondements sociaux.

C Le sentiment de honte

Vincent de Gaulejac s'intéresse depuis plus de vingt ans aux inégalités sociales et à leurs effets sur les individus, les groupes et les sociétés. Il appréhende dans ces travaux la honte en tant que « *sentiment social* ».
La honte, c'est d'abord la honte d'être mal né, puis d'être mal élevé. Cela amène à intérioriser une image négative de soi, qui détruit de l'intérieur. L'intériorisation de la honte est une intrication de hontes multiples qui amène souffrances sociales, psychiques et affectives. Ce sentiment s'enracine dans l'enfance. En effet, l'enfant a honte pour lui, mais aussi pour ses parents.
La honte psychique, c'est la perte d'estime de soi, le contraire de l'amour-propre : la honte de soi.
La honte sociale, c'est se sentir stigmatisé à cause de son identité. La honte apparaît lorsque les processus identitaires sont perturbés. C'est ce qui amène à pouvoir dire : « *La pauvreté, c'est la honte* ! ».
La pauvreté n'est pas forcément facteur de honte, mais elle est humiliante lorsque plusieurs facteurs sont réunis : conditions d'existence dégradantes, normes stigmatisantes qui rejettent les plus défavorisés, sentiment de déchéance.
Le regard stigmatisant conduit le *stigmatisé* à se conforter à l'image qui lui est renvoyée et tout ce qu'il fait pour essayer de s'en sortir est perçu comme *inadapté*, *agressif*, *déplacé*, l'obligeant à se couler dans les circuits d'assistance qui sont en même temps des circuits d'exclusion.
L'assistance est souvent vécue comme une épreuve humiliante parce que l'aide est subordonnée à une série de conditions qui sont autant de symptômes de la considération sociale dont l'assisté fait l'objet.
L'obligation de s'y soumettre est un aveu d'infériorité. L'assisté doit reconnaître ses infériorités et ses carences : c'est « *une violence symbolique* » qui s'exerce sur lui.
Si donc la honte est un sentiment éminemment social, puisqu'elle naît sous le regard d'autrui dans la confrontation du sujet au monde, elle s'enracine dans ce qu'il y a de plus intime, dans le sentiment d'exister comme un être unique, différent des autres, ayant une singularité propre. Elle s'inscrit dans la recherche de cohérence entre soi et soi, entre soi et le monde. Elle est du registre de l'être, à la différence de la culpabilité qui est du registre du faire. On peut soulager la culpabilité par la confession, la réparation, la punition ou le repentir, alors que la honte nécessite une transformation de soi-même. C'est l'être profond qui est atteint, comme s'il y

avait quelque chose d'irréversible. Toute la vie est concernée : les croyances, les valeurs, mais aussi les relations, la famille, la culture, le rapport à la société.

Situation

Les exigences de Jordan

La maman de Jordan (4 ans) vient le chercher au centre de loisirs maternel. Celui-ci interpelle sa mère avec insistance en lui demandant de lui acheter la même paire de baskets (d'une célèbre marque) que son ami Mickaël. Cette dernière lui répond qu'elle ne gagne pas assez d'argent pour acheter la même paire, mais promet qu'elle essaiera d'en trouver une similaire. Jordan se fâche et dit : « Je veux celles-là ou j'en veux pas ! ».

Remarque

Dans notre société où les sollicitations sont constantes, le manque de ressources financières entraîne à lui seul un fort sentiment d'exclusion. Les enfants sentent très vite la grande précarité de leurs parents. Les parents, de leur côté, ont vite fait de se dire qu'ils sont « nuls », incapables de « faire plaisir » à leurs enfants, de « leur payer » ce qui leur permettrait de se sentir intégrés.

Cette théorisation confirme qu'il est nécessaire d'accompagner la parentalité et d'autant plus, dans ce contexte de pauvreté et de désaffiliation.

En avril 2005, la Commission « Familles, vulnérabilité, pauvreté » présidée par Martin Hirsch (président d'Emmaüs France) a présenté 15 résolutions pour combattre la pauvreté des enfants[1]. Leur objectif est de lutter contre cette pauvreté en agissant de telle sorte qu'il n'y ait plus de ménage pauvre.

Pourtant, d'après Serge Paugam et Robert Castel, la pauvreté n'est pas prête d'être éradiquée, et même la pauvreté disqualifiante risque de se répandre. Il y aura donc probablement encore longtemps des enfants pauvres.

Il semble qu'on ne peut donc pas se limiter à lutter contre la pauvreté et qu'il est nécessaire de réfléchir aussi à la prévention des conséquences de la pauvreté sur les enfants.

1. Hirsch M. La nouvelle équation sociale. Rapport de la commission familles, vulnérabilité, pauvreté, 2005.

Mémo plus

Un certain nombre de travaux ont montré l'importance, dans le processus d'exclusion et/ou de pauvreté, des difficultés vécues dans les premières années de vie, et donc de la nécessité de chercher à les résoudre le plus tôt possible.

Comment mettre en place cette prévention ?

Ce mode de prévention reste à construire et fait l'objet de la démarche : la construction de la méthode avec les parents et les professionnels.

L'objectif est de savoir comment les parents aimeraient être aidés, en partant du principe qu'ils sont tous en difficulté, car « être parent n'est facile pour personne ».

Il est important d'impliquer les parents, de travailler avec les familles qu'elles présentent des carences ou non.

Cette prévention s'adresse aux parents à travers la relation qu'ils entretiennent avec leurs enfants.

Ce travail avec les familles, c'est l'accompagnement. Il faut donc considérer l'accompagnement des familles comme un appui adapté à la demande, dosé en fonction de la difficulté. Celui qui est accompagné doit savoir où il va, avoir un projet.
Dans l'accompagnement des parents, il semble important de partir du principe qu'ils ont toujours un projet pour leurs enfants ; mais même si celui-ci n'est pas défini, ils souhaitent au moins que leurs enfants aient une « belle vie ».
Quatre points semblent à souligner :

- l'importance d'une intervention précoce : que ce soit dans le domaine de la santé, de l'école, voire de la socialisation, les processus positifs ou négatifs sont très fortement cumulatifs et pèsent sur le développement des enfants ;
- l'intervention externe doit profondément respecter la responsabilité première des parents qui doivent être confortés et aidés dans leur rôle par rapport aux jeunes enfants. Elle doit progressivement, avec l'âge de l'enfant, l'aider à développer sa propre responsabilité sur son devenir ;
- la continuité nécessaire de l'action, alors que les acteurs extérieurs sont souvent amenés à intervenir sur une « tranche d'âge » donnée ;
- la coordination des intervenants est essentielle.

Ces points s'appliquent à la définition et à la mise en œuvre de toutes les politiques concernant les enfants ; elles doivent être particulièrement respectées dans le cas des enfants de familles défavorisées.

CHAPITRE

36

Notions d'éthique et de déontologie

A Éthique et déontologie

Si la déontologie représente l'ensemble des règles et des devoirs qui régissent une profession, l'éthique protège les droits des êtres humains. En effet, l'éthique professionnelle désigne le respect des règles de conduite en usage dans le milieu professionnel et guide les actions et les actes des professionnels.
Même si la profession d'éducateur de jeunes enfants ne peut se référer à un Code de déontologie, son activité est dictée par des valeurs inhérentes à son éthique personnelle, mais également à une éthique collective liée à des règles et à des devoirs implicites, au cœur des pratiques professionnelles. Quel que soit le lieu d'exercice de l'EJE, son action est règlementée et guidée par l'expression de principes et de valeurs personnelles et collectives.
Au sein d'une équipe, la question éthique se trouve continuellement mise en débat entre professionnels et fait l'objet d'interrogations perpétuelles sur l'agir des divers acteurs. Au centre des discussions, il est souvent question du respect de la personne. Le respect semble représenter un principe fondateur à l'accueil de l'enfant et des familles.

1 Le respect : principe fondateur

En effet, l'EJE doit s'engager à respecter :
- *les droits fondamentaux des personnes* ;
- *les biens et l'intimité des personnes* ;
- *la culture, la religion, les choix de vie des personnes* ;
- *les choix éducatifs* (qui concerneront notamment les choix parentaux) des personnes.

Agir éthiquement peut consister, dans certaines situations, à s'opposer aux règles dominantes. Ce qu'il semble important de considérer, c'est la disposition individuelle à mobiliser parmi les valeurs instituées, celles qui conviennent afin d'orienter son action. L'EJE doit chaque jour arbitrer, débattre des valeurs qu'il convoque afin de proposer une action qui réponde véritablement aux besoins des usagers qu'il accueille et, ses choix ne vont pas toujours de soi.

2 La démarche éthique

En effet, dans le champ du travail social, une démarche éthique consiste à faire des choix afin d'accompagner, d'aider l'autre, au regard de ses attentes, de ses besoins et de ses capacités. Faire preuve de bonne intention ne suffit pas, le professionnel doit fonder son action sur ses

références juridiques, morales, institutionnelles…autant d'éléments qui constituent les fondements de sa pratique et qui orientent ses choix.
La posture éthique se fonde sur la négociation entre références personnelles et professionnelles et il semble difficile de construire un modèle éthique figé. Les solutions se construiront alors au regard de la singularité des situations, des problématiques rencontrées.
Les EJE sont amenés à continuellement réajuster leur posture, la questionner afin d'apporter des réponses adaptées aux besoins des personnes.

Situation

Vous êtes éducateur de jeunes enfants au sein d'une maison d'enfants à caractère social et vous êtes désigné comme référent professionnel d'une petite fille de 6 ans, Jeanne.
Ce placement fait suite à une demande d'accueil temporaire demandée par la mère de Jeanne. En effet, celle-ci dira rencontrer de nombreuses difficultés dans sa relation avec elle : « Je ne la supporte plus », « elle est agressive et ne m'écoute plus, je ne sais plus quoi faire avec elle ».
En réunion, l'équipe pluridisciplinaire essaie de comprendre l'attitude de l'enfant et de sa mère, mais ne semble pas comprendre l'origine du problème.
Lors d'une visite à sa fille, la mère sollicite une rencontre avec vous. Au cours de cette conversation, elle vous révèle que sa fille est née suite à un viol. La mère vous demande de n'en parler à personne, de ne pas trahir sa confiance.

Remarque

La question centrale de cette situation est : l'EJE doit-il partager avec son équipe le « secret » qui lui a été confié par la mère ?
Si juridiquement la réponse est positive, plusieurs procédures, façon de faire sont envisageables.
Le professionnel doit informer la mère de son devoir de partager les informations avec son équipe. Mais, la mère peut dans ce cas se sentir trahie et couper la relation de confiance qui a fait l'objet de cette confession. La mère peut aller jusqu'à mettre fin à l'accueil de sa fille, car il s'agit d'un accueil temporaire. Le professionnel doit alors s'interroger sur le caractère dangereux d'un retour au domicile de l'enfant.
Le professionnel peut envisager de se laisser du temps afin de convaincre la mère de l'utilité de partager cette information et ainsi révéler son « secret » qui semblerait être un acte bénéfique pour elle et son enfant.
Il semble important également d'informer la mère de ses droits. Le viol datant de 5 ans, le crime n'est pas prescrit, la victime peut encore porter plainte contre l'auteur.
Pour finir, il semble nécessaire de proposer un accompagnement, un suivi spécifique à la mère et l'enfant (psychothérapie, accompagnement juridique…).
Dans le secteur social, médico-social et sanitaire, le questionnement déontologique des professionnels amène à s'interroger sur la notion de responsabilité professionnelle.

B La responsabilité professionnelle et l'éthique

L'évolution des connaissances et des techniques, la politique en matière de prévention de structures d'accueil de la petite enfance ont amené l'éducatrice de jeunes enfants (EJE) à assumer des *responsabilités* de plus en plus importantes d'éducation, de relation, de gestion et de soins dans des secteurs de plus en plus diversifiés, pour répondre aux besoins de l'enfant et de sa famille.

1 Les différents aspects de la responsabilité et de l'éthique professionnelle

La responsabilité professionnelle des éducateurs de jeunes enfants, dans l'exercice de leur fonction, se réfère :

- *à la formation* contenue dans leur programme d'études. Le contenu de la formation et le niveau de performance exigé pour la délivrance du diplôme d'État garantissent la nature et le niveau de qualification et, par voie de conséquence, son niveau de responsabilité professionnelle ;
- *aux rôles et fonctions du groupe professionnel* définis par la réglementation : la définition des actes professionnels, et les compétences requises pour l'exercice d'une fonction précise (par exemple, la fonction de direction en crèche d'une EJE) ;
- *aux règles déontologiques* telles que les règles professionnelles du corps EJE, mais aussi les textes plus généraux (droits de l'enfant et place des parents dans les situations de soin, secret professionnel et maltraitance, demande d'intervention au domicile de l'enfant, etc.).

Ces informations délimitent le champ de sa responsabilité et permettent d'éviter les infractions involontaires, commises par méconnaissance de ce qui lui incombe dans son travail quotidien.

Rôle de l'EJE

Dans l'exercice de son métier, une EJE peut, comme tout citoyen, engager, outre sa responsabilité *morale*, ses responsabilités *juridiques pénale et civile*. Étant chargé d'enfants, souvent très jeunes, les risques d'accident (en cas d'erreur, de négligence, de matériel défectueux) sont plus lourds que dans l'exercice d'autres métiers.

Il est donc important pour elle de connaître tous les aspects de sa responsabilité, mais également celle de son employeur et des parents. Elle pourra ainsi mieux appréhender les situations à risque, les prévenir et agir ainsi avec plus d'assurance.

Les EJE se sentent parfois pris entre le vide juridique et la crainte des poursuites en cas de non-respect des règles légales, leur comportement étant alors jugé par des juristes et non par leurs pairs : un exemple classique illustrant ce propos est celui de la distribution des médicaments en crèche.

Le droit est une science humaine qui a pour objet de régir la vie en « groupes ». Il y a donc des « règles » qui sont reconnues par le groupe, en particulier par les membres d'une profession. Ces règles ont pour visée la protection des professionnels et des personnes avec qui ils travaillent.

Les règles de droit s'imposent à tous et sont censées être connues de tous. Il est indispensable de les connaître. Par exemple, une infirmière ne peut demander à un EJE de faire une injection à un enfant.

Mémo plus

Les différentes formes de responsabilité

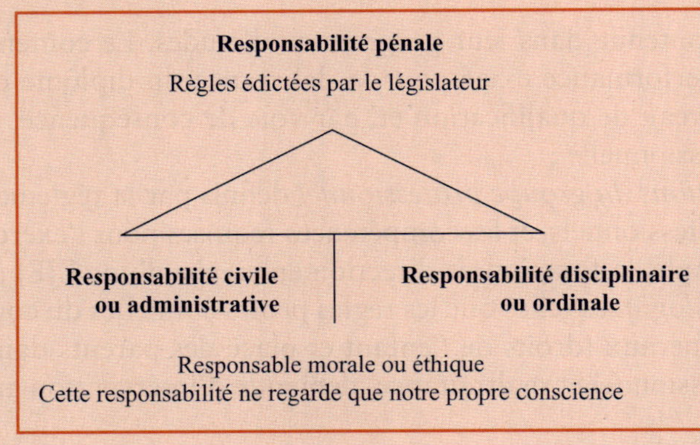

Un exemple de la responsabilité pénale est la responsabilité engagée par un professionnel lorsqu'il commet une infraction à la loi. Il doit donc connaître les textes qui régissent toutes les activités de son secteur d'exercice.

En cas de décès accidentel d'un enfant, cette responsabilité peut être recherchée pour homicide involontaire.

Au-delà de la recherche de la vérité et de la connaissance des circonstances de l'accident survenu, ce qui est recherché, c'est la condamnation par les tribunaux (au nom de la Société) du (ou des) coupable(s) de cet accident et de ses conséquences (paralysie, décès…). Cette action s'appelle l'action publique (culpabilité et prononcé de peines). Le tribunal peut également être amené à se prononcer sur l'indemnisation des victimes ou action civile (voir *infra*, la responsabilité civile).

La responsabilité pénale est une responsabilité personnelle. « Nul n'est responsable que de son propre fait »[1]:

- *les parents ne sont pas responsables pénalement à la place de leurs enfants* ;
- *les employeurs ne sont pas responsables à la place de leurs salariés* ;
- *il n'est pas possible de « couvrir » ou de « décharger » quelqu'un de sa responsabilité pénale*, même par un écrit.

On ne peut pas s'assurer au niveau pénal : l'assureur ne peut subir la peine de prison à la place de son client reconnu responsable.

Il est cependant possible de souscrire une assurance « défense-recours ou protection juridique » qui prend en charge les éventuels frais d'un procès.

La responsabilité pénale concerne les *personnes physiques* : puéricultrice, AP, EJE, stagiaire… Plusieurs personnes physiques peuvent être poursuivies ensemble, mais chacune peut se voir reprocher une faute distincte et précise constituant la commission de l'infraction.

1. Code pénal, art. 121-1.

Situation

Margot (2 ans) est tombée du toboggan

Margot est une enfant intrépide. Aujourd'hui, elle a fait une chute accidentelle d'un toboggan dans la cour de la crèche et a été hospitalisée. Un traumatisme crânien est diagnostiqué. Margot aurait dû rester sous la vigilance des professionnels de la crèche.

Remarque

Les parents de Margot peuvent porter plaine devant les tribunaux. Peuvent être poursuivis :

- la puéricultrice directrice, pour faute de gestion si les normes d'encadrement n'ont pas été respectées ;
- l'EJE ou l'auxiliaire de puériculture, pour faute de surveillance ;
- le maire, s'il a été saisi par la directrice et par écrit, pour une demande d'embauche supplémentaire afin d'être en conformité avec la réglementation des crèches et qu'il ne l'a pas fait.

Chaque faute reconnue devra avoir un lien avec la survenance de l'accident.

La responsabilité pénale concerne la *culpabilité des auteurs* :

- l'*auteur matériel de l'infraction* dont la faute est la cause directe et immédiate du dommage. Ex. : l'EJE qui a laissé l'enfant de 2 ans jouer sans surveillance ou qui l'a laissée jouer avec un objet dangereux ;
- l'*auteur indirect* : celui qui a créé la situation à l'origine du dommage. Ex. : la directrice qui a laissé l'EJE s'occuper de trois groupes d'enfants en bas âge en même temps.

Mémo plus

Les infractions « non intentionnelles » sont aussi sanctionnées

Pour les infractions non intentionnelles comme l'homicide involontaire, la responsabilité des auteurs indirects est également engagée[1] « s'il est établi qu'ils ont, soit violé de façon manifestement libérée une *obligation particulière de sécurité ou de prudence* imposée par la loi ou les règlements, soit commis une faute caractérisée et qui exposait autrui à un risque d'une particulière gravité qu'ils ne pouvaient ignorer ».

La nature des infractions

Une infraction est une action ou omission définie par la loi pénale dont les peines sont strictement prévues par celle-ci et classées selon leur gravité. On distingue deux types d'infractions.

Les infractions volontaires

Pour ce type d'infraction, il faut prouver l'intention coupable : « Il n'y a pas de crimes ou de délits sans intention de les commettre[1]. Ces délits peuvent être commis : *contre les personnes* (coups et blessures volontaires). On ne rencontre que très exceptionnellement un délit volontaire dans la vie professionnelle d'un EJE, mais il est important d'éviter celui de la mise en danger délibérée de la vie d'autrui.

Les infractions involontaires

Il y a également délit, lorsque la loi le prévoit, en cas de faute si l'auteur :

- a fait preuve d'imprudence, de négligence, de manquement à une obligation de sécurité ou de prudence imposée par la loi ou les règlements ;

- n'a pas accompli les diligences normales compte tenu, le cas échéant, de la nature de ses missions ou de ses fonctions, de ses compétences ainsi que du pouvoir et des moyens dont il disposait. Il n'y a pas à prouver d'intention coupable, seul le résultat compte : homicide involontaire, blessures involontaires causées par la négligence, l'imprudence, le manquement à une obligation de prudence ou de sécurité prévue par la loi.

L'EJE peut s'exonérer de sa responsabilité à la condition d'apporter la preuve de l'accomplissement de diligences normales, d'où l'importance des écrits adressés par la voie hiérarchique à la personne concernée (demande de travaux, de personnel,...).

Les éléments recherchés par la loi

Toute personne est présumée innocente. Pour qu'il y ait culpabilité, il faut apporter la preuve par les éléments suivants :

- un *élément légal* : il faut prouver l'existence d'un texte de loi ou d'un règlement qui prévoit l'infraction et les peines applicables. Or, il existe des « vides juridiques » en matière pénale : par exemple, la procréation médicale assistée (PMA) avant les lois de bioéthique de 1994 ;
- un *élément matériel* : ce qui, dans le comportement, a amené l'infraction (une faute), parfois le résultat, un lien de causalité certain entre la faute et l'infraction ;
- un *élément moral* : le principe est que les délits sont volontaires et que l'élément intentionnel est déterminant.

Le Code pénal prévoit l'existence de *faute non intentionnelle*[2].

La juridiction

Le juge d'instruction a des pouvoirs très larges d'investigation pour *rechercher le (ou les) coupable(s)*, pour *réunir les éléments de preuve* (auditions, perquisitions, saisie de documents comme le dossier médical, le dossier de soins, ou le cahier de transmissions, etc.). Il peut mettre en examen, ordonner la détention provisoire.

L'appel peut se faire dans un délai de 10 jours. Pour la cassation, le délai pour le ministère public et toutes les parties est de 5 jours.

1. Code pénal, art. 121-3 *in fine*.
2. Exemples : l'abolition complète du discernement au moment de la commission de l'infraction ; l'acte commandé par la légitime défense ; la minorité.

◆ La responsabilité civile

La responsabilité civile de l'EJE l'oblige, lui ou son employeur, à réparer pécuniairement le dommage causé à autrui. Ex. : les parents de l'enfant accidenté peuvent porter leur litige devant le juge civil : tribunal de grande instance, tribunal d'instance.

La responsabilité civile peut résulter *de tout fait de l'homme*, même d'une négligence ou d'une imprudence, *qui en raison d'une faute, cause un dommage à autrui* : on l'appelle « responsabilité civile délictuelle ou quasi délictuelle », car « tout fait quelconque de l'homme, qui cause à autrui un dommage, oblige celui par la faute duquel il est arrivé, à le réparer[2] (par exemple : un EJE qui blesse un enfant au cours d'une activité).

Les éléments recherchés par la loi

La mise en jeu de la responsabilité civile qui entraîne une obligation de réparer (allocation de dommages et intérêts) suppose la preuve :

- *d'une faute caractérisée* ;
- *d'un dommage ou préjudice certain*, légitime, matériel, corporel ou moral, actuel ;
- *d'un lien de causalité certain*, démontré et direct entre la faute et le dommage ;
- *d'une faute personnelle*, car « tout fait quelconque de l'homme qui cause à autrui un dommage, oblige celui par la faute duquel il est arrivé, à le réparer » (par exemple : une faute de surveillance par l'EJE de l'enfant accidenté ou blessé)[3]. La faute d'un tiers peut exonérer partiellement ou totalement l'auteur de la faute si cette faute a concouru à la production du dommage (si, par exemple, un parent présent dans une crèche blesse un autre enfant confié à la structure, pour les parents de la victime, la crèche sera probablement reconnue responsable, mais l'assurance de celle-ci se retournera contre l'assurance du parent auteur du dommage) ;
- *d'un dommage du fait d'autrui*, car « on est responsable non seulement du dommage que l'on cause par son propre fait, mais encore de celui qui est causé par le fait des personnes dont on doit répondre, ou des choses que l'on a sous sa garde » : les parents sont responsables civilement des faits de leurs enfants : « Le père et la mère, en tant qu'ils exercent l'autorité parentale, sont solidairement responsables du dommage causé par leurs enfants mineurs habitant avec eux ». D'où l'importance pour des parents d'avoir une *assurance responsabilité civile chef de famille*.

L'évolution de la jurisprudence civile

La jurisprudence civile a évolué de la responsabilité pour faute à la responsabilité pour risque ou responsabilité-garantie. Le but de la responsabilité civile étant d'abord la réparation pour la victime ; nous assistons à une évolution de la jurisprudence et de la législation vers la mise en place d'une responsabilité où la preuve de la faute est de moins en moins exigée afin de pouvoir indemniser plus facilement toute victime d'un dommage exceptionnellement important dû à une activité humaine.

Exemples de responsabilité civile

Les infractions et leurs responsables :

- les parents doivent rembourser la vitre du voisin cassée par le ballon lancé par leur enfant ;
- à l'inverse, une grand-mère à qui son petit enfant est confié pendant les vacances n'est responsable des dommages causés par celui-ci à autrui que si la victime prouve la faute de surveillance de la grand-mère, en plus de la faute de l'enfant (Code civil) ;
- les établissements en charge d'enfants à titre permanent sont responsables des actes délictueux commis par les enfants (ou jeunes), même sans faute de l'établissement. Le directeur est responsable *d'un dommage du fait des objets sous sa garde* (pouvoir

2. Code civil, art. 1.382.
3. Code civil, art. 1.382.

de surveillance et de contrôle) : par exemple, un toboggan jugé défectueux. Il doit respecter les textes règlementaires relatifs à la sécurité dans les activités relatives aux enfants dans les bâtiments comme dans les produits (principe de la « traçabilité » : hémovigilance, matériovigilance, produits alimentaires,...).

La juridiction

Sont concernés les tribunaux compétents suivants :

- tribunal de grande instance ;
- le tribunal d'instance (juge unique) : les « parties » au procès sont représentées par le (ou les) demandeur(s), le (ou les) défendeur(s). « L'action » menée est *civile* uniquement, elle vise à faire droit aux demandes du demandeur et va être combattue par le (ou les) défendeur(s).

Mémo plus

Les responsabilités et leurs conséquences en cas de faute professionnelle

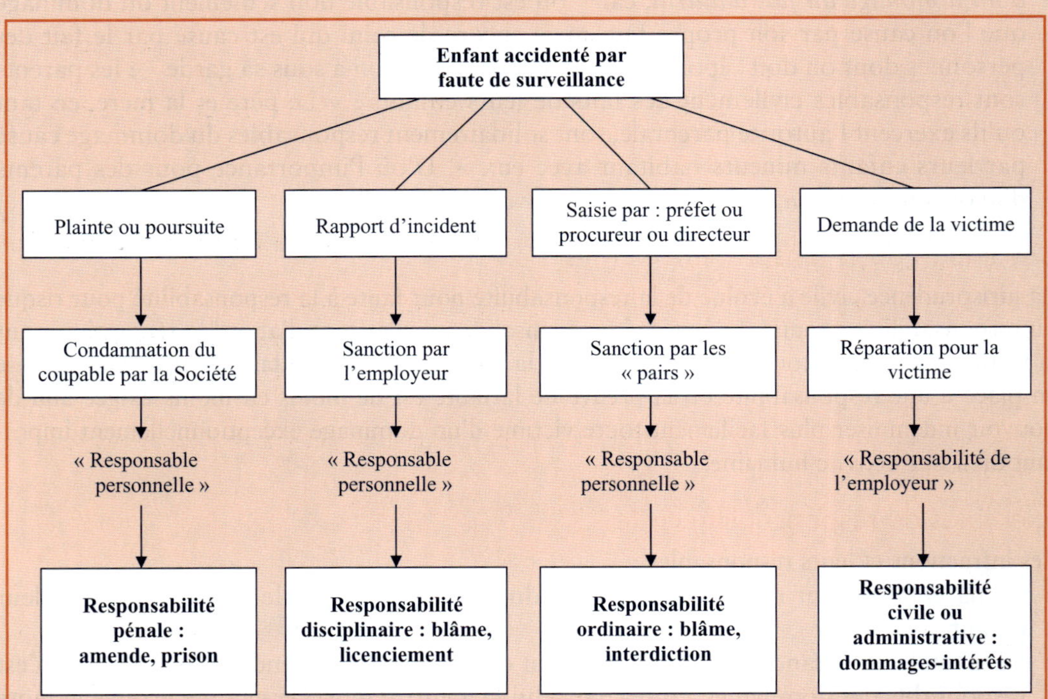

Le projet social

Chapitre
37

Depuis le décret du 1er août 2000, repris dans le Code de la santé publique, les établissements et services d'accueil d'enfants de moins de 6 ans ont l'obligation d'élaborer un projet d'établissement. Ce projet doit permettre à l'équipe de définir l'intervention qu'elle compte mettre en œuvre au sein de la structure en lien avec les réalités que vivent les familles accueillies.

◆ Contenu d'un projet d'établissement

Ainsi, l'article R. 180-10 du décret d'août 2000 prévoit que le projet d'établissement doit contenir les éléments suivants :

- *un projet éducatif* pour l'accueil, le soin, le développement, l'éveil et le bien-être des enfants ;
- *un projet social* ;
- *les prestations d'accueil proposées* ;
- le cas échéant, *les dispositions particulières* prisent pour l'accueil d'enfant atteint d'un handicap ou d'une maladie chronique ;
- la présentation *des compétences professionnelles* mobilisées ;
- pour les services d'accueil familial, *les modalités de formation des assistantes maternelles*, du soutien professionnel qui leur est apporté et du suivi des enfants au domicile de celles-ci ;
- la définition de *la place des familles* et leur participation à la vie de l'établissement ou du service ;
- les modalités des relations avec les organismes extérieurs.

◆ Caractéristiques et objectifs du projet

Le projet social décrit les raisons d'être d'une structure d'accueil en la situant dans son contexte politique, économique, social et partenarial.

Le projet social « situe l'établissement dans un cadre politique, économique, social et partenarial. Il traduit, au-delà du service rendu aux parents, l'affirmation d'une mission socio-éducative. Il prend en compte les caractéristiques de la population, les besoins et les demandes des familles, les ressources de l'environnement et doit inscrire le lieu d'accueil dans une dynamique territoriale et partenariale. Il traduit notamment les objectifs en termes d'accessibilité de toutes les familles situées sur leur zone d'influence géographique. Il est construit et alimenté par l'étude des besoins et doit permettre à la structure d'accueil d'affirmer ses choix d'intervention et d'offre de service. Il est aussi le lieu de formalisation des liens que l'on souhaite entretenir

avec les différents acteurs repérés, susceptibles de devenir des partenaires d'actions. C'est également l'occasion de travailler sur la complémentarité, la globalité et la cohérence de l'intervention entre les différentes institutions œuvrant auprès des jeunes enfants et de leur famille. »[1]
L'élaboration du projet social doit précéder celle du projet éducatif afin d'en garantir son efficience. En effet, les éléments développés dans le cadre du projet éducatif devront s'articuler avec les missions relatives au projet social.
Par exemple, les crèches hospitalières ont des plages horaires importantes (souvent de 6 h à 22 h) afin de répondre aux besoins spécifiques des parents-personnels soignants.

A Connaissance du territoire

De plus en plus d'EJE occupent un poste de direction au sein d'une structure petite enfance. Leur connaissance du jeune enfant, de la famille mais également du cadre légal, culturel, social... de leur intervention les positionne comme experts. C'est pourquoi, on fait régulièrement appel à eux afin de réfléchir aux dispositifs pouvant répondre de manière plus adaptée aux besoins des personnes accueillies.
Fort de ce constat, la nouvelle réforme du diplôme propose des contenus de formation qui permettent au professionnel d'appréhender les méthodologies de recherche nécessaires à l'élaboration de projet répondant avec pertinence aux besoins d'une population.

1 Recueil de données

Avant de penser au projet, il semble nécessaire de recueillir les données nécessaires à son élaboration afin que celui-ci réponde aux besoins réels des différents acteurs à qui il s'adresse.
C'est pourquoi il faut réaliser une étude de besoins identifiable à partir d'une liste de questions non exhaustive qui aidera à accroître la connaissance du territoire.

1) **Quelles sont les personnes à qui s'adressera le projet ?**
- quels sont leurs besoins ? Besoins que je peux observer à partir de mon lieu de travail.
- quelles sont les difficultés déjà identifiées et les autres ?

2) **Dans quel cadre j'interviens** ? (suis-je missionné ou suis-je dans le cadre d'une observation professionnelle où un changement, une adaptation semble nécessaire ?)
- de quels moyens je dispose (humains, financiers, matériels) ?
- quels sont les leviers disponibles (auprès des acteurs, sur le terrain, au sein de l'institution) ?

3) **Comment susciter la participation des différents acteurs** (parents, professionnels...) ?
- qui est concerné par le projet ? Quels sont les lieux, les espaces de rencontre ?
- quelles sont les personnes ressources disponibles sur le territoire, c'est-à-dire les personnes connaissant les personnes visées par le projet ?
- sur quelles institutions peut-on s'appuyer, sur quels réseaux ?

4) **Qui sont les partenaires potentiels du projet ?**
- quels sont les enjeux des différents partenaires ?
- quelles sont les associations possibles ou à mettre en place afin d'aboutir à un projet pertinent ?
- quels sont les lieux disponibles pour la rencontre ?

1. Bettini V. Guide des établissements d'accueil de la petite enfance. Paris : ESF ; 2005.

En effet, l'action visée par le projet doit se trouver au cœur de trois espaces distincts qui sont :
- les besoins qui devront être identifiés par les professionnels,
- les demandes qui seront exprimées par les personnes concernées par le projet,
- les ressources qui sont disponibles.

Plusieurs méthodes s'offrent au chercheur quand il s'agit de repérer les éléments nécessaires à l'élaboration du projet (l'approche participative, la recherche action, l'ethnométhodologie, l'interactionnisme...).

2 Les méthodes d'enquête en sciences sociales

Le travail de recherche en sciences sociales n'est pas une démarche qui s'applique de manière uniforme à tous les objets de recherche. Il existe donc une diversité de méthodes tant qualitative que quantitative. Si ces méthodes sont différentes, elles ne sont pas pour autant antinomiques et peuvent être contributives.

Nous aborderons ici le questionnaire (*analyse quantitative*) et l'entretien (*analyse qualitative*), deux procédés qui parfois se confondent, mais qu'il importe de distinguer. En effet, l'entretien prend en compte le discours de l'enquêté alors que le questionnaire est un outil de mesure et de recueil des données.

En ce qui concerne les sciences sociales, l'*enquête quantitative* permet d'évaluer le caractère significatif d'un fait social à travers un pourcentage. En outre, cette enquête est *un outil intéressant* de rupture avec le sens commun, car elle permet de mettre à jour des éléments qui ne sont pas visibles au premier coup d'œil. Cela dit, l'enquête par questionnaire, afin d'être efficiente, demande qu'un grand nombre de personnes soient interrogées et surtout, elle n'approfondit pas la connaissance des usages individuels.

Les *enquêtes qualitatives*, quant à elles, permettent d'approfondir, d'affiner les logiques individuelles, les pratiques singulières au regard de diverses techniques d'entretien comme l'entretien « *directif* », « *semi-directif* », « *non directif* »...

L'entretien permet d'accéder au point de vue des personnes, à leurs habitudes, au sens qu'elles mettent derrière leurs actions. Il permet de mettre à jour les représentations individuelles et collectives des personnes sur un sujet précis afin de mieux saisir leurs logiques d'action.

Dans le cadre du développement social local, il semble important de diversifier, de croiser les méthodes de recueil de données afin d'objectiver la réalité observée.

3 Le diagnostic

Le diagnostic désigne une analyse de situation, de territoire à partir des besoins, des difficultés et des potentialités d'un milieu social, économique défini. Le diagnostic est un préalable à la mise en œuvre du projet. En effet, c'est une démarche qui consiste à identifier les divers éléments d'information qui vont permettre ensuite de construire un projet d'action qui répondra aux besoins d'une population repérée.

◆ La « méthode sociologique »

Afin d'établir le diagnostic, il faut *observer*, *connaître*, *comprendre* et *analyser* le territoire concerné par la recherche et les besoins des personnes (habitants, professionnels...).

Emile Durkheim dans les « *Règles de la méthode sociologique* » dira qu'il est important de regarder le terrain comme si on ne le connaissait pas, qu'il faut rompre avec le sens commun et se débarrasser des présupposés surtout lorsque l'on réalise le diagnostic sur un territoire qui nous est connu.

L'objectivité est essentielle quant il s'agit de comprendre ce qui se joue sur un territoire afin de proposer des actions, un engagement éclairé et distancié. En effet, il semble important de pouvoir détecter la face cachée des choses. La fonction du diagnostic est d'aider à la décision. Il part d'une situation estimée insatisfaisante, répond à un ou des besoins et doit arriver à un mieux-être pour les personnes concernées.
La méthode du diagnostic doit être validée et acceptée par ceux qui vont le conduire de près ou de loin, car il doit alimenter une démarche collective dont les buts seraient d'étudier, de négocier, d'estimer les changements à apporter afin que la situation s'améliore.
Le groupe doit alors rassembler les représentants des bénéficiaires, les commanditaires et les techniciens. En effet, le diagnostic doit servir d'outil de communication entre les experts chargés de l'établir et les acteurs du territoire. C'est pourquoi il semble important de s'associer avec les décideurs locaux. Le diagnostic n'est pas une démarche figée, c'est une construction mutuelle qui s'organise, se précise progressivement autour d'échanges permanents et interactifs avec l'environnement. La démarche collective garantit une plus grande pertinence de l'interprétation des différentes données, car elle favorise la mise en exergue des nouveaux enjeux et conduit l'ensemble des acteurs à repenser l'ensemble de la démarche et de sa mise en œuvre.

◆ L'objectif principal

L'objectif principal du diagnostic étant d'agir sur la réalité observée en tentant de la modifier au regard des besoins repérés, il s'agit alors d'acquérir un autre regard sur le territoire qui permet de voir ce que l'on n'avait pas l'habitude de voir.
Un diagnostic devrait aboutir à la modification du regard des différents acteurs et de la conduite de leurs actions, mais également quelquefois à la refonte de leurs objectifs initiaux, car ils auront développé un nouveau regard sur leur objet de travail. En effet, le diagnostic ne se contente pas de rassembler et d'empiler des éléments, mais étudie les interactions en vue d'un apprentissage commun.
Afin de recueillir les données nécessaires à l'élaboration du diagnostic, il semble essentiel de se repérer grâce aux quelques points suivants :

- *l'environnement* : repérage des limites du territoire à observer, mais également les associations, les commerces… ;
- *l'histoire et l'évolution du territoire* ;
- *la population* : données sociodémographiques (population totale, type de ménages, âge, sexes, nombre d'enfants, type d'habitat, montant des loyers…), données socio-économiques (niveau de revenu, entreprises présentes sur le territoire…), données ethnoculturelles (pays d'origine, religion, langue…), données concernant l'éducation, la santé, la petite enfance (écoles, structures, hôpitaux…) ;
- *le pouvoir local* : les élus locaux, les équipements et infrastructures, les dispositifs en vigueur sur le territoire (politique de la ville…) ;
- *les services* : sport, culture, transports…

Cette liste non exhaustive fait apparaître le nombre important de données qu'il sera nécessaire de repérer et d'analyser dans le cadre du diagnostic.

4 Partenariat et travail en réseau

Depuis quelques années, ces deux termes sont régulièrement usités par les professionnels du secteur social et médico-social, mais ce vocable dépasse les frontières de ces secteurs pour s'installer dans le discours commun.

En effet, nous pouvons observer que le partenariat et le travail en réseau sont des expressions utilisées comme s'ils avaient la même signification, le même sens. Mais, s'il est important de prendre en compte cette autre façon de travailler, de concevoir l'action, il semble important également de comprendre leurs différentes acceptions afin d'en mesurer les enjeux. Car, même s'ils ont des finalités, des orientations communes, ils ne répondent pas aux mêmes besoins.
Il semble donc important de définir ces deux notions afin de les sortir du sens commun et ainsi de les rendre plus lisibles et explicites.

5 Le partenariat

Une définition simplifiée pourrait expliquer le partenariat comme un accord entre plusieurs parties autour d'un objet commun qui bénéficie à tous.
Il pourrait s'agir ensuite d'une contribution autour d'une visée commune où chacun des participants aurait une tâche spécifique relative à une activité qui lui est propre et qu'il mettra au service d'un intérêt, d'une action partagée.
Le partenariat, c'est aussi une association d'au moins deux parties qui présentent des buts conjoints, qui se regroupent afin de mener ensemble une action. Le partenariat augure alors de partager des connaissances, des compétences, des intérêts, des risques autour de responsabilité commune.

◆ Les régles du jeu

Mais, travailler ensemble ne va pas de soi et nécessite que des règles du jeu soient formalisées, discutées, travaillées par toutes les parties concernées par le partenariat. Pour cela, il semble nécessaire qu'il fasse l'objet d'une contractualisation.
Le contrat ou la convention va permettre à chacune des parties de définir son implication, ses missions et ainsi de garantir la place qu'elle aura à tenir dans le cadre du partenariat. Le contrat va ainsi préciser les contours des actions des différents partenaires.
C'est à travers la contractualisation que les tâches, le rôle de chacun des acteurs seront fixés. Cette contractualisation peut se formaliser par une convention. Cet engagement a pour but de garantir le respect des spécificités des différents protagonistes.

◆ Les objectifs visés

Au préalable du contrat de partenariat, il semble essentiel que soient discutés les objectifs individuels et collectifs, mais également les relations qu'auront à entretenir les divers acteurs concernés. Le contrat est le fruit de débats qui permettront à chacun de savoir ce qu'il a à faire afin de mieux appréhender le « travailler ensemble ».
Mais, intéressons nous maintenant à ce qui pousse les acteurs d'un même territoire à s'allier autour d'un but commun.
L'apparition d'une problématique sociale, d'une nécessité, d'un besoin de la part des usagers, des habitants est à l'origine de cette alliance. Et, c'est généralement un diagnostic (*cf.* diagnostic) qui va permettre de mesurer, de saisir l'ampleur des difficultés au travers de constats quantitatifs et qualitatifs réalisés sur le territoire. Sans une connaissance pertinente du terrain d'intervention, la concrétisation du partenariat semble compromise.
C'est en observant que l'émergence d'une problématique ne touche pas qu'une seule institution que le partenariat s'est imposé comme une démarche adaptée. En effet, la démarche

diagnostique va permettre de mettre en lumière les intérêts communs en croisant les compétences des différentes institutions présentes sur le territoire ou en lien avec celui-ci.

◆ La réflexion sur la démarche

Le partenariat demande alors une réflexion sur la démarche, la méthodologie à mettre en œuvre par les différents partenaires afin de répondre aux besoins repérés dans le cadre du diagnostic. Ces négociations seront la garantie de sa concrétisation, de sa validité.
Au regard de ce qui vient d'être posé, il semble évident que le partenariat induit un certain nombre de règles à définir dans le cadre de la convention ou du contrat, car il nécessite une redéfinition des relations entre les différents acteurs. C'est pourquoi il faudra être attentif à la répartition des tâches de chacun, à l'intérêt de la collaboration, mais également aux ressources disponibles (humaines, financières…).

6 Le travail en réseau

Le travail social semble avoir toujours reconnu et valorisé le travail en réseau, car il ne peut s'organiser que si les professionnels sont connectés, en lien les uns aux autres.
L'activité du travailleur social présume la mise en œuvre d'actions qui vont bien au-delà du travail en équipe, elle fait appel à des ressources relationnelles extérieures, présentes au sein d'autres institutions que la sienne.
Afin de proposer un accompagnement efficient à l'usager, le travail de l'un, tout en ayant sa spécificité, est inexorablement lié au travail de l'autre. En effet, le travail en réseau pourrait se résumer dans la capacité à mobiliser les compétences individuelles et collectives afin de proposer un service capable de prendre en compte les besoins repérés des personnes accueillies.
Mais, à l'instar du partenariat, le travail en réseau n'est pas formalisé au regard d'un contrat ou d'une convention.
Plusieurs facteurs permettent de comprendre pourquoi les démarches de travail en partenariat et en réseau sont autant d'actualité :

- *la complexification des problématiques* fait que seule une institution ne peut répondre aux multiples difficultés des personnes (emploi, logement…) et doit alors collaborer avec d'autres services spécialisés afin d'apporter une aide adaptée aux différents besoins repérés ;
- *la fragilité du tissu social*, conséquence de la multiplicité des problématiques, isole les personnes ;
- *les moyens à disposition* des différentes institutions s'épuisent, l'État providence n'est plus de mise. Il faut alors trouver des relais existants ;
- *les lois*, notamment la loi 2002-2, induisent le développement du travail en réseau.

Au regard de ces éléments, il semble nécessaire de repenser les pratiques afin de proposer une autre réponse, un autre accompagnement aux usagers. C'est à travers la démarche de projet que semble s'inscrire l'intervention des différents professionnels du secteur social et médico-social. On parle alors aujourd'hui de projet institutionnel, projet d'accueil individualisé, projet de vie…
Cette notion de projet rend incontournable la collaboration avec d'autres institutions, d'autres professionnels et conduit à l'organisation du partenariat et du réseau c'est-à-dire à une nouvelle logique d'intervention.

Situation

Un « projet personnalisé » pour Élise (11 ans)

Elise, une jeune fille de 11 ans présentant des troubles du comportement est accueillie au sein d'un hôpital de jour trois fois par semaine. Par ailleurs, elle est élève dans une classe spécialisée. L'EJE, référente de cette enfant, doit assurer, entre autre chose, le suivi global de la famille au travers d'un projet personnalisé.

Remarque

Au-delà des rencontres régulières organisées avec l'enfant et sa famille afin d'échanger sur ce qui se passe au sein de l'hôpital de jour et au domicile, l'EJE doit être en lien avec les différents acteurs concourant à la mise en œuvre du projet d'Elise. Il s'agit de centraliser les comptes rendus des différents spécialistes comme le psychologue, l'orthophoniste…afin d'évaluer la progression de l'enfant.
Des rencontres avec le professeur des écoles permettent également d'harmoniser les actions afin de proposer un accompagnement cohérent à Elise et sa famille.
L'hôpital de jour est un établissement qui accueille les enfants jusqu'à l'âge de 12 ans. La situation d'Elise demande alors que les professionnels s'interrogent sur son orientation. Il convient donc de se mettre en rapport avec la MDPH (Maison départementale des personnes handicapées) afin de voir dans quelle institution Elise pourra être accueillie prochainement.
Au regard de cette situation, on peut remarquer très rapidement combien d'institutions, de professionnels contribuent à l'accompagnement de l'enfant et de la famille. Il semble alors nécessaire que tous les acteurs travaillent en synergie afin de répondre à leurs besoins.

B L'EJE : un acteur privilégié du développement social local

Si l'EJE devient un acteur essentiel du développement social local, la prise en compte des habitants, quant à elle, est primordiale.

1 La participation

La participation des habitants dans le cadre du diagnostic et du projet est devenue pertinente et incontournable. Mais, la participation suppose également que le pouvoir local soit acteur, collaborateur et donc mobilisé dans la démarche de développement.
Schématiquement, on peut observer deux façons d'initier le mouvement sur un territoire. Soit la demande émane des pouvoirs locaux, on cherchera alors à rencontrer les habitants, à leur donner la parole à travers divers dispositifs (réunions, enquêtes…), soit les initiatives viennent des habitants de manière individuelle ou par le biais des associations qui se tournent vers le pouvoir local afin de solliciter sa participation.

◆ Caractéristiques

– La participation ne peut aboutir réellement que si elle est *partagée et équilibrée*. En effet, elle implique un véritable partage du pouvoir de la part des deux parties.

– La participation est à *comprendre*, entendre comme une réelle volonté collective d'engagement à contribuer à la vie, à la construction du territoire. Entre concertation et consultation, la participation vise avant tout l'efficacité du développement social local.
– La participation vise *la défense des intérêts individuels* et dans ce sens, elle peut être l'occasion d'affrontements d'opinions contradictoires qui pourront, il faut l'espérer, aboutir à des compromis vivables pour tous.
– La participation est un dispositif qui permet de *reconnaître et de valoriser les savoirs* et compétences utiles. En effet, elle fait appel aux connaissances singulières des divers acteurs du territoire afin de le rendre plus lisible, plus identifiable.
– La participation tend *vers un équilibrage* entre politiques publiques et organisation des territoires de proximité. Les élus mènent les populations vers des actions visant à modifier la notion de territoire et à faire évoluer les rapports entre institutionnels, associations, professionnels, habitants... Il semble alors important que l'élu local sorte de son rôle de gestionnaire, d'administratif lié à ses desseins politiques afin de s'attacher au local, au faire-ensemble. Car l'expérience montre combien il est nécessaire d'associer les habitants à l'élaboration, à la construction du projet dès le début sous peine que celui-ci ne périclite.

◆ Place de l'EJE

En ce qui concerne le secteur de la petite enfance, l'EJE sollicite de plus en plus souvent la collaboration, la coopération des familles afin de proposer un service plus adapté à leurs besoins. C'est à l'aide d'une méthodologie spécifique de recueil de données comme le questionnaire ou l'entretien qu'il lui est possible d'élaborer de nouveau projet de développement.

Situation

L'enquête de Mme D.

Dans le cadre d'un multi-accueil municipal, le chef du service petite enfance demande à Mme D., EJE (directrice) de réaliser une *enquête de besoins* auprès des familles et/ou des professionnels afin d'évaluer la pertinence des structures existantes sur le territoire et si celles-ci répondent aux nécessités des familles.

Remarque

L'EJE pourra réaliser une enquête auprès des familles afin de repérer leurs besoins. Mais, comment construire les questions afin de mieux appréhender les besoins des familles et des enfants ? L'EJE peut :

- utiliser des termes inscrits dans le sens commun afin de ne pas créer d'ambiguïté lors de la lecture ;
- dans le même sens, éviter le vocabulaire trop spécialisé ou inconnu pour la personne à qui s'adresse le questionnaire. Attention à ne pas employer des abréviations, des sigles ; éviter les jugements de valeur ou les questions qui induisent, orientent déjà la réponse ; la question ne doit aborder qu'un seul élément à la fois ;
- éviter d'utiliser la négation dans les questions ;
- éviter les questions impensables ou qui font appel à des prévisions.

2 Un exemple de projet de développement social urbain

Association « Fleurs et Légumes » : une activité de jardinage pour les familles et enfants isolés.

◆ Objectif(s) et brève description

Proposer des ateliers de jardinage à des familles et leurs enfants dans une démarche de soutien à la parentalité. Ces ateliers ont pour but de retisser du lien social en inscrivant les familles dans une démarche de coopération.

◆ Origine(s)

Le multi-accueil du centre social Nelson Mandela est à l'origine de ce projet. En effet, au regard d'un diagnostic mis en œuvre par l'EJE, il semble que les familles et plus particulièrement les mères et leurs enfants vivent des situations d'isolement de plus en plus importantes. Forte des connaissances existantes sur les conséquences de la désaffiliation et des nombreuses observations repérées dans le cadre du diagnostic, l'EJE et ses collègues proposent de mobiliser les familles autour d'un projet avec l'association « Fleurs et Légumes ».

◆ Description du projet

Dans le cadre de ce projet, l'association « Fleurs et Légumes » a pu bénéficier d'un terrain supplémentaire cédé par la mairie.
Même si l'objectif principal du projet est de permettre la rencontre des mères et leurs enfants à travers le médiateur « jardin », cette activité est aussi l'occasion d'apprendre et de valoriser les compétences des personnes en matière de jardinage.
Si des mères souhaitent parler entre elles des difficultés qu'elles rencontrent dans leur quotidien, de l'éducation de leur enfant, elles ont tout le loisir de le faire. Chacun (parent et enfant) participe, comme il le souhaite, à hauteur de ses capacités, de ses compétences, de ses envies.

◆ Une démarche de libre adhésion

Les professionnels du multi-accueil et de l'association « Fleurs et Légumes » ont permis à l'information de circuler au sein des familles afin que celles-ci se mobilisent dans le cadre du projet.
Les réunions réalisées dans le cadre du diagnostic ont également permis de développer un partenariat local important. En effet, les différentes institutions rencontrées ont également permis de faire connaître l'action. Le projet renforce le maillage partenarial avec des structures comme l'école maternelle Victor Hugo, le centre social, l'association d'aide à l'alphabétisation des femmes…

◆ Le projet comme tremplin d'initiatives

Comme prévu lors de l'élaboration du projet, le jardin est investi le mercredi, le samedi et le dimanche par les familles qui viennent jardiner.
En outre, plusieurs groupes de l'école maternelle Victor Hugo viennent cultiver le terrain, accompagnés par des professeurs des écoles.
Les familles ont proposé d'organiser un grand pique-nique ouvert à tous afin de partager le fruit de leur récolte avec les habitants.
La mairie a proposé de mettre à la disposition des familles une bordure devant l'école maternelle afin que celles-ci fleurissent l'entrée des classes grâce aux fleurs du jardin.
Ce projet a dépassé les limites du territoire sur lequel il s'est construit initialement. La participation d'habitants d'autres quartiers de la ville est venue diversifier et enrichir la démarche.

471539 – (II) – (2) – CM90 – PMS166+PMS282

Elsevier Masson S.A.S - 62, rue Camille-Desmoulins, 92442 Issy-les-Moulineaux Cedex
Dépôt Légal : octobre 2011

Composition : Thomson

Retirage octobre 2012

Imprimé en Pologne par Dimograf